建湖年鉴

2023

建湖县地方志办公室 编

方志出版社
Publishing House of Local Records

图书在版编目（CIP）数据

建湖年鉴．2023 / 建湖县地方志办公室编．—北京：方志出版社，2023.11

ISBN 978-7-5144-5882-4

Ⅰ．①建… Ⅱ．①建… Ⅲ．①建湖县－2023－年鉴
Ⅳ．①Z525.34

中国国家版本馆 CIP 数据核字（2023）第 231894 号

责任编辑：王娜
责任校对：张玉霞
责任印制：梅中英
出 版 者：方志出版社
地　　址：北京市朝阳区潘家园东里 9 号（国家方志馆4层）
邮　　编：100021
网　　址：http://www.zgfzcb.cn
发　　行：方志出版社图书营销中心（010-67110500）
印　　刷：成都市兴雅致印务有限责任公司
开　　本：889毫米×1194毫米　1/16
印　　张：26.5印张　插页：4印张　地图：2幅
字　　数：960千字
版　　次：2023年11月第1版
印　　次：2023年11月第1次印刷
定　　价：310.00元

《建湖年鉴（2023）》编纂委员会

编辑部地址：江苏省建湖县农业农村局416室

电　　话：0515-86235552

邮　　箱：jhdsb@163.com

邮　　编：224700

审稿人

（以姓氏笔画为序）

丁　晔	丁成建	丁拂尘	王　亚	王　轶	王介胜	王启超	王劲松
王建东	尤立松	邓启祥	申建梅	成开彬	吕　刚	吕　鹏	朱平华
朱海平	刘　洁	刘　琴	祁　明	许　猛	阮有康	孙启祥	孙凯桢
严弼文	严震霖	李　东	李　峰	李仕春	李苡玮	李建军	李盼盼
李胜海	杨　林	肖元元	肖兆国	吴　军	吴云天	吴仕军	吴其锋
吴剑锋	吴慧敏	何俊康	张　帆	张　燕	张如群	张国雨	张树亮
张德宏	陆华祥	陈　国	陈　泽	陈　群	陈亚洲	陈远近	陈富华
武　祁	林　敏	金　鑫	金晓慧	周　亚	郑　洲	赵　波	赵　康
赵建军	钟　山	胥雪梅	贺春亚	夏　飞	夏　海	夏建新	顾　娟
顾仁安	顾康尖	倪同玲	徐　海	徐建华	高　宁	唐　芳	梅　磊
彭荣华	韩　刚	廖淑萍	潘　泳	戴　勇	戴一飞		

供稿人

（以姓氏笔画为序）

丁　煜　丁兴虎　丁杨杨　于良海　马　玮　马智波　王　众　王　其

王一萍　王正云　王安通　王希通　王学言　王绍遵　卞加进　卞蕴文

火日欣　邓　超　叶　闻　叶钱州　成　文　成　晟　成　磊　吕庭辉

朱志刚　朱丽君　朱根荣　华　尧　刘　晓　刘　骏　刘小雨　刘心宇

刘伟新　刘庚娣　祁梦阳　许小雨　许玉飞　孙成滋　孙国祥　芮珍珍

严　惠　苏寿林　苏春林　杜成岭　李　真　李　萍　李　晨　李　霞

李子贤　李开艳　李军君　李进静　李荣德　李爱中　杨　杰　杨　栩

杨加勇　杨思齐　吴　杰　吴　剑　吴万清　吴荣波　吴彦宜　何津蓉

谷成红　汪　峰　宋　洁　张　珍　张　玲　张力鹏　张瑞成　陆　阳

陆德勇　陈　红　陈　丽　陈　语　陈　娴　陈冬升　陈志岗　陈雯菁

罗中平　侍亚娟　金　宇　周　鹭　周立斌　周恩俊　周锦荣　周蔚海

周慧颖　赵振华　赵震刚　胡　蓉　俞先荣　费　凯　胥伟业　秦　雯

袁志卓　夏　清　夏建荣　倪锡洋　徐　龙　徐　亚　徐　明　徐东亮

徐玥霖　徐品德　徐清国　殷　富　高　玮　郭　杰　唐　静　唐小娟

彭冠华　彭朝辉　蒋　悦　程茂春　曾　辉　廖大春　颜锦霞　薛　敏

戴俊荣

编辑说明

一、《建湖年鉴》是建湖县人民政府主办的综合性年鉴，由建湖县地方志办公室编纂，1999 年开始编纂出版，一年一鉴，《建湖年鉴（2023）》为第 25 卷。

二、《建湖年鉴（2023）》（以下简称本年鉴）以马克思列宁主义、毛泽东思想、邓小平理论、“三个代表”重要思想、科学发展观、习近平新时代中国特色社会主义思想为指导，坚持辩证唯物主义和历史唯物主义的立场、观点和方法，旨在全面准确记述 2022 年建湖县自然、政治、经济、文化、社会和生态建设情况，客观公正反映全县各行各业取得的新成就、新经验及所需解决的新矛盾、新问题，为各级领导科学决策提供参考，为社会各界了解建湖、研究建湖、宣传建湖提供基本资料，为编修地方史志积累地情史料。

三、本年鉴记述起止时间为 2022 年 1 月 1 日至 12 月 31 日。为保持资料的完整性、连续性，部分条目和图片内容适当上溯下延。

四、本年鉴采用分类法编辑，设类目、分目、条目三个层次，条目为记述基本层次。由卷首、主体内容、卷末三大版块构成。卷首版块设图片专题、专记、特载、大事记、建湖概览五部分：图片专题分年度聚焦、年度观察、年度印象、年度视点 4 个专栏；专记记录《建湖新时代十年巨变》；特载选记《学习宣传贯彻中共二十大精神》《道尔道公司获评国家级制造业单项冠军》特色亮点；大事记记录重要会议、重大项目、省部级以上奖项、主要人事变动、特色创新做法、重要文件等；建湖概览分自然地理、历史人文、风景名胜、市级党史教育基地、地方特产、经济社会发展。主体版块详细记述政治、经济、文化、社会、生态、镇街区及人物表彰等情况，分中共建湖县委员会、建湖县人民代表大会、建湖县人民政府、政协建湖县委员会、纪委监委、群众团体、法治·军事、经济管理、开放合作、农业农村、工业·建筑业、服务业、城市建设管理、水利、交通运输、生态与资源保护、科学技术、教育·体育、文化传媒、卫生健康、社会事务、公共安全、镇街道区、人物荣誉等类目。卷末设附录、索引，附录设组织机构及负责人名录、文献选编、重要文件选录、重要文件目录选辑、媒体报道题录。

五、本年鉴一般使用法定计量单位，个别遵从习惯，如土地面积用亩。数字超五位数的一般用“万”计，保留小数点后两位，部分数据要求精确地保留原始数据不取舍。除表格以外，正文内容不保留小数点后无实质意义的“0”，表格中无实质内容的以“—”代替，全书表格统一排序。

六、本年鉴中未明确的省、市、县，均指江苏省、盐城市、建湖县。

七、本年鉴图文资料由各镇（街道、区）、各部门单位按县委办公室、县政府办公室《关于做好〈建湖年鉴（2023）〉编纂工作的通知》要求，明确专人撰稿，并经审稿人核定后提供，“统计资料”由县统计局和国家统计局建湖调查队提供，土地面积由县自然资源和规划局提供，图片专题及随文插图均署名摄影者或提供单位。

建湖名片

◆ 中国之乡

中国虾稻米之乡

中国淮剧之乡

中国杂技之乡

中国民间文化艺术之乡

◆ 中国基地

中国石油装备制造业基地

中国节能电光源制造基地

国家农业产业化示范基地

九龙口国家湿地公园

（赵小青 摄）

◆ 全国百强县

全国综合实力百强县

全国绿色发展百强县

全国科技创新百强县

全国县域经济和社会综合发展百强县

◆ 中国地理标志商标

建湖大米

建湖青虾

建湖草鸡

建湖三伏酱油

建湖虾稻米

九龙口大闸蟹

九龙口冲浪鱼

年度荣誉

- 长三角百强县
- 国家级制种大县（水稻）
- 第二批全国农作物病虫害专业化“统防统治百强县”
- 推进经济开发区转型升级创新发展成效明显地区
- 促进制造业转型升级成效明显地区
- 深化医药卫生体制改革、城市和县级公立医院综合改革成效明显地区
- 推进质量工作成效明显地区
- 贯彻实施《政府督查工作条例》推动经济社会发展成效明显地区
- 全省推进乡村振兴战略实绩考核进位第一等次

双湖公园

（赵小青　摄）

- 财政重点工作绩效考核先进县
- 融资平台公司整合撤并及市场化转型试点县
- 自然资源节约集约利用模范县
- 省级生态文明建设示范县
- 全省基层党员冬训工作示范县
- 全省唯一耕整作业装备创新中心
- 全省水资源管理集成创新示范县
- 全省农田水利工程管护优秀等次

年度数据

- 辖区面积：1157.07 平方千米
- 年末户籍人口：74.05 万人
- 地区生产总值：710.4 亿元
- 一般公共预算收入：37.65 亿元
- 一般公共预算支出：115.48 亿元
- 固定资产投资增长率：15.9%
- 规上工业开票销售：528 亿元
- 社会消费品零售总额：239.68 亿元
- 外贸进出口总额：6.78 亿美元
- 实际利用外资：2435 万美元

淮剧小镇日出 （赵小青 摄）

- 全体居民人均可支配收入：37207.9 元
- 城镇居民人均可支配收入：44542.2 元
- 农村居民人均可支配收入：27477.9 元
- 粮食总产量：714623.88 吨
- 全社会用电量：32.56 亿千瓦时
- 工业用电量：20.76 亿千瓦时
- 金融机构存款余额：786.47 亿元
- 金融机构贷款余额：603.33 亿元
- 全体居民恩格尔系数：29.6%

年度聚焦——庆祝中共二十大

2022年10月16—22日，中国共产党第二十次全国代表大会在北京召开。大会闭幕后，全县上下掀起学习宣传贯彻热潮，印发《中共建湖县委关于深入学习贯彻党的二十大精神　在新征程上全面推进中国式现代化建湖新实践的决定》，通过组织集中学习、专题研讨、基层巡讲、文艺化宣传等方式，推动中共二十大精神进机关、进镇村、进企业、进社区、进校园，让中共二十大精神家喻户晓、入脑入心。

6月30日，县启动“喜迎二十大　强国复兴有我”点亮城市地标主题灯光秀活动　　（县委宣传部　供）

九龙口镇收成村“喜迎二十大　永远跟党走”稻田画　　（孙华金　摄）

6月1日，西塘河小学举办“喜迎二十大，逐梦向未来”文艺演出活动　　（崔加晋　摄）

6月1日，秀夫小学举行“喜迎二十大　永远跟党走”一年级入队仪式　（《建湖日报》　供）

6月10日，县美术馆举办非遗日活动“建湖有戏　纸爱建湖”剪纸作品展　（县委宣传部　供）

6月11日，县举办“喜迎二十大　奋进新征程”国家级非遗项目——“建湖杂技”专场演出

（县委宣传部　供）

7月1日，县举办“阅读新时代　喜迎二十大”第十二届江苏书展建湖分展场启动仪式　（县委宣传部　供）

7月1日，由县委宣传部、县文广旅局主办，县文化馆承办的“党旗飘飘映水乡”建湖县庆祝中国共产党成立101周年广场文艺演出在县城好人广场举行　（顾星群　摄）

8月1日，县举办“七彩的夏日”少儿才艺展演暨庆祝建军95周年专场文艺演出　（《建湖日报》　供）

8 月 9 日，县举办“礼赞新时代　追梦复兴路”主题宣讲比赛（决赛）　　（县委宣传部　供）

8 月 18 日，盐城市“民族团结一家亲·喜迎党的二十大”巡礼活动启动仪式暨建湖县第二届少数民族文化艺术节活动举行　　（《建湖日报》　供）

8 月 23 日，县举办“喜迎二十大　先锋耀建湖”微党课比赛　（陈永飞　摄）

10 月 16 日，县四套班子领导集中观看中国共产党第二十次全国代表大会开幕会　（高婷婷　摄）

11 月 2 日，“阅读新时代　逐梦新征程”建湖县学习宣传贯彻党的二十大精神文化宣讲启动仪式举行

（县委宣传部　供）

11 月 25 日，学习贯彻党的二十大精神宣讲报告会在县文化艺术中心举行　（县委宣传部　供）

年度观察——文明城市创建

2022年，建湖县围绕建设物质文明和精神文明相协调的现代化要求，增强紧迫感和责任感，打造创文示范样板区，发挥志愿者生力军作用，落实部门单位包保责任，履职尽责，引领汇聚起创建文明城市的合力，提高全社会文明程度。

3月6日，建湖县秀夫初级中学开展2022年"学雷锋月"志愿活动　（冯明明　摄）

4 月 29 日，志愿者手持倡导文明旅游宣传单，向市民介绍文明旅游的注意事项，助力文明城市创建 （陶楠　摄）

5 月，县交巡警大队组织开展城区非机动车交通违法专项整治行动，规范城区道路交通秩序，推进文明城市创建活动 （《建湖日报》　供）

5 月 11 日，全县文明城市创建工作推进会召开　　（县委宣传部　供）

5 月 30 日，建湖县举行“四仪”教育示范观摩活动暨汇杰初中十四岁青春仪式　　（县委宣传部　供）

环卫雾炮车在县城道路进行喷雾洒水作业　　　　（谭玉龙　摄）

建湖县推进垃圾四分类小区建设　　　　（县城管局　供）

县城管局推进后街背巷太阳能路灯建设　　（县城管局　供）

建湖环卫工人集中清扫落叶　　（谭玉龙　摄）

11 月 17 日，高作镇开展文明城市创建集中攻坚整治提升行动，图为执法大队规范店外经营　　（陆建军　摄）

11 月 20 日，来自社区的党员干部、网格员、志愿者手拿扫帚和簸箕，清理路面、绿化带等区域垃圾，深入楼道拾捡垃圾、清除小广告，全面改善老旧小区环境面貌　　（《建湖日报》　供）

年度印象——疫情防控

2022年，建湖县贯彻落实中央和省、市委决策部署，全面落实“疫情要防住、经济要稳住、发展要安全”重大要求，坚持人民至上、生命至上，因时因势调整防控策略，精准优化防控措施，高效统筹疫情防控和经济社会发展，统筹发展和安全，全县经济社会发展保持稳中有进、稳健前行的良好态势。

3月3日，九龙口镇梅苏村开展全员核酸检测　　（郑亚平　摄）

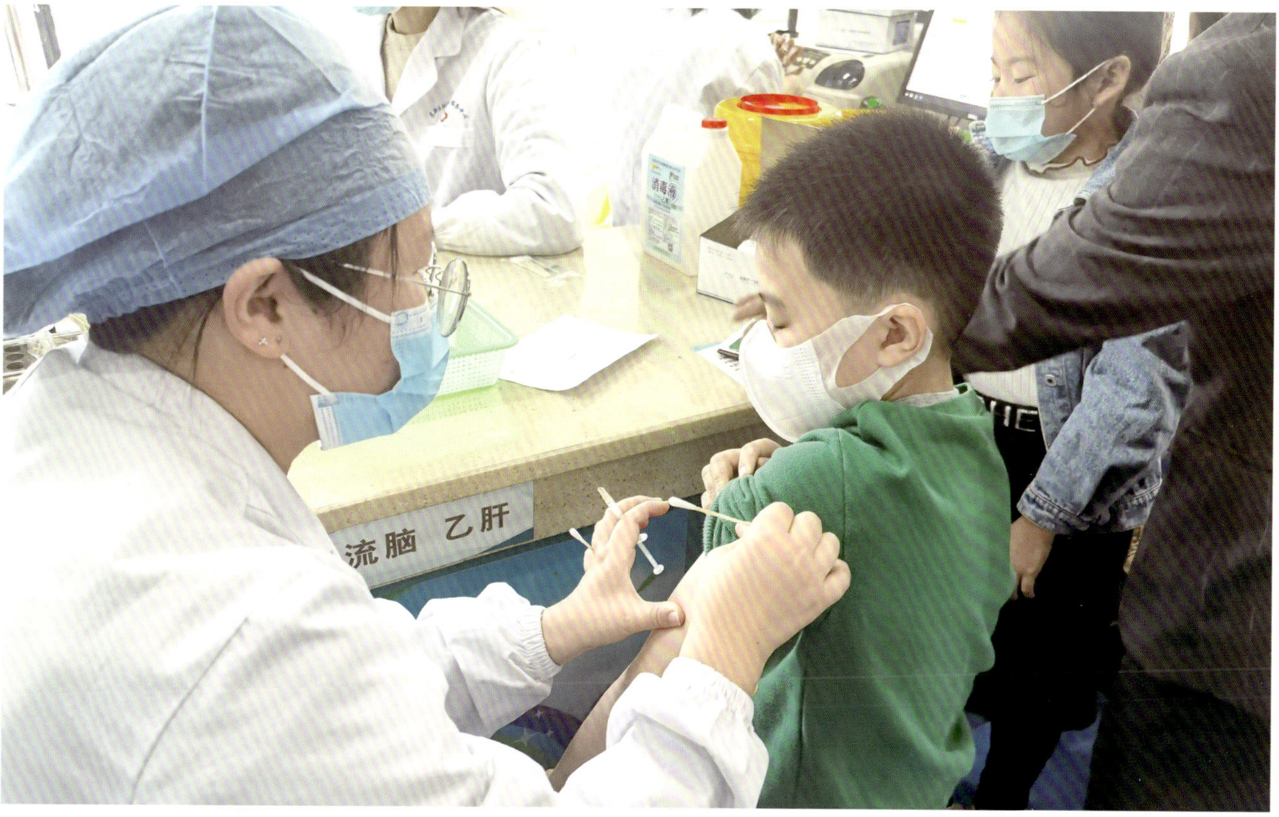

建湖县全力推进 3—11 周岁幼儿和小学生新冠疫苗第二针接种工作，图为学生正有序参加接种 （汤喜娟 摄）

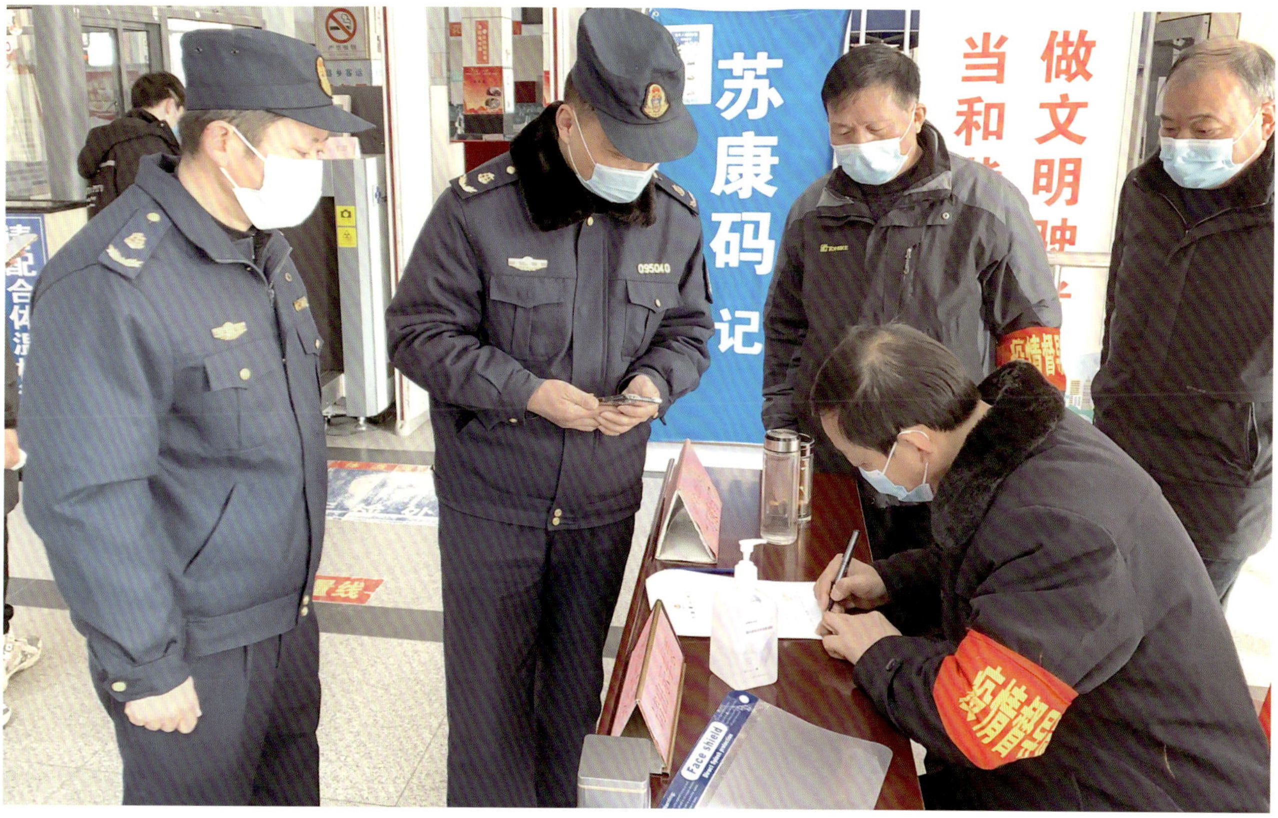

县交通运输执法大队服务下移，筑牢疫情防控线 （马智波 摄）

2 月 20 日，装载 3000 千克建湖大米和口罩、防护服、消毒液等抗疫物资的货车前往苏州吴江区七都镇支援抗疫（张丹 摄）

2 月 23 日，高作镇组织开展小规模聚集性疫情黄金 24 小时处置实战演练（陆建军 摄）

3 月 17 日，县开展防疫工作宣传　　（《建湖日报》　供）

3 月 22 日，县纪委监委督查组到阿尔卑斯（江苏）机械公司检查进口橡胶处置及环境消杀等工作　（徐霞　摄）

3 月 24 日，县供电公司志愿者在沿街商铺宣传疫情防控措施，指导老人注册核酸采样码　　（肖兵　摄）

3 月初起，县交巡警大队在高速出入口、国省道进入建湖县要道口，筑起一道道疫情防控通道查控防线

（县公安局　供）

5 月 2 日，建湖县首批“健康小屋”正式启用　　（《建湖日报》　供）

场所码推广应用后，县各重点公共场所启用场所码，图为 10 月 20 日，市民在万彩国际商业综合体扫场所码

（王玉魁　摄）

年度视点

2022年，县委、县政府贯彻新发展理念，实施“四化战略”，打造“五大高地”，先进制造高地迈出新步伐，创新创业高地注入新动能，融合发展高地焕发新面貌，生态文旅高地实现新提升，民生幸福高地取得新成效，建湖县被评为全国综合实力百强县、全国绿色发展百强县、全国科技创新百强县。

灵龙里　　（赵小青　摄）

先进制造高地

1 月 19 日，县举行总投资 60 亿元的益佳通 12 吉瓦时磷酸铁锂动力电池及 PACK 项目签约仪式（贾安东　摄）

2 月 28 日，建湖开发区总投资 10 亿元的绿控传动总成项目参加盐城市重大项目开工活动（县融媒体中心　供）

6 月 29 日，江苏建湖经济开发区与盐城港国际陆港集团签约仪式举行　（高婷婷　摄）

7 月 19 日，县税务局开展“问需求，送服务”企业大走访活动　（叶志虎　摄）

5 月 15 日至 8 月 15 日，建湖县组织开展“相约建湖城·消费嘉年华”活动，图为建湖县“5·15”消费节正式启动　　（县商务局　供）

12 月 12 日，县举行耀宁锂离子电池及系统总成项目开工活动　　（《建湖日报》　供）

江苏瑞晶太阳能科技有限公司生产车间　　（县融媒体中心　供）

江苏润阳光伏科技有限公司　　（县融媒体中心　供）

江苏悦阳光伏科技有限公司　　（县工信局　供）

重亚公司盾构机　　（纪咸华　摄）

创新创业高地

1 月 27 日，2022 年建湖县（苏州）产业合作推介会在苏州举行，现场集中签约重大项目 13 个

（县融媒体中心　供）

5 月 23 日，首架大型工业级植保无人机飞入田间地头

（《建湖日报》　供）

6 月 22 日，江苏省建湖县—青海省玉树市东西部协作座谈会召开　　（高婷婷　摄）

8 月 19 日，建湖（苏州）产业合作推介会在苏州举行，签约 34 个项目　　（县融媒体中心　供）

9 月 24 日，县召开推进政府数字化转型会议　　（县融媒体中心　供）

国家高新技术企业盐城崇达石油机械有限公司　　（陈玉柱　摄）

江苏国瑞液压机械有限公司被认定为省级专精特新“小巨人”企业，图为生产车间　　（倪明　摄）

江苏省高新技术企业那美公司生产车间一角　　（高婷婷　摄）

8 月 19—20 日，“建湖有戏，细语姑苏”推介会在苏州虎丘举行，图为文艺演出场景　　（郑永梅　摄）

建湖开发区、建湖高新区分别创成省级大众创业万众创新示范基地、新型工业化产业示范基地，图为建湖高新区全景

建湖县人民检察院办案中心　　（县检察院　供）

（赵小青　摄）

7 月，市、县重点工程串场河风光带项目提前完成交付，图为串场河风光带　　（周润发　摄）

7 月 23 日，《中国国家地理》“红框”和《中华遗产》“绿框”同时落地九龙口，建湖县成为全国首个“双框之城”　　（孙华金　摄）

7 月 23 日，九龙口荷花节暨第八届全国荷花品种展在九龙口荷花漫景区举行，图为荷花漫景区一角

（孙华金　摄）

10 月 10 日，“绿色盐城 · 九龙口大闸蟹”高铁冠名列车首发式在上海举行　（华铁　摄）

11 月，冈西镇徐王新型农村社区获评江苏省特色田园乡村　　（孙华金　摄）

11 月，上冈镇大团、榆西新村安置房项目施工现场　　（叶志虎　摄）

县工人文化宫　　（陈玉柱　摄）

高作镇全域土地综合整治项目被列为全省唯一国家试点　　（贾安东　摄）

5 月 20 日，宝龙广场获评盐城市特色夜市街区，图为宝龙广场夜景　（赵小青　摄）

5 月 20 日，淮剧小镇获评盐城市特色夜市街区，图为淮剧小镇夜景　（赵小青　摄）

生态文旅高地

10 月 24 日，九龙口景区入选“全国非遗与旅游融合发展优选项目名录”，图为景区内粉黛花盛开景象

（赵小青　摄）

盐徐高速公路建湖出入口　　（孙华金　摄）

9 月 30 日，以国家级非遗项目淮剧为基调创作的大型多维实景沉浸式秀演《小镇有喜》在沙庄演出

（孙华金　摄）

11 月 1 日，国网建湖县供电公司营销部员工对高测新能源屋顶分布式光伏发电项目进行现场勘查（肖兵　摄）

11 月 24 日，淮剧小镇获评省文化和旅游产业融合发展示范区，是全市唯一获评单位　　（孙华金　摄）

12 月，《谷家大事》获江苏省第十二届精神文明建设“五个一工程”优秀作品奖，图为演出场景

（《建湖日报》　供）

翠鸟 （孙华金 摄）

白鹭 （孙华金 摄）

九龙口国家湿地公园 （赵小青 摄）

须浮鸥 （孙华金 摄）

震旦雅雀 （孙华金 摄）

水雉 （孙华金 摄）

棕头鸦雀 （孙华金 摄）

东方白鹳 （孙华金 摄）

西塘河风光带　　　　（赵小青　摄）

陆秀夫纪念馆创成国家 AAA 级旅游景区　　　　（孙华金　摄）

民生幸福高地

2月13日，县红十字会、阳光义工之家、助残协会在城市嘉园菜鸟驿站联合开展“情暖新春·驿路同行”公益活动　（马智波　摄）

6月5日，盐阜快速通道上冈黄沙港特大桥水中墩深基坑顺利封底　（陈玉柱　摄）

7 月 14 日，省重点工程阜溧高速建湖至兴化段项目建设稳步推进　　（吴迪　摄）

8 月 15 日，颜单镇漕桥村举行“五老”道德乡风文明评议会　　（赵小青　摄）

8 月 16 日，全省苏工暖“新”行动“8+X”综合服务集市盐城·建湖专场活动举行　（县总工会　供）

8 月 31 日，县法院组织干警走进湖阳路小学，为学生们讲授“开学第一课”，用法治助力学生扬帆起航

（县法院　供）

高作镇季墩村农家书屋村民在阅读　　（陆建军　摄）

12月8日，县文化体育发展有限公司和森达路小学联合举办森达路小学第二届游泳结业赛　　（陈玉柱　摄）

12 月 21 日，由健康小屋改设的县城 3 个便民医疗服务点启用，为广大市民提供服务　　（《建湖日报》 供）

正清农机合作社收割机在颜单镇马路村小麦田收割　　（贾安东　摄）

县人民医院外景 （《建湖日报》 供）

全民健身中心外景 （赵小青 摄）

专　记

特　载

大事记

建湖概览

中共建湖县委员会

建湖县人民代表大会

建湖县人民政府

政协建湖县委员会

纪委监委

群众团体

法治·军事

经济管理

开放合作

农业农村

工业·建筑业

服务业

城市建设管理

水　利

交通运输

生态与资源保护

科学技术

教育·体育

文化传媒

卫生健康

社会事务

公共安全

镇街道区

人物荣誉

附 录

索　引

建湖新时代十年巨变

中共十八大以来，建湖县坚持以习近平新时代中国特色社会主义思想为指导，学习贯彻中共十八大、十九大和二十大精神，践行新发展理念，打好“三大攻坚战”（防范化解重大风险、精准脱贫、污染防治），落实“疫情要防住、经济要稳住、发展要安全”重大要求，高效统筹疫情防控和经济社会发展，高质量发展取得新成效，高水平全面建成小康社会取得决定性成就。

综合实力显著增强。2012年，全县完成地区生产总值324.47亿元，一般公共预算收入32.94亿元，社会消费品零售总额108.31亿元。2013年起，建湖县先后获评全国科技进步先进县、全国绿化模范县、全国义务教育发展基本均衡县、全国文化先进县、国家农产品质量安全县、全国电子商务百佳县、全国“六五”普法先进县、中国民间艺术之乡、国家现代农业示范区、中国杂技之乡、中国淮剧之乡、国家园林县城、国家级生态县、国家生态文明建设示范县、中国民间文化艺术之乡、全国综合实力百强县、全国科技创新百强县、全国绿色发展百强县、全国科普示范县、全国商标发展百强县、中国石油装备制造业基地、中国节能电光源制造基地、中国虾稻米之乡、国家农业产业化示范基地、国家卫生县城、国家新型城镇化建设示范县、国家级节水型社会达标县、国家级制种大县、全国首批屋顶分布式光伏整县推进试点县、国家电子商务进农村综合示范县。2022年，全县实现地区生产总值710.4亿元，比2012年增长119%，年均增长11.9%；一般公共预算收入37.65亿元，比2012年增长14.3%，年均增长1.43%；社会消费品零售总额239.68亿元，比2012年增长121%，年均增长12.1%。

产业质态持续优化。2012年后，县委、县政府突出结构调整，优化产业发展体系，转型升级步伐明显加快。三次产业增加值的比例13:47.6:39.4，二、三产业占地区生产总值的87%。石油装备、节能电光源等传统特色产业加快向中高端发展，规模以上企业智能装备和自动化生产线占40%。新能源汽车及零部件、通用航空等战略新兴产业加快发展，新能源汽车实现量产。高端装备、新能源、电子信息成为三大主导产业，三大产业开票销售占规模以上工业开票的70%。石油装备产业建成省区域名牌、省优秀出口基地，节能电光源产业建成省优质产品生产示范区，建湖县被认定为全国知名品牌示范区、省创新型试点县。以中国云谷、北京网库创迈达智能工厂为代表的数字创意、电商平台、服务型制造等新产业新业态新经济加速兴起。规模以上工业企业劳动生产率年均增长10%，开票销售年均增长16%，高新技术产值年均增长15.1%，万元地区生产总值能耗下降20%。农业现代化步伐加快，开展现代农业推进年、突破年活动，设施农业面积占种植面积的16.8%，实施上冈万亩良田和钟庄同一村庄整治工程，新增耕地4300亩。培育新型农业经营主体，注册农民专业合作社1070家，发展家庭农场650家，省级农业龙头企业7家。建成农产品加工集中区，县农副产品批发市场被列为省级重点批发市场。现代农业提质增效，培育优质稻米、特色水产两个10亿元级主导产业，“遇建湖鲜”农产品区域公共品牌发布。建湖县被评为中央农作物秸秆综合利用重点县、全国农民专业合作社提升整县推进试点县。高效农业规模推进，建成上冈、庆丰、芦沟、开发区、宝塔等现代农业园区，恒济现代渔业园创成省级精品园，沿河镇弘宇生态园、芦沟镇江苏登达休闲渔业基地被评为全国休闲渔业示范基地。现代服务业加速发展。里下河物流中心被认定为省级服务业集聚区，国家内河二类水运口岸建成运营。九龙国际大酒店、永林国际大酒店、家乐福超市建成开业，九龙口旅游度假区挂牌成立。科技创新能力提升。举办科技与人才节，在全市率先设立“科技创新券”。智慧产业园建成运行，“无线建湖”建成投用，先云云计算、阿里淘宝、邻里中国等智慧产业、平台项目落户，智慧诊疗、智慧教学、智慧养老等在全省有一定的影响，智慧产业园被认定为省级电子商务示范基地。盐城港区集装箱航线开通。建湖县获评国家电子商务进农村综合示范县。2021年，建湖县召开民营经济发展大会，出台支持民营经济发展二十条政策，支持民营企业做大做强，倡导形成“厚德、守正、创新、奉献”的新时代建湖企业家精神。2022年，三次产业增加值的比例8.56:42.65:48.79，二、三产业占地区生产总值的91.44%。出台实施数字经济发展三年行动计划，加快推进企业智能化改造和数字化转型，数字经济核心产业规模130亿元，总投资102.3亿元的耀宁锂电池及系统总成项目落户，实现百亿级重特大项目历史性突破。

改革开放不断深化。县委、县政府坚持改革开放并重、创新创业并举，着力释放经济活力，增强发展动能。重点改革持续深入。制定县级行政权力、行政审批事项等5张清单，取消、下放、合并县级行政权力事项，行政审批实现“三集中三到位”（行政审批职能向一个科室集中、承担审批职能的科室向行政服务中心集中、行政审批事项向电子政务平台集中，行政审批事项进驻政务服务中心到位、对窗口审批职能授权到位、电子监察到位），在全市率先推行建设工程项目“一票制”和不动产“两证合一”服务。推进商事制度改革，实施“多证合一、一照一码”登记模式。加快政府机构大部门制改革，完成工商、质监、食品药品监督和卫生、计生机构撤并。组建县综合检测中心，重组县属投融资公司。推进农村土地确权登记颁证工作，强化农村集体“三资”（农村集体资金、农村集体资产、农村集体土地）管理，建湖县被列为全省农村产权交易试点县，获授第三批全国农村集体“三资”管理示范县称号。推进“放管服”改革，实施“一窗一网”“一件事”“一业一证”改革，实行行政许可事项清单管理，在全市率先试点“踏勘即发证”“竣工即发证”，22个行业实现“一业一证”改革全覆盖。全面完成政府机构改革、上冈经济发达镇行政管理体制改革，九龙口旅游度假区和九龙口镇实行区镇合一管理模式，县属国有企业优化整合成5家。近湖、上冈、庆丰、高作、宝塔5家镇级园区并入建湖开发区，建阳、芦沟、颜单、恒济、沿河5家镇级工业园区划归建湖高新区，完成“一区多园”实质化整合，建湖开发区、建湖高新区形成两个“1+5”（1个主园区+5个镇级园区）管理模式，建湖开发区创成省级大众创业万众创新示范基地，建湖高新区创成新型工业化产业示范基地。推进政府数字化转型，市县一体化数据共享交易平台建成使用。推进财政和国企改革，在全省率先实行“镇债县管”“镇财县管”，建湖县城市建设投资集团有限公司、建湖县国有资产投资管理有限公司、江苏榆城通建设开发有限公司、建湖县国有资产投资管理有限公司东部投资公司整合组建双湖控股集团，在全省同类县份首家创成A^+A^+信用等级，五大国企集团AA信用等级实现全覆盖，被列为全省融资平台公司整合撤并及市场化转型试点地区。梯度培育剑牌农化、博克斯等上市后备企业11家。加快融入长三角一体化、沿海开发、淮河生态经济带、里下河“水韵江苏”示范区建设等发展战略在建湖融合实施、有效落地，建成上海（建湖）嘉定科技工业园，与苏州高新区、吴江区签订合作共建协议。推进建湖与青海玉树、湖北秭归、陕西铜川东西部协作，对口支援取得实效。加强对外合作交流，与韩国九老区结为友好城市，与日本群马中小企业协会建立常态化交流互动机制，设立境外招商机构2个；扩大经贸合作，建成江苏省石油装备产品出口基地、江苏省节能电光源科技兴贸出口基地。举办德国贸促机构和跨国公司“建湖行”活动，组织41家石油装备企业线上参加阿布扎比国际石油展。2022年，全县进出口总额6.78亿美元，比2012年增长110%，年均增长11%；其中出口总额6.5亿美元，比2012年增长131%，年均增长13.1%。

城乡面貌明显改善。县委、县政府按照新型城镇化和城乡一体化要求，完善城乡规划体系，加快基础设施建设，增强公共服务功能，宜居宜业环境基本形成。完成新一轮总体规划修编，构建“一主一副一特多节点”（县城为中心、上冈镇为县域副中心、九龙口镇为特色镇、其他镇为节点）县域城镇体系，形成“两核六组团”（“两核”即老城主中心和城南副中心，“六组团”即城北、城中、城南、城东、高新区、开发区组团）县城空间布局。新设钟庄、近湖、塘河3个街道，上冈镇、九龙口镇被命名为新一轮全国重点镇。加快老城改造和新城建设，实施完成西塘河风光带、恒隆广场等重点项目，城市主干道实现黑色化全覆盖。启动实施农村康居工程建设，在全市率先实现城乡供水、城乡公交、污水处理、垃圾集中处理等一体化。新建、改建等级公路1192.26千米，其中高速公路32.1千米、一级公路170.86千米、二级公路105.3千米、三级公路124千米、四级公路760千米；新建、改造桥梁729座；新增铁路2条38.6千米。阜建高速、盐徐高速、连盐铁路、徐宿淮盐高铁建成运营，县内建成3个高速互通出口。建湖县创成省级“四好农村路”（建好、管好、护好、运营好农村公路）示范县。实施建湖大道、后街巷道、老旧小区及棚户区改造整治，完善水电气路灯等公共基础设施，县城亮化美化净化水平提升。乡村振兴深入推进，在全省推进乡村振兴战略实绩考核中获进位第一等次，脱贫攻坚战取得全面胜利。高作镇获批全省唯一国家级全域土地综合整治试点镇。建档立卡贫困户全部脱贫，经济薄弱村全部摘帽。农房改善富有成效，新型农村社区建设加快步伐，被评为全省农房改善绩效考核评价优秀县。恒济镇苗庄村被列为全国乡村特色产业发展超亿元村。2022年，“一体两翼”（县城为主体，东翼上冈，西翼九龙口）能级提升，实施城市更新行动，金融政务服务中心主体竣工，工人文化宫建成使用，宝龙广场、淮剧小镇获评盐城市特色夜市街区。东翼上冈新城形象初显，串场河整治全面完成；西翼九龙口影响力不断提升，淮剧小镇二期、荷花漫对外开放，九龙口景区建成国家地理首个“双框”（《中国国家地理》“红框”、《中华遗产》“绿框”）之城，被认定为全国首家“碳中和”景区。

生态优势充分彰显。县委、县政府坚定不移地走“生态优先、绿色发展”之路，加速产业转型升级，严把项目引进关口，坚守生态底线，绿色生态经济比重进一步提高。规划建设江淮经济区核心区，重点构建“一核、两带、两廊”（九龙口旅游度假区为核心，九龙大道苗木园艺产业带、省道331现代渔业产业带，黄沙港、蔷薇河生态走廊）生态经济框架，推进县域经济绿色发展、转型发展、创新发展、共享发展。开展“生态文明建设提升年”活动，建成国家级生态示范区，创成省级生态县和国家级生态县。强化大气污染防治，加快禁燃区建设步伐，强化秸秆双禁和综合利用。推进“绿色建湖”建设，加强城乡环境综合整治，县城主城区小区“雨污分流”实现全覆盖，县城“10分钟绿地便民服务圈”基本建成，开展村庄环境、河道沟塘、扬尘污染、垃圾收运等整治行动，城乡生活垃圾无害化处理全覆盖，城乡环境进一步改善，建湖县被评为全国农村环境连片整治示范县。践行“两山”理念，开展国家卫生县城、省级文明城市创建，组织实施六项重点工作和十大专项整治及县城环境百日整治行动。创成国家生态文明建设示范县，实现省级生态文明示范镇全覆盖。空气质量优良天数比例、PM2.5年均浓度优于省市目标值，饮用水源地水质、省考断面水质达标率100%。坚决打赢污染防治攻坚战，持续推进“263”专项行动（“263”行动是江苏省提出的环境质量改善计划，旨在引导企业实现绿色高端可持续发展。其中，“2”减煤炭消费总量和减少落后化工产能，以减少生态环境负担；“6”治环境问题最突出、与群众生活联系最紧密、百姓反映最强烈的六方面问题，重点治理太湖水环境、生活垃圾、黑臭水体、畜禽养殖污染、挥发性有机物污染和环境隐患；“3”提升生态保护水平、环境经济政策调控水平、环境监管执法水平，为生态文明建设提供坚实保障），创成全市首家土壤污染综合防治先行区。生态旅游蓬勃发展，建成旅游公路4条178千米，九龙口旅游度假区创成国家AAAA级旅游景区、省级生态旅游示范区、全市首家国家湿地公园。完成“三区三线”（三区是指生态空间、农业空间、城镇空间，三线是指永久基本农田控制线、生态保护红线、城镇开发边界，三区三线是调整经济结构、规划产业发展、推进城镇化不可逾越的红线）划定，美丽建湖建设成效明显，连续四年被评为省自然资源节约集约利用模范县，全部完成中央环保督察交办事项整改工作。

社会民生协同进步。县委、县政府坚持以民生福祉为第一取向，努力实现好、维护好、发展好广大人民群众的根本利益，增强全县人民的获得感、幸福感、安全感。社会保障水平持续提高，每年新增财力的80%用于改善民生，财政民生投入年均增长14.4%。10年累计新增城镇就业7.6万人，促进失业人员再就业4.9万人，建成省级创业基地4家、市级创业基地19家，建成全市唯一的省级公共实训基地。在全市率先实行新型农村社会养老保险和城镇居民养老保险并轨，实现城乡居民基本养老保险一体化；在全市率先推行医保支付方式和机关事业单位养老保险制度改革，企业“五险”（养老保险、医疗保险、失业保险、工伤保险和生育保险）覆盖率98%以上；企业退休人员养老金社会化发放率100%，城乡居民基础养老金从每人每月70元提高到210元；被征地农民社会保障率100%，全县困难群体参保登记、保费代缴、待遇领取实现“三个100%”；城乡居民基本养老保险覆盖率99%以上，大病保险取消报销封顶限额，实现全国范围内住院、长三角异地就医医疗费用刷卡结算。开展教育领域“三风”（校风、教风、师风）整治行动，教育生态不断净化。“双减”（减轻义务教育阶段学生过重作业负担和校外培训负担）提质成效明显，实施集团化、九年一贯制办学体制改革，新建改建建湖高级中学等各类学校22所，盐城汉开书院建成使用。建湖中等专业学校对口高考本科达线人数连续多年列全市第一名。举办第十届、第十一届全民运动会。组建县广电传媒集团、文化发展公司和双湖文化发展有限公司。县文化艺术中心、美术馆、博物馆和江淮戏院建成开放，县图书馆建成国家一级馆，建湖杂技团升格为江苏省杂技团，《谷家大事》《小桥·流水·人家》《炼——倒立技巧》等一批优秀淮剧、杂技节目获国家、省级表彰。加强健康养老服务，医共体建设有序推进。建湖县被列为全国第二批县级公立医院综合改革试点县、省深化医药卫生体制改革“先行先试”地区。创成省农村中医药工作先进单位和省卫生应急示范县。建成县人民医院南院，获评国家级三级综合医院，成立县妇幼保健院并在全市率先创成二级医院，县第二人民医院创成全市首家二级甲等中西医结合医院。疫情防控科学精准，守护人民群众生命安全和身体健康。基层治理扎实推进。优化设置精网微格3723个，县镇村三级网格化中心全覆盖，安全生产专项整治“三年大灶”（江苏省按照全国统一部署，从2020年至2022年开展安全生产专项整治三年行动，即“大灶”）结束，法治建湖、平安建湖建设不断深化，扫黑除恶专项斗争取得阶段性成果，加强政法队伍教育整顿，社会治安防控体系不断完善，建湖县多次被评为省法治政府建设示范县、省平安建设示范县、省普法工作先进县。

党的建设全面加强。以实施党建工作创新工程为抓手，推进全面从严治党，党建工作水平得到提升。加强思想理论建设。推进党的群众路线教育实践活动、“三严三实”（严以修身、严以用权、严以律己，谋事要实、创业要实、做人要实）专题教育、“两学一做”（学党章党规、学系列讲话，做合格党员）学习教育、“不忘初心、牢记使命”主题教育和党史学习教育，严格落实意识形态工作责任制，新时代文明实践所（站）实现全覆盖。常态化开展周末讲堂、每月一课、在线学习、干部考学等活动，县委被确定为全省学习型党组织、学习型领导班子建设工作示范点。从严加强干部队伍建设。健全干部选拔任用机制，推行“双考一评”（面试考能、全面考察，综合评价）制度，全面落实“三责联审”（用人责任审查、经济责任审计、编制责任审核）和任中审计等制度，在全市率先推行科员级干部和年轻后备干部个人事项申报制度，提升干部监督管理规范化水平。推动干部外挂下派、一线锻炼，实施年轻干部“薪火工程”，干部队伍整体战斗力不断增强。加强基层基础建设。实施基层党建“一线工作法”，研究制定村干部使用管理、村居工作人员报酬等规定，开展村居党组织书记“县镇共管”“专职化管理”省级试点，在全市率先实现村书记、主任“一肩挑”全覆盖。全面推进党代表工作室建设，村级服务阵地标准化建设全覆盖，被评为全省村级“四有一责”（有持续稳定的集体收入，有功能齐全的活动阵地，有先进适用的信息网络，有群众拥护的双强带头人，强化村党组织领导责任）建设先进县。加强党风廉政建设。坚决贯彻落实中央八项规定和省市十项规定，出台落实党风廉政建设“两个责任”（党委负主体责任、纪委负监督责任）实施意见和9项配套制度，建立县、镇、村三级责任清单，健全明察暗访、民主评议、通报曝光、问责追究“四位一体”作风建设长效监管机制，保持执纪审查强劲势头，查处各类违纪违法案件711件，党政纪处分674人。探索推行县纪委和审计部门联动办案、创建党员干部勤廉“三级约谈”制度做法在全省推介。一体推进正风肃纪“镇村行”“看机关”专项行动，加大明察暗访和通报曝光力度，推动干部作风持续向好。发挥巡察利剑作用，抓好省委巡视反馈意见整改，运用监督执纪“四种形态”（第一种形态即经常开展批评和自我批评、约谈函询，让“红红脸、出出汗”成为常态；第二种形态即党纪轻处分、组织调整成为违纪处理的大多数；第三种形态即党纪重处分、重大职务调整的成为少数；第四种形态即严重违纪涉嫌违法立案审查的成为极少数），巩固发展风清气正的政治生态。坚持党委总揽全局、党政齐心协力，人大法律监督和工作监督有力加强，政协政治协商、民主监督和参政议政水平不断提高，“大统战”格局更加巩固，党管武装工作进一步加强，强化对工会、共青团、妇联等群众团体的领导，形成团结一致干事业、群策群力谋发展的生动局面。

特载

学习宣传贯彻中共二十大精神

10月16日，全县各级党组织和广大党员干部收听收看中共二十大开幕式直播。中共二十大代表、县委书记祁从峰在北京出席会议，并接受《人民日报》海外版、中央电视台《焦点访谈》、《光明日报》、《经济日报》、《新华日报》、江苏卫视、《盐阜大众报》等中央及省市级主流媒体采访。

中共二十大结束后，县委制定学习、培训和宣传方案，有计划、有步骤地抓好实施，通过组织各种形式的学习培训，在全县上下掀起学习中共二十大精神热潮。建湖电视台开设《学习贯彻中共二十大精神》专栏，围绕中共二十大报告新思想、新论断、新举措，报道各镇（街道、区）、各部门学习宣传贯彻落实二十大精神的具体措施。《建湖日报》开设《深入学习贯彻中共二十大精神》栏目，利用消息、特写、图片等形式，跟进报道基层一线干群学习践行二十大精神做法。开设《学习二十大·心声》《奋进新征程征文》专栏，采访报道社会各界人士学报告、谈体会、话发展，积极投身中国式现代化建湖新实践做法。开设理论专版，链接《人民日报》、新华社等中央主流媒体，运用系列评论、专家解读，对“中国式现代化”“两步走战略安排”“五个重大原则”“五个必由之路”“六个必须坚持”等全面解读阐释，推动中共二十大精神深入人心、落到实处。广播电台开设《宣传二十大精神》专栏，以新华社、中央电视台、《人民日报》等权威央媒解读中共二十大报告为素材，通过主播读报告、“百姓名嘴”说、小淮戏、数来宝、快板等群众喜闻乐见的形式，推出更多接地气、有温度的音频作品，让中共二十大精神家喻户晓。新媒体平台“建湖发布”微信公众号推出《催人奋进！建湖各界持续热议中共二十大报告》《未来五年，我们这样干》《我在基层学报告》《我县收听收看省市传达学习贯彻中共二十大精神大会》等重点稿件100多篇。“建湖发布”视频号持续推出《礼赞新时代　飞阅新建湖》系列短视频14部，通过航拍各镇（街道、区），全景式展现新时代建湖县10年的伟大变革。《学报告　话发展》10余部系列短视频，采访各镇（街道、区）、各部门主要负责人，畅谈全县干群学习中共二十大报告的感受。

10月25日，县委分别召开常委会会议和全县传达学习贯彻中共二十大精神大会。祁从峰从大会主要情况、中共二十大报告主要内容、中央纪委工作报告决议主要内容、党章（修正案）决议主要内容等方面，对中共二十大精神作系统、全面、深入的传达和阐释。10月28日，县委召开常委扩大会议，县委书记祁从峰要求全县各级党组织和广大党员干部，提高政治站位，深入学习宣传贯彻中共二十大精神。是日起，建湖党建新媒体平台开设“我在基层学报告专栏”刊登全县党员干部代表学习中共二十大精神体会。中国好人、“湖垛有理”宣讲队队长肖公章将二十大精神编成《二十大精神暖心房》，用建湖方言数来宝传唱。由县委宣传部、文旅局和文联主办，县美术家协会、美术馆和书画院承办的“贯彻二十大　奋进新征程”优秀美术作品网络展开展。10月29日，中共二十大文件及学习辅导读物建湖首发式在建湖新华书店举行。11月2日，由县委宣传部、县新时代文明实践中心主办的“阅读新时代　逐梦新征程”学习宣传贯彻中共二十大精神文艺化宣讲暨农家书屋阅读推广示范镇村行活动在高作镇高作公园启动，走进全县14个镇（街道）、28个村（社区），通过“文艺化宣讲、好书推荐、有奖竞答、倡议全民阅读”等方式，提升群众对全民阅读的知晓率、参与率和满意度。建湖县宣传文化思想工作者编排群众喜闻乐见的节目，把新时代中国共产党的新思想送到群众身边，推动中共二十大精神家喻户晓。

11月7日，建湖县组织收听收看中央宣讲团宣讲二十大精神报告会，县四套班子领导，各镇（街区）党政主要负责人，县直各部门主要负责人等120人参加集中收看。是日，中共二十大代表、县委书记祁从峰深入建湖开发区企业生产车间、农村田间地头，围绕贯彻落实中共二十大精神开展基层宣讲并专题调研。11月8日，县委宣传部、县新闻出版局印发《关于做好党的二十大报告、党章、文件汇编及辅导读本征订发行工作的通知》。11月9日，县委宣传部编发《中国共产党第二十次全国代表大会学习资料汇编》1000份。11月10日，县委印发《关于认真学习宣传贯彻党的二十大精神的通知》。中共二十大代表、县委书记祁从峰在钟庄街道滨河片区党群服务中心，宣讲中共二十大精神。11月14日，祁从峰为全县政法干部宣讲中共二十大精神，并讲授专题党课。县委党校举办轮训班，开设《以中国式现代化推进中华民族伟大复兴》等课程，引导党员干部全面系统地学习领会中共二十大精神。

11月15日，县委办印发《关于做好学习贯彻党的二十大精神宣讲工作的通知》，县委成立学习贯彻中共二十大精神宣讲团，宣讲活动从2022年11月中旬开始，至2023年年初结束，41名宣讲团成员在基层宣讲65场次。11月16日，县委召开学习贯彻中共二十大精神宣讲工作动员会暨县委宣讲团备课会。会上下发中共二十大报告单行本、《党的二十大报告辅导读本》《党的二十大报告学习辅导百问》等学习资料。上冈镇、钟庄街道滨河片区举办“百姓名嘴”宣讲会，通过好书推荐、倡议全民阅读等方式，学习领会中共二十大精神。高作镇光明村志愿服务队到社区群众家中开展“送学上门”志愿服务活动，和群众一起学习，用通俗易懂的语言宣讲中共二十大报告。11月25日，学习贯彻中共二十大精神宣讲报告会在县文化艺术中心举行，中共二十大代表、市委宣讲团成员、县委宣讲团团长、县委书记祁从峰作宣讲报告。各中小学利用班会、升旗仪式、团日活动等，向广大中小学生宣传讲解中共二十大精神，覆盖全县47所中小学校6.3万多名学生。庆丰镇新时代文明实践所利用新媒体拓展宣传范围和渠道，组织青年干部撰写中共二十大文件学习心得，宣传中共二十大精神和最新政策部署。

道尔道公司获评国家级制造业单项冠军

2022年，道尔道科技股份有限公司的钢弹簧浮置板道床获批第七批国家级制造业单项冠军产品，是全市唯一一家。道尔道科技股份有限公司前身系坐落于沿河镇的江苏振华工业集团，创办于2008年2月，是一家专业从事轨道交通减振降噪及大型建筑减振隔振系列产品研发、设计、制造、销售及维护于一体的高新技术企业，年末有员工276人。公司下辖海南道尔道贸易有限公司、广州道尔道技术有限公司、深圳道尔道技术有限公司3个子公司。公司建有省级企业技术中心、工程技术研究中心、博士后创新实践基地等研发平台，与中国铁道科学研究院、北京交通大学、东南大学、同济大学、广州大学、石家庄铁道大学、深圳大学、南京电子十四所等20多家科研院所、高等院校建立紧密的产学研合作关系。公司先后实施国家火炬计划、科技部中小企业创新基金项目计划、江苏省科技支撑计划、江苏省科技成果转化专项资金计划、江苏省双创人才计划、江苏省重大战略性新兴产业化等国家级、省部级科技项目8项。公司拥有专利72项，其中实用新型专利41项、发明专利31项。自主研发的钢弹簧浮置板道床产品，在北京、上海、广州、南京、重庆、西安、无锡等40多个城市、160多条轨道交通线路中被广泛使用；生产的核电减振产品通过认证，打破国外垄断，助力国家核工业发展；建筑减隔振（震）市场生力军，依托原有技术快速发展。2022年被盐城市政府评为“五星级企业”，并被认定为省级质量标杆企业和全县唯一的省潜在独角兽企业。2022年3月，公司完成股份制改革，正式设立“道尔道科技股份有限公司”，7月三方机构启动上市前的首轮尽职调查，11月报江苏省证监局辅导备案，12月完成消防、环评、能评、安评和职业病三同时等规范化整改验收工作，处于上市辅导阶段。2022年，道尔道公司实现销售收入5.37亿元，净利润1.48亿元，纳税1.25亿元。

1月

1日　县委宣传部牵头举办“元旦迎新年”长跑活动，600名参赛人员在双湖公园开跑，总赛程约6千米。

4日　县委5个巡察组分别到近湖街道、建阳镇、庆丰镇、颜单镇和宝塔镇及其下属的10个村（居），开展为期3个月的十五届县委首轮巡察。

6日　建湖县2021年度“新时代好少年”暨第十二届“美德少年”颁奖典礼举行，来自全县各中小学的100名“美德少年”、24名“新时代好少年”受到表彰。

▲　建湖县2021年度“灵龙水乡　淮杂故里”群众业余文艺会演颁奖晚会举行，评出金奖6名、银奖9名、铜奖13名、组织奖6名。（▲为是日，下同）

9日　2021—2022年度盐城市基层党员冬训工作会议暨骨干培训班在建湖举行。

▲　2022年盐城市送文化、送科技、送卫生“三下乡”集中服务活动暨“盐·读”全民阅读春风行动在九龙口镇收成村启动。

11—13日　县政协十五届一次会议召开。

12—15日　县十九届人大一次会议召开，民主票决确定2022年县政府实施的民生实事项目10项。

19日　建湖县产业发展大会召开，会上下发《全县产业高质量发展的实施意见》《关于加强全县产业项目招引的实施意见》《建湖县工业企业能级提升行动计划》《全县工业闲置资源清理工作方案》《建湖县工业企业资源集约利用综合评价办法》5个文件。

▲　安徽益佳通公司总投资60亿元的12GWh（吉瓦时）磷酸铁锂动力电池及PACK项目签约落户建湖高新区。

▲　盐城神力制绳有限公司、盐城市琪航石油机械有限公司被省市场监管局、省发展和改革委认定为2021年度江苏省工业企业质量信用AAA级企业、AA级企业。

▲　建湖县党史学习教育总结会议召开。

26日　建湖县获江苏省2021年度乡村振兴战略实绩考核县级进位第一等次。

27日　建湖县与苏州吴江区举行全面战略合作签约仪式。

28日　灵龙水乡·淮杂故里2022年建湖（苏州）产业合作推介会在苏州举行，现场集中签约13个项目，计划总投资33.9亿元。

29日　县纪委十五届二次全会召开，审议通过县纪委十五届二次全会决议。

2月

2日　建湖县举办建湖籍在外人才“新春茶叙会”，26名在外人才代表为建湖高质量发展建言献策。

2—4日　中央电视台密集关注、连续报道建湖县九龙口淮剧小镇、陆秀夫纪念馆景区欢庆春节的特色文化活动。

8日　县委、县政府召开2021年度综合考核表彰暨招商引资项目推进大会，出台《建湖县招商引资和项目推进工作奖考核办法》。

14日　县委人才工作会议召开，颁发2021年度“科技创新和人才工作奖”，为2021年度“黄海明珠人才计划”领军人才项目入选者发放资助资金。

15日　县十九届人大常委会第一次会议召开，任命新一届政府组成部门主要负责人，举行宪法宣誓仪式。

16日　县委书记祁从峰带领相关部门负责人，到长三角地区与江苏厚生新能源科技有限公司、申达集团钟恒新材料科技有限公司洽谈合作事宜。

18 日 建湖县新冠肺炎疫情应急处置实战演练在县城学府文苑小区等地举行。

19 日 建湖县紧急调集 72 名医护人员支援苏州核酸检测采样工作。

22 日 建湖 55 名人大代表出席盐城市九届人大一次会议。

24 日 建湖县被列入国家级制种大县（水稻）名单。

▲ 中央电视台农业农村频道记者到建湖拍摄生态河道治理、农村河道疏浚等水利工程场景。

27 日 在盐城市城乡建设项目集中开工仪式上，县长陈霞视频连线向主会场报告 2022 年建湖县计划实施 5000 万元以上城乡建设重点项目 36 个，其中亿元以上项目 26 个。

3月

3 日 省第九安全生产督导组组长姜昕带队，到建湖县有关在建工地、“三合一”（住宿与生产、包储、经营混合设置在同一空间的建筑）场所和安全生产重点企业调研督导安全生产工作。

8 日 市长周斌到建湖县调研农业农村工作，就大力培植特色产业、完善水利基础设施、加快全域土地综合整治、推动农业农村现代化提出明确要求。

9 日 建湖县被省交通运输厅列入 2022 年度农村物流 19 个达标县建设计划名单。

17 日 共产党员网先锋文汇、江苏先锋微信公众号、“学习强国”江苏学习平台分别报道建湖县首开党建慢直播做法。

18 日 “建湖寿杰”108 岁的马兰花辞世。

19 日 县开展新冠肺炎疫情应急处置小区封控管控演练，县长陈霞在县指挥中心视频观摩演练并点评。

22 日 县委、县政府与各镇（街道、区）、各部门单位签订维护社会稳定、平安法治建设和信访工作责任书。

4月

1 日 建湖县组织青菜、芦笋、西葫芦、黄瓜等新鲜蔬菜套餐 6 万份 80 吨，驰援上海助力抗疫。

8 日 在太湖勇救落水母女的建湖县颜单镇任杨村村民顾建志，获苏州市见义勇为基金会、吴中区见义勇为基金会颁发的奖金。是年 11 月，入选“中国网事·感动 2022”二季度网络感动人物。

11 日 县政协委员、江苏强东物流有限公司董事长孙强带领志愿者向防疫隔离点捐赠价值 2 万多元健康食品“大礼包”。

12 日 建湖高新区（塘河街道）综合服务中心入选 2022 年度“15 分钟医保服务圈”省级示范点。

13 日 县委追授县市场监督管理局城南分局局长杨峰“建湖县优秀共产党员”称号，组织全县党员干部向杨峰学习活动。杨峰于 2 月 23 日上午在防疫一线突发疾病抢救无效不幸去世，年仅 46 岁。

15 日 建湖县在省教育厅每四年举办一次的江苏省教学成果奖评选中获得一等奖 3 项、二等奖 2 项。

▲ 在中组部举办的第十六届党员教育电视片观摩交流活动中，县委组织部联合庆丰镇党委拍摄的纪录片《带枪的文艺战士》获评一等奖、五佳策划作品。

16 日 江苏凯卓立液压设备有限公司生产的悬臂式智能车用尾板，首次应用到第二代航天员医监医保车上，助力神舟十三号飞船完成搜救回收转运任务。

21 日 省委第十一巡视组组长沈自力带队到建湖开展为期 50 天的巡视工作。

22 日 “阅读新时代 逐梦新征程”——“书香建湖”第八届全民读书节在县融媒体中心开幕。

24 日 县委书记祁从峰到建湖开发区（钟庄街道）开展“村村到、户户进、人人访”集中走访活动。

25 日 建湖县“企业开办全链通 2.0 版系统”上线办理全市首笔企业开办业务。

▲ 江苏克胜集团股份有限公司研制生产的神约牌 25% 吡蚜酮悬浮剂，入选中国农药工业协会发布的全国“绿色高质量农药产品名单”。

26 日 建湖县开展“科技创新推进年”活动，实施高企培育壮大、科创载体集群、产业创新提升、区域创新协同、创新生态优化“五大工程”。

30 日 建湖高新区江苏那美实业有限公司自动单层封口班组获评“全国工人先锋号”，建湖开发区江苏润阳光伏科技有限公司润阳设施班组获评“江苏省工人先锋号”，江苏省杂技团团长、党支部书记吴其凯获评江苏省“五一劳动奖章”。

5月

5 日 建湖县举办村集体领办新型农场培训班，全县78个村（居）被列为新型农场建设试点，计划流转土地2.19万亩。

6日 “建湖虾稻米”获授国家知识产权局核发的地理标志证明商标，虾稻米获国家地理标志证明商标的全国仅3家，建湖为全省第一家。

9日 县疾控中心城市核酸检测基地投入试运行，日最大检测量4万余管。

▲ 全县第一批14个健康小屋便民核酸检测点投入使用，日总检测量1万多人次。

12日 县举行关工委成立30周年庆祝活动，听取县关工委工作报告，集中观看《而立关工奋进路》专题片，表彰先进集体和先进个人。

16日 建湖县在全市首推“踏勘即发证”，整合原审批中现场踏勘、审核、许可决定、制证和送达五个环节，压缩办理时限60%，现场审查通过率95%以上。

17日 2022盐城生态三鲜美食节——遇“建”湖鲜开幕式暨全县文化惠民演出启动仪式举行，举办九龙九鲜品牌发布、食材展示、建湖名菜评选、建湖餐饮名店授牌等活动。

18日 浙江耀宁科技有限公司总投资102.3亿元的耀宁12吉瓦时磷酸铁锂电池及系统总成项目签约落户建湖开发区上冈产业园。

▲ 建湖县组团参加盐城投资环境说明会暨丹顶鹤国际湿地生态旅游节，现场签约磷酸铁锂电池及系统总成、“冒险小王子”主题乐园、数字化工厂建设、晶硅光伏产业4个项目，洽谈6英寸集成电路及功率器件、伺服电机与伺服驱动器、4吉瓦时储能电池模组及PACK等项目。

19日 “智汇建湖 科创赋能”建湖—常州工学院云上产学研对接活动在建湖举行，常州工学院与博克斯、崇达石化、鸿顺铝业、恒祥宇新材料、正伟机械5家企业进行校企产学研合作云签约。

20日 在市商务局、市市场监管局、放心消费电子创建办公室和消费者协会联合组织的第二批“盐城市特色夜市街区”评选中，九龙口淮剧小镇和宝龙广场被评为特色夜市街区，全市10家。

▲ 建湖县首次引进Jh700大型工业级植保无人机，在农田快速高效喷洒农药。

21日 建湖县第三届“畅享建湖”阅读马拉松比赛在万达·天空之城“双湖读吧”举行，42名参赛者组成6支代表队参加近6小时的比赛。

22日 县新时代文明实践中心、建湖生态环境局、县图书馆联合开展“为所有生命构建共同的未来”生物多样性主题活动。

25日 由县文明办、教育局、新时代文明实践中心主办的建湖县第三届“心向阳光，健康成长”未成年人心理建设主题教育宣传月启动。

26日 万亩稻虾综合种养示范基地现场测产暨揭牌仪式在高作镇举行，全国脱贫攻坚楷模赵亚夫、县政协主席胡铭共同为江苏省农业科学院亚夫科技服务稻虾综合种养建湖高作工作站揭牌。

28日 建湖高新区、芦沟镇分别与湖南隆平种业有限公司签订制种产业园项目，与江苏优丰石化科技有限公司签订石油钻采设备及零部件项目，与江苏迈利凯半导体有限公司签订单晶硅切片项目，3个项目总投资4.5亿元。

▲ 县委党校2022年主体班开学典礼在县文化艺术中心大剧院举行。县委书记祁从峰作开班动员讲话并讲授“开学第一课”。

31日 江苏正清米业公司生产的建湖大米获第六届“盱眙龙虾香米”杯“江苏好大米”品鉴推介活动特等奖。

▲ 在江苏省首批中高端稻米（油）全产业链发展模式优秀案例——首届“苏米工匠”评选活动中，颜单福泉有机稻米专业合作社理事长唐福泉入选。

6月

1日 建湖县现代农业产业园入选第二批省级现代农业产业示范园。

7—9日 建湖县3198名考生参加高考，设建湖高级中学、县第二中学2个考点110个考场。

8日 农业农村部科技教育司副司长孙法军、农机化司副司长宋建武带队到建湖检查指导“三夏”小麦机收工作。

10日 “建湖有戏·纸爱建湖”剪纸作品展在县美术馆开幕。

12日 由县总工会、县农业农村局主办，江苏正清米业有限公司承办的首届“建湖大米·正清米业”杯机插秧技能大赛在正清米业农场举行，评选一等奖1名、二等奖2名、三等奖3名。

14日 建湖县少数民族职业技能培训班开班，全县近百名少数民族群众参加培训，培训内容为家禽养殖、农副产品电商销售等。

15日　省重大危险源专项检查督导组对中石化上冈油库开展危化品重大危险源专项检查督导。

▲　盐城市行政干部公共管理能力强化班和国有企业干部经营管理能力强化班第四期开班仪式在建湖县委党校举行。

▲　建湖县政银企合作交流座谈会在盐城举行，县政府与市内外22家金融机构签订5年新增融资1200亿元的战略合作协议。

16—18日　建湖县7255名学生参加中考，设建湖高中、建湖中专、建湖一中、建湖二中、汇杰初中5个标准化考点243个考场。另有6773名八年级学生参加生物和地理学科测试。

20日　县委人大工作会议召开。

▲　县淮剧团创作的淮剧《谷家大事》参加省新时代现实题材舞台艺术作品巡演。

22日　建湖县空气优良天数比率81.5%，在全市排名第一。

22—23日　青海省玉树市市长扎西旺加率玉树代表团到建湖考察交流，商谈合作事项。

23日　江苏顺达公路工程有限公司取得省交通运输厅认定的公路养护甲级、桥梁养护甲级和交通安全设施养护（不分等级）三项养护专业资质，成为盐城市县级首家获得养护甲级专项作业资质的单位。

▲　县委书记祁从峰当选中国共产党第二十次全国代表大会代表。

27日　盐城市城乡建设第二批重点项目集中开工，涉及建湖计划开工1000万元以上城乡建设重点项目6个，计划总投资3.47亿元。

▲　中央电视台《焦点访谈》栏目以《守住粮食生产的“命根子”》为题，报道建湖县推进全域土地综合整治、助力乡村振兴的经验做法。

28日　建湖县出台《建立健全耕地保护责任机制的意见》。

▲　建湖县慈善总会“幸福家园”村社互助项目在全县248个村居实施。

29日　建湖开发区与盐城港国际陆港集团举行合作签约仪式。

7月

1日　“阅读新时代，喜迎二十大”第十二届江苏书展建湖分展场启动仪式在建湖凤凰书城举行。

7日　建湖县开创的“一表申请、一窗受理、一同踏勘、一并接入、一网流转”的“水电气网”联合报装服务新模式，在市“水电气网视”联合报装系统操作视频培训会作经验交流。

9日　冈西镇顾顶新型社区、恒济镇恒庆新型社区被命名为“江苏省特色田园乡村”。

12日　建湖首座110千伏预制舱式用户变电站竣工投运。

▲　恒济镇建河村与省邮政公司党建联盟启动仪式举行，为村企联盟共建基地揭牌，省市县邮政公司分别向建河村捐赠工作经费、农业生产资料等。

15日　建湖电子信息产业招商推介会在深圳举行，8个产业项目和2个战略合作项目集中签约，计划总投资45.5亿元。

20—22日　县长陈霞带领建湖县党政企代表团前往青海省玉树藏族自治州玉树市，开展东西部协作交流活动。县总工会、县人民医院、县湖阳路小学、县旅发公司与结对单位签订对口交流协作协议。

23日　“荷”颜悦色九龙口——九龙口荷花节暨第八届全国荷花品种展在建湖县九龙口旅游度假区开幕。

26日　上海环境能源交易所向九龙口旅游度假区颁发全国首张“碳中和景区”证书。

27日　盐城市高质量发展项目观摩暨“大走访大推进大招商”活动推进会在建湖举行。

28日　建湖县举行“勇当排头兵、奋进向未来”系列新闻发布会，新华网、《新华日报》等媒体应邀参加，县公安局、自然资源和规划局通报工作开展情况及成效。

29日　海安市市长谭真率团到建湖开展教育协作活动。

8月

1日　“建湖红驿·灵龙里驿”红色驿站揭牌仪式举行。

1—4日　省乡村振兴专家团队到建湖开展乡村建设评价工作。

2—3日　国家发改委国际合作中心丝路产业与金融国际联盟副理事长卢守纪带队到建湖调研电子信息产业发展情况。

6—31日　建湖县发放餐饮、购物、家电、汽车、电影院和购书、体育健身等领域使用的消费券1000万元。

9 日 道尔道科技股份有限公司获省工信厅授予的江苏省"质量标杆"企业，是盐城市唯一获此荣誉的工业企业。

12 日 省委第十一巡视组向建湖县反馈巡视情况。4 月 21 日至 6 月 30 日，省委第十一巡视组对建湖进行巡视，主要存在贯彻新发展理念不够牢固、推进全面从严治党不够深入等五方面问题。省委巡视组组长沈自力、市委书记徐缨分别提出整改要求，县委书记祁从峰作表态发言。

13 日 县委十五届三次全会召开，县委书记祁从峰代表县委常委会作工作报告，会议通过《中国共产党建湖县第十五届委员会第三次全体会议决议》。

15 日 县委书记祁从峰带领相关部门负责人到建湖开发区重点企业开展"大走访"活动，面对面问需求，解难题，促发展。

16 日 由省、市、县总工会举办的"苏工暖'新'行动——'8+X'综合服务集市盐城专场"在县中通快递公司大院内开集。为新就业形态劳动者开展入会服务、心理咨询、法律服务、健康体检、交通安全警示宣传教育、赠送暖"新"安康礼包等特色服务。

18 日 盐城市"民族团结一家亲·喜迎中共二十大"巡礼活动启动仪式暨建湖县第二届少数民族文化艺术节在九龙口旅游度假区举行。

19 日 建湖（苏州）产业合作推介会在苏州举办，集中签约 34 个项目，总投资 146 亿元。

▲ 盐城湿地科普研讨会暨盐城黄海湿地科普共同体业务培训在建湖举行。

22 日 建湖县 2022"梦之蓝"少儿才艺大赛暨中小学生征文大赛颁奖典礼举行。

25 日 2022 年建湖对口支援青海同德教育教学团队启程。

31 日 县级流调溯源战队、镇级流调处置小组全体人员、县疾控中心全体公共卫生医师 100 多人，参加新冠肺炎疫情防控流调溯源工作培训。

9月

1 日 建湖县举行"情系孤困·慈善一日捐"暨"99 公益"江苏（建湖）专场活动启动仪式。至 9 月 15 日，全县 52089 人参与捐款 5995890.02 元。

▲ 盐城市市政公用设施联合报装"一件事"现场会在建湖召开。

5 日 在江苏省第二十届运动会上，建湖县青少年运动员在速度轮滑、游泳、田径、散打、射击等项目比赛中取得 14 枚金牌、12 枚银牌、11 枚铜牌的成绩。

6 日 建湖查玉婷家庭获评第三届江苏省文明家庭。

8 日 江苏润阳光伏科技有限公司、江苏铭星供水设备有限公司被认定为 2022 年度省工业互联网示范工程（工业互联网标杆工厂类）。

15 日 江苏省耕整作业装备创新中心揭牌仪式在建湖举行。

17 日 建湖县数字经济发展推进会召开。

▲ 战斗英雄姜祝山子女向建阳县抗日民主政府旧址纪念馆捐赠姜祝山当年获得的部分军功章，高作镇人民政府、建阳县抗日民主政府旧址纪念馆向其子女颁发收藏证书。

19 日 建湖县"喜迎二十大 礼赞新时代"红色广场舞大赛在县万达·天空之城举办。

▲ 建湖县 5 名残疾人运动员入选盐城市代表队参加江苏省第十一届残疾人运动会，在田径、游泳比赛中获 3 枚金牌、2 枚银牌、1 枚铜牌。

19—21 日 新华社开设《走进县城看发展》栏目，江苏分社副总编张展鹏带队到建湖采访，挖掘建湖县推动绿色低碳高质量发展经验做法。

20 日 国家卫健委职业健康司一级巡视员、副司长王建冬，国家卫健委职业病管理处处长廖海江一行到建湖，调研尘肺病康复站建设运行情况。

▲ 第三届"领航新时代·先锋耀建湖"微党课集中展示活动举行。

22 日 庆祝 2022 年中国农民丰收节暨"遇建湖鲜"农产品金秋展销会开幕。

▲ 建湖淮剧、杂技、美食等文旅元素在"运河城市文旅精品展"上惊艳亮相。

27 日 建湖县以"礼赞新时代 追梦复兴路"为主题的《习近平谈治国理政》第四卷文艺化宣讲活动在沿河镇兴旺社区广场举办。

▲ 全市城乡建设第三批重点项目集中开工，建湖县在城南自来水厂二期扩建项目现场设立分会场，总投资 12.75 亿元泽园御景新城、县方舱医院改造工程等 6 个项目，以视频连线形式参与集中开工活动。

29—30 日 德国贸促机构、德国跨国公司代表及省贸促会、外办领导一行到建湖考察交流。德国海外商会联盟华东及华中区政府事务总监、德国图林根州发展局驻华联络处首席代表郝智，省贸促会会长尹建庆，副市长蒋巍等出席活动，县长陈霞致辞。

30日　2022年烈士纪念日公祭活动在县烈士陵园广场举行。

10月

1日　“建湖有戏　小镇有喜”2022九龙口旅游度假区国庆文化周系列活动开幕式在沙庄戏苑举行。

2日　建湖县举办“产才共建·智创汇湖”第二届盐城籍高校院所科创人才菁英汇活动。

10日　“绿色盐城·九龙口大闸蟹”高铁冠名列车首发式在上海举行，冠名列车日运行68个车次，覆盖上海市、江苏省、安徽省、浙江省等长三角城市。

11日　盐城市道德讲堂巡听工作暨第四期“道德讲堂”活动在建湖县人民检察院举行。

12日　江苏省杂技艺术联盟（江苏省杂技团）入选中国侨联第十批“中国华侨国际文化交流基地”名单。

16日　中共二十大代表、县委书记祁从峰在北京出席中共二十大。县四套班子领导在县行政中心西三会议室集中收听收看开幕实况。

17日　《光明日报》推出《代表之声》栏目，刊发对中共二十大代表、建湖县委书记祁从峰的专访《方向更明　思路更清》。

27日　建湖县举办企业挂牌上市工作专题培训会议，市地方金融监管局副局长孙秀春和华泰证券盐城分公司副总经理杨飞分别作盐城资本市场建设上市工作要点、流程和上市案例专题授课。

31日　县委组织部报送的作品《遇“建”你真好》获得“新时代　新风采”——2022年（第七届）全国人才工作新闻摄影暨短视频比赛三等奖。

11月

1日　建湖县旅游协会成立大会召开，审议通过《建湖县旅游协会章程》《建湖县旅游协会组织机构选举办法》，选举产生县旅游协会首届理事会。

▲　“江苏品牌产品线上丝路行”建湖专场暨“2022江苏—阿联酋石油装备展线上对接会”开幕式举行。

4日　“相约长三角·奋进新征程”苏州高新区（虎丘区）与建湖县合作共建恳谈会在苏州举行。建湖县人民政府与苏州市高新区（虎丘区）签订合作共建协议；建湖开发区与浒墅关开发区、建湖高新区与苏州科技城分别签署合作协议。

▲　2022年建湖县职工乒乓球电视大赛在县体育馆开赛。31支代表队156名选手参赛，决出女子单打1—4名，男子单打1—8名，团体4—8名和团体冠军、亚军、季军等奖项。

5日　“相约长三角·奋进新征程”2022建湖（长三角）招商推介会在苏州高新区举行，年产12GW光伏电池片等22个项目集中签约。

9日　道尔道科技股份有限公司生产的钢弹簧浮置板道床被评为国家级单项冠军产品，全市仅一家获此荣誉。

11日　由江苏省广播电视总台牵头策划实施的《共富路上同奋斗》全省融媒体行动启动仪式在九龙口镇收成村举行。

13日　由江苏省杂技团打造的原创杂技《炼——倒立技巧》节目获中国杂技最高奖“金菊奖”。

15日　九龙口国家湿地公园入选江苏省第一批公众喜爱的高品质绿色空间城市公园类项目名单。

16—17日　省发展和改革委二级巡视员金乐君带队到建湖督查省委一号文件贯彻落实情况，围绕更好发挥“三农”“压舱石”作用、接续全面推进乡村振兴、改善农民生活品质等开展督查。

17日　盐城市城乡建设第四批重点项目暨城北地区康庄雅苑项目开工活动举行，建湖县4个城乡建设项目参加集中开工，计划总投资6.08亿元。

21日　盐城市老干部艺术团喜庆中共二十大专场文艺演出在建湖县文化艺术中心举行。

22日　建湖县残疾人联合会第六次代表大会召开，选举产生新一届残联领导机构。

23日　盐城市人大乡村振兴监督工作现场推进会在建湖举行。中共二十大代表、县委宣讲团团长、县委书记祁从峰作宣讲报告。

▲　盐城市政协组织医卫、文化界委员和专家到建湖县上冈镇，开展“送医送文化下乡”暨专题视察活动。

25日　建湖县学习贯彻中共二十大精神宣讲报告会在县文化艺术中心举行。中共二十大代表、市委宣讲团成员、县委宣讲团团长、县委书记祁从峰作宣讲报告。

29日　盐城市博物馆考古专家在冈西镇双墩村窖藏现场发掘出1.5吨唐宋时期钱币。

30日　建湖县慈善总会第三次会员代表大会召开，选举产生新一届理事会、监事会。

12月

6日 建湖县四套班子领导集中收看江泽民追悼大会直播。

10日 盐城市九龙口大闸蟹产业发展促进会成立大会暨品牌建设推进会在建湖召开。省淡水水产研究所所长潘建林代表研究所与盐城市九龙口大闸蟹产业发展促进会签订战略合作框架协议。盐城市各县（市区）选送的优质大闸蟹参加现场评比并颁发“蟹王、蟹后奖”“金蟹奖”“优质蟹奖”。

12日 浙江耀宁科技有限公司总投资102.3亿元的耀宁年产12吉瓦时锂离子电池及系统总成项目开工仪式在建湖开发区上冈产业园举行。

14日 共青团建湖县第十八次代表大会召开，选举产生新一届团县委领导机构。

16日 建湖县妇女第十五次代表大会召开，选举产生新一届妇联领导机构。

▲ 建湖县“党建网红　播动水乡·第三届寻找最美直播带‘货’人”总决赛举行。10组选手通过评委打分和专家评审选出一、二、三等奖，根据网络点赞，评出最佳人气奖。

17日 建湖县科学技术协会第七次代表大会召开，选举产生新一届县科协领导机构。

19日 江苏克胜集团蜻蜓农服获评2022年全国农业社会化服务典型。

20日 县委印发《关于省委巡视反馈意见整改进展情况的通报》，至12月20日，省委巡视反馈的31个问题，完成整改12个，基本完成19个；153条整改措施，落实到位63条，取得明显成效90条，制定完善18项制度，债务化解、安置房办证难等问题整改做法被《江苏巡视动态》刊载；对移交的3条问题线索进行初核，交办的326件信访件，办结309件，办结率94.79%。

▲ 盐城市崇达石化机械有限公司通过省级2022年度质量信用等级AAA级认定。

21日 塘河街道未来城、近湖街道西塘河边、钟庄街道水韵绿城3个健康小屋改造为便民医疗服务点启动运行。

22日 县委十五届四次全会召开，县委书记祁从峰作工作报告，审议通过《中共建湖县委关于深入学习贯彻中共二十大精神，在新征程上全面推进中国式现代化建湖新实践的决定》《中国共产党建湖县第十五届委员会第四次全体会议决议》。

26日 建湖县上海素畅食品江苏有限公司、建湖九龙口大闸蟹有限公司入选2022年新增农业产业化省级重点龙头企业名单。

27日 近湖街道商会被认定为全国“四好”（政治引领好、队伍建设好、服务发展好、自律规范好）商会，建湖开发区商会、颜单镇商会被认定为江苏省“四好”商会。

29日 县政府办印发《2023年支持企业稳岗留工十条政策措施》。

荷花漫景区　　（赵小青　摄）

自然地理

【位置面积】 建湖县位于江苏省盐城市中西部，东枕204国道，西襟射阳湖。东以廖家沟北段、堆塘河、大洋河与射阳县分界，南以潭洋河西段、南草堰河、皮汊河西段、盐河与盐都区接壤，西南以大凹子塘与宝应县分界，西至射阳湖湖心与宝应、淮安、阜宁三市县苇荡毗连，西北以戛粮河、北以马泥沟及渔深河与阜宁县分界。县城略呈头朝西南、尾向东北的鳜鱼形。地理坐标为北纬33°16′—33°41′、东经119°32′—120°05′。全县南北长约43.7千米，东西宽约48.7千米。总面积1157.07平方千米，其中水域面积占23.9%。

【地形地貌】 建湖县域大地构造单元属扬子准地台的苏北坳陷带，由于平原沉陷幅度不等，形成一系列相对的凹陷和凸起，县城位于建湖潜伏凸起地段。根据地形地貌变化，县境大致分为5个类型区：一是沿冈地区。县境东部为古海岸线，距今4500年前，长江江流夹带泥沙向东北海底沉积，逐渐形成3条南北走向的沙脉，其后湮为平田，故地势高于西部，平均地面真高2米以上。二是沿海区，又称沿海垦区。沿冈以东，明朝初期为浅海，明朝中叶后逐渐淤成滩涂，明朝后期和清代辟为盐灶。民国初年，废灶兴垦，始辟为农田，平均地面真高1.6米左右。三是中部低平田区。沿冈以西，东西塘河两岸，古为沼泽地带，有若干湖荡分布其间，其后湖荡逐渐湮为平地，故地势低洼，地面真高1.3—1.9米，最低的0.7米。四是西部高田区。走马沟两岸是县境西部隆起地区，地面真高2.2米左右，习惯称“西高脊”“西高田”。五是沿荡区。县境西部及西南沿荡地区，原为湖滩地，地面真高1米左右。全县总体地势平坦低洼，由于东北沿冈一线和西部走马沟两岸略高，地形剖面呈马鞍形，县境地面平均真高1.74米，最高处3米，最低处0.7米。

【气候特征】 建湖是北亚热带和暖温带的过渡地带，属季风气候区，季风环流支配本地区主要气候要素的变化。冬季受极地大陆气团影响，夏季在热带暖气流控制下，因南北暖冷空气常在本地区交汇，季风早迟和强弱年际变化较大。总的气候特点：气候温和，季风盛行，冬季较冷，四季分明，热量充裕，光照充足。2022年气温偏高，降水偏少，日照正常。

气温 2022年年平均气温16.3℃，比常年平均偏高1.6℃，各月与常年同期相比，1—9月、11月比常年同期高，10月、12月比常年同期低。冬季（12月至翌年2月），平均气温3.9℃，比常年同期高1.1℃。冬季最低气温-9.7℃，出现在2021年12月27日，冬季最高气温18.3℃，出现在2022年2月28日。春季（3—5月），平均气温16℃，比常年同期高2.3℃，春季最低气温0.7℃，出现在3月2日，春季最高气温31.2℃，出现在5月27日。夏季（6—8月），平均气温28.6℃，比常年同期高2.8℃，夏季最低气温18.1℃，出现6月8日，夏季最高气温37.9℃，出现在8月11日。秋季（9—11月），平均气温17.4℃，比常年同期高1.0℃，秋季最低气温-2.3℃，出现在11月30日，秋季最高气温35.8℃，出现在10月3日。

降水 2022年降水日数75天，总降水量733.9毫米，比常年少231.8毫米，各月与常年同期相比，3月、7月、9月、11月多，1—2月、4—6月、8月、12月少，10月持平。2022年梅雨非典型性特征明显，建湖县入梅正常、出梅正常、梅期略偏短、梅雨量异常偏少，以对流性降水为主，梅雨期间多晴热高温天气。冬季（12月至翌年2月）降水量38.9毫米，比常年少48.4毫米。春季（3—5月）降水量100毫米，比常年少71.1毫米。夏季（6—8月）降水量349.5毫米，比常年少165.8毫米。秋季（9—11月）降水量241.0毫米，比常年偏多49.8毫米。全年单日最大降雨量92.4毫米，出现在9月15日。

日照　2022年日照时数1937.2小时，比常年同期少222.5小时，各月与常年同期相比，1—5月、7—11月少，6月、12月多。冬季（12月至翌年2月）日照时数437.9小时，比常年同期少28.8小时。春季（3—5月）日照时数567.3小时，比常年同期少17.1小时。夏季（6—8月）日照时数542.3小时，比常年同期少31.5小时。秋季（9—11月）日照时数419.5小时，比常年同期少115.3小时。

风　2022年出现3次大风天气，全年最多风向为东南偏南。

雪　2022年降雪日数为8天，其中2月5天、3月2天、12月1天，最大积雪深度1厘米，出现在2月7日。

表1　　2022年建湖县气象资料

月份要素	1月	2月	3月	4月	5月	6月	7月	8月	9月	10月	11月	12月	全年
平均气温（℃）	3.3	3.5	11.0	16.2	20.9	27.3	29.0	29.4	22.4	16.5	13.3	2.5	16.3
降水量（毫米）	27.5	8.4	67.9	30.9	1.2	57.8	240.8	50.9	109.5	48.6	82.9	7.5	733.9
降水日数（≥0.1）	5	3	11	5	1	7	12	7	5	6	10	3	75
日照时数（时）	105.8	131.2	169.2	186.0	212.1	198.8	146.1	197.4	124.8	184.2	110.5	171.1	1937.2

【异常天气】　2022年，建湖县雾和霾、暴雨、大风、强对流、台风、高温和寒潮等灾害性天气时有发生，给人民群众的生产生活造成一定影响。8月极端最高气温37.9℃，10月极端最高气温35.8℃（为建湖县1960年以来10月极端最高气温），年极端最高气温37.9℃（与常年持平）；3月平均最高气温16.4℃，6月平均最高气温32.2℃，8月平均最高气温33.4℃，年平均最高气温21℃和5月最少降水量1.2毫米，均属异常气候。2022年高温日数27天（为1960年以来高温天数最多值），突破历史极值。高温出现时间早，日数多，范围广，强度强。6—8月出现三轮较大范围的连续高温天气，连续高温日数12天，突破历史极值。4月30日至5月24日，建湖县出现持续无降水，持续无降水日数25天（为1981年以来5月极值），5月降水与常年同期相比少超九成，出现明显气象干旱。

【河流水文】　建湖县地势平坦，沟河纵横，境内河网密布，有大小沟河近4000条，入海水道有射阳河、黄沙港。射阳河是里下河腹部地区排水入海的最大干河，西南起自射阳湖，向东北流经朦胧、阜宁县城至射阳县海通镇入海，全长198千米，在县内高作镇大尖村到马泥沟长5.7千米。黄沙港原为垦区排水河道，属射阳河支流。1971年从黄土沟利用西塘河南段拓浚，经建湖县城向东拓浚老黄沙港入海，整治后，黄沙港成为里下河腹部排水通道之一，全长88.9千米，境内长54.5千米，从黄土沟到东陈堡南段北流向长24.5千米，从东陈堡至黄沙堆西东流向长30千米。2022年底，全县有省级河道27条、县级河道39条、镇级河道226条、村级沟河3636条。南北流向的河流主要有蔷薇河、戛粮河、西塘河、东塘河、渔深河、串场河、通榆河；西东流向的河流主要有盐河、黄沙港北塘河。上承兴化、宝应、淮安等地客水，内汇县境河沟之水，分别注入黄沙港、射阳河流入黄海，兼作灌溉、航运之用。主要支流有皮汊河、芦沟河、李夏沟、神台河、马泥沟、太绪沟、西冈河、廖家沟等。县境原为古潟湖的一部分，由于古长江、古淮河水流长期挟带大量泥沙淤积，加之黄淮泛滥，洪水过后沉积大量泥沙，填沟充壑，垫洼淤湖。地势较高的，逐步形成连片的草地、湖田、柴田、圩田，地势较低的潴为成群的湖荡和蛛网式的港汊。全县有上冈水文站、黄土沟水文站、建湖水文站、永兴委托站和收成庄委托站。县境水文站点均采用水位、雨量自记化，测流缆道化、报汛信息自动化传输等水文观测方法系统观测记载。

【土地资源】　2022年，全县耕地面积58009.99

公顷（870149.85亩）。其中，水田53843.97公顷（807659.55亩），占92.82%；水浇地4127.93公顷（61918.95亩），占7.11%；旱地38.09公顷（571.35亩），占0.07%。园地303.93公顷（4558.95亩）。其中，果园220.48公顷（3307.2亩），占72.54%；其他园地83.45公顷（1251.75亩），占27.46%。林地6969.35公顷（104540.25亩）。其中，乔木林地576.92公顷（8653.8亩），占8.28%；竹林地1.56公顷（23.4亩），占0.02%；灌木林地0.06公顷（0.9亩），占比不足0.01%；其他林地6390.81公顷（95862.15亩），占91.7%。草地101.4公顷（1521亩）。全部为其他草地。湿地453.27公顷（6799.05亩）。其中，内陆滩涂64.27公顷（964.05亩），占14.18%；沼泽地389公顷（5835亩），占85.82%。城镇村及工矿用地16554.79公顷（248321.85亩）。其中，建制镇6649.8公顷（99747亩），占40.17%；村庄9398.63公顷（140979.45亩），占56.77%；采矿用地73.39公顷（1100.85亩），占0.44%；风景名胜及特殊用地432.97公顷（6494.55亩），占2.62%。交通运输用地4118.6公顷（61779亩）。其中，铁路用地167.57公顷（2513.55亩），占4.07%；公路用地1972.56公顷（29588.4亩），占47.89%；农村道路1921.16公顷（28817.4亩），占46.65%；机场用地39.17公顷（587.55亩），占0.95%；港口码头用地18.14公顷（272.1亩），占0.44%。水域和水利设施用地28917.85公顷（433767.75亩）。其中，河流水面10419.5公顷（156292.5亩），占36.03%；坑塘水面13565.41公顷（203481.15亩），占46.91%；沟渠3703.39公顷（55550.85亩），占12.81%；水工建筑用地1229.55公顷（18443.25亩），占4.25%。其他土地278.31公顷（4174.65亩）。其中，设施农用地278.30公顷（4174.5亩），占比超过99.99%；田坎0.01公顷（0.15亩），占比不足0.01%。（数据来源：《建湖县2022年度国土变更调查》）

【生物资源】 建湖县陆生维管植物包含蕨类植物3科3属3种、裸子植物5科8属13种、被子植物85科295属。哺乳动物7目9科17种；鸟类133种，隶属16目45科79属。爬行动物2目7科12种。两栖动物5种。陆生昆虫：蝶类21种，其他陆生昆虫8目73种。淡水水生生物：鱼类37种，隶属5目10科28属；底栖动物3门8属37种；浮游植物8门66属119种；浮游动物4门75种；水生维管植物蕨类2科2属2种、被子植物28科47属59种。（资料来源：建湖生态环境局2019年《建湖县生物多样性本底调查与编目技术报告》）

历史人文

【历史述略】 建湖县境历史人文底蕴深厚，早在春秋战国时期，就有先民渔稼耕猎，繁衍生息。吴越灵韵、楚汉雄风的交融渗透，汉代墓葬群、东晋东海王墓，以及九龙墩、朦胧塔、罗汉院、泰山寺等众多历史文化遗存，无不为这方水土烙下古文明的印记。穿行于钟灵毓秀的这方热土，令人感悟到的是地域人脉的厚重。这里人杰地灵，英才辈出。负帝蹈海、以身殉国的南宋左丞相陆秀夫在此诞生，笑傲国际舞台的才子外交家乔冠华从这里走出，遨游太空的第一位华人王赣骏根系这方水土。这里文化积淀丰厚，是中国地方戏淮剧的起源地和全国杂技的发祥地之一，烟花爆竹自明末清初开始产销，迄今已有300余年历史，素有“淮剧之乡”、“杂技之乡”和“花炮之乡”的美称。千百年来，这里水美鱼肥，地沃粮丰，一直被誉为江苏的“鱼米之乡”和盐城的“水乡明珠”。1926年起境内就有中共组织活动，1939年10月中共地方组织恢复重建，并在抗日的烽火中逐步壮大。1941年9月，日本侵略军对盐阜区的第一次大“扫荡”后，中共盐阜区委将盐城县划县分治，西北乡划出设县。1945年8月，抗日战争胜利后，为迅速医治战争创伤，中共建阳县委对全县实行一系列的民主改革，开展锄奸反霸、土地改革和镇压反革命运动，建立健全各级党组织和人民民主政权。1946年秋，解放战争全面爆发，全县各级党组织和党员干部响应“区不离区、乡不离乡”号召，坚持原地斗争，组织军民联防，保田保家乡，坚决反击国民党势力残余及还乡团的猖狂进攻。1948年3月，国民党势力残余在县境绝迹，全县人民开始战后整顿工作。

【建置沿革】 建湖县域原是古淮夷地一部分，春秋初属吴国，吴国灭亡属越国，战国时属楚国。秦朝初期为东海郡属地，秦朝末期为东阳郡属地。汉朝初期为射阳县东境。西汉元狩四年（前119），射阳、盐渎分治，境内大部分为盐渎县辖地。东晋义熙七年（411），射阳县废置，盐渎县改称盐城县，县境东部仍属盐城县，西部划属新立左乡县。隋大业九年（613），县境分属新安、安乐、射阳三县。唐武德七年（624），复立盐城县，县境全部为盐城县属地。清雍正九年（1731），县境东北部属阜宁县。1941年9月，盐城县划县分治，成立建阳县。1951年7月，因与福建省建阳县同名，取建阳、湖垛两镇的首字为名，改称建湖县。建县后，先后隶属盐阜行政公署、盐阜分区、苏皖边区第五行政区、苏北行署盐城行政区、江苏省盐城专区、江苏省盐城地区，1983年盐城设市后为盐城市属县。

【行政区划】 建湖县设近湖、塘河、钟庄3个街道，上冈、建阳、颜单、恒济、庆丰、九龙口、高作、芦沟、沿河、冈西、宝塔11个镇，建湖开发区、建湖高新区、九龙口旅游度假区3个省级开发区（度假区）。建湖开发区和钟庄街道、建湖高新区和塘河街道实行区街合一，九龙口旅游度假区和九龙口镇实行区镇合一管理体制（以下简称九龙口区镇）。

表2　　建湖县各镇（街道）村（居、社区）情况

单位：个

序号	镇（街道）名称	村委会数	居委会数	村（居、社区）名称
1	近湖街道	9	17	裕丰、太平、东冯、唐东、蔡徐、镇北、西葛、镇南、高桥（先锋、管舍、镇西、黄桥、桥东、季埝、徐东、沈舍、建北、城北、西苑、花园、神台、近湖、城南、孟兰、秀夫）
2	钟庄街道	19	2	陈堡、桥东、杨庄、新东、南华、建新、新联、东北、范墩、马渡、钟南、双港、丁港、口河、刘岑、秉文、大王、新河、古桥（钟东、钟西）
3	塘河街道	7	1	严桥、长沟、胜利、走马、李夏、七里、乔庄（双湖）
4	建阳镇	19	3	马厂、湖成、顾杨、赵墩、瓦瓷、西尖、建南、金桥、王桥、职工、新桥、交睦、顾东、荡中、建东、丰喜、新阳、东尤、李庄（戛粮、建阳、长建）
5	九龙口镇	10	1	九龙口、合荡、收成、五谷、金徐、梅苏、太绪、竹元、梁泽、亥河（蒋营）
6	恒济镇	11	1	山河、恒东、建中、强为、九里、沿南、恒庆、建河、东袁、苗庄、花垛（孟庄）
7	颜单镇	7	1	任杨、三虹、漕桥、古虹、沈杨、楼港、马路（单庄）
8	沿河镇	13	2	新丰、沿港、向阳、郑沟、长新、天美、树桥、沿东、马沿、兴旺、蒿仑、自强、烽火（东夏、东兴）
9	芦沟镇	13	3	联星、双庆、芦东、东升、芦北、淳化、大同、裴西、同建、徐沟、杏园、田曹、红亮（朝阳、五联、裴刘）
10	庆丰镇	18	3	马庄、东平、东乔、双河、董徐、朱港、中陈、东刘、洪桥、永安、高丰、谷庄、华林、胡王、廖庄、北秦、吉庄、北凌（庆丰、刘庄、唐庄）
11	上冈镇	35	10	大团、榆西、宋楼、沙汪、坍圩、桥南、大志、黎明、复兴、南庄、同心、益民、仓冈、龙汪、冈北、学滩（南沙、冈西、冈北、西桥、冈南、新街、新东、镇东） 冈东社区：火炬、风华、运东、康庄、洋中、树新、徐庄、运河、川洋、八庄（镇中） 草堰口社区：大唐、堰红、院道、桃园、东冈、永丰、沙墩、崔庄、堰东（草堰）
12	冈西镇	13	2	陆河、东徐、港东、徐王、顾顶、蔡港、双墩、张荡、左幼、肖荡、东吉、丁渡、嵇舍（西吉、白果）
13	宝塔镇	10	2	长陈、联合、潘渡、高港、港口、裴桥、龙河、宝塔、丁仁、丁湾（辛庄、前庄）
14	高作镇	15	1	双界、长北、陈甲、蒋王、合兴、卞港、季墩、西站、沴庄、大墩、光明、高群、马楼、北庄、大尖（高作）
合计		199	49	—

注：全县11个镇、3个街道，199个村委会、49个居委会，括号内为居委会名称。

【人口构成】 2022年末，全县总户数274393户，比上年减少2336户。户籍人口740521人，比上年减少9670人。其中，城镇人口472482人，占63.8%；农村人口268039人，占36.2%。男性381821人，占51.6%；女

性358700人，占48.4%；男女性别比106.5（以女性为100）。年内出生人口2449人，出生率3.31‰。其中，男婴1247人，占50.92%；女婴1202人，占49.08%；男女婴儿性别比103.74（以女性为100）。迁入人口2659人，迁出人口7839人；死亡人口6917人，死亡率9.34‰，人口自然增长率-6.03‰。全县人口密度每平方千米642人。

【民间风俗】 建湖以范公堤为界，东西风俗略有不同，范公堤一带早年受海盐文化影响，境内西南湖荡地区受渔耕文化影响，后因范公堤一带距黄海越来越远，整体风俗渐渐趋同，水乡特色明显。早年湖荡地区打鱼第一次开网，鱼只吃半边，留下半边，抛入河中，回敬河神；第一天起秧叫开秧门，开秧门要喝开秧酒。总体来说，曾经艰辛的渔耕、煮盐等生活养成了建湖人勤劳简朴、团结互助的乡风，有一家有事百家帮的传统，如建房、插秧、红白喜事等，邻人往往不请自到，或随叫随到，不计报酬。随着农业文明向工业文明转变，农业社会生活意识逐渐淡化，重要民俗仍得以传承，比如忙年、送灶神、贴春联、“三十晚上爬板门”、除夕守岁等年俗，立夏吃蛋和小团饼，端午插艾吃粽子，清明、七月半、冬至烧纸祭祀祖先神灵等民间风俗。

【建湖方言】 建湖方言的内部差别是“南冒北侉”，宝塔、高作镇北部、钟庄街道的西北部、草堰口北部受阜宁方言影响；沿河、芦沟、庆丰、上冈4个镇的南部受盐城方言影响。以建湖县城为中心向四周辐射5千米地域的方言，1961年被淮剧艺术审定委员会确定为中国淮剧的标准语言。建湖方言具有以下特点：无翘舌音，分别把zh/ch/sh读成z/c/s，容易读错1048个字；无后鼻音，分别把eng/ing/ueng读成en/in/uen，容易读错455个字；无辅音声母n和舌边音声母r，而用l代替，容易读错188个字；丢失介音u，把uei，变成ei，容易读错56个字；唇音跟韵母ong相拼，容易读错68个字；把韵母er读成ao，容易读错23个字；保留975个古入声字。建湖方言的词缀有着鲜明的地方特色。三种常用前缀：稀、死、个牢，如稀热、死苦、个牢天；三种常用后缀：精、帐、死了，如名堂精、玩意帐、难过死了；两个常用的中缀：里不、不带，如半里不顿的、说了不带说。

【民族宗教】 2022年，全县有少数民族35个1661人，分别是土家族139人、蒙古族42人、回族93人、苗族269人、傣族22人、藏族12人、壮族165人、朝鲜族11人、阿昌族3人、鄂温克族4人、白族17人、维吾尔族8人、布依族192人、达斡尔族3人、侗族73人、哈尼族26人、京族1人、景颇族3人、拉祜族95人、黎族23人、畲族9人、满族127人、仫佬族8人、普米族2人、布朗族14人、水族24人、仡佬族11人、土族6人、佤族27人、瑶族41人、彝族171人、独龙族1人、毛南族4人、羌族3人、傈僳族12人。另有穿青人25人。2022年，建湖有佛教和基督教两大宗教，在县宗教管理部门依法登记的场所52处，其中佛教20处、基督教32处，创建星级宗教场所52处。

风景名胜

【九龙口旅游景区】 国家AAAA级旅游景区、国家级湿地公园、省级旅游度假区、省级风景名胜区、省级生态旅游示范区。位于建湖县西南部，地处射阳湖腹部盐城、淮安、扬州三市交界处。由蚬河、林上河、钱沟河、安丰河、新舍河、溪河、莫河、涧河、城河9条自然河道汇集而成，取名“九龙口”。九龙口为潟湖型湿地，是名副其实的“金滩银荡”。万顷荡绿，满目水清，飞禽嬉戏，鱼虾遨游，令人心旷神怡。“九龙口”之妙，妙在有岛，名曰“龙珠岛”。九龙口形成时间约在公元前2000多年，属里下河古潟湖三个发展阶段（海湾—潟湖—淡水湖）的第三个阶段。九龙口是古潟湖特征在中国保存完好的地区之一。九龙口景区拥有原生态湿地植被4.5万亩，水质达到国家Ⅱ类水质标准。九龙口资源丰富，有挺水湿生植物17种，沉水及浮叶植物21种，滩地陆生植物25种，浮游植物41种；主要野生动物60多种，包括黄嘴白鹭、大天鹅、小白额雁、鸳鸯、小青脚鹬、红角隼、松雀鹰和纵纹腹小鸮9种国家二级以上重点保护野生动物。景区以龙珠岛为观景核心，有荷花漫、访龙长堤、淮剧小镇等景点。登临龙珠岛九龙阁之顶，纵目眺望，天光湖影，尽收眼底，九龙战蟒传说，荡气回肠；徜徉缤纷花海之中，香菊蔷薇，万紫千红，七彩风车，随风摇曳；流连湿地探险和农业体验项目之上，亲水近水，自在逍遥，拉磨垂钓，不亦乐乎；沉浸于自然的大课堂之内，鱼跃鸟鸣，青草依依，探秘金滩银荡的千年变迁。2022年7月，九龙口景区被列入《中国国家地理》“红框”和《中华遗产》“绿框”，建湖成为中国首个“双框之城”，被上海环境能源交易所碳中和运营中心授予全国首家“碳中和景区”证书。

【温泉度假文旅综合体】 位于建湖县九龙口旅游度假

区内，由盐城市城市资产投资集团文旅公司和建湖县旅发公司合作投资兴建，占地面积453亩，建筑面积2.73万平方米，总投资10.32亿元。2021年7月建成投入使用。综合体分为温泉酒店片区和旅游研学服务基地及精品酒店功能片区，是集“温泉度假”“淮杂研学”于一体的温泉度假文旅综合体。

【淮剧小镇】 位于九龙口旅游度假区，由上海同济大学规划设计，建湖县旅游发展有限公司投资建设。项目占地350亩，总投资10亿元，结合获文华大奖淮剧《小镇》剧目，原景再现《小镇》18个节点，植入“吃住行、游购娱”业态，对原九龙口沙庄古村进行整体提升，项目分两期实施。一期投资5亿元，实施面积155亩，其中村口片区82亩，临湖片区52亩，沙庄戏苑周边街巷及建筑恢复区21亩，建成游客中心、粮仓艺术中心、九鲜馆、冠服馆、沙庄食堂等商业和服务业建筑，还原门楼、主会场、多功能厅、快嘴王小卖部、拱桥等淮剧《小镇》11个场景，2021年10月1日建成对外开放。二期项目2021年12月开工建设，项目以“生态沧桑为本，现代国潮为用”定位打造，投资5亿元，占地105亩，建筑面积3.8万平方米，围绕“保留原乡愁、留住烟火气”的思路，按照“修旧如旧、建新如旧”的原则，突出“两街四巷一湾一环多节点”的要求，融入国潮、淮杂风，结合运营策划和业态布局，改造和提升近300户核心片区，2022年7月二期建成对外开放。

【荷花漫】 总投资5000万元，占地1000亩，以农耕体验为主建设水上农庄、九龙渔趣、九龙渔肆等节点，以观赏性荷花栽植为辅，铺设水上栈道，建成全县党性教育基地和廉政教育展馆。集观赏荷塘美景、品尝荷藕美食、体验捕鱼文化、瞻仰红色教育基地等多功能于一体的文旅体验新板块。景区种植荷花800余种，通过荷园胜景展示，融入里下河地区渔捕文化，成为令人流连忘返的水乡景点。2023年1月18日，荷花漫景区创成国家AAA级旅游景区。

【西塘河风光带】 国家AAA级旅游景区。依托建湖母亲河——西塘河规划建设，按照打造城市慢生活和生态旅游景区的理念，规划建设龙舟码头、樱花水池、雾森景观、曲水流觞、西塘彩虹、城市初阳台、松香咖啡屋等景观，植物景观以乡土树种为主，采用自然群落种植方式，做到乔灌草花结合，强调景观的季相变化和人为体验。2003年7月建成开放，风光带西岸南北全线长9.3千米，成为建湖城市形象的又一张亮丽名片。

【正源创辉渔乐大世界】 国家AAA级旅游景区，位于建湖县恒济镇建河村，规划面积1万亩，总投资3亿元，由上海正源创辉投资有限公司投资建设，至2022年底，建成面积1.35万亩。项目秉持“靓水、融文、理景、兴镇”理念，坚持以渔业为主导产业、以旅游业为区域亮点产业，构建多层次、多维度产业发展链条，建有大闸蟹养殖区、渔乐综合服务区、渔乐休闲体验区、养殖观光大棚等，是集特色渔业、休闲娱乐、生态景观、美食体验于一体的渔乐大世界生态旅游区。生态养殖通过空气压缩机微孔增氧，产生循环水流，每条鱼逆水游动。20%的水面用于养殖，80%的水面用于水体净化，构建全循环生态养殖系统，实现尾水循环净化和营养物质多级利用，被列为国家级生态农业循环经济项目。

【陆秀夫纪念馆】 国家AAA级旅游景区，位于建湖县建阳镇景忠巷。占地面积7600平方米，其中建筑面积2200平方米。2001年9月，建阳镇修复陆秀夫读书处，开工建设陆秀夫纪念馆。2002年9月，成立陆秀夫研究会。2003年陆秀夫纪念馆二期工程建成开放。建有忠烈堂、陆秀夫读书处、碑廊、景忠公园等景点。碑廊勒石陈列31个省市及港澳台地区赞颂陆秀夫的书法作品66幅。馆内陈列大量来自台湾、广东南澳、澄海、崖山、深圳、镇江等地的文物史料和图片。被列为省、市、县爱国主义教育基地和市级文物保护单位。据史料记载，南宋末期，陆秀夫临危受命，维持宋室残局，直至最后一役，誓死抗元，负幼帝投海，崖山尽节，谱写了一曲舍身为国的悲壮乐章。

【乔冠华故居】 位于建湖县庆丰镇东乔村，占地56亩，由故居大院、广场公园组成。被列为江苏省红色旅游景点、省华侨文化交流基地、盐城市文物保护单位、爱国主义教育基地。故居建于清代，为村中一座大院，青砖小瓦，龙脊花墙，风格古朴，典雅大方。主屋坐北朝南，明三（间）暗四（间），陈列乔冠华生前部分遗物、著作及办公桌椅、衣橱、沙发等生活办公用品。西阁楼是乔冠华少年时的卧室，西厢房展示乔冠华革命外交生涯图片。广场公园以乔冠华铜像为中轴，布设时光景墙、求学之路、景观塔等景点。经过多次改造完善、提升打造，成为县域旅游业发展的重要增长极。

【朦胧宝塔】 位于建湖县宝塔镇宝塔村，被列为江苏省文物保护单位，始建于唐武德三年（620），塔高16.8米，塔身三层八面，外形古朴典雅，有9个半塔门，上两层均为3个塔门，下层为3个半塔门，塔内有地宫，呈八角形，宫内葬舍利子。周围新建市民文化广场、朦胧八景大理石玻璃幕墙、生态停车场、休闲垂钓中心，对古塔脚下的朦胧小街商住房墙体进行仿古式改造出新等，建成沿途红橡树林园、水景公园、高档果蔬采摘园等农旅观光带，每年到此观光、休闲、养生者数万人次。

【双湖公园】 位于建湖县塘河街道境内，东临湖中路，西靠建湖大道，南接双湖路，东湖北侧为森达别墅区，西湖北侧是双湖壹品和碧桂园小区。2009年4月改造2个废弃的窑塘蓄水形成开阔湖面，2010年建成开放。公园面积2000亩，其中水面、绿化面积各1000亩，建有江淮戏苑、罗汉院、烟花广场、博物馆、美术馆、书画院，开放式综合性生态公园，是老百姓休闲娱乐健身的理想场所。

【弘森生态园】 位于建湖县颜单镇漕桥村，占地面积2000亩，总投资1.5亿元，建成桃花园、草莓园、樱花园、海棠园、中山杉苗园、设施蔬菜园、花木种苗繁殖园、花木盆景展销园和苗木栽培基地10个“园中园”，建有木栈道、亭台、生态文化标志牌等景观20多处，同时精心打造“桃花垛”景点和“弘森水果城”，每年举办桃花节，延伸拓展“桃文化”，创成省三星级乡村旅游区。

【铁丝湾生态园】 位于建湖县上冈镇冈西村，紧邻204国道上冈路段西侧，省四星级乡村旅游区。据传唐朝初年，薛仁贵率数万士兵东征，曾在此铸造铁船，大量铁渣散落在地里，“铁丝湾”由此得名。铁丝湾占地300亩，生态环境优美，文化氛围浓厚，是一家集休闲度假、生态教育、亲子体验于一体的乡村旅游区。

市级党史教育基地

【华中鲁艺抗日殉难烈士陵园】 位于庆丰镇东平村。1941年7月24日，华中鲁艺二队师生转移途中，遭遇扫荡的日伪军，突围战斗中，丘东平等30多名文艺战士壮烈牺牲。为纪念殉难烈士，1984年庆丰镇建成华中鲁艺抗日殉难烈士陵园。2003年，建湖烈士陵园迁入东平村，与华中鲁艺抗日殉难烈士陵园合并，占地2.3万平方米，建设容纳3000人的纪念广场。2014年，在纪念碑西侧建成建湖县烈士纪念馆，共三层，占地600多平方米，建筑面积2500平方米。馆内分别用文字、图片、实物介绍建湖的抗战往事、新四军在建湖大地上的无私奉献、华中鲁艺的悲壮史事以及廉政文化等。1995年被列为省级文物保护单位，2005年被列为市级爱国主义教育基地，2012年被列为县级党史教育基地，2016年被列为市级党史教育基地。2021年7月20日，盐城市党建学会在华中鲁艺烈士纪念馆挂牌成立“鲁艺文化研究分会”。

华中鲁艺抗日殉难烈士陵园（建湖县烈士纪念馆） （县委党史办　供）

【建阳县抗日民主政府旧址纪念馆】 位于高作镇长北村。1941年9月18日，建阳县成立，中共建阳县委、县政府机关设在高作长北滩王氏宗祠。旧址原为原王氏宗祠，坐西朝东，四面环水，后在战争中被炸毁。2012年，在原址上按宗祠原貌恢复重建建阳县抗日民主政府旧址纪念馆，占地面积5.6亩，为坐北朝南四合院式仿古建筑，主色红色。院前广场南侧纪念碑高7.7米（寓意勿忘“七七事变”），碑名由周克玉上将题字。主体建筑由前殿、内院和后殿组成。前殿挂有陈毅之子陈昊苏题写的“建阳县抗日民主政府旧址”匾额，呈现建湖人民抗日救国的斗争历程和在建湖大地上牺牲的革命先烈英勇事迹。后殿陈列着王氏先贤、先烈和当代先进人物事迹。2013年分别被列为市县党史教育基地和县级文物保护单位，2014年被列为全县中小学生爱国主义教育基地。2022年3月升级改造纪念碑，碑身刻有抗战期间建湖籍牺牲的384名烈士名单及国民革命建湖籍抗日牺牲将领马玉仁、陈中柱事略，西面刻有抗战时途经建阳的刘少奇、陈毅等新四军领导人名录及立县时县委、县政府主要领导人和以烈士命名的部分镇、乡、村、校名录，2022年6月被列为全省第二批100个红色地标之一。2022年接待游客近1.2万人次。

【中共苏中二分区委《人民报》印刷厂旧址】 位于恒济镇建河村，原为谢氏宗祠。1944年，为避日伪军侵扰，原在扬州宝应县的《人民报》印刷厂奉命精简转移，一部分人员随军队撤离，另一部分转移到群众基础较好的抗日根据地建河村隐蔽办报。印刷厂设在谢氏宗祠内，后扩展到村庄东头的龙王庙内。旧址于2003年由建河村重建，占地面积600多平方米，小楼坐北朝南，西临小河，东面砌有石碑墙，南面建了牌楼，牌楼的牌匾上书写着“中共苏中二分区委人民报印刷厂旧址”金漆大字，牌楼是进入旧址的大门，内有天井、展示厅、后院。一楼展示油印机、扳手、起子、圆规、铁笔等印刷器材。展出《人民报》首刊和在此印刷的《人民报》5份、《人民画报》3份，新四军印刷史集、新四军战歌等各类书籍20多本，新四军、印刷厂的领导题词12份，回忆录17份，其中原迹书稿12份，采访材料6份。旧址正面大理石刻有印刷厂旧址简介，周围墙面展示传承铁军精神的5个专题图文资料。二楼是谢氏祠堂。2006年被列为县级文物保护单位，2009年被列为市级文物保护单位，2012年被列为县级党史教育基地，2018年被列为市级党史教育基地。

中共苏中二分区委《人民报》印刷厂旧址

（县委党史办 供）

【建湖县党性教育基地】 位于九龙口镇，2021年6月29日建成开放，占地1148平方米，由两层展馆组成。一楼设置“序厅、革命火种点燃盐阜、浴血疆场巍巍丰碑、芦荡烽火鱼水情深、前赴后继英雄辈出”5个展区，二楼设置环幕影厅、阶梯教室，休闲区设书吧、茶吧。利用声、光、电等多媒体科技手段，通过还原建湖革命从星星之火到燎原之势的红色历史，阐述建湖县在抗日战争、解放战争等奋斗历程中的主要战事活动，深刻缅怀从中涌现出的革命先烈和英雄前辈，展现共产党在建湖所取得伟大成就，是集展示、纪念、宣传、教育、研究等综合功能于一体的红色载体，是党史研究和宣传的权威阵地，是引导广大群众听党话、跟党走的教育基地。2021年12月，被列为市级党史教育基地。

地方特产

【建湖大米】 建湖县修订完善《建湖大米（绿色）标准化生产流程》《建湖大米（有机）标准化生产流程》《建湖大米（绿色）标准化加工规程》《建湖大米（有机）标准化加工规程》《“建湖大米”标准》，从粒型、粒重、粒色、香型、出率、水分、成分等方面规范品质品位，设定“建湖大米”商标使用准入条件，执行“建湖大米”标准，打造国家级优质稻米品牌。建湖大米·柔米系列，采用稻米品质优的“南粳46”，生长周期200天以上，一年一季稻。米质理化指标经农业农村部食品质量检测中心检测，达到国标优质稻米标准。采用真空包装，保证大米的健康卫生、新鲜可口，延缓大米品质劣变，保持米饭的色香味。从田间地头到生产流水线和物流仓储，“建湖大米”摒弃农药、生长调节剂、基因工程和离子辐射技术等有害产品和技术，遵循自然绿色生态种植。“建湖大米”知名度逐年提高，列中国顶级大米排行榜第三名，基本形成“北有五常、南有建湖”的大米品牌格局。建湖大米子品牌“三虹”牌有机稻米，获全国稻博会金奖、中国国际有机食品博览会金奖、全国有机稻米“优佳好”食味金奖，“江苏好大米”特等奖。建湖大米2013年获批国家地理标志证明商标，2016年被认定为中国驰名商标。2022年产量10.42万吨，产值26.97亿元。

【建湖虾稻米】 建湖全境属北亚热带和暖温带季风气候区，四季分明、日照充足、雨量适中，里下河5条入海水道有3条（黄沙港、射阳河、串场河）流经建湖县，主灌水源为上游的10万亩芦苇荡，适宜的气候和丰富的水资源为建湖虾稻米“稻虾轮作”方式提供优越的生态环境。建湖虾稻米生长期除正常施有机肥料外，小龙虾食物中的高蛋白饵料更为建湖虾稻米提供丰富的维生素B、蛋白质等养分，小龙虾的排泄物同时作为有机肥供养稻谷，保证成熟的建湖虾稻米更健康、更环保。建湖虾稻米具有晶莹剔透，珠圆玉润，稠度高、直链淀粉含量低的特点，蒸煮出的米饭气味清淡，口感软、糯、香、甜。

【建湖青虾】 是在建湖县特定的地理环境中生长繁衍的一种青虾优势种群，具有壳薄肉嫩、营养丰富的特点，是一种高蛋白、低脂肪、低热量的营养食品。分布在九龙口镇、恒济镇、建阳镇、颜单镇、沿河镇5个镇72个村的河沟、池塘、荡滩等水域，地理标志登记保护面积26.29万亩。建湖青虾外观壳薄、色清、体大，有“两长、一多、一高”，即臂长、须长、额齿多、出肉率高等特征。雄虾体长8厘米以上，大规格雄虾臂长11.5厘米至16.5厘米，个别臂长18厘米以上，前臂远长于身体，触须较长；雌虾额齿12—15个，比普通虾多2个；出肉率31%—33%，比普通虾多1.2%。2015年获批国家地理标志证明商标。2022年产量300吨，产值3600万元。

【建湖草鸡】 是建湖县农民饲养的传统品种，草鸡肉香味浓郁口味鲜美，草鸡蛋蛋黄色艳、蛋白浓稠，营养价值较高。经初步选育的盐阜草鸡适应性强、耐粗饲、发病率低、用药少、无残留、品质好。2015年获批国家地理标志证明商标。

【建湖藕粉圆】 建湖县传统名小吃，相传已有200多年历史。建湖藕粉圆圆滑透明，富有弹性，柔软细嫩，呈咖啡色。馅心用藕粉和含甘果肉五仁（桃、杏、枣、瓜子等）为原料，清甜爽口，沁人肺腑。藕粉圆的制作独具匠心，以藕粉做外皮，馅心则是将腌渍过的糖板油丁，加光桃酥、金橘饼、核桃仁、花生仁等多种果料混合制成，先做成球形，后放在藕粉上滚均匀，下沸水锅烫一下捞起，撒上藕粉滚均匀，再下锅，连续五六次做成。

【何老大酱醋】 江苏何老大酱醋业有限公司主产品，公司位于建湖县芦沟镇工业园内，前身为何记酱园，创建于1923年，占地58亩，建筑面积1.2万平方米，“何老大”酱醋2001年被评为北京国际博览会名牌产品，2010年获评建湖县首家江苏省名牌产品、盐城市知名商标，2015年被评为盐城市市民最喜爱农产品商标。江苏何老大酱醋业有限公司获评江苏省农业龙头企业、江苏省民营科技企业，何老大酱油及黄豆酱酿造技艺入选盐城市非物质文化遗产项目。何老大酱醋承继近百年的酱醋酿造传统，保持古法酿造，遵循天地节气规律的生产工艺，发酵酱料春季投料，夏季头伏、中伏、末伏日晒。产品香味浓郁、口感醇厚。公司产品三伏酱油2018年获批国家地理标志产品，何老大酱油精选本地非转基因黄豆原料，用传统瓦缸晒制发酵而成。黄豆酱以本地非转基因黄豆和优质面粉为原料，采用古法酿造工艺，经6个多月的日晒夜露天然发酵。何老大香醋采用“固态分层发酵”工艺制作，酸味柔和，口感独特。公司组建何老大大豆专业合作社，开展“支部+公司+合作社+农户”的生产经营模式。2022年，带动公司周边960多户村民参与种植经营，发展大豆、萝卜等种植面积近2000亩，实行订单收购，鼓励合作社成员发展高效设施农业2000亩。2022年，合作社成员人均纯收入3.1万元。

【九龙口大闸蟹】 产于九龙口湖荡湿地，主要分布在恒济、颜单、建阳、沿河、九龙口等镇养殖。是无公害绿色食品，体大膘肥，青壳白肚，金爪黄毛。2014年获批国家地理标志证明商标，2018年被认定为中国驰名商标，“九龙口大闸蟹”在各类河蟹评比活动中，先后获得首届中国“华东杯”河蟹评比大赛最受欢迎品牌奖、第三届中国名蟹评比“金杯奖”和首届“苏韵乡情”杯“十大金蟹奖”。2022年，“九龙口大闸蟹”入选省农产品区域公用品牌目录，在上海举行高铁冠名活动，并成立九龙口大闸蟹产业发展促进会，产品销往北京、上海、浙江等地，远销新加坡、韩国、日本等国家。九龙口大闸蟹养殖基地是江苏省唯一的池塘养殖大闸蟹出口基地。

【九龙口咸鸭蛋】 由荡区自然放养的麻鸭所产的蛋腌制而成，因鸭食芦苇荡的螺丝、小鱼虾等，故鸭蛋个头大、营养丰富，蛋黄似蟹油，蛋白细又嫩。

【九龙口冲浪鱼】 20世纪90年代后，提水养殖、围网养殖快速发展。提水养殖是冲浪鱼养殖的雏形，2017年成为建湖县特色渔业产业项目。恒济镇改良冲浪鱼品种，深化与科研院所合作，培育冲浪鱼优势品种。2020年获批国家地理标志证明商标，主要分布在恒济、沿河等镇养殖。2022年，产量2380吨，产值3800万元（估算）。

【上冈草炉饼】 因用草炉生产得名，其历史可追溯到西汉元始五年（5），即王莽篡汉以前。相传西汉时，王莽做饼出身，他做的饼就是草炉饼前身。草炉饼的炉子是用去了底的砂缸做成，每炉可产草炉饼100多只，燃料是海芦苇草，易燃无污染。面粉用料和发酵兑水较讲究，酵料纯正，火碱适中，做出来的草炉饼绵甜爽口，香气袭人。具有“金顶、铜底、玉镶边”的效果。20世纪50年代，草炉饼工艺改进，饼由圆形改成长方形，与黄桥烧饼（俗称“黄烧饼”）相像。

【恒济大鱼圆】 产自江苏源泉渔业有限公司，属淮扬菜系，出锅后外观呈金色，比乒乓球略大，具有鲜嫩爽滑的特点，咬开后肉色雪白，尝一口鲜美有韧劲。恒济大鱼圆历史悠久，工艺成熟。经过近400年数代厨师的传承和改进，制作烹饪技艺趋于成熟，形成独特的制作方法和配料模式。恒济大鱼圆食用方法多种多样，蒸、炒、烧汤、涮火锅、煮面条等均可，制作工艺被列入市级非物质文化遗产目录。

经济社会发展

【经济建设】 2022年，全县完成地区生产总值710.4亿元，比上年增长4.9%。其中，第一产业增加值60.83亿元，比上年增长3.6%；第二产业增加值302.96亿元，比上年增长6.6%；第三产业增加值346.61亿元，比上年增长3.7%。固定资产投资比上年增长15.9%，其中工业投资增长11.6%。一般公共预算收入37.65亿元，比上年增长9%。社会消费品零售总额239.68亿元，比上年增长3.6%。全体居民人均可支配收入37207.9元，比上年增长5.8%。其中，城镇居民人均可支配收入44542.2元，比上年增长5.3%；农村居民人均可支配收入27477.9元，比上年增长6.4%。高端装备、新能源、电子信息三大主导产业实现开票销售398亿元，比上年增长23.3%；石油机械、动力及储能电池、新能源汽车零部件、晶硅光伏、集成电路、光电显示六条产业链实现开票销售292.9亿元，比上年增长48.2%。新设3只产业基金，新签约超亿元产业项目123个，其中10亿元以上18个；新开工超亿元产业项目121个，其中10亿元以上9个；新竣工超亿元项目56个。总投资60亿元的益佳通磷酸铁锂动力电池、总投资68亿元的润阳14.2吉瓦-N型电池片等一批重特大项目加速推进，总投资102.3亿元的耀宁锂离子电池及系统总成项目开工建设，实现建湖百亿元重特大项目历史性突破。培育开票超亿元以上企业102家，其中超50亿元企业2家；税收超千万元企业28家；创成市三星级以上企业14家，其中五星级3家、四星级4家；新增省级智能制造示范工厂（车间）4家、工业互联网标杆工厂2家、重点工业互联网平台1家。全面落实惠企政策，市场主体享受税收支持11.5亿元，阶段性减免失业保险费2131.2万元，发放稳岗补贴1526.49万元，兑付支持民营经济发展二十条奖励资金5490.04万元，帮助企业化解问题353个、办结率93%，相关做法被中央电视台宣传报道。粮食产量14.29亿斤，连续7年稳定在14亿斤以上，被认定为国家级制种大县，成立全省首家耕整作业装备创新中心，新建高标准农田2.3万亩，累计建成64.05万亩。上冈现代农业产业园创成省级示范园。“九龙口大闸蟹”入选省农产品区域公用品牌目录，在上海举办高铁冠名活动，九龙口大闸蟹产业发展促进会成立，“建湖虾稻米”创成国家地理标志证明商标。金融生态持续向好，与22家金融机构签订5年新增融资1200亿元战略合作协议，全县贷款余额603.33亿元，比上年增长21.88%，新增贷款首次迈上100亿元台阶；各项存款余额786.47亿元，比上年增长11.1%。举办“相约建湖城·消费嘉年华”活动，发放各类消费券1000万元，撬动市场消费5000万元。

【城乡面貌】 年内，建湖县加快建设国家新型城镇化示范县，开工城乡重点项目63个，完成投资114.3亿元。实施城市更新行动，县城改造棚户区14.6万平方米、整治老旧小区7个，金融政务服务中心主体竣工，工人文化宫建成投用，九龙口淮剧小镇、宝龙广场获评盐城市特色夜市街区。加大不动产办证力度，为33个“问题楼盘”办理不动产登记证2925户。东翼上冈新城形象初显，串场河道路及景观绿化工程建成开放，大团、榆西安置房工程主体竣工。西翼九龙口淮剧小镇二期、荷花漫对外开放，九龙口景区建成全国首家“碳中和”景区、国家地理首个“双框之城”，淮剧小镇被评为全省首批、全市唯一文旅融合发展示范区。全县新建扩建新型农村社区14个、住房2570套，新增省级特色田园乡村3个、传统村落1个、绿美村庄5个，高作镇全域土地综合整治获批全省唯一国家级试点，宝塔镇被评为省级耕地保护受激励乡镇。实施农村公路安防工程199千米，新打造生态河道108条、幸福河湖15条（个）。在全省推进乡村振兴战略实绩考核中获进位第一等次。坚持生态优先、绿色发展，完成“三区三线”划定，美丽建湖建设不断深化。创成绿色工厂2个，单位地区生产总值能耗下降2%。整县屋顶分布式光伏开发试点加快实施。新增新能源乘用车1319辆，新建生活垃圾“四分类”（可回收垃圾、厨余垃圾、有害垃圾和其他垃圾）小区13个，完成县城32个小区雨污分流改造，农村生活污水治理率30%。中央环保督察交办事项全部完成整改。空气质量优良天数比率全省第一，整治城乡黑臭水体16条，4个省考断面水质全部稳定达到Ⅲ类标准，2个饮用水源水质达标率100%，创成全市首家省级水资源管理集成创新示范县。

【社会民生】 年内，全县有21个项目被列入市政府为民办实事项目，实际完成投资7.41亿元；11个县政府为民办实事项目，实际完成投资10.43亿元，高质量完成年初制定的目标任务。坚持疫情防控第九版方案，落实二十条、新十条规定，县镇指挥体系24小时运转，建成核酸检测基地2个，日检测能力8.44万管；设立健康小屋45个，建成方舱医院；驰援上海、苏州等地医疗队员345人次；3900多名医护人员、6400多名各级干部和民警辅警、网格员、志愿者上下同心、常年无休、坚守一线，维护人民群众生命安全和身体健康。举办返乡人员招聘周、金秋招聘月等各类线上线下招聘活动110场次，开发防疫临时公益性岗位550个，开展职业技能培训10133人次，帮助企业招工9320人。坚持创业带动就业，城镇新增就业6600人，扶持自主创业3182人。在全市率先试点村集体领办新型农场，222个涉农村（居）年经营性收入均达30万元，50%以上达50万元。企业职工五项保险新增扩面3.6万人次，“快递小哥”县域工伤保险实现全覆盖。“一老一幼”保障全面加强，新建“枢纽式”养老服务综合体2个、示范性“长者幸福食堂”10个，完成300户困难老年人家庭适老化改造，县域普惠性幼儿园覆盖率超95%。提升教育现代化水平，办学条件持续改善，“双减”提质成效明显，中高考质量逐年提升，职教高考连续3年全市第一。组织开展教师违规收受礼品礼金问题专项整治行动，教育生态不断净化优化。县人民医院“国考”在省内40家县级三级医院中排名第五，县第三人民医院精神病区完成扩建改造。“建湖杂技”入选文旅部典型案例，杂技《炼——倒立技巧》获中国杂技最高奖金菊奖，淮剧《谷家大事》获江苏省“五个一工程”奖，省杂技团被评为中国华侨国际文化交流基地，县图书馆入选省“最美公共文化空间”，九龙口景区入选“全国非遗与旅游融合发展优选项目名录”。建成淮乡情特色街区，“新艺坊”剪纸传承馆，举办建湖（苏州）文旅产业合作推介会，开展“建湖有戏·细语姑苏”建湖文旅（苏州）推介活动。成立建湖县旅游协会，推动文旅产业加速发展。

综述

【概况】 2022年，全县上下坚持以习近平新时代中国特色社会主义思想为指导，深入学习贯彻中共二十大精神和中央经济工作会议精神，按照省委十四届三次全会和市委八届四次全会部署要求，紧扣“勇当沿海地区高质量发展排头兵”“国际湿地、沿海绿城”目标定位，全面落实“疫情要防住、经济要稳住、发展要安全”重大要求，高效统筹疫情防控和经济社会发展，被评为全国综合实力百强县、全国绿色发展百强县、全国科技创新百强县，推进经济开发区转型升级创新发展、促进制造业创新转型、深化县级公立医院改革等5项工作获得省政府真抓实干督查激励表彰。

【大走访大推进大招商活动】 2022年，开展“企业大走访、项目大推进、产业大招商”活动，出台《关于在全县开展“企业大走访、项目大推进、产业大招商”活动的实施意见》。在企业大走访工作中，交办工业问题66次，非工业问题28次，实行问题收集、交办、催办、督办、结办等全流程闭环管理，累计收集问题381个，其中用工类129个、资金类91个，占总数的57.74%；用地、厂房办证、市场、水电气以及其他问题161个，占总数的42.26%。办结367个，办结率96.33%。在项目大推进工作中，举办大型招商宣传推介活动5次，开工、竣工亿元以上产业项目分别为121个、56个。总投资60亿元益佳通磷酸铁锂动力电池、总投资68亿元润阳二期N型光伏电池等龙头项目加快推进，总投资102.3亿元耀宁锂电池及系统总成项目落户建设，实现百亿级重特大产业项目历史性突破。在产业大招商工作中，组建36个108人专业招商组和3个外资招商组，明确6个产业链招商组，重点推进产业链项目招引。接轨大上海，融入长三角，在苏州吴江区、苏州高新区召开产业合作推介会，签订合作共建协议，“个十百亿”项目实现历史性突破。全年新签约亿元以上产业项目123个。

【改革创新】 年内，建湖县委围绕贯彻落实中央和省市改革决策部署，立足县情实际，制定出台年度改革工作要点，从9个方面对重点改革工作进行统筹安排，明确县四套班子领导联系重点改革任务17项，明晰年度改革“任务书”“路线图”。完善工作推进机制，修订《县委全面深化改革委员会工作规则》《县委全面深化改革委员会专项小组工作规则》《县委全面深化改革委员会办公室工作细则》，为全县全面深化改革提供重要制度保障。压实改革责任，调整县委深改委专项小组组成人员，组织召开深改委会议，审议《2022年建湖县深化“放管服”改革工作要点》《建湖县重大项目审批帮办代办制实施办法》等改革方案，听取重点改革任务推进情况汇报，推动改革举措落地生根、开花结果，“一件事”改革扩面增效，国资国企改革不断深化，生态文旅融合发展机制持续完善。加大特色改革宣传，聚焦高层次展示，《建湖县探索互联互保企业“破圈解链”路径》被《江苏改革简报》刊发，《探索以土地综合整治推动乡村“三生”融合发展路径》入选“中国改革2022年度地方全面深化改革典型案例”，为盐城市唯一上榜案例。实施“科技创新推进年”活动，净增国家高新技术企业31家，新增新三板挂牌企业1家，数字产业规模比上年增长60%，建湖县鸿达阀门管件有限公司、盐城神力制绳有限公司创成国家专精特新“小巨人”企业，道尔道科技股份有限公司获评全市唯一的国家制造业单项冠军、省级质量标杆和全县首家省潜在独角兽企业。在全市率先实现“竣工即发证”“踏勘即发证”，22个行业“一业一证”改革实现全覆盖，“水电气网”联合报装被列为全市样板，营商环境综合评价全省排名比上年提升10个位次。推进政府数字化转型，市县一体化数据共享交换平台建成使用。完成国企改革三年行动各项任务，双湖控股集团在全省同类县份首家创成A^+A^+信用等级，五大国有企业集团AA信用等级全覆盖，被列为全省融资平台公司整合撤并及市场化转型试点地区。清理闲置土地4015亩、厂房77.3万平方米，连续4次被评为省自然资源节约集约利用模范县。深化与苏州吴江区、苏州高新区签订合作共建协议，推进与青海玉树东西部协作，新开工长三角、珠三角地区超亿元产业项目96个。完成“一区多园”实质化整合，建湖开发区、建湖高新区分别被认定为省大众创业万众创新示范基地、省级新型工业化产业示范基地。

【督查调研】 年内，县委办督促检查县委主要领导批示和交办事项658件、信访批示315件，办结率94%以上，承办市委、市政府主要领导交办工作和人民来信43件，印发《督查情况》26期，开展全县安全稳定督查19期，按时编印领导工作动态。围绕县委全会、书记专题会议、四套班子月度例会等重要会议部署的各项目标任务和中心工作，立项分解、分项督办、跟踪督促、整理汇总，按时上报各责任单位落实情况；对县委主要领导批示和调研交办事项，建立督查台账，逐项登记，全面督查，明确办结时限，直至办结销号并按月汇总落实情况上报；开展专题督查重点工作和关乎群众利益事项推进情况，形成《督查情况》上报；督查通报县委全会、作风建设大会等重大活动会纪会风。年内，县委办紧扣县委中心工作、领导关注的重大问题，开展调查研究，牵头起草《对标高邮调研分析报告》《我县房地产调研分析和稳定发展建议》《我县师资配置失衡的原因剖析和对策措施》等调研报告10多篇，每月形成1篇主题辅导报告、1篇经济运行情况分析。在《群众》“北京瞭望西路”《江苏改革简报》，以及市委《调查研究》刊发文稿15篇，《防范化解债务风险 护航经济健康发展》获评全市“好文稿”一等奖，建湖县承担的市委决策咨询课题《新时期县域人口发展状况分析和应对措施》完成结项。加强高层动态、上级政策、外地经验等跟踪学习，全年编发《政策参考》12期、《建湖通讯》15期，为领导决策部署提供参考。

【对台事务】 年内，县委办围绕全县重点产业和岛内优势产业，安排招商人员12批40余人次到苏州、上海、深圳等地拜访圣坦撒罗、吴江春宇、大毅科技等台资企业，跟踪洽谈5个台资项目。抓好抓实涉台投诉求助工作，帮助台资企业解决产权办证、人才补贴、金融信贷、用工用电、政策奖补等问题，维护台资企业和台胞合法权益。帮助台胞台属办理户籍转移、婚姻登记、赴台探亲等手续30余人次，利用春节、中秋等传统节日走访慰问台胞台属。开展台资企业运行和惠台政策落实情况专项督查，促进两岸经济文化交流合作。

重要会议

【县委常委会会议】 年内，县委常委会召开26次会议，县委书记祁从峰主持。1月5日，研究讨论县政府、县人大常委会、县政协、县法院、县检察院工作报告，以及《2021年国民经济、社会发展计划执行情况和2022年国民经济、社会发展计划草案的报告》《2022年全县重大项目计划》《2021年财政预算执行情况和2022年财政预算草案的报告》《2021年县政府民生实事项目完成情况和2022年民生实事候选项目计划安排报告（讨论稿）》。1月18日，传达学习《中国共产党纪律检查委员会工作条例》，研究部署防范化解风险隐患工作，听取2021年度全县安全生产工作及进一步深化拓展党史学习教育等情况汇报，研究讨论《关于建立“我为群众办实事”实践活动长效机制的实施意见》《全县产业高质量发展的实施意见》《关于加强全县产业项目招引的实施意见》《建湖县工业企业能级提升行动计划》《全县工业闲置资源清理工作方案》《建湖县工业企业资源集约利用综合评价办法》等文件。1月20日，召开党史学习教育专题民主生活会，通报2020年度县委常委会民主生活会整改落实情况。1月28日，传达学习中央和省、市纪委全会精神，研究讨论县纪委十五届二次全会方案及报告，研究讨论全县2021年度综合考核表彰暨招商引资项目推进大会方案及《关于印发2021年度全县综合考核结果的通知》《关于认定2021年度全县星级企业的通知》《建湖县招商引资和项目推进工作奖考核办法》等文件，听取全县关心下一代工作情况汇报。2月18日，听取2021年度市对县综合考核总结分析情况汇报，通报2021年度市对县综合考核和县直部门单位在市条线位次排名情况。3月5日，传达学习全国和省委、市委宣传部长会议，全国和全省统战部长会议精神，听取2021年组织、宣传、统战工作和2022年重点工作安排汇报，研究讨论全县党建工作会议方案；学习中央和省市委政法工作会议暨政法队伍教育整顿总结会议精神，研究讨论全县政法和信访工作会议方案及报告；传达学习中共中央办公厅《关于加强巡视整改和成果运用的意见》；研究讨论全县乡村振兴工作会议方案及相关文件；听取省审计厅经济责任审计及自然资源资产审计发现问题整改情况汇报，县人大常委会、县政府、县政协、县法院、县检察院党组工作汇报；研究讨论《建湖县人大常委会2022年工作要点》《政协建湖县委员会2022年工作要点》，部署疫情防控工作。3月12日，传达学习省委第八巡视组对盐城市开展涉粮问题专项巡视巡察反馈意见整改工作推进会精神，听取全县涉粮问题专项巡察反馈意见整改工作推进情况，研究讨论《关于涉粮问题专项巡察反馈意见整改工作方案》；听取2016年首轮中央环保督察以来全县生态环境突出问题整改工作汇报。3月23日，传达学习习近平总书记在中央政治局常委会会议上的重要讲话精神、省委书记吴政隆关于疫情防控工作批示要求和市委常委会第十七次会议精神，听取全县前阶段疫情防控工作情况汇报，研究部署下阶段疫情防控重点任务；传达学习习近平总书记关于安全生产重要讲话指示精神，听取全县安全生产工作汇报；传达学习习近平生态文明思想，听取建湖县迎接第二轮中央生态环境保护督察准备工作情况汇报。4月2日，研究部署十四届省委第一轮巡视迎查工作；传达学习全市特殊困难群体救助帮扶和妇女儿童权益保障问题专项排查整治工作部署等会议精神，听取工作开展情况及下一步安排；研究讨论《2022年度中共建湖县委落实全面从严治党主体责任清单（讨论稿）》。4月4日，听取全县防范化解意识形态、网络治理、环境保护、安全生产、防灾减震和应急救援、卫生防疫等重点领域风险工作汇报，研究部署防范化解措施。4月16日，传达学习习近平总书记关于依规治党的重要论述、习近平总书记和李克强总理关于安全生产的重要指示批示精神、省委书记吴政隆关于加强党内法规制度建设的批示及全省党内法规工作会议精神、全省组织部门贯彻落实省委疫情防控决策部署电视电话会议及市续会精神，研究讨论《县委常委会委员、县政府领导班子成员2022年安全生产重点工作清单》《县委工作报告》《监督检查和审查调查工作专题汇报》《党的组织建设及选人用人工作专题汇报》《意识形态工作责任制落实情况专题汇报》《关于在全县开展“科技创新推进年”活动的实施意见》《关于〈第三巡察指导督导组关于对建湖县委巡察工作开展指导督导的反馈意见〉的整改工作方案》等文件讨论稿。5月7日，传达学习中央政治局常委会会议、省委常委会会议和市委常委会会议精神，听取全县疫情防控和复工复产工作汇报，研究部署下一阶段疫情防控、省委巡视反馈问题立行立改工作。5月19日，传达学习《建湖县党风廉政建设提醒函》，研究讨论《建湖县委关于市纪委党风廉政建设提醒函指出问题整改工作方案》《招商引资政策兑现存在问题立行立改工作方案》《全县“护学助苗”专项行动方案》等文件；听取文明城市创建、国家和省市助企纾困政策落实及留抵退税情况汇报。6月16日，传达学习习近平总书记在十九届中央政治局第三十九次集体学习时的讲话、全省市县政协主席座谈会、全市打击整治养老诈骗专项行动部署会议精神；研究讨论《关于推动党史学习教育常态化长效化的实施意见》。8月6日，传达学习习近平总书记在十九届中央政治局第四十次集体学习时的重要讲话、《中国共产党政治协商工作条例》和全省基层党建“五聚焦五落实”深化提升行动部署会及市贯彻落实推进会主要精神，研究讨论《关于在全县开展“企业大走访、项目大推进、产业大招商”活动的实施意见》，听取全县安全生产工作情况汇报。8月10日，传达学习中央统战工作会议、省委工作会议和市委八届三次全会精神，研究讨论县委十五届三次全会方案、报告，听取全面从严治党主体责任落实情况汇报。8月16日，研究讨论省委巡视反馈意见整改工作事项，传达学习全省组织工作重点任务推进会、全市组织部长座谈会暨组织工作重点任务推进会精神，听取县委巡察办主任由县纪委常委担任、派驻组长担任相关部门党组（党委）成员的情况汇报。9月7日，研究讨论《中共建湖县委〈关于省委第十一巡视组巡视建湖县的反馈意见〉整改工作方案》《关于市委书记点人点事问题整改工作方案》，选人用人、意识形态工作责任制、巡察工作专项检查反馈意见整改方案讨论稿。9月8日，县委常委会召开省委巡视反馈意见整改专题民主生活会。10月9日，学习习近平总书记为《复兴文库》所题为《在复兴之路上坚定前行》的重要序言、在参观“奋进新时代”主题成就展时的重要讲话和重要文章、重要回信贺信精神；研究部署经济发展、疫情防控、安全稳定、民生保障等工作；研究讨论《2022年度全县综合考核意见》《关于深入打好污染防治攻坚战的实施意见》文件。10月25日，传达学习中共二十大精神，研究全县学习贯彻中共二十大精神措施。11月2日，学习贯彻习近平总书记在二十届中央政治局常委同中外记者见面时重要讲话、在中央政治局会议上的重要讲话、在二十届中央政治局第一次集体学习会上的重要讲话、在瞻仰延安革命纪念地时重要讲话精神；传达学习省委办公厅印发的《十四届江苏省委巡视工作规划（试行）》《关于加强巡视整改和成果运用的实施意见》和十四届省委第二轮巡视动员部署会精神，研究审议《中共建湖县委关于省委巡视反馈意见集中整改进展情况的报告（讨论稿）》；听取2022年度市对县综合考核指标、省政府办公厅督查激励事项、重大产业项目和重大工程项目中期调整等情况汇报；传达学习省、市委统战工作会议精神，研究贯彻落实方案，听取全县宗教领域专项整治排查情况汇报。11月19日，传达学习习近平总书记重要讲话和省、市委常委会会议及中共中央办公厅印发的《推进领导干部能上能下规定》精神；研究讨论疫情防控、县委统战工作会议方案和《中共建湖县委关于加强新时代统一战线工作的实施方案》文件；听取省委督查组督查建湖贯彻落实省委一号文件精神情况汇报。12月14日，研究讨论《全县重点问题项目攻坚行动实施方案》，县两会方案，日程安排，全国和省人大代表候选人、省政协委员人选推荐提名相关事宜。12月21日，传达学习中央经济工作会议精神，研究讨论县委十五届四次全会方案、报告及文件，传达全市意识形态领域情况通报，听取全县意识形态工作责任制贯彻落实情况汇报。12月30日，传达学习省、市委经济工作会议和全市高质量发展项目推进会精神，研究讨论县“两会”相关报告及其他事项，听取全面从严治党主体责任落实情况、全县生态环境工作情况汇报。

【县委常委扩大会议】 年内，县委常委会扩大会议召开13次，县委书记祁从峰主持，县委副书记、县长陈霞部署月度工作，听取县委、县政府分管领导点评月度工作，通报“板块比发展、部门比服务”流动红蓝旗月度评比结果，向先进单位授红旗、向奋进单位授蓝旗。县四套班子领导和各镇（街道、区）、各部门主要负责人出席会议。1月29日，传达学习省两会精神；3月1日，传达学习市两会精神、全市高质量发展项目观摩推进会和重大项目开工活动精神，祁从峰围绕“抢抓长三角一体化发展机遇，打造新的增长极”作专题讲解；4月2日，祁从峰围绕“如何更好融入沿海发展战略”作专题讲解；4月29日，传达全市高质量发展项目观摩推进会精神，祁从峰围绕“参与江淮生态经济区建设”作专题讲解；5月31日，传达学习省委人大工作会议、全省宗教工作会议及全市高质量发展项目观摩推进会精神，祁从峰围绕“加快发展数字经济，赋能企业转型升级”作专题讲解；7月1日，传达学习全市高质量发展项目观摩推进会精神，祁从峰围绕“新型城镇化建设”作专题讲解；7月28日，传达全市高质量发展项目观摩暨“大走访大推进大招商”活动推进会精神，祁从峰围绕“农业现代化”作专题讲解；8月5日，学习习近平总书记在省部级主要领导干部专题研讨班上的重要讲话精神，学习讨论中央政治局会议精神，部分县领导和镇（街道、区）主要负责人交流学习体会；8月31日，传达学习全市高质量发展项目观摩推进会精神，祁从峰围绕“优化金融生态环境”作专题讲解；9月24日，传达学习9月9日中共中央政治局会议精神，习近平总书记近期重要讲话、重要文章、重要回信贺信精神和省市优化营商环境工作推进会议精神，听取全县疫情防控、安全生产、维护稳定、优化营商环境等工作情况汇报，专题部署加强师德师风建设；9月29日，传达学习全市高质量发展项目观摩推进会精神，祁从峰围绕“国企高质量发展”作专题讲解；10月28日，传达学习盐城市贯彻落实中共二十大精神高质量发展项目推进会精神，祁从峰围绕贯彻中共二十大精神，就“一老一小”议题作专题部署；12月3日，传达学习习近平总书记对河南安阳市凯信达商贸有限公司火灾事故重要指示精神、省委十四届三次全会精神及省委书记吴政隆、省长许昆林关于安全生产工作批示精神等，听取2022年度市对县综合考核指标推进情况，祁从峰围绕“园区高质量发展”作专题讲解。

【县委十五届三次全会】 8月13日，在县文化艺术中心召开。会议由县委常委会主持，县委书记祁从峰作《比学赶超争进位 绿色发展作示范 以实际行动迎接中共二十大胜利召开》工作报告。29名县委委员、6名候补委员出席会议，县纪委委员，县四套班子其他领导，县法院院长、县检察院检察长，曾担任县四套班子领导职务的老干部，有关方面负责人，部分基层一线的省市县党代表，县委法律顾问、法律专家库成员列席会议。会议总结上半年全县经济运行稳中向好，产业质效同步提升，改革开放纵深推进，城乡面貌持续改善，民生福祉更有质感，巡视整改扎实有效，党的建设全面加强。推进经济开发区转型升级创新发展、促进制造业创新转型、深化县级公立医院综合改革等五项工作获省政府真抓实干督查激励表彰。会议明确下半年聚焦高层次推进产业强县，开展“企业大走访、项目大推进、产业大招商”活动；聚焦高水平推进改革开放，深化重点领域改革，拓宽开放合作空间，激发创新创造活力；聚焦高能级推进城乡融合，优化区域空间布局，推动乡村全面振兴，深化文明城市创建；聚焦高颜值推进绿色转型，提升生态碳汇能力，夯实绿色生态基底，叫响生态文旅品牌；聚焦高品质推进幸福生活，拓宽富民增收渠道，优化公共服务供给，提升社会善治水平。会议审议通过《中国共产党建湖县第十五届委员会第三次全体会议决议》。县委副书记、县长陈霞作总结讲话，部署落实会议精神和重点工作。

【县委十五届四次全会】 12月22日，在县文化艺术中心举行。会议由县委常委会主持，县委书记祁从峰作《深入学习贯彻中共二十大精神　奋力谱写中国式现代化建湖新篇章》工作报告。23名县委委员、5名候补委员出席会议。县纪委委员，县四套班子其他领导，县法院院长、县检察院检察长，曾担任县四套班子领导职务的老干部，县有关方面负责人，部分基层一线省市县党代表列席会议。全会肯定2022年县委常委会工作，总结取得的六个方面成绩：保持发展定力，在高效统筹中稳住经济大盘；突出项目为王，在壮大产业中实现量质齐升；立足城乡融合，在一体发展中建设美好家园；坚持人民至上，在共建共享中答好民生考卷；强化底线思维，在应对风险中筑牢安全屏障；深化自我革命，在全面从严中提升党建质量。会议指出，2023年全县上下要按照“对内提份额、对外争位次”原则，各项经济指标快于全市，在全市占比10%以上，在全国百强县中持续进位。坚持以实体经济为核心，奋力谱写工业强县新篇章；坚持以城乡融合为关键，奋力谱写区域协调新篇章；坚持以改革创新为动力，奋力谱写转型跨越新篇章；坚持以“两山”理念为引领，奋力谱写美丽建湖新篇章；坚持以改善民生为根本，奋力谱写共同富裕新篇章。会议听取县委常委会2022年度抓党建工作情况报告，审议通过《中共建湖县委关于深入学习贯彻党的二十大精神　在新征程上全面推进中国式现代化建湖新实践的决定》《中国共产党建湖县第十五届委员会第四次全体会议决议》。县委副书记、县长陈霞作总结讲话，部署会议精神落实和重点工作。

【全县产业发展大会】 1月19日，在县文化艺术中心大剧院召开。县委书记祁从峰出席会议并讲话，县长陈霞就产业发展作工作部署。县四套班子领导，各镇（街道、区）、各部门负责人，规模以上企业家代表等出席会议。县发改委、工信局、科技局、开发区、高新区5个单位和悦阳、道尔道、鸿达、般若4家企业交流发言；下发《全县产业高质量发展的实施意见》《关于加强全县产业项目招引的实施意见》《建湖县工业企业能级提升行动计划》《全县工业闲置资源清理工作方案》《建湖县工业企业资源集约利用综合评价办法》5个推动产业高质量发展文件。

【全县党的建设工作会议】 3月11日，在县行政中心举行。县委书记祁从峰出席并讲话，县委副书记许刚主持会议。张连国、许刚等县四套班子领导，各镇（街道、区）党（工）委书记及组织、宣传、统战委员，县直各部门党委（党组）书记，县委党建工作领导小组成员单位主要负责人等出席会议。会议强调，2022年宣传工作要鼓足干劲、营造氛围，为“争创示范区、勇当排头兵”汇聚强大精神动力；组织工作要强基固本、选贤举能，为“争创示范区、勇当排头兵”提供坚强组织保证；统战工作要搭好桥梁、增进共识，为“争创示范区、勇当排头兵”凝聚强大发展合力。县委常委、组织部部长孙红作组织工作报告，县委常委、宣传部部长乔宗华作宣传工作报告，县委常委、统战部部长朱亮亮作统战工作报告；各镇（街道、区）、县直相关单位分别签订党建工作责任书、意识形态工作责任书、民族宗教工作责任书；表彰了一批党建工作先进集体和优秀党务工作者。

党的建设

【概况】 2022年末，建湖县有中共党员47390人，其中女党员9904人，发展新党员310人，预备党员917人，少数民族党员29人，中华人民共和国成立前老党员42人。全县有党的基层组织2526个，其中党委63个、总支部328个、支部2135个。县委贯彻落实省市委党建工作领导小组工作部署要求，成立党建工作领导小组，制定印发全年党建工作要点，细化目标要求，明确具体任务和推进举措。始终坚守意识形态阵地，深入学习宣传贯彻中共二十大精神，举办省委、市委宣讲团宣讲中共二十大精神报告会，县委宣讲团到基层集中宣讲65场。发挥县委理论学习中心组学习“风向标”“排头兵”作用，举行专题学习12次，交流6次。“9·5”葫芦娃平台牟利案被全国扫黄打非办和公安部挂牌督办，为全市唯一，近湖街道被评为全国"扫黄打非"进基层示范点。中共二十大期间，中央主流媒体频频聚焦建湖县。夯实基层战斗堡垒，实施年轻干部薪火工程、村（社区）党组织书记乡村振兴赋能、经济专业能力提升等专题培训，放大"板块比发展、部门比服务"流动红蓝旗月度评比综合效应，基层党建赋能乡村振兴做法被中组部专题推介。策划摄制的《带枪的文艺战士》在全国党员教育电视片观摩交流活动中获一等奖，《戏里戏外都是角》等9部作品在省、市各类评比中获奖。推动党风政风向好，开展清廉建湖建设专项行动，全年立案455件，其中科级干部立案32件。挖掘建湖县丰富的历史文化资源，廉政宣传片《海国孤忠　清史流芳》在省纪委新媒体平台展播，"淮娃说廉"纪法宣传教育品牌获市纪委主要领导点名表扬，廉政教育对象覆盖近万人，全县党员干部作风、形象和精神面貌发生明显变化，政治生态向上向好。对照年度重点工作完善评议内容，组织召开2022年度抓基层党建工作述职会，汇总述职评议结果，按一定权重计入党建考核，放大党建考核"指挥棒"效应，推动各项任务落地见效。同时，加大对下指导力度，县委党建工作领导小组成员，分头出席各镇（街道、区）党（工）委述职会，推动落实责任、固本强基。

表3　　全县各单位党（工）委（党组）情况

单位：个

党（工）委（党组）名称	数量	单位
党工委	11	近湖街道、建湖开发区、钟庄街道、建湖高新区、塘河街道、九龙口旅游度假区、上冈产业园；县级机关工委、县委"两新"工委、县委教育工委、离退休干部工委
一级党委	39	上冈镇、建阳镇、颜单镇、恒济镇、庆丰镇、九龙口镇、高作镇、芦沟镇、沿河镇、冈西镇、宝塔镇；发展和改革委员会、教育局、公安局、人力资源和社会保障局、自然资源和规划局、住房和城乡建设局、城市管理局、交通运输局、水利局、农业农村局、商务局、文化广电和旅游局、卫生健康委员会、行政审批局、市场监督管理局、税务局、贸易办、城工办、供销总社、邮政公司、电信公司、供电公司、农商银行、江苏有线建湖公司、双湖控股集团、融媒体中心、新农投公司、应急管理局
党组	24	县人大常委会、县政府、县政协、科技局、工业和信息化局、民政局、司法局、财政局、退役军人事务局、审计局、统计局、医疗保障局、信访局、地方金融监督管理局、总工会、工商联、法院、检察院、气象局、法学会、国调队、妇联、残联、科协
二级党委	27	个私协会、社会组织、石油装备产业集群、绿色照明产业集群、同一公司、东华公司、建业集团、西葛村、太平村、镇北村、镇西社区、马厂村、梅苏村、任杨村、职教中心、建湖高级中学、上冈高级中学、县人民医院、克胜集团、森达集团、森达鞋业、县纪委机关、税务局机关、振华工业集团、检察院机关、法院机关、小微企业个体工商户专业市场
党总支、支部	19	县委办、人大办、政府办、政协办、组织部、宣传部、统战部、政法委、编办、巡察办、老干局、党校、团县委、党史办、烟草公司、盐业公司、档案馆、石油公司、国投公司

【机关党建】　县级机关工委制定下发机关党支部标准化规范化建设操作细则，编印《建湖县机关党务干部实用手册》，按照"组织健全、制度完善、运行规范、活动经常、台账齐备、作用突出"标准，坚持抓两头带中间，扩大先进支部增量，提升中间支部水平。实行"三会一课"计划报备纪实制度，要求基层党支部明确"三会一课"和党日活动的主题、时间、议程等，填写计划报备表，报工委审核批准，推进"三会一课"常态化、制度化。在县级机关党支部之间建立"党建联盟"，通过"党务联合、活动联办、阵地联建、品牌联创"等举措，破解党支部工作参差不齐、活动封闭僵化等问题。制定出台《县级机关部门单位党组（党委）书记抓基层党建工作责任清单》，对工作指导、政治纪律、思想建党、作风建设等作出具体规定，强化各级党组织书记抓党建的责任，将全面从严治党要求落实到重点领域、关键环节。召开机关党建工作会议，与直属基层党组织签订党建工作目标责任书，推动党建工作主体责任落实。坚持考核考党建、述职述党建，强化机关党建工作目标

管理，把机关党建作为部门单位年度目标任务绩效考核的重要内容之一，推动各级领导干部把抓好党建作为最硬责任落实、最大政绩追求。定期抽查调阅机关党组织“三会一课”、发展党员以及党费收缴等基础性工作台账，列出问题清单，限期整改，发出问题清单6份。推行党员动态积分考核机制，对党员苗头性、倾向性问题，按照不同情形，以提醒谈话、书面函询、通报警示等方式进行预警，年内对10余名党员实施预警。结合党史学习教育常态化长效化，分类策划各类“沉浸式”主题活动，开展机关党员“红色印迹集中寻访”“七一青春礼赞·传承红色信仰”等活动，引导机关党员干部从红色文化中汲取政治营养。在机关党员中开展“喜迎二十大·先锋耀建湖”微党课比赛，把党性教育和理想信念教育贯穿始终，激发机关党员干部干事创业斗志。组织党员教育讲师走进机关、走进基层一线，开展学习贯彻中共二十大精神主题宣讲，县级机关各基层党组织聚焦中共二十大对各领域各行业重大决策部署，找准党建与业务深度融合的切入点、着力点，真正把中共二十大精神落实到经济社会发展各方面。完善机关党组织书记培养选拔、教育培训、考核管理和激励保障等机制，选优配强机关党务干部。把机关党务干部培训纳入全县基层干部培训总体规划，突出抓好基层支部书记、机关党务干部、机关一线党员、入党发展对象四类重点人员培训，通过集中党务培训、在线学习、印制手册等方式，进一步提升政治素质和履职能力。严把入口关，举办2022年县直机关党的基础理论知识培训班，全县110名机关拟发展对象参加集中培训，以多种形式专题授课引导发展对象端正入党动机、坚定理想信念、明确奋斗目标。开展“书记立项目、书记抓项目、书记晒项目、书记比项目”活动，设立县级机关党组织“书记项目”52个、基层党支部“书记项目”260个，推动各级党组织书记力创抓党建“最大政绩”。将党建服务品牌创建作为“服务型机关”建设的切入点，开展县直机关“党建服务品牌”创建工作，推动党建工作和业务工作深度融合、互融共进。在“建湖党建”微信公众号开设“机关党建品牌巡展”专栏，集中展示宣传典型案例，推广优秀工作法，相关做法被交汇点专题报道。全面推行红色战“疫”中形成的“红心工作法”，坚持“党旗飘在一线、堡垒筑在一线、党员冲在一线”，构筑起疫情防控组织屏障。全县112个部门1360名机关党员干部下沉支援基层疫情防控，成立防控一线行动党支部56个。在“建湖党建”微信公众号开设“党旗在疫线飘扬”“党徽在疫线闪耀”“疫线赤诚心向党”等专栏，集中展示基层党组织和党员在疫情防控中的先进事迹。实施服务联系群众“四百工程”，组织百名机关干部到一线，百名第一书记到村居，百名党员干部到企业，百名党员讲师到基层，聚焦主导产业、重点企业和乡村振兴重点村居，关注困难家庭、高层次人才、创业大户等重点群体，让机关干部与不同类型基层对象结“对子”，开展走村入户、访企问需、纾难解困，化解基层各类矛盾110多项，帮助基层收集解决困难事项530多件。推进社区“大党委”建设，依托党员统一活动日、在职党员进社区和“百个机关联百村，万名党员进农家”活动载体，组织全县70家县级机关单位党员干部到18个城市社区开展共驻共建，1782名党员干部参与社区疫情防控、文明城市创建等活动，构建“社区吹哨、部门报到”良性工作体系。开展“同心向党，砥砺前行”学习讨论暨主题征文、党建创新“金点子”项目暨“我为服务发展献一策”建议征集活动。紧扣“正风肃纪看机关”专项行动，开展以“亮党员身份，比业务技能、比服务效能、比作风纪律、比敬业奉献”为主要内容的“一亮四比”活动，引导机关党员严于律己，争当表率，涌现出县市场监管局杨峰、县疾控中心朱根忠等一批先进典型，为高质量发展积蓄正能量。

【基层党建】 县委组织部持续推动党员教育培训“十百千万”工程，围绕中共二十大精神、党规党纪、党史国史、初心故事等专题，打造一批好学易懂的党课，策划开展“英雄故事进课堂、党员先锋上讲堂”系列主题活动，组织第三届“党课开讲啦”比赛。推进“党旗飘在一线、堡垒筑在一线、党员冲在一线”行动，成立“抗疫先锋”行动党支部56个，组建600余支抗疫突击队，开展防控先锋、发展先锋、安全先锋等十大先锋评选，在疫情防控一线筑牢最强堡垒、彰显组织担当，相关做法被新华社、江苏先锋等媒体推介。结合党员流向和产业发展新趋势，加大在产业链、家庭农场、专业合作社等组建党组织力度，在高作镇成立西南片区党委，统一配置下辖村居的土地、资金、人才等要素发展集体项目，村级积累2200万元、年经营性收入230万元。抓好“源头工程”，对照发展党员“五双”（双推、双评、双考、双审、双票）集中攻坚行动推进计划，科学制定、分配全年发展党员指标计划，重点关注产业工人、青年农民、高知群体、新业态就业群体，对有关重点村居和县直部门党组织进行逐一点调，确保发展的每一名党员都经得起检验。年内，全县新发展党员310名。推进党员档案管理规范化建设，制订《建湖县党员档案管理工作计划》，条目式列出工作任务、时间节点，全县14个镇区建成标准化党员档案室，实现“专室保管、专柜保存、专盒存放”。在西安举办流动党员党支部授牌仪式，发布《建湖县流动党员党组织建设标准》《建湖县流动党员积分制管理办法》《致建湖驻外各流动党支部的倡议书》，推动流动党员“流”有所规、“动”有所为。“加强基层党建，赋能乡村振兴”调研成果被中组部《党建研究》专题推荐。近湖街道打造徐东社区“水乡先‘蜂’”红色驿站、盂兰社区“灵龙里驿”，徐东社区《小巷十年来的三个变》获市“铁军号角”微党课三等奖。上冈镇创新基层党建工作方式，建立设岗定责、承诺践诺、结亲联户等制度，发挥党员干部在乡村治理中的示范带头作用。建阳镇创新村居党组织、企事业单位党组织联动联建工作，将支部标准化建设延伸至功能支部，指导泰昌、成固、科达3家企业单独建立支部。颜单镇打造三虹村党建展示馆，高标准建设任杨村网红直播间。恒济镇推广党建联盟、片区党建工作新模式，成立玻璃制品、水产养殖2个党建联盟和1个“两新”组织（新经济组织、新社会组织）综合党委，建成全县首批“党建网红”直播试点村，打造“恒济优选”“建河玻璃”等一批“村级网红IP”，带货特色农产品700多件，交易额30余万元。庆丰镇推动阵地建设，建成东乔村便民服务综合体，廖庄村探索微管理、微服务、微心愿“三微”治理实践，东平、高丰村与金融、供电部门开展党建“结对共建”。高作镇推进片区党委机制建设，成立西南片区党委，推动农业规模化、产业化发展。芦沟镇打造“建湖红驿·芦沟驿”，开通“魅力芦沟”抖音号，线上线下扩大党建工作影响力。沿河镇推进新丰村与振华集团联建党委工作创新。冈西镇组建“镇村干部+种植大户”直播团队，助推富民强村。宝塔镇选派26名干部蹲村服务、32名党员担任企业党建指导员，在下基层、办实事、解难题中厚植为民情怀。建湖开发区将招商引资、项目服务、园区等级创建、为企招工等工作以责任书形式下发机关、村居、非公有制企业。建湖高新区鼓励村集体领办农场，采取“党组织+农场+公司+农户”模式，发展集体经济，设立新的社会阶层人士实践创新基地，新建江苏量能、黑马商用车、希来尔机电3家“两新”组织党支部。

【“两新”组织党建】 县委“两新”工委依托“三会一课”“学习强国”“建湖党建”等线上线下平台，推动理论学习学在日常，抓在经常。年内，组织党员教育讲师进企业、进车间开展党的理论政策宣传40余场。将弘扬“张謇精神”与学习贯彻习近平总书记关于民营经济发展的重要论述有机结合，引领全县民营企业家将“张謇精神”中的爱国情怀、实干精神、开放视野和社会担当运用到建湖高质量发展的大局上。成立建湖县青商会党委和乡村振兴“青创联盟”，依托各级党校、知名高校、企业家沙龙等，办好“红色传承班”“创新转型班”，建设一支“有情怀、勇担当、善作为”的民营企业家队伍。落实“两新”工委实质化运转方案，“两新”工委书记专职专岗，设立“两新”工委副书记岗位，在各镇（街道、区）设立“两新”综合党委，配备2—3人抓“两新”组织党建工作。整合“两新”党建工作领导小组力量，通过“领单、履单、晒单”流程管理，强化“块”上统筹、“条”上指导和企业联动责任。成立全县新业态新就业群体党建工作专班，完善“两新”工委牵头抓总，行业主管部门具体推动，镇（街道、区）、村（社区）党组织兜底管理的党建工作体系。以“底数清、模式新、质量高”要求，新设“两新”片区网格86个，单元网格357个；新组建交通运输、快递、互联网、网络直播、外卖送餐5个行业党委，覆盖党员260余名；聚焦三大主导产业，成立石油装备、电子信息等5个产业集群党委和6个片区党总支。注重在企业成长期向非公有制企业推荐党员职工，利用每周二、周五劳务集市举办党员人才专场招聘会，向非公有制企业输送党员职工。在开发区和各镇中小园区企业中，开展将优秀职工培育成党员、将党员职工培育成生产经营骨干的“双培育”活动，年内新发展“两新”组织党员126名。构建“两新”党务工作者队伍专业化建设“1+5”（“两新”组织与政府部门、党群组织、中高等院校、关联企业、农村社区等单位党组织）体系，采取社会化公招、市场化选招等形式，新增“两新”组织专职党务工作者2名。建立健全非公有制企业和社会组织党务工作者认证管理体系，拓展党务工作者发展空间。统筹设立“两新”党建专项资金，每年滚动奖励一批工作实绩突出的党务工作者。实施民营企业党建“微创投”评比，奖励补助党务工作者，强化正向激励。在全市率先出台《水乡先“蜂”兼职网格员聘用管理办法》，对兼职网格员评星定级考核；开展“最美兼职网格员”“最美快递小哥”“最美外卖骑手”等评选活动，激励更多新业态新就业群体参与基层治理。开展“百企进百村、共建新农村”活动，引导企业在履行社会责任、回报公益事业上作贡献，引导企业党员在参与设岗定责、从事义工服务中树形象，为企业发展营造良好环境。制定印发《村企联建党建责任清单》，落实“五个基本”（基本组织、基本队伍、基本活动、基本制度、基本保障）规范化建设。围绕“同‘新’共建，暖‘新’爱湖”主题，以“红色新干线”提档升级为目标，打造“建湖红驿”“水乡先锋”“红色公益先锋”等党建品牌。以阳光义工之家等社会组织为依托，组建“公益先锋”社会组织党建联盟，构建“智慧+、服务+、阵地+、平台+”四位一体工作体系，拓宽“党建+公益”覆盖面，延长红色公益服务链。开展单位、社区“双报到”行动，与饿了么、美团等企业签订共驻共建协议，发挥新就业群体在方针政策宣传、异常情况预警等“探头”作用。疫情防控期间，兼职网格员发放疫情宣传单5万多份，收集社情民意254条，排查安全隐患163处，推动解决社会治理事件80余起。推广“微积分”工作法和新“三会一课”制度，开展党群共建“三岗一区”活动。至年底，创建党员先锋岗490个、职工模范岗1550个、团员模范岗210个、党建工作示范区310个，建成20个“两新”组织党建项目示范点，选派10名骨干企业家到经济相对薄弱村担任创业型村支书，一村一策制定集体经济创业发展项目，推进村集体经济实现健康可持续发展。

组织工作

【概况】 2022年，县委组织部突出抓基层打基础、选干部配班子、聚人才促发展，推进组织工作高质量发展。利用“干部在线学堂”、党员教育讲师团等载体，开展先锋党课乡村行、社区行、企业行、校园行等宣讲活动370场次。举办青年干部“薪火工程”培训班4期，实现村（社区）党组织书记乡村振兴赋能培训全覆盖。高标准建成“建湖红驿”、灵龙里驿、九龙口驿。发挥基层党组织的示范引领作用，推进村级经济可持续发展，涉农村（居）年经营性收入均达30万元，50%以上达到50万元，连续3年开展寻找“最美温馨家园”“最美直播带货人”评比，相关做法入选省委组织部优秀工作案例。投入4.8亿元建成“梧桐苑”人才公寓，形成“梧桐安居”品牌。

【干部选拔任用】 年内，县委在基层一线提拔重用各级干部307名，其中科级干部51名，晋升职级62名。落实新时代好干部标准，把政治标准作为选拔干部的首要标准，把重实干、重实绩、重担当作为选人用人的根本原则，确保选出来的干部组织放心、群众满意。推行县管干部任前政治体检，围绕政治忠诚、政治定力、政治担当、政治能力、政治自律“五个维度”评价识别干部政治素质，把拥护“两个确立”、做到“两个维护”作为干部选拔使用的政治标尺。围绕部门职能定位、镇（街道、区）发展定位，突出事业发展需要、班子结构优化、人岗相适程度，加大对镇（街道、区）、县直部门领导班子的研判力度，注重考核结果运用，精准掌握班子调整优化方向。紧紧围绕招商引资、项目推进、乡村振兴、安全生产、化债维稳等工作需要选干部、配班子、建队伍，注重运用综合考核成果科学评价干部履职实绩，选用政治站位高、担当精神强、争先闯劲足、群众评价好的干部。注重把干部实践历练置于全县发展大局中，坚持多岗位锻炼、基层蹲苗磨炼、中心工作锤炼相结合，综合运用上挂下派、内培外送等方式，推选1名年轻干部到国家部委跟班学习；遴选20名优秀年轻干部到县直部门、镇区重点岗位挂职锻炼，到上海、苏州等发达地区跟班学习；选派57名1990年后出生的年轻干部到乡村振兴重点村、经济薄弱村挂任第一书记。注重案例积累和典型示范，多篇干部选拔任用“鼓励激励”案例被上级专辑刊发。

【干部监督】 2022年，县委组织部做好“一报告两评议”、镇党委换届风气满意度测评结果反馈工作，重点解剖测评满意率相对较低的单位，加强指导，及时纠偏。配合市委、县委巡察，做好县法院、检察院、近湖街道等9个单位的选人用人专项检查，形成专题报告，做到以查促改、以改促提。严格执行股级干部配备职数预审制度，年内审核批准396个拟配职数，纠正不符合规定拟配职数5个，从源头上防止“三超两乱”（超职数配备、超机构规格提拔、超权限设置机构，擅自提高职级待遇，擅自设置职务名称）现象发生。起草形成《县管干部“下”操作规程》，细化干部“下”的刚性标准和问题情形。坚持把纪律和规矩挺在前面，把日常管理和重点管理贯穿起来，把问责追究和关心关爱结合起来，做到严肃处理有问题者、悉心保护敢担当者。全方位延伸监督触角，定期召开干部监督联席会议，严格执行干部监督信息“双月通报”机制，确保各成员单位掌握的干部问题信息实现资源共享、信息互通。加大“12380”网络、短信、电话、来信、来访“五位一体”综合举报受理平台宣传力度，全年组工信访举报受理52件，按期回复率100%。运用“提醒、函询、诫勉”三种手段，对10名干部进行预警监督。在“关键少数”上下功夫，把执纪执法、审计、项目审批、资金管理等关键岗位干部，特别是单位“一把手”列为重点监督对象，综合运用好选人用人专项检查、“一报告两评议”“三责联审”、干部考察等工作，推动干部严格按照制度履行职责、行使权利、开展工作。

【干部教育培训】 年内，县委组织部聚焦干部政治能力、专业能力“双提升”，分级分类、科学系统开展教育培训、实践锻炼，增强各级干部推动高质量发展、服务群众、防范化解风险本领。突出干部政治教育、政治能力培训，开展学习贯彻中共二十大精神系列活动，通过专家报告会、理论宣讲、集中学习等形式，推动政治理论学习走深走实、见行见效。结合“红色新干线”工程，用足用好县内华中鲁艺抗日殉难烈士陵园、苏中二分区《人民报》印刷厂旧址等红色教育资源，常态化组织党员干部开展沉浸式党性教育。编制《建湖县2022年干部培训计划》，将培训班次分为政治理论、专业能力“双提升”“薪火工程”、乡村振兴、党建业务、条线业务5个专题。依托“干部在线学堂”平台，推出“习近平法治思想”“当前宏观经济形势”等4期云课程。通过“直播授课+录播回看”方式扩大培训覆盖面，提升课程利用率。依托腾讯会议平台，举办招商引资线上专题培训班1期，6名国内招商引资、发展战略专家，为全县招商队伍“108将”和42名项目服务人员传授“锦囊秘籍”。用好中国干部网络学院平台，组织干部教育培训讲师参加2022年度基层干部培训师资网络集中培训。邀请全国道德模范、上海市普陀区桃浦镇社区党委杨兆顺、省委党校梁作民、南京大学费俊峰等30余名专家教授进行授课讲学。推进领导干部上讲台制度，坚持让理论扎实的人讲“理论”、实践丰富的人讲“实践”、专业过硬的人讲“专业”、担当有为的人讲“担当”。县委书记祁从峰为全体干部学员讲授“开班第一课”，县委组织部、县纪委、县人民检察院、县信访局等8名部门“一把手”相继走进培训课堂。紧扣全县中心工作设置干部培训计划、专题及课程体系，加强各部门各领域基本业务和专业知识培训，将政策法规、形势任务、业务知识作为重点课程，将基层实践中的示范案例、创新探索、经验教训作为基础课程，增强干部履职尽责专业素养和工作能力。2022年，通过线上线下先后举办科级干部能力提升轮训班、青年干部“薪火工程”培训班、村书记“头雁工程”培训班、招商引资专题培训班等培训班次30余期，培训干部3200余人次。

【党员远程教育】 年内，县委组织部拍摄的纪录片《带枪的文艺战士》、“党课开讲啦”作品《与时代同步 与人民同行》在中组部开展的第十六届全国党员教育电视片观摩交流活动中分获一等奖、三等奖。《遇“建”你真好》获第七届全国人才工作新闻摄影暨短视频比赛三等奖。建阳镇制作的党员教育作品《逆行的光》被“学习强国”全国总平台采用，九龙口镇九龙口村拍摄的《戏里戏外都是角》纳入省委组织部年度重点制片项目库。建湖县4部作品在省委组织部、江苏卫视

5月28日，县委书记祁从峰为全县科级干部培训班上“第一课” （王翰明 摄）

合办栏目《领航新时代》播出，9篇经验做法被共产党员网宣传推介，两项用稿数均居全市第一名。微党课《一本写满“人民”的笔记》作品获全市微党课大赛现场评比一等奖。创新实施“党建网红”带富工程，组建“党建网红”直播村联盟，举办“党建网红 播动水乡”——建湖县第三届寻找最美直播带“货”人大赛，通过以赛促学、以赛促练、以赛促用，组织直播带货56场，实现“党建网红”激活乡村振兴动能。

【公务员管理】 年内，全县公务员新招录69名，转正定级71名，提拔晋升53名。县委组织部开展“争创人民满意机关、争当人民满意公务员”主题实践活动，表彰一批敢于攻坚、勇于争先的“十佳服务单位”“十佳公务员标兵”。放大建湖“先进典型”效应，在“建湖党建”微信公众号开设“我身边的公务员”专栏，每季度评选“党员先锋标兵”，常态化举办“先锋进机关、典型故事会”活动，用身边人、身边事促使广大干部心理认同，营造人人争先的良好氛围。开展全县公务员（参公人员）专业情况调研和机关紧缺专业调查工作，制定全县机关单位紧缺专业人才目录，加大紧缺专业人才招引力度。研究制定公务员日常管理工作手册，举办1期公务员管理业务培训班，培训69名公务员。建立各年龄段、专业分布、职级分布等公务员基础台账。制定出台《关于规范干部人事档案管理工作的意见》，规范人事档案的形成、催收、管理、使用等各环节，形成全链条、无差错的管理闭环。

【年度考核】 年内，县委组织部创新开展综合考核指标推进季度分析，综合分析报告获县委书记祁从峰批示肯定，在2022年市对县综合考核半年评估中，建湖县综合位次列全市第五，比上年末提升4个位次，进位幅度列全市第一；2022年获省政府办公厅督查激励事项5项，获激励数量列全市第二位。2022年度市考指标确定后，县委组织部调整优化考评指标，通过平时考评引导相关责任单位在市考指标推进工作中进位争先，形成以平时考核推动节点任务完成，保障年终考核目标达成的指标推进机制。每月集中了解指标预测排名，每季度对照市考核标准分析综合排名，梳理实现进位提标过程中的优势和劣势，明确发力点、关键点和风险点，提出下一步工作建议，形成综合分析报告，为县委、县政府主要领导决策提供参考依据；县委主要领导按时召开市对县综合考核半年评估工作部署会和总结分析会，分管县领导适时召开工作推进会，建立县分管领导专题周会办工作机制，自上而下推动进位提标。常态化保持与市委考核办、省政府办公厅督查室等考核考评主管单位的对接联系，学习掌握考核考评工作新变化、新要求。项目实施督查组由7个调整为6个，县发改委、住建局、农业农村局等单位调整充实督查组成员；每月编发督查简报5期，优化形成《全县重大项目督查情况》。围绕全县237个重大项目，通知项目建设相关镇（街道、区）、县直部门，按月细化分解，排出月度建设进度、完成投资情况，明确项目责任人、项目帮建人，并将细化情况作为“红蓝旗”评比中“县重大项目建设”指标参照依据。每月下旬，组织6个专业督查组，到项目建设一线专项督查，看形象进度，查实际投资额；看项目进展情况，查帮办服务情况。至年底，编印《全县重大项目建设情况》9册，发放《督查简报》45期，受到县委主要领导批示3次，向滞后项目责任单位发放《全县重大项目推进会办单》23份。结合干部人事调整及招商工作需要，分别于2月、8月对脱产驻点专业招商人员进行2次集中调整，增强专业招商队伍专职化水平。

【红蓝旗评比】 1月，县委办、县政府办印发《2022年度全县“板块比发展、部门比服务”流动红蓝旗评比方法》，评比活动县考核办牵头，县委办、县政府办、县统计局、县发改委、县工信局、县农业农村局、县文旅局、县税务局、县行政审批局、县金融监管局共同实施。各评比责任部门按职责分工，每月20日对全县14个镇（街道、区）、54个县级机关部门、15个条管单位、7家县属国有企业、22家银行保险机构的重要指标、重点项目、重点工作、满意度评价等评比计分，县发改委将考评结果汇总排名，经县委书记审阅后报县考核办，月底在县委常委扩大会上通报，列前三名的镇（街道、区）（“两区”选高分区且评分超80分）授红旗，最后一名且评分低于80分的镇（街道、区）授蓝旗，招引新项目超50亿元的镇（街道、区）授红旗；列前三名的县级机关单位授红旗，后两名且评分低于80分的部门授蓝旗；每季度列第一的银行保险机构授红旗，最后一名的银行或者连续2个月最后一名的保险机构授蓝旗。2022年开展评比活动10次，其中“板块比发展”活动中，9个镇（街道、区）被授予红旗，7个镇（街道、区）被授予蓝旗；“部门比服务”活动中，26个部门被授予红旗，8个部门被授予蓝旗。季度评比中，2家银行保险机构被授予红旗，2家银行保险机构被授予蓝旗。

表4 2022年度全县“板块比发展、部门比服务”流动红蓝旗授予情况

月份	授旗类别	授旗单位									
		板块				部门					
2月	红旗	建湖开发区（钟庄街道）	九龙口旅游度假区（九龙口镇）	上冈镇	—	工信局	消防救援大队	民政局	税务局	—	—
	蓝旗	建湖高新区（塘河街道）	宝塔镇	—	—	退役军人事务局	农业农村局	—	—	—	—
3月	红旗	建湖开发区（钟庄街道）	九龙口旅游度假区（九龙口镇）	近湖街道		信访局	自然资源和规划局	应急管理局	税务局	城投集团	江苏银行
	蓝旗	庆丰镇	—	—	—	气象局	移动公司	阳光财险	—	—	—
4月	红旗	建湖开发区（钟庄街道）	建湖高新区（塘河街道）	建阳镇	冈西镇	行政审批局	人社局	公安局	税务局	—	—
	蓝旗	沿河镇	—	—	—	供销总社	城工办	—	—	—	—
5月	红旗	建湖开发区（钟庄街道）	建湖高新区（塘河街道）	冈西镇	近湖街道	自然资源和规划局	统计局	司法局	税务局	—	—
	蓝旗	—	—	—	—	—	—	—	—	—	—
6月	红旗	建湖高新区（塘河街道）	建湖开发区（钟庄街道）	建阳镇	恒济镇	发改委	退役军人事务局	金融监管局	税务局	城投集团	江苏银行
	蓝旗	高作镇	—	—	—	榆城通公司	紫金财险	—	—	—	—
7月	红旗	建湖开发区（钟庄街道）	建湖高新区（塘河街道）	芦沟镇	建阳镇	应急管理局	城管局	交通运输局			
	蓝旗	—	—	—	—	—	—	—	—	—	—
8月	红旗	建湖开发区（钟庄街道）	建湖高新区（塘河街道）	上冈镇	近湖街道	党校	水利局	统计局	税务局	—	—
	蓝旗	建阳镇	—	—	—	—	—	—	—	—	—
9月	红旗	建湖开发区（钟庄街道）	建湖高新区（塘河街道）	九龙口旅游度假区（九龙口镇）	宝塔镇	公安局	编办	司法局	税务局	城投集团	人保财险
	蓝旗	—	—	—	—	供销总社	国调队	阳光财险	—	—	—
10月	红旗	建湖高新区（塘河街道）	建湖开发区（钟庄街道）	高作镇	庆丰镇	退役军人事务局	审计局	住建局	税务局	—	—
	蓝旗	—	—	—	—	—	—	—	—	—	—
11月	红旗	建湖开发区（钟庄街道）	建湖开发区（钟庄街道）	芦沟镇	建阳镇	工信局	文旅局	市场监管局	税务局	—	—
	蓝旗	颜单镇	—	—	—	—	—	—	—	—	—

人才工作

【概况】 2022年，建湖县完善人才工作领导小组组织构架，新增成员单位，制定工作规则，明确工作职责，定期召开人才工作领导小组成员单位联席会议，研究部署阶段性人才工作。强化人才工作考核，提高分值、增加权重，确保责任落实到位，加强考核结果运用。深化人才发展体制机制改革，研究出台《关于推进新时代人才强县建设的意见》等文件，涵盖人才载体、人才公寓、人才发展基金、人力资源服务业发展等方面。认定见习基地78家，开发青年就业见习岗位822个，发放见习补贴35万元。发放黄海明珠人才绿卡658张，发放各类人才资金3000多万元，确保各类优才惠企政策落地生效。组建36支108人的“双招双引”工作小分队，在各镇（街道、区）明确人才服务分管负责人和人才资源开发分管负责人，做到“政策同学习、任务同部署、绩效同考核”。常态化组织人才工作者组团到苏南、南通等发达地区实地考察学习，提升业务能力和水平。建设青年人才会客厅，优化青年人才驿站，推出“青创建湖”“青乐建湖”系列工程，以“每周一次早餐聚会、每月一项主题活动”为载体，利用春节、端午、中秋等节日，开展系列主题沙龙、交友联谊活动50余次。

【人才引进】 年内，建湖县入选国家级人才项目6个，入选率列全省第一位，入选数连续2年位居全市之首；入选省科技副总35名，入选数全市第二位。县委组织部牵头举办首届建湖籍在外人才“新春茶叙会”、第二届盐城籍高校院所科创人才菁英汇、第三届水乡英才创新创业大赛、“奋斗有我·盐聘行动”建湖专场招聘会等活动，邀请中国工程院院士唐洪武、杜彦良参加盐城市第十二届沿海发展人才峰会，聘请俄罗斯自然科学院外籍院士周全法、荷兰皇家艺术和科学院院士马丁担任建湖县科创专家顾问。发挥在外人才、乡贤作用，实现以才引才、以赛聚才、云上引才，推动10多名在外乡贤返乡创新创业，集聚168个人才团队同场切磋竞技。实施名校优生“汇湖行动”，引进110名优秀高校毕业生落户建湖。县人社局实施“千名学子聚湖行动”，在华东理工大学、苏州大学等14所高校新建引才工作站，聘请引才大使21名。组织191家企业参加高校毕业生线上招聘活动41场次，37家企业走进市内外高校开展校园招聘32场次，引进高校毕业生3559人，其中本科以上学历1673人，大专学历1886人，盐城籍高校毕业生2242人，驻盐高校毕业生580人。11月25日，市县联动举办“奋斗有我·盐聘行动”——建湖县人才集市开市仪式暨“产才共建·智创汇湖”云上引才活动，达成就业意向1363人，签约青年就业见习岗位139人。

9月10日，县委组织部举办青年人才主题活动，图为参加活动人员合影　　（徐绍杰　摄）

11月25日，建湖县人才集市开市（人社局　供）

【人才培养】　县组织、人社部门加强对人才的政治引领和政治吸纳，常态化举办各类人才学习交流会和教育宣讲会，健全完善县领导“一对一”联系服务专家制度，优化联系服务内容。宣传人才典型、人才工作和人才政策，营造尊才爱才敬才“近悦远来”的人才生态。年内新增全国技术能手和省技术能手各1人、市企业首席技师1人、高技能人才514人。获“江苏工匠”智能装备数字化技术应用职业技能竞赛三等奖3人；获市首届家政服务职业技能大赛二等奖2人、三等奖3人。葛兆星技能大师工作室被认定为省级技能大师工作室。全县新增初级职称615人、中级职称639人、高级职称218人。县人社局牵头举办企业新型学徒制培训班3期、特种设备作业培训班5期，开展补贴性职业技能培训10133人次。省“333工程”培养对象吴其凯获省“五一劳动奖章”，10人入选省第六期“333工程”第三层次培养对象，上冈高中教师李正浪入选2022年“苏教名家”，教师查晓芳、周静获评“2022年江苏省名师工作室主持人”。成立鼓楼医院肝胆胰外科及减重代谢外科主任孙喜太名医工作室和省人民医院麻醉疼痛科主任潘寅兵名医工作室。依托科技镇长团，为农户上门开展技术指导30余次，帮助解决技术难题200多个。县农业农村局组织3期25名基层农技推广人员脱产培训，开展部级和省市级农业技能培训3000多人次，网上“云培训”1733人次，4个教学课件和教学短视频获省农业农村厅教学资源评比一、二等奖。

【产才融合】　年内，全县建成省级以上企业研发平台19个，离岸型“飞地”平台10个。创建省级工程技术研究中心2家，省级企业技术中心3家，获批省级研究生工作站4家，常州工学院技术转移中心建湖分中心揭牌成立，设立电子信息产业和石油机械产业“人才飞地”。由组织部门牵头，发改、科技、工信、人社等多个部门参与，成立工作专班绘制产业地图和人才地图，实现精准匹配、按图索骥，征集企业“卡脖子”技术清单，做到各司其职、分工明确。产才融合创新服务中心建成投运，新建各类人才公寓2310套。实现产业链、创新链和人才链高度融合，提供创新创业全流程、一站式服务，让各类人才“足不出户”享受创业孵化、事项代办等服务，打通人才服务“最后一米”。到南京、西安、成都、广州等地高校院所进行政产学研对接，邀请山东大学、苏州大学、中国石油大学（华东）等高校院所专家教授到建湖开展调研和合作洽谈，签订产学研合作协议100余项。

宣传工作

【概况】　2022年，建湖县宣传系统围绕市委宣传部“加快建设文化赋能高质量发展示范区”目标定位，做特项目、做亮活动、做优品牌，在“聚焦一条主线，管好两大阵地，实现三大提升”上下功夫。学习宣传贯彻中共二十大精神氛围浓厚，“强国复兴有我”主题教育被中宣部党建网、中宣部“思想政治工作研究”微信公众号专题推介。意识形态工作在全省首批接受巡视。“9·5”葫芦娃平台牟利案被全国扫黄打非办和公安部挂牌督办，是全市唯一的挂牌督办案件。县“扫黄打非”办获评省、市扫黄打非工作先进集体。

【理论学习教育】　年内，县委宣传部发挥县委理论学习中心组学习“风向标”“排头兵”作用，组织专题学习交流，打造精品课堂，提升学习效果。深化“巡听、巡考、巡查、巡讲”，推动基层理论学习中心组提高学习质量和水平。紧盯学习热点，在全市率先开展《习近平谈治国理政》第四卷专题学习，录制《习近平谈治国理政》第四卷学习辅导视频21期。用活用好“学习强国”学习平台，刊发稿件数量全市领先。创塑理论宣讲品牌。成立“湖垛有理”宣讲队，发挥“百姓名嘴宣讲团”“党员教育讲师团”“青年讲师团”作用，通过“板凳课堂”“庭院课堂”“文艺课堂”等形式，开展“礼赞新时代　追梦复兴路”主题宣讲和《习近平谈治国理政》第四卷学习教育进机关、进社区、进农村、进学校、进企业、进网络、进新时代文明实践所“七进”活动800余场，参学6.2万人次。

【意识形态工作】　年内，县委宣传部严格落实意识形态工作责任制，接受省委第十一巡视组意识形态工作责任制落实情况专项巡视，意识形态领域整体态势平稳向好，意识形态工作年度考核列全市第一板块。县委把意识形态工作作为重要工作内容纳入年度计划和年底目标考核，制定出台《党委（党组）意识形态工作责任制实施方案》《关于开展意识形态工作“三查三问”专项行动的通知》（对标自查问缺、动态抽查问实、纵深督查问效），细化党委（党组）意识形态工作“四责”清单（党委党组意识形态工作责任清单、书记意识形态工作责任清单、分管领导意识形态工作责任清单、领导班子其他成员意识形态工作责任清单），多次召开意识形态领域情况分析研判联席会议，每月分析、研判、化解意识形态领域风险。举办全县意识形态和舆情处置工作专题培训班，开展网络舆情应对实战演练。集中开展“清朗2022”专项行动，核查整改全县20家单位网站、微信公众号内容，交办处置舆情315条，无省通报重大负面舆情。开展4轮专项巡察，督导5个镇10个村（居）、公检法和教育系统意识形态工作。组织意识形态、文化市场、互联网安全专项督查18轮，发现、整改问题47项。加强党校学校、文化传播、宗教活动场所等阵地管理，打造“扫黄打非”主题公园，近湖街道被评为全国“扫黄打非”示范点，健全讲座讲坛论坛报备制度，承办全市网络安全官培训工作，组织网络安全宣传周活动，命名县级意识形态工作联系点10个。

【“学习强国”学习平台管理】　年内，“学习强国”全国总平台刊发建湖稿件31篇，省级平台刊发260篇，盐城平台刊发558篇。组建300余人的“学习强国”学习平台管理员、通讯员队伍，明确管理员负责督促学习、通讯员推送优质稿件等职责。建立“学习强国”微信工作群，督查推进学习情况。将“学习强国”学习平台使用情况纳入意识形态工作和党建工作责任制考核，建立学习推广、奖惩激励等机制。成立“学习强国”供稿工作专班，细化责任分工，召开县学习平台推广使用推进会，邀请“学习强国”盐城学习平台管理员到建湖辅导，将平台供稿任务层层分解、压实责任。“学习强国”学习平台管理经验在全市理论工作座谈会上交流。

【党员冬训】　年内，建湖县承办全市基层党员冬训工作会议，紧扣“谁来讲”“给谁讲”“在哪讲”“怎么讲”，拓展“六讲助训”（书记领讲、骨干主讲、名嘴宣讲、典型巡讲、青年演讲、文艺助讲）模式，发挥“专业+草根”宣讲队伍作用，开展“线上+线下”宣讲550多场次，覆盖党员群众7.2万人次。《新华日报》头版以《精神食粮进工厂车间》为题点赞建湖县党员冬训特色做法，《群众》杂志推介建湖县党员冬训为高质量发展蓄势赋能的工作经验。紧扣“谁来讲”，专兼结合抓冬训。“一把手”带头讲，发挥示范效应。发挥镇（街道、区）党（工）委书记引学领学作用和村（居）一把手“一肩挑”示范带头作用。理论骨干齐上阵，彰显主力担当。组织县委党校和百人“党员教育讲师团”理论骨干，创新理论宣讲方式。百姓名嘴“大白话”，浸透乡土风味。肖公章、成晔、谢红光等“百姓名嘴”贴近群众需求，创新推出独具特色的理论+“文艺化宣讲”、理论+“温情故事”、理论+“红色文化”等宣讲模式。紧扣“给谁讲”，分层分类抓冬训。打造冬训理论宣讲“定制菜单”，开展对象化、分众化和精准化宣讲，让党的创新理论更深入人心。对象化提升理论传播力。开展网络调查，摸清全县47390名党员底数，紧扣冬训八大主题，制作冬训特色“套餐”。分众化提升冬训吸引力。采取“线上”+“线下”方式，送教上门。精准化提升冬训覆盖力。围绕“一镇一品、一村一特”学践结合提升冬训质效。紧扣“在哪讲”，走出课堂抓冬训。紧抓阵地，让冬训更接地气。打造“小微化、便捷化、生活化”一线学堂，开展草根式理论讲授、“边走边讲”聊天式宣讲。紧紧围绕民生，让冬训更有温度。把持续深化“我为群众办实事”实践活动作为推进党员冬训工作的重要抓手，访民情解民忧，办好惠民实事，以改革发展成绩检验冬训工作成效。紧贴发展，让冬训更有实效。组织县镇招商精英为党员干部讲解全县产业发展规划、招商政策，为六条产业链想点子、出实招，推动建湖县产业做大做强。紧扣“怎么讲”，守正创新抓冬训。文艺化宣讲，用“小故事”讲透“大道理”。立足建湖淮剧杂技特色，运用顺口溜、数来宝、方言脱口秀等通俗易懂的语言，创作多样化宣讲作品，用“小切口”说明“大主题”。开展送理论进机关下基层宣讲活动，通过“集中式”宣讲让理论走进基层，提高宣讲实效性。互动式宣讲，用“小细节”解决“大困惑”。改变传统一人讲多人听的“灌输式”宣讲模式，加强互动、交流及现场反馈，就小细节、小问题一起交流、互动，就大家关心、关注的问题一一解答，解决党员的

“大困惑”。

【新闻宣传】 年内，中央电视台、《人民日报》、《人民日报》海外版、《光明日报》、《经济日报》、《新华日报》、江苏卫视、江苏新闻广播等主流媒体持续报道中共二十大代表、县委书记祁从峰参加中共二十大接受采访情况。推出高质量研究成果，县委主要领导《奋力打造现代化生态经济强县样板》《加强基层党建赋能乡村振兴》《坚决扛起高质量发展的“建湖担当”》等多篇署名文章在《群众》《党建研究》《中国发展观察》等杂志刊发。《焦点访谈》重点推介建湖县“守住粮食生产的命根子”实践做法。中央电视台《新闻联播》《朝闻天下》《新闻直播间》等栏目聚焦建湖县经济社会发展特色亮点，字幕、口播用稿36条，省、市电视台用稿数居各县级融媒体中心前列。新华社短视频《江苏建湖：以绿色发展理念引导产业转型升级》点击量超80万次，图文报道《江苏建湖：提升产业“含绿量”，做足“水文章”》阅读量超百万人次。《中国县域经济报》头版头条《建湖，绿色跃迁满目新》聚焦建湖县优良生态环境。在九龙口镇收成村举办的“共富路上同奋斗”融媒体行动启动仪式被江苏新闻广播“新时代、新征程、新伟业”专栏首篇专题推介。《新华日报》头版5次聚焦建湖。新华社微纪录片《MAGIC奇技：建湖杂技》亮相美国纽约时代广场大屏，建湖淮剧登上中央电视台戏曲频道《一鸣惊人》栏目，《华人时刊》专题推介九龙口国家湿地公园。

【全民阅读】 县委宣传部培塑书香建湖品牌，增加阅读工作维度。以新时代文明实践所（站）为平台，组建全民阅读志愿者队伍和全民阅读推广智库，参与各类阅读推广服务。以“阅建美好　双湖读吧”品牌为统领，丰富“书香建湖”读书节、“畅享建湖”阅读马拉松、塘河讲坛等全民阅读品牌活动内涵，提升群众知晓率、参与率和满意率。整合线上线下阵地，拓展阅读活动广度。在“建湖宣传”、新时代文明实践中心云平台设立“好书推荐”等板块。打造“双湖读吧”“有声图书馆”，为92家农家书屋更新出版物。常态化开展“总分馆联动下基层”阅读活动。在双湖公园等景区开通“阅建美好　双湖读吧”广播栏目，张贴全民阅读公益广告。建设企业家读书沙龙、上冈廉政书屋、水岸书局、淮剧小镇有戏书局、“双湖读吧”朗读亭等阅读新空间，满足群众阅读新需求。“满天星”公益阅读项目获评2022年度江苏省公益阅读推广活动。太平村农家书屋获评2021—2022年度全省五星级示范农家书屋，九龙口残疾人之家获评省“书香残疾人之家”。紧扣主题精心策划，提升阅读活动热度。开展习近平新时代中国特色社会主义思想主题读物阅读推广活动，推动中共二十大精神深入人心。年内，承办盐城市“盐·读”全民阅读春风行动启动仪式，举办第十二届江苏书展建湖分展场活动启动仪式、“书香建湖”第八届全民读书节、“读书迎盛会　一起向未来”残疾人阅读分享会、“乡村阅读榜样”颁奖典礼等阅读活动2300多场次，吸引近50万人次参与。“4·23”世界读书日，中国“安徒生”曹文轩携手五地十校，包括建湖县西塘河小学等共上阅读课。开展中共二十大文艺化宣传进镇村活动30场，录制《习近平谈治国理政》第四卷学习分享视频21期、“看建湖——湖垛文史漫谈”系列视频12期。

【网络综合治理】 年内，全县网信工作紧扣中共二十大主题主线，壮大正面宣传、强化舆论引导、开展网络综合治理，提升管网、治网、用网水平。江苏军曼农业科技有限公司科技园被评为第二批省级网络文明素养实践教育基地。《加强属地自媒体和抖音网红建设工作方案》得到市委主要领导批示肯定，《盐城网信动态》专刊推介建湖做法。做好习近平新时代中国特色社会主义思想、中共二十大精神网上宣传，营造学习新思想、宣传中共二十大氛围。在主流网站推送稿件4200多篇，撰写网评文章56篇，其中6篇在全省推送。实行24小时值班，重要时间节点领导带班、双人值班。采用人工和智能平台结合，不间断开展网上监测。集中开展“清朗2022”专项行动。“葫芦娃网络平台”传播淫秽物品牟利案被国家、省“扫黄打非”办挂牌督办。县公安局全面部署网络安全综合防控体系建设，加大公共场所LED（发光二极管）屏安全管理工作，消除网络安全漏洞隐患，筑牢网络安全“防火墙”。深化重要基础设施单位网络安全等级保护评定工作，提高相关单位网络安全防护水平，确保数据安全可靠、平稳运行，三级等保单位测评率100%，位居全市前列。率先在全市完成涉网单位基础信息采集任务。文明城市创建网吧禁烟工作执行到位。在中共二十大、全国“两会”、冬奥会、县委全会期间加强网络值班巡查，举报有害信息398条。举办网络安全宣传周活动，发放宣传单1万多份，发送网络安全公益短信25万条，开展网络安全主题日活动8场次，抵御和防范网上错误思潮、宗教极端思想向网络意识形态领域渗透。建成8家覆盖政法、教育、文旅等部门的网络文明素养实践教育基地。配强网络意识形态工作力量，壮大网络评论员、网络发言人、网络文明志愿者队伍。组织互联网行业党员、本地自媒体、网络大V参加“传承英雄精神 激扬家国情怀”主题党日活动；邀请江浙沪皖微博大V、属地自媒体、网红代表参加“灵龙水乡•淮杂故里——‘建湖有戏’网络大V建湖行”活动。

精神文明建设

【概况】 2022年，建湖县坚持精神文明和物质文明同部署共落实，推进文明创建“12+2”重点行动，即依据全国文明城市测评体系，结合创建工作实际，每月突出一项重点，集中力量进行专项提升。具体为：1月“美化家园、欢度新春”环境卫生整治行动、2月“诚信经营、舒心购物”农贸市场整治行动、3月“扮靓街巷、精细治理”背街小巷整治行动、4月“削冗去坠、杜绝飞线”线杆线缆整治行动、5月“完善设施、畅通便捷”主次干道提升行动、6月“移风易俗、城乡共建”镇村创建提升行动、7月“七彩夏日、逐梦成长”关爱未成年人专项行动、8月“文明出行、景美人美”文明旅游专项行动、9月“一带一盔、文明交通”交通出行专项行动、10月“微笑服务、高效优质”窗口行业服务提升专项行动、11月“更新升级、彰显内涵”公益宣传提升行动、12月“文化惠民、幸福加码”公共文化服务专项行动，以及贯穿全年的“改善环境、提升品质”社区小区提升行动、“高效精准、提高质量”网上申报提升行动。并将工作成效纳入县月度“红蓝旗”考核，日督查、周通报、月排名，常抓长效，提质创优。实施新时代文明实践中心提档升级工程，组织开展各类文明实践活动2.5万余场次，1人获评省优秀志愿者。全年当选“江苏好人”3人、“盐城好人”5人，获评全国“最美家庭”1户，省“文明家庭”1户、“最美家庭”1户、“五好家庭”1户，市“文明家庭”2户、“最美家庭”1户，省级以上典型数量居全市前列。

【省级文明城市创建】 建湖县以省级文明城市创建为龙头，强化全域、全程、全面、全员创建，推动文明创建取得新成效。年内，制定出台《2022年建湖县深化推进文明城市创建“12+2”重点行动方案》，成立一办五组，高位策划、强力推进创建工作。建立“结对共创”“周六文明创建集中推进日”制度，县四套班子领导、县直各部门单位挂钩联系镇（街道）和社区（村），常态化开展帮创工作。定期召开创建工作推进会、部署会、点评会等，制定《建湖县文明城市创建实地考察点位操作手册》，分层分类开展业务培训，提高创建工作的针对性和实效性。将文明城市测评成绩纳入全县月度“红蓝旗”评比，制定出台《建湖县文明城市创建工作考核办法》，定期编发创建工作简报，县委书记祁从峰多次作出批示，指导推动创建工作。严格落实问题销号制度，全年下发创文交办单334件，问题整改完成率93%以上。

【新时代文明实践中心建设】 年内，县委宣传部出台《深化拓展建湖县新时代文明实践中心建设实施方案》，成立县志愿服务促进中心，实施县新时代文明实践中心拓展升级工程，县委编办核定编制3名、社会用工2名，新增500平方米功能室、新添置150万元活动设施。依托文明实践智慧云平台，健全“建管用育融”工作机制，数字化管理贯穿“点单、派单、接单、评单”全过程。结合节日节气和工作重心，全年开展“中秋话家风 月满人团圆”文明家庭故事交流分享座谈会、“喜迎二十大 礼赞新时代”红色广场舞、“阳光洒校园 点亮微心愿”关爱未成年人等文明实践活动2.5万余场次，文明实践经验做法被《盐城宣传》《群众》《中国志愿》等杂志登载推介。修订《建湖县文明市民公约》，部署“治理高额彩礼 减轻人情负担 推进移风易俗”专项行动，常态开展“积分制”、道德评议会、红白理事会等移风易俗主题活动。

【未成年人思想道德建设】 年内，县委宣传部牵头组织“喜迎二十大 筑梦向未来”系列教育实践活动，开展建湖县第五届“童心里的诗篇”少儿诗会、第三届“童话里的世界”童话故事创作大赛、“梦想与担当”建湖县青少年征文大赛等“童”字系列美育活动，征集作品近3500篇，“梦想少年说”微视频75个，其中湖阳路小学学生吴思含微视频在“少年志”APP发布。强化文明礼仪养成教育，举办建湖县“四仪”（入学、成长、青春、成人仪式）教育示范观摩活动2场。加强青少年心理健康教育，开展“心向阳光 健康成长”第三届建湖县未成年人心理健康教育宣传月活动，汇文初中心理剧《求求你夸夸我》获第十二届江苏省中小学“校园心理剧”创作活动一等奖。推进“新时代好少年”学习宣传活动，乔诗雯等

22名学生被评为“新时代建湖好少年”，肖梦铃等120名学生被评为建湖县第十三届“美德少年”，王晶获评“新时代盐城好少年”。

【典型培塑】 年内，县委宣传部坚持县镇村三级联动，深化“身边的好人”“最美人物”等评选活动，挖掘、选树道德典型。李玉良、杨峰、顾建志3人当选“江苏好人”，孙人鉴、王竞进等5人当选“盐城好人”，嵇绍波等17人当选“建湖好人”。孙强家庭当选全国“最美家庭”，何宏新家庭当选省“最美家庭”，查玉婷家庭当选省文明家庭，张国庆家庭、刘永生家庭当选市文明家庭，省级以上典型数量列全市前列。把地方文化融入典型宣传，《夜之韵——杆技》被省道德模范“三进”活动采用。开展全国第二十个“公民道德宣传日”集中宣传教育活动，利用报纸、电视、新媒体、公交站台、户外显示屏等载体，宣传先进典型和“时代楷模”，营造浓厚崇德向善社会氛围。至2022年底，全县15人当选“中国好人”、35人当选“江苏好人”、76人当选“盐城好人”、321人当选“建湖好人”。

9月9日，县委宣传部部长乔宗华（左二）慰问“好人”代表和文明家庭代表　　（县委宣传部　供）

表5　　2022年建湖县“江苏好人”

序号	姓名	授予时间
1	李玉良	2022年3月
2	杨　峰	2022年5月
3	顾建志	2022年5月

表6　　2022年建湖县“盐城好人”

序号	姓名	授予时间	备注
1	李玉良	2022年4月	当选更高级别
2	杨　峰	2022年7月	当选更高级别
3	顾建志	2022年7月	当选更高级别
4	孙人鉴	2023年2月	
5	王竞进	2023年2月	

表7　　2022年“建湖好人”

单位：人

序号	数量	授予时间	姓名
1	6	2022第69期（2022年5月）	杨峰、张长红、朱根忠、徐伟伟、顾建志、李玉良
2	5	2022第70期（2022年8月）	嵇绍波、刘金梅、孙人鉴、王美红、吴加浪
3	6	2022第71期（2022年11月）	陈爱军、刘德胜、陆慧泉、王竞进、吴德凤、臧树国

统战工作

【概况】 2022年，县委统战部实施“能力素质提升、重点难点突破、服务发展深化、魅力形象塑造”四项行动，开展“抢牌子、争位次、提名气”竞赛活动，小阵地推动大团结、民营企业统战力量和统战工作“双覆盖”等重点创新得到省市统战部门的肯定，“建真情”“芯荟情”“石榴火红映水乡”等特色品牌初具影响力。开展“学条例增共识·喜迎中共二十大”全县党外代表人士暨统战干部座谈会、党外知识分子“喜迎二十大·同心跟党走”、民营经济人士理想信念教育、新的社会阶层人士“党旗飘扬‘新’连心”现场教学、统战系统“学思践悟二十大·同心同行向未来”主题教育，举办党外干部暨党外代表人士专题培训班，指导民族宗教界开展“奋进新征程·建功新时代”主题教育，举办统战系统中共二十大精神宣讲会。搭建“聚湖同心”云融汇为“圆心”，“淮乡情”“新艺坊”等载体为“涟漪”的平台矩阵，“一镇区一品牌、一领域一特色”初见成效。《创塑“芯荟情”统战品牌　探索经济赋能新路径》获2022年度全省统战工作实践创新成果奖。

9月16—17日，县委统战部承办盐城市新的社会阶层人士“喜迎二十大·党旗飘扬‘新’连心”红色主题教育活动，图为新的社会阶层人士代表参观建湖县党性教育基地　（县委统战部　供）

【党外代表人士】　年内，县委统战部两次召开党外干部队伍建设联席会议，研究分析党外干部队伍建设现状，制定《建湖县党外干部队伍建设工作规划（2022—2026年）》，向县委常委会专题汇报全县党外干部队伍建设情况，向县委推荐使用无党派人士和党外知识分子，至年底全县科级以上党外干部30人，数量、质量均居全市前列。年初县人大、政协换届时，推荐无党派人士和党外知识分子担任县人大代表81名，占27.7%；县政协委员162名，占60%；县政协党外常委34名，占65.4%。组织“学条例增共识·喜迎中共二十大”座谈会、“学党史、看发展、促提升”学习调研等活动，团结引领全县党外代表人士坚定不移听党话、跟党走。加大对现代物流等新业态红色引领力度，打造水乡先“蜂”、新律联盟、网络大V等新的社会阶层人士特色队伍，新的社会阶层人士融入党建工作和社区治理从“动态”向“常态”转化。

【经济统战】　年内，县委统战部深化民营经济统战工作协调机制，召开联席会议3次，制定出台《关于统战条线做好服务民营经济工作的实施意见》，重点落实精神引领、政策落地、项目引建、队伍建设四个方面12个项目。巩固民营企业统战委员（联络员）配备、统战工作“双覆盖”工作，把统战工作融入企业党建和经营管理全过程，“新创荟”等载体平台投入使用，“产业园区+功能平台+民营企业”统战工作联动格局初步形成。放大商会党建工作省市品牌优势，引导基层商会争先创优，近湖街道商会获评全国“四好”商会，开发区、颜单镇商会获评省级“四好”商会。开展民营企业家理想信念教育，实施“百企精英”固本强基工程、“薪火相传”代际传承工程、“雄鹰育雏”青蓝结对工程，举办领军企业家（技术高管）、新生代企业家等线上线下研修培训15场次，成立建湖县青春创业商会，老中青企业家梯队建设成效明显。制定《关于弘扬新时代建湖企业家精神的工作方案》，在《建湖日报》开辟“聚湖同心·共赢未来”专栏，排演《送卡》小淮戏，推动新时代建湖企业家精神进社区、进园区、进厂区，全县重商、亲商、安商氛围日益浓厚。策应“企业大走访、项目大推进、产业大招商”活动，坚持以上率下、条块联动，用足用活汇智早餐会、同心下午茶等形式，收集中介组织规范、技工培养等诉求30个大类800多条，实行问题办理定期会办推进制度、全流程闭环销号管理。

【民族宗教事务】　年内，县委统战部做好民族团结文章，擦亮“石榴火红映水乡”品牌，创成“红石榴家园”省级阵地4个、市级5个，市民族团结进步教育基地2家。举办第二届民族团结文化艺术节，评选“民族团结进步”最美家庭20户；开展少数民族技能培训9次，扶持“种、加、养”创业项目18个，惠及少数民族群众近千人次。指导宗教团体制定规范化管理六项制度，即宗教活动场所财务管理制度、宗教领域网络舆情服务管控制度、宗教活动场所政策法规宣教制度、宗教活动场所社会捐赠和牌位供奉备案审查制度、宗教教职人员考核制度、农村佛事活动规范化管理制度，在全市面上推广。建成“宗教和顺”智慧服务平台，“一网整合数据、一体应急联动”管理新模式逐渐成熟。联动建立目标责任、风险研判制度，定期梳理、精准分析、协同处置，下属机构本质安全水平提升。

【侨务工作】　年内，县委统战部依托建湖县“非物质文化遗产”杂技、淮剧，县域红色文化和华文教育等资源，创成中国华侨国际文化交流基地1个、全市基层侨务工作阵地5个。挖掘县域餐饮文化，推出“中餐繁荣·九龙九鲜”惠侨品牌。邀请市县书法家为归侨侨眷书写对联、送“福”贺春，举办“侨之家·粽香情”“同心学侨法·携手暖侨情”侨法宣传月等活动，相关做法被省市媒体报道。江苏省杂技团与省委统战部联合制作“2022海外华裔菁英青少年大运河文化线上体验活动”之建湖杂技主题课，全球展播点击量超10万次。在日本《中文导报》、涉外刊物《华人时刊》上专题刊载《江苏“建湖杂技”文化惠民“不打烊”年均惠民演出300余场》《以侨为桥再出发　同心聚力谱新篇》等文章，提升建湖“灵龙水乡·淮杂故里”品牌海外影响力。

机构编制

【概况】　2022年，县委编办聚焦工作重点，强化系统思维，完成两批事业单位改革试点工作，深化基层“三整合”（审批服务、综合执法、基层治理）和综合行政执法改革，探索园区体制改革，创新构建“编制+”资源配置新模式，推进编外用工清理规范，提升政府行政效能，发挥机构编制资源使用效应，为实现县域治理体系和治理能力现代化提供坚实保障。9月获评县“板块比发展、部门比服务”红旗单位，连续8年获市机构编制系统综合先进集体称号，彰显“六气”（立身处世树正气，担当作为扬大气，推进改革增锐气，服务基层接地气，待人接物讲和气，争先创优有底气）编制部门品牌形象。

【基层审批服务】　年内，县委编办根据“面上平衡、保障重点”原则，结合各镇（街道）、各条线工作量和上级文件要求，将各镇（街道）编制（含行政、事业编制）和职数分配至职能机构，优化镇（街道）机构编制资源配置，巩固提升“三整合”改革成果；将各镇（街道）“为民服务中心”统一更名为“便民服务中心”；参照其他镇（街道）“三整合”改革做法，除上冈镇敬老院、环卫所、现代农业产业园管委会外，将上冈镇其余所属公益类事业单位整合为建湖县上冈镇综合服务中心，更好为镇机关提供支持保障；围绕经济发达镇动态考核评估标准，县委组织部、政法委、编办和发改委等22个部门联席会办，形成支持上冈经济发达镇改革配套政策27条，以省动态评估促进上冈经济发达镇改革向纵深推进，加快上冈镇高质量发展。

【综合行政执法改革】　年内，县委编办贯彻落实上级关于应急管理综合行政执法改革总体部署，在原安全生产监察大队基础上，整合危险化学品、烟花爆竹、矿山、工贸等行业领域行政处罚、行政强制职能，组建县应急管理综合行政执法大队，以县应急管理局名义统一执法。从锁定的执法队伍编制中调剂增加县应急管理综合行政执法大队编制4名，完成应急管理综合行政执法大队“三定”（定职能、定机构、定编制）文件印发工作，对重点监管企业集中的工业强镇（街道）、经济发达镇（街道）、开发区（工业园区）等实行派驻执法，对其他镇（街道、区）按照位置相邻、行业相近、业态相似原则实行分区域派驻执法，每3—4个镇（街道、区）设置一支派驻执法队伍，设置4支基层中队。

【机构调整】 年内，县委编办将县委国安办设在县委办，负责县委国家安全委员会的日常工作；新成立建湖县文物局，正科级建制，在县文化广电和旅游局挂牌；在县人民防空办公室基础上调整组建县国防动员办公室，在县发改委挂牌，县住建局与县交通局人防及相关职能划转至县发改委（国防动员办），县人民防空办公室牌子暂保留在县国防动员办公室，加强国防动员机构编制保障。新成立县人大代表服务中心、县产才融合创新中心、县志愿服务促进中心、县编制周转中心、县国资国企发展服务中心5家县属事业单位，将县国资国企发展服务中心升格为副科级。县委办、总工会、农业农村局、工信局、商务局、城市管理局、残联七部门，分两批在全市率先完成事业单位改革试点工作。改革后七部门事业单位机构精简56%，编制精简21%。

【编制管理】 年内，县委编办统筹盘活编制资源，探索构建“传统编制+备案制+编外用工+政府购买服务+临时借用人员”编制资源配置新模式，提升编制资源使用效力。以事业单位改革试点为契机，成立编制周转中心，建立编制周转使用机制，将两批事业单位改革试点精简收回的事业编制纳入周转编制，优先保障名校优生、公共卫生、基础教育等高层次紧缺人才和重点岗位需求；巩固扩大公立医院编制备案制管理，实施动态调整机制，核增县妇幼保健院、中西医结合医院、第三人民医院19名编制备案制管理人员控制名额。结合编外用工清理三年行动，按照“总量控制、出一进一”原则，实行总量控制用人，控减行政运行成本。规范申报审批程序，按照县委编办《关于进一步明确机构编制事项申请相关事宜的通知》精神，规范机构编制事项申报审批程序，明确相关事项由主管部门党委（党组）集体研究形成一致意见，以党委（党组）名义行文报送编制部门，并进行必要性、合理性、可行性分析论证。编制部门在调研基础上，按规范程序形成科学合理意见。县委编办通过“三化”（推动信息化建设、构建制度化保障、加强媒体化宣传）措施，提升机构编制管理水平。会同组织、人社、财政部门，推进机构编制组织人事财政信息综合管理平台建设，打造关联业务“全流程、全周期、同平台”协作机制，实现管编制、管人员、管经费有机统一；出台《建湖县机构编制监督检查办法》，严肃机构编制纪律，实现机构编制监督检查工作科学化、规范化。

【事业法人登记】 年内，县委编办完成2021年度411家事业单位法人年度报告公示工作，公示率100%。牵头召开信用等级评价监管部门联席会议，会商评价指标修改，完成352家参评单位信用等级评价工作，公示评价结果，发函限期整改。根据市委编制部门统一部署，开展事业单位“双随机、一公开”实地核查，发现问题限期整改。印发《事业单位登记管理应知应会手册》《关于进一步规范事业单位法人登记印章管理的通知》。常态化实施新任法定代表人任前测试、任中培训、定期约谈，规范事业法人履职管理。

9月27日，全县部分事业单位新任法定代表人集中颁证仪式举行 （杨杰 摄）

【编外用工管理】 2021年，建湖县排查出编外用工超指标使用650人，县委编办会同县纪委、财政、人社部门制定编外用工清理规范“三年行动”计划。至2022年底，全县清理编外用工270人。对清理未完成的单位实行月报制度，抓实编外用工清理整治工作，每月中旬对超指标使用编外用工的部门单位清理整治情况进行统计汇总，了解各部门单位编外用工清理整治任务完成情况及成效，确保编外用工清理整治工作见到实效。结合事业单位改革，动态调整涉改事业单位编外用工指标。严把审批关口，凡满配和超配的部门单位一律不予批准使用编外用工。对确因工作需要、指标有空余的部门单位，必须严格履行审批程序。参照编内人员管理方法，完善编外用工“实名制”管理机制。会同纪检、财政、人社等部门对有编外用工清理整治任务的部门单位，进行实地督查，做到督查全覆盖、无死角。对弄虚作假、逾期不清理等行为，进行严肃处理，确保按既定时间节点完成编外用工清理整治任务。通过建湖发布、《建湖日报》、编办微信公众号、编制工作群等，对编外用工管理规定、实地督导情况实时发布，提高全县机关事业单位规范使用编外用工的意识，形成自觉规范使用编外用工的良好氛围。

老干部工作

【概况】 2022年，县委老干部局以党的建设、银发生辉、服务管理三项工作为重点，引导老干部为党和人民事业增添正能量，助力经济社会高质量发展。县委老干部局被省委组织部、省人社厅、省委老干部局表彰为全省老干部工作先进集体。庆丰镇退休干部党支部被省委老干部局表彰为全省首批“六好”（组织设置好、班子建设好、党员队伍好、学习活动好、作用发挥好、制度坚持好）老干部党支部；县人民检察院、公安局、宝塔镇创成第三批市级“六有一提升”示范党支部，即每名离退休党员干部都有党的组织，每个离退休干部党支部都有领导班子、有组织活动、有作用发挥、有工作制度、有工作保障，提升离退休干部党支部的组织力，增强政治功能，把离退休干部党组织建成宣传党的主张、贯彻党的决定、参与基层治理、团结动员群众、推动改革发展的坚强战斗堡垒，为谱写中国式现代化建湖新篇章汇聚强大正能量。退休干部张玉明入选《江苏老科协》杂志封面人物。全年在各级各类媒体平台发稿43篇，报送各类老干部工作动态信息150条。至年底，全县有离休干部65人（含条管单位1人），平均年龄92.55岁。其中，机关21人，事业单位12人，企业32人；享受地厅级政治生活待遇1人、县处级待遇21人、科级待遇43人；抗日战争时期参加工作的13人，解放战争时期参加工作的52人。

【学习调研】 年内，县委老干部局利用“线上”新媒体和“线下”集中宣讲“双渠道”，结合老干部特点，注重宣讲艺术，创新宣讲形式，系统宣讲中共二十大精神，提高宣讲工作的吸引力和感染力。每季度编印1期《老干部学习专辑》，至年底出刊93期，内容涵盖政策文件、工作信息、文学创作、养生保健、家风家训等方面，受到老干部的好评。5月，到庆丰镇召开离退休干部“建言二十大”专题调研座谈会，各镇（街道、区）老干部党支部书记参加会议；组织县四套班子老领导“建言二十大”“我看中国特色社会主义新时代”考察调研活动。6月，举办老干部迎“七一”门球赛。9月，市四套班子老领导到建湖开展“我看中国特色社会主义新成就”调研活动。10月，“喜迎二十大、助力新征程”——中国银行杯盐城市老干部乒乓球赛举行，建湖代表队获二等奖；与县融媒体中心联合举办“少先队员听抗美援朝老兵讲故事”活动。11月，盐城市老干部艺术团在建湖举行喜庆二十大专场文艺演出，组织县四套班子老领导到开发区开展“喜庆二十大，我看中国特色社会主义新时代”活动。

5月28日，县委老干部局组织四套班子老领导到建阳抗日民主政府旧址参观（朱正袖　摄）

【待遇落实】 年内，全县离休干部离休费按时足额发放，医药费按政策规定实报实销，家庭医生签约服务率100%，向离休干部赠阅《银潮》《老干部学习专辑》等读物，各项政治生活待遇按规定落实到位。春节前集中慰问离休干部，重阳节期间走访离休干部“家家到”。元旦、春节、“七一”建党节、“十一”国庆节慰问生病住院离休干部。做好老干部疫情防控工作，电话回访老干部“阳康”后身体恢复情况，宣传相关保健知识。重阳节组织县四套班子老领导健康体检，落实《建湖县离退休干部服务管理基础信息采集填报工作通知》，完善离退休干部服务管理信息系统体系建设。

【作用发挥】 年内，县委老干部局多次组织专题调研座谈会，引导老干部在乡村振兴、农民增收等方面建言献策20多条，撰写报告13篇，得到县委、县政府主要领导批转。全县有91名农业技术银发志愿者结对帮扶28个家庭农场和专业合作社，实现年纯收入4700多万元，涌现出“中国好人”“全国关心下一代工作先进个人”张玉明、“中国老年科学技术协会突出贡献奖”丁明省等一批先进典型。全县成立校外辅导站15家，建立涵盖经济、科技、教育、文化、党建等9个领域的“银发志愿团队”，吸收登记银发人才近400名；组织老干部参与“少先队员听抗美援朝老兵讲故事”活动，把红色故事讲好，将红色基因传承下去；开展党史报告进校园、进社区等主题宣讲活动42场次，发放宣讲教材3000多份。

党校工作

【概况】 2022年，县委党校在干部培训、理论宣讲、教研科研上“争当表率、争做示范、走在前列”，为全县高质量发展和现代化建设提供思想保障和智力支持。年内获盐城市“十佳公务员集体”称号。配合组织部门举办科级干部能力提升轮训班、青年干部“薪火工程”培训班、村书记“头雁工程”培训班、招商引资专题培训班等，培训干部3200余人次。

【干部培训】 年内，县委党校配合县委组织部举办基层干部（科级）“双提升”培训班、青年干部“薪火工程培训班”、基层工作人员“双提升”培训班、党的基本理论知识培训班、优秀毕业生入职培训班、全县村（社区）“两委”班子乡村振兴赋能培训班、新录用公务员初任培训班等主体班16期，其中1个月以上的培训班3期。与南通大学、盐城市委网信办、盐城市监狱系统、县委政法委等单位联合举办专题培训班10余期。接待市委党校主体班现场教学2次。5月28日，县委党校2022年主体班开学典礼在县文化艺术中心大剧院举行，县委书记祁从峰作开学动员并以《强化争先意识，提升履职本领，在建湖现代化建设新征程中奋力担当作为》为题，为全体学员讲授“开学第一课”。6月15日，全市行政干部公共管理能力强化班和国有企业干部经营管理能力强化班第二阶段开班仪式在建湖县委党校举行。

9月26日，建湖县青年干部“薪火工程”培训班开班仪式举行　　（县委党校　供）

【理论宣讲】 年内，县委党校举办县外培训班27次2358人次。党校教师负责大部分班次授课，包括中共二十大精神、省市县重要会议精神宣讲。县委党校教师崔甜田的“人民至上：中国共产党的核心价值理念”课题代表盐城市参加全省党校系统第六届精品课评比，入选全省党校系统精品课专题库。教师陈俊然的《遇“建”你真好》短视频在全国人才工作新闻摄影暨短视频比赛评选中获三等奖。教师陈慧的《从三个维度分析中国共产党的使命担当》被市委组织部评为优秀公开课。

【教学科研】 年内，县委党校结项课题23个，其中市社科联结项课题17个，市第八次党代会精神专项课题结项6个。1名教师的课题获党史专项课题重点项目，3名教师的课题获党史专题课优秀成果。申报市社科联课题12项，市委党校课题10项，均已立项。并组织申报全省党校系统教学规律研究专项课题、学习贯彻中共二十大精神专项课题，参与基层社会治理现代化理论研讨会、盐城市产业链高质量发展研讨会，其中1篇文章在盐城市产业链高质量发展研讨会上获三等奖。组织2个教研团队，分别开展4次教研活动。组织县内现场教学竞赛活动，9名教师到华中鲁艺抗日殉难烈士陵园、中共苏中二分区《人民报》印刷厂旧址、乔冠华故居等现场教学点进行讲解，邀请市委党校和县内专家评比打分。

党史方志

【概况】 2022年，县委党史办以中共二十大精神和习近平新时代中国特色社会主义思想为指导，紧握时代脉搏，变革创新举措，拓展史志工作的广度和深度，推动新时代史志事业高质量发展，为谱写中国式现代化建湖新篇章贡献史志力量。《红色岁月》获评2020—2021年度江苏省党史部门党史优秀成果著作类三等奖，党史工作、宣传工作、信息工作分别被市委党史办评为全市先进集体。3月，县委党史办编发《建湖记录2021》，分年度概览、政治建设、经济发展等7个版块，图文并茂、简明扼要，实时记录建湖经济社会发展进程，集成展示年度大事要事、特色亮点。按时组编上报《江苏年鉴》《盐城年鉴》建湖篇稿件。完成《中共建湖县历史（1978—2012）》第三卷（以下简称党史三卷本）初稿四校。编纂《建湖年鉴（2022）》，12月出版发行。加强镇村志编纂督查推进，各镇（街道、区）完成纲目制定，进入采集资料阶段。开展史志宣传工作，全年在各类媒体平台发布信息稿件72篇，营造浓厚编史修志氛围。

【党史编研】 年内，县委党史办对党史三卷本初稿进行纲目微调、资料补充、内容统筹、文字研磨，突出党史政治属性，把握党史主题主线、主流本质，遵循党史著作规范，完成初稿四校。党史三卷本设4编22章86节40多万字，客观准确记述中共十一届三中全会至中共十八大召开前34年间，历届建湖县委带领全县人民进行改革开放和社会主义现代化建设的生动实践、光辉历程和伟大成就，旨在发挥存史、资政、育人的社会功能。撰写盐城市改革开放口述历史专题资料。编写采访提纲，采访口述人，完成《“三制”改革开先河 教育发展谱华章》专文，推介钟庄教育“三制”改革先进经验。整理全县4个市级党史教育基地材料，为《盐城市党史教育基地指南》提供编纂素材。根据团市委《关于开展共青团史、青运史资料征集的通知》《关于组织编纂出版〈青春百档耀百年〉的通知》精神，协助团县委整理上报建湖团史、青年烈士事迹材料。提炼总结建湖经济社会发展规律及成果，完成《回首奋斗历程 汲取前行力量——建湖改革开放以来的成就》调研报告，被县委书记在全县科级干部主体班开学第一课选用。

【《建湖年鉴（2022）》出版】 《建湖年鉴（2022）》以习近平新时代中国特色社会主义思想为指导，坚持辩证唯物主义和历史唯物主义的立场、观点、方法，全面、系统、客观记述和反映2021年度全县自然、政治、经济、文化、社会和生态建设情况，为实施“四化战略”（产业高端化、城乡一体化、生态品牌化、治理现代化），打造“五大高地”（先进制造、创新创业、融合发展、生态文旅、民生幸福高地）提供决策参考，为社会各界了解建湖提供基础信息，为续编县志积累资料。全书81.1万字，设27个类目、165个分目、772个条目，随文表格74张，插图235幅。由卷首、卷末和主体内容三大版块构成，卷首版块设图片专题、特载、大事记、建湖概览四部分：图片专题分建湖名片、年度荣誉、年度数据、党史学习教育、庆祝建党百年、换届选举、产业高端化、城乡一体化、生态品牌化、治理现代化10个专栏，特载选记《建湖全域土地综合整治全省率先破题》《构筑“一体两翼”发展新格局》《陆秀夫纪念馆创成国家AAA级景区》《“板块比发展 部门比服务”红蓝旗评比》等年度亮点，大事记记录重要会议、重大项目、省部级以上奖项、主要人事变动、特色创新做法、重要文件等大事要事，建湖概览分经济社会发展综述、区划人口、自然环境、地方文脉、风景名胜、党史教育基地、地方特产。主体内容版块详细记述政治、经济、产业、文化、社会、生态、镇街区及人物表彰等情况，分中共建湖县委员会、建湖县人民代表大会、建湖县人民政府、政协建湖县委员会、纪委监委、群众团体、法治军事、经济事务管理、经贸合作、农业农村、工业·建筑业、服务业、城乡建设、生态与资源保护、科学技术、教育体育、文化传媒、卫生健康、社会事务、公共安全、镇街道区、人物荣誉22个类目。卷末版块设附录、索引，附录分别载入科级以上机构、垂直管理部门及各单位领导班子成员变动情况；县党代会、县委全会及县政府工作报告；县委、县政府及县委办、政府办发文题录；全县被国家、省级以上主流媒体平台采用稿件目录。12月由江苏人民出版社出版发行，发放给县四套班子领导，各镇（街道、区）、各部门领导班子成员及办公室，部分规模骨干企业。

【镇村志编纂】 全市镇村志编纂工作现场会召开后，建湖县随即启动镇村志编纂工作，县政府办公室印发《关于“十四五”期间开展镇村志编纂工作的通知》，成立分管县长为组长的全县镇村志编纂工作领导小组，下设办公室，明确分工，落实责任；各镇（街道、区）相应成立领导小组，明确分管领导，建立3—5人的编纂队伍，落实办公场所，配备必要设施。3月，县政府办印发《全县镇村志编纂工作考核细则》，出台奖补政策；召开全县镇村志编纂工作推进会，组建镇村志编纂工作微信群，实时通报相关情况；分管县长4次在县委常委扩大会上作专题点评，县政府督查室将此项工作列为专题督查事项，县方志办形成常态化督查机制，每月至少现

12月6日，县地方志办公室到建阳镇督查指导镇村志编纂 （杜乃彤 供）

场督查1次，提请县领导协调解决相关问题及困难。成立编纂业务指导组，安排6名指导员，分别联系2—3个镇（街道、区）；制定纲目通稿和资料采集清单，明确采集方法、内容；举办4期培训班，参训200多人次；组织参加省市线上、线下培训4次；安排九龙口编纂人员到宝应等地学习编纂经验。高作、芦沟、恒济、冈西、近湖、上冈、高新区与编纂人员签订责任状。

【史志宣传】 年内，县委党史办在建湖党建微信公众号开设“建湖党史”专栏，推出12期，讲述建湖地方党史，深化“四史”宣传教育，引导广大党员干部和群众牢固树立正确历史观。开展“史志七进”活动，向县四套班子领导、镇（街道、区）、各部门单位和规模企业赠送《建湖记录2021》；与山西省陵川县方志办等单位互赠史志书籍；向共建社区、学校、企业赠阅《红色岁月》《建湖年鉴》《建湖县志》等史志书籍1500册。向方志江苏、盐城史志等平台推送工作动态信息和地情文章，增强史志部门社会影响力。至年底，县委党史办在各级各类媒体用稿72篇。其中，方志江苏采用10篇，盐城史志采用46篇，《建湖日报》采用11篇，建湖发布采用5篇。开展红色文化主题教育，到中共中央华中局第一次扩大会议旧址和新四军军部旧址寻访红色足迹，传承红色基因；开展“礼赞新时代 追梦复兴路”主题宣讲，推动红色文化与史志业务融合发展。

档案工作

【概况】 2022年，建湖县档案馆馆藏全宗168个，涵盖文书档案、专门档案、特色档案。其中，专门档案有土地确权档案、出生医学证明、国有企业人事档案等，特色档案包含照片、录音、录像、家谱、文化艺术档案等。至年底，馆藏档案7万多卷、6万多件。年内完成业务建设评价工作，被省档案馆评为省级规范档案馆。县档案馆举办馆藏红色珍档、城市旧貌换新颜等系列展览，以图片、实物展示县“十四次党代会五年成就”“砥砺奋进的建湖”等内容，把档案馆打造成弘扬优秀传统文化和红色地方文化的宣传阵地。

7月22日，省档案馆评审组到建湖县档案馆开展业务建设评审 （县档案馆 供）

【档案业务】 年内，县档案馆制定年度档案征集计划，推动档案资源总量取得新突破，进一步优化馆藏构成丰富档案门类。完成国家电网退休职工人事档案、婚姻档案的接收工作。配合省档案馆完成乔冠华相关素材采集和人物视频档案制作，推进百年恰是风华正茂——江苏省百名重要人物档案征集展示活动，打造江苏重要人物档案品牌。接待查档5000多人次，档案利用1.5万卷件次，复印材料3.2万多页。履行“长三角一体化”民生档案跨省异地查档服务协议，为广大群众提供查档服务。县级机关单位和各乡镇利用档案资料1万卷（件、次），复印1万多页，完成档案业务指导120余次。组织全县各立档单位专兼职档案员到苏州大学参加档案系统干部业务能力培训。开展机关企事业单位档案工作检查评价活动，对县直各单位档案工作进行一次“全面体检”。联合县委办、县档案局开展档案执法检查，排查各单位档案管理制度建设、资源建设、安全保障、利用移交等问题，下发整改通知书，督促检查对象限期整改到位，对整改不力的予以通报。

【档案数字化】 年内，县档案馆在全县推进档案归档三合一制度、档案数字化工作，以规范化建设为龙头，推动全县各级机关、企事业单位档案工作水平再上新台阶。实现馆藏档案100%数字化，提升查档工作速率。推进档案信息化三期工程工作，强化档案科技和信息化建设，档案数字化工作在全市处于前列。

综述

【概况】 2022年，县人大常委会召开常委会会议11次、主任会议15次，听取审议县人民政府、县监察委员会、县人民法院和县人民检察院专项工作报告18项，提出审议意见24条，检查9部法律法规实施情况，开展视察调研、执法检查37次，作出关于批准县本级财政预算调整、县本级财政决算、推动企业合规改革3项决议决定，依法任免国家机关工作人员88人次，评议县教育局、城管局、水利局、卫健委、退役军人事务局5个部门，督办代表重点建议21件，配合省市人大开展活动26次。年末，全县有全国人大代表1名、省人大代表3名、市人大代表55名、县人大代表287名、镇人大代表811名、街道议政代表198名、县人大常委会委员29名。推进"数字人大"建设，优化预算联网系统、人大网站等信息平台功能。坚持周五学习日、每月一法、季度例会、半年座谈会等学习制度，就"一县一品牌、一委一特色"工作内容、目标任务持续研究推进、创新提高。在国家和省市媒体发表50多篇文章、信息，人大工作影响力扩大。年内，县委出台《关于加强和改进人大工作的实施意见》，制定全县首个人大工作五年规划，明确新时代人大工作目标任务、创新路径，增强人大工作的前瞻性、系统性、有效性。县人大常委会出台新一届常委会议事规则、常委会组成人员守则等制度，严格议事程序，规范工作流程和履责行为。坚持重大事项、重要工作、重大活动向县委请示报告制度，依法行使监督权、重大事项决定权和任免权，及时准确将县委的决策部署，通过人大法定程序转化为全县人民的共同意志。多措并举，强化监督，推进营商环境改善、金融服务地方发展等重点工作。

【人事任免】 2月15日，县十九届人大常委会第一次会议任命程永华任县政府办主任、李定军任县发改委主任、朱钧任县教育局局长、曾令群任县科技局局长、黄坚任县工信局局长、郭刚任县公安局局长、潘志胜任县民政局局长、李向前任县司法局局长、丁海东任县财政局局长、葛步中任县人社局局长、孙育军任县自然资源和规划局局长、姜广建任县住建局局长、仇汉兵任县城管局局长、刘锋任县水利局局长、徐军任县农业农村局局长、卞克年任县商务局局长、徐守忠任县文旅局局长、王志亮任县卫健委主任、丁刚任县退役军人事务局局长、刘有为任县应急管理局局长、周德良任县审计局局长、汤建高任县行政审批局局长、唐飞任县市场监督管理局局长、袁志娟任县统计局局长、虞山任县医保局局长、周全任县信访局局长、朱韶华任县金融监管局局长。4月23日，县十九届人大常委会第三次会议任命陈鸿斌任县住建局局长、张瑞兰任县法院审判委员会委员、陈安昌任县法院立案庭庭长、高建任颜单人民法庭庭长、赵涌任高作人民法庭庭长、刘大维任上冈人民法庭庭长、孙标任县法院审判员；免去姜广建县住建局局长、张瑞兰颜单人民法庭庭长、程爱民县法院立案庭庭长、高建县法院刑庭副庭长、刘德志县法院审判员、许多县法院审判员等职务。8月30日，建湖县十九届人大常委会第六次会议任命周全任县工信局局长、黄坚任县财政局局长、沈中顺任县交通局局长、王育任县卫健委主任、左保年任县市场监管局局长、李贺任县信访局局长、王志亮任县人大监司委主任、岳加海任县人大财经委副主任、王军任县法院副院长、赵涌任县法院民事审判第二庭庭长、陈松任高作人民法庭副庭长、查玉婷任县检察院检察委员会委员、杨生任县检察院检察委员会委员、彭婧任县检察院检察委员会委员、徐璐任县检察院检察员、戚春艳任县检察院检察员、王启超任县检察院检察员；免去臧冲副县长、黄坚县工信局局长、丁海东县财政局局长、王志亮县卫健委主任、唐飞县市场监管局局长、周全县信访局局长、颜如超县人大监司委主任、张峰梅县人大财经委副主任、薛绍军县法院副院长、赵涌高作人民法庭庭长、王道才县法院民事审判第二庭庭长、杨琴县检察院检察委员会委员检察员、李卫斌县检察院检察员、潘洁萍县检察院检察员等职务。9月20日，县十九届人大常委会第七次会议任命王玮任副县长。12月6日，县十九届人大常委会第八次会议任命谢超云任副县长、仇汉兵任县农业农村局局长、梁守祥任县城管局局长、孙耀华任县法院审判员、吕俊霞任县法院审判员、孙宇峰任县法院审判员；免去徐军县农业农村局局长、仇汉兵县城管局局长、蒋松县法院审判员、花晓春县法院审判员、张曙光县法院审判员等职务。

重要会议

【县十九届人大一次会议】 1月11—15日，在县文化艺术中心举行，大会应出席代表293名，实到287名。会议听取审议建湖县人民政府工作报告；审查批准建湖县2021年国民经济、社会发展计划执行情况和2022年国民经济、社会发展计划草案的报告，批准建湖县2022年国民经济和社会发展计划；审查批准建湖县2021年财政预算执行情况和2022年财政预算草案的报告，批准建湖县2022年县本级财政预算；听取审议建湖县人大常委会工作报告、建湖县人民法院工作报告、建湖县人民检察院工作报告；会议选举张连国为县十九届人大常委会主任，徐为祥、金明、唐广群、刘登石为县十九届人大常委会副主任，王频等30人为县十九届人大常委会委员。选举陈霞为县人民政府县长，臧冲、唐坤、郭刚、周成、王茜、马圣群为县人民政府副县长；选举王弋为县监察委员会主任；选举许雪峰为县人民法院院长，征汉年为县人民检察院检察长；选举产生出席盐城市九届人民代表大会代表55名。审议通过《关于建湖县人民政府工作报告的决议》《关于建湖县2021年国民经济、社会发展计划执行情况和2022年国民经济、社会发展计划的决议》《关于建湖县2021年财政预算执行情况和2022年财政预算的决议》《关于建湖县人大常委会工作报告的决议》《关于建湖县人民法院工作报告的决议》《关于建湖县人民检察院工作报告的决议》。票决2022年县政府民生实事项目11项，分别为：教育提升工程、农房改善、老旧小区整治改造、公共交通建设工程、就业创业扶持、县城环卫设施完善、文化惠民工程、县城道路改造提升、医疗养老服务、新冠疫情处置能力建设、天然气进城进镇入社区。

1月12日，建湖县第十九届人民代表大会第一次会议召开 （县融媒体中心 供）

【县人大常委会会议】 年内，县十九届人大常委会召开11次会议，即第一次到第十一次会议。会议由县人大常委会主任张连国主持。第一次会议2月15日召开，任命新一届县政府组成部门主要负责人27名，颁发任命书，进行宪法宣誓；审议通过《关于提请通过县十九届人大常委会代表资格审查委员会组成人员名单的议案》《建湖县人大常委会组成人员守则（草案）》《建湖县人大常委会会议议事规则（草案）》。第二次会议2月18日召开，审议通过盐城市第九届人民代表大会代表补选和辞职事项。第三次会议4月23日召开，听取和审议全县疫情防控工作、县政府关于2021年度国有资产管理等情况报告，听取全县县镇两级人大换届选举工作总结、代表资格审查委员会关于个别代表的代表资格、《盐城市饮用水安全保护条例》执法检查等报告，审议通过有关人事任免事项，颁发任命书，举行宪法宣誓仪式。因陈剑峰调离建湖县，依照代表法规定，终止其县人大代表资格。第四次会议5月30日召开，传达学习省委人大工作会议精神，听取和审议县人民法院关于推动诉源治理工作、县人民检察院关于推动企业合规改革、县人民政府关于全县智慧农业发展等情况报告，听取《中华人民共和国教师法》执法检查报告。第五次会议7月29日召开，听取和审议县人民政府关于上半年经济运行、2021年县本级财政决算（草案）、县本级预算执行及其他财政收支审计等情况报告，听取县人民政府关于2022年民生实事项目进展情况报告，表决通过《关于推进企业合规改革工作的决议（草案）》。第六次会议8月30日召开，传达学习全市人大“一县一品牌”创新工作现场会精神，听取和审议县监察委员会关于整治群众身边腐败和作风问题工作情况报告，审议通过有关人事任免事项，举行宪法宣誓仪式。第七次会议9月20日召开，听取和审议县人民政府关于代表建议办理工作、全县科技创新工作等情况报告，听取关于《中华人民共和国民事诉讼法》贯彻实施情况报告，审议通过有关人事任免事项，颁发任命书，举行宪法宣誓仪式。第八次会议12月6日召开，听取和审议县人民政府关于全县老旧小区改造、环境状况和环境保护目标完成、县人大常委会审议意见办理落实、乡村产业振兴、《中华人民共和国乡村振兴促进法》执法检查、代表资格审查委员会关于个别代表的代表资格等情况报告，审议通过《建湖人大常委会五年工作规划（2022—2026年）（草案）》《关于接受左保年等辞去县人大代表职务的决定（草案）》《关于许可对县人大代表秦立春采取强制措施的决定（草案）》，审议通过有关人事任免事项，举行宪法宣誓仪式。举行县人大常委会法律顾问聘任仪式。会议就老旧小区改造、全县环境状况和环境保护、县人大常委会审议意见办理落实、乡村振兴等工作作出部署。第九次会议12月15日召开，审议通过《关于召开建湖县第十九届人民代表大会第二次会议的决定（草案）》。决定县十九届人大二次会议于2023年1月上旬召开，建议会议的主要议程有9项，分别为听取和审议县人民政府工作报告；审查和批准全县2022年国民经济和社会发展计划执行情况与2023年国民经济和社会发展计划（草案）的报告；审查和批准全县2022年财政预算执行情况和2023年财政预算（草案）的报告；审议县人民政府2022年民生实事项目完成情况和2023年民生实事候选项目计划安排报告，票决县人民政府2023年民生实事项目；审议县人民政府关于乡村振兴促进工作报告；听取和审议县人大常委会工作报告、县人民法院工作报告、县人民检察院工作报告等。第十次会议12月27日召开，听取县人民政府关于2022年民生实事项目、2022年县本级预算调整方案和政府债务管理等情况报告，审议通过关于接受《县人大代表谢超云等辞去代表职务请求的决定（草案）》《代表资格审查委员会关于个别代表资格的审查报告》《关于接受市人大代表臧冲辞去代表职务请求的决定（草案）》，并补选王玮为市人大代表。第十一次会议12月31日召开，听取和审议县人大常委会关于县十九届人大二次会议的建议日程（草案）和有关组成人员名单（草案）、县人大常委会工作报告（讨论稿），审议通过县人大代表资格审查委员会关于个别代表资格的审查报告，表决通过有关人事任免事项，颁发任命书，举行宪法宣誓仪式。

9月20日，建湖县第十九届人大常委会第七次会议举行　　（县人大常委会办公室　供）

【县委人大工作会议】　6月20日召开，县委书记祁从峰出席并讲话。近湖街道党工委、恒济镇党委就加强基层人大工作领导，庆丰镇人大、塘河街道人大就创新开展基层人大工作分别交流发言。会议肯定全县人大工作取得的成绩，对下一阶段人大工作作出部署。会议强调，县镇人大组织要提高政治站位，全面把握新时代人大工作新要求，坚持党对人大工作的全面领导，不断发展和完善全过程人民民主，助力高质量发展，加强人大常委会自身建设。坚持和完善党领导人大工作的制度机制，把人大工作纳入整体工作布局，重视发挥人大职能作用，健全“一府一委两院”（县人民政府，县监察委员会，县人民法院、县人民检察院）向人大及其常委会报告工作制度，执行人大及其常委会决议决定。依法扩大人民有序政治参与，完善人大民主民意表达平台和载体，解决就业、教育、医疗、住房和“一老一小”等民生问题，加强代表“家站点”活动阵地建设，强化代表议案建议办理，推行街道议政代表会议制度，反映民情、汇聚民智、凝聚民力，推动全县人大工作高质量发展再上新台阶。

人大监督

【概况】 2022年，县人大常委会依法履行监督职能，加强财政经济监督，审查批准预算执行情况及预算草案编制，批准预算调整方案，推进镇级财政和债务上缴县级管理，强化国有资产监督管理；加强营商环境监督，推促金融部门提高服务质量，评议5个县政府综合部门，成立企业合规监管委员会，作出企业合规改革决议；加强司法监督，听取并审议县人民法院、县人民检察院工作报告，督促司法部门履职尽责，维护各类主体合法权益；开展乡村振兴监督，县人大常委会会议审议乡村振兴情况工作报告，视察农村人居环境整治工作，调研农房改善等民生实事项目建设情况；组织人大代表开展常态化调研视察，推进经济社会各项事业健康有序发展。

【财政经济监督】 年内，县人大常委会贯彻落实中央和省市县委新部署、新要求，务实创新推进人大财经监督。听取和审议预算执行、同级审计等专项工作报告，审查批准财政预算调整，明确提高财政资金使用效益、“过紧日子”等建议和要求。加大审计发现问题整改工作监督力度，专题询问整改不到位的问题和单位，列入下一年度重点监督对象，强化预算编制执行严肃性。贯彻落实中央办公厅《关于加强地方人大对政府债务审查监督的意见》等文件精神，以建好用好预算联网监督平台为抓手，围绕“实时化、终端化、实效化、制度化”目标，强化数据互联互通，定期编发工作简报，推进预算联网监督，助力镇财县管、镇债县管落细落实，打造县人大监督工作品牌，受省市人大常委会肯定。坚持国有资产管理报告制度，稳步推进全口径全时段国有资产信息共享平台建设，提高相关监督工作的软硬件水平。围绕压降财务成本、提高盈利能力等工作，听取国有资产管理情况报告，召开国资平台运营情况座谈会，推动国有资产管理提质增效。

【营商环境监督】 年内，县人大常委会围绕县委提出的“四最”（打造长三角地区审批最快、成本最低、服务最优、社会满意度最高）目标定位，助推全县营商环境改善。启动专题评议金融工作，听取并审议县金融监管局和15家金融机构服务全县经济发展的工作报告，县人大常委会委员、部分五级人大代表和金融服务对象进行满意度测评，推动金融机构创新服务方式，提升服务质量。坚持问题导向，组织代表对5个政府综合部门开展工作评议，听取教育、民政、住建、卫健、行政审批部门主要负责人述职，专项测评行风建设、服务质效等工作。召开整改工作专题询问会议，听取整改工作报告，询问改进工作举措，通过监督问效，增强优化营商环境合力。建立监督、评价、反馈、整改、回头看的闭环监督机制，相关做法被省级多家媒体推介。在全省率先由县级人大常委会牵头，成立多部门参与的企业合规监管委员会，组织代表专题视察5家合规改革试点企业，听取审议企业合规改革工作情况汇报，作出《关于推动企业合规改革的决议》，推进企业合规建设从“事后合规”向“事前防控”转变，为实体经济健康发展提供法治保障。

【司法监督】 年内，县人大常委会将诉源治理、公益诉讼等作为监督重点，组织代表综合运用调研视察、审议询问等形式，推动公检法司和社会各方形成合力，共同推进社会环境和谐稳定。专题视察调研县法院立案执行、涉诉信访等情况，听取专项工作汇报，询问交流重点工作情况，准确分析问题原因，提出改进建议。相关调研报告得到县委书记批示批转。首次听取和审议县监察委员会关于整治群众身边腐败和作风问题工作情况专项报告，对优化监督方式提出审议意见，得到有效落实，增强公职人员法纪意识。定期开展员额法官、检察官“两官”述职活动，结合“点评+测评”，推动工作常述常新、务实创新，提高监督效果。

【乡村振兴监督】 年内，县人大常委会通过确定监督议题，运用多种监督方式，推促乡村振兴。贯彻落实《乡村振兴促进法》《盐城市人大常委会加强乡村振兴监督工作的实施意见》等法律法规，建立常委会会议审议专项工作报告，县人民代表大会全面审议和镇人民代表大会、街道议政会议分别审议的监督体系。在县十九届人大二次会议上，县政府首次向大会书面报告乡村振兴促进工作情况，会议根据代表审议意见，专门作出决议。紧盯农业产业发展、农房改善、环境整治等关键点，听取审议农村人居环境改善、智慧农业发展等工作报告，视察高标准农田建设，天然气进镇区、进社区等情况，全面推进产业、生态等振兴工作。组织代表观摩“一体两翼”建设成果，助推九龙口淮剧小镇二期、上冈新城建设等城乡融合发展重点项目实施。加强市县镇人大互联互动，协同推进农业面源污染防治、土地综合整治等乡村振兴监督工作。聘请政治素质好、专业能力强、群众认可度高的县人大代表，建立乡村振兴监督员和专家顾问队伍。鼓励引导农业农村一线代表发挥引领作用，建立一批乡村振兴人大代表示范基地。全市人大乡村振兴监督工作现场会在建湖举行，县五级人大代表助力乡村振兴工作机制得到省市领导肯定。

【视察调研】 5月12日，县人大常委会组织代表专题视察企业合规改革及司法部门相关工作，实地察看县人民检察院企业合规改革试点企业科农生态农业发展公司、华田机械装备公司和县公安局开发区派出所、执法办案中心，县法院立案大厅、爱民调解工作室，县司法局法律服务中心、非诉中心。听取全县企业合规改革、执法办案、立案执行、法律服务等工作情况汇报。6月13日，县人大常委会组织部分代表视察全县秸秆离田工作情况，实地察看冈西镇江苏中联秸秆收储加工中心、钟庄万亩良田离田打捆现场点、近湖街道永昌秸秆收储加工点、芦沟镇农舍农业公司。代表建议要加大本地秸秆利用主体的培育和县外利用主体的招引力度，立足秸秆综合利用全产业链，发展一批科技含量高、示范带动性强的秸秆利用企业，拓展秸秆离田利用途径，扩大秸秆离田利用市场。6月24日，县人大常委会组织部分代表视察全县红十字应急救援体系建设情况，实地察看县红十字会应急救护培训基地、县应急救护培训基地，听取全县红十字应急救援体系建设工作情况汇报。7月21日，县人大常委会组织代表视察全县生态河道和农村水利重点工程建设工作情况，实地察看芦沟河、芦沟联星村生态河道、洼地治理项目、庆丰道遥港闸站管护、庆丰廖庄村生态河道、冈西顾顶村生态河道、冈西徐王村生态河道、开发区农田水利重点项目（秉文高效节水灌溉）。代表建议重点水利工程要以“十四五”规划为指导，与新农村建设、工业城市发展、全域旅游等结合起来；要持续做好管理，未建成河道要按照时间节点推进，建成河道要建立健全长效管护机制；要加大资金投入，改善农村环境面貌，促进美丽乡村建设。9月13日，县人大常委会组织代表视察全县经济社会发展成就，实地观摩九龙口沙庄及荷花漫、江苏悦阳光伏科技有限公司光伏组件二期项目、高测20吉瓦光伏大硅片、瑞晶光伏组件、江苏润阳光伏科技有限公司、上冈新城串场驿站等项目。9月26日，县人大常委会组织人大代表视察全县安全生产工作，实地察看城乡公交公司、华阳燃气公司、万彩国际、江苏剑牌农化股份有限公司。代表建议县应急管理部门要推进专项治理，夯实安全基础，强化应急队伍建设，把安全生产管理工作做细做实，为全县经济社会高质量发展保驾护航。9月28日，县人大常委会组织部分代表视察全县“八五”普法工作，实地察看恒济镇法治文化一条街、县农业农村局普法点、平安法治文化体验基地。代表建议要丰富普法活动载体、扩大普法传播力。11月8日，县人大常委会组织人大代表视察调研全县小学教育工作。实地察看明星路小学、向阳路小学、实验幼儿园、湖阳路小学、森达小学。代表建议县教育部门要坚持教育优先发展，夯实优质均衡发展基础；加强教师队伍建设，推进师资均衡配置；深化教育教学改革，全面提升教育质量；强化师德师风建设，重拳整治突出问题，办好人民满意教育。

代表工作

【概况】 年内，县人大常委会依靠代表、服务代表，促进代表履职，发挥代表主体作用。新一届常委会对代表培训学习作出专门性、机制性安排。2次组织百名新任代表到省人大培训中心，开展初任学习培训，扩充知识储备，拓宽思维视野，夯实代表履职基础。以老带新开展培训。按照便于组织、便于活动原则，组建代表小组，推选能力强、素质好的老代表担任小组召集人。围绕建言献策、撰写高质量议案建议等工作，让有经验的代表现身说法，结对指导，为履职“蓄能”。全面开展履职培训。紧贴新时代人大代表履职需求，编印代表履职手册，县镇（街道）人大协同推进，组织五级人大代表和议政代表列席会议观摩学习，走进履职能力提升班、中共二十大专题报告会、“黄海云学堂”、“代表讲堂”等线上线下平台，为更好履行代表职责“充电”“加油”。

【代表构成】 2021年12月15日，建湖县设137个选区，选举产生县十九届人民代表大会代表293名，其中工农技术代表135名，占46.08%；领导干部代表103名，占35.15%；企业负责人代表32名，占10.92%；其他代表23名，占7.85%。县十九届人民代表大会组建16个代表团。其中，近湖街道代表团52人，塘河街道代表团10人，钟庄街道代表团25人，上冈镇代表团53人，建阳镇代表团19人，颜单镇代表团10人，恒济镇代表团11人，庆丰镇代表团21人，九龙口镇代表团12人，高作镇代表团13人，芦沟镇代表团15人，沿河镇代表团14人，冈西镇代表团12人，宝塔镇代表团10人，县直机关代表团15人，县人武部代表团1人。2022年1月11日，县十八届人大常委会第四十七次会议根据《建湖县第十八届人大常委会代表资格审查委员会关于建湖县第十九届人民代表大会代表的代表资格的审查报告》，确认293名代表的代表资格全部有效。

【人大代表家站点建设】　县人大常委会加强人大代表履职平台建设，“家站点”建设全面提优。明确建设标准，注重功能优化，强化日常管理。年内，新建提升代表之家13个，代表联络站、联系点34个。开展“家家到”现场观摩，加强联系指导，初步形成“家家有特色、站点有名片”。支持代表进“家”入“站”访“点”，听取民意、汇聚民智，当好党和国家联系人民群众的桥梁纽带。组织代表向选民述职，促进“说了”向“做了”“做好”转变。成立县人大代表服务中心，邀请人大代表列席县人大常委会会议68人次，266人次参加县人大常委会组织的活动，为代表履职提供全方位、全过程保障。

【代表建议办理】　县十九届人大一次会议代表提出建议118件。其中，工业7件，农业农村15件，城乡交通23件，环资城建28件，社会事业26件，其他19件。4月17日，县人大常委会、县政府专题召开代表建议办理工作会议，明确县政府各分管领导牵头、相关部门和单位承办、条线科室跟踪督查；各承办部门和单位均成立专班，落实“定人员、定时间、定责任，包质量”的工作机制。县人大常委会选择其中21件作为重点督办建议，明确领办、督办领导及承办单位责任人。县长就经济社会发展和群众切身利益的重点、难点、热点问题进行察看、批示和专题会办。承办部门主动联系代表，通过走访、座谈、现场办公等方式，听取代表意见建议，实实在在解决问题。根据代表法和省人大常委会关于“向社会公开代表建议提出和办理情况”规定要求，县人大常委会于4月21日在《建湖日报》公示县九届人大一次会议代表建议内容、承办单位及责任人，12月中旬公示办理情况。县政府办通过电话催办、现场督办、协调会办等形式，跟踪督办重点建议，做到事前有要求、事中有指导、事后有监督。县政府督查室会同县人大常委会人代委邀请部分人大代表，到一线视察指导督办。至年底，县人大代表建议办结或基本办结83件，办成率70.34%；列入规划逐步解决的30件，占25.42%；因条件所限或不符合政策法规等暂时无法解决的5件，占4.24%。

表8　建湖县十九届人大一次会议重点督办代表建议

<table>
<tr><th>序号</th><th>建议号</th><th>建议内容</th><th>领衔代表</th><th>县政府领办领导</th><th>承办单位</th><th>县人大常委会督办领导</th><th>督办部门</th></tr>
<tr><td>1</td><td>72</td><td>关于加强旅游规划和项目招引，将九龙大道打造成旅游特色大道的建议</td><td>陈玉明</td><td rowspan="2">陈　霞</td><td>文旅局</td><td rowspan="2">张连国</td><td rowspan="2">县人大常委会办公室</td></tr>
<tr><td>2</td><td>2</td><td>关于加大民营企业科技创新政策扶持力度，激发民营经济创新主体活力的建议</td><td>王守军</td><td>科技局
市场监管局</td></tr>
<tr><td>3</td><td>5</td><td>关于扩大政府产业发展基金规模，进一步推进我县主导产业提档升级的建议</td><td>李　智</td><td>臧　冲</td><td>财政局</td><td>徐为祥</td><td>县人大常委会财经委</td></tr>
<tr><td>4</td><td>17</td><td>关于统筹推进老旧小区综合改造，切实提高整治成效的建议</td><td>张　健</td><td rowspan="3">唐　坤</td><td>住建局</td><td rowspan="5">唐广群</td><td rowspan="3">县人大常委会环资委</td></tr>
<tr><td>5</td><td>29</td><td>关于加强主城区餐饮业油污沉淀池建设，降低环境污染的建议</td><td>施长明</td><td>生态环境局</td></tr>
<tr><td>6</td><td>34</td><td>关于改善农村交通状况，方便村民出行的建议</td><td>顾正彩</td><td>交通局</td></tr>
<tr><td>7</td><td>102</td><td>关于加强对农村路口技防监控设备维护与管理，切实发挥社会治安作用的建议</td><td>陆德祥</td><td rowspan="2">郭　刚</td><td>公安局</td><td rowspan="2">县人大常委会监司委</td></tr>
<tr><td>8</td><td>111</td><td>关于加大对“土律师”的整治力度，规范法律服务市场的建议</td><td>高登军</td><td>司法局</td></tr>
</table>

续表8

序号	建议号	建议内容	领衔代表	县政府领办领导	承办单位	县人大常委会督办领导	督办部门
9	47	关于按照义务教育阶段标准发放普通高中延时服务津贴，进一步激发教师积极性的建议	张书军	周　戍	教育局	金　明	县人大常委会人代委
10	41	关于加强基层医疗机构投入，提升基层医疗机构服务能力的建议	陆立华	周　戍	卫健委	刘登石	县人大常委会教科文卫委
11	46	关于加强青少年心理健康疏导与教育，促进青少年健康成长的建议	张瑞兰	周　戍	教育局	刘登石	县人大常委会教科文卫委
12	106	关于尽早实施红色启航馆建设，提升我县红色旅游水平的建议	孙立俊	周　戍	上冈镇	刘登石	县人大常委会教科文卫委
13	50	关于进一步加强养老服务体系建设，不断提升养老服务水平的建议	陆德祥	王　茜	民政局	张连国	县人大常委会办公室
14	7	关于进一步建立健全禁止电捕鱼长效机制，不断提升水生态环境的建议	张　妍	王　茜	农业农村局	徐为祥	县人大常委会农工委
15	9	关于优化农作物秸秆离田工作方案，提高机械化作业水平的建议	周宽花	王　茜	农业农村局	徐为祥	县人大常委会农工委
16	12	关于加强农村集体经济发展，为乡村振兴赋能助力的建议	胡　亮	王　茜	农业农村局	徐为祥	县人大常委会农工委
17	15	关于进一步加大九龙口湿地保护，持续改善湿地生态环境的建议	刘玉春	王　茜	资规局	金　明	县人大常委会人代委
18	69	关于系统地出台扶持奖补农业项目的政策，实现富民增收和乡村振兴的建议	周庆标	王　茜	农业农村局	金　明	县人大常委会人代委
19	1	关于建设工业企业ERP系统技术支持中心，提高全县工业企业ERP系统使用水平的建议	徐向阳	马圣群	工信局	徐为祥	县人大常委会财经委
20	3	关于强化部门执法管理，进一步提升“三项清理”质效的建议	季晓龙	马圣群	工信局 资规局 税务局	徐为祥	县人大常委会财经委
21	48	关于法院加大工业园区不良资产处置力度，提高不良资产处理率和结案率的建议	孙　浩	马圣群	法院 工信局	唐广群	县人大常委会监司委

建湖县人民政府

综述

【概况】 2022年，建湖县人民政府贯彻新发展理念，全面落实“疫情要防住、经济要稳住、发展要安全”重大要求，实施“四化战略”，打造“五大高地”，完成县十九届人大一次会议确定的主要目标任务。年内，实现地区生产总值710.4亿元，比上年增长4.9%；一般公共预算收入37.65亿元，比上年增长9%；固定资产投资比上年增长15.9%，其中工业投资比上年增长11.6%；社会消费品零售总额239.68亿元，比上年增长3.6%；城镇居民人均可支配收入44542.2元，比上年增长5.3%；农村居民人均可支配收入27477.9元，比上年增长6.4%。建湖县被评为全国综合实力百强县、全国绿色发展百强县、全国科技创新百强县。推进经济开发区转型升级创新发展、促进制造业创新转型、深化县级公立医院综合改革等5项工作获省政府真抓实干激励表彰。

【东西部协作】 年内，建湖县与青海玉树建立东西部协作关系。根据省委、省政府《关于进一步完善东西部协作机制的实施意见》《江苏省东西部协作考核评价反馈问题整改方案》《2022年盐城市对口支援协作合作要点》等文件精神，形成东西部协作方案，制定青海省玉树州玉树市东西部协作清单，县政府常务会议专题研究通过，部署年度工作任务，强化组织保障措施。建立完善互访交流机制，6月邀请玉树党政代表团到建湖考察交流，7月县长陈霞到玉树调研对接，开展实地考察、交流座谈、协作签约、资金捐赠等活动。建湖县向玉树捐赠人民币60万元，帮助销售农副产品90万元。教育系统结对帮扶267名玉树市新寨中心学校困境儿童；紧急援助玉树核酸检测试剂耗材等防疫物资33万元；县人民医院向隆宝镇中心卫生院捐助价值30万元的医疗设备，参与省对口青海“万企兴万村”活动企业3家，其中签订协议1家；建湖县鸿达阀门公司向新寨中心寄宿制小学捐赠爱心助学资金10万元。建湖县助力湖北秭归，帮助湖北秭归县三峡移民销售积压春橙150余万元，提供援助资金15万元。组织机关事业单位职工采购陕西铜川市贫困户农副产品170余万元。

6月22日，江苏省建湖县—青海省玉树市东西部协作座谈会召开　（县发改委　供）

【政府效能建设】 年内，建湖县人民政府贯彻落实习近平总书记“五个牢牢把握”重要指示，县政府常务会议每月坚持学法，健全“三重一大”（重大事项决策、重要干部任免、重大项目投资决策，大额资金使用）制度，加强法治政府建设等工作受到中央依法治国办肯定。接受各方监督，人大代表建议、政协委员提案办结率和基本满意率100%。全面落实党风廉政建设责任制，严格执行中央八项规定，开展形式主义、官僚主义专项整治行动。坚持过“紧日子”，政府一般性支出预算比上年压减5%。抓好省委巡视反馈问题整改，开展“清廉建湖”建设专项行动，政府行政效能进一步提升。深化“放管服”改革，实行行政许可事项清单管理，在全市率先试点“踏勘即发证”“竣工即发证”，22个行业实现“一业一证”改革全覆盖，营商环境综合评价全省排名比上年提升10个位次。推进政府数字化转型，市县一体化数据共享交换平台建成投用。完成国企改革三年行动各项任务，双湖控股集团在全省同类县份首家创成A+A+信用等级，五大国有企业集团AA信用等级实现全覆盖，建湖县被列为全省融资平台公司整合撤并及市场化转型试点地区。

重要会议

【县政府常务会议】 2022年，建湖县第十八届人民政府召开1次常务会议，即第四十一次常务会议；建湖县第十九届人民政府召开13次常务会议。县政府十八届第四十一次常务会议于1月5日召开，研究讨论《政府工作报告（讨论稿）》《2021年国民经济、社会发展计划执行情况和2022年国民经济、社会发展计划草案的报告（讨论稿）》《2021年县财政预算执行情况和2022年财政预算草案的报告（讨论稿）》。县政府十九届第一次常务会议于1月22日召开，传达学习《中华人民共和国乡村振兴促进法》，听取2022年《县政府工作报告》主要目标任务分解、省突出生态环境专项督察问题整改及2022年工作思路、首季“开门红”工作、重大项目推进及民生实事项目责任分解、安全生产“百日攻坚”行动开展及春节前后安全生产工作安排等情况汇报，研究通过《关于进一步加强审计整改工作的意见》。第二次常务会议于2月24日召开。组织安全生产和消防知识测试，学习《自然资源从严管理新政》，听取首季“开门红”工作、全县2021年度全省营商环境评价结果、全县突出生态环境问题整改销号、全县国有资产办证、商品房及县城安置房办证、疫情防控督查发现问题等情况汇报，研究《关于进一步加强全县国有资产管理和规范国企运营的意见》《关于进一步加强经费管理严肃财经纪律的通知》《2021年建湖县县长质量奖评审结果建议方案》，印发《县政府工作报告》落实情况、县“12345”在线平台2022年以来运行情况通报。第三次常务会议于3月26日召开，学习《中华人民共和国传染病防治法》、习近平生态文明思想，听取建湖县迎接第二轮中央生态环境保护督察准备工作、疫情防控工作、土地违法违规问题整改、县“12345”在线平台运行、一季度安全生产、首季“开门红”工作和全县房地产市场、六条重点产业链工作推进、2021年度上级资金争取及2022年拟申报资金、《县政府工作报告》落实、2021年度审计（巡察）发现问题整改等情况汇报，研究《2022年建湖县中心城区城市精细化管理工作方案》（含县城重点实施项目），研究落实审计整改长效机制、《建湖县人民政府工作规则》、《关于进一步加强国有企业经营性债务管理的实施意见》、《建湖县建立健全耕地保护责任机制的意见》、《建湖县集中式饮用水源地保护区巡查制度》、《建湖县领导干部自然资源资产离任审计实施意见》等政策规定。第四次常务会议于4月30日召开。学习贯彻落实国务院、省政府廉政工作会议精神、《信访工作条例》，听取“信访突出问题攻坚化解年”行动、安全生产专项整治“三年大灶”开展和各专业委员会工作推进、六条产业链工作推进、高标准农田建设、2021年度上级资金争取及2022年拟争取资金等情况汇报，听取高质量发展指标一季度对标完成情况分析、2021年建湖县义务教育优质均衡监测省反馈不达标项目整改情况、不动产权证办理情况，相关部门、镇街“12345”在线平台受理工单承办情况汇报，研究《建湖县“12345”开展线上服务企业“直通车”的工作方案》。第五次常务会议于5月8日召开。学习《中华人民共和国食品安全法》，听取全县统筹疫情防控和经济社会发展“双胜利”、上冈新城开发建设等汇报，研究讨论《全县网格员队伍建设方案》《建湖县名湖新兴产业基金（有限合伙）设立方案》。第六次常务会议于6月25日召开。学习《江苏省粮食流通条例》，研究安全生产工作，传达学习《省消委办关于印发费高云在全省消防工作会议上的讲话及工作通报的通知》精神，听取全县消防工作、自建房安全专项整治、不动产权证办理、县城黑臭水体治理、气象高质量发展、分布式光伏整县推进、上冈债务化解及东投公司划转、《2022年建湖县东西部协作工作方案》等情况汇报，研究《2022年全县推进长三角一体化发展深度接轨上海工作要点》《江苏沿海地区发展规划建湖实施方案》《2022年建湖县省对县营商环境评价对标提升工作方案》《建湖县“十四五”养老服务发展规划》等文件。第七次常务会议于8月1日召开。学习《中华人民共和国退役军人保障法》，听取全县重点行业领域安全生产百日攻坚行动、重点信访案件化解、专项资金使用问题整改、市对县级政府履行教育职责督导评价迎检、土地出让和城建招商等情况汇报，通报三大主导产业招商引资、《县政府工作报告》落实和全县违法违规用地落实整改情况。研究出台《建湖县“十四五”生态环境保护规划》《建湖县汇悦新能源产业投资基金设立方案》。第八次常务会议于8月20日召开。学习《习近平法治思想学习纲要》，传达学习中央全面依法治国委员会《关于进一步加强市县法治建设的意见》，听取全县法治政府建设、新兴领域安全风险隐患防范等情况汇报。第九次常务会议于9月2日召开。学习《加强数字政府建设　助推数字经济发展》，研究《建湖县数字经济发展三年行动计划（2022—2024年）》《建湖县推进企业智能化改造和数字化转型“十百千万”工程实施方案（2022—2024年）》，听取建湖县数字政府建设、“企业大走访、项目大推进、产业大招商”活动责任清单和工作机制、中秋节前后安全生产、特殊困难群体救助帮扶、妇女儿童权益保障问题专项排查整治和严重精神障碍患者服务管理等工作情况汇报，通报全县省级食品安全示范县跟踪评价情况。第十次常务会议于9月26日召开。学习《中华人民共和国科学技术进步法》，传达学习全省信访工作会议、全省信访工作联席会议全体（扩大）会议暨中共二十大信访保障攻坚推进会议精神，听取高新技术企业培育、企业上市、“专精特新”企业培育、国庆节前后暨中共二十大期间安全生产、疫情防控、信访工作、部分单位存量信访矛盾化解处置等情况汇报，研究《2022年度全县综合考核意见》《全县教育系统在职教师违规收受礼品礼金问题专项整治行动方案》《204国道盐阜快速通道阜宁花园至亭湖新兴段建设工程（建湖段）代建协议》《建湖县校服厂实行产权改制的实施方案》《盐城工融汇创新能源股权投资基金组建方案》《关于深入打好污染防治攻坚战的实施意见》等文件，听取示范市粮食仓储项目和新建新农库及粮食仓储加工项目情况汇报。第十一次常务会议于10月29日召开。学习《中华人民共和国野生动物保护法》《中华人民共和国湿地保护法》，听取2022年全县重大产业项目、县级政府投资重大工程项目中期调整、新兴领域安全风险隐患防范处置、宗教场所安全等情况汇报，研究讨论《建湖县电力接入工程政企共担管理机制实施办法（试行）》《建湖县“专精特新”提升工程三年行动计划（2023—2025年）》《关于公布建湖县行政许可事项清单的通知》《建湖县高标准农田建设规划（2021—2030年）》《建湖县被征地农民社会保障实施办法》《关于在城区禁止燃放烟花爆竹的规定》，通报《县政府工作报告》落实情况。第十二次常务会议于11月29日召开。学习《中华人民共和国审计法》，听取全县国有企业消防安全“大排查大整治大提升”活动专项督导、市对县高质量发展考核指标完成情况汇报，部署冬春火灾防控工作，研究《建湖县2022年迎峰度冬电力保供工作方案》《建湖县发展保障性租赁住房实施办法》。第十三次常务会议于12月28日召开。学习《江苏省地方金融条例》，研究《县政府工作报告（讨论稿）》《关于建湖县2022年国民经济和社会发展计划执行情况与2023年国民经济和社会发展计划草案的报告（讨论稿）》《关于建湖县2022年财政预算执行情况和2023年财政预算草案的报告（讨论稿）》《建湖县突发事件预警信息发布管理办法》《建湖县供水突发事件应急预案》《建湖县数字产业投资基金设立方案》，听取编排2023年全县重大项目计划工作、2023年支持企业稳岗留工十条政策措施，森达路北、湖阳路东侧地块开发方案情况汇报。

【县长办公会议】　年内，县政府召开8次县长办公会议。第一次县长办公会议于3月5日召开，研究《关于促进制造业“智改数转”的激励意见》《关于推进科技创新促进高质量发展的激励政策》《关于推进知识产权高质量发展的激励措施》《关于做好2022年全面推进乡村振兴重点工作的实施意见》《2022年全县农业农村重点工作目标任务分解表》《建湖县农村人居环境整治提升五年行动实施方案》《2022年全县农村人居环境整治提升目标任务清单》。第二次县长办公会议于3月23日召开，研究全县核酸检测能力、隔离点建设、县第三人民医院精神病区改造及安防视频监控建设工作。第三次县长办公会议于4月22日召开，听取神开投资有关工作、国有企业投资行为审批等情况汇报。第四次县长办公会议于4月24日召开，听取各级助企纾困政策措施落实、2021年度惠企政策奖补资金兑付等情况汇报，全面分析一季度经济形势，排查一、二、三产发展困难，研究解决措施。第五次县长办公会议于8月2日召开，听取关于建湖县“三区三线”划定、2022年疫情防控支出（含近期需支出的疫情防控资金）、建湖双湖中医院筹建、政府投资工程智慧审计监督平台建设、全县金融风险排查及防控、森达热电公司2021年秸秆综合利用奖补等情况汇报，研究讨论《建湖县消费券发放活动实施方案》《关于建湖县2022年退役士兵岗位安置工作的建议方案》

《2022年“八一”建军节建湖县优抚对象慰问方案》《关于增加2022年医疗救助资金预算的建议方案》。第六次县长办公会议于8月25日召开，研究《建湖县方舱医院建设方案》《关于调整热力终端销售价格的方案》《关于在冈西镇实施九年一贯制义务教育办学改革的方案》，听取土地流转征收相关费用情况汇报。第七次县长办公会议于10月17日召开，研究《建湖县进一步推进城乡生活垃圾分类工作实施方案（2022—2025年）》《2021年度全县困难居民特殊病种专项救助资金拨付方案》《关于提高全县城乡居保基础养老金标准的工作方案》《隔离场所费用结算工作方案》，听取省储粮公司对马厂二库并购情况汇报。第八次县长办公会议于11月29日召开，研究《进一步完善严重精神障碍患者监护以奖代补政策的实施办法》，听取核酸检测基地设备、县疾控中心PCR实验室建设、PCR实验室核酸检测耗材、医疗废弃物处置等疫情防控费用及县第三人民医院精神病区改建、县属国企投资及资产处置等情况汇报，研究《全县基层医疗卫生机构建设提档升级三年行动方案》《2022年全县深化医药卫生体制改革重点工作任务及分工》《建湖县推动公立医院高质量发展实施方案》《建湖县学习福建省三明市医改经验深化医药卫生体制改革实施方案》。

【县政府党组会议】 年内，县政府党组召开党组会议10次，县政府党组书记、县长陈霞主持会议并讲话，县政府党组成员，各镇（街道、区）镇长（主任），县政府组成部门负责人出席会议。1月22日，县政府党组召开党史学习教育专题民主生活会，通报《2020年度县政府党组民主生活会整改措施落实情况》。传达学习中央和省市党史学习教育总结会议及习近平总书记在省部级主要领导干部学习贯彻中共十九届六中全会精神专题研讨班开班式上的讲话精神等，学习《关于做好2022年全面推进乡村振兴重点工作的意见》等文件，研究部署春节前后各项工作。2月24日，学习习近平总书记近期重要讲话精神和有关文件，听取各条线月度工作汇报，研究部署下月工作任务。3月23日，传达学习十三届全国人大五次会议和全国政协十三届五次会议精神，研究部署疫情防控和经济社会发展等工作。4月28日，传达学习省委巡视工作要求及《关于加强巡视整改和成果运用的意见》，部署安全生产等工作，确定5月重点工作任务。6月25日，传达学习习近平总书记重要讲话和国家有关重要文件精神，听取条线工作汇报，研究政府常务会议相关议题，安排部署下月工作。7月30日，传达学习习近平总书记、李克强总理近期重要讲话精神，听取条线工作汇报，研究制定下月重点工作任务。8月25日，传达学习习近平总书记、李克强总理近期重要讲话精神，听取条线工作汇报，研究制定下月重点工作任务。9月22日，传达学习习近平总书记、李克强总理近期重要讲话精神和《建湖县人民政府工作规则》，听取条线工作汇报，研究制定下月重点工作任务。10月29日，传达学习中共二十大精神，听取2023年市政府为民办实事项目编排、省委巡视反馈相关问题整改及条线工作情况汇报，研究部署11月政府重点工作。11月26日，学习宣传中共二十大精神，部署疫情防控工作，听取条线工作完成情况汇报，安排12月政府重点工作任务。

机关事务管理

【概况】 2022年，县委办、县政府办严格控制文件签发，县司法局做好规范性文件审核把关。县机关事务管理中心负责全县综合性会议后勤保障工作。县委督查室定期督查年初被列入重点督查的事项，适时督查县委、县政府主要领导交办事项，协助相关部门处理领导批示信访件。加强办公用房管理，督促整治超标准使用办公用房，进行智能化监管办公用房使用情况。加强公务用车使用规范管理，完善公务用车管理制度体系，做好维修、加油、保险“三定”工作。推进公共机构节能工作取得实效，年内新增6家单位获省级节能示范单位，至年底创成国家级公共节能机构44家。

【办文办会】 2022年，建湖县严格控制发文数量，能不发的一律不发，能以部门名义发的不以县委办、县政府办名义发，能以县委办、县政府办名义发的不以县委、县政府名义发，能以传真电报发的不以红头文件发，能以便签形式发的不以正式文件发。突出把好“法律关”，对以县委、县政府和县委办、县政府办名义发布的公文，须经县司法局审核把关。全年发出正式文件195份。严格落实公文“收、办、发、阅、传、存”责任制，遵守办文程序和工作规范，严禁将公文直接报送领导个人，导致文件倒流、体外循环等问题，影响公文办理和办事效率。处理各级来文4274件，办理县政府主要领导批示件4942件，无延误、无滞留，零失密、零遗失。办会务实高效。加强会前沟通协商，会议审议材料在会前沟通，基本取得一致，避免议而不决，做到有备而“开”。能开小会的不开大会，能分管领导参加的不要求主要负责人参加，能开短会不开长会，应由部门召开的专业性会议一律不以县委、县政府名义召开。年内，承办全县综合性会议454场，完成县政府常务会议、县长办公会议、县政府党组会议31场，各类国家、省、市级视频和电视电话会议140余场以及领导交办的其他会务组织工作。

【督查督办】 年内，县政府办科学制订年度督查计划，紧盯领导交办重大事项、重要节点、重要批示，督进度、督落实、督实效、督结果，确保事事有反馈、件件有回应。加强与县委督查室、作风办对接协调，建立信息沟通、线索移交、措施配合、成果共享等机制，避免重复检查，减轻基层负担。全年跟踪督办领导批示765件，其中书记批示198件，县长批示567件；处理县长批示信访件143件，国务院“互联网+督查”交办件75件，市“12345”督查交办件13件。

【公房管理】 年内，县机关事务服务中心根据《建湖县党政机关办公用房管理办法》，集中统一管理，合理配置，集约使用，规范管理，理顺职责分工，完善管理体制，构建权属明晰、规划科学、配置合理、使用规范、处置顺畅、监督有力的办公用房全过程科学管理体系。根据《关于进一步加强办公用房使用管理的通知》，明确办公用房使用管理主体责任、办公用房面积标准和审批程序、办公用房日常使用管理，为全县党政机关办公用房管理提供切实可行的规章制度。开展办公用房清理整改“回头看”工作，下发专项整治（检查）工作方案，对全县党政机关及下属二、三级单位办公用房进行抽查，发现问题逐一通报，以高压态势推进办公用房整改工作不走过场。根据省、市、县党政机关办公用房管理相关规定和集中办公要求，坚持职能相近、业务关联原则，将文旅局整合到县农业农村局大楼办公。改变传统的管理模式，对县级以下党政机关办公用房进行智能动态监管。依托江苏省党政机关办公用房管理信息系统对全县各级党政机关的办公用房面积、编制数等进行上报。明确专人管理使用信息系统，启动实施全县党政机关办公用房专业测绘工作，涉及64家单位的50处办公用房，面积约37万平方米，2022年11月测绘结束，完成全省党政机关办公用房“一张网”系统数据导入。

【公务用车】 年内，县机关事务服务中心落实国办“年度新增及更新车辆中新能源汽车比例原则上不低于30%”和“‘十四五’期间新增及更新车辆中新能源汽车比例原则上不低于30%”等要求，更换2辆新能源汽车作为公务用车。县行政中心新安装32个新能源汽车充电桩。出台《建湖县进一步加强商务车配备使用管理规定（暂行）》。全县公车平台集中率56.1%。提高用车服务运作效率，严格管控维修、加油、保险“三定”工作，实行定点保养和维修，规范定点维修采购程序，做好车辆送修登记、维修换件记录、费用支出记录等日常工作，把好质量验收关，建立健全维修台账，县公车平台维修费用比上年下降10.9%，节约8万多元。定点定人定卡加油，实行一车一卡加油制度，对每辆车的加油情况做好记录和统计，准确掌握每台车耗油情况。按照《江苏省政府采购中心关于2021—2022年度江苏省党政机关、事业单位及团体组织公务用车定点采购项目中标结果》要求采用定点保险制度，做好车辆督查排查工作，实现公务车辆管理制度化、规范化、常态化，严格落实节假日公车统一停放、封存制度。完善GPS监管平台，加强车辆定位监控、行驶轨迹日常督查。开展公务用车管理大排查活动，开展2次公务用车专项巡检工作，发现问题当场指导整改，限期完成销号。

县行政中心光伏车棚 （县机关事务局 供）

【后勤保障】 年内，县机关事务服务中心定期检查文化艺术中心会场运行情况，更新维修音响、大屏、座椅、监控等设施。全面落实过“紧日子”思想，文化中心大剧院破损座椅维修后更换座椅套1000多张，比更换全新座椅节约30多万元；改造提升行政中心东二楼视频会议室约400平方米，可容纳140人。全年保障县两会、县委全会等重要会议454场次，服务全县招商引资活动，保障“5·18”经贸洽谈会、全市高质量发展推进会等重大活动10多次，重要节日氛围营造4次。强化物业管理，突出安保、保洁、绿化等重点工作，改造提升行政中心绿化1000多平方米，优化提升岗位配置，制定应急预案，定期开展雨雪天气、停电停水、电梯故障等应急演练，确保服务零差错。行政中心机关食堂承载400多人同时用餐，加强对食品采购、储存、加工的管理，确保卫生和安全，把好“入口关”，定期更新菜谱，提升干部职工满意度。推进后勤服务社会化，做到后勤资源集中统一管理、统一调配使用，降低机关运行成本，提高后勤服务质效。

政务服务

【概况】 2022年，建湖县贯彻落实国务院和省市“放管服”改革优化营商环境决策部署，有序推进“放管服”改革，创新审批方式，提升服务效能，持续激发市场主体活力，推动政务服务创新创优，为县域经济社会高质量发展蓄势赋能。县行政审批局获评全市行政审批服务工作综合先进集体、全市行政审批制度改革工作先进集体、全市市场准入工作先进集体、节约型机关。在江苏政务服务网上办件178.3万件，窗口办件2379件，发放证照2580份。公共资源交易中心进场交易项目631个，总预算68.25亿元，中标价54.45亿元，下浮20.22%，节约资金13.8亿元。

【政务信息公开】 年内，县政府办扩大法定主动公开内容，通过政府门户网站、政务新媒体等渠道，主动公开政策性文件、“十四五”规划、疫情防控、财政信息、人事任免、公共服务等各类政府信息7700余条；完善政务公开标准化规范化建设，修订基层政务公开26个领域标准化目录，强化标准化目录与公开内容的联动展示，便于公众通过标准目录实现信息查阅；规范依法申请公开各个环节工作流程，提高依法答复和服务水平，指导处理依法申请公开128件，立足申请人实际需求，加强法律释明、文书说理和便民服务，依法保障申请人的知情权。上报政务信息767条，其中要情信息683条、约稿及自主选题信息82条、专报信息2条。被国务院办公厅综合采用22条，均为约稿及自主选题信息；被省政府办公厅采用信息39条，其中要情类信息11条、专报信息1条、约稿及自主选题信息27条；被市政府办公室采用信息87条，其中要情类信息54条、专报信息1条、约稿及自主选题信息32条。

【“放管服”改革】 年内，县行政审批局制定《2022年建湖县深化“放管服”改革工作要点》，有序推进“放管服”改革。全面实行行政许可事项清单管理，编制公布建湖县行政许可事项清单274项，逐项明确事项要素，做到“清单之外无审批”。深化“证照分离”改革，以4种方式实现对79项县级涉企经营许可事项“全覆盖”管理。推行“告知承诺制”改革，出台建湖县第二批实行告知承诺制证明事项清单，对15个证明事项涉及的53件证明材料实行告知承诺制。深化企业开办“全链通2.0”改革，完善企业开办全链条，实现企业开办全流程闭环。实施“一照多址”改革，减少企业办事成本，为企业扩大经营规模提供便利。拓展升级“一件事一次办”改革，实现药店、便利店、餐饮服务、人力资源等22项“一件事”办理常态化。在全市率先创新歇业登记“一件事”，办理歇业登记次数从至少5次变为“最多跑一次”，申请材料精简60%，办理时限压缩90%以上。创新社会服务类事项“踏勘即发证”服务，通过材料预审和远程视频踏勘等服务，确保受理、审核、现场踏勘等环节审查“一次通过”，现场审查通过率95%以上，办理时限压缩60%。

【优化营商环境】 年内，县政府出台《建湖县省对县营商环境评价对标提升工作方案》，严格落实责任清单，对标全市最优，补短板强弱项，制定59条推进措施。开辟建湖政务服务旗舰店“苏企通”特色专区，组织认领“放管服26条”“苏政40条”“苏政办22条”政策事项，推送各类优惠政策，对符合条件的企业通过“免申即享”方式做到“应享尽享”。拓展强化“市内通办”、长三角政务服务、“一网通办”协作，全年办理社保、医保、居民身份证、门诊费用结算等“跨地通办”事项8万余件。巩固提升“拿地即开工”成效，实现“建设用地规划许可证”“施工图审查合格证”“建设工程规划许可证”“建设工程施工许可证”四证连发时间压缩至1天。为建湖高新区新恒鼎、悦阳光伏二期、恒济镇华律智能等13个项目实现“拿地即开工”“四证连发”。推行水、电、气、污水、网络联合报装改革，实行“一同登记早服务、一表申请减材料、一窗受理减次数、一次踏勘减环节、一并接入减成本”服务新模式，设立服务专窗，提前对接企业需求，持续优化外线工程审批流程，将外线工程审批材料从20余份减至5份，审批时间从7个工作日减至0.5个工作日。为悦阳光伏二期等42个项目提供联合报装服务。配合市行政审批局开发软件系统实现线上审批，提高施工许可并联办理效率。9月，在建湖县九龙口镇召开全市市政公用设施联合报装接入“一件事”改革现场会，建湖县“水电气网”联合报装作为全市样板推介，申报全省试点改革事项，获中央电视台、《新华日报》、盐城电视台等多家媒体宣传推介。巩固提升“好差评”成效，实现县镇村三级全覆盖，汇聚主动评价数据244万条，主动评价率100%，差评整改率100%。畅通政企沟通渠道，抢抓工单第一时间交办、第一时间落实、第一时间反馈。倒逼提升办理质效，不断提升群众满意度和获得感。

9月1日，全市市政公用设施联合报装接入“一件事”改革现场会在建湖县召开　　（县行政审批局　供）

【行政审批服务】　年内，县行政审批局优化调整综合办事窗口设置，推行“前台综合受理、后台分类审批、综合窗口出件”模式。设置“办不成事”反映窗口，提供兜底服务，解决企业和群众办事难问题。在全县14个镇级便民服务中心整体推进全科式窗口“3+X”（3指综合窗口数，X指驻镇条线部门数）服务模式，实现三级联动、全域通办，依托江苏政务服务网，社保、医保、民政、残联等便民服务事项村级直接受理。全面推行“网办”“代办”“即办”服务，赠送新设企业一套5枚印章，实现企业开办全流程零费用，半天办结常态化。赠送企业印章8525枚，节省企业成本42万余元。出台《建湖县重大项目审批帮办代办制实施办法》，建立项目服务专班，落实代办专员52名、帮办专员16名，结合“为企服务园区行”活动，围绕用地、排放、能耗、规划建设、产业政策口径统筹策划，为项目提供全周期服务，协调解决项目难题23个，全流程跟踪帮办代办重大项目93个，保障项目快落地、早建设、早投产，全县重大项目审批手续完备率72%。综合运用企业开办“五办”（极速办、免费办、跨区办、帮代办、简易办）服务、“水电气网”联合报装、“拿地即开工”“竣工即发证”等改革举措，加快推进重点项目审批减环节、缩流程。

【公共资源交易】　年内，县行政审批局全面落实省、市关于公共资源平台突出问题专项整治要求，规范公共资源交易平台运行。推行工程项目投标保证金、履约保证金电子保函担保制度，制定投标保证金清退整改实施方案，简化投标保证金退还手续，对市、县星级建筑企业和建筑业发展先进企业实行保证金免缴政策。实行投标保证金免缴政策项目204个，免缴投标保证金1.19亿元，按期清退投标保证金1931.6万元；接受电子保函1.67万份，担保金25.54亿元。推进不见面开标工作，实现公开投标项目不见面开标率100%，开展不见面开标项目618个，平均时长压缩70%。开展远程评标客场服务，为淮安、扬州、宿迁、苏州、无锡、连云港、南通等地26个重大项目实施远程异地评标活动，33人次参加评标服务。加强招投标监督管理，定期抽查代理机构业务开展情况，约谈失信代理人员。规范项目招投标流程，工程建设和政府采购项目统一使用省级专家库，实现全省评标专家资源共享，最大限度减少评标人为因素干扰。严格查处违法违规行为，查处12家投标单位电子投标文件造价锁号相同、MAC地址相同等6起违法违规行为，处罚30.75万元，在省建设工程招标网和“信用盐城”网上公示。

【“12345”平台】 年内，县行政审批局开展企业和群众诉求“办理零逾期、派发零失误、沟通零距离”，做到工单迅速受理、精准派发、高效处置、及时反馈，受理群众来电诉求4.11万件，派发工单4.11万件，办结率、满意率100%。完善“一企来”常态化政企沟通机制，出台《建湖县“12345”开展线上服务企业“直通车”工作方案》，助力优化营商环境，受理涉企服务工单43件，按期办结率、满意率100%。运用“一哨联办”“三联合一跟踪”（与县政协、纪委、“110”联合办公，跟踪督办市民反映诉求）、在线协调等工作机制，解决建北桥南侧桥下圆形井盖松动、冠华路鼎吉排挡水阀损坏、皇庭国际东侧住宅楼地下管网堵塞等疑难问题工单。每月定期发布《“12345”平台月度运行情况通报》，结合“红蓝旗”考核评比，强化督办、提升质效。建设江苏政务服务网“热线百科”专栏，录入办事指南、政策解答、咨询电话、办公地址、官方政策文件、法规条文等相关内容8202条。落实省政府办公厅《关于切实推进“12345”政务服务便民热线与“110”报警服务台高效对接联动的实施意见》，加强“12345”热线与“110”报警台高效联动。

3月3日，县行政审批局召开“一哨联办”协调会

（县行政审批局　供）

人力资源管理

【概况】 2022年，建湖县人力资源和社会保障局（以下简称县人社局）立足服务经济和保障民生职能定位，紧扣“稳就业、强保障、聚人才、促和谐、优服务”工作重点，多项工作频现新亮点、新特色，不少创新做法被国家和省市主流媒体宣传推介。顶格落实各项助企纾困政策，“助企纾困‘建湖人社在行动’”被省人社厅评为全省人社十大宣传创新优秀案例；举办各类招聘活动110场次，帮助企业招工9320人；新设立引才工作站14个，引进高校毕业生3559人；加强各类示范载体建设，新建省级技能大师工作室1个、省级创业孵化示范基地1个；开展根治欠薪夏季专项行动、冬季根治欠薪百日攻坚行动，重点整治拖欠农民工工资顽疾，治理拖欠农民工工资任务完成率居全市首位。

8月2日，众“建”贤才　鸿“湖”高飞——2022年建湖县为企业招引优秀高校毕业生线上招聘活动启动

（县人社局　供）

【就业创业】 年内，县人社局出台《关于鼓励企业外地员工春节期间留湖过节的实施意见》，为2302家企业发放稳岗返还资金1526.49万元，为215家企业发放一次性留工培训补贴100.35万元，为43家企业发放一次性扩岗补助30.75万元，为16家企业发放“苏岗贷”1.25亿元。制定《助企建新功·党员争先锋——“党员干部挂钩服务企业”专项行动实施方案》，县人社局47名党员与全县规模以上工业企业结对挂钩，会同各镇（街道、区）开展服务企业上门行动。围绕县内六条重点产业链企业发展需求，搭建完善现场招聘、网络招聘、直播招聘“三位一体”的优质用工服务平台，举办三大主导产业网络招聘会、企业家走进直播间、石油机械产业链企业小型专场招聘会、返乡人员招聘周、金秋招聘月等各类线上线下招聘活动110场次，提供岗位信息2万条，帮助企业招工9320人。抓好重点群体就业援助，认定就业困难人员1411人，支持就业困难人员多渠道灵活就业1717人，发放社保补贴2139.98万元。开发公益性岗位550个，托底安置就业385人。举办人力资源供需对接会，向重点用工企业推荐优质人力资源服务机构，解决企业“批量”用工问题。到青海同德县开展劳务协作交流活动，签订劳务协作协议，建湖县外省劳务协作基地增至13个。发放富民创业贷3385万元，支持自主创业3182人。江苏军曼农业科技有限公司创业孵化基地被评

为省级创业孵化示范基地。

【职业技能培训】 年内，县人社局根据省市人社部门统一部署，构建培训政策、培训资金、培训项目、管理机制“四统一”工作体系，形成“一个分管局长、一个职能科室、一个经办机构”管培训组织构架，培训工作由县人社局就业促进与职业能力建设科归口管理，全年开展职业技能培训10133人次。县高级技校紧扣晶硅光伏、石油机械等六条重点产业链企业需求，优化专业设置，设数控加工、机电一体化、3D打印技术应用、智能制造等17个专业。县高级技校扩大数控和加工中心等专业招生规模，2022年秋学期新招生322人，其中六条重点产业链相关专业243人。推进校企合作，县高级技校开设“环宇、琪航、新恒鼎”冠名班，开展企业新型学徒制培训和在职职工技能提升培训4期、叉车和起重机械特种设备作业培训班3期、创业+技能培训13期。

【劳动人事管理】 年内，县人社局推进劳动关系“和谐同行”工作，对拟申报和谐劳动关系企业，开展和谐劳动关系创建培训，“一对一”指导企业在民主管理、劳动保护、集体协商、争议处理等方面加强创建提升，道尔道科技股份有限公司获评江苏省优秀劳动关系和谐企业。开展清理整顿人力资源市场秩序专项行动，全方位排查人力资源服务机构、劳务派遣单位及关联企业，严厉打击人力资源市场违规违法行为。开展夏季专项行动、冬季根治欠薪百日攻坚行动，检查全县劳动密集型企业、在建工程项目农民工工资支付情况，集中整治拖欠农民工工资问题，排查出17家企业存在欠薪问题、11个在建工程项目存在未足额发放工资，动态跟踪整改情况。2022年，建湖县治理拖欠农民工工资任务完成率居全市首位。

【工资和退休管理】 年内，县人社局严格执行最低工资标准，自2021年8月起，建湖县月最低工资标准调整为1840元/月，非全日制用工小时最低工资标准调整为18元/时。全年办理企业职工退休4162人，其中特殊工种提前退休141人。做好机关事业单位工作人员工资正常晋升（变动）、达年限等调整工作，完成事业单位调资2万余人次，办理机关干部退休111人、事业单位退休300余人。开展省人社一体化信息平台培训11次460人次，完成省人社一体化信息平台工资信息校核8000余人次，提高工资管理的准确性和工资审批效率。

表9　　2022年全县获评高级以上职称人员

序号	姓名	单位	专业技术资格
1	葛正萍	教育技术装备与勤工俭学办公室	高级会计师
2	周　镜	汇文卫生院	高级会计师
3	张守成	县农业科学研究所	正高级农艺师
4	刘爱萍	芦沟镇综合服务中心	正高级农艺师（乡村）
5	沈祥峰	上冈镇农业技术推广综合服务中心	高级农艺师
6	惠新春	钟庄街道农业服务中心	高级农艺师
7	孙兆留	冈西镇综合服务中心	高级农艺师（乡村）
8	徐长军	高作镇综合服务中心	高级农艺师（乡村）
9	薛春燕	九龙口镇综合服务中心	高级畜牧兽医师
10	徐　锋	恒济镇综合服务中心	高级畜牧兽医师
11	王孝忠	芦沟镇综合服务中心	高级畜牧兽医师
12	吴德中	颜单镇综合服务中心	高级畜牧兽医师
13	杨长勤	钟庄街道畜牧兽医站	高级畜牧兽医师
14	郭爱华	建阳镇综合服务中心	高级畜牧兽医师（乡村）
15	张年刚	钟庄街道农业服务中心	高级农经师
16	袁　仲	县图书馆	副研究馆员

续表9

序号	姓名	单位	专业技术资格
17	李志芬	县淮剧团	一级演员
18	王玉干	江苏省杂技团	一级演员
19	仇凤祥	县淮剧团	二级演员
20	唐　元	沿河镇综合服务中心	高级工程师
21	孙开友	上冈镇农业技术推广综合服务中心	高级工程师
22	顾爱峰	建阳镇综合服务中心	副研究员
23	黄楚丹	成盛建设集团有限公司	高级工程师
24	许　跃	成盛建设集团有限公司	高级工程师
25	陆玉龙	成盛建设集团有限公司	高级工程师
26	姜大高	县运输事业发展中心	高级工程师
27	范亚玲	县职工社会保险基金征缴管理中心	高级人力资源管理师
28	孙鸿晶	县卫生审核支付中心	高级人力资源管理师
29	周宗刚	江苏铭星供水设备有限公司	高级人力资源管理师
30	赵红芳	县住房管理办公室	高级经济师
31	王洪萍	县塘河街道综合服务中心	高级乡村振兴技艺师
32	唐晓斌	建湖县冠华书画院	高级乡村振兴技艺师
33	刘以勇	建阳镇香香水果产销专业合作社	高级乡村振兴技艺师
34	俞维霞	亨泰水利工程集团有限公司	高级工程师
35	朱春龙	县冈东水利管理服务站	高级工程师
36	傅　萍	县冈西水利管理服务站	高级工程师
37	许春华	县城市防洪管理所	高级工程师
38	成立萍	县冈西水利管理服务站	高级工程师
39	高　芳	建湖高新区水利管理服务站	高级工程师
40	李其连	江苏建业建设集团有限公司	高级工程师
41	韩　彬	江苏业建建设集团有限公司	高级工程师
42	李　健	兴业建工集团有限公司	高级工程师
43	顾启波	兴业建工集团有限公司	高级工程师
44	曹　亚	盐城驰宇建筑工程有限公司	高级工程师
45	仇品先	建湖县鸿达阀门管件有限公司	正高级工程师
46	吴启春	建湖县鸿达阀门管件有限公司	高级工程师
47	陈长林	建湖县鸿达阀门管件有限公司	高级工程师
48	周　静	建湖县汇文实验初中教育集团	正高级教师
49	黄　伟	建湖中等专业学校	高级讲师
50	季兆华	建湖中等专业学校	高级讲师
51	王　媛	建湖中等专业学校	高级讲师
52	成宏芳	建湖中等专业学校	高级讲师
53	肖　艳	建湖中等专业学校	高级讲师
54	曹伟宏	建湖县教育局教研室	高级讲师

续表9

序号	姓名	单位	专业技术资格
55	夏咸静	建湖中等专业学校	高级讲师
56	张志云	建湖中等专业学校	高级讲师
57	李文刚	建湖县宝塔镇社区教育中心	高级讲师
58	崔敬忠	建湖县上冈镇社区教育中心	高级讲师
59	周庆俊	建湖县建阳镇社区教育中心	高级讲师
60	王　瑾	建湖县第二中学	高级教师
61	张　健	建湖县第一中学	高级教师
62	唐晓冬	建湖县第二中学	高级教师
63	贺明亮	江苏省建湖高级中学	高级教师
64	王　辉	江苏省上冈高级中学	高级教师
65	卞扣成	江苏省上冈高级中学	高级教师
66	王智智	江苏省上冈高级中学	高级教师
67	王　燕	江苏省建湖高级中学	高级教师
68	陈永祥	建湖县第一中学	高级教师
69	陈迎江	江苏省上冈高级中学	高级教师
70	刘　晶	建湖县第一中学	高级教师
71	代志海	建湖县第一中学	高级教师
72	马立华	建湖县第二中学	高级教师
73	唐为秀	建湖县第一中学	高级教师
74	颜廷勇	建湖县汇杰初级中学	高级教师
75	于春宏	建湖县秀夫初级中学	高级教师
76	王晓明	建湖县汇杰初级中学	高级教师
77	苗为娟	建湖县秀夫初级中学	高级教师
78	陶国芹	建湖县秀夫初级中学	高级教师
79	苗华成	建湖县秀夫初级中学	高级教师
80	季书红	建湖县秀夫初级中学	高级教师
81	常　军	建湖县秀夫初级中学	高级教师
82	谷成君	建湖县秀夫初级中学	高级教师
83	吕智生	建湖县高作中学	高级教师
84	夏斯彬	建湖县少年体育学校	高级教师
85	张建芝	建湖县高作中学	高级教师
86	戴　喜	建湖县建阳中学	高级教师
87	吴克新	建湖县东进路实验中学	高级教师
88	周海洋	建湖县芦沟中学	高级教师
89	夏金成	建湖县秀夫初级中学	高级教师
90	李相林	建湖县秀夫初级中学	高级教师
91	赵洪伟	建湖县九龙口镇中心学校	高级教师
92	谢红霞	建湖县恒济初级中学	高级教师

续表9

序号	姓名	单位	专业技术资格
93	徐　英	建湖县汇杰初级中学	高级教师
94	陈红梅	建湖县汇杰初级中学	高级教师
95	赵广萍	建湖县汇杰初级中学	高级教师
96	于晓红	建湖县秀夫初级中学	高级教师
97	赵慧荣	建湖县秀夫初级中学	高级教师
98	吴秀銮	建湖县庆丰中学	高级教师
99	陈　翔	建湖县上冈实验初级中学	高级教师
100	姜翠兰	建湖县上冈实验初级中学	高级教师
101	周德智	建湖县汇杰初级中学	高级教师
102	顾成龙	建湖县汇杰初级中学	高级教师
103	夏成军	建湖县汇杰初级中学	高级教师
104	陈必宏	建湖县汇杰初级中学	高级教师
105	沈　洁	建湖县秀夫初级中学	高级教师
106	王　军	建湖县秀夫初级中学	高级教师
107	彭明权	建湖县草堰初级中学	高级教师
108	沈　军	建湖县上冈实验初级中学	高级教师
109	陈　玲	建湖县汇文西路小学	高级教师
110	祁建虎	建湖县湖垛路小学	高级教师
111	吴立勇	建湖县湖中北路小学	高级教师
112	孙红梅	建湖县湖中北路小学	高级教师
113	夏正国	建湖县汇文西路小学	高级教师
114	刘金梁	建湖县汇文西路小学	高级教师
115	龚士慧	建湖县汇文西路小学	高级教师
116	杨建勇	建湖县明星路小学	高级教师
117	李玉成	建湖县秀夫小学	高级教师
118	倪月莉	建湖县庆丰镇中心小学	高级教师
119	赵林武	建湖县上冈镇中心小学	高级教师
120	周晓峰	建湖县冈东小学	高级教师
121	王洪军	建湖县沿河镇中心学校	高级教师
122	祁国华	建湖县庆丰镇中心小学	高级教师
123	谢　丽	建湖县钟庄小学	高级教师
124	孙　洁	建湖县冈西镇中心小学	高级教师
125	周红燕	建湖县恒济镇中心小学	高级教师
126	陈巧云	建湖县湖中北路小学	高级教师
127	徐修云	建湖县西塘河小学	高级教师
128	彭大元	建湖县西塘河小学	高级教师
129	管　萍	建湖县上冈镇中心小学	高级教师
130	葛立斌	建湖县冠华小学	高级教师

续表9

序号	姓名	单位	专业技术资格
131	潘爱红	建湖县明星路小学	高级教师
132	金　鑫	建湖县西塘河小学	高级教师
133	陆翠红	建湖县西塘河小学	高级教师
134	嵇晓娴	建湖县秀夫小学	高级教师
135	姜雪梅	建湖县秀夫小学	高级教师
136	周冬梅	建湖县秀夫小学	高级教师
137	周仁妹	建湖县秀夫小学	高级教师
138	游　刚	建湖县秀夫小学	高级教师
139	李奎阳	建湖县草堰口小学	高级教师
140	陈中惠	建湖县高作镇中心小学	高级教师
141	杨春艳	建湖县九龙口镇中心学校	高级教师
142	夏正凤	建湖县芦沟镇中心小学	高级教师
143	谷文龙	县人民医院	主任医师
144	申贵军	县人民医院	主任医师
145	袁　琳	县人民医院	主任医师
146	何　锋	县人民医院	主任医师
147	杨　玲	县人民医院	主任医师
148	夏春军	县人民医院	主任医师
149	高玉春	县人民医院	主任医师
150	薛成俊	县人民医院	主任医师
151	伏如琴	县人民医院	主任医师
152	陈志坚	县人民医院	副主任医师
153	张林胜	县人民医院	副主任医师
154	卞为伟	县人民医院	副主任医师
155	陈　旭	县人民医院	副主任医师
156	伏海祥	县人民医院	副主任技师
157	俞先奇	县人民医院	副主任医师
158	陈　武	县人民医院	副主任医师
159	陈　晔	县人民医院	副主任医师
160	金胜昔	县人民医院	副主任医师
161	张振恩	县人民医院	副主任医师
162	高银婷	县人民医院	副主任医师
163	刘得余	县人民医院	副主任中医师
164	纪宗慧	县人民医院	副主任护师
165	陈大芳	县人民医院	副主任护师
166	陈亮亮	县人民医院	副主任护师
167	沈静芬	县人民医院	副主任护师
168	颜瑞英	县人民医院	副主任护师

续表9

序号	姓名	单位	专业技术资格
169	秦正秀	县妇幼保健院	主任医师
170	孟祥翠	县妇幼保健院	主任技师
171	徐林军	县疾病预防控制中心	副主任医师
172	臧梅香	建阳眼科医院	主任医师
173	廖彩霞	建阳眼科医院	副主任中药师
174	刘　华	建阳眼科医院	副主任护师
175	王连明	县中医院	主任医师
176	邵翠萍	县中医院	副主任中医师
177	戴永华	县中医院	副主任护师
178	唐爱珠	县第三人民医院	主任医师
179	陈晓晨	县中西医结合医院	副主任护师
180	钟学荣	近湖卫生院	副主任医师
181	姚宏芹	高新区社区卫生服务中心	副主任护师
182	朱宗标	钟庄卫生院	社区主任药师
183	陈真琪	县中西医结合医院	社区主任医师
184	祁广华	芦沟中心卫生院	社区主任医师
185	单　艳	县第三人民医院	社区主任医师
186	阮　彪	近湖卫生院	社区主任医师
187	杨定莉	九龙口中心卫生院	社区主任医师
188	张必科	宝塔卫生院	社区主任中医师
189	李菊香	九龙口中心卫生院	社区主任中药师
190	葛茂庭	芦沟中心卫生院	社区主任中医师
191	尤志霞	冈西镇卫生院	社区主任技师
192	杜成清	高作中心卫生院	社区主任医师
193	姜慧华	建阳镇卫生院	社区主任中医师
194	成从兰	县中西医结合医院	社区主任医师
195	虞　兵	冈东卫生院	社区主任医师
196	肖龙军	恒济镇卫生院	社区主任医师
197	肖立玉	县中西医结合医院	社区主任护师
198	王　兰	县中西医结合医院	社区主任医师
199	王建坤	草堰口卫生院	社区主任医师
200	丁　芳	高新区社区卫生服务中心	社区主任护师
201	杨爱兰	县第三人民医院	社区副主任药师
202	王碧云	沿河镇卫生院	社区副主任护师
203	陈宗智	钟庄卫生院	社区副主任医师
204	柏荣华	县中西医结合医院	社区副主任中医师
205	杨崇嵩	芦沟中心卫生院	社区副主任医师
206	嵇永玲	庆丰中心卫生院	社区副主任护师

续表9

序号	姓名	单位	专业技术资格
207	刘绘绘	县中西医结合医院	社区副主任中医师
208	许　丽	近湖卫生院	社区副主任中医师
209	周　泉	建阳镇卫生院	社区副主任医师
210	徐　晶	县中西医结合医院	社区副主任护师
211	高　云	九龙口中心卫生院	社区副主任护师
212	颜廷强	草堰口卫生院	社区副主任中药师
213	万青华	颜单镇卫生院	社区副主任护师
214	裴　军	钟庄卫生院	社区副主任医师
215	李　娟	九龙口中心卫生院	社区副主任护师
216	吴成银	县第二中学卫生站	社区副主任护师
217	杨冬梅	建阳镇卫生院	社区副主任护师
218	王元翠	沿河镇卫生院	社区副主任护师

信访工作

【概况】　2022年，建湖县贯彻落实习近平总书记关于加强和改进人民信访工作的重要思想，坚持法治思维，厚植为民情怀，开展“信访突出问题攻坚化解年”行动，统筹推进重复信访专项治理等工作，解决信访突出问题，保障群众合法权益，信访形势稳中向好，为中共二十大召开营造风清气正的社会环境。县信访局高标准完成北京冬奥会、冬残奥会以及全国两会等重大活动和重要时段信访工作。市信访联席办对建湖县重大活动安保维稳工作予以肯定，建湖县被省信访联席办评为全省信访工作先进县。

【信访源头化解】　年内，县信访局推进“信访突出问题攻坚化解年”行动，县政府常务会议两次专题听取推进情况汇报，压实全县攻坚化解工作责任。按照真重视、真化解、真到位要求，聚焦信访突出问题和攻坚化解目标，强化多元施策，化解一批“骨头案”“钉子案”。中央信访联席办交办重复信访事项全部办结。省交办信访突出问题均化解完成。强化信访矛盾源头预防化解，压实属地信访工作责任，推进“周周清”工作制度，召开“周周清”工作例会46次，会商研究走访事项78件，化解率95%以上。坚持底线原则，维护信访秩序，依法严厉打击涉访违法行为。

【领导接访下访】　县信访局畅通群众利益诉求表达渠道，推进领导干部接访下访制度，编排县党政领导接待信访值班表，每月做好坐班接访工作，严细精准把握来访接待、梳理分类、领导接访等各环节，确保领导接访下访取得实效。年内，县委、县政府领导接待群众来访183批210人次，化解信访矛盾148件。全县科级以上领导干部接访1600人次，推动信访诉求有效化解。

【依法规范信访】　县信访局广泛宣传《信访工作条例》，创新思路开展信访标准化建设，规范来信办理、来访接待、复查复核、网上信访事项办理、人民满意窗口创建、人民建议征集等工作，解决标准不高、要求不严、业务不精问题，确保信访各项业务依标运行、规范操作、有序流转、协同高效。突出重点，规范办理信访事项。年内，国家信访局批转信访件全部规范办结。年内，县纪委、县委政法委、县信访联席办、县公安局开展联合督查10多次，发出督查交办单22件，编发《督查通报》6期。树立社会稳定工作“一失万无”鲜明导向，对信访工作责任落实不到位，造成信访群众反感，产生不良后果的一律严肃追责问责。

政协建湖县委员会

综述

【概况】 2022年，政协建湖县委员会（以下简称县政协）全面落实中央和省、市、县委关于加强和改进新时代人民政协工作的要求，围绕县委十五届二次、三次全会目标任务和工作部署，坚持团结和民主两大主题，发挥专门协商机构作用，提升履职质效，完成县政协十五届一次会议确定的各项目标任务。年内举行全体会议1次、常委会会议5次、主席会议13次，组织专题学习交流活动50余次，26个委组开展活动80余次。至年底，十五届县政协委员273名（届初270名，年内增补3名），主席1名，副主席5名，秘书长1名，常委45名。政协组织自身建设全面加强。修订出台县政协《党组工作议事规则》《主席会议议事规则》《县政协常务委员提交年度履职报告工作办法》等文件，推进政协工作制度化、规范化、程序化建设。出台《政协委员履职工作规则》《委员履职量化考核评分细则》，引导委员高质量履职，在助推发展和服务民生中发挥委员主体作用。制定《县政协协商议事工作规则》，明确协商内容、形式、程序、原则，实现协商议事由工作推动向制度落实转变。修订《提案质量和提案办理质量双向评价办法（试行）》，推动提案工作提质增效、创新发展。完善县政协机关内部管理各项规章制度，用制度管人、用制度办事理念更加深入。加强委员学习培训、联系服务、日常管理工作，推进“懂政协、会协商、善议政，守纪律、讲规矩、重品行”政协委员队伍建设。开展先进集体、优秀政协委员、优秀提案和优秀社情民意信息评选活动，引领带动全体政协委员做到政治规矩挺在前、履职担当做在前、示范引领走在前。强化数字赋能，推进“数字政协”建设，开展建湖文史网、政协微信公众号、“你扫码大家议”协商议事网等特色场景应用，提升履职效能。完善委员履职档案、委员履职情况统计考核等流程，搭建委员线上履职平台。政协机关干部梯队建设更加合理，切实解决“一人委”问题。在机关开展“争当学习标兵、争做履职能手，创建模范机关、创造一流业绩”活动，推动机关整体效能提升。选配不驻会专委会兼职副主任，增强专委会专业素养和履职能力。开展“强基提质增效年”活动，“推进文化协商促发展”“助力农房改善惠民生”等工作品牌影响力提升。

【十五届县政协委员构成】 县政协十五届委员会确定委员270名，经社会各界、各人民团体、各镇（街道、区）、各部门酝酿推荐，充分协商，并在组织、统战等部门严格考察、综合评价的基础上，产生十五届政协委员候选人。经1月6日县政协十四届委员会第二十六次常委会会议审议通过，确定15个界别。其中，中共界32名，占11.85%，安排县政协党组、县委有关部门、县政府综合部门和统战部门负责人。无党派人士界10名，占3.7%，安排无党派人士中的代表人士。工商联界28名，占10.37%，安排从事工商联会务工作的负责人及会员中有影响的代表人士，吸收一些爱国、敬业、诚信、守法、奉献、政治素质好，有一定经济实力和社会影响的非公有制经济代表人士。工会界9名，占3.33%；青年界12名，占4.44%；妇联界14名，占5.19%，安排工会、共青团、妇联组织中有影响的代表人士，及从事工青妇工作的负责人。经济界40名，占14.81%，安排大中型多种所有制经济组织的代表人士，及从事经济研究和组织领导经济工作的人士。农业农村界20名，占7.41%，安排从事农、林、水、牧、副、渔业生产和农村中小企业、农产品流通中介服务组织、农业生产（服务）专业合作组织等方面的代表人士，以及有关主管部门的负责人和优秀农村基层干部、农业劳动模范等。科学技术界10名，占3.7%；教育界19名，占7.04%；文艺界14名，占5.19%；医卫界14名，占5.19%，安排在专业上有一定造诣和特长，在同行中有影响、有声望的代表人士，以及上述有关主管部门或团体的负责人。台侨民宗界15名，占5.56%，安排从事侨联、台联会务工作的负责人和归侨、侨眷、台胞、台属中的知名人士以及少数民族、宗教界中的代表人士。文史界6名，占2.22%：安排从事文史工作的人士。特邀界27名，占10%，安排因工作需要参加政协的各镇（街道）党（工）委副书记、统战委员等有关负责人。县政协十五届委员会在全县各镇（街道）成立14个政协工作联络组，由分管政协工作的党（工）委副书记任组长、统战委员任副组长，县直成立12个政协工作组，由担任政协委员职务的相关部门负责人任组长。

【第六届九龙口诗赋大会】 11月11日，由县政协主办，县对外友好协会、九龙口旅游度假区、全民阅读办协办，县旅游发展公司、县文联、县文旅局、县融媒体中心、县教育局、县朗诵协会承办的第六届九龙口诗赋大会在九龙口沙庄戏苑举行。活动主题“诗韵颂盛会 歌赋赞水乡”，以九龙口的水乡生态、淮剧小镇建设为切入点，礼赞、讴歌中共二十大。分湿地如画、建湖有戏、盛会放歌三个篇章。通过叙事、咏物、抒情、感悟，表达建湖人民爱家乡、爱祖国的热情。以诗、赋、散文朗诵为主，加以歌唱、淮剧、杂技、舞蹈、字画、器乐等表演，展示全县人民实施“四化战略”、打造“五大高地”的精神风貌。县相关领导、县对外友好协会及朗诵爱好者等80人参加活动。九龙口诗赋大会已连续举办6届，成为全县地标性的文化展示活动之一。

重要会议

【县政协十五届一次会议】 1月10—13日，在县文化艺术中心举行。县政协十五届委员会全体委员出席会议；县委、县人大常委会、县政府全体领导，法检“两长”和曾担任县政协领导职务的老干部出席大会开幕式、协商议政大会和闭幕式；市政协第八届委员会驻建湖委员参加开幕式、协商议政大会和闭幕式；各镇（街道、区）党政主要负责人，县委各部委办局、县各委办局、县各直属单位主要负责人，县政协社情民意特邀信息员列席会议开幕式和协商议政大会。会议听取并讨论县委书记祁从峰的讲话；听取并审议县十四届政协主席俞进虎作的政协常委会工作报告、县十四届政协副主席曹征松作的提案工作报告；举行协商议政大会；列席县十九届人大一次会议，听取并讨论县政府工作报告和其他有关报告；选举胡铭为县十五届政协主席，陈秀花、徐守忠、徐为高、夏正军、潘清为县十五届政协副主席，苗志清为县政协秘书长，万建华、马昊、王坚等45人为县政协常委；表彰2021年度政协工作先进集体8个、优秀政协委员42名和优秀提案5件；听取提案初步审查情况报告；审议通过县政协十五届一次会议决议。

【县政协常委会会议】 年内，县政协召开5次常委会会议，即政协建湖县第十四届委员会第二十六次常委会会议和第十五届委员会第一至四次常委会会议。1月6日，县政协十四届委员会第二十六次常委会会议召开，传达学习县委十五届二次全会精神，县纪委监委通报全县党风廉政建设情况，审议通过关于召开县政协十五届一次会议的《决定（草案）》及有关事项、县政协十五届委员会委员名单、县政协十五届一次会议大会主席团组成人员建议名单、县政协十五届一次会议各组召集人名单、县政协十四届委员会常务委员会工作报告（讨论稿）、提案工作报告（讨论稿）以及关于表彰2021年度政协工作先进集体、优秀委员、优秀提案的决定。3月3日，县政协十五届委员会第一次常委会会议召开，传达学习省市政协全会精神和中共中央办公厅印发《关于加强和改进新时代市县政协工作的意见》通知，审议通过《政协建湖县委员会2022年度工作要点》《政协建湖县委员会2022年度重点协商计划》，听取县政协十五届一次会议提案审查立案情况，讨论确定年度督办重点提案，听取各工作组、联络组负责人2022年度协商议事活动计划安排情况汇报。7月28日，第二次常委会会议召开，传达学习《中国共产党政治协商工作条例》，听取县政府上半年工作情况和下半年工作安排通报及提案办理工作进展情况汇报，围绕加强重大战略性项目招商议题开展协商议政。10月27日，第三次常委会会议召开，传达学习中共二十大精神，围绕“改进涉企管理服务，优化营商环境”议题开展协商议政，审议通过《关于改进涉企管理服务，切实优化营商环境的建议案（草案）》《政协建湖县委员会常务委员提交年度履职报告工作办法（试行）》和有关人事任免事项。12月28日，第四次常委会会议召开，听取县政府通报《关于加强重大战略性项目招商的建议案》办理落实情况，传达学习县委十五届四次全会精神，听取县纪委监委通报全县党风廉政建设情况，审议通过关于召开县政协十五届二次会议的《决定（草案）》及有关事项，审议通过县政协十五届二次会议常务委员会工作报告（讨论稿）、提案工作报告（讨论稿），审议通过十五届二次会议常务委员会工作报告、提案工作报告报告人建议名单，审议通过关于表彰政协工作先进集体、优秀委员、优秀提案、优秀社情民意信息的决定，审议通过部分政协常委和委员调整建议名单。

【县政协主席会议】 年内，县政协召开主席会议13次，即县政协十四届委员会第四十四次、县政协十五届委员会第一至十二次主席会议。1月4日，县政协十四届委员会第四十四次主席会议召开，传达县委十五届二次全会精神，听取县政协十四届委员会常务委员会工作报告（讨论稿）和提案工作报告（讨论稿）等有关事项。3月3日，县政协十五届委员会第一次主席会议召开，传达学习市政协九届一次会议精神，讨论确定县政协十五届一次常委（扩大）会议方案，研究审议《建湖县政协2022年度工作要点》《建湖县政协2022年度重点协商计划》，听取县政协提案审查立案情况汇报，讨论确定年度督办重点提案，讨论县政协领导领衔办理重点提案的任务分工，讨论通过《建湖县政协社情民意信息调研奖补办法》。4月3日，县政协第二次主席会议召开，传达学习全国两会精神、习近平总书记在中央政治局第三十六次集体学习时的讲话精神、习近平总书记同党外人士共迎新春时的讲话精神、省委书记吴政隆在全省党史学习教育总结会议上的讲话精神，市委副书记、市长周斌在2021年度综合考核表彰大会上的讲话精神，研究审议县政协《党组工作议事规则》《主席会议议事规则》《政协委员履职工作规则》《政协委员履职量化考核评分细则》等文件。4月30日，县政协第三次主席会议召开，传达学习习近平总书记在中央政协工作会议暨中国人民政治协商会议成立70周年大会上的重要讲话精神，研究讨论县政协《关于开展“强基提质增效年”活动的实施方案》《2022年重点协商计划分工安排》《2022年度社情民意信息工作意见》，讨论确定2021年度社情民意信息调研奖补费用和聘请特约信息员名单。6月16日，县政协第四次主席会议召开，传达学习全省市县政协主席座谈会精神、全市政协委员读书分享会精神，研究讨论《县政协2022年“书香润政协 喜迎二十大”委员读书活动实施方案》。7月11日，县政协第五次主席会议召开，学习《中国共产党政治协商工作条例》，研究常委会协商议题，听取重大项目招商调研报告起草情况报告。8月3日，县政协第六次主席会议召开，学习习近平总书记在省部级主要领导干部专题研讨班上的重要讲话精神，学习省政协党组《关于认真学习贯彻〈中国共产党政治协商工作条例〉的通知》。9月1日，县政协第七次主席会议召开，学习省委工作会议和市委八届三次全会精神、习近平总书记《确保中国共产党领导的多党合作事业薪火相传》文章，传达全省市县政协主席座谈会精神。10月8日，县政协第八次主席会议召开，学习省委办公厅《关于加强和改进新时代市县政协工作的实施意见》、习近平总书记重要文章《坚持和发展中国特色社会主义要一以贯之》，听取第六届九龙口诗赋大会筹备情况汇报。10月26日，县政协第九次主席会议召开，审议通过《县政协十五届三次常委（扩大）会议方案》《关于改进涉企管理服务，切实优化营商环境的建议案（草案）》《政协建湖县委员会常务委员提交年度履职报告工作办法（试行）》以及有关人事任免建议名单。11月4日，县政协第十次主席会议召开，传达学习《习近平生态文明思想学习纲要》、中央全面依法治国委员会《关于进一步加强市县法治建设的意见》有关精神，各委办汇报主要工作完成情况。12月10日，县政协第十一次主席会议召开，审议《政协建湖县委员会提案质量和提案办理质量双向评价办法（试行）》《建湖县政协宣传工作补助办法》。12月28日，县政协第十二次主席会议召开，审议通过县政协十五届四次常委会议程，研究《关于召开县政协十五届二次会议的决定（草案）》、县政协十五届二次会议常务委员会工作报告（讨论稿）、提案工作报告（讨论稿）、两个报告报告人建议名单、表彰决定、部分政协常委和委员调整建议名单等事项。

协商议事

【概况】 2022年，县政协组织政协委员围绕高质量发展建言资政，在政协全会召开前，下发参政建言提纲，委员围绕提纲结合自身实际，广泛开展调研，撰写建言材料，选择有代表性的8篇调研文章，作为大会发言材料。围绕县委、县政府中心工作开展议政协商，形成建议案，报县委、县政府参考。围绕民生问题，开展专题协商议事活动，促进基层社会治理和民生改善。加强“有事好商量”协商议事平台建设，推进协商议事室标准化规范化，为协商意识活动提供更好的服务载体。

【建言资政】 2022年，县政协紧扣党政中心，聚智合力献策，主责主业展现担当。政协一次全会期间，紧扣“勇当沿海地区高质量发展排头兵”目标定位，精选课题，建言立论，其中《唱响“建湖有戏”，福泽水乡人民》《抢抓新的市场机遇，做大做强光伏产业》《办好民生微实事，提升群众幸福感》等8篇大会发言，得到县委、县政府主要领导肯定。紧扣县委“四化战略”“五大高地”工作部署，将“提升九龙口旅游度假区经营管理水平”“统筹经济社会发展和疫情防控常态化”“屋顶分布式光伏整县推进试点工作”等13个议题纳入年度重点协商事项，通过常委会会议协商、主席会议协商、民生论坛、民主监督、专题视察等形式，助推党政重点工作落到实处。

【议政协商】 7月28日召开的县政协十五届二次常委会会议围绕“加快重大战略性项目招商”专题，组织议政性常委会会议协商，县政府主要领导到会听取并肯定委员议政建言，县委主要领导在该建议案上作批示。县政协十五届三次常委会会议围绕“改进涉企管理服务，切实优化营商环境”开展专题协商，县政府分管领导到会听取6位委员建言，相关建议案、建言汇编得到县委主要领导批示。省政协微信公众号以《说得准、说得好！建湖县委书记为政协委员建言点赞》为题向全省推介。

【民生协商】 县政协坚持协商为民，助力民生改善，推进“2111”（打造20个新协商示范点，培育10名优秀召集人，树立10名委员典型，推出10个精品案例）工程。选择“做好农房改善后半篇文章”作为2022年民生专题协商议事活动主题，制定下发活动方案，指导全县各镇（街道）和39个新型农村社区从不同角度开展协商议事活动，做到每次活动有精准协商议题、有充分时间调研、有政协委员参加、有各方代表参与、有协商议事共识、有成果转化落实。举办协商议事工作专题培训会、现场推进会，编印《协商议事工作操作实务》，提升召集人谋划统筹、组织协商、规则运用、转化落实能力和委员政治把握、调查研究、联系群众、合作共事能力。牵头组织“加快重大战略性项目招商”“优化营商环境建设”联组协商活动，参与建湖高新区（塘河街道）、恒济镇专题协商议事活动8次。全年开展专题协商议事活动50余次，群众参与1500多人次，提出对策建议126条，形成协商议事成果118件，解决群众反映强烈的突出问题93个。人民网对建湖县政协助力“做好农房改善后半篇文章”作专题报道。

【“有事好商量”平台建设】 年内，县政协深化“有事好商量”协商议事平台建设，按照最新“九有”（有协商平台、有统一标识、有委员联系、有制度规范、有工作时效、有激励保障、有“你扫码·大家议”、有履职党支部、有智库专家）标准对协商议事室建设进行回头看，推进全县面上协商议事室标准化规范化建设。强化融合共建，全面推进协商议事室、委员工作室、社情民意信息联系点“三位一体”运作。加快“你扫码·大家议”线上协商议事网建设，按照宣传推广到位（将二维码传播到人群集聚场所和各公示栏），硬件设备到位（具备线上视频会议相关设备），操作人员到位（尽快明确专人，进行设备管理、网站维护、数据上传），数据上传到位（将协商议事室基础数据和活动情况上传到位），活动开展到位（在部分镇村利用协商议事网开展线上协商试点，年底前各协商议事室开展协商活动的各流程及相关信息都要实现网上运行），特色总结到位（结合各自的实际做法提炼工作特色），加强工作力量和工作经费保障，全面推进线上线下融合协商议事实践。指导恒济镇和建河村协商议事阵地建设，恒济镇协商议事室建设及创新案例获市政协表彰，九龙口镇收成村线上线下联动协商接受市政协主要领导检阅。

【专题协商议事】 年内，县政协上传协商议事活动676次，居全市各县（市、区）第一。3月23日，县政协法制工作组在县人民法院召开专题协商会，学习《江苏省公共法律服务条例（草案）》，讨论修改完善工作。4月27日，县政协农林工作组开展“提升农村防疫常态化工作”专题协商议事活动。5月24日，县政协宝塔镇联络组开展“农房改善进行时，奋力描绘新画卷”专题协商议事活动。5月25日，县政协组织开展“走进科技 你我同行”主题联组协商议事活动，实地观摩建湖高新区悦湖之星孵化器、江苏博克斯科技股份有限公司、江苏国瑞液压机械有限公司。5月27日，县政协开展“助推文明城市创建”联组协商议事活动。5月28日，县政协开展“提升九龙口景区管理水平”专题协商议事活动。6月7日，县政协在庆丰镇东乔村举行“书香润政协 喜迎二十大”乔冠华故居研学活动协商议事会。7月16日，县政协召开督办重点提案协商会，促进《关于壮大村级集体经济的建议》重点提案采纳落实。7月21日，县政协上冈镇联络组开展“完善黎明新型农村社区基础设施”专题协商议事活动。7月25日，县政协建阳镇联络组在新桥村协商议事室开展“新型农村社区物业管理办法”专题协商议事活动。7月27日，县政协沿河镇联络组在兴旺村协商议事室开展“提升社区老年人群体幸福感”专题协商议事活动。8月1日，县政协颜单镇联络组开展“加强农村社区物业管理，提升村民居住生活品质”专题协商议事活动。8月11日，县政协召开物流业发展情况调研座谈会。8月16日，县政协举办“杂技非遗数字化工程”民生论坛。8月22日，县政协开展“新型农村社区完善基础设施”专题协商会。9月27日，县政协在冈西镇徐王村新型农村社区开展“农房改善后半篇文章”专题协商议事活动。10月20日，县政协组织教育界市县政协委员、群众代表、学生代表和职能部门相关负责人，围绕“大力推进‘双减’工作 促进学生全面发展”专题，开展协商式民主监督活动。11月7日，县政协召开协商议事“2111”工程暨协商议事网建设推进会。

10月20日，县政协开展“大力推进‘双减’工作 促进学生全面发展”专题民主监督活动　　（县政协办　供）

政协履职

【概况】 2022年，县政协依照章程，认真履行职能，组织政协委员开展视察调研，倾听民情、反映民意、解决民忧，做好提案征集办理工作，推进民主监督。常态化开展文史工作，牵头组织读书分享会，发动政协委员积极参与全民阅读，不断提高自身文化素质。加强联谊交往，凝聚各方力量，为全县高质量发展增添助力。

【视察调研】 2022年，县政协5次到粤港澳大湾区开展招商引资督导活动，协助相关镇区拜访客商32家、对接项目26个。1月21日，县政协主席胡铭带队调研“有事好商量”协商议事工作，察看恒济镇、九龙口区镇收成村、文艺组、近湖街道、教育组、高作镇光明社区6个协商议事室示范点，了解协商议事室建设情况，听取协商议事工作汇报。6月2日，县委书记祁从峰到县政协机关调研，听取相关情况汇报，肯定县政协在推动全县经济社会高质量发展中的重要作用。8月11日，县政协召开物流业发展情况调研座谈会，县发改委、交通运输局、商务局、邮政管理局、建湖开发区、建湖高新区相关负责人和部分物流类、产业类企业负责人参加座谈会。9月6日，县政协主席胡铭带队调研协商议事工作，察看颜单镇、恒济镇、建阳镇及建湖开发区协商议事室，了解基层协商议事室建设及活动开展情况，就加强协商议事示范点建设、培育协商议事队伍、重视协商成果转化、提炼协商经验做法、宣传协商典型案例等提出明确要求。9月26日，县政协组织市县政协委员参观全县经济社会发展成就，到上冈新城串场驿站、绿控新能源、瑞晶光伏、高测20吉瓦光伏大硅片、润达光伏、九龙口沙庄及荷花漫等重大项目现场，通过集中观摩、听取汇报等方式，了解全县经济发展、文旅融合、社会民生等情况。11月10日，县政协组织委员视察“屋顶分布式光伏整县推进试点工作”实施情况。11月11日，县政协主席胡铭到县老年大学视察调研，实地察看县老年大学教学活动场所和教学设施状况，了解办学情况。

【社情民意】 县政协将反映社情民意作为倾听民情、反映民意、解决民忧的重要形式。健全社情民意信息网络，举办社情民意信息员专题培训，完善社情民意信息工作实施办法，将社情民意信息纳入委员履职内容。全年上报社情民意信息173篇，被市级采用46篇、省级采用13篇。加强农机农药农电安全管理、“福寿螺”蔓延趋势亟待重视、解决“烂尾楼盘”的安全问题刻不容缓、严厉打击盗掘古墓行为等12篇信息上报全国政协。

【文史工作】 年内，县政协助推文旅融合发展，举办第六届九龙口诗赋大会。开展“文史进校园”活动，每月一主题，录制“湖垛文史漫谈”视频11个，推介乡土系列文章30多期，系统介绍建湖优秀文化、历史、乡贤、变迁情况。推进“书香政协”建设，举行“书香润政协　喜迎二十大”活动启动仪式，搭建码上读、委员读吧、委员书屋等读书平台，集中开展读书分享会4次，在政协微信公众号开设“开卷品书香”悦读推荐、悦读分享两个专栏，引导委员多读书、善读书、读好书，提高委员政治意识、人文素养和履职能力。反映建湖县文史工作情况的《史海扬帆逐浪行》一文在《江苏政协》《市县巡礼》栏目刊发。编著出版“符号江苏”丛书《建湖杂技》、“盐城地标”丛书《芦荡明珠——九龙口》。拍摄《掌见识——委员荐书》视频2个，被市政协采用推介。

【联谊交往】　县政协加强与工商联、人民团体和无党派人士的联系，增进与少数民族、宗教界人士和港澳台同胞、海外侨胞及亲属的交流，做好思想政治引领、广泛凝聚共识工作。重视并支持乔冠华研究会、湖海艺文社等社团强化特色、发挥作用，组织开展课题调研、作品推介、文化交流等活动。组织住湖市政协委员到东台考察生态和文旅融合工作，加强和促进两地政协学习交流、合作共进；组织委组成员带着调研课题到东台、大丰、滨海及南通、苏州等地考察学习；接待珠海市政协、宝应县政协和阜宁、盐都等兄弟县（市、区）政协到建湖指导，促进区域间联谊交流，宣传推介建湖。

【委组活动】　县政协领导和机关人员到挂钩镇村开展“村村到、户户进、人人访”走访活动，到学校、医院、企业、市场等人群密集场所，检查指导疫情防控工作500余次，助力织牢疫情防控网。开展“企业大走访”“同心助企促发展”活动，主席会议成员分条线带队走访委员企业及挂钩服务企业116家，召开座谈会12场次，帮助反映企业诉求，协调解决问题，提振发展信心。发动政协委员参与疫情防控，开展敲门行动、卡口值守、小区宣传、捐款捐物、创作主题书画作品等活动。5月28日，县政协民宗台侨组专题视察上冈基督教活动点、宝塔红石榴家园、宝塔净慧寺等现场点，了解宗教场所规范化建设和民族共同繁荣发展情况。6月2日，县政协举行“书香润政协　喜迎二十大”活动启动仪式暨委员读书分享会。8月22日，县政协社会法制委员会带领法制组委员、检察院、工商联相关负责人及部分企业家代表，到滨海县检察院企业合规法治赋能中心考察学习。11月16日，县政协农林组委员与驻恒济镇委员进行视频连线，围绕“开展委员直播代言，推介家乡名特优品”议题开展线上协商议事。

【提案工作】　县政协十五届一次会议期间，县政协委员提交提案235件，经审查立案198件。其中，提案所提建议得到采纳、问题已解决的170件，占85.9%；正在解决和部分解决的26件，占13.1%；因政策和条件所限，不能解决的2件，占1%。委员们满意和基本满意率100%。从提案主体看，202名委员提交提案，提交2件以上提案的有14名委员，城乡建设组、农林组、上冈镇、恒济镇、钟庄街道等18个组提交集体提案；其中“关于壮大村级集体经济的建议”“关于推进民营经济高质量发展的建议”等12件提案被列为重点提案。从提案内容看，涉及经济发展62件，占26.4%；涉及城乡建设30件，占12.8%；涉及社会事业81件，占34.4%；涉及民生改善42件，占17.9%；涉及生态环境20件，占8.5%。从承办单位看，44家部门和单位参与提案办理，其中承办5件以上提案的22家，农业农村局、住建局、工信局、人社局等各承办20件以上。4月25日，县政协提案委在《建湖日报》公示提案交办情况，明确交办单位、责任人和承办人。11月30日，在《建湖日报》公示提案办理结果及反馈意见。县政协重视征集高质量提案，在县政协全会召开前印发《关于征集提案的通知》，编发《提案调研课题参考》；组织委员参加学习培训、专题视察、协商调研等活动，推送各级政协会议、重要政策法规、党政工作决策部署，通报全县经济社会发展情况，为委员撰写提案提供素材；县政协提案委严把审查立案关，落实会中初审、会后复审、办前会审制度，做好提案改、撤、并、转工作，全年并案处理42件，并案率18.1%。健全提案督办机制，县政协提案委联合县政府督查室定期召开重点提案督办协商会，推动提案办理落实。完善承办单位、提案人、政协组织三方沟通协商机制，将协商贯穿提案办理全过程。通过听取社情民意、现场调研、邀请委员视察、召开座谈会等方式，深化多元办理机制。明确办理要求。印发提案办理工作须知，从“加强组织领导、落实办理责任，主动沟通协调、提高办理实效，明确办理时限、认真做好答复，推进网上办理、加强网上沟通”等方面，对承办单位提案办理工作提出要求，压实工作责任。提高办复质量。提案委在提案征集、办理、督查等环节，推动“提”“办”“督”三方互动，构建一体化工作新机制。提案答复后，对于委员不满意的，提案委与承办单位联系，进行重新办理。对所提问题正在解决或列入计划逐步解决的26件提案，做好跟进督办，确保提案办理落到实处。对一时难以解决的问题，协助承办单位做好解释说明工作，确保提案办理件件有落实，事事有回音。强化考核激励。制定出台《政协建湖县委员会提案质量和提案办理质量双向评价办法（试行）》，推进“两公开一评议”活动，围绕“一老一小”主题，组织政协委员和承办单位对提案质量和提案办理质量进行评议，推动提案工作“办得好必须提得好、提得好更须办得好”良性循环。遴选“夯实产业集聚基础　培大育强领军企业”等5件优秀提案，在县政协全会上表彰，激发委员参政议政热情。

表10　　建湖县政协十五届一次会议重点督办提案

序号	立案号	案由	提案人
1	11	规范物业服务行为　提升物业服务水平	钟山等10人
		关于加强物业公司管理的提案	王　亚
		关于社区物业管理的建议	陈建北
		关于加强新型农村社区物业管理的建议	倪文康等7人
		关于提升小区物业管理服务水平的建议	钱文祥
		关于提升小区物业管理服务水平的建议	崔雪梅等2人
		关于提高我县住宅物业管理服务水平的建议	李　杰
		规范小区物业管理，优化居住环境的建议	许卫兵
		关于提升小区物业管理服务水平的建议	王　丽
		关于加强小区物业管理的建议	赵国军
		案由：建湖小区物业管理规范化	周余成
2	12	关于推进民营经济高质量发展的建议	崔　龙
3	17	关于构建现代公共法律服务体系的建议	吴宏伟
4	19	关于壮大村级集体经济的建议	高长宏
5	60	加大宣传推介力度，叫响“建湖有戏”品牌	王一萍
		关于进一步深化“建湖有戏”品牌宣传推介的建议	沈正程
6	111	立足“双减”政策落实　办好人民满意教育	马汝刚
7	132	关于加强农村公路管养的建议	袁　峰
8	133	培育新型农业主体促进乡村振兴的建议	冉小艳
9	146	关于金融支持中小企业发展的调研	周昶宇
10	155	关于夯实产业集聚基础，招引培育领军企业的建议	吕品等8人
11	166	关于深化文旅融合发展　加快全域旅游创建的建议	彭岗等9人
12	186	突出政府主导　推进社会诚信	王　栋

纪委监委

综述

【概况】 2022年，全县纪检监察组织以永远在路上的坚定和执着深化正风肃纪反腐，全县“严”的氛围越来越浓，党员干部作风、形象和精神面貌发生可喜变化，政治生态持续向上向好。县纪委监委及2个内设机构和6名党员干部分别被市纪委监委表彰为先进集体、先进工作者，全市纪检监察系统党建考核成绩实现进位。常态化开展分层分级谈心谈话、教育提醒，拍摄纪检监察干部形象片《青年说》。出台《建湖县纪委监委梯度跟班锻炼办法》，搭建“学、讲、悟、赛”平台，开展“机关业务大讲堂”13次培训1000余人，推动形成“勤学习、重实干、争一流”工作状态。全县纪检监察组织38人次被上级抽调参与监督办案，占全市的19.7%。建成大数据查询研判中心，查询信息10.16万次，位居全市第一、全省前十。《大数据透视工信局长的“双面”人生——县工信局原局长肖某某受贿贪污案件查办纪实》为全市县级纪委唯一获全省信息化实战应用“优质案件”，得到市纪委主要领导批示肯定。

【政治监督】 年内，在全市率先出台《关于市纪委党风廉政建设提醒函指出问题整改工作方案》。出台《关于加强对“一把手”和领导班子监督的实施办法》，与42个下级单位“一把手”开展廉政提醒谈话，下发党风廉政建设意见提醒函72份。对落实全面从严治党主体责任不力的17个党组织和26名党员干部实施问责。县纪委向县委提交200余份涉疫事项报告，推动疫情防控问题整改1100余个，问责处理41名履职不力党员干部。中央生态环保督察交办的18个问题和市污染防治平台反馈的4个问题整改到位，对不担当、不作为等问题政务立案3人。紧盯上冈债务问题，延伸拓展“化查追改”新内涵，助推上冈镇提前半年完成化债任务，建湖县省定债务风险等级由红转黄。排查安全生产隐患29363条，推动销号28489条，整改率97%，全县生产安全事故起数比上年下降12.5%。

重要会议

【概况】 2022年，县纪委监委组织召开全会1次、全县机关作风建设大会2次、“5·10”警示教育大会1次、相关系统作风建设情况通报会4次、县纪委常委会会议40次。4月28日，全县市场监管系统作风建设问题通报会召开，播放市场监管系统作风问题通报片。5月12日，全县“5·10”警示教育大会召开，与会人员集中观看警示教育专题片《底线失守的代价》，县委书记祁从峰出席并讲话。6月10日，全县民政系统作风建设问题通报会召开，播放民政系统作风问题通报片。9月27日，全县住建系统作风建设问题通报会召开，播放住建系统作风问题通报片。11月18日，全县交通系统作风建设问题通报会召开，播放交通系统作风问题通报片。

【县纪委十五届二次全会】 1月29日召开，县委书记祁从峰出席会议并讲话，15名县纪委委员出席会议，102名相关人员列席会议，县委纪委常委会主持会议。会议学习贯彻十九届中央纪委六次全会和省、市纪委全会精神，总结2021年纪检监察工作，研究部署2022年工作任务。会议指出，2021年全县纪检监察组织以加强政治监督新成效共绘优质发展“蓝图”、以“三不”一体推进新作为营造海晏河清“净土”、以监督执纪执法新担当收获基层群众“点赞”、以持续正风肃纪新成果有力祛除作风“顽疾”、以提升工作质效新业绩不断擦亮巡察“利剑”、以健全体制机制新突破扎牢织密监督“网络”、以专业精干模范新风貌打造过硬坚实“内核”。2022年，全县纪检监察组织突出做好7个方面工作：推动政治监督落地见效，坚定不移把反腐败斗争推向纵深，推动整治群众身边腐败和作风问题走深走实，推动纠“四风”树新风取得更大成效，推动巡察综合监督作用更好发挥，推动纪检监察体制改革成果深化拓展，锻造政治过硬、本领高强的纪检监察队伍。会议审议通过王弋代表县纪委常委会作的题为《勇当护航发展标兵 努力建设清廉建湖 以实际行动迎接中共二十大胜利召开》的工作报告和会议决议（草案）。

1月29日，中国共产党建湖县第十五届纪律检查委员会第二次全体会议召开　（县纪委监委　供）

【全县“5·10”警示教育大会】 5月12日召开，县委书记祁从峰出席会议并讲话。会议在县行政中心设主会场，上冈镇、住建局、新农投公司、银行系统设分会场。与会人员集中观看警示教育片《底线失守的代价》。会议强调，全县广大党员干部要从反面典型身上吸取教训、引以为戒，举一反三、警钟长鸣，以自我革命精神加强自我检视，夯实廉洁从政、廉洁用权、廉洁干事的坚固防线。以案为鉴明法纪，牢固树立权力边界意识；心存敬畏去贪欲，修身律己走好从政之路；恪尽职守扛责任，纵深推进全面从严治党。各级党组织要实时了解干部思想状态，掌握干部履职情况，把党的绝对领导体现在日常教育管理监督的全过程、各方面；要坚持把廉洁文化建设纳入自身党风廉政建设和反腐败工作布局中进行谋划，推动新时代廉洁文化建设走深走实。

【全县机关作风建设大会】 年内召开2次大会。第一次大会于1月19日召开。县委书记祁从峰出席会议并讲话，县委常委、纪委书记、监委主任王弋通报2021年度全县作风建设突出问题。与会人员集中观看全县机关作风建设整改片和通报片。会议指出，作风建设是与建湖高质量发展相伴而生的永恒话题。问题就是“绊脚石”，必须刀刃向内做检视；作风就是“生产力”，必须严抓真改出实招；干部就是“领头雁”，必须动真碰硬抓落实。第二次大会于7月30日召开。县委书记祁从峰出席会议并讲话，与会人员集中观看全县机关作风建设整改片和通报片。会议指出，全县广大党员干部要坚守政治站位，以服务中心大局的意识评价作风建设；要正视存在问题，以敢于动真碰硬的决心改进作风；要突出高标高质，以扛起职责使命的担当提升工作作风。

1月19日，全县机关作风建设大会召开　（县纪委监委　供）

执纪问责

【惩贪治腐】 2022年，县纪委监委组织立案455件，其中科级干部立案32件，党纪政务处分413人，科级干部和“一把手”立案比例均居全市前列。编印《案件质量错题集》，助推案件质量实现跨越式提升。纵深推进国有企业融资突出问题专项整治，全链条查处平台融资领域案件18件，留置6人，推动公安机关及外地监委立案查处14人。开展违规第三方费用自查自纠自追、银行中收费用清理、“双清”（民营企业违规借款及担保代偿资金和个人宕欠公款清收工作）工作立行立改等专项行动，追赃挽损18.18亿元，居全市第一位。办理2件省纪委监委指定管辖留置案件，占全市留置的18%。坚持受贿行贿一起查，立案审查调查行贿人员15人，4名干部主动投案或说明问题。

【民生案件查处】 县纪委监委以“一领域一专项、一地区一治理”行动为切入口，年内查处群众身边腐败和作风问题50起128人。聚焦不动产办证历史遗留问题，督促化解问题项目14个，惠及群众3645户。聚焦养老政策落实、特困供养人员保障资金发放等环节，排查整治截留套取、虚报冒领等问题，党纪政务立案29人。严肃查处基层卫生室私自购销药品、日常监管缺失缺位等违纪违法行为，党纪政务立案11人。纵深推进公益性公墓专项整治，党纪政务立案26人。紧盯务工人员等弱势群体反映强烈的欠薪讨薪问题，监督推动人社部门处理欠薪线索840件，为1296名劳动者追讨薪资1237万元。查摆特殊困难群体救助帮扶和妇女儿童权益保障背后的干部作风问题，党纪政务立案59人。围绕教育“三风”问题，严肃查处违规收受礼品礼金、公职人员子女违规享受家庭经济困难学生教育资助等典型案件，党纪政务立案44人。在全市率先完成基层小微权力“监督一点通”平台试运行，办结群众各类投诉203件，按期办结率100%。探索建立信访办理“业务内、业务外处置‘双到位’和信访人、相关人反馈‘双到位’”工作机制，化解各类疑难复杂信访反映11件，信访总量比上年下降52%，全县纪检监察信访形势平稳向好。

【正风肃纪】 年内，县纪委监委查处违反中央八项规定精神问题56起、处理122人。紧盯违规收送礼品礼金礼卡、违规发放津补贴和福利、违规吃喝隐形变异等问题，开展各类明察暗访200余次，编发通报3期，曝光25人。出台《党员干部和公职人员工作日晚间饮酒报备工作提示》，开展“隐身票据”追查、“两店支出”核查和现金支付检查行动，查处相关问题41起、处理92人。聚焦教育、民政、住建、卫健及营商环境等热点部门、重点领域，开展清廉建湖建设专项行动，党纪政务立案88人。围绕基层减负，查处督查检查过多过频、考核指标层层加码等形式主义、官僚主义问题15起，批评教育处理30人。健全完善“月季年”作风问题通报机制，2次召开全县机关作风建设大会，4次单独通报系统作风问题，11次在县委月度工作例会上点评，下发问题交办单30份，问题整改率100%。策应县委、县政府“板块比发展、部门比服务”流动红蓝旗评比活动，走访企业128家，发现问题线索53条，全部整改到位。发挥容错纠错制度引导作用，激励干部担当作为，为6名党员干部不实信访反映予以澄清正名。

巡察监督

【概况】 2022年，县纪委监委坚守政治巡察定位，完成20个科级单位、68个村（社区）常规巡察，发现问题559个，移交问题线索45条。小区物业规范化管理、公益性公墓整治2个专题报告获县委主要领导批示肯定。对县教育局和9个教育集团19所学校党组织开展常规巡察并同步审计，形成审计报告6篇，实现巡审高度贯通。实行“巡镇带村”模式，对5个镇（街道）巡察的同时，延伸巡察10个村居（社区），发现问题130个，移交问题线索22条。配合县委完成接受省委巡视整治任务，直查快处10条问题线索，党纪政务立案13人。在省市巡视巡察机构领导下，对阜宁开发区开展巡察，配合联动巡察组对建湖开发区、建湖高新区开展巡察，对县人民法院、人民检察院、公安局进行市县联动巡察，发现突出问题98个，推动立行立改5个。针对省委巡视反馈的31个问题制定153条整改措施。跟踪督促责任单位抓实整改，推动解决小区物业服务不到位、县第二实验小学教育集团排座不“阳光”等群众反映强烈问题53个。完成全国首本巡察干部培训教材《市县巡察工作》相关内容编写任务。出台《在巡察中加强对“一把手”监督的工作办法》，制定综合报告模板，对17名“一把手”进行政治画像。

【市委第一联动巡察组反馈建湖涉粮问题巡察情况】 根据市委统一部署，2021年10月11日至11月12日，市委第一联动巡察组对建湖县进行涉粮问题专项巡察。巡察组重点检查中央和省市委关于粮食安全决策部署落实情况、涉粮风险防范化解情况、涉粮领域正风肃纪反腐部署落实情况，以及涉粮领域体制机制建设情况，发现和推动解决制约涉粮领域改革发展共性问题和深层次问题，如期完成专项巡察任务。2022年2月16日，巡察组向建湖县委反馈涉粮问题专项巡察情况。市委组织部常务副部长成辉向县委书记祁从峰传达市委常委会关于巡察工作精神，并就巡察整改工作提出要求。市委巡察组组长张炜东反馈专项巡察意见。祁从峰主持向县委领导班子反馈会议并作表态发言。市委巡察组发现和干部群众反映的问题：落实中央和省市委关于粮食工作决策部署有差距，涉粮领域风险防范存在薄弱环节，正风肃纪反腐部署落实不到位，体制机制建设不够健全。张炜东提出，建湖县涉粮部门和单位要守牢底线，扛起粮食安全责任；要抓住关键，夯实粮食产业基础。建湖县纪委监委要纵深推进粮食购销领域腐败问题专项整治，督促粮食主管监管部门、国有粮食企业开展自查自纠，建立问题清单，明确整改责任，落实整改举措和时限，严格对账销号。用好问责利器，严格“一案双查”，倒逼履职担当。深刻剖析腐败背后深层次体制机制原因，对症下药，为优化粮食发展环境保驾护航。建湖县委、县政府要强化对涉粮部门和单位党的领导，加强党组织建设；健全完善粮食系统管理体制机制，强化涉粮部门和单位协作联动，激发企业内生动力；加大资金投入，加快粮食仓储基础设施建设。成辉指出，建湖县涉粮部门党组织要落实粮食安全主体责任，坚决保障“国之大者”；夯实粮食安全保障基础，有效防范涉粮风险隐患；深化国有粮企改革，增强粮食安全工作内生动力。要坚持“严”的主基调，确保粮食领域系统性腐败得到有效根治。要始终把全面从严治党作为最根本的政治担当，解决“靠粮吃粮”腐败问题，形成齐抓共管合力，把“严”的要求贯穿粮食工作各方面、全过程。要扎实做好巡察“后半篇文章”，确保反馈问题整改到位。建湖县委、县政府要以专项巡察整改为契机，深化落实粮食安全党政同责和粮食安全省长责任制下的市县长负责制，带头履行政治责任，把督促推动相关党组织抓实抓牢专项巡察整改作为履行全面从严治党主体责任的分内之事；建湖县涉粮部门党组织要在整改落实上较真碰硬，把抓整改融入日常工作，融入深化改革，融入全面从严治党，融入班子队伍建设，确保真改实改、收效见效。祁从峰表示，将对照反馈意见，迅速研究部署，一着不让抓好整改落实，把巡察成果转化为改进工作的强大动力，转化为解决问题的有效对策，转化为推动发展的实际行动，确保向市委和全县人民交出一份满意的答卷。涉粮问题专项巡视反馈的15条问题线索处置到位，粮食购销领域腐败问题专项治理党纪政务立案20人，留置1人，在全市同题共答中走在前列。

【省委第十一巡视组巡视建湖县工作】 根据省委统一部署，省委第十一巡视组从4月21日至6月30日，对建湖县进行常规巡视。4月21日召开巡视工作动员会。会前省委第十一巡视组组长沈自力主持召开与建湖县委书记祁从峰的见面沟通会，传达学习省委书记吴政隆关于巡视工作的讲话精神。会上，沈自力对做好巡视工作提出要求。盐城市委副书记、市长周斌就建湖县委接受巡视监督、配合和支持巡视工作提出要求。祁从峰主持会议并作表态发言。在《建湖日报》上发出巡视工作公告，公布巡视值班电话，接收短信手机号码，邮政信箱和电子邮箱。8月12日，省委第十一巡视组向建湖县反馈巡视情况。省委第十一巡视组组长沈自力代表省委巡视组，分别向建湖县委书记祁从峰、县委领导班子反馈巡视情况，对抓好巡视整改工作提出要求。盐城市委书记徐缨就履行主体责任、抓好整改工作提出要求。祁从峰主持向县委领导班子反馈会议并作表态发言。巡视组坚持“发现问题、形成震慑，推动改革、促进发展”巡视工作方针，按照“四个落实”（落实党的路线方针政策、中央重大决策部署要求，落实全面从严治党战略部署情况，落实新时代党的组织路线情况，落实巡视反馈、审计移交及主题教育检视问题整改情况，督促被巡察党委切实整改见实效）要求，抓住“摸底数、防风险、查问题、促发展”四个着力点，发现并推动解决被巡视地区重大招商引资项目、形式主义官僚主义、选人用人、巡视及审计整改等方面存在问题以及群众反映强烈突出问题，如期完成巡视任务。省委巡视工作领导小组及时听取巡视情况汇报，并向省委书记专题会报告有关情况。省委巡视组巡视建湖发现的主要问题是：新发展理念树得不够牢固，金融风险管控不够有力，对意识形态斗争复杂性重视不够，安全生产工作基础不够扎实；推进全面从严治党和反腐败斗争不够深入，重点领域监管缺失，国有融资平台公司腐败案件多发，招商引资项目违规奖补问题突出；对群众急难愁盼问题关切不够，黑臭水体治理不彻底，“问题楼盘”办证难解决不够有力，群众身边微腐败易发多发；干部队伍建设系统性谋划不足，党员干部干事创业精气神不佳；落实省委巡视、审计等指出问题整改不够彻底，有的问题边改边犯，有的问题未建立长效机制。同时，省委巡视组收到反映一些领导干部的问题线索，按规定移交纪检监察机关、组织部门处理。建湖县委高度重视巡视整改工作，把抓好巡视整改作为重大政治任务和重大政治责任，对反馈意见诚恳接受、照单全收、坚决整改。省委巡视反馈的31个问题，至年底，完成整改12个，基本完成19个；153条整改措施，整改到位63条，取得成效90条，制定完善18项制度，债务化解、安置房办证难等问题整改被《江苏巡视动态》刊载。移交3件问题线索，被县纪委监委审核调查；交办信访件326件，办结309件，办结率94.79%。12月20日，按照党务公开和巡视整改要求，在《建湖日报》发出公告，公布《中共建湖县委关于省委巡视意见整改进展情况的通报》，同时公布监督巡视整改落实联系方式及信箱。

【选人用人巡视问题整改】 年内，县委坚持把抓好省委巡视选人用人专项检查反馈问题整改作为一项重要政治任务。围绕巡视反馈问题，县委常委会多次召开会议，研究部署巡视整改工作。县委成立选人用人和党组织建设整改工作专项领导小组，负责整改落实的筹划部署、协调推进、督促检查等工作，确保责任到位、措施到位、整改到位。逐条对照剖析反馈问题，研究制定《中共建湖县委关于十四届省委第一轮巡视选人用人专项检查整改工作方案》，明确巡视问题责任主体、整改措施和完成期限，实施挂图作战、销号管理。坚持“当下改”与“长久立”相结合，注重从个性问题中吸取教训，从共性问题中总结经验，对标对表防止同一问题反弹回潮，举一反三避免类似问题反复出现，做到纠正一个问题，整改一类错误，健全一套制度。制定省委反馈问题整改措施32条，完成整改22条，取得成效10条。

【十五届县委第一轮巡察】 根据县委统一部署，2021年12月28日至2022年2月28日，县委5个巡察组分别对建阳镇、庆丰镇、颜单镇、宝塔镇、近湖街道开展十五届县委第一轮巡察，同时对10个村（社区）开展延伸巡察。2021年12月23日，县委第一轮巡察工作动员部署会召开。会后，县委5个巡察组先后在被巡察单位召开巡察工作动员会，各巡察组组长作动员讲话，被巡察党组织主要负责人汇报党组织工作情况并作表态发言。巡察期间，在被巡察单位设立意见箱，公布举报电话、邮政信箱和电子邮箱，同时公布对巡查人员的监督电话及邮箱。县委巡察组聚焦中央和省市县委决策部署以及乡村振兴、惠民政策落实、重大风险防控等重点领域，抓住“关键少数”“关键岗位”，开展政治监督，如期完成县委赋予的政治任务。县委巡察组对反映部分党员干部的相关问题，通过核实、印证等巡察手段，形成一批问题线索，按规定移交纪检监察机关、组织部门处理。2022年4月2日，县委书记祁从峰主持召开书记专题会议，听取县委第一轮巡察工作情况汇报，要求对巡察发现的突出问题一针见血，原汁原味向被巡察党组织反馈。对照巡察指出的突出问题，制定完整方案，逐一对账销号，对历史遗留问题和难点痛点问题动真碰硬，不敷衍、不回避、不消极应付。对巡察移交的问题线索快查快结，特别是损害群众利益、影响经济社会发展的案件，发现一起、查处一起、通报一起。5月11—13日，县委巡察组分别向被巡察党组织反馈巡察意见，传达县委书记专题会议精神，对抓好巡察整改工作提出要求，被巡察党组织主要负责人主持会议并作表态发言。5月23日，县委巡察办在《建湖日报》公布县委第一轮巡察反馈情况，发现问题130个，移交问题线索22条。8月10日，近湖街道党工委向巡察工作领导小组汇报巡察反馈意见整改情况，存在23条问题，制定56项整改措施，完成36个问题整改。8月12日，庆丰镇党委汇报巡察反馈意见整改情况，巡察存在3个大类34个问题，完成整改19个。9月15日，颜单镇党委汇报巡察反馈问题整改情况，存在3个方面28条问题，制定整改措施46条，完成整改问题23个。9月17日，建阳镇党委汇报巡察反馈意见整改情况，将3个方面14项问题逐一落实责任单位和责任人，细化整改措施，完成整改22条。9月18日，宝塔镇党委汇报巡察反馈意见整改落实情况，巡察反馈存在问题3个方面40条，完成整改26条。

【十五届县委第二轮巡察】 7月29日，十五届县委第二轮巡察工作动员部署会召开。8月16日，县委4个巡察组分别对县教育局、县中学教育集团（建湖高级中学、秀夫初中、秀夫小学、森达小学）、上冈中学教育集团（上冈高级中学、上冈实验初中）、县第一中学、县第二中学、县实验初中教育集团（汇文初中、东进路初中）、县实验小学教育集团（西塘河小学、明星路小学、冠华小学）、县第一实验小学教育集团（湖阳路小学、汇文西路小学）、县第二实验小学教育集团（向阳路小学、湖垛路小学、湖中北路小学）、县职业技术教育中心10个单位党组织开展第二轮常规巡察。县委巡察组在被巡察单位召开巡察工作动员会，各巡察组组长作动员讲话，被巡察党组织主要负责人汇报党组织工作情况并作表态发言。按照市委巡察工作领导小组统一部署，对县公安局开展联动巡察。12月14日，县委书记祁从峰主持召开书记专题会议，听取县委第二轮巡察情况汇报。会议要求，相关被巡察单位党组织要认真落实中央《关于加强巡视整改和成果运用的意见》和省委《实施意见》精神，坚决杜绝“巡时紧紧张张、巡后松松垮垮”的过关思想，深刻反思、对症下药，把整改责任落深落细落实。纪检监察机关和组织部门要及时跟进，采取“回头看＋日常监督”方式，确保问题整改到位。要加强对巡察成果的综合运用，把巡察整改和推动标本兼治结合起来，同时有针对性地加强建章立制，堵住制度漏洞，消除监管盲区，深化以巡促改、以巡促建、以巡促治。此次巡察紧扣群众关注热点，紧盯突出问题，严查教育领域不正之风，在挪用学校食堂公款、违规领取食堂补助、违规收费、收受红包等方面，发现处置问题线索14件。聚焦有偿家教、教师收受红包等开展专项监督，精准发现一批问题。聚焦立德树人、教育内涵发展等情况，开展政治体检，推动中央和省市县委决策落地见效。巡察公安系统，聚焦农村道路安全、严格执法等方面，联动开展监督，发挥同频共振作用。坚持以人民为中心，立行立改一批问题。推动解决个别人员违规兼职取酬、食堂方便学生理念欠缺、“双减”政策落实不到位等问题23个，追缴违纪金额12.46万元。

7月29日，十五届县委第二轮巡察工作动员部署会召开　　（县纪委监委　供）

建湖县总工会

【概况】 2022年底，建湖县基层工会969家，其中单独基层工会916家，基层联合工会53家。年内新成立工会组织36家，新发展工会会员6751名。县总工会开展“学悟守正、举旗育人、建功立业、暖心聚力、强基固本”五大行动，各项工作取得新业绩。县总工会获评全国总工会2021年度工会财务会计工作先进单位、2022年度全市工会综合工作先进单位，获盐城市集体协商技能竞赛一等奖；江苏那美实业有限公司被省委组织部、省总工会授予2022年省级“三创争两提升”示范单位牌匾（创争先进党支部、创争模范职工之家、创争工人先锋号，提升政治引领力、提升群众组织力），那美公司自动单层封口班组被授予“全国工人先锋号”称号；县公安局交通巡逻警察大队第二警务服务站工会户外劳动者服务站、县交通安全劝导站工会户外劳动者服务站和农商银行迎宾支行工会户外劳动者服务站获全国2022年“最美工会户外劳动者服务站点”称号；国网建湖县供电公司获评省“安康杯”竞赛优胜单位；江苏润阳光伏科技有限公司润阳设施班组被授予“江苏省工人先锋号”称号。

【组织建设】 年内，县总工会按照“工会组建服务年”要求，对基层工会已建、未建、届满未换届等情况进行调查摸底，掌握底数实情，为正常活动安排提供第一手资料。总结推广“五大领域”（开发园区、建筑队伍、物流快递业、家庭服务业、农民专业合作组织）、“八大群体”（货车司机、快递员、护工护理员、家政服务者、商场信息员、网约送餐员、房产中介员、物管服务人员）和小微企业建会入会工作经验，开展新就业形态劳动者群体建会入会集中行动，重点推进货车、网约车司机群体建会入会。突出区域（行业）工会联合会组织体系建设，以一体化推进、区域化覆盖措施，扩大对中小微企业的组织覆盖、工作覆盖、活动覆盖，实现25人以上法人单位建会率动态保持90%以上，50人以上非公有制企业100%建会。推动符合建会条件的机关、事业单位组建工会，届满到期的按期换届。开展“江苏工会”APP会员网上评议工作，近6.5万人参与评议，推动会员实名制建设。

【教育培训】 年内，县总工会开展“网聚职工正能量 争做中国好网民”活动，培树冈西、颜单、宝塔3个镇级示范点。整合全县劳模先进、工匠代表和思政教师资源，组织进校园、进企业、进社区集中宣讲18场次，3950人次接受现场教育，营造学习劳模、崇尚劳模、关爱劳模氛围。年内新增市劳模24名，享受市劳模待遇1人。至年底，全县有全国劳模7人、省（部）级劳模118人，市级及享受市级待遇劳模244人，建成劳模创新工作室10个。10月26—28日，县工会干部能力建设培训班在苏州举行，全县各镇（街道、区）工会分管领导、工会主席，部分县直部门、单位工会干部40余人参加培训。苏州大学特聘教授朱正荣从新时代工会干部能力建设面临的挑战、新时代工会干部能力建设主要实务、新时代工会干部能力建设提升途径及基层工会落实党建带工建的思考4个方面，结合现实案例详细解读，组织学员走进苏州全国劳模事迹馆和无锡红豆集团开展现场教学。

【劳动技能竞赛】 年内，县总工会采取技能大赛、劳动竞赛、职工创新成果评选大赛等形式，搭建创新创造平台。5月4日，联合县人民医院举办健康科普竞赛，50名选手参赛，设个人奖和团体奖，个人一等奖1名获建湖县“五一劳动奖章”，二等奖2名获评建湖县“五一创新能手”。6月12日，联合颜单镇举办全县首届“建湖大米正清米业杯”机插秧技能大赛，30人参加比赛，个人一等奖1名获县“五一劳动奖章”。6月16—23日，联合江苏悦阳光伏科技有限公司举办光伏企业第一届技能竞赛，300多人参加，单人组项目综合得分第一名的获县“五一劳动奖章”。7月14日，联合县消防大队举办第二届消防行业职业技能竞赛，70人参加竞赛，设个人奖和团体奖，个人综合得分第一名获建湖县“五一劳动奖章”，4个项目第一名获评建湖县“五一创新能手”。7月28日，联合县邮政快递行业举办第一届职业技能大赛，45人参赛，设个人奖和团体奖，个人一等奖1名获建湖县“五一劳动奖章”，二等奖2名获评建湖县“五一创新能手”。9月15—17日，联合建湖农商银行举办第四届员工技能竞赛，300多名选手参赛，设个人奖和团体奖，其中个人全能奖2名获建湖县“五一劳动奖章”。9月23日，联合县行政审批局举办政务服务技能竞赛，40多人参加，比赛设个人一、二、三等奖，并发放证书奖金。11月24—26日，联合县水利局开展供水管道工职业技能竞赛，22名一线职工参赛，比赛第一名获县“五一劳动奖章”，第二名获评县“五一创新能手”。11月26日，联合县应急管理局举办第五届执法技能竞赛，60多人参加竞赛，设个人奖和团体奖，个人第一名的选手，获建湖县“五一劳动奖章”，个人第二名、第三名、第四名的选手，获评建湖县“五一创新能手”。

【职工创新联盟】　年内，县总工会深化改革科技创新工作，与县职教中心联盟，合办“定向班”，订单式培养技术工人。推进科技创新，组织职工参加省、市总工会“三十佳”“五小”职工创新活动评选，建湖高新区国唐汽车黄福良“一种客车行李舱门防水密封结构”获盐城市十大发明专利奖。整合教育、卫生、焊工、车工、汽修、快递6个不同领域不同行业人才资源，成立工匠联盟团队，新组建2家劳模创新工作室。联合建湖中专举办专项技能培训班，培训下岗失业、困难职工560多人，帮助400多人再就业。

【职工关爱帮扶】　年内，开展“工会进万家”、夏季“安康三送”、金秋助学和防疫一线职工慰问活动，全年慰问、帮扶、救助一线职工5784人次，发放各类资金309.2万元。开展“强企纾困”行动，返还小微企业工会经费720.4万元。组织820名职工参加疗休养活动。关爱新就业形态劳动者群体，集中开展200多人次的劳工暖“新”行动——“8+X”（省总工会开展的健康服务、专项保险、入会服务、暖“新”礼包、困难帮扶、能力提升、法律服务、心理咨询8项重点服务；“X”指市总工会开展的典型引领、集中建会、温暖之家、劳动争议、集体协商、创业就业、劳动技能竞赛、构建综合服务体系项目）服务行动。实施职工健康服务工程，开展“5·20”女职工特别关爱活动，组织公益“两癌”筛查服务196人，为200名环卫工人帮办医惠保1号保险。拓展女职工全周期健康服务，新建、改建康乃馨服务站8个，建成市级示范站点4家。加大劳模关爱服务力度，开展“五一”国际劳动节前慰问活动，“五一”国际劳动节前走访慰问百岁全国劳模吕斌，做好“江苏省劳动模范爱心基金”救助资金发放工作。

7月8日，江苏省建湖县总工会和甘肃省山丹县总工会举行合作框架协议签约仪式　　（县总工会　供）

【职工权益维护】　年内，县总工会开展“尊法守法·携手筑梦”服务农民工专项行动、职工劳动法律宣传服务月、宪法宣传周等活动，组织职工普法讲座10多场次，举办普法骨干培训班5期，培训基层工会干部530名。与县人社局等8个部门联合开展企业劳动用工、农民工工资支付情况专项检查，检查企业50多家，涉及劳动用工近2万名，向企业提出规范劳动用工意见30多条。加强法援平台建设，接待职工来信来访咨询279件，参与劳动仲裁93件，法律援助案件19起。加强对企业劳动关系处理的指导服务，签订工资专项集体合同686份、区域集体合同15份、行业集体合同5份。

【工人文化宫建成投用】 县工人文化宫于2021年10月开工建设，总投资3022万元，主体建筑三层，总面积4600平方米，2022年10月主体建筑竣工，2023年3月底揭牌投用。县工人文化宫与县体育中心、全民健身中心毗邻，位于县城中心交会点，西邻双湖公园，周边有近百亩公共绿地。设职工服务中心、图书馆、工运展示馆、职工剧场、培训中心、瑜伽舞蹈室、书画室等功能，附属建设劳模广场公园。

【组织消费扶贫】 年内，县总工会发动全县各级工会组织及会员参与消费扶贫。运用“工会爱心超市”“工会微信公众号”“微信工作群”等媒体平台，宣传国务院和省市关于开展消费扶贫助力脱贫攻坚文件精神。培育扶贫产品品牌，支持批发市场、电商企业、大型超市等市场主体与扶贫产品基地、企业建立长期稳定产销关系，促进扶贫产品与市场有效对接，鼓励机关食堂、企事业组织、社会组织等购买扶贫产品，探索建立“工会爱心超市”入驻扶贫产业。开展机关企事业单位采购、扶贫产品直销、电子商务营销、巾帼消费扶贫等活动，搭建产销对接平台。利用工会福利政策支撑，搭建工农牵手互助桥梁，促进贫困群众稳定增收，助力贫困人口脱贫摘帽。各级工会在职工集体福利采购中，预留部分经费通过“832”平台和网上商城采购扶贫产品，将消费扶贫纳入扶贫工作考核内容。

表11　　建湖县2022年当选盐城市劳动模范人员

序号	姓名	性别	民族	出生年月	政治面貌	工作单位及职务	人员类别
1	李旭东	男	汉族	1985.02	群众	建湖县鸿达阀门管件有限公司工人	一线工人和专业技术人员
2	嵇　兵	男	汉族	1965.11	中共党员	盐城崇达石化机械有限公司生产技术主管	一线工人和专业技术人员
3	周宗刚	男	汉族	1967.04	群众	江苏铭星供水设备有限公司科技经理	一线工人和专业技术人员
4	秦以根	男	汉族	1981.08	中共党员	江苏金秆农业装备有限公司技术人员	一线工人和专业技术人员
5	孙德伟	男	汉族	1996.10	群众	盐城海特机械科技有限公司工人	一线工人和专业技术人员
6	吴银祥	男	汉族	1978.06	群众	江苏强东物流有限公司快递员	一线工人和专业技术人员
7	于　祥	男	汉族	1966.01	中共党员	建湖县近湖街道孟兰社区书记、主任	社区干部
8	孙　浩	男	汉族	1973.01	中共党员	建湖县自来水有限公司副总经理	企业管理干部
9	刘　波	女	汉族	1974.07	中共党员	江苏悦阳光伏科技有限公司董事	企业管理干部
10	张洪国	男	汉族	1978.11	中共党员	江苏建湖农村商业银行股份有限公司党委副书记、行长	企业负责人
11	汪　刚	男	汉族	1977.05	中共党员	建湖县新农村建设投资有限公司党委书记、董事长	企业负责人
12	许红兰	女	汉族	1976.08	群众	建湖县环境卫生管理处工人	农民工
13	徐维兵	男	汉族	1963.07	中共党员	冈西镇徐王村党总支书记、村民委员会村主任	村“两委”班子成员
14	孙　建	男	汉族	1980.07	中共党员	建湖县高作镇孙建种养结合家庭农场农场主	农业生产经营组织负责人–规模以下
15	徐扬键	男	汉族	1996.10	中共党员	江苏正清米业有限公司总经理	农业生产经营组织负责人–规模以下

续表11

序号	姓名	性别	民族	出生年月	政治面貌	工作单位及职务	人员类别
16	夏正明	男	汉族	1967.06	群众	建湖县顺丰果园专业合作社理事长	农业生产经营组织负责人—规模以下
17	蒋相军	男	汉族	1975.11	群众	建湖县逸馨生态农业发展有限公司总经理	农业生产经营组织负责人—规模以上
18	王爱贵	男	汉族	1982.01	中共党员	江苏省建湖高新技术产业开发区投资促进局局长	机关干部
19	嵇绍兵	男	汉族	1974.12	中共党员	建湖县人民检察院第一检察部主任	机关干部
20	肖其盛	男	汉族	1971.05	中共党员	建湖县高级技工学校副校长	事业单位干部
21	郑介林	男	汉族	1969.03	中共党员	建湖县中小企业公共服务中心主任	事业单位干部
22	高　静	女	汉族	1971.01	中共党员	建湖县湖垛路小学教师	事业单位人员
23	张长红	女	汉族	1971.06	中共党员	建湖县疾病预防控制中心质管科副科长	事业单位人员
24	仇凤祥	男	汉族	1971.09	中共党员	建湖县淮剧团业务主任	事业单位人员

共青团建湖县委员会

【概况】 2022年底，全县有共青团组织1557个，团员19352人。年内，团县委联合县纪委监委印发《“廉洁有我·建青有为”主题活动实施方案》，组织开展“廉洁有我·建青有为”活动，引领团员青年做诚实、守信、廉洁、正直的表率。在2022年度全省共青团工作“10100”创新创优工程中，“三造三动”（打造电子商务“微课堂”，推动当地产业“走出去”；建造“团团网红”内外直播间，促动红色资源“活起来”；塑造“团团网红”队伍，带动青年团员“展身手”）——“团团网红”助力乡村振兴项目入围最终答辩。创新探索“1+4+N”（围绕非遗文化传承主线，开发“青年之力”“青年之艺”“青年之思”“青年之长”四大模块，开展N项品牌活动）工作法、“三员带全员”（党员带团员，团员带队员，三员带全员）非遗青年传承联动机制，拓宽工作思路。

【基层团组织建设】 年内，全县新建社会领域团组织115个，其中“两新”领域团组织92个。举办“喜迎二十大、永远跟党走、奋进新征程”示范性入团仪式，新发展团员980人。14个镇（街道、区）248个村（社区）团干部配备率动态保持100%。推进团代表联络站建设，组织学习培训及各类活动67次，团代表进站率100%。新建青年之家3家，至年底建成青年之家21家，覆盖思想教育、志愿服务、文体兴趣等领域。依托建湖农商银行网点打造“群新驿站”，为外卖快递从业青年提供实体化、综合化、便利化服务阵地。成立建湖县优秀毕业生团工委，打造“青”和力交友公益品牌，组织“一月一主题”联谊活动，每周举办优秀毕业生早餐会，拓宽青年人才交友空间和沟通渠道。

【主题活动】 年内，组织开展团员青年专题教育实践活动4次，对标定级、先进性评价等工作实现全县团组织全覆盖，学社衔接100%。开展学习宣传贯彻中共二十大精神系列活动，组织“青年讲师团”“红领巾巡讲团”宣讲队伍进学校、进企业、进村居，开展宣讲10余场，覆盖青少年8000余人。全县各级团组织开展学习习近平总书记在庆祝中国共产主义青年团成立100周年大会上的重要讲话精神，相关做法受到团中央微信公众号、《中国青年报》关注。打造“遇建河美”“水韵九龙”青年学习社（线路），寻访红色历史，助力乡村振兴。举办“喜迎二十大”主题青年美术作品展、红领巾寻访等系列活动，依托团属微信公众号开设“青声讲史”“‘童’心协力‘队’抗疫情”“建字如面　致信青春”等栏目，以文字、图片、短视频等形式宣传推广优秀青年典型事迹。

【青年就业创业】 年内，团县委开展“青春留湖”团团帮你找工作系列招聘活动，推送7期，发布岗位200余个，招聘千余人。在青年驿站举办“建湖有戏　假日有我·我在水乡写青春”汇报会暨青年人才会客厅揭牌仪式，与河海大学、南京农业大学等4所高校签订校地合作协议，建立校外社会实践基地，搭建就业创业平台。联合建湖邮政公司为新农精英企业提供防疫情保畅通服务，推动农产品进城、工业品下乡双向流通，助力新农精英企业高质量发展。各级团组织走访调研企业297家，协调解决问题132件。开展“青春有‘young’直播带货”活动，以直播带“岗”、直播带“景”、直播带“学”等形式，延展深化直播带货内涵，其中农产品专场直播20多场次，组建定向助农对接群，帮助销售小龙虾250千克、大米3.6吨。

9月1日，2022年首位青年入住建湖九龙国际大酒店青年驿站　　（县融媒体中心　供）

【青少年权益维护】　年内，团县委开展“护苗2022·绿书签进校园”“中高考心理减压”等活动，实施“青春自护”品牌项目，增强青少年防范违法犯罪的自警意识和自约能力。联合县检察院制作《检察官普法直播“带货”》3期，引导青少年学法、懂法、守法、用法。组建“湖青护苗”律师服务队，实施青少年帮扶工程，落实人性化教育措施。推进“梦想改造+”关爱计划，将61名困境儿童纳入关爱名单，对标对表推动梦想小屋建设。开展“以队带团”工作，实施困境青少年“疫”线关爱“三个一”（开展一次防疫科普、赠送一份防疫物资、提供一份防疫关爱）微行动和专项辅导关爱培训，开展“纸短情长暖童心　‘疫’起守护助成长”书信关爱，做好小升初“希望导师”交流衔接，构建科学长效的助困帮扶机制，在盐城市“以队带困”工作优秀案例微视频评比中获特等奖1名、一等奖3名、二等奖2名。

【共青团建湖县第十八次代表大会】　12月14日召开，137名团员代表参加会议。县委书记祁从峰出席大会开幕式并讲话。团县委书记许永斌作题为《立足新起点　奋进新征程　为建湖勇当盐城沿海高质量发展排头兵贡献青春力量》的工作报告，大会总结第十七届团县委工作成绩和基本经验，研究部署第十八届团县委工作任务。选举产生共青团建湖县第十八届委员会委员21名，候补委员10名。第十八届团县委第一次会议选举产生常务委员会委员9名，许永斌为书记，钱燊为副书记，王翰明、颜鑫伟为挂职副书记，沈丽萍为兼职副书记。审议通过《关于共青团建湖县第十七届委员会工作报告的决议》《关于共青团建湖县第十七届委员会团费收缴、使用及管理情况报告的决议》。

建湖县妇女联合会

【概况】　2022年，建湖县妇女联合会（以下简称县妇联）贯彻落实“党建带妇建，妇建促党建”工作要求，紧盯妇联干部能力素质提升，开展学习、培训、交流等活动，打造“善谋事、想干事、会干事、敢干事、干成事、不出事”的妇联干部队伍。完善妇联执委大走访、执委联系妇女群众等制度，健全目标考核责任制，将妇联工作目标分解落实到每名妇联干部。举办巾帼领头雁能力提升培训班，多次组织镇村妇联干部到九龙口镇、恒济镇等星级美丽庭院现场学习交流。每月组织基层妇联主席、机关干部开展《中华人民共和国家庭教育促进法》、《中华全国妇女联合会章程》、中共二十大精神学习研讨活动，激发妇联干部内在动力、工作干劲和创新能力。县妇儿工委办被省政府妇女儿童工作委员会表彰为“十三五”期间妇女儿童工作先进集体；新成立2个新就业新业态妇联组织，“饿了么”建湖运营中心妇联和“爱玛家”微家被市妇联表彰为十佳“双优”妇联组织和十佳“最美妇女微家”。联合县教育局在全县中小学开展“党的故事我来讲”视频征集活动，收到23所学校的52个优秀作品，其中《血染的浪花》获得市级一等奖，并参加省级评选，得到“学习强国”学习平台等媒体关注点赞。开展“三下乡”“巾帼暖心·同守家园”“关心关爱货运司机”“金秋巾帼暖‘新’行”等志愿服务，提升广大妇女的幸福感和获得感。

【妇女创业就业】　年内，县妇联开展“乡村振兴巾帼行动”专项就业创业培训，50名农村妇女参加培训。举办全县巾帼领头雁能力提升培训班，开设妇女创新创业能力建设、农村电子商务、农村信贷知识等讲座，150余名妇女参加培训。发挥县女性创客协会平台作用，举行“携手奋进谋发展”女企业家座谈会，激励女企业家干事创业。与建湖农商银行合作，推进“巾帼荣誉贷”优惠政策落实，发放妇女创业贷款726.2万元，扶持创业妇女、女企业家36人。联合福爱职业培训学校举办月嫂、养老等培训11期，300余名妇女参加培训。组织2名优秀女企业家参加市巾帼科技创新创业大赛，分获二等奖、优秀奖。打造巾帼家政服务神台社区示范工作站，推动家政服务提质扩容。江苏军曼农业科技有限公司被省妇联认定为女大学生创业就业实践基地，建湖县芦荡客栈有限公司创成省级巾帼示范精品民宿。8月24日，省妇联调研督导建湖县省级妇女“双学双比”活动示范基地给予好评。启动“巾帼科技助农直通车”集中行，聘请10名巾帼科技助农专家成立助农服务团走进帮扶基地、企业，开展助农服务，引领广大妇女科技致富。

9月19日，建湖县“巾帼科技助农直通车”集中行启动仪式举行　　（张瑞成　摄）

【“美丽庭院”创建】　年内，制定《农村人居环境整治提升工作方案》，将“美丽庭院”创建纳入全县农业农村重点工作目标任务考核，引领农村妇女美化小院子、富足钱袋子。举办乡村振兴巾帼行动暨深化“美丽庭院”创建工作推进会，营造“美丽庭院”建设氛围。每月常态化开展“创建‘美丽庭院’　共建美好家庭”活动，引导妇女带动家庭自觉参与、自主创建。培植典型扩大示范效应，新增挂牌星级示范户1480户，建阳镇新阳村、冈西镇顾顶村、颜单镇三虹村等5个新型农村社区被评为市级“美丽庭院”示范点，沿河镇兴旺村被评为省“美丽家园”。组织各村居妇联参与市“‘美丽庭院’我来秀”手机微视频评比活动，恒济镇恒东村视频获二等奖、沿河镇兴旺村视频获三等奖、建阳镇新桥村视频获优秀奖。

【妇女儿童权益维护】　年内，县委政法委联合县妇联出台《关于建立建湖县维护妇女儿童合法权益联席会议制度的通知》《关于调整县维护妇女儿童合法权益联席会议暨“平安家庭”创建活动领导小组人员的通知》，拓宽妇女儿童维权便民渠道，增强妇女儿童维权工作动力。开展《中华人民共和国妇女权益保障法》《中华人民共和国反家庭暴力法》《中华人民共和国民法典》等法律知识宣讲。受理婚姻家庭信访咨询25件次，化解率98%。巾帼维权志愿者通过横幅、戗板、宣传资料等形式，开展法律宣传咨询服务活动。举办“男女平等基本国策”进党校专题辅导培训班，提升妇女维护权益能力。利用妇联新媒体平台“women+”和各级妇女儿童活动中心、家长学校、妇女之家、妇女微家等基层妇联工作阵地，开展“关爱明天　迎新春‘欢乐颂’”“端午佳节粽飘香　普法惠民情意浓”“送法进万家　家教伴成长”等活动，以开办讲座、主题活动、集中设点、入户宣传等方式，引导妇女提升法治意识和维权能力。

【家庭家教家风建设】　年内，县妇联开展形式多样的家庭家教家风宣传活动，在全国首个家庭教育宣传周，以“送法进万家　家教伴成长”为主题，组织妇联干部入户宣传家庭教育相关法律知识；联合县人民检察院举办《中华人民共和国家庭教育促进法》未检小课堂，联合创世纪情缘婚恋举办“5·20”爱在建湖青年职工线上联谊活动。组织《小小中国追梦人》等亲子教育活动，践行“生活即教育”理念，培育文明家风家教。与县教育局、关工委等单位联合举办“助力成长”家校共育大讲堂8期，线上收看17万人次。联合县纪委、文明办开展廉政主题寄语、治家格言征集活动，征集作品485份，共筑廉洁家庭防线，被《中国纪检监察报》报道。开展培树“最美家庭”活动，获评全国“最美家庭”1户、省市“最美家庭”和“江苏省教子有方家庭”8户。孙强家庭被表彰为全国“最美家庭”，嵇绍兵家风故事入选全国清廉家风故事十佳案例，黄海燕家庭被评为“江苏省教子有方家庭”。“建湖女性”微信公众号对“最美家庭”典型进行宣传展播，宣讲家教家风事迹报告12场，征集教子有方家庭和社区教子有方支持典型，在全县范围传播和培树优良家风。

【关爱妇女儿童】　年内，县妇联帮助98名农村低收入妇女办理省“我助妇儿康”项目、投保“江苏医惠保”。为4名农村重症妇女分别发放1万元“两癌”救助金。开展“99公益日”慈善募捐活动，“关爱妇儿盐城在行动”线上接受捐款13.3万元、“牵手圆梦宝贝不孤单”线上线下接受捐款5.98万元。发动各界爱心人士和企业“护苗助学”，为107名困境学生发放助学金10.68万元。全年资助困境儿童213人，资助金额15万元。在县特殊教育学校开展“关爱折翼天使·共享冬日暖阳”活动，被江苏卫视、盐城广电总台、“学习强国”学习平台等媒体关注点赞。联合建湖农商银行举行“健康防疫　福送万家”困境妇儿及家庭关爱活动，发放600余份爱心健康包，价值8万余元。

【建湖县妇女第十五次代表大会】　12月16日召开。出席大会代表220名，列席代表20名。县委书记祁从峰出席大会开幕式并讲话。会议听取县妇女第十四届执委会工作报告，研究制定县妇联第十五届执委会工作任务。选举产生县妇联第十五届执行委员会委员41人。县妇联十五届执委会一次全会，选举产生县妇联常委11人、执委41人，邵静为县妇联主席，徐丹凤为副主席，周艳红为挂职副主席，刘雯雯为兼职副主席。审议通过《关于建湖县妇女联合会第十四届执行委员会工作报告的决议（草案）》。年底，县镇村三级妇联换届工作全部结束。

12月16日，建湖县妇女第十五次代表大会召开　（张瑞成　摄）

建湖县科学技术协会

【概况】　2022年，建湖县科学技术协会（以下简称县科协）履行为科技工作者服务、为创新驱动发展战略服务、为公民科学素质提高服务、为党委政府科学决策服务，加强科协自身建设职责，聚焦“科创助企、科普惠民”，较好完成全年目标任务。建立教育、医疗、农技、阳光义工、同城爱心五大科技志愿服务队伍，发展科技志愿者2291人、科普信息员1998人，59台科普电子大屏覆盖全县14个镇（街道、区）。挖掘九龙口湿地资源，结合科普工作需要，整合各方力量，与盐城市观鸟协会共同收录编印《九龙口鸟类资源图鉴》，展现秀美建湖的生态底色，为九龙口国家湿地公园增添新的文旅内涵。发挥建湖县内外农业专家作用，以“汇聚农技英才，助力乡村振兴”为主题，在全市科协系统首家开设“汇智助农·云课堂”，通过摄制农技讲座视频，编发

《九龙口鸟类资源图鉴（2022）》封面（县科协　供）

农技图文资料等形式，传播农技知识，提升种植养殖水平。

【科普宣传】 年内，县科协开展科技服务“三下乡”、世界湿地日主题宣传、农民科学素质网络竞答、老年人智能手机运用大赛、全国科技活动周暨建湖县第三十四届科普宣传周、“喜迎二十大、科普向未来”科普进校园、全国科技工作者日、“科技强国、有你有我”社会主义核心价值观教育实践等科普宣传活动，印发宣传资料9000余册。

【科技合作】 年内，实施“村会合作”，引进市生物工程高等职业技术学校等单位专家，与高作镇合兴村、陈甲村，颜单镇三虹村共建合作，深化农业种植养殖技术培训，服务农村产业振兴。培植“四长”（工厂厂长、医院院长、学校校长、农技站长）队伍，高作镇合兴村大成农业科技公司“稻虾共作”生产基地获评市级“四长”示范点。九龙口国家湿地公园和盐城市弘森生态农林科技有限公司创成江苏省科普教育基地，建湖县中小学生综合实践基地被评为盐城市科普教育基地。近湖街道徐东社区、高作镇合兴村被市科协评为基层科普行动计划先进单位，获奖补资金8万元。

【建湖县科学技术协会第七次代表大会】 12月17日召开，出席会议代表137名，县委书记祁从峰出席大会开幕式并讲话。大会总结六届科协工作，安排部署新一届科协组织工作任务。全县各级科协组织坚持围绕中心、服务大局，在推动各类科技人才引进和培养、组织参与省市县创新创业大赛、加强青少年科学意识培塑、促进农村新型种养技术运用推广等方面做了大量工作。全县上下围绕“勇当沿海地区高质量发展排头兵”“国际湿地、沿海绿城”目标定位，加快建设绿色低碳发展示范区，紧盯产业发展需求，更好地为创新驱动发展服务。县科协七届一次会议选举产生县科协七届委员会，周成刚为主席，张咏梅为副主席，王孝荣、张如群、唐晓波为兼职副主席，常委15人。审议通过《建湖县科学技术协会实施〈中国科协章程〉细则（草案）》决议。

建湖县工商业联合会（总商会）

【概况】 2022年，建湖县工商业联合会（以下简称县工商联）紧扣“两个健康”工作主题，强化责任担当，为推动全县高质量发展作出贡献。县工商联被全国工商联表彰为调查点工作先进基层单位；被中华工商时报社、《中国工商》杂志社等单位表彰为2022年度江苏省“构筑民营经济舆论阵地”先进单位；“五员工作法提升区域民营经济营商环境优化指数”获评全省工商联工作创新奖。全省工商联系统联络干部培训班在建湖县开班，有关专家就如何增强新时代工商联联络干部政治素养、专业能力和实践本领等内容进行授课。

【组织建设】 年内，制定出台《建湖县工商业联合会（总商会）第十一届执行委员会会议、常务委员会会议、主席（会长）会议、主席（会长）办公会议议事规则》《建湖县工商联（总商会）企业家副主席（副会长）深入联系交流工作机制实施方案》《建湖县工商联所属商会会长述职办法（试行）》，组织开展轮值、述职活动。对全县“创二代”及新生代青年创业者整体情况进行摸底考察，多层面召开“创二代”培养工作座谈会，举行建湖县青春创业商会成立大会，选举周诗展为会长，商会在民政部门注册登记。组织各镇（街道、区）摸排苏州建湖籍工商界人士，多次走访苏州建湖籍企业家，帮助组建以陈亚红为组长的建湖在苏州企业联合会筹备组。指导帮助北京、浙江、食品百货3家商会完成换届工作，选举产生新一届领导机构，董延林当选北京建湖企业商会会长、张海红当选建湖浙江商会会长、吴国军当选建湖食品百货经销商会会长。开展“四好”商会创建申报工作，近湖街道商会被认定为2021—2022年度全国“四好”商会，颜单镇、开发区商会被认定为2021—2022年度江苏省“四好”商会，建阳镇、庆丰镇、浙江商会等6家商会被认定为2021—2022年度盐城市“四好”商会。

11月4日，建湖县召开青春创业商会第一次会员大会暨成立大会 （县工商联 供）

【主题教育】 县工商联强化非公有制经济人士理想信念教育。年内，组织常执委到南通张謇学院专题学习张謇企业家精神，收听收看中共二十大开幕式，举办“企业家副主席、副会长学报告谈体会话发展”活动，到所属商会宣讲中共二十大精神。春节前夕，组织近湖街道、食品百货经销等商会开展“新春送温暖　商会在行动”慈善活动。疫情防控期间，组织基层商会及会长单位向防疫一线捐赠物资，慰问一线医护人员、公安民警和志愿者。

【参政议政】 年内，县工商联完成上级工商联部署的规模以上民营企业、能源领域民营企业摸底等调研18次。优化全国工商联民营企业调查点样本企业，高质量完成民营企业运行状况、企业经济形式等线上调研7次，得到全国工商联肯定。与县政协联合调研形成《关于企业对优化限电方案的反映和建议》，县委主要领导作出批示。向市工商联、县政协提交《加强“疫情”防控期间出租房屋和流动人口管理工作》等社情民意10篇，其中《关于对加强耕地保护工作的建议》被省工商联采用。围绕培育知识产权强企等开展专题调研，提交市工商联团体提案《关于培育知识产权强企的提案》等2篇。

【服务民营企业】 年内，县工商联走访调研金秆装备、百圣机械等企业100余家，召开工商联企业家主席会长交流会及基层商会、直属商会会长座谈会4次，宣传惠企政策，了解企业诉求，收集优化营商环境意见建议。帮助默成汽车内饰、润达光伏等企业协调解决用工、用电问题。协同县委统战部开展“面对面建真情”活动，召开服务民营经济3个片区协调会办会，邀请县领导、相关部门负责人与镇、街道商会会长及企业代表面对面交流，帮助企业解决发展难题。与建湖农商银行签订战略协议，帮助会员企业解决融资难问题，协同辅导、支持和培育有技术、有市场、有产品企业的发展。联合县人民检察院牵头成立第三方监督评估机制管理委员会，办公室设在县工商联。至年底，3家涉案企业开展合规建设。与县司法局联合召开“万所联万会”工作推进会，帮助16家商会与10家律师事务所建立合作机制，开展“送法进商会、进企业”活动。发挥县工商联（总商会）驻县法院调解工作室作用，参与涉企诉前、诉中调解。组织常执委企业参加全国工商联公益大讲堂、企业经营管理能力提升等线上培训班6期；参加《中华人民共和国劳动法》进民企暨企业合规用工“云”讲堂、“俄乌局势下，‘走出去’企业海外投资法律风险防范”等法律讲座5次。

【招商营商】 年内，县工商联邀请省工商联在建湖举办全省工商联系统联络工作会议暨联络干部培训班，县领导作建湖投资环境专题推介。了解海外江苏商会和异地江苏商会、盐城商会建湖籍企业家情况，与近百位建湖籍企业家联系，推介建湖三大主导产业、六大产业链项目招引政策。帮助建湖开发区、建湖高新区及恒济、庆丰等镇招商小组开展招商活动，邀请上海凯璞庭资本管理（集团）有限公司负责人到建湖，组织专场项目分享会，分享相关镇（区）跟踪研判的新能源类项目2个、新能源汽车及零部件类项目4个、新材料类项目2个、医疗器械等其他项目4个。招引博强新能源动力电池管理与集成项目签约落户建湖高新区。联合县发改委开展民营经济营商环境满意度模拟问卷调查，形成民营经济营商环境满意度模拟调查报告，送呈县主要领导和分管领导阅示。分类汇总企业存在问题，向相关部门反馈，供部门研判，提出应对措施。《建湖县民营经济营商环境满意度调查报告》获评全省工商联系统优秀调研成果二等奖。收集部门优化营商环境做法，向省市工商联网站、微信公众号推送稿件40余篇，组稿《情况在一线了解，问题在一线解决》在《中华工商时报》刊发，宣传建湖服务企业、优化营商环境经验做法。选送的《“二十条”新政干货满满　建湖“真金白银”激发民企创新活力》稿件获评全省非公有制经济好新闻二等奖。

建湖县残疾人联合会

【概况】 2022年底，全县有持证残疾人19668名。完成县、镇（街道、区）残联、村（居）残协换届工作，健全“横向到边、纵向到底”的三级残疾人组织网络。深化残联组织改革，加强基层队伍建设，改进专职委员管理模式，提升服务残疾人能力和水平。建湖县获省残联、省财政厅评比的残疾人事业专项资金绩效评价结果全省第一名。年内，县残联确定10项惠残民生实事，在5月13日《建湖日报》公布。县残联建立入户访视制度，全县残联系统走访残疾人家庭395户。优化办证流程，降低群众申请评残负担，为1687名残疾人开展残情鉴定，为1395名残疾人办理换证，为216名困难残疾人送检上门。实施扶残助困“一件事”改革，推进残疾人证办理、按比例就业年审、残疾人“两项补贴”等事项“跨省通办”“一网通办”。

【残疾人救助保障】　年内，县残联巩固拓展残疾人脱贫攻坚成果，完善农村低收入残疾人数据信息，做好防贫返贫动态监测。开展特殊困难群体专项排查整治工作，排查机构43个、残疾人768名，发现整改共性问题3个。健全残疾人“两项补贴”动态调整和定期核查机制，全县10986名困难残疾人享受生活补贴，10346名残疾人享受护理补贴，发放两项补贴资金8407.32万元。实施“阳光助残”计划，推进残疾人商业保险全覆盖，为13541名3—74周岁残疾人购买意外伤害险，理赔84.46万元。开展“家电圆梦”活动，发放电视机、洗衣机、热水器等基本家电400件。落实助学帮扶计划，为113名高中和高等教育阶段残疾学生发放教育补贴13.7万元。

【残疾人康复服务】　年内，县残联依托第三方机构，推进残疾人居家托养，为525名无固定收入的精神、智力和重度肢体残疾人提供生活照料、个人护理、康复护理、精神慰藉等服务。加强残疾预防和康复服务，推动镇（村）残疾人康复站（室）运转，深化省级示范点建设，惠及3000多名残疾人。健全精准康复管理机制，强化康复机构监督管理，提升康复专业化、规范化、精准化服务水平。为317名17岁以下残疾儿童提供免费康复训练服务，为1319名困难精神残疾人提供基本药物救助，为356名困难白内障患者实施免费复明手术，为1021名残疾人发放辅助器具1470件，为110户低收入残疾人家庭进行无障碍环境改造，为25名残疾人安装普及型假肢，为8名听障儿童实施人工耳蜗升级救助。

【残疾人就业创业】　年内，县残联举办残疾人就业线上招聘会，为225名就业困难及失业登记残疾人推荐岗位。组织残疾职工在岗情况专项检查，开展企事业单位就业年检审核工作，全县实名制就业残疾人962名，征收残保金810万元。落实扶持措施，297名残疾人在“残疾人之家”实现辅助性就业。重视残疾人大学生就业工作，采取“一对一”上门服务，实现就业率100%。推进援企稳岗，发放疫情补贴近百万元。采用传统教学和远程教育相结合方式，举办职业技能、农村实用技术培训班16期，实名制培训残疾人334名。组队参加全市残疾人职业技能竞赛，获团体总分第二名。全县按比例、集中就业残疾人846名，就业人数列全市第一名，4870名就业年龄段残疾人实现就业创业，占52%，被评为全市残疾人就业工作先进单位。

6月20日，建湖县残联在冈西镇举办残疾女性职业技能培训班　（胡腾腾　摄）

【残疾人权益保护】　年内，县残联在全国助残日、残疾预防日、爱耳日、爱眼日等残疾人重大节日期间，开展专家义诊、集中观影、快乐游园、领导慰问、广场宣传等助残活动，营造全社会关心关爱残疾人、支持残疾人事业发展良好氛围。重视残疾人法律维权工作，为情况特殊或行动不便残疾人，设立“绿色通道”，提供预约上门法律援助服务。办理各类涉残法律援助31件，发放法律宣传资料800多份。依托镇村残疾人之家，以“读书迎盛会·一起向未来”为主题，组织残疾人读书活动23场次，向残疾人定向捐赠图书500本。九龙口镇残疾人之家被评为省级书香残疾人之家。组队参加全市残疾人飞镖选拔赛、“手说盐城”手语故事大赛等。9月，建湖县残疾人运动员在省第十一届残运会上获得3枚金牌、2枚银牌、1枚铜牌。在各类媒体发稿100篇以上，县残联微信公众号每周均进入省20强榜单。县助残协会被省残联确定为全市唯一的助残社会组织培育试点机构，实施“阳光有爱·让残无碍”省级项目，开展造血工程打造、爱心基地拓展、亲近自然秋游等活动18场，受益残疾人920多人次。

【建湖县残疾人联合会第六次代表大会】　11月22日召开，出席会议代表188名。县委书记祁从峰出席开幕式并讲话。县残联党组书记、理事长符庆如作题为《奋进新征程　续写新篇章——奋力推进全县残疾人事业高质量发展》工作报告。大会总结五届残联工作，部署六届残联任务。会议认为，建湖县始终把发展残疾人事业作为推进共建共享、增进民生福祉的重要内容，纳入经济社会总体规划，坚持聚焦残疾群众急难愁盼问题，帮助解决残疾人事业发展中的大事要事，残疾人事业发展环境优化，残疾人合法权益得到更好维护、生活状况得到改善，全社会理解尊重残疾人、关心支持残疾人事业的氛围越来越浓。新一届残联组织要紧紧围绕中共二十大精神，在推动全县残疾人事业发展上体现新担当、展示新作为，为建湖现代化建设贡献更大力量。要紧盯全市残疾人事业发展“十四五”规划提出的目标任务，发挥优势拉长板，对标找差补短板，推动全县残疾人事业高质量发展走在前列，争当全市残疾人事业发展排头兵。完善残疾人社会保障制度和关爱服务体系，促进残疾人事业全面发展。会议选举产生建湖县残联第六届主席团委员17人，王茜为县残联主席团主席，陈祥、符庆如为副主席，符庆如为执行理事会理事长、朱雪芬为副理事长；通过执行理事会理事及各专门协会主席、副主席人员名单。

建湖县红十字会

【概况】 2022年，建湖县红十字会接收社会捐赠款物73.5万元，捐赠款物支出217.72万元，支出使用符合相关规定。宝塔镇中心小学获得“江苏省红十字示范校”称号。网络筹资项目“助力青春守望未来”获评省红十字会“99公益日”活动筹款星光项目。动员红十字志愿者奔赴新冠疫情防控一线，参加县核酸检测演练、社区“敲门行动”、向居民宣传防疫知识，做好常住人口核对登记、入口测温、查验健康码和行程码等工作，用红十字“志愿红”守护人民健康。

【救援救助救护】 7月29日，县红十字会组织15名红十字应急救援队骨干队员参加市红十字会“盐红救援-2022”模拟演练活动，建设安置点1个，搭建帐篷39顶，转移“被困人员”40余人，救治“伤病员”8人，安置“受灾群众”160余人，发放救灾物资2100件次。发放救助金121.15万元，受益群众1.64万人次；开展“红十字博爱送万家”活动，救助困难群众1.3万人次，发放救助款物34.65万元；开展“红十字博爱助医”活动，救助困难患者200人次，发放助医款物10.5万元；开展“红十字博爱助学活动”，救助困难学生1200人次，发放救助款物67.5万元；开展“博爱助老”活动，组织志愿服务13场，惠及2000人次，发放慰问物资8.5万元。实施救护培训进社区、进农村、进学校、进企业、进机关，推进急救技能教学“课堂流动化”“授课简单化”“群体大众化”，年内培训救护人员3024人，普及培训20188人。

7月29日，建湖县应急救援队参加在阜宁金沙湖举办的“盐红救援-2022”联合演练任务 （县红十字会 供）

【“三献”工作】 县红十字会加大捐献造血干细胞志愿者动员、招募、回访、捐献等服务工作力度，年内新增102名造血干细胞捐献志愿者加入中华骨髓库；开展街头无偿献血宣传活动，在“世界献血者日”开展志愿者献血宣传，营造浓厚无偿献血氛围；开展遗体和人体器官捐献服务工作，严格按照统一要求做好宣传登记、捐献见证、善后服务等工作。

法治·军事

政法委与综治

【概况】 2022年，全县政法系统统筹推进平安建湖、法治建湖、政法队伍建设和网格化综合治理。出台《全县网格员队伍建设方案》，增强网格员服务管理能力。制定出台全县政法系统“企业大走访、项目大推进、产业大招商”活动方案，化解涉企矛盾。制定出台《巩固教育整顿成果　推进全面从严治党治警的实施意见》，严格落实新时代政法干警“十个严禁”，即严禁搞两面派、做两面人；严禁有令不行、有禁不止；严禁放任错误思潮侵蚀影响；严禁不当交往、干预执法司法；严禁玩忽职守、徇私枉法；严禁违规参与营利活动；严禁包庇纵容黑恶势力；严禁滥用执法司法权；严禁不作为乱作为、耍特权抖威风；严禁跑风漏气、失密泄密。建立社会风险综合研判机制，形成联合研判专报144期，排查处置预警信息917条，中央信访联席办交办重复信访事项全部办结，完成重要时间节点安保稳定任务。基层消防、危险物品、群租房屋等公共安全领域未发生重大事故，受到省市督导组肯定。

【网格化社会治理】 年内，县委政法委出台《全县网格员队伍建设方案》，配齐配强城乡社区专职网格员，规范专兼职网格员管理。优化设置综合网格1046个、精微网格3723个，县镇村三级网格化中心实现全覆盖。配备城镇社区专兼职网格员1046名，发展“平安志愿者”1690名。制定网格治理履职清单，严格网格服务事项准入制度，明确网格员排查化解矛盾、开展便民服务、加强治安防控、服务管理重点人群等主责主业，做到“问题格中排、小事不出村、大事不出镇、矛盾不上交”。组织实施“精网微格工程”，推动基层党建网络和社会治理网格深度整合，建立网格共治事项“双向推送、联动处置”闭环流程，把基层治理触角延伸到每栋房屋、每个家庭。加强对易肇事肇祸严重精神障碍患者、刑满释放人员、社区服刑人员、“暖心对象”等重点人群的服务管理，开展对投资受损等群体疏导工作，定期梳理排查和分类动态管控，遏制各类案件发生。加快债务化解，政府性债务规模、债务率连续4年“双下降”，债务风险等级由红色转为黄色；提前半年完成上冈化债工作。开展安全生产大检查、百日攻坚、百日清零等专项行动，全面完成安全生产专项整治各项任务。深化“平安建湖”建设，开展信访突出问题攻坚化解年行动。县人民法院融入社会治理体系，开展“审务进基层、法官进网格”活动，做优“1+3+N”（1个服务中心、3个人民法庭、N个网格法官）诉源治理模式，实现民事案件万人起诉率比上年下降6.96%，民事案件万人起

9月27日，县委政法委书记孙振宏（右二）到建湖县看守所调研中共二十大期间安保维稳工作（张可可　摄）

诉率通报督导试点工作成效明显，相关经验做法被《法治日报》《中国审判》推介。发挥司法审判“晴雨表”作用，发出规范银行放贷面签制度、加强个人信息行业监管等司法建议26份。集中攻坚涉诉信访突出问题，实质化解信访老案5件。坚持“以小案例讲好大道理”，组织干警走进社区、企业、校园等开展普法讲座35场次，编发《法与您同行》等宣传读本4000余册，相关做法被《人民法院报》头版报道。

【平安建湖建设】 年内，县委政法委聚焦推进社会治理现代化，落实基层社会治理“五个100%”，即各镇（街道）政法委员、平安办主任，城镇社区专职网格员配备率100%；各镇（街道）“一局三中心”与镇级为民服务中心融合建成率100%；县、镇（街道）社会治理信息数据一个终端采集、一个大屏展现、一个平台运行实现率100%；城乡网格事项清单、负面清单制定率、县级网格学院建成率100%；网格微信群覆盖率100%，组织297名“三官一律”（警官、法官、检察官、律师）进网入格，发展1690名平安志愿者参与基层治理，完善共建共治共享社会治理格局。年内侦破黑社会性质组织1个、涉黑涉恶类犯罪团伙8个、涉网黑恶犯罪团伙2个，破获九类涉黑涉恶案件96起，抓获九类涉黑涉恶犯罪嫌疑人85名。县公安局刑警大队被表彰为全国公安机关扫黑除恶专项斗争成绩突出集体。推进四大行业领域整治，紧盯群众反映强烈的黄赌毒、盗抢骗、食药环和电信网络诈骗、网络传销、网络套路贷等突出问题，打击各类黑恶势力及违法犯罪行为。织密织牢社会治安防控体系，加快推进新一代“雪亮技防工程”建设。

【法治建湖建设】 年内，县委政法委持续优化法治营商环境，县司法局推行为企服务“+模式”，被省司法厅推广；县人民法院牵头的“办理破产”“执行合同”指标考评排名位居全市前列。高度重视全面依法治县工作，推进法治政府、法治社会建设，创成省级民主法治示范村121家，九龙口镇收成村创成全国民主法治示范村，全县法治建设满意度位居全市前列；中央依法治国办实地督察建湖县法治建设工作情况，给予肯定。1月7日，县委举行法律顾问聘任仪式，向法律顾问、法律专家库成员颁发聘书。7月8日，县委书记、县委全面依法治县委员会主任祁从峰主持召开县委全面依法治县委员会第四次会议。会议学习贯彻习近平法治思想，传达学习省市有关会议精神，总结2021年工作，部署2022年任务，推动依法治县工作高质量发展。10月28日，县委理论学习中心组学习会解读中央全面依法治国委员会《关于进一步加强市县法治建设的意见》。

【政法队伍建设】 年内，县委印发《关于贯彻〈中国共产党政法工作条例〉的实施意见》，制定完善重大事项请示报告、县委政法委员全体会议、政治轮训、政治督察、督查督办等工作机制，深化三项制度（政治建设述职制度、重大事项报告制度、政治督查制度）执行。县委政法委制定出台《巩固教育整顿成果 推进全面从严治党治警的实施意见》，严格落实新时代政法干警“十个严禁”，聚焦群众反映强烈的热点、影响队伍建设的难点，深入整治顽瘴痼疾，加强执法司法规范化建设，纵深推进全面从严治党，以更严标准、更严要求、更严措施加强政法队伍建设。落实“十四五”政法人才规划，与县委人才工作领导小组办公室联合印发《建湖县“十四五”政法人才发展规划》，政法系统各单位结合实际，制定人才队伍建设规划，提升全县政法系统人才队伍建设实效。与县委组织部联合制定《县委政法委协助县委及县委组织部管理政法系统领导班子和领导干部暂行管理办法》，对县政法单位班子成员和镇（街道）政法委员的推荐使用、中层干部和热点岗位人员的任命、员额法官和检察官的遴选等作明确规定，细化规范协管范围，推动政法干部协管制度化、规范化、长效化。

法治政府建设

【概况】 2022年，建湖县人民政府强化法治思维，严格依法履职。践行习近平法治思想，尊崇维护宪法和法律权威，全面实行政府权责清单制度，严格“三重一大”决策程序，完善政府法律顾问制度，争创全国法治政府建设示范县。全面推行行政执法“三项制度”（行政执法公示制度、全过程记录制度、重大执法决定法制审核制度），建立基层综合执法“十项清单”（权力事项、人员管理、执法责任、制度建设、执法文书、执法用语、负面行为、检查事项、自由裁量基准、法制审核）。加强政务公开，主动接受县人大法律监督、县政协民主监督，以及社会和舆论监督，强化审计监督、统计监督，办好人大代表建议和政协委员提案。

【行政复议】 年内，县司法局收到行政复议申请67

件，其中通过协调化解案件17件。申请人因复议案件维持或驳回，向人民法院提起诉讼的案件中，未出现1起被人民法院依法纠错或撤销的情形，县政府被诉案件胜诉率100%。化解行政争议，落实行政复议办案规程、行政复议报告抄告办法等制度，构建行政复议和行政诉讼常态化衔接机制，做好行政机关负责人出庭应诉工作，全县行政负责人出庭应诉率100%。

【行政执法监督】 县司法局严格规范执法程序，落实行政执法责任制。牵头对食品药品、公共卫生、生态环境、安全生产、劳动保障、教育培训等重点领域开展专项执法监督检查；建立常态化执法监督检查、重点执法领域专项监督、行政执法案卷专项评比检查等工作机制；深化执法监督联系点和特邀监督员制度，调整确定执法监督联系点和民营企业执法监督联系点。

【文件合法性审查】 年内，县司法局强化落实合法性审查制度，制发并备案县政府规范性文件5件。审查县政府（县政府办公室）各类文件195件，参与审核润达光伏电池项目、普渡商用服务机器人项目、华丽丰电子显示屏项目等招商引资协议115件，全县14个镇（街道、区）实现决策事项合法性审查全覆盖。全年未发生被县人大常委会、上级政府和司法机关纠错情况。印发《2022年度建湖县重大行政决策项目目录》，严格履行公众参与、专家论证、风险评估、合法性审查和集体讨论决定等程序，重大行政决策经县政府常务会议集体讨论率100%。加强行政决策执行监督，建立健全重大行政决策后评估机制和跟踪反馈制度。加强规范性文件监督管理，向市政府和县人大常委会报备行政规范性文件3件，及时率、报备率、规范率100%，严格落实合法性审查和制定权限；加快推进完成镇（街道、区）决策事项合法性审查工作标准化建设，提高法治化水平。对全年300余项行政处罚逐项进行赋权评估，促进公正文明执法。

公安

【概况】 2022年，全县公安机关聚焦奋力打造全市护航发展、服务民生、改革创新、综合绩效、队伍建设“五个走在前列”示范区目标，深化大部门大警种制、所队融合警务改革，构建“县级主战、派出所主防”实战化职能体系，全力战疫情、防风险、保安全、护稳定、促发展，公安工作和队伍建设取得新发展，群众安全感测评跃升全市第一，公安队伍、法治建设满意度居全市前列。全系统29个单位、99人次受到县级以上表彰奖励，交警曹流被表彰为“全国公安机关爱民模范”，第二警务工作站被全国总工会确认为“最美工会户外劳动者服务站点”，上冈交巡警中队、沿河派出所被命名为“一星级全国青年文明号”。

1月10日，县公安局开展人民警察节庆祝活动

（谢栋华　摄）

【重点领域整治】 年内，县公安局以深化“苏安·盐靖”专项行动为统领，开展全警大走访、整治大攻坚、风险大防控三场“战役”。全面整治安全隐患，做到排查见底、整治彻底、措施到底，基层消防、危险物品、群租房屋等，公安监管领域未发生重大安全事故，受到省市督导组肯定。牢记“疫情就是命令、防控就是责任”，实行全警战“疫”，发挥“大数据+网格化+铁脚板”优势，开展“敲门行动”，落实“查、管、控”措施，筑牢“外防输入、内防反弹”防控屏障，得到社会各界好评。开展打击恶意逃废债专项行动，抓好问题楼盘整治工作，提升服务经济社会发展公安贡献度。优化社会面巡防体系和反诈工作机制，全年立刑事案件1569起，比上年下降16.4%，其中电诈案件96起，为全市最少。

【案件侦破】 年内，县公安局坚持主动进攻、靶向发力，以夏季治安打击整治“百日行动”“雷霆2022”百日竞赛、“双月竞赛”等专项行动为突破口，强势发起全线打击、全域禁毒、全网追逃、全维防控等多维攻势，破案打击质效提升。侦办的“9·5”传播淫秽物品牟利案被列为全国“扫黄打非”典型案例，在全国范围内发起“8·29”保险诈骗案集群打击，公安部经侦局专门发来贺电。实行大要案件全资源保障、全手段支撑，健全合成化盯案、全链条打击工作机制，破获尘封27年的“7·5”命案积案，一举捣毁“2·18”污染环境、“5·16”制售假和“10·8”亿元级网络传销等犯罪窝点。摧毁电信网络诈骗犯罪团伙21个，抓获犯罪嫌疑人333名，并在全市首先实行语音破案。“黄赌毒”刑事案件抓获涉娼9起15人、涉赌5起23人，行政案件处罚涉赌186起804人、涉娼案件54起119人。

【户政管理】 县公安局推进户籍管理“放管服”改革，将省公安厅“放管服”10项改革措施落实到位。开展省市人口、身份证系统一体化办公平台升级，配齐配足各派出所户籍窗口硬件设施，实现居民户口、居民身份证、临时居民身份证、居住证等“一站式”办理。完成33.7万余条二维码门牌制作安装工作。年内，办理居民身份证33261张，临时身份证5940张，办理省外异地身份证542张，挂失登记329张。审批户口迁移、项目变更、户口申报等材料9150份，出具同一人证明284份，解答群众咨询5620人次。

【交通安全专项整治】 县公安局开展农村地区交通违法集中整治专项行动，紧盯“两客一危一货一校”（公路客运、旅游客运，危化品运输车，货运车辆，学校校车）等重点车辆，严查十大类重点交通违法行为，提升路面见警率、管事率，做到查纠“零疏漏”，处罚“零容忍”。对事故多发、易发隐患道路区域、路段，加大督促整治力度，落实安全防范措施，排查整改县乡道路隐患63处，国省道穿越村镇路口隐患19处，急弯陡坡隐患1处；安装标志牌350块，警示桩106根，漆划标线7.5万平方米，设置防护栏2000米，信号灯、电子警察6组。检查重点客货运单位安全制度落实情况，排查重点车辆461辆、重点驾驶人员568人、重点运输企业15家次，“两客一危”车辆检验率、报废率，“营转非”车辆检验率、报废率，重型货车检验率、报废率均100%。

【智慧警务】 县公安局将“创建全国社会治安防控体系建设示范城市”纳入全县重大项目计划，突出县域感知封控、圈层巡逻查控、社会单元防控、治安要素管控、整体联防联控“五张网”建设，促发镇（街道、区）、部门联动，实施“十大场所”安防设施、智能感知系统、“智慧小区”等项目建设，织密全县泛在感知网。实体运转基础工作质态监测管控中心，开展“敲门行动”“基础工作提升月”等专项行动，全面起底、全量采集治安核心要素信息，实有人口采集、涉羟人员管控、侵财案件压降等质态均居全市前列。结合严重精神障碍患者专项排查整治，提档升级县第三人民医院视频监控、人像识别等感知前端。

【交通秩序整治】 年内，县公安局交巡警大队开展春季攻势、“苏安·盐靖·护行”夏季整治百日行动、道路交通安全整治冬季攻势等行动，出动警力4.16万人次，查处各类违法行为19万余起，其中查处无证驾驶513起、酒醉驾驶机动车862起、乘坐人员不系安全带35470起，行政拘留87人；查处工程运输车闯红灯、闯禁区、非法改装及超载等重点违法3996起；国省道大客车、大货车超速33起，货车超载4253起，违法停车1.42万余起，纠正非机动车及行人违法行为13.2万起，文明劝导3.2万余人次。

【警务服务站】 县公安局交通巡逻警察大队第二警务服务站工会户外劳动者服务站点获全国总工会评比的2022年“最美工会户外劳动者服务点”。站点设置在人流量较大的哥伦布广场，设立明显提示牌，配备桌椅、空调、防暑御寒药品、微波炉等设施，解决户外劳动者吃饭难、休息难、如厕难等问题，设计工会元素文化墙，提供各方面书籍，增加充电、阅读等功能，融入心理健康、法律咨询等无偿服务。职工可向县总工会预约专家，进行心理健康、法律援助服务，提升服务便捷性和覆盖面，为环卫工人、建筑工人、快递员、送餐员等户外劳动者搭建避风港湾，形成尊重劳动、尊重劳动者的浓厚氛围。

检察

【概况】 2022年，建湖县人民检察院（以下简称县检察院）聚焦争创全国先进基层检察院、全国文明单位目标，忠诚履职、守正创新、苦干实干，“争第一、站排头、求极致”，全体检察干警以“昂扬向上、勇毅前行”的姿态奋进新征程。25项核心业务指标居全市第一，8件案例获评全国、全省典型案例；连续五届获评江苏省文明单位；15个集体、26人次获省级以上表彰。严厉惩治黄赌毒、黑拐骗等群众反映强烈的刑事犯罪，依法批捕107件133人、起诉533件701人。常态化推进扫黑除恶斗争，获评全省检察机关扫黑除恶专项斗争先进集体。全面推进涉案企业合规改革试点工作，异地合规协作经验入选最高人民检察院改革参考文件。净化清朗政治生态，侦诉协作“零口供”办理杨某某徇私枉法案，获省检察院主要领导批示肯定，被评为全省典型案例。办理来信来访345件，落实检察院领导包案责任制，做实群众信访“件件有回复”。“建用并重”打造“1+N”检察工作社会支持体系，即坚持系统思维、实用理念和互补功能，整合平台资源，构建专业高效、务实管用、协同共治的新模式检察体系。与县妇联、县公证处及公益组织阳光义工之家等15家单位达成合作协议，选聘特邀检察官助理、听证员、“益心为公”检察云平台志愿者等62人，提升检察工作社会知晓度、支持度和参与度。检察工作社会支持体系选聘特邀检察官助理5名、“益心为公”检察云平台志愿者5人，做法经验被省检察院推介。

7月20日，建湖县涉案企业合规第三方监督评估机制管理委员会成立大会召开　（县检察院　供）

【刑事检察】　年内，县检察院贯彻少捕慎诉慎押刑事司法政策，不捕率、不诉率比上年增长15.7%和17%。建立并推进侦查监督与协作配合办公室实质化运行，速裁、简易程序适用率80.6%。注重办案质效，“案-件比”居全市第一、全省前列。办理孙某某羁押听证案，通过公开听证方式依法不适用羁押性强制措施，获评全国典型案例。坚持“在办案中监督、在监督中办案”，监督立案46人，监督撤案59人。打造“全国一级规范化检察室”品牌，共同保障看守所连续67年安全无事故全省纪录，监督罪犯臧某交付执行案获评全省典型案例。

【民事检察】　年内，县检察院对标《中华人民共和国民法典》，深化民事检察精准化监督。注重办理有创新、进步、引领价值的典型案件，对一起民间借贷“借新还旧”案件，提请抗诉获得再审改判，并被全省转发推介。针对银行个人贷款“面签”制度执行不严，“代签名”频发而引发缠诉缠访问题，在监督纠正的同时，建议金融机构合规管理、审慎经营，防范金融风险。针对少数村级组织超越职权违规出具亲属关系证明，导致非当事人近亲属的普通公民以诉讼代理人身份参与诉讼问题，推促民政部门开展“社区万能章”治理专项行动，入选全省十佳优秀社会治理类检察建议。

【行政检察】　年内，县检察院全面深化行政非诉执行监督案件办理“三十六字诀”，开展非诉执行监督“小专项”，办理行政非诉执行监督案件29件，相关工作在全省、全市检察条线会议上作经验介绍。探索行政违法行为监督，针对一家污染企业“恶意注销”逃避行政处罚问题，监督重启执法程序，提出5条“堵漏”建议。针对“三孩”政策背景下社会抚养费征收“执而未结”历史遗留问题，建议作实质性结案处理，并推动类案“一揽子”解决。与县人民法院、司法局建立行政争议实质性化解三方协作机制，共同化解12件行政争议案件，工作经验在全省作交流。

【公益诉讼】　年内，县检察院落实“乡村生态公益保护”等专项行动，办理民事、行政公益诉讼149件，实现办案数量稳进、结构优化、质量提升，公益诉讼质效位居全市第一、全省前列，被《检察日报》整版报道。服务保障绿色低碳发展大局，推进生态检察“四检合一”（民事、行政、公益诉讼、刑事检察）。探索“检察护水”新模式，与“县河长办”会签协作办法，督促推动对骨干河道、生态走廊、城乡水网的系统性治理，守护里下河生态“绿心”。开展“公益诉讼守护美好生活”专项监督活动，解决农村生态环境保护的“疑难杂症”，被《检察日报》推介。优质高效办理最高人民检察院和公安部联合交办的“3·7”长江安徽段非法采砂案，率先尝试提出惩罚性赔偿，获评全国“双”典型案例，办案经验在全省作交流。

【诉源治理】　年内，县检察院成立服务保障乡村振兴检察官办公室，开展“城乡行”系列活动，制发检察建议127份，促进城乡公共空间治理。以“涉农”案件为切口，联合农业农村等部门开展农业领域安全生产专项整治，排查整改安全问题26项。实施司法救助“小水滴”

工程，对45名被害人提供救助金31万余元。加强社会风险研判，作为全市唯一基层检察院列入基层立法工作联系点，6篇“社情民意”信息被呈报全国政协。强化未成年人综合司法保护，办理未检案件50件76人；开展亲职教育28人次；检察官训诫12人次。牵头成立建湖青少年素能提升协会，借助社会力量帮助误入歧途的青少年“重回正轨”，被《法治日报》推介。

【检察改革】 县检察院推进“研究型”检察院建设，常态化举办“大学习、大比武、大竞赛”活动，引导青年干警勤学习、善思考、肯钻研。借“智”引力，与南京大学、苏州大学、西南政法大学、南京师范大学和盐城师范学院开展“检校合作”，强化检察实践优势与高校学术资源的共享互补，联合举办“检察实务与理论研讨会”，4项检察理论研究成果获省级以上表彰。高标准建设法学研究阵地，省法学会主要领导给予肯定。成立数字检察工作领导小组，制定数字检察实施方案。高标准建成“12309”检察服务中心、智慧检务数据中心，一体化听证主机系统、一站式检察为民服务平台落地运用，为推进数字检察建设夯实基础。加强涉密信息系统建设和管理工作，高分通过江苏省国家保密局现场测评。

【检务公开】 县检察院践行全过程人民民主，自觉接受人大监督，配合人大代表视察调研等活动，专题汇报企业合规改革工作、《中华人民共和国民事诉讼法》执行情况等4次。接受履职制约，邀请人大代表、政协委员、企业家等人士参加开放式检委会5次。接受社会监督，常态化举办检察开放日、新闻发布会等活动，向社会公开办案数据和典型案例，让公平正义更加可感可触。

法院

【概况】 2022年，建湖县人民法院（以下简称县法院）受理各类案件13266件，办结12541件，结案率94.53%，员额法官人均结案314件；纳入上级法院考核的8项重点指标中，4项居全市前三，连续4年被市中级人民法院表彰为全市先进法院，被市委、市政府表彰为全市扫黑除恶专项斗争先进集体。开展打击整治养老诈骗专项行动，审结侵犯4000余名老年被害人个人信息犯罪案件，相关做法被最高人民法院推介。加大涉政府债权清收力度，对涉政府借款和担保代偿案件快立、快审、快执，清收涉政府债权1.03亿元，为全县债务风险管控贡献法院力量。强化金融债权司法保护，设立金融审执团队，审执结金融借款、融资租赁等案件1080件，执行到位金额3.26亿元。发挥人民法庭“三个便于”（便于当事人诉讼、便于人民法院依法独立公正高效行使审判权、便于人民群众及时感受到公平正义）功能，优化“三个服务”（服务全面推进乡村振兴、服务基层社会治理、服务人民群众高品质生活需要），推进“三个优化”（优化法庭布局、优化队伍结构、优化专业化建设）化解涉土地经营权流转、承包养殖、相邻关系等纠纷2632件，实现“五个一”（优化一个中心，统筹矛盾纠纷调处；打造一支队伍，凝聚多元解纷合力；构建一套机制，推进社会治理创新；破解一批难题，提升司法为民实效；培塑一些典型，树立标杆示范引领），铺设乡村振兴“法治网”，入选盐城市2022年度法治惠民实事项目，“1+3+N”诉源治理新模式被评为全市政法领域改革十大创新项目。

【刑事审判】 年内，县法院审结刑事案件379件，判处罪犯520人，其中判处5年以上有期徒刑27人。常态化开展扫黑除恶斗争，严惩危害社会治安犯罪，审结故意伤害、抢劫、强奸等暴力犯罪案件16件23人，审结盗抢骗、黄赌毒、危险驾驶等多发性犯罪案件240件343人。开展“净网”“断卡”行动，重拳打击新型网络犯罪案件19件41人，审结公安部挂牌督办涉44名被告人的特大跨境电信诈骗案，判处首犯张某有期徒刑10年6个月，挽回损失1.05亿元。加强未成年人司法保护，开展“护校安园”活动，依法严惩性侵幼女、寻衅滋事等犯罪。坚持教育、感化、挽救方针，落实社会调查、回访帮教等制度，对18名未成年被告人犯罪记录封存，帮助7人重返校园。

【民事审判】 年内，县法院依法严格审查民间借贷行为，对违法高利不予保护，审结民间借贷案件1615件。防范化解房地产领域风险，依法审结建设工程、房屋买卖等纠纷案件208件，牵头解决上冈世纪新城、中利城市广场等破产项目楼盘279户居民“办证难”问题，全力守护百姓“安居梦”。贯彻实施《中华人民共和国民法典》，审结涉教育、医疗、住房、就业等民生案件1149件。服务保障“双减”政策实施，通过示范性判决妥善化解涉教育培训机构解聘教师等纠纷15件。依法维护劳动者权益，开展“根治欠薪”专项行动，快立快审快执涉昊美公司等劳资纠纷416件，为527名劳动者追回“血汗钱”1200余万元。深化“道交一体化”平台应用，创新“非诉鉴定+联调速裁”机制，快速化解纠纷196件。全面贯彻《中华人民共和国反家庭暴力法》，发出家庭教育告知书115份，助力家长“依法带娃”。

【商事审判】 年内，县法院牢固树立“案案都是营商环境”理念，依法平等保护各类市场主体合法权益，审结商事案件2166件，涉案标的11.6亿元。强化规则指引，规范公司治理，审结涉股权、盈余分配等公司类纠纷案件36件。弘扬契约精神，倡导诚实守信，审结买卖、租赁、承揽等合同纠纷案件752件。健全“法院+商会”联合调解机制，诉前调解商事纠纷79件，为企业追回货款1400余万元。

【行政审判】 年内，县法院审结行政诉讼案件527件、行政非诉案件220件，比上年分别增长21.46%和24.29%。完善行政争议多元调处机制，依法保障盐阜快速路、阜溧高速等全市重点工程、重大项目建设，打造行政争议集中管辖“建湖样本”。强化司法与行政良性互动，参与县内行政争议协调化解10余起，开展“百庭千案进基层”巡回审理15场次，邀请行政执法人员旁听庭审16场次1100余人次。落实行政首长出庭应诉制度，推动行政机关负责人出庭应诉率连续5年保持100%，领跑全省。

6月20日，建湖法院高作人民法庭干警走进高作镇光明村村部，巡回审理一起土地承包经营权纠纷案

（县法院 供）

【破产案件审理】 年内，县法院坚持“清障化瘀”与“治病救企”相结合，审结破产、强制清算类案件86件，比上年增长153%，盘活企业存量资产15.76亿元，清理闲置土地1420亩、厂房75.31万平方米，推动39家资不抵债企业退出市场，“商业大厦破产清算案”入选全市法院破产审判十大典型案例。完善工业资产法拍“府院联动”机制，依法快速处置涉案资产，助力高铁感应门、磁悬浮电机等“高精尖”项目入驻建湖。探索“破产不停产”审理新思路，助力江苏永玖纸业投产，实现开票销售超11亿元，相关经验做法被省高级人民法院推介。

【案件执行】 年内，县法院持续优化“854”（当事人初次接待、制发法律文书、线上线下查人找物、办理委托执行事项、录入强制措施信息、网络拍卖辅助、接待执行来访、接处举报电话8项基本工作；视频会商、执行过程记录、执行公开、舆情监测、决策分析5类技术服务；繁简分流、案件质效、执行案款、终本案件4项管理职能）执行模式，新收执行案件4037件，执结3853件，执行到位金额6.04亿元，执行完毕率、首执案件执结率等重点指标居全市前列。加大执行强制力度，推行“执行110”（完善执行工作快速反应机制，成立快速反应小组，设立执行线索24小时举报电话，发现被执行人财产或行踪线索及时采取执行措施）模式，掀起“执行风暴”25场次，搜查103人次，拘传拘留152人次，以涉嫌“拒执罪”移送公安机关处理4人。对73家企业灵活运用“活封活扣”等措施。推进“优化法治化营商环境执行年”“1+4”（以企业信用修复“暖企”行动为牵引，以市场主体出清“助企”行动、善意文明执行“护企”行动、推进政务诚信“惠企”行动、执行信访突出问题攻坚化解“安全”行动为支撑）专项行动，为327名个人和214家企业修复信用。破解查人找物和财产变现难题，网络查控7044件次，冻结款项2.2亿元，司法网拍417件次，成交金额3.8亿元。

【诉讼服务】 县法院提档升级诉讼服务中心，健全线上线下诉讼服务体系，集在线服务、分调裁审等12项功能于一体，年内为当事人提供导诉咨询、档案查询等4935件次，网上立案1379件，线上开庭1596场。扩充整合诉讼与非诉讼对接中心。全面拓展物业、家事等“七大诉调工作室”功能，推广“江苏微解纷”等平台应用，诉前化解各类纠纷3815件。品牌化打造家事诉讼中心。巩固深化全国家事审判改革成果，组建4支家事速裁团队，化解各类家事纠纷896件，依托县法院成立的全市首家心理咨询服务中心提供心理辅导57人次。

【审判公开】 县法院坚持以“节点+时限”为基础，推进办案全流程公开，案件审判流程信息公开率100%，系全市唯一达目标值法院。年内，通过“两微一网”等新媒体发布信息500余条，召开新闻发布会4场。开展“法院开放日”活动，邀请社会各界人士1600余人次参观法院、旁听庭审。发挥“无袍法官”智慧，127名人民陪审员参审案件1817件，参审率86.15%。

【素能建设】 县法院加强“书香法院”建设，年内举办“塘河法治讲堂”“青年干警论坛”等活动10场次。择优遴选员额法官3名，选拔中层及后备干部15人。开展“部门比业绩、干警比贡献”流动红蓝旗评比活动，激发干警“拼争抢创”激情。强化典型培树，涌现出“全国维护妇女儿童权益先进个人”程爱民等一批新典型。贯彻执行防止干预司法“三个规定”（中办、国办下发的《领导干部干预司法活动、插手具体案件处理的记录、通报和责任追究规定》；中央政法委下发的《司法机关内部人员过问案件的记录和责任追究规定》；最高法、最高检等五部门联合下发的《关于进一步规范司法人员与当事人、律师、特殊关系人、中介组织接触交往行为的若干规定》）。开展队伍作风建设三年行动，重点围绕庭审活动、诉讼服务、司法作风等问题开展风险排查和隐患整治12次，每月举行“警钟一小时”活动，筑牢廉洁司法思想防线。

【司法监督】 县法院主动接受人大监督，落实县人大及其常委会的决议、决定，专题汇报涉诉信访、营商环境、执行等重点工作。配合开展民事诉讼法执法检查，5名员额法官接受县人大常委会履职评议。高效办结人大代表建议，办理人大转办、督办涉法涉诉事项14件。开展“千名代表跟百案”活动，邀请代表委员旁听庭审、监督执行、座谈交流200余人次。接受政协民主监督与检察机关法律监督，共同维护公平正义。

司法行政

【概况】 2022年，建湖县司法局实施政治统领全面强化、法治规划全面落实、依法行政深化促进、法律服务融合发展、刑罚执行一体发展、法治惠民实事提优、喜迎盛会安保维稳“七大行动”和政治生态优化、法治规划落实、经济发展护航、法律服务提质、特殊人群创新、重点领域改革、基层基础强化、安全稳定保障“八项工程”，推进全县法治建设和司法行政工作高质量发展。解戒人员后续照管创新实践，成为全省唯一入选司法部全国戒毒工作指导案例。多元解纷机制被省司法厅在江苏卫视推介，现场连线作专题经验介绍。“3+1”（劳动体验、就业辅导、心理矫治，德法观念培养）教育实践基地开启特殊人群帮教新模式，入选全市政法改革“十大创新项目”。新创建省级民主法治示范村（社区）7家。全县法治建设满意度居全市第二位。县司法局被表彰为全国“七五”普法工作先进单位、全省后续照管工作先进集体、全省司法行政系统“高质量发展先进司法局”。

【法治宣传】 县司法局落实“谁执法谁普法”责任制，推进“八五”普法规划实施。利用法治文化阵地设点普法、法治“大篷车”流动普法、全媒体公益普法等形式推进全民普法，利用广播、电视、报纸和微信公众号，深化“以案释法”，普法精准度、覆盖面和影响力提升。年内，开展系列普法活动60多场次，利用移动舞台车巡回城乡演出法治文艺节目50多场次，散发普法宣传资料20多万份，推送普法微信公众号46期。组织广大党员干部和群众参加全省第五届“百万党员学宪法学党章考法律”活动，参考人数居全市前列。实施省政府“法律明白人”培育为民实事项目，新培育村（社区）“法律明白人”938人，超额完成上级下达任务。

9月1日，建湖县司法局法治“大篷车”在庆丰镇唐庄村开展法治文艺演出活动 （张燕 摄）

【法律服务】 全县有1个县级、14个镇级公共法律服务中心、248个村（社区）司法行政工作站。依托县、镇两级公共法律服务中心和村级司法行政服务站，打造“窗口化、综合性、一站式”法律服务实体平台，实现县镇村三级公共法律服务实体平台全覆盖。借助“建湖司法”微信公众号，开通“个人免费咨询”“企业免费咨询”“法律顾问”“社情民意”4个服务版块，为群众免费提供24小时线上公共法律服务。深化“法润民生”微信群建设应用，不定期发布普法视频、典型案例，回应群众诉求。健全“线上+线下”“中心+站点”立体式法律援助服务网络，在民政、妇联、阳光义工之家等部门组织新建6家法律援助站点，常住人口受援率保持在1.8‰。推进公证“最多跑一次”改革和“智慧公证”建设，创优远程视频公证等便民服务。落实法律援助事项负面清单工作，实行法律援助经济困难审查诚信承诺制，采取同行评估、庭审旁听、征询办案机关意见、案件回访等方式，强化跟踪督查，提升当事人和社会满意度。年内，办理各类法律援助案件1129件，其中民事案件932件、刑事案件183件、行政案件14件。

【人民调解】 年内，县司法局化解矛盾纠纷20943件，新发生矛盾纠纷均在第一时间化解，保证“小事不出村，大事不出镇，矛盾不上交”。紧扣重点问题、重点领域、重点人群，组织开展“化解矛盾 情暖民工”、矛盾纠纷排查化解“百日攻坚”“民调月”“迎盛会保稳定突击行动”“社会矛盾风险隐患拉网式大排查大起底大化解专项活动”“一法一条例主题宣传活动”及侵害妇女儿童群体权益问题和婚姻家庭类矛盾纠纷专项排查等主题活动。建立“网格+调解”新模式，专兼职调解员联合当地网格员、派出所民警、党员志愿者等，通过“一日多巡”工作模式，摸排矛盾纠纷。构建矛盾纠纷多元调解工作体系，聘请退休法官、检察官、行政机关退休干部等各领域专业人才担任调解员。县、镇、村三级调委会按照5:2:1比例及专业性、行业性调委会2—4名要求配备，配备专职人民调解员428名，兼职调解员861名，明确矛盾纠纷信息员。至年底，全县设人民调解委员会320个，其中专业性、行业性调委会8个。医患纠纷调委会为全市首家由司法行政部门主导，卫生、公安、法院等其他部门共同参加的第三方调解机构。加强公调、检调、诉调、访调对接，在全县基层派出所、法院、基层法庭等单位设立“派驻制”人民调解工作室24个，“新乡贤”个人调解工作室26个。

【特殊人群管理】 县司法局社区矫正中心推进社区矫正刑罚执行一体化建设，强化社区矫正监管安全，紧扣社区矫正执法核心需求，利用公安部门“雪亮工程”视频监控资源在实现社区矫正对象“视频点验”的基础上，打造全天候、无盲区“盐智矫”平台，提升社区矫正工作智能化水平。依托爱心企业建立省级安置帮教基地和特殊人群“3+1”（劳动体验、就业辅导、心理矫治，德法观念培养）教育实践基地，开展特殊人群职业技能培训和教育帮扶引导，推动刑满释放人员融入社会。年内，接收社区矫正对象239人，在册社区矫正对象310人，未发生重新犯罪现象；接收安置帮教对象476人，在册刑满释放人员1734人，完成远程视频会见353次，社会适应指数评估率99%以上，安置率90%以上，帮教率95%以上，刑释解教人员重新犯罪率控制在规定标准以下。

【公证事务】 年内，县司法局公证处办理各类公证事项11740件。其中，国内经济类公证997件，国内民事类公证10328件，涉外民事类公证399件，涉外经济类公证16件。推行“最多跑一次”公证便民服务，与不动产登记部门签署《“不动产登记+公证”合作协议书》，实现不动产登记业务“一窗办理，集成服务，一次办结”。创新开拓公证参与检察辅助业务，成为全省首家公证参与检察辅助业务的公证机构。加强与小额贷款公司深度合作，提供债权风险防控等公证服务；与盐城市知识产权维权援助中心建湖分中心签订《关于知识产权保护和维权援助合作的框架协议》，开拓知识产权公证领域，创新办理化解不动产办证遗留问题远程视频委托公证，拓展公证服务领域。

【司法鉴定】 年内，县人民医院司法鉴定所鉴定750件案例，均被公检法采信，未发生投诉案件。司法鉴定所执行管理体系文件，开展司法鉴定规范化建设活动，严格执行鉴定程序和鉴定标准，客观、公正、科学地开展鉴定工作。4月参加司法部司法鉴定科学研究院组织的伤残程度鉴定能力、损伤程度鉴定能力、护理依赖程度能力验证，结果均为满意。

【律师服务】 年内，全县有律师事务所11家，其中合伙所5家、个人所6家，注册执业律师49人；基层法律服务所21家，注册基层法律服务工作者68人。建立公职律师制度单位28家，获批公职律师工作证人员66人，实现每万人拥有律师2.61人。联合县工商联推进“万所联万会”，10家律师事务所与县工商联16个商会合作，为会员企业常态化提供线上咨询服务。开展产业链+法律服务联盟行动，组建“水乡明珠”光电显示产业链法律服务团，建立光电显示产业链法律服务微信群，为产业链上的重点企业提供免费法律咨询服务。

表12　　建湖县律师事务所

律师事务所	主任
江苏向阳红律师事务所	朱　珊
江苏行正律师事务所	李　君
江苏一枝笔律师事务所	高登军
江苏唯博律师事务所	赵德怀
江苏袁为国律师事务所	袁为国
江苏张连臻律师事务所	张连臻
江苏王达连律师事务所	王达连
江苏存真律师事务所	徐建生
江苏凯申律师事务所	周春林
江苏西塘律师事务所	沈鸿广
江苏令和律师事务所	周宏祥

表13　　建湖县法律服务所

法律服务所	主任
建湖县近湖法律服务所	王锦标
建湖县芦沟法律服务所	王会林
建湖县沿河法律服务所	匡加怀
建湖县庆丰法律服务所	戴建东
建湖县上冈法律服务所	陈　树
建湖县冈东法律服务所	周　静
建湖县草堰口法律服务所	唐于颂
建湖县钟庄法律服务所	陶天春
建湖县冈西法律服务所	赵为玉
建湖县宝塔法律服务所	孙德成
建湖县高作法律服务所	陆成龙
建湖县颜单法律服务所	商玉华
建湖县九龙口法律服务所	李鹤军
建湖县恒济法律服务所	屠道光
建湖县建湖法律服务所	王茂勇
建湖县新区法律服务所	杜　娟
建湖县经济开发区法律服务所	吴洪海
建湖县鼎盛法律服务所	孟芙蓉
建湖县双湖法律服务所	顾加祥
建湖县塘河法律服务所	郝广波
建湖县建阳法律服务所	全荣富

表14　　建湖县司法鉴定所

司法鉴定所	主任
建湖县人民医院司法鉴定所	赵龙

人民武装

【概况】　2022年，建湖人民武装部（以下简称县人武部）在盐城军分区党委正确领导下，以习近平新时代中国特色社会主义思想和习近平强军思想为引领，紧贴新形势新任务新格局，坚持打基础、正秩序、强能力，将年度备战打仗量化考评细分为平时工作清单，明确工作目标、编排时间表、绘制路线图，每月对表销账，完成年度各项工作任务，年终考评跻身全市第一方阵。

【思想政治建设】　县人武部围绕新时代人民武装建设的政治要求，学习宣传贯彻中共二十大精神，深学细悟习近平新时代中国特色社会主义思想和强军思想，开展“四严四整”（严抓政治意识、严防政治风险、严实政治担当、严格政治淬炼，整顿思想、整肃纪律、整饬作风、整治队伍）“讲政治、明大义、守底线”“三心两争”（思想安心、工作尽心、守纪入心，争创一流、争当先进）等教育活动，坚持政治建设引领全面发展。严格落实县委常委议军会、双向兼职、党委书记述职等党管武装工作制度。召开全县武装工作会议，学习贯彻盐城军分区党委扩大会议精神，科学筹划年度工作。坚持落实向第一书记汇报工作制度，向县委、县政府专题汇报民兵整组、征兵工作、民兵基层规范化建设等大项任务推进情况，强化党管武装工作责任落实，为引领人民武装工作高质量发展提供坚强的政治保证。

【战备训练】　县人武部密切关注周边安全形势，开展国防动员援战军情研究。与地方公安、应急管理等部门建立应急联动机制，滚动修订非战争军事行动方案，依令组织民兵分队参加疫情防控、防汛抗洪、防台减灾等应急行动，保持良好战备状态。着眼遂行应急应战任务需要，狠抓民兵训练转型升级，采取基地轮训和岗位自训，多批次、小集中等方式，完成民兵训练任务。开展备战比武竞赛，组织民兵“四会”（军事教学中会讲、会做、会教、会做思想政治工作）教练员集中强训，遴选5名拔尖人员参加省军区比武竞赛，锤炼民兵分队遂行任务能力。

【后备力量】 县人武部坚持任务牵引，紧密结合辖区潜力资源，突出重点生成型、高特新质潜力企业，指导各基层武装部走访调查全覆盖。年内，2次召开潜力数据会审会，梳理上报人员、企业、社会组织、党政机关、预征预储装备等潜力数据。贯彻落实省军区民兵调整改革任务部署会议精神，召开全县整组工作推进会，统一部署民兵调整改革任务，坚持过程管控，规范落实8个规定动作，完成基干民兵编建任务，刚性落实党员、退役军人、新质力量等12项指标，民兵干部政治素质过硬。精准宣传发动，主动靠前服务，执行廉洁征兵各项制度，细化《建湖县量化积分审批定兵暂行办法》，严格落实量化积分审批定兵办法规定动作，严密组织体检政考和役前训练，接受军地纪委和群众监督员全过程监督，净化征兵风气，高质量完成义务兵征集任务，大学毕业生占比较上年有所提高。

【基层建设】 年内，县人武部每月召开专武干部例会，筹划部署工作，检查基层工作台账，推动工作日清月结。针对上半年考核中存在的基层规范化建设指标排名落后情况，县人武部党委研究制定专项整改措施，定期召开任务推进会，统一制发基层规范化建设模板，每周汇总“建设清零”情况，采取“家家到”方式逐个村居现场指导帮带，统一采购配置物资器材，聚力攻关完成全县自然村居阵地建设，实现快速建账清零。

武警中队

【思想政治教育】 2022年，武警建湖中队以习近平强军思想为指导，围绕建设“四铁”（铁一般信仰、铁一般信念、铁一般纪律、铁一般担当）先进中队目标，夯实部队思想基础。坚持把学习训词训令贯穿于传承红色基因，担当强军使命主题教育始终，开展主题大讨论，以党员、骨干、班长为主体，配强理论骨干队伍。开展文体活动，发挥兴趣小组作用，节假日和休息日广泛发扬民主，制订活动计划，做到周末假日有笑声，活跃官兵文化生活，缓解战士压力。打好意识形态领域主动仗，突出政治纪律教育和法纪保密教育，强化官兵政治意识、忧患意识和责任意识。

【练兵备战】 武警建湖中队始终牢记训词训令，坚持把练兵备战作为中心工作、饭碗工程狠抓不放。10月，完成武警总队规范化执勤等级交叉考评任务，与目标单位召开联席会议，排查治理执勤隐患，完成制高点“鹰眼”、高压电网断电警报系统、AB门通道辊闸门建设，提升目标安全系数。完成武装押解和春节、两会、国庆、中共二十大期间联勤武装巡逻任务。根据新军事训练大纲，建湖中队紧抓教头教学、专业训练、评比竞赛，大抓教练员队伍体系建设，突出重难点科目训练，坚持以考促评，营造“比、学、赶、帮、超”氛围。选送提干生1名，指挥管理和专业技术骨干5名。

【部队管理】 武警建湖中队围绕迎接中共二十大召开主线，严纪律抓管理、稳军心强本领、保安全守底线，干部骨干“树样板、站排头、作表率”，发挥党员模范先锋模范作用。从日常养成做起、从生活点滴抓起，结合晚点名讲评、周交班分析、月形势研究，表扬先进、总结不足、拾遗补漏，做到无处不规范、无处不整洁、无处不有序。建湖中队党支部始终把安全建设摆在中心位置，依法管理促正规，深入贯彻《军队安全管理条例》，提升官兵建安创安意识，做到“我的安全我负责、他人安全我有责、单位安全我尽责”。规范秩序严风纪，严格落实一日生活制度，从内务卫生、军容风纪、个人养成抓起，强化官兵作风养成，正规部队“五个秩序”。注重防范除隐患，集中开展酒驾醉驾、枪弹安全问题隐患整治，拉网式大排查，突出人员、手机、车辆、治酒、枪弹、保密、消费、用网8个重点检查全覆盖，做好重要时机和重点人员的安全预防工作，跟进做好要害部位人员政治考核，确保部队绝对安全稳定。

【后勤服务】 武警建湖中队坚持勤俭节约、建管并举，抓好后勤服务保障工作。落实资产管理各项制度，开展在营资产盘点、打码贴签工作，规范资产使用、存放和管理。注重建好、用好、管好后勤队伍，通过岗位锻炼、送学培训、以老带新等方式，实现梯次培养、持证上岗。注重后勤人员培训指导，培训炊事员、卫生员、网络维护员等后勤岗位人才3人，畅通民主渠道，发扬经济民主，广泛听取群众意见，科学合理调剂伙食。严把食品采购、制作和储存关，落实餐厨具消毒、食物留验制度，从源头上杜绝病从口入，确保官兵吃得卫生安全，吃出强健体质。

人民防空

【概况】 2022年，建湖县人防办围绕省、市年度工作目标任务，科学布置、统筹谋划，将各项目标任务逐项细化、量化、具体化，明确具体责任人和完成时限，各项工作有条不紊地开展。县人防工程质量监督站获盐城市住建局、盐城市总工会、盐城市人社局联合举办的2022年度盐城市人防工程质量监督职业技能竞赛二等奖。

【人防工程】 年内，建湖县新立项、开工、竣工人防工程项目各项指标均超标准完成年度目标任务。8月，盐城市举办人防工程质量监督技能大赛，建湖县人防办列全市第二名。12月，完成老旧小区人防标识更换工作。结合安全教育、人防普法、专项检查等活动，每季度开展一期人防工程质监技术培训，人防质量监督水平提升。住宅小区人防车位管理逐步规范，受理涉及“12345”平台热线信访事项，未有一件超时答复和不满意事项。

【防空警报】 县人防办根据市政府《关于开展“9·18”防空警报试鸣活动的通知》要求，牵头制定防空警报试鸣活动实施方案，明确各相关部门具体工作职责，做好与教育、供电、融媒体等部门沟通协调，精准实施业务指导，确保各项工作有序开展。每季度专门组织专业技术人员对全县防空警报器开展全面巡查检修，各类设备设施均处于良好运行状态。“9·18”防空警报试鸣活动当天，县城区防空警报器鸣响覆盖率100%。

【人防宣传】 县人防办结合防灾减灾、新冠病毒疫情防控等主题，编印《防空防灾知识手册》，更换19个社区人防宣传版面内容。拓展宣传渠道，利用“5·12”全国防灾减灾日、“7·28”唐山大地震纪念日、“9·18”国家公祭日等重要时间节点，联合近湖街道人防工作总站，开展街头专题宣传活动，年内发放宣传手册6000余份、宣传手提袋4000余只、宣传纸巾3000余包，接受咨询500余人次。向全县四年级和初中二年级学生发放《人防知识》教材3000多本。在省市人防官网、人防杂志期刊和县主流媒体发表信息文稿、调研文章10多篇。

9月18日，建湖县汇文初级中学开展“9·18”防空警报疏散演练 （县住建局 供）

退役军人事务

【概况】 2022年，建湖县退役军人事务系统坚持以退役军人为中心、以“让退役军人获得感成色更足”为主线，以“让军人成为全社会尊崇的职业”为工作目标，强化责任担当，开展“基层服务保障效能提升年”“涉退役军人信访突出问题攻坚化解年”“法律政策落实年”“锻造过硬干部队伍年”活动，奋力推动退役军人工作高质量发展。

【队伍建设】 年内，召开县委退役军人工作领导小组第四次会议，部署落实全县退役军人工作重大事项、重点任务及双拥共建工作。坚持把退役军人工作纳入各级党委、政府重要工作部署、推进和考核，明确村（社区）党组织书记或主任兼任退役军人服务站站长。叫响“党旗飘扬军旗红、优质服务当先锋”党建特色品牌，开展“微党课”巡回宣讲、“喜迎二十大、老兵跟党走”活动，教育引导退役军人永远听党话、跟党走。组织退役军人学习贯彻中共二十大精神，参观华中鲁艺抗日殉难烈士陵园，重温入党誓词、入伍誓词，教育引导退役军人发扬光荣传统，不忘初心使命。创建“戎耀之家”，丰富退役军人思想政治工作载体。联合县人武部、县委宣传部、县妇联开展第二届“建湖最美退役军人”“建湖最美军嫂”评选活动，树立学习标杆，弘扬正能量。擦亮“戎耀建湖”志愿服务品牌，组织县镇村三级退役军人志愿者服务队，参与疫情防控、文明创建、爱心公益等活动，用实际行动践行初心使命，展示退役军人风采。

【服务保障】 年内，召开全县镇村两级退役军人服务保障体系建设推进会，推进镇级服务保障体系从“优”到“强”、村级服务保障体系从“有”到“优”。坚持以点带面，示范推动。在宝塔镇裴桥村和前庄居委会召开全县村级服务保障体系标准化、规范化建设现场会，实行典型示范、现场促进；强化督查督导，严格问效。成立督查小组，采取“四不两直”方式，围绕阵地硬件建设、政治氛围营造、法规制度落实、台账资料完善、业务工作开展等方面进行常态化、全面性督查，加快补短板、强功能、提质效。至年底，县退役军人服务中心、14个镇级退役军人服务站建成全国示范型服务中心（站），248个村级服务站实现规范化运作。坚持守正创新，推进部站融合，在近湖街道和芦沟镇退役军人服务站先行试点“部站共建”运行模式，通过整合基层武装和退役军人事务的要素配置，实行人员整合、办公联合、职能融合，将征兵工作、新兵入伍、老兵退伍、民兵训练、兵役登记、参建参治等工作，与退役军人事务就业创业、拥军优抚、困难帮扶、权益维护等工作高度融合、统筹推进，实现从入伍到退役“一条龙服务”“全周期服务”“效能化服务”，达到“1+1>2”的效果，省退役军人事务厅、市退役军人事务局官网报道建湖县推行部站融合发展、高效优质服务退役军人的做法经验。

【优抚安置】 年内，县退役军人事务局精准落实优待抚恤政策，为各类优抚对象发放抚恤补助金、义务兵家庭优待金、医疗保障经费、价格补贴等资金，增强优抚对象获得感、幸福感。加强优抚资金安全使用和监管，落实人员变更通报制度。推进享受国家定期抚恤补助优抚对象年度确认、数据核查工作，优抚对象年度确认完成率100%，档案资料完整率99.96%。在全市率先落实“盐阜荣军医保”项目，为全县重点优抚对象办理大病医疗和意外伤害商业保险。做好退役军人及其他优抚对象优待证申领工作，优化服务办理，“最多跑一次”。对行动不便老军人、残疾军人、重病军人登门办理，做到应办尽办。“学习强国”学习平台中国退役军人强国号、省退役军人事务厅、市退役军人事务局官网三级主流新闻媒体报道建湖县优待证申领工作做法，市委退役军人工作领导小组办公室发文，对建湖县优待证申领工作予以表扬。拓展优待服务项目，挖掘行业拥军、企业拥军、社会拥军资源，与中国移动建湖支公司、江苏黑马商用车科技有限公司等企业商户合作，为退役军人及其他优抚对象提供乘车、购物、学驾、酒店、餐饮、就医等优待优惠服务。高质量完成军转干部、政府安排工作退役士兵的接收安置工作，实现部队、退役军人和接收单位“三满意”。坚持将自主就业退役士兵的就业创业作为一项民生工程来抓，根据疫情防控新形势，采取线上线下结合办法，组织专项招聘活动，对接建湖开发区、建湖高新区及规模以上企业，为退役军人搭建就业平台。做好2021年度自主就业退役士兵补贴性教育招生及培训工作，2021年度返乡的自主就业退役军人适应性培训参训率、有学习意愿的培训率、有就业意愿的就业率均达100%。组织6家军创企业参加市创业创新大赛，获奖2个。筹建退役军人就业创业促进会、退役军人创业园地、建湖县退役军人创业实训和孵化基地，与无锡海澜集团、苏州都灵汽车销售服务有限公司、上海仁铃汽车销售服务有限公司签订退役军人就业服务、创业支持和技能培训战略合作协议，将建湖退役军人、军嫂输送到3家大型企业集团培训赋能、就业发展。组织全县退役军人参与“大众创业、万众创新”活动，培树孙朗健、张健等一批创业典型，荀月文创业典型事迹被多家媒体报道。

9月21日，建湖县退役军人事务局与海澜集团签订退役军人就业合作协议　　（县退役军人事务局　供）

【双拥共建】 县退役军人事务局聚焦服务备战打仗，全力做好双拥实事，协调推进县财政、城投、交通、教育等部门落实军地互办实事“双清单”制度，帮助改善驻建湖部队训练、工作、生活条件，妥善解决官兵们的“三后”（后院、后代、后路）问题。围绕荣誉激励，常态化开展悬挂光荣牌、送立功喜报、欢送新兵入伍、迎接老兵退伍、送政策进军营、走访慰问功臣模范、“走边防看亲人”等活动，将37份三等功以上立功奖励证书送达现役军人功臣之家，营造褒奖军功荣誉的浓烈社会氛围。利用春节、八一建军节等重要时间节点，走访慰问驻建湖部队和老复员军人、残疾军人、功臣模范、“三属”、困难退役军人等各类优抚对象。年内，发放慰问金934.99万元。

【退役军人关爱援助】 县退役军人事务局推动“涉退役军人信访突出问题攻坚化解年”活动，完善信访代办制度，激活末梢“神经”，发挥镇村“前哨”作用，强化吸附功能。坚持发展新时代“枫桥经验”，完善“老班长”调解室，“老班长”调解室工作被退役军人事务部主办的《中国退役军人》杂志宣传推介。落实“126”工作法，对上级转送、交办、督办的信访事项，从收到之日起1个工作日内转交至镇（街道）和有关部门领导，2个工作日内协调并会同分管领导入户走访联系，与信访当事人当面核实诉求，掌握详细情况，6个工作日内拿出化解方案，并上传至“13712”调度平台。开展法律援助，多措并举做好矛盾纠纷疏导化解工作。省市县交办的115件信访事项和自排信访件落实“五位一体”包保责任，全国退役军人信访信息系统、江苏阳光信访-盐城平台、“12345”政府热线平台转交的信访件、工单均按时办结。对公安、网信、信访等部门共享的涉军舆情，第一时间处理，确保快速处置到位。年内，为困难退役军人发放关爱资金16.3万元。

【烈士纪念设施维护】 县退役军人事务局贯彻落实《烈士纪念设施保护管理办法》《江苏省英雄烈士纪念设施保护管理办法》等文件精神，按照省退役军人事务厅、市退役军人事务局部署要求，加强烈士纪念设施的维护管理工作。年底，全县有1个县级、9个镇级烈士陵园实现绿化常青、环境整洁、设施完善、服务优良目标。将烈士纪念设施建设、修缮、管理费用列入地方财政预算，投入167.58万元，修缮华中鲁艺抗日殉难烈士纪念碑、县烈士纪念馆，提升县烈士陵园技防设施，黑色化改造烈士陵园路面，改造陵园内2座危桥。改造9个镇级烈士陵园纪念设施，修缮境内131座零散烈士墓，落实专人管护。征得烈士亲属同意，将34座零散烈士墓迁葬县镇烈士陵园，实行集中管护，在县烈士陵园举行集中迁葬仪式。开展“帮烈士回家”“为烈士寻亲人”活动，帮助金华山、李长德、王道生、嵇维忠、刘如盛5位烈士找到亲人。对119座烈士墓按照“四有一好”（有墓、有碑、有亭、有廊，周边环境好）要求进行修缮，并落实专人管护。华中鲁艺抗日殉难烈士陵园被评定为全市爱国主义教育基地、党性教育基地、党史教育基地和退役军人思想政治教育基地。

陆庄革命烈士纪念塔 （县委党史办 供）

经济管理

宏观经济管理

【概况】 2022年底，县发改委牵头起草《关于建湖县2022年国民经济和社会发展计划执行情况与2023年国民经济和社会发展计划草案的报告》，初稿形成后，广泛征求镇区部门意见，并在县委常委会会议上研究讨论，形成《报告草案》提交县人民代表大会审议通过后实施。《报告》从地区生产总值、规上工业增加值、一般公共预算收入、固定资产投资、社会消费品零售总额、城乡居民人均可支配收入等方面总结2022年计划目标完成情况。从突出量质并举，实体经济稳健发展；突出改革创新，内生动能有效激发；突出统筹协调，城乡环境更加宜居；突出以人为本，发展成果普惠共享四方面总结2022年经济社会发展成效。对2023年经济社会发展主要指标作了安排，提出具体推进措施。

【经济运行分析】 建湖县统筹疫情防控和经济社会发展，贯彻落实中共中央“疫情要防住、经济要稳住、发展要安全”重大要求，围绕关键指标运行、主导产业发展、重点企业运营，加强经济形势分析研判，保持经济运行在合理区间，根据市场主体需求及时完善政策、精准预调微调，巩固高质量发展的良好态势。年内，县发改委完善“月度分析、季度研判、半年总结”机制，发挥参谋助手作用，密切关注新冠疫情散发、国际油价上涨、俄乌地域冲突等宏观形势，每月分析对县域经济影响，为县委、县政府决策提供参考。全县经济运行呈现“稳中向好、稳中有进”态势。统筹发展和安全，聚焦实体经济发展、项目招引等重点领域，做好经济领域风险研判和经济安全总结。加强运行监测分析，完善煤电油气运监测研判体系，加强对重点行业、重点领域发展态势把握。

【经济结构调整】 年内，建湖县高位推动产业发展，三大主导产业、六条产业链实现开票销售398亿元、292.9亿元，比上年分别增长23.3%、48.2%。实施数字经济发展三年行动计划，加快推进企业智能化改造和数字化转型，数字经济核心产业规模130亿元，培育五星级“上云”企业3家，列全市第一名。推进战略性新兴产业发展。新能源汽车及核心零部件、新能源、新一代信息技术、新材料、大健康五大“风口”产业实现开票销售62.57亿元，比上年增长19.64%。建湖开发区、建湖高新区分别创成省级大众创业万众创新示范基地、新型工业化产业示范基地。江苏悦阳光伏科技有限公司入选国家第三批智能光伏试点示范企业，获评省级智能制造示范工厂；江苏润阳光伏科技有限公司获评省绿色工厂。现代服务业提速发展。建湖开发区里下河物流园区获批市AAAA级现代服务业高质量发展集聚示范区、省高质量发展集聚示范区。建湖高新区智慧产业园获批市级现代服务业集聚区。九龙口景区建成国家地理首个“双框”之城，被认定为全国首家“碳中和”景区。九龙口旅游度假区入选全国非遗与旅游融合发展优选项目名录，淮剧小镇、宝龙广场被认定为盐城市特色夜市街区。江苏悦阳光伏科技有限公司被认定为全省第二批先进制造业和现代服务业深度融合试点企业，为全市唯一入选的县域企业，建湖农商银行纳税突破5000万元，被认定为全市服务业四星级企业。重抓特色农业发展，打造建湖青虾、九龙口大闸蟹2条特色产业链，2022年实现产值

17.56亿元，恒济镇苗庄村入选全国乡村特色产业超亿元村，冈西镇顾顶村、徐王村、恒济镇恒庆村入选省级特色田园乡村。

【固定资产投资】 年内，全县固定资产投资比上年增长15.9%。其中，国有投资增长43%，基础设施投资增长21.1%。分产业看，第一产业投资下降3.7%，第二产业投资增长12.3%，第三产业投资增长56.8%。服务业投资占全部投资的14.1%，拉动全部投资增长6个百分点。

【信用体系建设】 年内，建湖县报送信用信息数据5149.7万条，居全市第五名。开展信用管理和示范企业创建，创成15家县级信用管理企业、3家市级信用示范企业、1家省级信用示范企业。开展196批信用审查，涉及企业5085家，涵盖招标投标、资质审核、稳岗返款、荣誉申报等领域。推进信用产品应用，涉及“信用+婚姻登记”“信用+农民工用工”“信易医”“信用+法律援助”“信用+司法鉴定”“信用+公证”等领域。开展社会法人失信专项治理，严重失信主体治理退出159家，比上年下降84.13%；行政处罚主体治理退出325家，比上年下降86.67%。

【项目审批服务】 年内，出台《建湖县重大项目审批帮办代办制实施办法》，建立项目服务专班，落实代办专员52名、帮办专员16名，结合“为企服务园区行”等活动，围绕用地、排放、能耗、规划建设、产业政策口径统筹策划，为项目提供“全周期服务”，协调解决项目难题23个，全流程跟踪帮办代办重大项目93个，保障项目快落地、早建设、早投产，全县重大项目审批手续完备率72%。综合运用企业开办“五办”服务、“水电气网”联合报装、“拿地即开工”“竣工即发证”等改革举措，加快推进重点项目审批减环节、缩流程。

【重大项目建设】 年内，县发改委围绕县委、县政府各项决策部署，深化三大活动成效，强化链式招商，加快项目建设，以产业高水平赋能全县发展高质量。聚焦高端装备、新能源、电子信息三大主导产业，紧盯长三角、珠三角等重点区域，突出链群并举，完善链长调度机制，全力拼抢重大项目，逐步形成百亿领航、十亿带动、亿元支撑的项目雁阵。全县新签约亿元以上产业项目123个，新开工亿元以上产业项目121个，其中10亿元以上分别为18个、9个，总投资102.3亿元的耀宁锂离子电池及系统总成项目落户建湖开发区上冈产业园，实现建湖百亿元重特大项目历史性突破。市认定新开工亿元以上产业项目79个，超额完成年度目标任务，列全市第四位。发挥宏创产业基金招引作用，新设汇悦、名湖、工融3只产业投资基金，撬动社会资本投入近200亿元。坚持“每月预审、双月开工、半年观摩、年终考核”，以市、县重大项目为主体，围绕提升签约率、开工率、竣工率、投产率、达效率“五率”导向，对重大项目实行全生命周期管理，“板块比发展、部门比服务”每月流动红蓝旗评比突出项目招引和转化落地考核份额，压茬推动签约项目早筹备、快开工，在建项目再提速、早投产。总投资60亿元的益佳通磷酸铁锂动力电池、总投资68亿元的润阳14.2吉瓦N型电池片等一批重特大项目加速推进，总投资20亿元高测一期10吉瓦单晶硅片、绿控传动总成等产业项目投产，新竣工超亿元产业项目数列全市第一位。编排申报建湖县列市重大项目，年初申报绿控传动总成、高测大尺寸硅片、新恒鼎船用曲轴、九龙口旅游度假区综合开发4个项目列入市重大项目，年中增补润阳N型太阳能电池、益佳通动力锂离子电池、光炜太阳能硅片3个重大项目，增补数为全市最多，总数名列全市第二。9月底7个列市重大项目全部按期开工，益佳通项目年度投资完成率150%。重点抓好超10亿元项目推进，实行周督查、月通报，以倒逼机制提高项目推进质效，推促项目快开工、早入统，全年被认定超10亿元列统项目11个，比上年增加9个。

财政

【概况】 2022年，全县实现一般公共预算收入37.65亿元，比上年增长9%，其中县本级26.92亿元，比上年增长16.3%；一般公共预算支出115.48亿元，比上年增长9.9%，其中县本级97.2亿元，比上年增长13.6%。政府性基金预算收入69.23亿元，比上年增长14.2%；政府性基金预算支出48.88亿元，比上年增长4.3%。国有资本经营预算收入2.24亿元，支出0.03亿元，年底净收入2.21亿元。社会保险基金预算收入13.57亿元，同口径增长5.7%，支出12.51亿元，同口径增长7.4%，年终净结余13.75亿元。落实留抵退税等减税降费政策，坚持应退尽退，减轻企业负担；阶段性减免国资国企房租420多万元。精准高效助企纾困，帮助近20家企业申报各类专项资金近4000万元；民生保障持续发力，安排资金4800万元，支持健全养老服务体系；安排疫情防控支出，支持筑牢疫情防控屏障。健全常态化财政资金直达机制，规范直达资金分配、拨付和使用，帮助基层解决实际问题，更好发挥财政资金作用，为惠企利民政策落实提供财力支持。杜绝违法违规举债行为，实施隐债化解，政府性债务规模和债务率实现“双下降”，建湖县镇级化债经验得到省纪委肯定推广。强化预算绩效管理，预算资金全部纳入绩效管理，提高财政资金使用效益。推进“镇财县管”，实施镇级支出县财政集中审核制度，推促形成镇级财政规范运行长效机制。建湖县获评全省财政重点工作绩效考核一等奖，被国家机关事务管理局、财政部等表彰为节约型机关，被省文明委授予“江苏省文明单位”称号，被市委办、市政府办表彰为盐城市乡村振兴先进集体。

【收支管理】 年内，县财政局强化财政收入组织，科学分析经济发展预期，精准研判财税形势，全面落实减税降费政策，排实排细税源；推进协同治税，依法组织财政收入；做好收入情况跟踪分析，客观反映宏观调控对财政收支影响；强化预算执行分析，提升收入质量。强化财政支出管理，坚持以收定支、量入为出原则，坚持“三保”（保工资、保运转、保基本民生）支出在财政支出中的优先顺序，统筹各类财政资源，坚决兜牢“三保”底线，保证基层财政平稳有序运行。全面落实政府过“紧日子”要求，持续压减一般性支出预算，减少非必要、非刚性支出。严把审核支付关口，从严规范单位经费支出行为，全年财政审核支付关口核退或纠正错误事项813笔6970万元，投资评审综合核减14.53亿元，核减率18.96%，政府采购节约率17.81%，提高财政资源配置效率和财政资金使用效益。

【预算绩效】 县财政局建立全方位、全过程、全覆盖的预算绩效管理体系，将一般公共预算、政府性基金预算以及国有资本经营预算、社保基金预算“四本预算”项目全部纳入绩效管理。年初下达预算时，同步下达绩效目标，明确部门单位为预算执行主体，负责实现项目绩效目标。推进项目绩效监控与评价，对纳入绩效管理的项目全部进行“双监控”，即对上半年预算执行情况和绩效目标实现程度进行监控。对与绩效目标偏差的项目，查堵管理漏洞，促进绩效目标如期实现。年内，对纳入绩效目标管理的所有预算单位及其项目进行自评价，并选取养老服务体系建设专项、新冠疫情防控专项等10个群众关注度高的重大项目进行财政重点评价，县财政局牵头考核资金项目运行情况，为下一年度预算安排提供依据。

【政府采购】 县财政局加强全县政府采购制度建设，推动落实政府采购政策，发挥政府采购支持脱贫攻坚、创新、绿色发展等功能。强化采购人主体责任，落实《县级预算单位政府采购内控制度规范》要求，指导采购人科学、合理设置单位内部的采购归口部门，明确人员职责权限。贯彻落实《政府采购促进中小企业发展管理办法》，运用政府采购促进中小企业发展，优化营商环境。推进政府采购活动规范运行，强化预算管理，落实采购人应编尽编、应采尽采；严格依法采购，要求采购人树立“法定职责必须为，法无授权不可为”的依法采购理念，严格遵守《中华人民共和国政府采购法》及其实施条例和相关规章制度的规定开展政府采购活动；严格审批管理，加强进口产品与单一来源采购方式变更的审核管理；建立纠纷处理工作机制、预防和沟通机制，依法化解纠纷，避免争议升级，规范政府采购投诉处理。年内，建湖县上线政府采购系统“苏采云”，同步与预算一体化系统对接，完善政府采购实施计划、委托代理、合同录入、支付申请等重点环节的操作规范，实现政府采购全流程闭环管理。

【债务管理】 年内，建湖县出台《关于进一步加强国有企业经营性债务管理的实施意见》《加强政府债务、政府隐性债务和国有企业经营性债务管理工作制度》等文件，强化政府债务、政府隐性债务和国有企业经营性债务管理，从严压实属地责任、主体责任和监管责任，防范化解债务风险。实行债务总量控制，适度争取政府债券，支持经济社会事业发展；实施隐债化解，政府性债务规模和债务率实现连续4年“双下降”；严控经营性债务增量，实施对全县国有企业经营性债务全流程监管；稳妥推进国有企业改革，推动国有企业实体化转型，压降融资平台公司数量，被列为全省融资平台公司整合撤并及市场化转型试点地区。

【镇债镇财县管】 建湖县全面深化“镇债县管”改革，实行“四到位三约束”制度，即股权结构统到位、人员关系统到位、财务管理统到位、融资投资统到位，以及财务总监联审联签、国企内审、派驻财政专管员约束制度，对重点岗位、关键环节进行全方位监督，坚决熔断镇级政府通过平台投资建设渠道。搭建与金融机构洽谈“1+N”模式，利用建湖县新农村建设投资有限公司信用等级和规模优势，压缩非标和短期融资，提高银行贷款等标准化融资和长期融资占比，压降融资成本。推进镇级财政考核、强化预算执行监督、组织半年财务督查等“镇财县管”制度改革。运用国库集中支付管理系统和半年财务督查结果，规范支出管理，完善审批制度，堵塞管理漏洞，提高财政资金使用效益。严格执行同级人大审查批准的预算，严控预算调剂事项，防止乱支滥用，支出结构不断优化。实行县级集中审核和镇级国库集中支付管理，促进形成镇级财政规范运行的长效机制。

【财政政策执行】 年内，县财政局落实积极财政政策，多措并举增强新发展动能。兑现留抵退税等减税降费政策，留抵退税5.26亿元、缓税4.97亿元，通过政策红利减轻企业负担。发挥财政资金的促进带动作用，兑现民营经济奖励资金6050.04万元，受惠企业600多家。面对新冠肺炎疫情等重大突发情况，全面落实应急保供、复工复产、减租免租等方面要求，为286户服务业小微企业、个体工商户减免房租227.43万元；在保障常态化疫情防控支出的同时，拨付疫情防控专项资金2.63亿元。稳岗就业保障给力，全县减收企业失业保险2131.2万元，发放“免申即享”失业保险稳岗返还补贴1526.49万元，发放灵活就业人员社保补贴2140万元，为全县符合条件的困难企业缓缴社保费345.1万元，减轻群众就业压力。发放困难群众各类补助，足额增发疫情期间临时价格补贴1000万元、民营养老机构和托养机构纾困补助36万元，保障困难群众基本生活。加大财政支农投入，发放种粮补贴1.62亿元，惠及30.7万户次，力推农业农村发展；全年结算农业保险补贴7127万元，农业保险覆盖率稳步提升，农户参保积极性提高。

表15　2022年全县一般公共预算收入分镇区执行情况

地区	本年累计完成情况		上年同期数（万元）	与上年同期比较	
	金额（万元）	进度（%）		增加额（万元）	增长率（%）
全县合计	376518	100.1	345311	31207	9.0
县级小计	263978	95.7	239405	24573	10.3
县直	136389	91.8	110620	25769	23.3
近湖街道	48420	100.5	47032	1388	3.0
建湖开发区	44510	100.0	43199	1311	3.0
建湖高新区	27949	100.5	30528	−2579	−8.4
九龙口区镇	6710	100.1	8026	−1316	−16.4
镇区小计	112540	112.3	105906	6634	6.3
上冈镇	27423	156.7	20968	6455	30.8
建阳镇	16406	104.5	16138	268	1.7
颜单镇	7618	100.2	10011	−2393	−23.9
恒济镇	7524	100.3	7117	407	5.7
庆丰镇	13017	105.8	12881	136	1.1
高作镇	10060	107.0	10017	43	0.4
芦沟镇	9622	100.2	9190	432	4.7
沿河镇	10503	102.0	10502	1	0.0
冈西镇	5431	100.6	4851	580	12.0
宝塔镇	4936	100.7	4231	705	16.7

表16　　2022年全县一般公共预算收支情况

单位：万元

预算收入科目	决算数	预算支出科目	决算数
一、税收收入	261078	一、一般公共服务支出	63000
增值税	135129	二、外交支出	—
企业所得税	17075	三、国防支出	210
个人所得税	7334	四、公共安全支出	46846
资源税	—	五、教育支出	119208
城市维护建设税	12785	六、科学技术支出	13464
房产税	14364	七、文化旅游体育与传媒支出	14129
印花税	3433	八、社会保障和就业支出	184032
城镇土地使用税	11532	九、卫生健康支出	114087
土地增值税	34166	十、节能环保支出	8038
车船税	2796	十一、城乡社区支出	283825
耕地占用税	2078	十二、农林水支出	116652
契税	19788	十三、交通运输支出	21260
烟叶税	—	十四、资源勘探工业信息等支出	42444
环境保护税	594	十五、商业服务业等支出	2889
其他税收收入	4	十六、金融支出	386
二、非税收入	115440	十七、援助其他地区支出	1060
专项收入	14021	十八、自然资源海洋气象等支出	6113
行政事业性收费收入	61459	十九、住房保障支出	79906
罚没收入	11341	二十、粮油物资储备支出	2836
国有资本经营收入	—	二十一、灾害防治及应急管理支出	5175
国有资源（资产）有偿使用收入	28350	二十二、其他支出	225
其他收入	269	二十三、债务付息支出	28895
—	—	其中：地方政府一般债券付息支出	28895
—	—	二十四、债务发行费用支出	181
本年收入合计	376518	本年支出合计	1154861

国资国企管理

【概况】　2022年，建湖县国有资产管理部门担当作为、攻坚克难，深化国有资产管理改革、国有企业经营管理改革，推动国有企业提质增效，完善国有资产监督管理体制，提高国有资产保值增值能力。建湖5家国有企业实现经营收入33.02亿元、利润3.57亿元。6月，江苏双湖控股集团获得A^+A^+信用等级认定，为全省同类县份首家；9月，建湖县旅游发展有限公司创成AA信用等级。年底，5家国有企业实现AA信用等级全覆盖。

【国企改革监管】　建湖县优化国企结构布局，推动国有资本布局优化和结构调整，聚焦重点基础设施、新兴产业、市政公用等领域，推进资源要素向主业、优势和“链长”企业集中。发展效益高、回报大的产业，重点培育医药、农业等全产业链业务，力争在高效益经营性项目上有所突破。年内，全面完成国企改革三年行动任务，成立国资办党委，履行党委第一责任，发挥党委前置作用。鼓励国企参与产业投资基金，设立宏创新兴产业、名湖新兴产业、汇悦新能源产业投资3只产业基金，规模32.02亿元，撬动更多社会资本助力县域产业集聚和转型发展。支持企业深化对外合作，与市属国企合作开发九龙口旅游度假区和建湖港等重点项目，实现合作共赢。强化国企监督管理，严格落实“双重论证”制度，从严管控投资行为，严防经营性债务无序增长。构建人大监督、纪检监督、财务总监联审联签、国企内审、派驻财政专管员“五位一体”监管制度，实现对国企重点领域、关键环节、关键岗位和重点人群全方位监督。坚持国有企业周例会常态化、制度化，突出协调、服务，重点会办融资、办证、运行等事项，为企业发展解决难题。定期进行风险评估和预警提示，紧盯大额债务、集中到期、重要节点、刚性兑付、涉众风险等“五个重点”，提前3个月预警，提前1个月备付资金，确保不发生债务风险。创新国企人才招引方式，引进培育更多精于市场开拓、运营管理、投融资等专业人才。强化业务培训，深化国企干部人才梯队建设。优化考核指标设置，健全经营业绩考评体系。健全差异化薪酬分配制度，调动国企干部干事创业积极性。

【国资监督管理】 年内，建湖县出台《关于印发进一步加强全县国有资产管理和规范国企运营意见的通知》，完善全县国有资产监管体制，提高国有资产监管水平，维护国有资产的安全和完整。落实资产管理职责。实行“国家统一所有，政府分级监管，单位占用、使用”的管理体制，理顺“财政部门—主管部门—行政事业单位”3个层次的监督管理职能。加强资产使用管理。规范资产日常管理，落实行政事业单位资产管理主体责任，严格按预算管理和资产配置标准规定配置资产，明确资产使用管理的内部流程、岗位职责和内控制度。严格资产处置管理。国有资产出租、出借严格履行报批程序，根据资产单项或批量价值及出租、出借期等确定的审批权限，开展报批工作。严格执行国有资产处置制度，资产处置完毕及时办理产权变动和账务处理手续。

国有企业选介

【建湖县城市建设投资集团有限公司】 以下简称县城投公司，成立于2008年6月，是专业从事城市基础设施建设、房地产开发经营和国有资本运作、股权投资的国有大型企业集团。旗下拥有30多家子公司，从业人员1500余人，有中高级技术职称人员44名，本科以上学历人员128名。2022年底，公司资产总额467.59亿元，负债268.86亿元，资产负债率57.5%。县城投公司以服务城市发展为基本功能，按照“公共资源利用者、公共项目建设者、公共利益实现者”要求，发挥城市运营投融资主体、重大项目建设主体和国有资本运营主体作用，按照“一主五业”战略布局，聚焦水务、医养、文体、置业和实业五大业务板块，实行集团化运作，为改善城市环境、提升城市功能做出贡献。全年营业收入15.1亿元，利润1.7亿元。其中，集团本部完成营业收入3.71亿元，盐城双湖水务发展集团实现营业收入2.5亿元，盐城双湖文旅发展集团实现营业收入1亿元，盐城双湖医养发展集团实现营业收入1.5亿元，盐城双湖置业发展集团实现营业收入4.74亿元，盐城双湖实业发展集团实现营业收入1.65亿元。完成集团公司A^+A^+信用等级评定。公司成立以来，完成双湖公园、盐城汉开书院、双湖中医院、金融和政务服务中心、城市公益性公墓、文体中心、城南医院、城南高中和各类保障性住房等20多项重大项目和重点工程的投资建设任务，为改善城市环境、提升城市功能做出重大贡献。

5月2日，县城投集团负责人调研金融城施工现场项目建设情况 （县城投公司　供）

【建湖县新农村建设投资有限公司】 以下简称县新农投公司，成立于2013年，由建湖县人民政府全额注资，注册资本金20亿元，主体信用评级AA。新农投公司下设办公室、财务部、融资部、项目部、资产部、企管部、审核支付部7个部门，下辖一级子公司38家。2022年末，公司总资产273.4亿元，负债163亿元，净资产110.4亿元，资产负债率59.62%。年内，新农投公司营业总收入13.52亿元，净利润1.41亿元。新整合国有建设用地12宗，价值15.28亿元，整合林木、安置房等其他资产2亿元，挖掘镇级有效资源2.5亿元。安排农房改善资金5.9亿元，拆除农房8095户，新建安置点9个。投入1080万元实施四大工程，其中芦沟河450万元、肖荡社区180万元、生态浮岛270万元、建县路绿化180万元，栽植苗木485亩3.5万株。结合新型社区建设，配套新建“新农e站”5家。在九龙口淮剧小镇开设“遇建湖鲜”区域公用品牌专营店，搭建专班负责县域内优质农产品的销售工作。建粮公司实现销售收入4.1亿元。

1月1日，九龙口淮剧小镇开设“遇建湖鲜”区域公用品牌专营店　　（县新农投公司　供）

【建湖县国有资产投资管理有限公司】　以下简称县国投公司，成立于2009年12月，2021年10月正式实体化运营。县国投公司定位聚焦绿色金融，重点打造金融投资、产业基金、资产管理、融资担保、应急转贷五大板块，同步探索推进人力资源服务企业闭环工作，支持产业转型和重大项目建设，助推县域经济高质量发展。年内，新设建湖县创诚劳务派遣有限公司，对接纪委、编办、人社、财政等部门，推进机关事业单位编外用工劳务派遣合同签订工作。2022年底，县国投公司资产总额67.24亿元，负债36.16亿元，净资产31.08亿元，资产负债率53.78%。实体化运营后，县国投公司通过行政事业单位资产整合、司法竞拍及股权收购等方式收购县残联大楼资产、江苏有线股份1434.87万股、县农商银行股权1884.74万股；通过法院拍卖出资2.67亿元，收购上海神开公司13.07%股份，成为上市企业神开公司的第一大股东。设立5亿元名湖新兴产业基金，15亿元的汇悦新能源产业投资基金，参与设立100亿元工融汇创基金，3只产业基金分别投资耀宁、益佳通等6个项目，撬动落地总规模190亿元。权信公司为全县311户企业担保18.18亿元，在保余额17.27亿元，比上年增长64.48%；维企转贷公司为全县21家企业提供42笔应急转贷服务，转贷资金14.59亿元。

4月15日，县国投公司召开名湖基金第一次投决会　　（县国投公司　供）

【建湖县旅游发展有限公司】　以下简称县旅发公司，前身是建湖县九龙口旅游建设投资公司，成立于2017年11月，注册资本金16亿元，出资人为建湖县人民政府。2021年11月，重组建湖县旅游发展有限公司，是一家以旅游资源优化整合、旅游度假产业融合发展为主要经营内容的国有企业。2022年末，公司总资产110亿元，旗下拥有九龙口旅游管理服务有限公司、盐城市城韵文旅投资有限公司、沙庄文旅发展有限公司等10家全资子公司和1家参股公司，有员工500多名。年内，县旅发公司实现营业收入6500万元。以构建新型旅游目的地为发展方向，按照“总体规划、分步实施、创塑特色”的原则，围绕生态旅游、文化旅游、乡村旅游三大板块，整合全县文旅资源，放大“灵龙水乡、淮杂故里”生态文旅品牌效应，创建省级全域旅游示范区。投入20多亿元推进九龙口景区、淮剧小镇等重点项目建设，建湖旅游开发建设实现历史性跨越。公司贯彻落实国有企业三年改革行动方案要求，聚焦主责主业，围绕餐饮住宿、景区管理、综艺演出、绿化环保、农业旅游、劳务外包六大项目，推进实体化经营，创成AA信用等级企业。

【江苏榆城通建设开发有限公司】　以下简称榆城通公司，成立于2021年4月，由县城投公司与江苏通汇建设开发有限公司按照“资源共享、优势互补，互惠互利、共谋发展”思路合资组建，注册资本金10亿元，其中县城投公司以土地出资5.1亿元，占51%；江苏通汇建设开发有限公司以货币出资4.9亿元，占49%，注册地址为建湖县上冈镇。2022年4月，根据县委办、县政府办《关于部分县属国有企业优化整合的实施方案》，县城投公司名下拥有的公司51%股权无偿划转给江苏双湖投资控股集团有限公司。榆城通公司为县直管国有企业，独立向县委、县政府汇报工作，下设综合部、财务部、融资部、项目部，在职员工14人。项目建设主要围绕串场河整治和环境提升工程及榆西、大团安置房。串场河整治和环境提升工程于6月竣工验收并交付使用；串场河东岸设计“地景游园”“串场驿站”“体育公园”“文化游园”4个主节点和“扬帆起航”1个次节点，西岸提升复兴社区游园1个次节点。榆西、大团安置房占地总面积38万平方米，大团安置房于10月中旬封顶，榆西安置房年底封顶。完成授信批复2件，融资约21.65亿元。完善物品采购、印章管理等内部管理制度。出台《江苏榆城通建设开发有限公司党支部前置研究讨论重大事项规程》《江苏榆城通建设开发有限公司“三重一大”事项决策制度实施办法》等文件。

税务

【概况】 2022年，建湖县税务局紧扣组织收入工作主题，围绕市税务局“12345”总布局，落实“六个聚焦、六个着力”总体要求，即聚焦政治环境稳定，着力塑造风清气正的政治生态；聚焦发挥税收职能，着力服务经济社会高质量发展；聚焦提升治理能力，着力推动征管改革取得显著突破；聚焦维护税收安全，着力构建严密的风险防控体系；聚焦优化营商环境，着力构建税费服务新体系；聚焦事业长远发展，着力壮大高素质专业化人才队伍，瞄准争先、领先、率先奋斗指向，克难奋进，实干笃行，税收工作保持科学发展的良好态势，实现“十四五”良好开局。全系统获县级以上表彰3人次，1个单位获省、市、县青年文明号，县税务局被评为江苏省文明单位。

【税收收入】 年内，全县税务干部把抓好税源建设作为第一要务，强化部门和团队配合，严格监控日常税源，通过月度分析、季度推进等举措加强形势研判、强化税收征管，第四季度集中组织收入工作回头看，分行业开展税收整治，对接各板块，挖潜增收，形成协同共治合力，缩小税源缺口。全年完成税收一般公共（税收）预算收入26.2亿元，总量列全市第二位，增幅列全市第一位。入库社会保险费26.1亿元，非税收入22.44亿元，税收、社保费、非税收入“三驾马车”呈并驾齐驱态势。

【征收管理】 年内，县税务局对照省税务局50条、市税务局130条逐项比对评估，查漏补缺，按时完成税收征管改革中期评估上报工作。社保费征缴服务标准化模式平稳接轨，印花税法平稳落地，四项非税收入划转后平稳运行，创推“建湖特色”系列改革举措。建立风险预警指标库，加强对混凝土、排水板等高危行业，以及网络直播带货、医疗医美等新兴行业监管。混凝土行业专项整治实现税收收入102.97万元，建筑企业实现税收收入150.2万元，通过互联网“天眼查”APP、法律诉讼信息追缴网络直播个人所得税160.2万元。引导纳税人错峰申报、预约办税，保障办税服务窗口和电子税务局平稳运行。扩大“江苏税务”APP应用面，方便纳税人缴费人线上办税缴费，提升纳税人缴费人获得感、体验感。企业综合覆盖率99.88%，列全市第一位；个体综合覆盖率99.85%，列全市第一位；累计业务量47534次，列全市第一位、全省第四十一位；综合用户活跃度2.22，列全市第一位、全省排名第十五位。发挥税收大数据优势，运用集成理念和系统思维，自主研发出“涉税风险辅助体检”工具，走出一条管理与服务相融互通之路，相关经验做法被省税务局深化税收征管改革专题简报推介。牵头做好国家税务总局5C（税款征收、纳税服务、风险管控、税务检查、自我纠正及法律救济）、5R（领票、报税、缴税、退税、筹划）等指标监测维护，创推以引导式培训提升能力、递进式预警引领操作、盯盘式监管规范管理、清单式整改全程督导、嵌入式考评强化运用为主要内容的“五式”联动管理，较好实现“监控、预警、评价、改进、提升”五环相扣的税收征管质量监控新模式，促进代表征管基础质量的5C监控评价指标全面升级，逐步建立税费业务闭环治理新机制，县税务局5C监控评价指标连续6个月保持A等，在全市各县区领先。全面建立数据共享统筹协调机制，与相关涉税综治部门协同实现常态化、制度化数据共享。各成员单位在线上报涉税信息9251条，实现税收收入1955万元。

【减税降费】 县税务局落实组合式税费支持政策，以顶格标准加大组合式税费政策支持，实施人防+技防“防得准”、审核+稽查“打得狠”、线上+线下“退得快”退缓税策略，得到纳税人及地方党委政府肯定。年内，新增减税降费及退缓税费26.19亿元，其中办理留抵退税5.26亿元，缓税4.97亿元。支持现代产业体系建设，迭代发布十大制造业和十大研发重点领域税收优惠政策指引，办理出口退（免）税3.36亿元，为215家企业办理研发费用加计扣除减免税额1.49亿元。严密防范和严厉打击骗取留抵退税违法行为，缴回企业133家，追缴资金1700万元。

【依法治税】 县税务局防范税收遵从类和管理类风险，完善风险分析识别等各项监管机制，开展重点风险排查专项整治行动，全年完成应对任务348户次，补缴入库0.52亿元、应对总成效1.15亿元，总成效贡献率4.4%。探索实施“三位一体”稽查模式取得成效，立案检查案件29件，查补入库税款1690.99万元。开展打虚、打骗和打击骗取留抵退税工作，发出涉及虚开证明发票856份，金额1834.52万元，留抵退税检查成效369.74万元。加快案件检查进度，全年结案35件，结案率117.24%，列全市第三位。深化多部门一体化协同打击机制，向公安机关移送案件9起，震慑税收违法犯罪。开展纳税信用等级评定，严格落实信用修复机制，为18户纳税人办理信用修复，开展纳税信用动态预警提示提醒，帮助企业规避降低风险。年末，全县A级纳税人1430户，占9.23%，A级纳税人占比全市第一。

金融监管

【概况】 2022年，建湖县地方金融监督管理局（以下简称县金融监管局）聚焦金融服务实体经济，精准投放“增活力”，强化监测“防风险”，综合施策“稳大盘”，为全县经济社会高质量发展注入金融“活水”。年底，县内金融机构各项贷款余额603.33亿元，较年初增加108.3亿元，比上年末增长21.88%；各项存款余额786.47亿元，较年初增加78.56亿元，比上年增长11.1%；制造业贷款余额、普惠型金融贷款余额占贷款总余额比重分别为13.88%、20.91%，分列全市第一名、第三名；中长期贷款增幅33.42%，列全市第一名；普惠小微贷款利率较年初下降52BP。

【金融服务】 年内，县金融监管局建立企业上市“三个一”工作模式，搭建一个专班、印发一本手册、创建一个微信群，动态掌握企业上市最新进展情况，帮助解决企业上市过程中出现的堵点、难点、痛点问题；召开企业股改上市座谈会，举办全县企业上市（挂牌）专题培训班，组织专家团队走访重点企业。江苏剑牌农化股份有限公司在证监会排队审核；江苏博克斯科技股份有限公司处于待辅导验收阶段；道尔道科技股份有限公司4月完成股改，11月进入上市辅导期；新三板创新层企业江苏润达光伏股份有限公司11月中旬迁址建湖。县金融监管局举办政银企合作恳谈会，与22家金融机构签订五年1200亿元战略合作协议；开展普惠金融镇村行、实体经济园区行、金融服务乡村振兴等系列行动，解决企业融资需求26.54亿元；成立“N对1”为企服务金融工作专班，结合企业大走访活动，帮助72家企业解决资金需求7.55亿元；推广应用线上综合金融服务平台，新增授权企业1591户，投放贷款3850笔，撮合融资135亿元。

3月16日，举行建湖县政银企对接系列活动开发区专场（县金融监管局 供）

【金融政策执行】 年内，县金融监管局多措并举保障疫情期间金融惠企政策落地落实，加大中小微企业融资纾困力度，满足防疫抗疫企业融资需求，聚焦重点领域重大项目融资服务，强化对消费领域、乡村振兴及出口型企业的金融支持，发挥保险保障作用，鼓励金融机构主动向市场主体减费让利，推动地方金融组织履行社会责任，区别情况做好征信权益保护工作，提升金融服务便利化水平。至年底，融资纾困政策惠及680户中小微企业，延期还本付息39亿元。

【风险防控】 年内，县域金融生态评比名次进一步提升，无新发非法集资案件。县金融监管局全面梳理银行机构不良贷款情况，实行动态跟踪，引导银行机构综合运用现金清收、呆账核销、批量转让等方式合规处置不良资产，全县不良贷款率较年初下降0.6%，下降幅度位列全市第一。其中建湖农商行不良贷款率较年初下降0.49个百分点，中成村镇银行不良贷款率较年初下降

2.02个百分点，2家地方法人银行指标均达监管要求。

【行业监管】 年内，县金融监管局坚持扶优限劣原则，注销3家农民资金互助社，剩余1家已排定清退计划，协助东昇农村小额贷款公司发行全国首单委托代理模式小额贷款证券化产品。聚焦重点人群、重点领域、重点字样，组织防非专题宣传21次，开展农民合作（互助）组织非法集资风险排查、养老诈骗整治、含敏感字样企业拉网式摸排等专项行动。

审计

【概况】 2022年，建湖县审计局实施计划内审计项目21个，领导交办政府投资审计核查项目74个，审计查出问题资金47.99亿元，审计期间整改资金6561万元，提出审计建议和审计信息107条，获评全国节约型机关、江苏省文明单位、全市档案工作先进集体，获得2022年度全市审计系统综合考核第一等次第一名、全市审计机关“五个强审”（党建强审、改革强审、质量强审、科技强审和人才强审）先进集体，上冈镇经济责任审计项目获全省审计机关优秀审计项目一等奖，审计局主要负责人被评为全省审计系统“五个强审”先进个人。推动出台《建湖县领导干部自然资源资产离任审计实施意见》《关于进一步加强审计发现问题整改工作的意见》《建湖县国有企业和国有资本审计监督若干意见》等，审计工作的制度化、标准化、规范化水平新提升。举办全县第二期内审人员培训班，6名县级机关事业单位内审人员脱产参加项目审计跟班学习。

【预算执行审计】 在2021年度县本级预算执行及其他财政财务收支审计中，县审计局重点关注重大政策决策部署执行、“三重一大”决策执行、债务规模结构和化解、招商引资项目资金绩效、闲置土地和低效厂房清理及盘活、中央八项规定贯彻落实等情况，审计发现违规资金1.01亿元，管理不规范资金26.9亿元，追缴入库财政资金1.01亿元，提出开源节流、提升保障能力、硬化关键措施、提升风控能力、深化综合改革、提升治财实效等多条针对性的审计意见建议，被县政府及相关部门单位采纳，为推进全县经济高质量发展发挥审计作用。

【民生资金审计】 年内，县审计局迎战疫情防控，开展新冠疫情防控资金筹集和使用情况审计调查、疫情隔离酒店建设情况跟踪审计，为疫情防控政策落地和财政资金安全提供审计保障。围绕中央对基础教育的重大决策部署、国家教育发展规划，开展全县中小学教育专项审计调查，揭示教育领域突出问题和薄弱环节，通过审计成果运用推动教育改革发展、促进教育优质公平。开展全县养老服务体系建设政策措施落实情况专项审计调查，重点审计养老服务规划和保障机制建设、居家社区和机构养老服务政策落实、医养结合推进发展情况、养老服务兜底保障、老年人福利制度落实以及养老服务市场环境优化等6个方面，全面摸清全县养老服务需求和供给情况，以审计监督推动养老服务体系建设政策措施落地见效。组织实施全县农村公益性公墓建设管理审计调查，揭示擅自乱建公墓、公益属性回归不实、销售超标准墓穴、活人墓以及高价墓等违规问题，分析管理过程中存在的体制机制障碍，助力深入治理民生领域的“微腐败”。

3月28日，建湖县审计局审计人员查看某镇公益性骨灰堂建设管理情况 （王琳瑞 摄）

【经济责任审计】 年内，县审计局聚焦领导干部权力运行和责任落实，重点关注政策执行、经济决策、“三公”（政府部门人员因公出国出境费用、公务接待费、公务用车购置和运行维护费）经费支出、落实中央八项规定精神等情况，组织开展县城管局、人社局原主要负责人经济责任审计。推进“经济责任+自然资源资产”审计模式，对芦沟镇、沿河镇开展领导干部经济责任审计，融入开展领导干部自然资源资产审计，促进镇域环境和经济协调发展。全年完成5名党政领导干部经济责任审计，推促建立完善相关制度27项。

【政府投资审计】 年内，县审计局开展上冈新城项目建设和财务收支情况跟踪审计。做好全县长期未结算工程项目的清理见底工作，清理完成90.37%。助力全县资产收储工作，对全县15家工业厂房评估主体项目、1家工业厂房评估增补项目开展审计。服务非遗文化传承发展和“暖心工程”建设，开展建湖县杂技传承基地（江苏省杂技团）决算审计、上冈产业园复兴安置房三期工程决算审计。

【审计整改】 县审计局发挥审计“治已病、防未病”作用，推动2020年度县本级预算执行及其他财政收支审计发现问题整改65个，整改率89%。组织协调完成2021年省市审计机关对建湖县实施4个审计项目查出问题的整改工作，针对审计发现管理中的薄弱环节，推动相关部门单位修订补充和完善管理制度70项，4人被追责问责。

【投资审计转型】 县审计局围绕推进政府投资审计转型发展，探索投资审计工作的科学路径，以工程项目数据标准化为出发点，创新推进政府投资工程智慧审计系统建设，构建自工程项目立项、招投标、建设管理、验收至项目竣工结算全过程的数据互联互通体系，推动投资审计规范化、制度化、科学化管理，为全市投资审计转型勇探新路。

统计

【概况】 2022年，全县统计部门加强数据分析研判、推进统计服务，强化统计队伍建设和业务培训，夯实统计基层基础，多措并举开展法治宣传、涵养统计法治

11月9日，县统计局召开综合考核统计指标培训工作会议 （县统计局 供）

良好生态，为全县经济高质量发展提供坚实优质的统计保障。县政府印发《关于进一步加强全县统计基层基础建设工作的实施意见》，为各镇（街道、区）加强统计基层基础建设提供政策依据，全县14个镇（街道、区）配备专职统计人员41人。县统计局采取综合业务培训、条线业务培训、重点业务培训相结合方式，加强业务指导，巩固培训效果。开办10个班次的统计业务培训班，培训对象涵盖全县所有镇（街道、区），培训1000余人次。

【统计指标】 2022年，全县实现地区生产总值710.4亿元，按可比价格比上年增长4.9%。其中，第一产业增加值60.83亿元，比上年增长3.6%；第二产业增加值302.96亿元，比上年增长6.6%；第三产业增加值346.61亿元，比上年增长3.7%。三次产业增加值比例为8.6:42.6:48.8。实现一般公共预算收入37.65亿元，比上年增长9%。规模以上工业增加值比上年增长9.6%。固定资产投资比上年增长15.9%，其中工业投资比上年增长11.6%。社会消费品零售总额239.68亿元，比上年增长3.6%。

【执法监督】 年内，县统计部门加强法治建设，深入宣传统计法律法规，开展专项整治行动，营造依法统计良好生态。创新统计法律法规宣传形式，利用微信、政务公开等新媒介，提高调查对象和社会工作统计法律意识。利用统计业务培训会、年报会等载体，把统计法律法规知识列入必讲内容，促进统计法律法规宣传入脑入心、走深走实。利用统计执法检查宣传法律法规，对50家企业开展统计执法检查。对企业现场开展业务辅导，宣讲解读统计法律法规，帮促企业牢固树立法治意识，严格按照统计法律从源头把控提高数据质量。开展统计造假不收手不收敛问题专项纠治自查工作，将专项纠治工作任务细化为五大类型、33项具体任务，分解落实到部门、科室，层层压实责任。排查2017年以来全县统计执法案件案卷159份、各专业条线下发反馈的数据查询有关证据资料720条、2021年的入退库单位305家，高质量完成专项纠治工作任务。

【统计服务】 年内，县统计局深化地区生产总值统一核算改革，联合发改、工信、商务、科技、文旅、交通、财政、教育、卫生等相关部门，加大对平台企业尤其是地区生产总值核算行业企业重点指标的监测力度，

加强与税务等部门进行指标比对，每月制定各项基础指标情况实现清单，查找薄弱环节，实时沟通交流，强化指标反馈，狠抓协同推进，为全县地区生产总值核算提供支撑。面对国际环境变化及新冠疫情带来的影响，县统计局加强对经济苗头性、趋势性问题监测预警，定期向县委、县政府提供经济运行分析报告，提出观点鲜明、针对性强的决策建议。向县委、县政府报送各类经济数据指标信息、分析材料8篇，向各镇各部门提供数据咨询300余次，核查企业数据6万余条。完成工业、建筑房地产、批零住餐、服务业、能源、劳动工资等1000多家“四上”企业（规模以上工业企业、资质等级建筑业企业、限额以上批零住餐企业、国家重点服务业企业）和100多家规下抽样调查单位统计年报及月度报表报送，报表上报率100%。完成基本单位、数字经济、劳务外包、光伏发电发展、农业生产、产业融合等多项统计调研任务。

【居民收入】 2022年，建湖县全体居民人均可支配收入为37207.9元，比上年增加2043.1元，增长5.8%。城镇居民人均可支配收入44542.2元，比上年增加2225.8元，增长5.3%。其中，工资性收入26456.6元，占59.4%；经营净收入5517.7元，占12.4%；财产净收入4466元，占10%；转移净收入8101.8元，占18.2%。农村居民人均可支配收入27477.9元，比上年增加1662.5元，增长6.4%。其中，工资性收入11673.2元，占42.5%；经营净收入8690.7元，占31.6%；财产净收入829.5元，占3%；转移净收入6284.4元，占22.9%。

【居民消费】 2022年，建湖县全体居民人均消费支出20581.6元，比上年增长4.9%。城镇居民人均消费支出23012.8元，比上年增长3.9%。其中，衣着消费支出2104.8元，比上年减少2.4%；食品烟酒消费支出6600.5元，比上年增长5%；居住消费支出5792元，比上年增长6.2%；交通通信消费支出3041.5元，比上年增长6%；医疗保健消费支出1100.4元，比上年增长4.3%；文教娱乐消费支出2545.8元，比上年减少3.7%。农村居民人均消费支出17356.2元，比上年增长6.3%。其中，衣着消费支出1183元，比上年减少3.1%；食品烟酒消费支出5398.6元，比上年增长7.7%；居住消费支出3621.7元，比上年增长6.1%；交通通信消费支出2218.4元，比上年增长9.2%；医疗保健消费支出1588.3元，比上年增长12.6%；文教娱乐消费支出1580.4元，比上年减少4.9%。

【恩格尔系数】 指居民食品烟酒类消费占消费总支出的比重。2022年建湖县全体居民恩格尔系数为29.6%，比2021年增加0.4个百分点。

表17　　2022年建湖县全体居民人均可支配收入

指标名称	2022年（元）	2021年（元）	比上年增长（元）	增长率（%）
可支配收入	37207.9	35164.8	2043.1	5.8
一、工资性收入	20102.7	18946.8	1155.9	6.1
二、经营净收入	6881.5	6615.4	266.1	4.0
第一产业经营净收入	2367.8	2323.6	44.2	1.9
第二产业经营净收入	1076.2	1027.6	48.5	4.7
第三产业经营净收入	3437.5	3264.2	173.3	5.3
三、财产净收入	2903.0	2853.8	49.2	1.7
利息净收入	698.5	348.0	350.5	100.7
房屋虚拟租金	1715.2	1564.0	151.2	9.7
四、转移净收入	7320.7	6748.9	571.8	8.5
养老金或离退休金	3896.1	3741.3	154.9	4.1
家庭外出从业人员寄回带回收入	3107.0	2898.3	208.7	7.2
赡养收入	940.3	304.1	636.2	209.2

表18　　2022年建湖县城镇居民人均可支配收入

指标名称	2022年（元）	2021年（元）	比上年增长（元）	增长率（%）
可支配收入	44542.2	42316.4	2225.8	5.3
一、工资性收入	26456.6	25064.3	1392.3	5.6
二、经营净收入	5517.7	5330.0	187.7	3.5
第一产业经营净收入	493.3	472.8	20.5	4.3
第二产业经营净收入	1246.4	1195.6	50.8	4.3
第三产业经营净收入	3778.0	3661.6	116.4	3.2
三、财产净收入	4466.0	4419.3	46.7	1.1
利息净收入	876.8	618.3	258.5	41.8
房屋虚拟租金	3008.0	2760.3	247.7	9.0
四、转移净收入	8101.8	7502.8	599.1	8.0
养老金或离退休金	5345.9	5110.8	235.1	4.6
家庭外出从业人员寄回带回收入	3804.4	3033.6	770.8	25.4
赡养收入	82.9	21.4	61.5	286.8

表19　　2022年建湖县农村居民人均可支配收入

指标名称	2022年（元）	2021年（元）	比上年增长（元）	增长率（%）
可支配收入	27477.9	25815.4	1662.5	6.4
一、工资性收入	11673.2	10949.0	724.2	6.6
二、经营净收入	8690.7	8295.8	394.9	4.8
第一产业经营净收入	4854.6	4743.2	111.5	2.3
第二产业经营净收入	850.3	808.0	42.3	5.2
第三产业经营净收入	2985.8	2744.6	241.2	8.8
三、财产净收入	829.5	807.2	22.3	2.8
利息净收入	462.0	193.0	269.0	139.4
四、转移净收入	6284.4	5763.3	521.1	9.0
养老金或离退休金	1972.8	1950.8	22.0	1.1
家庭外出从业人员寄回带回收入	2181.9	2721.4	−539.5	−19.8
赡养收入	2077.7	841.0	1236.7	147.1

表20　　2022年建湖县各镇（街道、区）农村居民人均可支配收入

镇（街、区）	2021年（元）	2022年（元）	增长率（%）
近湖街道	28598	30469	6.54
上冈镇	22753	24221	6.45
建阳镇	24629	26193	6.35
颜单镇	22707	24131	6.27
恒济镇	23111	24595	6.42
庆丰镇	24765	26383	6.53

续表20

镇（街、区）	2021年（元）	2022年（元）	增长率（%）
九龙口镇	23456	24955	6.39
高作镇	23159	24658	6.47
芦沟镇	22734	24208	6.48
沿河镇	22449	23870	6.33
冈西镇	21219	22592	6.47
宝塔镇	19757	21004	6.31
开发区	28289	30145	6.56
高新区	26236	27960	6.57

市场监督管理

【概况】 2022年，建湖县市场监管局紧扣“推进高质量监管、助力高质量发展”主题，践行“守住底线、营造环境、规范竞争、提升质量、促进发展”思路，围绕“全市站排头、全省进位次、全国有影响”目标定位，高效统筹疫情防控和市场监管工作，推进质量工作成效明显，获省政府真抓实干成效明显督查激励。优化营商环境，开展“稳经济增长、保市场主体”行动，从10个方面制定助企纾困稳企强链20条措施，为企业解决实际问题98个。坚决守住市场监管领域安全底线，强监管、严执法，统筹抓好食品、药品、工业产品和特种设备“四大安全”，为全县经济社会安全稳定发展保驾护航。

8月29日，江苏今世缘酒业股份有限公司为县市场监管局综合行政执法大队赠送锦旗 （县市场监管局 供）

【登记注册】 县市场监管局深化“证照分离”“一业一证”“一件事”等改革，推进市场主体登记注册规范化、标准化、便利化。年内，新登记注册个体工商户4594户、农业专业合作社4户，发放食品经营许可证1193份。进驻政务服务中心窗口，办理电梯、起重机械、锅炉、压力容器、叉车等各类特种设备使用登记835件，新办和复审特种设备作业人员证217份，发放焊工证98份，办理计量标准核准9件、药品经营许可66件、医疗器械经营备案81件。严格执行“证照分离”改革措施，发放审批改备案食品经营办件251件、小食杂经营告知承诺28件、餐饮服务和小作坊经营优化审批服务234件。联动县行政审批局推进便利店和药店“一件事”改革，协同完成便利店和药店“一件事”行业综合证发放120余份。

【综合监管执法】 县市场监管局深入推进“双随机、一公开”监管，促进跨部门“双随机、一公开”监管常态化，实现市场监管领域监管全覆盖。年内，制定出台《2022年度全县部门联合“双随机、一公开”监管计划》，发挥“进一次门、查多项事”综合监管优势，实现“对诚信守法者无事不扰”。开展跨部门联合抽查57次。市场监管领域“双随机、一公开”经验做法，被《中国质量监管》作为创新经验推介。探索校园食堂、敬老院食堂智慧监管，相关做法被《江苏营商环境动态》内刊推介。县市场监管局聚焦群众反映强烈的十大类问题开展“铁拳”专项整治行动，推进医疗美容行业突出问题治理，依法打击养老诈骗行为，作出行政处罚决定案件337件。严格执行市场监管免罚轻罚规定，办理免罚轻罚案件47件，依法减轻、免除处罚负担345万元。

【消费者权益保护】 县市场监管局畅通消费维权渠道，发布典型案例，发起消费倡议，深化放心消费创建，引导消费者提高维权能力。年内，受理各类投诉举报3519件，比上年增长39.58%，按时办结率100%。建立疫情类诉求快速反应办理机制，做到“一小时签收，一日内办结反馈”，办结涉疫工单50件。在“3·15”国际消费者权益日，围绕“共促消费公平维权年”主题，联合县司法局、消防救援大队、烟草专卖局在市民广场开展宣传活动，通过悬挂横幅、展板展示、2021年典型案例发布、接受咨询和投诉答疑等方式开展宣传，现场发放宣传资料500余份，接受消费者咨询100余人次，受理投诉举报5件次。出台《2022年建湖县放心消费创建工作方案》《关于开展美丽乡村放心消费创建活动方案》，依照放心消费创建考核验收标准，开展各项创建工作，指导帮助9家单位创成2022年度江苏省放心消费创建示范单位和区域。

【价格监测】 县市场监管局联合县发改委持续加强涉企收费和民生领域价格监管，严厉打击违法违规行为。年内，加强涉疫物品价格检查，出动检查人员3487人次，检查（巡查）各类市场主体1097家。对经营单位负责人进行价格政策提醒和告诫，发放《疫情防控价格政策提醒函》《关于进一步规范2022年元旦春节期间价格行为的提醒告诫函》6000份，行政约谈37户。受理群众对价格和收费方面的举报投诉10件，办结率100%，满意度100%，维护群众的合法权益。开展涉企违规收费专项行动、夏粮收购专项检查、教育收费专项检查、涉批中介服务收费检查、行业协会商会收费“回头看”和新农村燃气安装收费调查。

【农贸市场管理】 2022年底，全县有农贸、批发市场28个，其中县城市场11个、乡镇市场17个，场内经营者1312户，市场成交额近56亿元。建设农贸市场标准化快检室13个，对畜禽产品、水果蔬菜、水产品、米面制品四大类产品常态化开展快速检测。按照《建湖县市场监督管理局创建文明城市农贸市场整治实施方案》，围绕“垃圾不落地、车辆不占道、摆放不出台”要求，开展农贸市场环境秩序专项整治，市场监管干部驻场强化农贸市场日常管理，规范农贸市场经营管理行为。组织编写《龙祥批发市场管理手册》，厘清属地政府和监管部门职责，形成齐抓共管合力。

【广告监管】 县市场监管局聚焦医疗、药品、保健食品、房地产、教育培训、投资理财等涉及民生领域，加大广告监督管理力度。全年，监测广告5870条次，发现违法广告9条次，责令改正8条次。开展广告突出问题专项治理，以日常监管、专项整治、投诉举报、上级转办等渠道拓展案件线索，组织执法办案力量依法依规严格处置，出动执法人员97人次、执法车辆37辆次，检查国道省道、公交站台、车站、集贸市场、商场超市、大型立柱、电子展示屏等户外媒体31处，查处违法广告案件7例。开展借重大政治活动进行商业营销炒作专项整治，对传统媒体和新媒体广告每日监测报告、及时预警处置，坚决校正广告宣传市场导向。加强非法金融活动广告监管，联合县城管局对县城市场主体的门店招牌、标识、广告宣传贴字等进行排查，拆除和清理2家非法金融广告。开展药店、门诊药品广告清理整顿工作，检查药店97家，门诊46家，约谈药店5家。将楼顶户外广告整治列入为群众办实事的重点项目，组织力量排查摸底，列出县城区305块楼顶户外广告牌的整治清单，采取“先集体、后个人”的整治办法，落实整治责任，规定拆除时限。至年底，305块楼顶户外广告牌被拆除，拆除面积6300多平方米。

6月13日，城市管理综合行政执法大队整治楼顶户外广告牌 （李钧 摄）

【质量监管】 县市场监管局围绕服务发展，深入实施质量强县工作。年内，盐城崇达石化机械有限公司获评“盐城市市长质量奖提名奖”和省工业企业质量信用AAA级企业。开展服务石油机械产业链专项行动，为132家石油机械企业提供检验检测服务，出具报告1600余份，达成检企合作项目7个。加强质量监督管理，重点突出风险高、隐患多、易发生事故的燃气灶具、电动自行车改装、儿童和学生用品、成品油等关乎民生产品，对24类90批次的工业品和消费品实施县级监督抽查。对抽查中发现的21件不合格产品提供质量诊断分析，开展质量技术帮扶，查找原因，督促整改到位，推动企业产品质量提升。开展电动自行车、重点工业产品、化肥等多个质量安全行动，组织各分局将《建湖县市场监督管理局关于开展燃气器具及配件产品质量安全专项整治的通告》发放给辖区相关市场主体，发放宣传材料200份。

【特种设备监管】 年内，县市场监管局开展特种设备专项治理，检查特种设备使用单位442家，排查事故隐患546条，立案查处2起特种设备违法行为。开展电梯安全质量提升行动，联合特检盐城分院对57台12年以上的老旧电梯进行排查，督促整改问题隐患70个。深化燃气安全专项整治，建立全县411千米燃气管道基础管理台账，定期检验42.6千米燃气管道，为出站液化气钢瓶安装二维码，完成信息上传24.5万条。联合市市场监管局在上冈产业园举办2022年盐城市压力管道燃气泄漏应急救援演练。

【食品安全监管】 县市场监管局加强从田头到餐桌全过程监管，严格食品生产经营日常监管。开展食品安全“守底线、查隐患、保安全”专项行动，年内检查重点领域食品生产经营主体6929家，抽检食品3656个批次，查处相关违法行为为251起。实施校园阳光餐饮工程，明厨亮照率100%。推行食用农产品规范管理“明白卡”制度，引导8家企业通过食品安全先进管理体系论证，培育省“名特优”食品小作坊7家。在农贸市场开展“你送我检、你点我检”便民检测服务，守护百姓“菜篮子”，检测样品3034批次。建立健全末端发力终端见效工作机制，将6119个食品主体包保督导责任落实至县镇村324名干部。创新“网格+食品安全”管理模式，选聘农村食品安全信息员248名。加强食品安全风险监测，食品监督抽检量7批次/千人，食源性疾病病例监测报告率100%。开展食品安全事故应急演练，提升突发事件应急处置能力，核查处置食品安全举报投诉797件。

【药品医疗器械监管】 年内，县市场监管局强化药械日常监管，检查药械经营使用单位1425家次，督促整改问题154条，抽检药品82批次、化妆品43批次。以疫苗、生物制品、含麻黄碱复方制剂、糖尿病和高血压等慢性病常用药、无菌和植入类医疗器械、疫情防控医疗器械、新冠病毒核酸检测试剂、体外诊断试剂、儿童化妆品等为重点品种，围绕药械经营使用单位产品的进货渠道、供货方资质、标签标识、储存条件等开展检查，规范经营使用行为。联合县医保局对90家零售药店开展“双随机、一公开”监督抽查。组织开展药品安全专项整治暨“雳剑-2022”专项行动、药品经营和使用专项检查、医疗器械质量安全隐患排查整治、医美机构经营使用化妆品监督检查等工作，立案查处药械违法案件22起。健全药品、医疗器械和化妆品不良反应（事件）监测评价体系，完成药品不良反应报告637例，药物滥用监测报告76例，医疗器械不良事件报告276例，化妆品不良反应报告62例。

【计量监督】 年内，县市场监管局组织开展春节期间专项计量监督检查工作，对加油站、超市、农贸市场、餐饮场所、粮食企业称重计量器具进行检查，维护群众利益，规范市场计量行为。完成强制检定计量器具使用单位“双随机、一公开”监督检查42次。联合县供电公司、自来水公司、燃气办等部门开展“5·20”世界计量日宣传活动，在市民广场发放计量宣传手册327本，现场解答群众咨询52人次。

【标准化建设】 年内，县市场监管局推进标准化工作，获批1个省级战略性新兴产业标准化试点项目，盐城神海机械有限公司制定的“舰船用冷水机组规范”，制定和推广“建湖大米”团体标准，助力打造农产品区域公共品牌。发布盐城崇达石化机械有限公司制定的“固井压裂柱塞泵液力端总成”团体标准1项。盐城神力制绳公司主导制定的国际标准获批立项，实现全市主导制定国际标准“零”的突破。

【规范电商经营】 年内，县市场监管局密切关注网络平台经营活动中存在的突出问题，举行电商平台经营行为合规指引座谈会，发放《中华人民共和国电子商务法》《网络交易监督管理办法》宣传单231份。开展违规网络平台经营活动线索排查，重点排查虚假折扣误导消费者、促销活动中进行虚假宣传、通过“刷单炒信”虚构自身商誉或以恶意评价损害其他经营者商誉、平台经营者捆绑销售、限制平台内经营者参加其他平台的促销活动、强迫商家“二选一”等突出问题。利用“江苏省网络交易中心监测系统”“网监宝”网络交易监测平台开展“清风行动”“铁拳行动”“违法营销宣传”等5次20多个关键词的专项监测，甄别1000余条数据。及时处置国家市场监督管理总局“网络交易监测监管五级贯通系统”监测到的8条涉嫌违法数据。全年查办利用网络平台涉嫌发布虚假广告和欺骗消费者等违法案件13起，处理举报3件，案件移送1起。

【知识产权保护】 2022年，全县净增有效发明专利122件，有效发明专利总量897件，其中10年（含）以上高维持年限有效发明专利113件。新增注册商标1047件，有效注册商标总量13604件。其中，中国驰名商标13件，地理标志商标8件。“建湖虾稻米”注册为地理标志证明商标，1项专利获市政府专利银奖。推动银企合作，完成知识产权质押融资1.06亿元。推进知识产权管理规范化，新增省级贯标备案企业17家、绩效评价企业1家。开展维权援助服务，专利侵权纠纷行政裁决案件结案14件、知识产权维权援助案件结案4件。4月，县政府出台《关于推进知识产权高质量发展的激励措施》，激发企业创新活力，促进知识产权高质量发展。4月20—26日，县市场监管局围绕“全面开启知识产权强国建设新征程”主题，开展2022年知识产权宣传周活动。在市民广场设置咨询台，9个基层分局在辖区同步开展宣传活动，发放宣传材料821份，接受企业和群众咨询91人次。年内，县委宣传部多次召开“扫黄打非”推进会、业务培训会、工作联席会等专项会议，部署版权保护工作。与落实基层党组织意识形态工作责任制、精神文明建设、综合治理、公共文化服务等工作同布置、同推进，在全县248个基层站点张贴版权保护宣传海报，发挥站点人员扎根基层、贴近群众、教育引领作用，稳固基层宣传思想公共文化阵地。利用微信公众号、微信群、电子大屏等媒体，通过版权知识图片展、张贴版权海报等方式，宣传《中华人民共和国著作权法》、知识产权保护、作品版权保护等相关法律知识。开展“4·26”系列活动，推进知识产权宣传进校园、进书城、进媒体、进企业、进农村、进社区、进网站。制作“建湖有戏”品牌卡通形象《淮娃说“扫黄打非”》《护苗绿书签行动倡议书》等版权保护主题原创短视频，被国家平台“绿书签”微信公众号刊载。开展“阅读向未来”护苗手抄报大赛、“护苗”开学第一课、“护苗2022·绿书签”进校园等系列版权保护主题活动，入选“全国扫黄打非”工作动态，8篇信息在省级以上平台刊载。协作联动，净化文化环境长抓长管。建立联防协作机制，联合公安、文旅、市监、卫健委、消防大队、邮政管理公司、文化市场综合执法大队等单位，多次对校园周边书店、印刷企业、影院、寄递渠道和宗教场所进行专项检查，净化文化市场环境，依法规范经营秩序，通过现场普法、政策宣传、信息推送等途径，引导从业人员增强守法经营意识，恪守主体责任。全年专项检查8次，出动检查人员78人次，检查各类经营单位102家次，查缴侵权盗版书刊、盗版教辅教材65本，打击各类违规经营活动，规范文化市场健康有序发展。

【个私协会】 年内，县个私经济协会联合县市场监管局等部门开展“小个专”党建、食品生产安全、知识产权保护维权、惠企融资等教育培训，提升个体私营企业自主发展能力。通过报刊、微信公众号等媒体宣传党和国家鼓励个体私营经济发展的各项政策措施。印发“诚信经营、抗疫防控、复工复产、乡村振兴”等倡议书，提升个私协会工作人员和个私企业从业人员法治意识、奉献精神。走访个体工商户、老字号企业和会员企业105家，联合报纸、杂志到企业开展专题采访和主题宣传活动，深入了解个体私营企业的经营状况、困难问题和意见诉求，将相关信息反馈至政府有关部门，有针对性地帮助个私企业纾困解难。将“小个专”党建作为帮助市场主体纾困解难的重要举措，成立“小个专”综合党委，在9个基层分局设立“小个专”党建工作指导站，发挥基层分局职能作用，指导辖区内“小个专”党组落实党建工作。

接轨长三角

【概况】 2022年，建湖县贯彻落实习近平总书记关于推进长三角一体化发展重要讲话和对江苏工作重要指示精神，全面落实省市各项决策部署，紧扣一体化和高质量目标要求，更高质量推进长三角一体化发展深度接轨上海。出台《2022年全县推进长三角一体化发展深度接轨上海工作要点》，编制对接苏州吴江区、高新区工作计划，细化分解年度目标，压实接轨责任，形成推进合力。县委、县政府重视接轨上海工作，主要领导常态化到上海、苏州、无锡等地开展招商推介活动。建湖县“九龙口大闸蟹”入选省农产品区域公用品牌目录，在上海举办高铁冠名活动。加强与长三角地区文旅合作，建成九龙口综合提升项目、荷花漫项目，完成淮剧小镇二期基建，九龙喜事、喜鹊湾等重要节点建成开放，淮潮大街、百戏小街部分业态植入。建湖县人民医院与江苏省人民医院疼痛科潘寅兵教授签约成立名医工作室，建湖中专与南京工业职业技术大学、南京交通职业技术学院、江苏经贸职业技术学院签订中高职合作协议。

【合作共建】 年内，建湖县与上海嘉定工业区、漕河泾开发区、苏州吴江区、高新区等园区共建合作。学习借鉴上海、苏州等地先进管理理念、产业发展经验和优化营商环境做法，提升园区建设工作成效，落户上海项目30个、苏州项目18个。1月27日，在苏州举办建湖（苏州）战略合作签约活动和产业合作推介会，集中签约项目13个，计划总投资33.9亿元。8月19日，建湖（苏州）产业合作推介会在苏州举办，集中签约34个项目，总投资146亿元。11月4日，“相约长三角·奋进新征程”苏州高新区（虎丘区）与建湖县合作共建恳谈会在苏州举行。建湖县人民政府与苏州市高新区（虎丘区）签订合作共建协议；建湖开发区与浒墅关开发区、建湖高新区与苏州科技城分别签署合作协议。11月5日，“相约长三角 奋进新征程”2022建湖（长三角）招商推介会在苏州高新区举行。年产12吉瓦光伏电池片等22个项目集中签约。全年，新开工超亿元长三角项目71个，总投资341.6亿元，其中润阳年产14.2吉瓦N型电池片投资68亿元、益佳通磷酸铁锂动力电池项目投资60亿元，耀宁12吉瓦时动力储能电池项目投资102.3亿元。新实施长三角地区产学研合作80项、长三角地区共建创新载体11个，引进长三角地区科技副总23名。与长三角旅游企业签订合作协议10项，长三角游客比上年增长16.5%。

招商引资

【概况】 2022年，建湖县锚定高端装备、新能源、电子信息三大主导产业发展方向不动摇，重点培育晶硅光伏、动力及储能电池、石油机械、新能源汽车零部件、集成电路、光电显示六条产业链，坚持有链强链、无链建链、短链延链，实现产业链从“零散”到“链式”、从“链式”向“集群”拓展。紧盯龙头央企、知名民企、上市公司，招引一批科技含量高、增加值率高、财税贡献高、能耗强度低的优质项目。项目落户标准严格执行亩均投资300万元以上、亩均产出200万元以上、亩均税收10万元以上标准，新招引的重大项目和新征地项目落户建湖开发区、建湖高新区主园区，总投资5000万元以下或用地50亩以下的工业项目不单独供地。发改、工信、环保等部门要配合招引单位审查项目投资主体，10亿元以上重大项目可委托第三方专业机构评估。每月15日前召开项目评审会，评审亿元产业项目不少于15个；县委、县政府分管领导主持召开联合评审会议，对拟签约项目的产业政策、生产工艺、投资强度、产出效益、能源消耗、环境容量、市场前景进行充分论证，出具联合评审意见。全县新签约亿元以上产业项目123个，其中10亿元以上18个；新开工亿元以上产业项目121个，其中10亿元以上9个；新竣工超亿元产业项目56个，其中10亿元以上2个。三大主导产业、六条重点产业链分别签约亿元以上产业项目84个、50个，分别占全县的68.3%、40.7%。开展农业农村重大项目“提质增效年”活动，实施农业农村重大项目25个，其中新建项目22个，续建项目3个，年度计划投资7.36亿元，实际完成7.17亿元。总投资1亿元的大地禾10万吨粮食加工项目、1.8亿元的聚康预制菜加工项目建成投产。正源创辉水产品加工项目被评为全省农业农村重大项目示范项目。

【招商队伍】 2021年起，建湖县围绕三大主导产业和六条重点产业链分别成立工作专班，由县发改委、工信局主要负责人担任组长，聘请重点企业负责人担任顾问，做好产业研究等工作。组建36个108人专业招商组和3支外资招商组，明确6支产业链招商组，重点推进产业链项目招引。注重招商队伍管理，每日通报招商人员出征打卡情况，每月通报板块主要负责人出征情况，每季度组织一次招商培训，定期考核招商人员，将招商热情不高、能力不强、实绩不佳人员调出招商团队，补充一批招商新成员，形成优胜劣汰工作导向，打造年轻化、专业化招商队伍。至年底，招商团队中35周岁以下人员77人，占71.3%；具有法律、英语、财务等专业特长人员57名，占52.8%。

【项目投入标准】 年内，县委、县政府分管负责人每月牵头召开项目预审会，组织发改、工信、财政、环保等部门，对拟签约项目产业政策、生产工艺、投资强度、产出效益、能源消耗、市场前景等进行论证，出具联合评审意见，确保项目达到“321”标准，即新征地项目以亩为单位计算经济效益，每亩投入300万元以上、每亩开票销售200万元以上、每亩税收10万元以上；利用闲置厂房项目以平方米为单位计算经济效益，每平方米投入3000元以上、每平方米开票销售2000元以上、每平方米税收100元以上，杜绝“两高”（高耗能、高排放）项目，引进一批增值率高、含金量高、含绿量高、含碳量低的优质产业项目。全年，组织评审重大项目108个，比上年增加17个；其中10亿元项目16个，比上年增加10个。

【项目挂钩服务】 年内，建湖县围绕签约率、开工率、竣工率、投产率、达效率“五率”导向，加强项目全生命周期管理，建立重大项目县领导挂钩服务机制，实行挂图作战，重抓厂房建设、设备进场、产品下线等关键节点，帮助解决项目推进过程中遇到的审批服务、要素保障、资金争取等问题。每月督查通报重大项目进度，纳入月度“红蓝旗”考核评比，倒逼各板块各部门落细落实项目服务推进责任。7个列市重大项目开工达时序进度。县发改委（招商办）建立在手项目信息库和信息化管理平台，实行首谈报备、信息确认、动态调整机制；5亿元以上项目由项目招引镇（街道、区）、发改、工信、环保、财政、审计、税务等共同甄别；10亿元以上项目由县领导带队调研论证，明确1名县领导挂钩服务；县领导每月听取重大项目招引信息情况汇报，建湖开发区、建湖高新区每月推荐1个10亿元以上项目信息，提请县领导实地拜访。每月15日前召开项目评审会，每次评审亿元以上产业项目不少于15个，其中建湖开发区、建湖高新区主园区分别不少于5个；论证拟签约项目产业质效、科技水平、投资强度、环境容量、能耗需求、产出效益等。突出重点抓转化。把签约率、开工率、竣工率、投产率、达效率作为检验项目成效的重要标尺，评审项目3个月内未签约、签约项目6个月内未开工（新征地项目不超过1年）、开工项目3个月内未列统的，在月度“流动红蓝旗”考核时不予计算，年度考核转化率时予以扣分。持之以恒抓列统企业。每月底通报市重大项目、10亿元以上项目、5000万元以上投资平台项目三类重点清单；对手续不全尚不能列入市发改委5000万元平台项目，优先列入统计平台，可先在统计平台申报列统，做到项目应入尽入、投资额应统尽统。

表21

2022年全县亿元以上签约项目选介

单位：万元

序号	引进单位	产业类别	项目名称	投资主体	项目建设内容	计划总投资	落户地	预审时间	签约时间	开工时间
1	高新区	工业	光伏焊带	无锡长亮光电科技有限公司	拟租赁园区闲置厂房5000平方米，购置30台（套）光伏焊带一体机，新上年产1200吨光伏组件焊带制造项目，项目投产后可实现开票销售2亿元，税收400万元	10000	高新区	2022.03	2022.03	—
2	开发区	工业	年产14.2GW-N型电池片	江苏润阳新能源科技股份有限公司	用地420亩，新建厂房及附属设施18万平方米，购置制绒、Diffusion、LPCVD、丝网印刷等设备253台套，新上26条TOPCon生产线。项目投产后，可形成年产13吉瓦-N型电池片的生产能力，实现年开票销售180亿元，税收6亿元	680000	开发区	2022.04	2022.04	2022.10
3	开发区	工业	智能终端设备生产	深圳市梓鑫实业有限公司	利用现有厂房1万平方米，装修无尘车间约5000平方米；新购各型设备约5000万元，搬迁设备约3000万元。项目投产后，可实现年开票销售超3亿元，税收1000万元	12000	开发区	2022.03	2022.03	2022.05
4	高新区	工业	12GWh方形磷酸铁锂动力电池及PACK	安徽益佳通电池有限公司	征地500亩，建设厂房（含配套设施及附属用房）面积约16.2万平方米，其中厂房建设面积约14万平方米，购置涂布机、注液机、冷水机等设备约380台（套），项目建成后，可实现年开票销售120亿元，税收6.6亿元	600000	高新区	2022.02	2022.01	2022.10
5	高新区 颜单镇	工业	年产10GW单晶硅片（二期）	青岛高测科技股份有限公司	征地118亩，新建厂房5.3万平方米及附属设施5000平方米，设备投资约5亿元，购置粘棒机、切片机、脱胶机等设备约200台（套）。项目建成后，年可实现开票销售45亿元，纳税1.3亿元	110000	高新区	2022.04	2022.04	2022.04
6	高新区	工业	年产2亿平方米电动汽车用锂电池隔膜	江苏摩尔新能源科技有限公司（河南福懋）	租赁高新区孵化器B区4号厂房约9000平方米，并进行装修改造约3000万元，新购置设备约7000万元。项目建成后，可实现锂电隔膜年产能达2亿平方米，年可实现销售3亿元，纳税1500万元	10000	高新区	2022.03	2022.03	2022.10

续表21

序号	引进单位	产业类别	项目名称	投资主体	项目建设内容	计划总投资	落户地	预审时间	签约时间	开工时间
7	高新区	工业	光伏运维机器人	江苏库科自动化科技有限公司（浙江库科）	租赁智慧产业园B地块厂房7000平方米，新上年产6000套光伏运维机器人项目，一期6条生产线，具备年产4500套光伏运维机器人的生产能力；二期1条运维设备生产线及无人机系统生产线，项目投产后，具备年产6000套运维设备及无人机系统设备生产能力，年可实现销售1亿元，税收500万元	10000	高新区	2022.03	2022.03	2022.06
8	近湖街道 高新区	工业	石油机械	上海申瑞石油设备有限公司	购买高新区江苏鑫诚科技有限公司闲置土地52亩、厂房及办公楼2.3万平方米，其中14米高厂房2.1万平方米，容积率1.26。投入1.1亿元购置数控车床、加工中心等高端设备150台（套）。项目建成后可实现年产能10万件套，开票销售超2亿元，入库税收超600万元	20000	高新区	2022.03	2022.04	2022.05
9	建阳镇 开发区	工业	12吉瓦时动力储能电池	浙江耀宁科技有限公司	征地450亩，建成总建筑面积36万平方米。其中总部：办公及配套5万平方米；研究院：研发车间5万平方米，研发综合楼1万平方米，生活配套5万平方米；制造工厂车间及仓库配套16万平方米，生活配套4万平方米。项目建成后磷酸铁锂电池及系统总成年产能达到12吉瓦时。在建湖形成总部经济，10年可形成1200亿元销售，税收61亿元	1023000	开发区	2022.02	2022.01	2022.11
10	建阳镇	工业	石油机械	江苏中睿机械制造有限公司（苏州道森）	购置江苏丰力豪公司闲置厂房1.4万平方米、办公楼4000平方米，新建厂房1.6万平方米，投入1.4亿元购置万吨锻压机、加工中心、数控车床120台（套）。项目投产后可实现开票销售1.6亿元，税收800万元	22500	建阳镇	2022.03	2022.03	2022.03

续表21

序号	引进单位	产业类别	项目名称	投资主体	项目建设内容	计划总投资	落户地	预审时间	签约时间	开工时间
11	恒济镇高新区	工业	车规级功率半导体器件封装	苏州大生国科半导体集团有限公司	租用高新区厂房约4.5万平方米，设备投资约7.5亿元，购置晶圆切割、晶圆研磨、晶背减薄CMP、回流焊BTU、划片、减薄后清洗机、晶圆测试机等设备约370台（套）。达产后集成电路分立器件年产能达30万片、IGBT模块年产能达5000万块，可实现年开票销售超35亿元，税收2.5亿元	97000	高新区	2022.03	2022.02	2022.04
12	庆丰镇	工业	光伏支架及起重设备	盐城市亿杰起重设备有限公司（无锡萨科特）	收购闲置厂房2758平方米，新建厂房4730平方米。购置龙门起重机、数控加工中心、大型龙门等离子切割机等设备92台（套），可形成年产光伏支架300万平方米、起重设备500台。项目达效后，年可实现销售收入1.35亿万元，税收552万元	10000	庆丰镇	2022.04	2022.04	2022.07
13	高作镇	工业	石油钻采专用设备配件和流量仪表	江苏奥晖机械科技有限公司（上海银泉）	购买闲置厂房1.3万平方米，购置激光气割机、光纤激光切割机、加工中心及数控车床等设备142台（套）。项目投产后，可年产石油钻采机械配件100万件（套），实现年开票销售1.5亿元，税收450万元	10000	高作镇	2022.04	2022.04	2022.06
14	高作镇	工业	液压件	合肥长源液压股份有限公司	购买鹏展机械、高恒机械公司现有厂房8000平方米，并利用闲置土地15亩新建厂房1万平方米，购置加工中心、钻孔中心及数控车床等设备90台（套），项目建成后可年产油缸、阀体、阀块15万件，实现年开票销售1.5亿元，税收800万元	10000	高作镇	2022.03	2022.03	2022.08
15	宝塔镇开发区	工业	精密仪表阀门	江苏羽航科技有限公司（上海迦炎）	购置开发区原力威普公司闲置厂房8000平方米，新建厂房4000平方米，购置激光切割机、折弯机、数控车床等设备80台（套），主要生产先进仪表阀门等产品。项目建成后，可实现年开票销售1亿元，税收600万元	10000	开发区	2022.03	2022.03	2022.08

表22

2022年全县亿元以上开工项目

单位：万元

序号	引进单位	产业类别	项目名称	投资主体	项目建设内容	计划总投资	落户地	预审时间	签约时间	开工时间
1	开发区	工业	年产14.2GW-N型电池片	江苏润阳新能源科技股份有限公司	用地420亩，新建厂房及附属设施18万平方米，购置制绒、Diffusion、LPCVD、丝网印刷等设备253台（套），新上26条TOPCon生产线。项目投产后，可形成年产13吉瓦N型电池片的生产能力，实现年开票销售180亿元，税收6亿元	680000	开发区	2022.04	2022.04	2022.10
2	开发区	工业	太阳能硅片及半导体晶圆片	江苏芯诺半导体科技有限公司（上海光炜）	租赁般若公司东侧1幢2.7万平方米厂房、2幢共3600平方米附属用房，投入6.5亿元购置单晶炉、切片机、抛光机、硅片分选机等设备226台（套）。项目投产后，可实现年产3吉瓦太阳能光伏硅片和4—8寸半导体硅圆晶片600万片，年开票销售15亿元，税收约5000万元	100000	开发区	2021.12	2021.11	2022.03
3	开发区	工业	智能装备	江苏诚益通智能装备有限责任公司	在开发区光明路北侧征地60亩，新建生产用房2.6万平方米，办公用房2552平方米，购置数控加工中心、数控剪板机、软件开发系统等设备645台（套）。项目投产后，可实现年开票销售6亿元，税收约2000万元	50000	开发区	2017.11	2021.04	2022.03
4	开发区	工业	5G射频天线、滤波器及汽车冷却系统	江苏知行金属精密制造股份有限公司（深圳合一）	在北京路北侧、柒捌玖公司西侧征地100亩，新建厂房5万平方米，投入3亿元购置冲压、注塑、压铸、CNC技工中心、调频器等设备250台（套）。项目投产后，可实现年开票销售10亿元，税收约5000万元	50000	开发区	2021.08	2021.04	2022.04
5	开发区	工业	不锈钢管板及配件	无锡法斯特管业有限公司	租赁江苏润发农业公司闲置厂房等建筑1.2万平方米，自行改建厂房1万平方米；建设不锈钢管板及配件装配生产线。购置数控加工中心、数控车床等设备183台套。项目投产后，可形成年产2.4万台（套）不锈钢管板及配件项目的生产能力，年开票销售1.5亿元，税收750万元	12000	开发区	2022.12	2022.11	2022.12

续表22

序号	引进单位	产业类别	项目名称	投资主体	项目建设内容	计划总投资	落户地	预审时间	签约时间	开工时间
6	开发区	工业	工程机械配件	盐城东展智能制造有限公司（盐城骏华）	购买原荃航公司闲置厂房1.8万平方米及办公楼3000平方米，投入8000万元购置数控车床、数控加工中心、数控铣床等设备120台（套）。项目投产后，可形成年产1000万件工程机械配件、900万件齿轮叉车配件、1100万件农机配件的生产能力，实现年开票销售1.5亿元，税收1000万元	12000	开发区	2021.12	2021.12	2022.04
7	开发区	工业	智能终端设备生产	深圳市梓鑫实业有限公司	利用现有厂房1万平方米，装修无尘车间约5000平方米；新购各型设备约5000万元，搬迁设备约3000万元。项目投产后，可实现年开票销售超3亿元，税收1000万元	12000	开发区	2022.03	2022.03	2022.05
8	开发区	工业	智能农机设备	山东康润达智能农机装备有限公司	租赁江苏润发农业装备有限公司闲置厂房等建筑4万平方米，自主装修厂房3万平方米；建设无人智能植保机主要零部件生产线与装配生产线。购置数控车床、万能摇臂转床、数控加工中心、油压冲床等352台（套）。项目投产后，可形成年产1.5万台智能农机装配的生产能力，年开票销售3亿元，税收1500万元	20000	开发区	2022.12	2022.11	2022.12
9	开发区	工业	年产15万台套仪表阀门生产线	江苏中泰仪表阀门有限公司	利用存量土地10亩，新建生产车间5500平方米及其他配套设施500平方米，投入7000万元购置数控车床、加工中心、数控转床、卧式加工中心等设备190台（套），年产能达15万台（套）仪表阀门。项目建成后可实现年销售1.2亿元，税收120万元	10000	开发区	2021.12	2021.12	2022.03
10	开发区	工业	特种环保设备制造	上海申江机械有限公司	购置土地约30亩及厂房8000平方米，装修厂房、新设研发办公楼，购置数控机床、加工中心等设备100台（套），主要生产特种环保设备等产品。项目建成后，可实现年开票销售8000万元，税收500万元	10000	开发区	2022.03	2022.03	2022.04

续表22

序号	引进单位	产业类别	项目名称	投资主体	项目建设内容	计划总投资	落户地	预审时间	签约时间	开工时间
11	开发区	工业	绿色通道智能检测设备	江苏路之源科技有限公司（上海奥育）	购买瑞和机械有限公司闲置土地2.3万平方米，新建厂房1.78万平方米。购置激光切割机、数控折弯机、焊接机器人等设备50台（套），新上5条规模化生产线。项目投产后，可形成年产3000台（套）绿色通道智能检测设备产品的生产能力，实现年开票销售2亿元，税收1200万元	10000	开发区	2022.09	2022.09	2022.07
12	开发区	工业	汽车零部件	苏州雷蒙迪精密机械有限公司	购买飞达纺机公司闲置厂房4747.49平方米，新建厂房3000平方米，购置全自动激光切割机、全自动数控机床、四柱压机等设备144台（套）。项目建成后，可形成年产200万台（套）的生产能力，实现年开票销售1.5亿元，税收600万元	10000	开发区	2022.09	2022.09	2022.07
13	开发区	农业	烘焙食品及芝麻调味油	上海素畅食品有限公司	购买上海城光明小食品江苏有限公司厂区（约55亩），新建厂房约2.56万平方米（层高约9米），生活办公建筑面积1500平方米。购置双动双速和面机、搅拌机、物料输送带、金属检测仪等设备371台（套）。项目投产后，可形成年产3000吨沙琪玛及1500吨芝麻调味油的生产能力，年开票销售2亿元，税收1000万元	14000	开发区	2022.09	2022.09	2022.11
14	开发区	工业	新型建材	江苏舜峰新材料科技有限公司	征地8.7亩，新建厂房及办公附属建筑4500平方米，装修改造原厂房3000平方米。购置铁拓Ih-AMP260沥青拌和楼、PRD2000型滚筒式沥青再生设备、运输设备、试验设备等设备28台套。项目投产后，可形成年产30万立方米新型建材产品的生产能力，年开票销售1亿元，税收500万元	10000	开发区	2022.10	2022.10	2022.11
15	开发区	工业	高性能压电陶瓷	邦瓷电子科技（盐城）有限责任公司	利用上冈现代科技园1万平方米厂房，装修无尘车间约5000平方米；新购置混磨球磨机、喷雾造粒塔、排胶炉、印刷机、等静压机等设备6000万元。项目建成后，可形成年产200吨压电陶瓷元器件的产能，年开票销售1亿元，税收800万元	12000	开发区	2022.10	2022.10	2022.12

续表22

序号	引进单位	产业类别	项目名称	投资主体	项目建设内容	计划总投资	落户地	预审时间	签约时间	开工时间
16	高新区	工业	12GWh方形磷酸铁锂动力电池及PACK	安徽益佳通电池有限公司	征地500亩，建设厂房（含配套设施及附属用房）面积约16.2万平方米，其中厂房建设面积约14万平方米，购置涂布机、注液机、冷水机等设备约380台（套），项目建成后，可实现年开票销售120亿元，税收6.6亿元	600000	高新区	2022.02	2022.01	2022.10
17	高新区 颜单镇	工业	年产10GW单晶硅片（二期）	青岛高测科技股份有限公司	征地118亩，新建厂房5.3万平方米及附属设施5000平方米，设备投资约5亿元，购置粘棒机、切片机、脱胶机等设备约200台（套）。项目建成后，可实现年开票销售约45亿元，纳税约1.3亿元	110000	高新区	2022.04	2022.04	2022.04
18	高新区	工业	船用曲轴制造及军工再加工	江苏新恒鼎装备制造有限公司（江苏德侨）	利用原恒盛公司闲置资产，新建1.3万平方米，改建1.4万平方米标准厂房，购置数控曲拐立车、组合式曲轴车床、数控刨台卧式铣镗床等各类生产检测设备19台（套），新上曲轴及军工装备制造生产线2条。项目建成后，可形成年产140根曲轴的生产能力，开票销售10亿元，税收5000万元	100000	高新区	2021.08	2021.06	2022.04
19	颜单镇 高新区	工业	国Ⅵ柴油机缸体缸盖研发生产	江苏永胜智能科技有限公司（浙江力程）	利用约60亩存量工业用地，新建3万平方米厂房，搬迁并新购置设备约2.3亿元，新上国VI缸盖生产线11条。项目建成后拥有3条自动化缸盖生产线、4条柔性缸盖生产线、1条专业缸盖生产线，3条国VI缸盖生产线，建设成年产汽缸盖100万台，缸体20万台的大中型柴油机配件制造基地。项目投产后，可实现开票销售3亿元，税收1000万元	50000	高新区	2022.03	2022.03	2022.08
20	高新区	工业	磁悬浮电机	常州明磁卓控智能科技有限公司	租赁高新区成中9300平方米厂房，设备投资约2.5亿元，新购产品测试平台、数控机床等设备390台（套）。项目投产后，年产1800台磁悬浮电机，年可实现销售5亿元以上，税收2500万元以上	50000	高新区	2022.09	2022.09	2022.12

续表22

序号	引进单位	产业类别	项目名称	投资主体	项目建设内容	计划总投资	落户地	预审时间	签约时间	开工时间
21	高新区	工业	高铁车厢自动感应门	盐城扬烨交通设施有限公司（上海众禧）	购买原建湖东大公司闲置土地63.7亩，厂房23558平方米。购置数控加工中心、折弯机卧式加工中心、卧式数控车床、数控锯床、磨床等生产设备。项目投产后年可实现销售3亿元，税收1800万元	50000	高新区	2022.10	2022.11	2022.12
22	高新区	工业	永磁及伺服电机	江苏希来尔机电科技有限公司	征地约50亩，新建厂房3.5万平方米，办公用房2500平方米，研发用房2500平方米，附属用房1000平方米，购置电机拖动测试台、绕组绕线设备等生产设备200台套。项目全部投产后，可形成年产3000台（套）电机的生产能力，实现年销售3亿元，税收1200万元	20000	高新区	2022.09	2022.10	2022.12
23	高新区	工业	新能源智能设备制造	深圳市深远大科技有限公司	租赁厂房及附属设施约8000平方米，购置设备价值约6000万元，购置精密磨床、数控车床、激光切管机等设备160台（套）。项目建成后，可年产涂布机180台，锂电池高真空烤箱450台（套），可实现年销售2.5亿元，纳税1300万元	15000	高新区	2021.09	2021.10	2022.01
24	高新区	工业	光伏组件设备智能制造	盐城优敖智能科技有限公司（苏州优敖）	收购原英能公司闲置土地约50亩、闲置厂房约2万平方米，购置光纤激光器、全自动PET带打捆机、数控折弯机、激光焊接工作站等设备85台（套），项目全部达产后，年实现开票销售2亿万元、税收1000万元	15000	高新区	2021.08	2021.05	2022.06
25	高新区	工业	工程机械零部件	盐城精一机械有限公司（上海鑫焰）	盘活原巨进公司闲置土地40亩、厂房1.6万平方米，购置自动数控车床、数控镗铣床等设备90台（套）。项目建成后，可形成年产1.5万台（套）法兰、液压管接头、轴承的生产能力，年开票销售2亿元以上，入库税金1000万元	15000	高新区	2020.12	2020.12	2022.07
26	高新区	工业	工程机械零部件	盐城泓启机械制造有限公司（江阴市亚尔）	购买原扬标公司西侧闲置土地42亩和厂房6630平方米，设备投入8000万元，购置及搬迁自动数控车床、数控镗铣床等设备92台（套）。项目建成投产后，年开票销售2亿元以上，纳税1000万元以上	15000	高新区	2022.10	2022.10	2022.12

续表22

序号	引进单位	产业类别	项目名称	投资主体	项目建设内容	计划总投资	落户地	预审时间	签约时间	开工时间
27	高新区	工业	阀门制造	盐城众恩科技装备制造有限公司	购买原成中公司闲置土地28.6亩、厂房9200平方米，新建附属用房1500平方米，其中8米以上厂房1幢9200平方米，投入7300万元购置数控机床、钻床、锯床、加工中心、焊机、铣床、测试台等设备343台（套）。项目投产后，可形成年产2万台（套）高压阀门产品的生产能力，实现年开票销售1亿元，税收400万元	11000	高新区	2021.12	2021.12	2022.07
28	高新区	工业	注塑成形机	江苏川口智能装备科技有限公司（客商林宣较）	租赁高新区闲置厂房7000平方米，办公楼2000平方米，购置立式加工中心、激光切割机、数控自动折弯机等设备179台（套），新上4条设备组装生产线及1条智能无人系统生产线。项目投产后，可年产注塑成形机150台（套），年可实现销售1亿元，税收500万元	10000	高新区	2022.09	2022.11	2022.12
29	高新区	工业	装配式新材料	中配建筑产业（江苏）有限公司（苏州筑配通）	租赁国投高科闲置厂房1万平方米，设备总投入5980万元，新购一体机楼承板全自动组装线、纤维水泥平板自动切割线、一体机楼承板全自动组装线等设备约50台（套），可实现年销售1.5亿元，税收750万元以上	10000	芦沟镇	2022.10	2022.11	2022.12
30	高新区	工业	年产200万支汽车平衡杆	江苏班德智能制造有限公司（江苏建中新材料）	租赁厂房5000平方米及办公楼等附属设施3000平方米，购置全自动弯管机、稳定杆加热专机、燃气回火炉等设备约30台（套）。预计投产后年产200万支汽车平衡杆，年销售7000万元，税收600万元	10000	高新区	2022.04	2022.05	2022.06
31	高新区	工业	包装机械设备制造	江苏品海科技有限公司	拟购买原矿安公司闲置土地约30亩及厂房约1万平方米，投入5000万元新购及搬迁数控折弯机、激光焊机、冲床、数控剪板机等设备158台（套）。项目投产后，可形成年产3000台（套）食品包装机械的能力，年开票销售不低于6000万元，税收不低于300万元	10000	高新区	2021.12	2022.01	2022.10

续表22

序号	引进单位	产业类别	项目名称	投资主体	项目建设内容	计划总投资	落户地	预审时间	签约时间	开工时间
32	高新区	工业	电机制造	江苏春雷机电设备科技有限公司	盘活新易民存量土地25亩，新建厂房约12000平方米。投入6000万元购置无刷永磁直流电机生产线2条、微型小型马达（电机）组装生产线1条，稀土磁钢充磁机器、线圈绕线机器、自动下线机等设备。项目投产后，可形成无刷永磁直流电机年产1000台（套）、微型及小型马达（电机）年产2万台（套）的生产能力	10000	高新区	2022.09	2022.09	2022.11
33	高新区	工业	年产2亿平方米电动汽车用锂电池隔膜	江苏摩尔新能源科技有限公司（河南福懋）	租赁高新区孵化器B区4号厂房约9000平方米，并进行装修改造约3000万元，新购置设备约7000万元。项目建成后，可实现锂电隔膜年产能达2亿平方米，年可实现销售3亿元，纳税1500万元	10000	高新区	2022.03	2022.03	2022.10
34	高新区	工业	光伏运维机器人	江苏库科自动化科技有限公司（浙江库科）	租赁智慧产业园B地块厂房7000平方米，新上年产6000套光伏运维机器人项目，一期6条生产线，具备年产4500套光伏运维机器人的生产能力；二期1条运维设备生产线及无人机系统生产线，项目投产后，具备年产6000套运维设备及无人机系统设备生产能力，年可实现销售1亿元，税收500万元	10000	高新区	2022.03	2022.03	2022.06
35	高新区	工业	阀门及井口设备	江苏廊盛石油设备有限公司	租用精一公司闲置厂房5000平方米，其中办公建筑面积500平方米，新购置价值3000万元的加工中心、数控车床、镗床、试压机、无损检测、机械性能检测等设备40多台，主要生产阀门、井口设备等产品，上海廊盛石油设备有限公司拥有自主专利15项，研发实力强劲，为上海市高新技术企业。所生产的产品在石油机械行业极具竞争力。项目建成后，年可实现销售1.2亿元，税收600万元	10000	高新区	2022.10	2022.10	2022.12

续表22

序号	引进单位	产业类别	项目名称	投资主体	项目建设内容	计划总投资	落户地	预审时间	签约时间	开工时间
36	九龙口旅游度假区	服务业	沙庄古村二期	建湖县旅游发展有限公司	占地200亩，建筑面积3.28万平方米，依托沙庄古镇，结合淮剧非遗文化，在村庄还原小镇原始风貌、剧中人物，围绕核心区建设“两街三巷一湾一环”，植入餐饮小吃、零售购物、休闲娱乐、特色住宿等项目	65000	九龙口旅游度假区	—	2022.01	2022.01
37	九龙口旅游度假区	服务业	国潮主街、淮味老街业态植入	盒乐（上海）科技有限公司	建筑面积1万平方米，对国潮主街、淮味老街植入业态精装修，包括留间剧场、水袖夜宴、九龙喜事、主题餐饮等	12000	九龙口旅游度假区	—	2022.04	2022.04
38	九龙口旅游度假区	服务业	九龙口综合提升	建湖县旅游发展有限公司	对九龙驿、淮潮馆进行装修改造，九龙驿打造成高规格的会展中心，淮潮管建成酒吧型的轻餐饮。九龙口集镇墙面进行集中整治、改造、出新	13000	九龙口旅游度假区	—	2022.02	2022.02
39	九龙口旅游度假区	服务业	淮剧小镇全景体验	北京优景影视文化发展有限公司	占地面积150亩，在淮剧小镇二期植入喜鹊湾文旅节点、大型沉浸式演出基地、留间剧场VR全景体验等，购置灯光、音响等演绎设备，营造室内外“9+1”大型演绎场景。新建天然水湾景观、淮剧文化演艺剧场、湖荡风情酒店及特色民宿区，打造国潮主街、淮味老街、九龙巷等多个商业街店，加强周边氛围营造	10000	九龙口旅游度假区	—	2022.06	2022.08
40	九龙口旅游度假区	服务业	喜鹊湾文旅节点	北京优景影视文化发展有限公司	占地30亩，建筑面积3000平方米，在沙庄二期植入喜鹊湾文旅节点，打造大型沉浸式演出基地，主要包括灯光、绿化、演艺、设备室内装修等	10000	九龙口旅游度假区	—	2022.04	2022.08
41	九龙口旅游度假区	服务业	物流互联网平台	江苏众网互联网物流有限公司	投资建设物流互联网平台，整合盐城及周边地区中小型物流企业，集中管理并开票	10000	九龙口旅游度假区	—	2022.06	2022.08
42	九龙口旅游度假区	工业	汽车零部件	蓝狐电动汽车有限公司	利用九龙口镇原江苏泓利土工材料有限公司闲置厂房及办公附属设施，总建筑面积1万平方米，其中3幢厂房计8200平方米，办公楼1800平方米。购置焊装生产线、加工中心、800吨压机、等离子切割机等设备120台（套）。项目投产后，可形成年产5万套新能源汽车零部件的生产能力，实现年开票销售2亿元，税收1000万元	10500	九龙口旅游度假区	2022.09	2022.09	2022.11

续表22

序号	引进单位	产业类别	项目名称	投资主体	项目建设内容	计划总投资	落户地	预审时间	签约时间	开工时间
43	九龙口旅游度假区	工业	光伏组件配套产品	中电浩普科技股份有限公司	拟购买江苏谷盛能源有限公司闲置厂房1.66万平方米，新建办公楼3000平方米，其中12米以上厂房1幢1.66万平方米，办公楼3000平方米。购置电动单梁起重机、冷弯型钢机组、三轴向六工位液压冲孔机等设备80台套。项目投产后，可形成年产1.8万吨光伏组件配套产品的生产能力，实现年开票销售8000万元，税收300万元	10000	九龙口旅游度假区	2022.09	2022.09	2022.11
44	九龙口旅游度假区	服务业	淮潮大街业态植入	盒乐（上海）科技有限公司	集淮剧博览、时尚创意、非遗演艺、美食体验于一体的淮剧国潮全景体验地。以餐饮、零售购物为主，招引旅游书店、遇建湖鲜、虾兵蟹将餐厅、玛尚诺披萨、可口可乐、海底捞、成杰思翰锅贴、50岚等店铺	10000	九龙口旅游度假区	—	2022.10	2022.12
45	九龙口旅游度假区	服务业	百戏小街业态植入	盒乐（上海）科技有限公司	沙庄居民集体记忆承载地、旅游富民福民效益彰显重要板块。植入面塑、剪纸、陶艺非遗类业态、百戏馆、沙庄茶馆、乔老爷的店、炸串店、糖葫芦等本地特色业态	10000	九龙口旅游度假区	—	2022.10	2022.12
46	高新区近湖街道	工业	年产2GWh锂离子动力电池	江苏致锂电源有限公司（深圳市泰源倍倍）	租赁厂房3.2万平方米，购置正极投料机、负极投料机、涂布机等设备286台（套）。一期新上2条生产线，二期再上2条生产线，具备年产2吉瓦时动力电池的生产能力。项目建成后，可实现年销售12亿元，税收3000万元	100000	高新区	2022.09	2022.09	2022.11
47	近湖街道开发区	工业	高端精密机械部件	江苏嘉信机械设备有限公司	法拍竞买原江苏苏标电炉公司14米高厂房4.5万平方米、办公楼5000平方米及土地116亩，利用公司东侧17亩存量土地新建8000平方米厂房，合计建筑面积11.1万平方米，投入2亿元购置精密研磨机、高速智能纵剪机、全自动等离子焊管机等先进设备320台（套），项目投产后可形成年产1亿吨不锈钢带钢、无缝管、焊管等产品的生产能力。实现开票销售3亿元，税收1200万元	50000	开发区	2022.09	2022.09	2022.11

续表22

序号	引进单位	产业类别	项目名称	投资主体	项目建设内容	计划总投资	落户地	预审时间	签约时间	开工时间
48	近湖街道开发区	工业	光伏组件生产	江苏斯玛特光伏科技有限公司（土耳其SMART公司）	租用开发区节能电光源科技产业园内2.5万平方米厂房，新上3吉瓦组件生产项目。分两期建设，一期利用1.5万平方米厂房，投入1.5亿元购置自动焊接机、机器人摆串机、自动叠焊机等设备100台（套），新上1.5吉瓦组件生产项目，项目建成后可实现年开票超5亿元，税收超千万元；二期利用1万平方米厂房，投入2亿元购置设备100台（套），新增加1.5吉瓦组件生产项目。项目建成后，可实现年销售超10亿元，税收超3000万元	50000	开发区	2022.10	2022.12	2022.12
49	近湖街道	服务业	登达商务酒店	江苏登达投资集团有限公司	在县城湖中路天铂华庭项目A1地块，占地面积13亩，建筑面积2.5万平方米，新建20层集大型宴会、餐饮、住宿于一体的大型酒店	25000	近湖街道	—	2022.10	2022.11
50	近湖街道	服务业	传动轴机械研发中心	盐城得力飞机械有限公司	在建湖科创园建湖大道101号，新建5000平方米的传动轴机械研发中心，建成后提高企业产品的市场竞争力和占有率	10000	近湖街道	—	2022.11	2022.11
51	近湖街道	农业	食品深加工	盐城福湖农业发展有限公司	购买厂房1万平方米，占地40亩，购置鱼肉采取机、鱼糜精滤机、打鱼浆机、鱼丸成型机、藕粉颗粒生产线、微波型藕粉杀菌设备、藕粉烘干机等先进设备86台（套）。项目建成后，可年加工800吨鱼圆、藕粉圆	10000	近湖街道	—	2022.11	2022.11
52	近湖街道	工业	线束防水连接器	无锡互天电子科技有限公司	购买建湖科创园6号路西侧两幢厂房1.2万平方米，其中两幢2层厂房建筑面积1万平方米，生活办公建筑面积2000平方米，投入5000万元购置全自动裁线机、立式注塑机等设备320台（套）。项目投产后，可形成年产5000万套线束防水连接器的生产能力，实现年开票销售1.2亿元，税收400万元	10000	近湖街道	2021.12	2021.11	2022.04
53	近湖街道	服务业	欧堡利亚特色商业街	建湖县新城华松实业有限公司	在县城建宝路东侧新上集大型特色连锁餐饮、KTV、健身会所于一体的社区特色商业街项目，总面积达1万平方米	10000	近湖街道	—	2022.07	2022.07

续表22

序号	引进单位	产业类别	项目名称	投资主体	项目建设内容	计划总投资	落户地	预审时间	签约时间	开工时间
54	近湖街道	工业	互联网消防给水机组	上海乐水智慧水务有限公司	购买建湖科技创业园两幢厂房12000平方米及土地15亩，投入5500万元购置水泵测试平台、静压试验平台、末端试水装置测试平台、数控车床、激光切割机、检测设备等先进设备52台（套）。项目投产后，可形成年产1万台互联网消防给水机组生产线的生产能力，年开票销售8000万元，税收300万元	10000	近湖街道	2022.09	2022.09	2022.10
55	近湖街道开发区	工业	科学仪器	江苏禾汽科学仪器有限公司（上海禾汽）	购买开发区3幢厂房，占地24亩，建筑面积1万平方米，其中12米高厂房3幢9000平方米，生活办公建筑面积1000平方米。投入5000万元购置德国进口灯工车床、数控车床、激光切割机等先进设备140台（套），项目建成后，可实现年销售超亿元，税收超500万元	10000	开发区	2022.03	2022.03	2022.03
56	近湖街道开发区	工业	艾华LED植物补光灯	上海祥人电器有限公司	租用东林电子公司闲置厂房1万平方米，投入6000万元购置移印机、压灯头机、吸塑机、检测等设备120台（套）。项目投产后，可形成年产500万件LED植物补光灯产品的生产能力，实现年销售超1亿元，税收超400万元	10000	开发区	2021.12	2021.10	2022.02
57	近湖街道开发区	工业	彩晶玻璃生产	江苏雅鑫玻璃有限公司（徐州锦炎）	购买开发区昊美光电公司厂房1.25万平方米及办公楼2500平方米，投入5000万元购置自动机械臂、超声波清洗机等生产设备100台（套）。项目投产后，可形成年产80万平方米彩晶玻璃产品的生产能力，实现年销售超亿元，税收超300万元	10000	开发区	2021.12	2021.10	2022.04
58	近湖街道高新区	工业	石油机械	上海申瑞石油设备有限公司	购买高新区江苏鑫诚科技有限公司闲置土地52亩、厂房及办公楼2.3万平方米，其中14米高厂房2.1万平方米，容积率1.26。投入1.1亿元购置数控车床、加工中心等高端设备150台（套）。项目建成后可形成年产10万件（套）的生产能力，实现年开票销售超2亿元，入库税收超600万元	20000	高新区	2022.03	2022.04	2022.05

续表22

序号	引进单位	产业类别	项目名称	投资主体	项目建设内容	计划总投资	落户地	预审时间	签约时间	开工时间
59	上冈镇	工业	高端智能门控	盐城恒通达智能门控有限公司	利用存量土地32亩，新建厂房1.35万平方米，购置切割机、氩焊机、冲床、各式车床等设备155台（套），主要从事各种豪华电动伸缩门、智能道闸的生产和销售，项目建成后，年可新增销售1.1亿元，税收500万元	11000	开发区上冈产业园	2020.11	2020.11	2022.04
60	上冈镇	工业	高端空调整机制造	江苏汇中洁净空调有限公司	租赁上冈产业园科球公司闲置厂房8000平方米，购置喷涂设备、卧式胀管机、全自动发夹型弯管机等设备175台（套），主要从事各类办公和商用空调及配件的研发与生产。项目建成后，可实现年产量5000台（套），年销售1亿元，税收500万元	11000	开发区上冈产业园	2021.01	2021.01	2022.04
61	上冈镇	工业	高端电气设备	盐城海力电气工程有限公司	在上冈产业园新征地27.99亩，新建厂房及办公楼1.4万平方米，购置自动送料机、数控冲床、数控液压板料折弯机、液压摆式剪板机、母线加工机、激光切割机、光纤激光器专用冷水机、开数控母线加工机、多功能冲剪机、全自动电脑裁线机等设备150台（套），主要生产高端电气设备等产品	11000	开发区上冈产业园	2022.10	2022.10	2022.12
62	上冈镇	工业	汽车车厢制造	盐城市通盈汽车车厢制造有限公司	租赁江苏德顺精密机械有限公司厂房8000平方米，购置数控车床、数控铣床、数控磨床、等离子切割机、磁轭探伤仪、涂层测厚仪、万能试验机、电子汽车衡等设备90余台（套）。投资汽车车厢制造项目，主要进行汽车车厢的生产和销售，年产能达6500台（套）。项目投产后，年可实现开票销售7500万元，税收400万元	10000	上冈镇	2021.09	2021.10	2022.03
63	上冈镇	工业	高档纺织制品	盐城禾鸣家纺有限公司	拟购买盐城市丸高钓具用品有限公司存量土地12.05亩和闲置厂房6758平方米，投入5500万元购置检针机、火焰复合机，胶水复合机、全自动缝纫机、裁剪机等设备100台（套）。项目投产后，可形成年产700万套高档纺织品的生产能力，实现年开票销售7000万元，税收280万元	10000	上冈镇	2022.03	2022.03	2022.06

续表22

序号	引进单位	产业类别	项目名称	投资主体	项目建设内容	计划总投资	落户地	预审时间	签约时间	开工时间
64	上冈镇	工业	环保装备	江苏凌奥环保科技有限公司（上海昶焰）	租赁厂房7500平方米，购置数控车床、数控磨床、数控钻床、进口燃气测试系统、CNC三轴加工中心等设备80台（套），主要进行燃烧控制系统机头研发与组装和阀门配套等产品的生产，年产能达2万台（套）	10000	上冈镇	2020.06	2020.12	2022.06
65	上冈镇	农业	年产10万吨粮食加工	江苏大地禾农业科技有限公司	在火炬村村民委员会4组新上年产10万吨粮食加工项目，占地15亩，新建混凝土厂房7000平方米，主要建设大米加工厂、仓储中心、烘干厂房、大米展示中心等全套产业链，购置砻谷机、色选机、纱辊米机、抛光机等50多台	10000	上冈镇	—	2022.04	2022.06
66	建阳镇开发区	工业	12吉瓦时动力储能电池	浙江耀宁科技有限公司	征地450亩，总建筑面积36万平方米。其中总部：办公及配套5万平方米；研究院：研发车间5万平方米，研发综合楼1万平方米，生活配套5万平方米；制造工厂车间及仓库配套16万平方米，生活配套4万平方米。建成后磷酸铁锂电池及系统总成年产能达到12吉瓦时。在建湖实现总部经济，10年可形成销售1200亿元，税收61亿元	1023000	开发区	2022.02	2022.01	2022.11
67	建阳镇	工业	桥梁生产基地	南通路桥工程有限公司	购买欣盛建设公司闲置土地53.8亩，新建厂房和研发大楼，购置搅拌泵、自动化生产线等设备207台套，建设一个路桥建筑预制构件自动化智能生产基地，主要采用物联网技术、云技术、RFID（射频识别技术）、移动互联技术，生产高速公路、铁路等装配式箱板梁、结构件。项目辐射盐城、泰州、扬州、淮安、宿迁等市	19000	建阳镇	2022.12	2022.11	2022.11
68	建阳镇	工业	石油机械	常州电站辅机股份有限公司	购买石油装备产业园原江苏管氏钢结构工程有限公司闲置土地28亩，其中厂房1.2万平方米，购置超音速喷涂设备、车削中心等设备290台（套），主要生产阀门、进口装置设备等石油机械产品，新上石油机械项目。项目建成后，可实现年开票销售8000万元，税收320万元	12000	建阳镇	2022.12	2022.11	2022.11

续表22

序号	引进单位	产业类别	项目名称	投资主体	项目建设内容	计划总投资	落户地	预审时间	签约时间	开工时间
69	建阳镇	工业	空气过滤器	上海梦晟空调设备制造有限公司	购买原盐城市方行制冷工程有限公司闲置土地12.15亩，其中闲置厂房3200平方米，新建厂房3000平方米，其中8米以上厂房2幢6200平方米，生产建筑面积1.24万平方米，生活办公建筑面积500平方米，总建筑面积为1.29万平方米，容积率为1.59。投入8000万元购置自动化折边机、全自动包边机等设备75台（套）。项目投产后，可形成年产500万件空气过滤器产品的生产能力，实现年开票销售6000万元，税收600万元	11000	建阳镇	2022.12	2022.11	2022.11
70	建阳镇	工业	石油机械	江苏中睿机械制造有限公司（苏州道森）	购置江苏丰力豪石油机械有限公司闲置厂房1.4万平方米、办公楼4000平方米，新建厂房1.6万平方米，投入1.4亿元购置万吨锻压机、加工中心、数控车床120台（套）。项目投产后可实现年开票销售1.6亿元，税收800万元	22500	建阳镇	2022.03	2022.03	2022.03
71	建阳镇	工业	丁腈手套生产	江苏百通达医疗用品有限公司（东台百通达）	租赁江苏斯泰威工业有限公司闲置厂房3.5万平方米，投入1.5亿元购置生物质炉、丁腈手套生产线、空气净化设备等设备30台（套）。项目投产后，可实现年开票销售4亿元，税收1200万元	17718	建阳镇	2021.04	2021.08	2022.03
72	建阳镇	工业	铝制新材料	江苏畅达铝业有限公司（上海承宁）	租赁石油装备产业园闲置厂房1.2万平方米，购置700吨挤压机、1100吨挤压机、时效炉等设备279台（套），主要生产汽车铝合金配件等产品，是行业内铝合金配件A级供应商。项目建成后，年开票销售2亿元、税收360万元	11000	建阳镇	2022.04	2022.05	2022.06
73	颜单镇	服务业	物流仓储中心	建湖正鑫码头有限公司（苏州丰亿、江苏鑫典）	征地65亩，新建厂房2.5万平方米、办公用房1700平方米，购置桥式起重机、固定吊、固定料斗、固定皮带机等码头专用机械设备36台（套），主要为鑫典公司优特中丝项目配套，进行中丝原料及相关产品的进出运输，项目建成后，可承载1万吨日进出量	15000	颜单镇	2020.10	2020.12	2022.08

续表22

序号	引进单位	产业类别	项目名称	投资主体	项目建设内容	计划总投资	落户地	预审时间	签约时间	开工时间
74	颜单镇	工业	泥水平衡构机	江苏富治重工有限公司	法拍原丰宇鞋业闲置土地22亩，改造闲置厂房9000平方米，购置数控机床、磨床、卷板机、切割机等设备102台（套），主要生产多系列泥水平衡顶管机等产品。项目建成后，年均开票销售不低于1亿元，年均纳税额不低于500万元	11000	颜单镇	2021.09	2021.06	2022.07
75	颜单镇	工业	蛋白粉生产	上海库臣数字科技有限公司	租赁颜单镇科技创业园7号厂房新上蛋白粉生产项目，利用厂房1.33万平方米，购置大型多维混料灌装机、多功能混液灌装机、纯化水制备设备等设备8台（套）。项目总投资1.1亿元。项目建成后，可形成年产20万瓶455克乳清蛋白营养粉、50万支30毫升蛋白肽饮品的生产能力	11000	颜单镇	2020.08	2020.08	2022.12
76	颜单镇	工业	流延膜生产	上海星霞高分子制品有限公司	通过法院拍卖程序，收购原颜单生辉照明有限公司19.6亩闲置土地和7600平方米闲置厂房，进行装修改造，搬迁原4条新材料生产线并进行扩能，再新上4条生产线，形成年产PE流延膜8000吨生产能力。项目竣工后，可实现年开票销售8000万元，税收400万元	10000	颜单镇	2022.09	2022.09	2022.09
77	颜单镇	工业	型材生产线节能设备改造	江苏鑫春隆精工制造有限公司	占地75亩，盘活厂房2万平方米，淘汰原有粗、精轧机设备、步进齿条式冷床等20台（套）老旧设备，购置换辊机械手、节能型万能轧机850¢等20台（套）节能新型设备，用于型材生产线更新换代节能设备改造。项目建成后，年可节约能源2000吨标煤	10000	颜单镇	2021.03	2021.03	2022.06
78	颜单镇	服务业	科技研发及技术服务	建湖聚盛泰科技研发有限公司	租赁颜单镇科技创业园2号厂房1.2万平方米，新上科技研发及技术服务项目，主要进行电子产品、通信设备、家用电器等产品的技术研发和销售。项目投产后可实现年开票销售超5000万元、税收超250万元	10000	颜单镇	—	2022.04	2022.10

续表22

序号	引进单位	产业类别	项目名称	投资主体	项目建设内容	计划总投资	落户地	预审时间	签约时间	开工时间
79	恒济镇高新区	工业	车规级功率半导体器件封装	苏州大生国科半导体集团有限公司	租用高新区厂房约4.5万平方米，设备投资约7.5亿元，购置晶圆切割、晶圆研磨、晶背减薄CMP、回流焊BTU、划片、减薄后清洗机、晶圆测试机等设备约370台（套）。达产后集成电路分立器件年产能达30万片、IGBT模块年产能达5000万块，可实现年开票销售超35亿元，税收2.5亿元	97000	高新区	2022.03	2022.02	2022.04
80	恒济镇高新区	工业	锂电池及镍氢电池	深圳市量能科技有限公司	盘活鸿洲机床厂1.2万平方米厂房，投入2亿元购置上锂电池及镍氢电池生产线5条，形成日产镍氢电池60万只、日产锂电池20万安时的生产能力。项目建成后，可实现年开票销售6亿元，税收4000万元	50000	高新区	2021.01	2021.03	2022.01
81	恒济镇	工业	工业自动控制系统装置	江苏华律智能科技有限公司（上海华律）	一期租赁恒济镇金力路原云峰一期厂房5000平方米；二期在恒济镇新征地约14亩，新建1万平方米多层厂房，设备投入不低于5500万元，购置数控母线折弯机、车床等设备100台（套），新上工业自动控制系统装置制造项目。项目投产后，可实现年开票销售1.5亿元，税收500万元	11000	恒济镇	2022.03	2022.03	2022.06
82	恒济镇	工业	石油机械制造	盐城市特达专用管件有限公司（客商徐志华）	通过股改投资1.2亿元，收购原特达管件公司2.35万平方米高标准厂房及1500平方米办公附属建筑、220多台（套）专业用于生产石油钻杆、钻杆接头和套管接箍产品先进设备，有员工210人，其中专业技术人员48名，主要进行石油机械的制造和销售。项目实施后，可年产钻杆1万吨、钻杆接头15万对、套管接箍20万件，实现年开票销售3亿元，税收900万元	12000	恒济镇	2022.09	2022.09	2022.10

续表22

序号	引进单位	产业类别	项目名称	投资主体	项目建设内容	计划总投资	落户地	预审时间	签约时间	开工时间
83	恒济镇	工业	户外用品	江苏申鹏户外用品有限公司（嘉兴申鹏）	租用高新区森达公司闲置厂房约5000平方米，对现有厂房进行维修改造，新购置全自动户外用品生产线3条，主要进行车用及露营用充气垫、医疗康复用压力波套筒的研发、生产和销售。项目投产后，可形成车用及露营用充气垫年产能10万套、医疗康复用压力波套筒年产能3万套，年可实现开票销售1.2亿元、税收400万元	10000	高新区	2022.09	2022.09	2022.11
84	恒济镇	农业	优质蟹苗培育基地	江苏蟹鲜汇农业科技有限发展公司	流转塘口2000亩，新建塘口道路3000平方米、进排水管道3000米及排灌站2个，建设仓储分拣中心2500平方米和销售展示中心300平方米，配套基础设施建设	10000	恒济镇	—	2022.10	2022.12
85	庆丰镇	工业	工程机械部件	江苏杰联机械科技有限公司（盐城杰联）	征地30亩，新建厂房2.2万平方米，购置数控龙门加工中心、数控加工中心、自动铸造生产线等设备约120台套。项目建成后可形成年产100万套工程机械部件、100万套大型家电部件、10万套数控机床部件、30万套液压机械配件、10万套汽车部件的生产能力	12000	庆丰镇	2021.05	2021.12	2022.08
86	庆丰镇	工业	纸塑复合材料	江苏茂彦包装制品有限公司（常州展明）	拟购买原登冕公司存量土地26.5亩，闲置厂房4600平方米，新建厂房6350平方米，生活办公建筑面积1170平方米。投入5530万元购置高速全自动五色彩印机、五层共挤薄膜吹塑机、全自动复合成型机等设备65台套。项目投产后，可形成年产4000万平方米纸塑复合材料的生产能力，可实现年开票销售1.2亿元，税收510万元	11000	庆丰镇	2021.12	2021.11	2022.06
87	庆丰镇开发区	工业	家电部件再制造	江苏淘绿环保科技有限公司（上海伟翔）	购买原鑫磐公司存量土地35亩，闲置厂房5000平方米，新建厂房1.7万平方米。投入5300万元购置数控加工中心、数控平面磨床、伺服注塑成型机等设备79台（套）。项目投产后，可形成年处置再生电机30万台、家用电器塑料部件100万套的生产能力，实现年开票销售3.39亿元，税收1089万元	11000	开发区	2021.12	2022.02	2022.04

续表22

序号	引进单位	产业类别	项目名称	投资主体	项目建设内容	计划总投资	落户地	预审时间	签约时间	开工时间
88	庆丰镇	工业	工程机械部件	盐城迎盛机械有限公司（苏州迎成）	购买原索坤公司闲置厂房1.19万平方米，投入4910万元购置数控龙门加工中心、数控卧式加工中心、数控精雕机床等设备50台（套）。项目建成后，可形成年产500万件工程机械部件的生产能力，年可实现销售1.35亿元，税收1120万元	10500	庆丰镇	2021.09	2021.08	2022.03
89	庆丰镇	工业	光伏支架及起重设备	盐城市亿杰起重设备有限公司（无锡萨科特）	收购闲置厂房2758平方米，新建厂房4730平方米。购置龙门起重机、数控加工中心、大型龙门等离子切割机等设备92台（套），可形成年产光伏支架300万平方米、起重设备500台。项目达效后，年可实现销售收入13500万元，税收552万元	10000	庆丰镇	2022.04	2022.04	2022.07
90	庆丰镇	工业	船舶配件	江苏欧尼船舶科技有限公司（上海甘美箩）	收购庆丰机电产业园原富田空调闲置土地约23亩，厂房约8500平方米，拟新建厂房4900平方米。新购超强拉丝机组、全自动倍捻机组等设备75台（套），形成年产6000吨船舶设备配件的规模。投产达效后，可实现年销售8500万元，税收270万元	11000	庆丰镇	2022.09	2022.09	2022.10
91	庆丰镇 开发区	工业	新能源智能制造输送设备	无锡真木震洋输送机械有限公司 盐城优德利自动化工程有限公司	一期投资1.5亿元，拟租赁上冈产业园现代科技园A区1幢二层机械类标准厂房，购置设备约6000万元；二期投资3.5亿元，拟征地50亩左右，新建厂房1.9万平方米，综合办公楼及附属设施2800平方米，新购设备约2亿元。项目一期建成投产后，可形成年产新能源智能制造生产线30条的生产能力，年可实现销售1.5亿元，税收800万元。项目全部建成投产后，可实现年销售4.5亿元左右，税收约2500万元	50000	开发区上冈产业园	2022.09	2022.09	2022.10

续表22

序号	引进单位	产业类别	项目名称	投资主体	项目建设内容	计划总投资	落户地	预审时间	签约时间	开工时间
92	庆丰镇	工业	环保设备及配件	江苏上邦环保科技集团有限公司（常州华福）	收购闲置厂房约2.01万平方米，使用存量土地5860平方米（折合8.8亩），新建厂房约6000平方米，研发楼约3800平方米，新购数控龙门加工中心、装配机器人、复合针刺生产线等设备约120台（套）。可形成年产环保设备及配件10万套、脉冲阀10万套、环保滤料300万平方米的规模。项目达效后，可实现年销售1.6亿元，税收800万元	10500	庆丰镇	2022.03	2022.03	2022.10
93	开发区庆丰镇	工业	新能源移动设备	重庆电哥科技有限公司	利用上冈现代科技园2万平方米厂房装修无尘车间6000平方米；新购置NMP存储与转运系统、自动双层涂布机、高速辊切一体机、激光模切分切一体机、全自动高速卷绕机3亿元设备。项目建成后，可形成年产10万套新能源移动储备的产能，实现年开票销售8亿元，税收4000万元	50000	开发区	2022.10	2022.10	2022.12
94	高作镇	工业	石油钻采专用设备配件和流量仪表	江苏奥晖机械科技有限公司（上海银泉）	购买闲置厂房1.3万平方米，购置激光气割机、光纤激光切割机、加工中心及数控车床等设备142台（套）。项目投产后，可年产石油钻采机械配件100万件套，实现年开票销售1.5亿元，税收450万元	10000	高作镇	2022.04	2022.04	2022.06
95	高作镇	工业	液压件	合肥长源液压股份有限公司	购买鹏展机械、高恒机械公司8000平方米厂房，并利用闲置土地15亩新建厂房1万平方米，购置加工中心、钻孔中心及数控车床等设备90台（套），项目建成后可年产油缸、阀体、阀块15万件，实现年开票销售1.5亿元，税收800万元	10000	高作镇	2022.03	2022.03	2022.08
96	高作镇	农业	高档半成品菜系	美舜食品科技（盐城）有限公司（苏州金舜）	购买明杨模具现有土地46亩、厂房及办公楼1.5万平方米，新上高档半成品菜系加工项目，新建产品研发室、食品化验室、食品安全监测室等5000平方米，新购置半成品菜系生产线12条，项目建成后可实现年产各类半成品菜3000万件	20000	高作镇	—	2022.06	2022.06

续表22

序号	引进单位	产业类别	项目名称	投资主体	项目建设内容	计划总投资	落户地	预审时间	签约时间	开工时间
97	高作镇	工业	金属工艺品	江苏建锋商业道具设计制作有限公司（上海铂暻）	整合重组江苏建锋公司现有土地48亩，厂房1.2万平方米，办公楼1800平方米，利用闲置土地12亩，新建厂房6400平方米，其中8米以上厂房3幢1.84万平方米。投入8890万元购买数控加工中心、异形抛光机、封拉机等各类设备220台（套），项目投产后，可形成年产60万件商业道具的生产能力	15000	高作镇	—	2022.05	2022.07
98	高作镇	工业	航天特种车机械配件	盐城赫阳机械有限公司（泰安航天）	购买闲置土地50亩，厂房1.8万平方米，购置加工中心、钻孔中心及数控车床等设备201台（套）。项目投产后，可年产机械零部件10万台（套），实现年开票销售2亿元，税收700万元	15000	高作镇	2022.04	2022.04	2022.09
99	高作镇 开发区	工业	精密辊类及齿轮箱	江苏正伟精工科技有限公司（上海沃安）	在开发区天津路南侧新征地50亩，新建厂房1.8万平方米及附属用房2000平方米，购买数控龙门加工中心1套、铣镗加工中心、3米数控立式车床、16米数控重型卧式车床、2米×10米数控轧辊外圆磨床等各类设备50台（套），项目建成后可年产精密辊类产品50套、精密齿轮箱产品300套，年开票销售2亿元，税收1000万元	15000	开发区	2021.05	2021.05	2022.10
100	高作镇	工业	多向模锻及自由锻	上海瑞贺金属制品有限公司	购买江苏雷力公司土地22.7亩，厂房1万平方米，办公及附属设施1000平方米，购置3150吨液压机、2000吨多向模锻液压机各1台及各类附属设备72台（套）。项目建成后，可实现年开票销售1亿元，税收480万元	10000	高作镇	2022.10	2022.10	2022.12
101	芦沟镇	工业	年产2.2亿片单晶硅切片	江苏迈利凯半导体有限公司（江苏锦达）	租用原欧吉尔闲置厂房1.2万平方米，其中8米以上厂房2幢1.2万平方米，生活办公建筑面积1000平方米。投入4000万元购置激光多线切割机、硅片剥离清洗机、截断取样机、边缘抛光机、激光软刻机等生产设备87台（套）。项目建成后，年可实现开票销售7000万元以上，入库税金350万元以上	10000	芦沟镇	2022.04	2022.05	2022.06

续表22

序号	引进单位	产业类别	项目名称	投资主体	项目建设内容	计划总投资	落户地	预审时间	签约时间	开工时间
102	芦沟镇	工业	年产30万件通风设备及配件	盐城优东科技有限公司（苏州松然）	购买玮达焊材公司闲置厂房4500平方米，新建标准厂房6000平方米，其中8米以上厂房1幢6000平方米。投入约3000万元购置全自动化智能卷边机、切边机、激光切割机、扣骨机、压筋机等生产设备50台套。项目投产后，可形成年产30万件各类通风设备、零部件的生产能力，实现年开票销售5000万元，税收250万元	10000	芦沟镇	2022.03	2022.03	2022.03
103	芦沟镇	工业	年产15万件石油钻采设备及零部件	江苏优丰石化科技有限公司（上海杰富）	购买原威格尔机械公司闲置土地25.7亩，闲置厂房1.6万平方米，另利用围墙内存量土地13.2亩和新征土地1.9亩，生活办公建筑面积1000平方米。购置激光切割机、数控加工中心、折弯机卧式加工中心、卧式数控车床、数控锯床、磨床等生产设备59台（套）。项目建成后，年可实现开票销售9000万元以上，税收450万元以上	10000	芦沟镇	2022.04	2022.05	2022.07
104	芦沟镇	工业	新能源车辆架体零配件制造	江苏阜安机械制造有限公司（上海普门）	租赁芦沟镇工业园区三雄科技闲置厂房20亩，其中8米以上厂房1幢7000平方米，计容建筑面积1.4万平方米，生活办公建筑面积2000平方米，合计计容面积为1.6万平方米，容积率为1.2。购置切割机、数控折弯机、螺杆空压机、工业级焊接机、大型龙门加工中心、5T行车、大型抛丸机、6140普车、6150普车、锯床、立式加工中心、摇臂钻攻丝机等设备100台（套），项目建成后，年可开票销售2亿元，税收1000万元以上	10000	芦沟镇	2022.12	2022.11	2022.11
105	芦沟镇	工业	节能环保设备	昆山菲亚达金属科技有限公司	购原格兰德公司闲置土地30亩，现有高8米厂房3000平方米，办公用房400平方米，另新建高12米标准厂房7000平方米，改建办公用房400平方米。购置激光切割机、龙门火焰切割机、焊机、液压冲床、锯床等生产设备115台（套），主要产品PPC气箱式脉冲袋除尘器、HMC脉冲单机袋式除尘器、LCMD低压脉冲长袋除尘器、SY-LFEF系列玻纤袋除尘器、EBC系列电袋复合除尘器等。项目建成后，年可开票销售1亿元，税收500万元	10000	芦沟镇	2022.09	2022.10	2022.10

续表22

序号	引进单位	产业类别	项目名称	投资主体	项目建设内容	计划总投资	落户地	预审时间	签约时间	开工时间
106	芦沟镇	农业	隆平年产0.5万吨杂交水稻	湖南隆平种业有限公司	征地约30亩，建设厂房、仓库面积约1.9万平方米，购置设备3000万元，建设种子加工、研发中心，满足5万亩杂交水稻制种仓储加工包装产能需求	10000	芦沟镇	—	2022.05	2022.12
107	沿河镇	工业	污水治理设备及智能减振系统	江苏汇龙水务设备有限公司	购买振华公司存量厂房3万平方米，购置工业机器人、数控激光切割机、数控剪板机、数控折弯机等设备200台套。项目建成后，年可新增5000台（套）各类污水治理设备及智能减振系统的生产能力，实现年开票销售5亿元，税收4000万元	50000	沿河镇	2022.09	2022.09	2022.10
108	沿河镇	工业	年产2万台套智能仓储设备、工业机器人及自动化包装机	盐城富恒服饰有限公司（太仓博特精工）	购买盐城富凯公司闲置厂区20亩，盘活现有闲置厂房及附属用房7000平方米，新建厂房5000平方米；购置激光切割机、焊接机器人、SOP智能装配线等设备60台（套），主要生产智能仓储设备、自动码垛机器人、自动包装机、控制系统等软硬件产品。项目建成后，年可实现开票销售8000万元、税收500万元	11000	沿河镇	2022.03	2022.03	2022.06
109	沿河镇	工业	汽车传控部件及新能源汽车充电设备	苏州德千机电有限公司	与振彬科技公司合作，购买艺龙纺织公司现有厂房9500平方米，生活办公建筑面积1500平方米，利用厂区现有闲置工业土地10亩，新建层高7.35米厂房5000平方米。购置CNC加工中心、激光切割机、焊接机器人、装配线等设备60台（套）。项目建成后，可年产汽车传控部件、新能源汽车充电桩等产品3万台（套），实现年开票销售1亿元，税收500万元	10000	沿河镇	2022.04	2022.05	2022.08
110	沿河镇	服务业	风光渔互补旅游	江苏郁金香生态农业有限公司	利用风光渔景区现有空间，植入樱花大道、人工岛、钓鱼区、生态植物观赏园等业态，提供休闲娱乐场所，增强景区周边氛围	10000	沿河镇	—	2022.09	2022.11
111	冈西镇	工业	通用零部件	江苏普轩金属制品有限公司（上海流润）	利用闲置厂房3000平方米，新建厂房及附属5000平方米，投入7000万元购置各类加工设备80台（套）。项目建成后，年可实现开票销售1亿元，税收300万元	10000	冈西镇	2021.08	2021.06	2022.05

续表22

序号	引进单位	产业类别	项目名称	投资主体	项目建设内容	计划总投资	落户地	预审时间	签约时间	开工时间
112	冈西镇开发区	工业	传动总成	江苏绿控传动科技有限公司	购买上冈产业园圣金特现有闲置厂房4万平方米，购置卧式加工中心、磨齿加工、定转子自动化生产线等各类设备500台（套），主要生产纯电工程车、环卫车、公交车等电动车传动装置。项目投产后，可实现年开票销售15亿元，税收5000万元	100000	开发区上冈产业园	2021.12	2021.05	2022.02
113	冈西镇开发区	工业	动力总成	盐城双飞车业有限公司（无锡先锋）	购买开发区存量土地40亩，前期改造闲置厂房8000平方米，后期新建厂房1万平方米。投入7500万元购置加工中心、伺服嵌线机、整形机等设备80台（套）。项目投产后，可年产新能源电机产品2万台（套），实现年开票销售1.2亿元，税收600万元	12000	开发区	2021.12	2021.12	2022.03
114	冈西镇	工业	装配式建筑	盐城鑫悦新材料有限公司（江苏鑫城）	收购原冈西建材公司105亩土地，新建厂房、办公楼4.8万平方米，购置装配式建筑混凝土PC构件生产线、生产线控制系统、支撑轮、钢模台、布料机、固定模台、振动台等设备130多台（套）。项目全部投产后，可年产装配式建筑混凝土PC构件产品8万件套，实现年开票销售5亿元，税收近2000万元	50000	冈西镇	2022.04	2022.04	2022.09
115	宝塔镇开发区	工业	液压工程机械	建湖宝迪工程机械有限公司（苏州天烨）	购买开发区闲置土地42亩，厂房4000平方米，新建厂房1.3万平方米，购置加工中心、数控车床、焊接机等设备280台（套），新上年产100台水陆两栖液压挖掘机、打桩机项目。项目建成后，年可实现开票销售9000万元，税收450万元	13000	开发区	2022.04	2022.06	2022.06
116	宝塔镇开发区	工业	液压机械配件	江苏环展机械科技有限公司（太仓舒展）	购买开发区原丰源公司闲置土地15亩，厂房4500平方米，新建厂房4000平方米，购置数控镗床、数控车床等设备275台（套），新上液压机械配件项目。项目建成后，可年产液压机械配件5万件，年可实现开票销售4000万元，税收200万元	10000	开发区	2022.04	2022.06	2022.06

续表22

序号	引进单位	产业类别	项目名称	投资主体	项目建设内容	计划总投资	落户地	预审时间	签约时间	开工时间
117	宝塔镇开发区	工业	纺织机械	浩科伟业纺织机械江苏有限公司（上海胜熙）	购买开发区原生泰公司存量土地28.5亩，厂房8196平方米，新建厂房5000平方米，购置数控机床、立式加工中心、精密平面磨床、数显卧式铣镗床、数控铣床、焊接机等设备274台（套），主要生产纺织机械设备等产品。项目建成后，可实现年开票销售1亿元，税收500万元	10000	开发区	2021.05	2021.05	2022.04
118	宝塔镇开发区	工业	精密仪表阀门	江苏羽航科技有限公司（上海迦炎）	购置开发区原力威普公司闲置厂房8000平方米，新建厂房4000平方米，购置激光切割机、折弯机、数控车床等设备80台（套），主要生产先进仪表阀门等产品。项目建成后，可实现年开票销售1亿元，税收600万元	10000	开发区	2022.03	2022.03	2022.08
119	宝塔镇高新区	工业	通信设备制造	盐城市星地通信设备有限公司	购买桓华公司闲置厂房9000平方米、办公楼以及配套附属设施3500平方米，购置卫星通信用频谱分析仪、卫星通信网络分析仪、卫星通信调制解调器、液压机、数控龙门加工中心等设备95台（套），年产600套卫星通信地球站系列天线，年可实现销售1亿元，税收800万元	11000	高新区	2021.09	2021.11	2022.03
120	宝塔镇	农业	优质粮基地	盐城谷满仓米业有限公司（昆山嘉华）	购买原湘源机械有限公司闲置土地25亩，厂房2000平方米，办公楼500平方米，并新建厂房8000平方米，购买立卧式米机、去石机、烘干机、圆筒清理筛等设备383台套，流转耕地2000亩，建成种产销一体化的优质粮精细加工基地。项目建成后，可实现年开票销售8000万元，税收250万元	10000	宝塔镇	2022.09	2022.09	2022.10
121	宝塔镇开发区	工业	汽车配件	盐城市曦泽机械制造有限公司（吴江索列德）	购买鑫森管阀件厂闲置土地19.5亩，厂房2500平方米，新建标准厂房7000平方米，购买激光切割机、折弯机、CNC加工中心等设备246台（套），新上汽车配件项目，研发、生产及销售汽车制动系统部件。项目建成后，年可实现开票销售8000万元，税收260万元	10000	开发区	2022.10	2022.10	2022.11

表23 2022年全县亿元以上竣工项目

单位：万元

序号	引进单位	产业类别	项目名称	投资主体	计划总投资	开工时间	竣工时间
1	开发区	工业	瑞晶3吉瓦光伏组件	江西晶惠科技有限公司	100000	2021.03	2022.04
2	开发区	工业	聚安年产1吉瓦时高效锂离子电池	新余凯瑞能源科技有限公司	15000	2021.08	2022.04
3	开发区宝塔镇	工业	西环水泥高强度建筑构件	盐城西环水泥制品有限公司	20000	2021.02	2022.05
4	开发区	工业	船舶机械	江苏海帆机械制造有限公司（扬帆集团）	10000	2020.12	2022.05
5	开发区	工业	舜峰年产40万立方米混凝土	苏州舜峰新材料科技股份有限公司	10000	2021.06	2022.06
6	开发区	工业	显示屏模组	安庆市超能达光电有限公司	20000	2021.03	2022.12
7	高新区	工业	瓦尔克年产8万套闸阀、球阀、截止阀、蝶阀	双龙集团有限公司	11000	2021.05	2022.04
8	高新区	工业	锦州阳光4吉瓦光伏组件	锦州阳光能源有限公司	100000	2021.02	2022.04
9	高新区	工业	石化压力容器及配件	江苏永诚装备科技有限公司（陕西经达）	10000	2021.04	2022.08
10	高新区	工业	新能源智能设备制造	深圳市深远大科技有限公司	15000	2022.01	2022.10
11	高新区	工业	年产200万支汽车平衡杆	江苏班德智能制造有限公司（江苏建中新材料）	10000	2022.06	2022.12
12	高新区恒济镇	工业	锂电池及镍氢电池	深圳市量能科技有限公司	50000	2022.01	2022.10
13	九龙口旅游度假区	服务业	精品酒店	盐城市文化旅游投资发展有限公司	11000	2021.04	2022.07
14	九龙口旅游度假区	服务业	九龙口综合提升	建湖县旅游发展有限公司	13000	2022.02	2022.08
15	九龙口旅游度假区	服务业	喜鹊湾文旅节点	北京优景影视文化发展有限公司	10000	2022.08	2022.10
16	九龙口旅游度假区	服务业	九龙口景区业态提升	上海高朋国际旅行社有限公司 建湖县旅游发展有限公司	11000	2021.12	2022.10
17	近湖街道	农业	年产2000万份学生营养餐项目	盐城一坤食品发展有限公司（江苏祥圣）	10000	2021.01	2022.05
18	近湖街道	工业	农业机械	盐城东申农业机械有限公司	10000	2021.10	2022.07
19	近湖街道	工业	电子元器件	建湖拓信电子有限公司（太仓拓信）	10000	2021.03	2022.08

续表23

序号	引进单位	产业类别	项目名称	投资主体	计划总投资	开工时间	竣工时间
20	近湖街道	服务业	欧堡利亚连锁酒店	欧堡利亚酒店集团	10000	2021.10	2022.11
21	近湖街道	工业	机械加工	江苏芝彤机械有限公司	10000	2021.07	2022.12
22	上冈镇	工业	丰菱研磨新材料	盐城市三阳磨料磨具有限公司	50000	2020.12	2022.04
23	上冈镇	服务业	生活广场二期	江苏易家乐商业管理有限公司	20000	2020.03	2022.07
24	上冈镇	工业	高端包装制品	盐城市精图包装有限公司	20000	2021.09	2022.11
25	建阳镇	工业	成固桥梁工业化智能生产基地	江苏成固建设有限公司	19500	2021.06	2022.06
26	建阳镇	工业	苏博年产5000件（套）石油机械	重庆新泰机械有限责任公司	10000	2021.06	2022.04
27	建阳镇	工业	年新增50万件减速机配件	建湖县科达机械有限公司	11000	2021.03	2022.10
28	建阳镇	工业	石油机械	江苏中睿机械制造有限公司（苏州道森）	22500	2022.03	2022.11
29	建阳镇	工业	铝制新材料	江苏畅达铝业有限公司（上海承宁）	11000	2022.06	2022.11
30	颜单镇	工业	新上警队礼服生产线	上海添富服饰设计有限公司	12000	2021.08	2022.09
31	颜单镇	工业	智能制造	江苏铭域智能科技有限公司	50000	2021.08	2022.11
32	颜单镇	工业	橡胶密封圈	盐城市林海橡胶制品有限公司	10000	2021.11	2022.11
33	恒济镇	工业	默成智能车载设备及智能汽车零部件	江阴市达尔安汽车内饰科技有限公司	11000	2021.05	2022.04
34	恒济镇	农业	小海鲜及其他各类快手菜项目	江苏正源创辉食品有限公司调理食品分公司	18000	2021.03	2022.12
35	庆丰镇	工业	纸塑复合材料	江苏茂彦包装制品有限公司（常州展明）	11000	2022.06	2022.09
36	庆丰镇	工业	医用新材料	江苏康沁原仪器科技有限公司（瑞辉新材料）	15000	2021.02	2022.10
37	庆丰镇	工业	电站设备	江苏品一重工装备有限公司（上海柯能）	13000	2021.04	2022.11
38	庆丰镇	工业	工程机械部件	盐城迎盛机械有限公司（苏州迎成）	10500	2022.03	2022.12
39	高作镇	工业	石油钻采专用设备配件和流量仪表	江苏奥晖机械科技有限公司（上海银泉）	10000	2022.06	2022.09
40	高作镇	工业	金属工艺品	江苏建锋商业道具设计制作有限公司（上海铂暻）	15000	2022.06	2022.09
41	高作镇	工业	液压件	合肥长源液压股份有限公司	10000	2022.08	2022.11
42	芦沟镇	工业	崇达高端井下阀门设备技改	盐城市崇达石化机械有限公司	10000	2021.07	2022.11
43	芦沟镇	工业	年产2.2亿片单晶硅切片	江苏迈利凯半导体有限公司（江苏锦达）	10000	2022.06	2022.11
44	芦沟镇	工业	亚瑞汽车内饰配件	江苏亚瑞塑业有限公司	10000	2021.09	2022.04
45	芦沟镇	工业	松源年产500万件套机械配件	上海庆利机械设备有限公司	10000	2021.10	2022.04

续表23

序号	引进单位	产业类别	项目名称	投资主体	计划总投资	开工时间	竣工时间
46	芦沟镇	工业	逸尔智能涂装机械手	盐城市逸尔智能装备有限公司（上海凯仕比）	10000	2021.10	2022.06
47	芦沟镇	工业	赛奥德年产10万件套化纤机械	江苏赛奥德机械设备有限公司（盐城欣乐机械）	10000	2021.06	2022.06
48	芦沟镇	工业	油田机械	盐城市煜洋石油机械有限公司	10000	2021.03	2022.08
49	沿河镇	工业	华盈汽车配件	江苏华盈摩擦材料有限公司	10650	2021.09	2022.04
50	沿河镇	工业	包装材料	盐城旺卡普尔实业有限公司（苏州旺卡普尔）	11000	2019.12	2022.05
51	沿河镇	工业	年产2万台套智能仓储设备、工业机器人及自动化包装机	盐城富恒服饰有限公司（太仓博特精工）	11000	2022.01	2022.11
52	冈西镇	工业	新能源车零部件	江苏铸孚机械有限公司	10000	2021.03	2022.11
53	冈西镇	工业	净化设备	江苏首净净化设备工程有限公司	10000	2021.07	2022.11
54	宝塔镇	工业	迅发年产5000吨铝合金型材	镇江迅发铝制品有限公司	10000	2021.04	2022.04
55	宝塔镇	工业	电缆生产	江苏振邦电线有限公司（上海肯铎）	10000	2021.06	2022.11
56	宝塔镇	工业	农产品深加工	江苏荣晟麦业有限公司（上海鑫橡）	10000	2021.08	2022.12

重大项目选介

【耀宁12吉瓦时锂离子电池及系统总成项目】 由浙江耀宁科技有限公司于2022年11月在建湖开发区上冈产业园投资建设。项目计划总投资102.3亿元，占地450亩，新建厂房及附属设施36万平方米，设备投入约42亿元，购置NMP存储与转运系统、全自动浆料系统、自动双层涂布机设备194台（套），新上6条国际一流的智能化电池生产线。项目分两期建设，一期建设6吉瓦时，占地276亩，建筑面积16万平方米，新建4幢厂房，1幢能源中心，1幢创新中心，110千伏降压站，1座污水处理站，1座NMP泵房，1幢原材料库，1幢成品库以及园区道路、绿化景观、给排水等综合配套设施，投资约69.2亿元。二期建设6吉瓦时，投资约33.1亿元，主要包括厂房建设、设备投入、新品研发、技术更新等。全部投产达效后，可年产12吉瓦时锂离子电池及系统总成，实现年销售100亿元、税收3亿元。

【润阳14.2吉瓦-N型太阳能电池片项目】 由江苏润阳新能源科技股份有限公司于2022年10月在建湖开发区投资建设。项目计划总投资68亿元，占地420亩，新建、装修厂房30万平方米，设备投入26亿元，购置制绒、Diffusion、LPCVD、丝网印刷等生产、检测设备900余台（套），自建自用空分设施、220千伏变电设施及污水处理设施。项目全部投产后，将形成年产14.2吉瓦-N型太阳能电池片的生产能力，实现年开票销售180亿元，税收6亿元。

【益佳通12吉瓦时方形磷酸铁锂动力电池及PACK项目】 由安徽益佳通电池有限公司于2022年10月在建湖高新区投资建设。项目计划总投资60亿元，设备投入24亿元。占地500亩，新建厂房及配套设施16.2万平方米，购置全自动高效循环制浆系统、全自动组装线、全自动辊分一体机、全自动双层精密挤压涂布机、全自动接触式高真空烘烤线等设备400台（套），项目投产后，形成年产12吉瓦时磷酸铁锂动力电池及PACK的生产能力，实现年开票销售120亿元，税收6.6亿元。

【高测20吉瓦光伏大硅片项目】 由青岛高测科技股份有限公司于2022年4月在建湖高新区投资建设。项目计划总投资20亿元，一期征地90亩，新建厂房及配套设施4万多平方米，购置粘棒机、切片机、脱胶机、插洗机、智能化分选系统等设备200台（套），年产能10吉瓦单晶硅片；二期征地120亩，新建厂房及配套设施5万平方米，投入10吉瓦硅片生产线。项目全部建成后，形成年产20吉瓦单晶硅片的生产能力，可实现年开票销售80亿元、税收2亿元。

对外及港澳台经济技术合作

【概况】 2022年，建湖县协议利用外资5884美元，实际使用外资2435万美元，比上年增长11.8%。新注册外资项目4个，其中总投资3000万美元以上项目3个。县商务局组织41家石油装备企业线上参加阿布扎比国际石油展。全县境外投资企业有5家，分别是中港建设集团有限公司在非洲设立的莫桑比克水泥厂，江苏银翔纺织有限公司在越南设立的越南国际纺织有限公司，盐城良工建筑模板有限公司在印度尼西亚设立的印尼良工建筑科技贸易公司，江苏蓝天航空航天产业园管理有限公司在波兰设立的艾雷奥特航空技术有限责任公司，建湖君悦设备租赁有限公司在美国设立的南方蕾丝房地产有限责任公司。年内完成境外劳务分包工程项目3个，清华劳务公司承建中国二十二冶在阿尔及利亚国家体育馆项目、承建中地集团在阿尔及利亚住宅楼项目；华耀劳务公司承建中建八局在黎巴嫩国家高等音乐学院项目。

【德国贸促机构和跨国公司“建湖行”活动】 9月29—30日，德国贸促机构、德国跨国公司代表及省贸促会、外办领导到建湖考察交流。德国海外商会联盟华东及华中区政府事务总监、德国图林根州发展局驻华联络处首席代表郝智，省贸促会会长尹建庆，副市长蒋巍等出席活动。郝智一行先后参观九龙口湿地公园及沙庄、鹿山20吉瓦太阳能组件封装胶膜、瑞晶光伏组件、建湖县鸿达阀门管件有限公司、江苏润阳光伏科技有限公司等地。县长陈霞致辞并介绍全县经济社会发展情况，宣传推介建湖县文旅、现代农业、三大主导产业。

对外及港澳台贸易

【概况】 2022年，县商务局支持优势产品开拓国际市场，加大面向制造业企业的RCEP规则宣传培训，组织企业参加广交会、进博会、“江苏优品•畅行全球”等展会，线上线下开拓国际市场，促进对外贸易稳定增长。全县实现外贸进出口6.78亿美元，比上年增长25.1%，完成年度目标的108.8%。其中，出口6.5亿美元，比上年增长32.7%。全县有进出口实绩企业199家，其中进出口千万美元以上企业13家，进出口额占全县总额的70%；进出口百万美元以上企业79家，进出口额占全县总额的90%。

【“江苏品牌产品线上丝路行”建湖专场活动】 11月1日，由江苏省贸促会、盐城市贸促会、建湖县人民政府联合主办的“江苏品牌产品线上丝路行”建湖专场暨“2022江苏—阿联酋石油装备展线上对接会”启动。活动为期4天，建湖县组织40家石油机械企业，邀请60家海外采购商，建立Meetby专属活动页面，建立线上单独会客室，为石油机械企业和海外采购商搭建沟通对接平台。

11月1日，“江苏品牌产品线上丝路行”建湖专场活动召开 （县商务局 供）

表24 2022年全县进出口贸易完成情况

镇（街道、区）	年度目标（万美元）	2022年实绩（万美元）	比上年增长（%）	完成年度目标（%）
全县	62300	67800	25.1	108.8
近湖街道	7500	8277	27.5	110.4
上冈镇	2900	4554	−8.7	157.0
建阳镇	2200	2876	50.6	130.7
颜单镇	650	650	10.9	100.0
恒济镇	500	490	7.7	98.0

续表24

镇（街道、区）	年度目标（万美元）	2022年实绩（万美元）	比上年增长（%）	完成年度目标（%）
庆丰镇	4000	5751	56.5	143.8
九龙口镇	170	160	−1.2	94.1
高作镇	3500	3081	−9.4	88.0
芦沟镇	200	199	14.4	99.5
沿河镇	350	310	−7.8	88.5
冈西镇	180	173	15.6	96.3
宝塔镇	1400	1692	39.4	120.9
开发区	22350	27780	41.5	124.3
高新区	16400	11806	13.9	72.0

表25　　2022年全县外贸进出口额超500万美元企业

单位：万美元

序号	企业名称	进出口额	属地
1	江苏悦阳光伏科技有限公司	9484	高新区
2	江苏润阳光伏科技有限公司	8360	开发区
3	江苏剑牌农化股份有限公司	5564	开发区
4	盐城可理斯机械制造有限公司	4853	开发区
5	江苏威德福鸿达石油设备有限公司	4362	庆丰镇
6	江苏东西发动机配件有限公司	2887	上冈镇
7	江苏莲源机械制造有限公司	2034	开发区
8	江苏厚睦莱照明科技有限公司	2098	高作镇
9	江苏华威机械制造有限公司	1837	近湖街道
10	江苏日月照明电器有限公司	1680	开发区
11	江苏艾伦弗罗机械制造有限公司	1203	开发区
12	江苏欧瑞德石油机械有限公司	1129	高新区
13	盐城市集鑫进出口有限公司	1066	近湖街道
14	建湖县银海棉业有限公司	885	上冈镇
15	江苏福吉特管业有限公司	785	高新区
16	盐城佳迪生物科技有限公司	749	开发区
17	盐城富奥玛机械有限公司	745	高作镇
18	江苏江动柴油机制造有限公司	682	上冈镇
19	江苏泛迪工艺品有限公司	664	开发区
20	中聚信海洋工程装备有限公司	593	建阳镇
21	江苏般若电子工业有限公司	641	开发区
22	建湖县永杰对外贸易有限责任公司	630	近湖街道
23	立可达电器（江苏）有限公司	574	宝塔镇
24	盐城金秆进出口有限公司	541	开发区
25	盐城恒辉食品有限公司	518	颜单镇

农业农村

综述

【概况】 2022年，全县实现农林牧渔业总产值104.12亿元，比上年增长4.96%。其中，农业产值52.33亿元，比上年增长0.65%；林业产值2.6亿元，比上年增长225%；牧业产值13.91亿元，比上年下降1.97%；渔业产值26.97亿元，比上年增长10.71%；农林牧渔服务业产值8.31元，比上年增长5.86%。第一产业增加值60.83元，比上年增长3.6%。水产品总量10.42万吨，比上年增长0.58%。建湖县被农业农村部认定为国家级制种大县，被评为2022年度全省农业“两刊”（《江苏农村经济》《农家致富》）宣传工作成效显著单位。县农业农村局被省农业农村厅评为夏油生产贡献突出单位。上冈现代农业产业园创成省级农业示范园，恒济镇苗庄村入选全国乡村特色产业超亿元村，近湖现代农业产业园入选第一批省农业生产全程机械化智能化示范基地（园区）名单。冈西镇顾顶新型农村社区、恒济镇恒庆新型农村社区入选第九批江苏省特色田园乡村名单。冈西镇徐王新型农村社区入选第十批江苏省特色田园乡村名单，获评省生态文明建设示范村。全省首家“江苏省耕整作业装备创新中心”成立揭牌仪式在建湖县举行。建湖县探索以土地综合整治推动乡村“三生”融合发展路径入选“中国改革2022年度地方全面深化改革典型案例”。

【农业行政许可执法】 年内，建湖县核发农药经营许可证12本，兽药经营许可证5本，农作物及其产品调运检疫及植物检疫证37本，农作物及其产品产地检疫合格证37本，拖拉机、联合收割机行驶证548本，拖拉机、联合收割机驾驶证210本。县农业农村局规范农业综合执法队伍建设，统一着新式执法制服，严格落实行政执法三项制度（农业行政执法公示制度、农业执法全过程记录制度、农业重大执法决定法制审核制度）。检查农资经营门店318家、兽药经营门店54家；检查农药生产企业2家、饲料和饲料添加剂生产企业5家、生猪屠宰企业1家、病死动物无害化处理中心1家、生猪规模养殖场76家、水产苗种生产单位11家、水产养殖单位（个人）670家、农机企业和单位64家。查处农业行政处罚案件95起，其中农药案件5起、农产品质量安全案件6起、兽药案件3起、饲料案件1起、动物检疫防疫案件3起、农机案件61起、电鱼案件14起、无证捕捞案件1起、无证经营水产苗种案件1起，罚没款25.34万元。渔政、农机行政处罚案卷获评全市农业行政处罚优秀案卷，江苏金绿丰种业有限公司经营假种子案被列为全市农业行政处罚典型案例。

【高标准农田建设】 年内，新建高标准农田2.3万亩，其中建阳镇1万亩、庆丰镇7000亩、钟庄街道4000亩、塘河街道2000亩，项目总投资6900万元。新建泵站71座，配套输变电线路6.75千米；新建防渗渠71.26千米；新建圩口闸10座、机耕桥35座、渡槽1座、田间涵洞131座；新建3米宽硬质（混凝土）机耕路32.95千米；植树（香樟、女贞）7300株。项目实施过程中，县直部门、镇、村三级，各司其职、各负其责。项目建设实行沟渠田林路统一规划，其中85%的项目资金用于泵、闸、桥、涵、路等农业基础设施建设。项目区初步建成以排灌水系为主线，机耕道路为骨架，泵闸桥涵相配套的高标准农田与优质稻米生产基地。塘河街道走马村将高标准农田建设和土地城乡挂钩、土地占补平衡项目实施结合，拆迁99户，流转土地面积581亩。通过土地平整、小田变大田等配套项目完善，新增种植面积200亩。

【测土配方施肥】 年内，县农业农村局推进测土配方施肥向纵深发展，完成肥料效应、化肥利用率等田间试验10个、农户施肥调查200户、“三新”（新技术、新产品、新机具）技术配套面积6万亩、主要农作物测土配方施肥推广面积158.4万亩次、测土配方施肥技术覆盖率稳定在90%以上，科学施肥促进降本增效明显，农民对化肥减量增效满意率90%以上。科学布设耕地质量调查点位，建立耕地质量评价指标体系。根据《耕地质量等级》国家标准（GB/T 33469—2016），制定建湖县耕地质量评价指标体系，确定指标权重、隶属函数、耕地质量综合指数划分标准等。年内耕地质量等级3.88。推广水稻侧深施肥技术，在水稻机械插秧时同步将配方肥或缓释肥料定位、定量、均匀地施于秧苗侧面3厘米至5厘米，施肥深度4—5厘米，减少施肥总量与施肥次数，降低人工成本，提高肥料利用率。推广小麦种肥同播技术，在小麦播种时一次性将种子和配方肥或缓释肥料深施到土壤中，简化栽培方式，提高肥料利用率，齐苗壮苗，减轻劳动强度，促进生产节本增效、提质增效。推广水肥一体化技术，实行灌溉与施肥结合、水肥耦合，节水、节肥、节工与增产、提质效果显著，与2021年比，化肥用量削减1.8%。

种植业

【粮食生产】 2022年，建湖县粮食播种面积143.01万亩，比上年增加2600亩。夏粮面积64.02万亩，比上年增加1300亩，其中小麦面积60.21万亩，比上年增加1800亩；大麦面积2.37万亩，比上年减少495亩；夏收豆类1.44万亩。秋粮面积78.99万亩，比上年增加1200亩，其中水稻面积71.52万亩，比上年增加500亩；玉米面积1.32万亩，比上年减少2900亩；秋收豆类面积5.76万亩，比上年增加5200亩；秋收薯类面积3900亩，比上年减少1700亩。粮食总产量71.46万吨，比上年增加1500吨。夏粮总产24.99万吨，比上年增加2300吨，其中小麦总产23.82万吨，比上年增加2300吨。秋粮总产46.48万吨，比上年减少760吨，其中水稻总产44.66万吨，比上年增加500吨；玉米总产5600吨，比上年减少1300吨；秋收豆类总产10990吨，比上年增加750吨；秋收薯类总产1571吨，比上年减少710吨。粮食亩产499.72千克，比上年增加0.19千克。夏粮亩产390.3千克，比上年增加2.7千克，其中小麦亩产395.7千克，比上年增加2.7千克。秋粮亩产588.41千克，比上年减少1.86千克，其中水稻亩产624.4千克，比上年增加0.27千克；玉米亩产425.2千克，比上年减少3千克；秋收豆类亩产190.94千克，比上年减少4.73千克；秋收薯类亩产408.3千克，比上年减少2.7千克。

【病虫害防治】 年内，建湖县主要农作物病虫害统防统治面积303.29万亩。其中，小麦125.2万亩次，占防治面积的65.65%；水稻188.25万亩，占防治面积的67.24%。全县统防统治覆盖率加权平均66.56%，比上年提高2.49个百分点，实现并超过统防统治覆盖率60%的全省指标。通过培训、宣传推广集成技术，示范引领扩大绿色防控技术应用，实现农药使用减量增效，年内全县农药使用量875.7吨，比上年下降0.71个百分点；化肥使用量3.1万吨，比上年下降0.61个百分点。农药化肥使用总量减少6.3吨，亩均0.51元。

【蔬菜生产】 年内，全县蔬菜瓜果作物播种面积32.34万亩，比上年增长6.42%。其中，设施蔬菜瓜果播种面积4.16万亩，比上年增长1.76%。蔬菜总产量76.68万吨，比上年增长6.04%；蔬菜总产值20.66亿元，比上年增长2.43%。克服新冠疫情、连阴雨（雪）、干旱高温、大风暴雨、低温冻害等不利因素影响，全县蔬菜产销形势稳定，播种面积、产量和产值稳中有增，市场供应充足，价格涨跌互现，抗灾保供效果良好，同时蔬菜园艺业向标准化、优质化、品牌化发展。

【花卉苗木】 年内，全县有各类林苗生产基地30多个，育苗面积2万多亩，在圃苗木1000多万株，培育苗木品种多样，主要有榉树、栾树、中山杉、红叶石楠、女贞等。县新农投公司、县林苗圃、弘森生态农林科技有限公司、悦盛源园林工程有限公司苗木生产基地面积上规模，管理见水平，技术有创新，苗木质量处于全县同行领先位置，取得较好的经济效益和社会效益。据2022年统计年报数据，全县有花卉苗木种植面积5000亩，鲜切花年销售175.5万支，比上年增长0.1%，盆栽观赏植物（包括盆景）年销售8.85万盆，比上年增1.5%。花卉苗木种植基地3家，种植面积1537亩，主要品种为菊花、君子兰、盆景、栾树、紫薇、海棠、红叶李、高杆桢、榉树等。

【果树种植】 年内，全县果树种植面积1.42万亩，比上年下降1.01%；产量2.7万吨，比上年下降0.91%；产值2.38亿元，比上年下降3.25%。主要种植品种为葡萄、桃、梨、草莓、冬枣等。果树产业生产面积稳中略减，主要原因在于政策扶持力度不够、专业技术人才缺乏、标准化生产率不高、产业化经营程度低、生产成本增加等，加之对耕地“非粮化”问题专项整治，果树种植面积逐步减少。

畜牧业

【概况】 2022年，建湖县有生猪屠宰企业1家、饲料和饲料添加剂企业5家、兽药经营门店54家、病死动物无害化处理中心1家。全县生猪出栏11.67万头，比上年增长0.17%；年末存栏6.66万头，比上年增长9%；能繁母猪存栏5200头，比上年增长30%。家禽出栏845.2万羽，比上年增长0.8%；年末存栏725.6万羽，比上年下降2.1%。全县畜禽粪污综合利用率99.04%，规模养殖场粪污处理设施装备配套率100%。

【动物疫病防控】 年内，县农业农村局强制实行动物疫病免疫的群体免疫密度90%以上，其中应免畜禽免疫密度100%，高致病性禽流感、口蹄疫、小反雏兽疫免疫抗体合格率70%以上。统筹抓好狂犬病、布鲁氏菌病等人畜共患病防治工作。开展五轮（3月、5月、7月、9月、11月）集中灭蚊灭蝇灭鼠及清洗消毒工作，完成洗消面积414.5万平方米，消毒药用量2158千克，洗消场点61343个，灭害面积238.2万平方米，灭害药物用量408千克，灭害场点数41762个。

【畜禽屠宰管理】 年内，开展生猪屠宰市场整治，通过日常巡查和配合市场监管部门联合检查，查处生猪私屠滥宰案件1起、违规调运生猪检疫防疫案件3起，处罚6.08万元；强化定点屠宰场监管，把好生猪及其产品入场出场关、“瘦肉精”抽检关、待宰巡查关、同步检疫关和病害动物及其产品无害化处理关，确保肉品质量安全。

【畜产品质量安全】 年内，县农业农村局开展养殖屠宰环节“瘦肉精”例行检测，对全县所有生猪存栏20头以上或年出栏50头以上、肉羊存栏10只以上、肉牛存栏10头以上的养殖场（户）（以成畜为主）、生猪屠宰场等场所开展瘦肉精抽样检测。全年快速检测生猪、肉羊、肉牛尿样9675份，检测合格率100%；开展养殖屠宰环节“畜禽产品”监测，配合省、市主管部门对畜禽养殖环节和生猪屠宰环节猪肝、猪肉、禽肉和禽蛋等畜禽产品季度抽样、重点时段抽样和监督抽样，并开展县内畜禽产品自检。完成省级例行监测样品68份、省级监督抽检样品8份、市级例行监测样品16份、市级监督抽检样品4份、县级例行监测样品140份、县级监督抽检样品14份，未发现不合格样品；开展兽用抗菌药市场监督检查，对全县兽药生产经营企业，部分畜禽养殖单位进行监督检查。检查生产经营单位377家次，出动执法人员754人次，发放宣传资料377份，下发整改通知书57份，查处兽药案件3起，饲料案件1起，罚款2.8万元。

水产渔业

【概况】 2022年，全县紧扣省市县渔业工作目标任务，克服新冠疫情、持续高温等不利因素影响，狠抓水产品稳产保供、池塘标准化改造、水产品质量安全、九龙口大闸蟹品牌建设等工作。全县水产品产量10.42万吨，实现渔业产值26.97亿元，比上年增长10.71%。建湖九龙口大闸蟹有限公司在年度专项复查中，符合江苏省级水产良种繁育场建设规范要求，被省农业农村厅认定为省级河蟹良种培育场。农业农村部办公厅根据企业创新能力、资产实力、市场规模、发展潜力等情况，遴选江苏正源创辉食品科技发展有限公司克氏原螯虾为国家水产种业阵型企业。正源创辉公司被认定为省级农业产业化重点龙头企业，争创国家级农业龙头企业。

【水产养殖】 年内，全县水产养殖面积13.5万亩，其中河蟹精养面积8.5万亩，南美白对虾精养面积5000亩，青、草、鲢、鳙、鳊、银鲫等常规鱼养殖面积4万亩，斑点叉尾鮰、黑鱼、鲥鱼、甲鱼等特种水产品养殖面积5000亩。全县水产养殖产量9.66万吨，其中鱼类产量7.09万吨，甲壳类产量2.5万吨，其他类700吨。全县河蟹、南美白对虾、斑点叉尾鮰等特种水产品精养面积9.5万亩、鱼蟹混养面积2万亩，年产河蟹1.3万吨、南美白对虾1500吨、斑点叉尾鮰5000吨。

【水产捕捞】 年内，全县拥有在册管理捕捞渔船857

艘、渔民1708人。其中，1吨捕捞渔船819艘，2吨捕捞渔船36艘，6吨捕捞渔船2艘，均为小型钢质机动渔船，主机功率分为5.6千瓦、5.7千瓦、6.6千瓦、7.7千瓦、8.8千瓦五种。水产品捕捞产量7200吨，其中贝类（螺丝）3000吨、鱼类2700吨、甲壳类1500吨。

【渔政执法】 年内，县委农村工作领导小组办公室、县公安局、县农业农村局制定出台《2022年建湖县春季打击非法电鱼活动专项执法行动实施方案》，形成渔政执法、公安联动、镇（街道、区）协同机制。开展县内河道水域“拉网式”巡查执法，查获电鱼案件14起，无证捕捞案件1起，没收电鱼工具14台（套）、电鱼船4艘，处罚13.1万元。开展渔业安全生产大检查，对全县857艘渔船逐一登船检验，全面排查整改渔船安全隐患；整治建阳镇戛粮河、职工村2处渔船集中停靠点，投放灭火器94台，设立公共救生衣（圈）存放点3处，张贴警示标志131处，设置宣传牌3块；宣传渔业互助保险省级补贴政策，为1129名自愿参保渔民办理内陆渔民人身平安互助保险，风险保障金1.29亿元，全面提升渔业生产抗风险自救能力；及时发布渔业安全预警信息，全年渔业安全生产无事故。

【水产品加工交易】 建湖县有江苏正源创辉食品科技有限公司、盐城冠华水产有限公司、盐城王开食品有限公司、江苏亿盛渔业有限公司、江苏国味缘食品有限公司、盐城市鼎云阁冷储有限公司规模水产品加工企业6家，主要从事水产品初加工和深加工，加工品种有河虾仁、黑鱼片、南美白对虾虾仁、香辣蟹、蟹粉、熟制小龙虾等品种，年加工能力4万吨。全县有专业性水产品批发交易市场2家，其中县农产品加工集中区华益螃蟹市场有螃蟹交易门店300余间，年交易螃蟹4万吨，交易额超40亿元。颜单镇马路村刘家荡水产品交易市场年交易常规鱼、河蟹水产品1万吨，交易额超1亿元。

【水产品质量安全】 年内，县农业综合行政执法局检查水产养殖单位（户）670家、水产苗种生产单位（户）11家，主要查看持证情况、苗种检疫、3项记录（养殖生产记录、用药记录、销售记录）、投入品使用等情况，查获无证经营水产苗种案1起，处罚款0.2万元。省市抽检情况，部省抽检3次，市每季度抽检1次，部门监督抽检7次，每次3—4个样品，抽检品种鱼虾蟹，未发现有违规使用禁用投入品情况，3项记录填写完整，所抽检的鱼虾蟹全部合格。

【九龙口大闸蟹产业发展促进会】 12月10日，盐城市九龙口大闸蟹产业发展促进会成立大会暨全市品牌建设推进会在建湖县九龙口温泉酒店举行。大会选举产生19个理事成员单位、理事长、秘书长；盐城市各县（市、区）选送的优质大闸蟹参加“蟹王争霸赛”现场评比，评选出“蟹王”“蟹后奖”各1名、“金蟹奖”3名、“优质蟹”奖6名；江苏省淡水水产研究所与盐城市九龙口大闸蟹产业发展促进会签订战略合作框架协议。

农产品市场流通

【概况】 2022年，建湖县新建1个长三角优质农产品供应基地，完成1个农产品综合配送中心的改造，新建网络购物平台1个，改造新建14个农产品直营店。加强互联网建设，推进农产品网上直销，建成数字农业基地34家。4次举办农产品品牌推介会，扩大“遇建湖鲜”品牌效应，签约重大农业项目投资协议8份。

【长三角农产品供应基地】 2022年，盐城市翔越农业发展有限公司在上海市江桥批发市场建设直采直供基地325.5亩，年销售1500万元以上。生产销售西葫芦、丝瓜、羊角蜜等蔬菜、水果品种。升级改造设在上海宝山区江杨农产品批发市场的建湖特色水产品配送中心。建湖县亿乐粮食种植家庭农场分别在上海垄上供应链管理有限公司新建一个直销窗口、海上梦苑菜场、泰康菜场，上海峰歌食品有限公司新建建湖农副产品直销窗口。建湖亿乐粮食种植家庭农场在上海杨浦区东方购物平台新建建湖农产品网络销售平台。改造直销窗口10个，分别是江苏正源创辉农业发展有限公司配送中心、江南菜场、永年菜场、鞠大水产批发行、建湖县磐菌种植家庭农场、盐城市悦翔农业发展有限公司、盐城王开食品有限公司、上海市青浦区华新镇小萍蔬菜、建湖县香雪海农业发展有限公司、上海策嘉农业科技发展有限公司。年内，建湖县农产品供应上海市场销售额42.1亿元。其中，鱼、虾、蟹、小龙虾等水产品销售额17.3亿元，瓜果蔬菜类销售额9.5亿元，畜禽类销售额5.4亿元，粮油米面等农副产品销售额9.9亿元。

【互联网+农业】 年内，建湖县建成数字农业农村基地34家，农产品网上销售额27亿元。“购森活”获评江苏省首批“产销对接　公益助农”十佳平台。在省市互联网农业会议上，建湖县作“互联网+”农产品出村进城工程典型交流，江苏克胜集团股份有限公司、建湖九龙口大闸蟹有限公司入选江苏省农业数字化建设优秀案例，中农网购（江苏）电子商务入选江苏省数字农业建设支撑服务单位入编名单，江苏军曼农业科技有限公司、江苏拾玖粒养生食品有限公司入选江苏省互联网+帮促助农典型案例，省农业农经简报第五期宣传推介建湖县信息化工作。建湖冠华水产公司通过冠华商城平台销售特色水产品，全年销售额2800多万元。开展农产品电商万人培训、农民手机应用技能培训等活动，引导农民开网店、用微信、上直播进行线上销售。培植军曼火鸡、冠华水产公司等年销售额超千万元的电商企业，各获奖补资金5万元。创新发展直播带货、短视频、社区电商等新模式，打造军曼等网红直播基地，为农产品直播带货提供基础设施和平台载体支撑。润谷农业公司组织15家优质农产品企业参加省“大美江苏——乡村行”网上直播活动，在线观看22万人次。“苏择鲜”平台联合上海直播达人，在上海进行首次社区直播销售，销售额近60万元。建设九龙口大闸蟹、建阳逸馨、景悦3家数字农业示范基地。扬州大学与建湖县大地禾集团联合举行“无人化、数字化、精准化”稻麦种植装备技术推广现场会。“学习强国”江苏学习平台3次报道建湖县互联网+农业工作，《江苏农村经济》登载“‘互联网+’助力建湖县农产品出村进城”等做法。建湖县选送2部作品参加市农业农村局举办的“数字农业赋能乡村振兴”短视频大赛，其中《“蟹”谢你，“互联网+”农产品出村进城》获一等奖。

【“遇建湖鲜”品牌】　“遇建湖鲜”是建湖县推出的农产品区域公用品牌，集合建湖大米、九龙口大闸蟹、九龙口冲浪鱼、建湖青虾等绿色生态农产品。县新农投公司在淮剧小镇开设以“遇建湖鲜”和“九龙九鲜”为主题的专卖店，通过整合本地优质农产品资源形成点心、汤圆、卤（腊）味、水产、干货5个大类近30个单品。“遇建湖鲜”区域公用品牌农产品有中国驰名商标2个，“九龙口大闸蟹”品牌获得全国“丰收杯”河蟹评比优质蟹奖、首届“华东杯”最受欢迎品牌奖、第三届中国名蟹评比“金杯奖”；“建湖大米”品牌，是江苏大米十大区域品牌，获得上海·全国优质农产品博览会金奖、三亚国际稻米博览会金奖，蝉联“好吃苏米”品鉴大赛金奖，连续六届获得中国国际粮油产品交易会金奖。年内，举办建湖县庆祝2022“中国农民丰收节”暨“遇建湖鲜”农产品金秋展销会，被中央电视台及其他主流媒体连续报道。

农业产业化

【概况】　2022年，建湖县围绕农业高质高效、农村宜居宜业、农民富裕富足目标，优化产业布局，延伸产业链条，提升品牌质量，加快一、二、三产业融合发展。全县农业产业呈现一产有规模、二产有层次、三产有特色的态势，形成前沿产业基地、后接市场服务的融合发展格局。打造优质稻米、特色水产2个超10亿元主导产业，形成东部特色果蔬、中部优质稻米、西部特色水产“三大特色农业板块”，发展虾稻轮作、水生荷藕、经济林果、特色蔬菜等规模产业基地。鼓励龙头企业与南京农业大学、扬州大学、省淡水研究所开展产学研合作，引进新模式、新工艺、新技术，培植规模以上农业龙头企业。恒济镇实施国家级产业强镇项目，创建国家水产食品工业基地。重点打造专业农产品交易市场，形成龙祥农贸市场、华益水产批发市场两个县级销售超20亿元的专业市场；上冈苗禽炕孵、建阳特色水产、恒济水生荷藕、高作小龙虾等一批镇级销售超亿元的特色市场。“生鲜电商+”、“中央厨房+”、直播带货、乡村旅游、观光采摘、农业社会化服务等多业态蓬勃发展。建湖县被认定为全省农业全产业链发展典型县。

【农民合作组织】　建湖县深入推进全国农民合作社质量提升整县推进试点，把培植农民合作社作为提升农民组织化程度、创新改革农村生产关系、壮大农业经营主体的重要举措，在加快数量扩增的同时，更加注重发展质量提升。年内，新发展农民合作组织4家，其中国家级2家、省级2家。至年底，全县有各类农民合作组织766家。其中，种植业合作社235家，占30.68%；畜牧业合作社96家，占12.53%；园艺合作社56家，占7.31%；水产渔业合作社188家，占24.54%；农机合作社122家，占15.93%；其他合作社69家，占9.01%。入社成员108843万人，带动农户发展16556户。培植国家级示范社7家、省级示范社17家、市级示范社40家，打造典型合作社2家。

【家庭农场】　年内，新增家庭农场45家，均为县级。新创成省级示范家庭农场5家、市级示范家庭农场20家。至年底，全县经农业农村部门认定的家庭农场748家。其中，种植业568家，占75.94%；水产业37家，占4.95%；

畜牧业15家，占2%；种养结合128家，占17.11%。全县有省级示范家庭农场31家、市级以上示范家庭农场94家、县级以上示范家庭农场234家。

【新型农场】 3月，建湖县在全市率先出台《关于开展村集体领办新型农场试点工作的实施方案》，推行“集体领办、干部种田”经营模式，全县78个试点村（居）领办新型农场、种植面积1.65万亩，高作镇季墩村获评全省“共同富裕、百村实践”新型农村集体经济发展典型案例。坚持把试点村集体领办新型农场作为提前一年实现“30万元、40万元、50万元”集体经营性收入三年提升目标的重要路径，全县222个涉农村（居）集体经营性收入均达30万元以上，50万元以上的村133个，占59.91%。村集体领办新型农场创新做法得到上级肯定，《建湖县“四抓四促”推进新型集体农场高质量建设试点工作》《蹚出新时期农业发展新路——关于建湖县探索推进村集体领办新型农场的调研报告》《蹚出新型农村集体经济发展新路径》等经验做法被多家市级以上刊物发表。

9月2—4日，建湖县2022年新型农场种养殖技术和管理能力提升培训班召开 （县农业农村局 供）

【农业龙头企业】 年内，全县新增省级龙头企业2家，分别是建湖县九龙口大闸蟹有限公司、上海素畅食品江苏有限公司。至年底，全县培植规模以上农业龙头企业192家。其中，省级14家、市级33家、县级145家。农产品加工年产值283亿元，与农业总产值比例2.72:1。县农产品加工集中区年产值48.53亿元，入选2022年度全省农产品加工集中区发展典型案例。

农业机械化

【概况】 2022年底，全县农机总动力71.41万千瓦，比上年增长1.9%，粮食生产全程机械化水平94.4%，比上年增长5.9%，主要粮食作物耕种收综合机械化率96.7%，农作物耕种收综合机械化率85.2%。紧紧抓住特色农业机械化发展短板，出台扶持政策，加强示范引导，特色农业机械化率增长到66.3%。

【农机推广】 2022年底，全县农机原值100万元以上82家。开展农业全程机械化生产和社会化服务，农机经营主体社会化服务面积占种植业面积的73.3%。全县注册拖拉机、联合收割机550台，拖拉机、联合收割机检验率91.9%，超省级“平安农机”示范创建标准；办理驾驶证初次申领及增驾业务210人，期满换证218人；发放跨区作业证573份；推广农机政策性保险1431份。

【秸秆还田离田】 年内，全县农作物秸秆可收集资源量65.02万吨，秸秆综合利用总量63.15万吨，秸秆综合利用率97.12%。其中，夏季农作物面积69.18万亩（大小麦62.58万亩、油菜6.6万亩）；秋季农作物面积72.84万亩（水稻71.52万亩、玉米1.32万亩）。机械化还田总面积98.4万亩，其中大小麦还田面积51万亩、水稻还田面积47.4万亩，秸秆还田总量43.55万吨。秸秆离田总面积44.38万亩，其中大小麦12.01万亩、水稻24.45万亩、油菜6.6万亩、玉米1.32万亩，秸秆离田综合利用总量19.6万吨。提高农作物秸秆综合利用率，全县机械化秸秆还田量43.55万吨，肥料化利用量21.08万吨，燃料化利用量15.22万吨，基料化利用量8600吨，饲料化利用量4500吨，原料化利用量9700吨。

【农机安全】 年内，县农业农村局开展农机安全生产专项整治，做好春节、“五一”国际劳动节、国庆等重点节日和“春耕”“三夏”“三秋”等重点时节农机安全生产工作，未接报统计范围内的道路外农机人身伤亡事故；规范拖拉机、联合收割机检验，开展“送检下乡”便民服务活动，检验拖拉机、联合收割机2388台，检验率91.9%；县级层面农机安全督查检查97天265人次，检查企业、单位64家次，检查拖拉机、联合收割机等农机具1253台，排查农机安全隐患73条，整改率100%；加强农机报废监督管理，监督报废拆解拖拉机、联合收割机等81台；开展“铁牛卫士”农机安全执法行动，打击拖拉机、联合收割机无牌行驶、无证驾驶、未经检验等违章违规违法行为。查处农机安全行政处罚案件61起，其中简易程序53起，普通程序8

起，处罚4000元。

农产品质量安全

【概况】 2022年，县农业农村局实施规模主体入网监管提质增效工程，生产主体入网江苏省农产品追溯平台2676家，其中种植业2014家、水产业579家、畜牧业83家。农资投入品生产经营主体334家，建成农产品质量安全省级示范镇3个、示范村14个、示范基地14个，形成县有监管示范镇、镇有监管示范村、村有监管示范基地，呈现镇镇有典型，村村有样板格局。开展乡镇监管机构星级评定工作，建成“五星级”乡镇监管站1个，“四星级”乡镇监管站4个。开展村级农产品质量安全服务站点建设，全县建成村级服务站15个，村级农产品服务点25个，辐射带动3000个中小型基地及散户实现产品信息化质量追溯，形成质量追溯“百千+”建湖模式，全面提升县域基层综合监管能力水平。

【质量溯源】 年内，在省追溯平台登记追溯主体2676家，可追溯产品数量3540个，生产数量3900批次，溯源数量6646批次，监督巡查记录9928条，监督巡查或产品抽检覆盖率100%，抽检样品6.6万批次，抽检覆盖率100%，电子档案生成率100%，常态化追溯出证，追溯标签打印数量883.38万张，入网主体平均出证数量3301张，追溯规范化率100%，全年评估结果位于全市第一等次。

【入网检测】 年内，县农业农村局制定农产品质量安全例行监测和监督抽查方案，规范化开展日常监测和风险隐患排查，列出风险档案名录。对照千人抽检率1.5‰要求，年内县本级计划定量检测样品640批次，开展各类定量监测样品1167批次，千人抽检率1.92‰，其中县本级定量监测样品662批次，定量检测合格率99.7%。镇级开展定性检测样品6.6万批次，在全县推广应用胶体金免疫层析快检技术，推行精准靶向定性检测，胶体金免疫快检法检测样品7994批次，超额完成省下达7800批次任务，检测合格率100%。

【品牌建设】 年内，建湖县出台《关于加强九龙口大闸蟹品牌建设的实施方案》，“九龙口大闸蟹”品牌入选2022年江苏省农业品牌目录区域公用品牌名单；制定“九龙口大闸蟹”区域公用品牌提升方案和“遇建湖鲜”区域公用品牌推广活动方案；策划九龙口大闸蟹旗舰店、直销窗口建设工作方案；完成高铁传媒宣传推介品牌工作方案，并组织实施，10月10日，与华铁高铁传媒合作，在上海举办九龙口大闸蟹区域公用品牌高铁冠名发布会；12月10日，召开盐城市九龙口大闸蟹产业发展促进会，举办盐城九龙口大闸蟹“蟹王争霸赛”。

【“两品一标”】 年内，新增“两品一标”农产品13个，其中绿色食品12个，有机食品1个。至年底，全县有“两品一标”农产品63个，其中绿色食品58个，有机食品4个，地理标志农产品1个；精深加工绿色食品企业2家，产品（清水莲藕）2个；全国绿色食品原料标准化生产基地（稻麦）42万亩；省级绿色优质农产品（水稻）基地11个28.11万亩；省级绿色优质农产品（荷藕）基地1个1.84万亩，全县绿色优质农产品占84.02%，列全市第一位，居全省前列。

乡村振兴

【概况】 2022年，建湖县把“三农”工作摆在重中之重位置，以实施乡村振兴战略为统领，全力推动农业强、农村美、农民富，“三农”工作取得长足进步。坚决扛牢粮食安全党政同责，全年粮食播种面积143.01万亩，总产量71.46万吨。新建高标准农田2.3万亩，建成高标准农田面积占耕地面积比例列全市第一位，高作镇全域土地综合整治获批全省唯一国家试点，宝塔镇被评为省级耕地保护激励乡镇。九龙口大闸蟹产业发展促进会成立，绿色优质农产品比重84.02%，被认定为国家级制种大县。开展农村人居环境整治行动，在全市率先完成“一村一河”整治，新扩建新型农村社区14个、住房2570套，新创成省级特色田园乡村3个、传统村落1个、绿美村庄5个。在全市率先试点村集体领办新型农场，所有涉农村居年经营性收入均超30万元，近60%达50万元，农民收入增速高于城镇居民，农民“富”的动能加快积蓄。

【党建引领村集体经济】 年内，实施村集体经济增收“50万+”行动，组织开展村级党组织增收项目大赛，探索村村联合、协会引领、能人带村等强村模式，创新设置“片区党委—村党组织—功能党支部—网格党小组”四级党组织新架构，力推党建力量高度集中、组织体系全面覆盖、服务能力升级。创新体制机制，高作镇成立西南片区党委，统一配置辖区3个村的土地、资金等要素发展集体项目，实现村级积累2200万元、年经营性收入230万元。

【农村综合改革】 年内，建湖县根据中央和省市关于农村集体产权制度改革部署要求，坚持把农村产权制度改革作为乡村振兴的重要举措，强化组织领导，深化宣传发动，加强业务指导，全面激发全县村级经济发展活力，增强群众参与民主管理的积极性，增加农民财产性收入，加快乡村振兴战略实施进程。全县222个涉改村（居），全面完成集体经济组织成员身份界定、经营性资产折股量化、股份经济合作社组建、登记赋码系统录入等工作，确认农村集体经济组织成员18.6万户59.2万人，股份经济合作社登记赋码率100%，挂牌成立225个股份经济合作社。以家庭为成员单位，统一打印发放股权证书，家庭持有股份不随户内人口增减而调整。开展农村股份经济合作社换届选举工作，为村集体经济发展壮大打牢组织基础。

【惠农政策落实】 年内，县农业农村局做好小麦赤霉病防控工作，加强监测调查和趋势会商，科学制定防控方案和小麦穗期病虫绿色防控技术意见，强化组织领导、宣传发动和服务指导，开展科学防控，有效控制病害发生。整合农业项目资金统一采购发放小麦赤霉病防控药剂31.12吨，覆盖60.21万亩小麦（大麦），实现一次用药免费补助全覆盖。全县农机购置补贴补助机具2335台（套），受益户数783户，发放补贴资金3454.17万元。发放耕地保护补贴资金7555.64万元，补贴标准120元/亩，补贴农户12.23万户，补贴面积63万亩。种粮农民一次性补贴发放3次，补贴标准分别为31元/亩、14元/亩、20元/亩，发放资金3897.87万元，补贴面积303.45万亩，补贴农户13.97万户次；发放稻谷补贴4776.25万元，补贴标准按50亩以下30元/亩、50亩以上70元/亩执行，补贴农户4.56万户，补贴面积71.52万亩；发放农业保险补贴7127万元。

【职业农民培训】 年内，建湖县农业学校（以下简称县农校）坚持以农民为中心，以农民实用技能需求为导向，紧扣“乡村人才振兴”主题，定制培训方案，设计培训课程，以方便农民、实用、实效为标准，把培训办到农业生产一线、农民家门口。整合农民合作社、龙头企业、涉农院校等资源，打造乡村产业链供应链、全产业知识技能链，发展农民田间学校和实训基地，开展乡村人才“听党话、感党恩、跟党走”主题宣讲，推动乡村振兴教育培训，强化“产业扶持政策、金融保险机制、生产要素供给、农业信贷保障”等新技能培训，为全县乡村振兴提供人才支撑。拍摄制作《小麦后期病虫害发生情况与绿色防控技术》《水产动物疫病防控技术》《稻田小龙虾科学养殖技术》《水稻育秧技术》《三夏大忙农机安全规范操作提示》等短视频，在“科普建湖”和“建湖农情”微信公众号推送，开展线上培训1733人次。完成省部级种养加能手和职业技能创业创新350人、省级高素质农民2335人次和市县级新型职业技能培训2864人次，县农校拍摄的教学短视频获省农业农村厅教学资源评比一等奖，制作的教学课件获省教学资源评比二等奖。县农校与江苏农牧科技职业学院合作办学，开展成人高等学历教育，年末在读2021级休闲农业成人大专班学员63人，2022级休闲农业经营与管理专业成人大专班学员76人。

【农村“三资”管理】 根据《关于全面推进省农村集体资产智慧监管服务平台应用工作的通知》精神，建湖县全面推广应用省级“苏智农经平台”，提升农村财务数字化、规范化监管水平。村级小微权力智慧监管平台建设项目，实现所有涉农村（居）全覆盖，村级集体资产财务纳入村级小微权力清单化管理范畴。规范农村集体产权交易，确保进场交易“应进必进”，开启线上线下交易模式，推进农村产权电子化、“不见面”交易，解决私下交易、暗箱操作问题，推动农村生产要素合理流动和价值实现。年内，进平台交易1.12亿元，溢价金额1016万元，其中电子化交易0.86亿元，溢价金额866万元。围绕集体经营性收入村村突破50万元的三年行动目标，通过盘活集体土地资源、创办新型农场、发展乡村产业、开展为农服务等途径，农村集体经济得到长足发展。全县222个涉农村（社区）集体经营性收入1.83亿元，比上年增加2528.6万元，增长15.98%。村村突破30万元，50万元以上的村133个，占59.91%，100万元以上的村51个。5个镇（街道）村村突破50万元。

【农房改善】 县住建局深入贯彻落实省、市决策部署，树立为民情怀，推进农房改善。以高作镇国家级和恒济镇、九龙口镇省级全域土地综合整治试点为契机，突出高速高铁、国省干道以及旅游廊道等重点区域，集中连片改善农村住房条件。全年改善农房8109户，其中完成省定工作量2244户，1980年之前所建农房累计改善4627户，新建扩建新型农村社区14个、住房2570套。

【农村人居环境整治】 建湖县全面落实部省市关于农村人居环境整治提升五年行动部署要求，明确责任，强势推进，全县村庄环境综合整治全覆盖，改善提升农村人居环境质量。健全完善“组保洁、村收集、镇集中、县转运处理”的生活垃圾运作机制，年内完成建阳镇、庆丰镇、高新区3个镇区农村生活垃圾分类工作，开展垃圾分类的镇占50%。全县14个镇（街道、区）所有行政村实现达标整治全覆盖，生活垃圾日产日清，日均处理量210吨，全年收运处理农村生活垃圾7.64万吨，农村生活垃圾集中收运村100%，无害化处理率100%；农村户厕改造733座，其中新建80座，整改达标653座，完成施工及县、市级验收；全县实施239个自然村1.4万户农户的生活污水治理工程建设，行政村治理覆盖率30%以上，自然村和农户治理覆盖率50%以上；全县115家规模畜禽养殖场全部达到养殖污染治理技术检查认定标准，小型以上养殖场治理率100%；建立加工企业为核心、回收站点为支撑、农户捡拾为基础的回收利用体系，形成覆盖全县的农膜生产、销售、使用、回收监督管理体系，废旧农膜基本实现资源化利用，回收率95%以上；提升秸秆综合利用水平，在全市率先出台农作物秸秆离田综合利用工作方案，秸秆综合利用率97.12%，完成千亩以上主体和每镇1个以上示范村全部离田目标任务；全县农药废弃包装物实行统一回收、集中处理，乡镇实现全覆盖；改善农房8109户，引导农民进城入镇购房665户，新建、扩建新型农村社区14个、住房2570套。推进农村老旧房屋和危房整治；全县双车道四级公路以上道路实现路田分家、路宅分家。巩固“四好农村路”省级示范县创建成果，形成农村公路建、管、养、运协调发展的长效管理机制。行政村双车道四级路覆盖率100%，打造畅安舒美洁的农村出行环境。稳步推进农村人居环境整治村庄清洁行动，全面整治村庄环境卫生，村容村貌得到改善。

【特色乡村建设】 年内，县住建局对照省特色田园乡村命名评价标准，重点围绕培育特色产业、提高农民收入，改善生态环境、完善设施配套，塑造特色风貌、彰显特色文化，加强乡村治理、培育文明乡风，创新工作机制、确保工作成效等5个方面进行培育打造。年内，新创成省级特色田园乡村3个，恒济镇恒庆村、冈西镇徐王村和顾顶村；市级特色田园乡村2个，沿河镇兴旺村、冈西镇徐王村。加大古村村落挖掘保护力度，组织各镇（街道）挖掘具有一定历史文化、建筑风貌等特色的规划发展村庄，突出乡村特色、地域特点、历史传承，择优扶持培育，争创省级传统村落。年内，宝塔镇宝塔村被命名为省级传统村落。

宝塔村新型农村社区 （孙华金　摄）

工业·建筑业

工业综述

【概况】 2022年，全县全口径工业开票销售、规模以上工业开票销售、规模以上工业应税销售分别完成750.1亿元、528亿元、511.2亿元，分别比上年增长23.96%、22.99%、22.9%。全口径开票销售首次超700亿元，规模以上开票销售首次超500亿元。三项销售指标增幅始终保持两位数，在盐城市11个县（市、区）中排第三名。规模以上工业入库税金14.84亿元，比上年增长18.5%。工业用电量20.76亿千瓦时，比上年增长0.7%，其中规模以上工业用电量13.5亿千瓦时，比上年增长5.39%。

【两化融合】 年内，县工信局实施“十百千万”工程，江苏润阳光伏科技有限公司、江苏铭星供水设备有限公司获评省工业互联网标杆工厂；江苏天一机场专用设备股份有限公司入选省重点工业互联网平台；江苏润阳光伏科技有限公司、江苏铭星供水设备有限公司、江苏克胜集团股份有限公司创成省五星级上云企业，首次实现县域省五星上云企业“零”的突破；江苏克胜集团股份有限公司获评省工业电子商务创新发展示范企业；道尔道公司获评省级质量标杆企业；省智能车间新增江苏悦阳光伏科技有限公司（二期）、建湖县鸿达阀门管件有限公司2家企业；省星级上云企业建成70家，其中五星上云3家、四星上云34家、三星上云33家。至年底，全县创建省星级上云企业99家，其中五星上云3家、四星上云43家、三星上云53家。

悦阳光伏自动化生产车间　　　　（工信局　供）

【能耗双控】 市工信局下达建湖县2022年万元地区生产总值能耗下降目标为2%，围绕市目标任务，县工信局分解下达各镇（街道、区）具体任务，包括重点耗能企业节能目标，绿色制造、自愿性清洁生产审核、节能评估等项目内容，纳入年度节能目标考核。根据市工信局公布数据，2022年建湖县单位地区生产总值能耗下降7.45%，在全市11个县（市、区）排第四位。

【三项清理】 年内，建湖县完成清理79个工业闲置资源重点项目，占地4015.35亩。其中，国企收储类项目完成清理33个2310.15亩；追加投资类项目完成清理27个902.25亩；司法拍卖类项目完成清理18个749.55亩；依法清理类项目完成清理1个53.4亩。

【专精特新“小巨人”企业培育】 年内，县工信局建立专精特新“小巨人”培育企业库，入库企业137家。109家企业被认定为市科技型中小企业，盐城环宇汽车零部件制造有限公司、江苏铭星供水设备有限公司、江苏天一机场专用设备股份有限公司等18家企业获批省级专精特新中小企业，数量创历年之最；盐城神力制绳有限公司、建湖县鸿达阀门管件有限公司被认定为国家级专精特新“小巨人”企业，道尔道公司被认定为国家制造业单项冠军企业（产品），为全市唯一一家。

表26

2022年全县三星以上工业企业

序号	所属镇区	企业名称	星级
1	高新区	江苏悦阳光伏科技有限公司	五星
2	开发区	江苏润阳光伏科技有限公司	五星
3	沿河镇	道尔道科技股份有限公司	五星
4	高新区	建湖县鸿达阀门管件有限公司	四星
5	高新区	江苏那美实业有限公司	四星
6	开发区	江苏剑牌农化股份有限公司	三星
7	开发区	江苏鸿顺铝业有限公司	三星
8	高新区	江苏新森达鞋业有限公司	三星
9	颜单镇	江苏玉人服装有限公司	三星
10	高新区	国唐汽车有限公司	三星
11	建阳镇	江苏信得石油机械股份有限公司	三星
12	高新区	盐城海特机械科技有限公司	三星
13	高作镇	江苏永玖纸业有限公司	三星
14	近湖街道	江苏聚龙湖机械制造有限公司	三星
15	芦沟镇	盐城市崇达石化机械有限公司	三星

表27

2022年全县80家重点企业主要指标完成情况

序号	单位名称	开票销售			入库税金			应税销售		
		本期实绩（万元）	同期实绩（万元）	比上年增长（%）	本期实绩（万元）	同期实绩（万元）	比上年增长（%）	本期实绩（万元）	同期实绩（万元）	比上年增长（%）
	合计	2982311.04	2548986.76	17.00	107879.71	91272.51	18.20	2955857.44	2510976.10	17.72
1	道尔道科技有限公司	65665.93	56213.94	16.81	8029.04	7606.33	5.56	65665.93	56213.94	16.81
2	江苏玉人服装有限公司	36319.83	40719.88	−10.81	4149.32	4057.57	2.26	35605.21	40719.09	−12.56
3	江苏鸿顺铝业有限公司	73188.54	42333.56	72.89	5457.20	3472.33	57.16	73188.54	42333.56	72.89
4	江苏剑牌农化股份有限公司	87941.96	76032.98	15.66	4747.74	3580.82	32.59	87941.96	76032.98	15.66
5	江苏那美实业有限公司	27619.93	26096.77	5.84	3592.73	3093.91	16.12	27619.93	26096.77	5.84
6	江苏新森达鞋业有限公司	27882.92	30371.74	−8.19	3617.81	2970.77	21.78	27882.92	30371.74	−8.19

续表27

序号	单位名称	开票销售			入库税金			应税销售		
		本期实绩（万元）	同期实绩（万元）	比上年增长（%）	本期实绩（万元）	同期实绩（万元）	比上年增长（%）	本期实绩（万元）	同期实绩（万元）	比上年增长（%）
7	江苏信得石油机械股份有限公司	35541.73	36385.37	−2.32	2612.00	3046.15	−14.25	35541.73	36385.37	−2.32
8	建湖县鸿达阀门管件有限公司	50272.18	35823.73	40.33	4931.70	2263.46	117.88	50272.18	35823.73	40.33
9	江苏聚龙湖机械集团有限公司	73647.70	62035.02	18.72	3728.00	3492.09	6.76	73647.70	62035.02	18.72
10	建湖县特佳液压管件有限公司	18257.74	30011.30	−39.16	374.44	2046.41	−81.70	18257.74	30011.30	−39.16
11	中电投建湖光伏发电有限公司	10822.37	9728.22	11.25	2602.83	2213.99	17.56	10822.37	9728.22	11.25
12	盐城市崇达石化机械有限公司	13820.42	17261.78	−19.94	1549.82	2048.39	−24.34	13820.42	17261.78	−19.94
13	江苏浩瀚钢结构有限公司	33199.61	64094.62	−48.20	1015.04	2104.90	−51.78	33199.61	64094.62	−48.20
14	盐城海特机械科技有限公司	25063.64	24787.50	1.11	1549.42	2028.67	−23.62	25063.64	24787.50	1.11
15	江苏悦阳光伏科技有限公司	502231.33	283056.74	77.43	14664.39	1865.58	686.05	502231.33	277632.25	80.90
16	江苏润阳光伏科技有限公司	770144.47	480360.96	60.33	9470.25	7153.39	32.39	783541.24	466962.26	67.80
17	盐城环宇汽车零部件制造有限公司	32418.88	37614.88	−13.81	1420.65	1843.92	−22.95	32418.88	37614.88	−13.81
18	江苏永玖纸业有限公司	35142.01	32493.68	8.15	2160.30	1457.06	48.26	35142.01	32493.68	8.15
19	江苏威德福鸿达石油设备有限公司	27829.03	18138.47	53.43	1674.20	1366.21	22.54	27829.03	18138.47	53.43
20	江苏神力集团	41941.25	38492.60	8.96	1391.71	1294.82	7.48	41905.80	38492.60	8.87
21	江苏鑫典钢业发展有限公司	238636.58	322273.67	−25.95	115.21	598.92	−80.76	238636.58	322273.67	−25.95
22	江苏亿德隆石油机械有限公司	15660.80	14382.52	8.89	1052.86	1044.89	0.76	13752.75	14382.52	−4.38
23	江苏国瑞液压机械有限公司	20924.22	17222.76	21.49	1297.14	1017.80	27.45	20924.22	17222.76	21.49
24	江苏铭星供水设备有限公司	17214.47	13790.71	24.83	1263.57	802.50	57.45	17214.47	13790.71	24.83
25	盐城旭东机械有限公司	10052.66	13044.31	−22.93	339.55	936.77	−63.75	9052.66	13044.31	−30.60
26	江苏黄海水泥公司	29849.21	32263.40	−7.48	842.17	876.10	−3.87	29849.21	32263.40	−7.48
27	苏东新材料（江苏）有限公司	6700.40	8548.81	−21.62	1120.60	965.80	16.03	6700.40	8548.81	−21.62
28	建湖永佳机械有限公司	14089.12	14472.65	−2.65	1008.12	874.68	15.26	14089.12	14472.65	−2.65
29	江苏双辉机械制造有限公司	7506.00	9383.60	−20.01	479.34	780.18	−38.56	7490.67	9383.60	−20.17

续表27

序号	单位名称	开票销售			入库税金			应税销售		
		本期实绩（万元）	同期实绩（万元）	比上年增长（%）	本期实绩（万元）	同期实绩（万元）	比上年增长（%）	本期实绩（万元）	同期实绩（万元）	比上年增长（%）
30	江苏克胜集团股份有限公司	18028.91	19693.64	-8.45	558.68	853.85	-34.57	17845.05	19611.38	-9.01
31	江苏博克斯科技股份有限公司	10107.79	10535.11	-4.06	1159.27	856.17	35.40	10107.79	10535.11	-4.06
32	江苏莲源机械制造有限公司	54137.96	44705.78	21.10	319.04	730.79	-56.34	54137.96	44705.78	21.10
33	江苏日月照明电器有限公司	15601.32	19719.99	-20.89	948.90	600.21	58.09	15601.32	19719.99	-20.89
34	盐城市竹林机械制造有限公司	8436.76	11988.63	-29.63	419.83	818.78	-48.72	8436.76	11988.63	-29.63
35	建湖县科达机械有限公司	10676.87	15663.26	-31.83	392.91	803.41	-51.09	10676.87	15663.26	-31.83
36	盐城百圣机械有限公司	7505.73	15157.49	-50.48	231.17	771.65	-70.04	7505.73	15157.49	-50.48
37	建湖鹏盛机械有限公司	10232.96	16234.80	-36.97	463.62	740.97	-37.43	10232.96	16234.80	-36.97
38	建湖县国源新能源开发有限公司	6708.23	6534.61	2.66	1707.38	766.53	122.74	6595.27	6534.61	0.93
39	江苏华云桩业有限公司	19692.05	37542.30	-47.55	201.35	758.58	-73.46	19692.05	37542.30	-47.55
40	建湖京能新能源有限公司	3582.12	3357.29	6.70	772.60	735.66	5.02	3582.12	3357.29	6.70
41	江苏九龙阀门制造有限公司	7919.29	8407.25	-5.80	313.72	223.54	40.34	7919.29	8407.25	-5.80
42	江苏金秆农业装备有限公司	8561.66	6174.71	38.66	246.48	228.92	7.67	8561.66	6144.80	39.33
43	盐城特达钻采设备有限公司	5382.76	8719.85	-38.27	548.98	471.10	16.53	5382.76	8719.85	-38.27
44	江苏东华纺织有限公司	51744.56	36132.09	43.21	370.88	565.03	-34.36	17744.56	17632.09	0.64
45	建湖县银海棉业有限公司	63151.37	41028.97	53.92	849.79	409.08	107.73	63119.77	40844.16	54.54
46	江苏华田机械装备有限公司	9029.63	12786.01	-29.38	301.18	576.67	-47.77	9029.63	12786.01	-29.38
47	江苏凯卓立液压设备有限公司	22174.04	34468.97	-35.67	1066.26	552.69	92.92	22174.04	34468.97	-35.67
48	江苏星华机场设施有限公司	11586.99	11435.84	1.32	406.89	529.29	-23.13	10878.28	11380.03	-4.41
49	盐城市琪航石油机械有限公司	8188.53	12200.89	-32.89	374.28	490.52	-23.70	8188.53	12177.74	-32.76
50	盐城市锋泉液压件有限公司	6118.87	7844.71	-22.00	466.21	553.83	-15.82	6118.87	7844.71	-22.00
51	建湖县九鼎混凝土有限公司	11714.19	12995.87	-9.86	409.07	500.61	-18.29	11714.19	12995.87	-9.86
52	盐城青松机械制造有限公司	8002.37	7322.77	9.28	435.00	460.45	-5.53	8002.37	7322.77	9.28
53	百通达（盐城）医疗科技发展有限公司	1001.22	14149.97	-92.92	58.23	249.77	-76.69	1001.22	14149.97	-92.92

续表27

序号	单位名称	开票销售			入库税金			应税销售		
		本期实绩（万元）	同期实绩（万元）	比上年增长（%）	本期实绩（万元）	同期实绩（万元）	比上年增长（%）	本期实绩（万元）	同期实绩（万元）	比上年增长（%）
54	江苏亚明照明有限公司	15946.42	17213.96	−7.36	457.05	487.76	−6.30	15946.42	17213.96	−7.36
55	江苏三益石油装备有限公司	10383.44	6703.15	54.90	534.95	457.07	17.04	10080.46	6702.09	50.41
56	盐城汇达玻璃仪器有限公司	4403.67	4256.59	3.46	351.87	447.77	−21.42	4403.67	4256.59	3.46
57	建湖县博奥液压机械制造有限公司	11296.32	10951.93	3.14	238.44	430.38	−44.60	11296.32	10951.93	3.14
58	盐城市群力工矿机械有限公司	9212.20	7075.43	30.20	419.54	403.86	3.88	9212.20	7075.43	30.20
59	江苏森达集团	10716.63	19904.24	−46.16	232.33	405.15	−42.66	10716.63	19904.24	−46.16
60	江苏永安动力机械有限公司	10261.64	13052.44	−21.38	241.93	404.21	−40.15	10261.64	13052.44	−21.38
61	裕安（江苏）有限公司	1682.24	5548.67	−69.68	120.99	421.62	−71.30	1682.24	5548.67	−69.68
62	江苏超群机械科技发展有限公司	7726.88	5486.51	40.83	478.16	358.50	33.38	7726.88	5486.51	40.83
63	盐城鼎华机械有限公司	6427.81	7101.09	−9.48	304.67	385.87	−21.04	6427.81	7101.09	−9.48
64	建湖县利达制衣有限公司	5956.49	6929.74	−14.04	249.79	367.53	−32.04	5419.68	6704.53	−19.16
65	江苏源达线缆科技有限公司	10727.73	12374.56	−13.31	280.29	373.29	−24.91	10727.73	12290.09	−12.71
66	江苏苏博石化机械有限公司	11112.56	7443.98	49.28	433.65	359.19	20.73	11112.56	7443.98	49.28
67	建湖浩天机械有限公司	3807.73	7421.37	−48.69	178.12	391.26	−54.48	3807.73	7421.37	−48.69
68	盐城市骊麟石油机械有限公司	4348.87	5345.01	−18.64	263.20	363.33	−27.56	4348.87	5345.01	−18.64
69	盐城佰信石油机械有限公司	6328.67	6320.37	0.13	398.04	333.98	19.18	6328.67	6320.37	0.13
70	建湖三龙混凝土有限公司	9396.86	9378.97	0.19	261.16	324.55	−19.53	9096.86	9378.97	−3.01
71	江苏国威工程机械有限公司	4200.85	6958.25	−39.63	242.22	347.80	−30.36	4200.85	6958.25	−39.63
72	江苏福吉特管业有限公司	7675.20	7043.74	8.96	310.67	369.97	−16.03	7675.20	7043.74	8.96
73	建湖县恒泰机械制造有限公司	4879.77	6463.36	−24.50	135.17	365.56	−63.02	4879.77	6463.36	−24.50
74	江苏海达管件集团有限公司	7501.25	5822.06	28.84	413.13	352.01	17.36	7501.25	5822.06	28.84
75	江苏大象机械有限公司	10138.96	6145.51	64.98	341.61	351.85	−2.91	10138.96	6145.51	64.98
76	建湖县华晟机械制造有限公司	8701.96	7376.25	17.97	310.45	335.08	−7.35	8701.96	7376.25	17.97
77	盐城市瑞龙塑业有限公司	14866.49	14287.43	4.05	279.22	325.59	−14.24	14866.49	14287.43	4.05

续表27

序号	单位名称	开票销售			入库税金			应税销售		
		本期实绩（万元）	同期实绩（万元）	比上年增长（%）	本期实绩（万元）	同期实绩（万元）	比上年增长（%）	本期实绩（万元）	同期实绩（万元）	比上年增长（%）
78	江苏永超磁性材料有限公司	16271.22	17697.89	−8.06	411.27	302.52	35.95	16271.22	17697.89	−8.06
79	江苏西臣奥勒医疗科技有限公司	2778.01	2733.49	1.63	91.18	326.97	−72.11	2778.01	2733.49	1.63
80	江苏宏元达光伏新材料有限公司	36690.06	19713.80	86.11	621.74	327.33	89.94	36690.06	19713.80	86.11

表28

2022年全县各镇（街道、区）主要工业指标完成情况

镇（街道、区）		定报企业数（个）	增长（%）	规模以上开票销售				规模以上应税销售				规模以上入库税金	
				计划（万元）	本期实绩（万元）	进度（%）	增长（%）	计划（万元）	本期实绩（万元）	进度（%）	增长（%）	本期实绩（万元）	增长（%）
全县合计		468	64.74	6150000	5280025.05	85.85	22.99	5950000	5111582.62	85.91	22.9	148421.41	18.50
开发区	近湖街道	45	64.44	315000	283905.64	90.13	1.46	284000	265665.37	93.54	2.2	8961.54	1.89
	上冈镇	23	60.87	126000	148513.24	117.87	15.97	126000	147944.83	117.42	15.9	3163.81	6.79
	庆丰镇	30	76.67	174000	170180.36	97.80	−0.40	172000	166991.24	97.09	5.8	4723.38	−4.85
	高作镇	20	65.00	145000	136307.53	94.01	8.37	128000	124465.43	97.24	7.8	4739.32	15.33
	冈西镇	16	68.75	88000	88247.63	100.28	1.85	87000	88247.63	101.43	15.5	1202.56	94.27
	宝塔镇	7	57.14	30000	30436.05	101.45	8.98	30000	30436.05	101.45	9.0	367.56	9.23
	开发区	154	56.49	2206000	2124049.05	96.29	21.72	2135000	2097742.81	98.25	23.5	44599.34	6.33
	合计	295	61.36	3084000	2981639.50	96.68	22.57	2962000	2921493.36	98.63	25.2	67757.51	6.32
高新区	建阳镇	48	70.83	438000	401287.78	91.62	1.77	417000	364455.21	87.40	−3.0	15198.14	2.50
	颜单镇	13	76.92	550000	304351.92	55.34	−21.65	540000	301631.63	55.86	−21.9	3808.72	−12.29
	恒济镇	14	64.29	88000	91617.24	104.11	4.56	88000	91581.79	104.07	4.5	2748.15	−7.89
	九龙口镇	8	75.00	62000	90350.00	145.73	72.39	60000	90350.00	150.58	72.4	1492.06	64.90
	芦沟镇	24	75.00	116000	118130.72	101.84	6.66	116000	117889.17	101.63	6.7	3901.57	−14.47
	沿河镇	9	77.78	92000	92217.38	100.24	14.03	87000	87002.42	100.00	13.8	10251.92	14.65
	高新区	57	66.67	1720000	1200430.51	69.79	60.88	1680000	1137179.04	67.69	53.8	43263.34	73.34
	合计	173	70.52	3066000	2298385.55	74.96	23.53	2988000	2190089.26	73.30	19.8	80663.90	31.12

表29

2022年全县规模以上工业企业主要指标完成情况

序号	镇（街道、区）	单位名称	开票销售			入库税金			应税销售		
			本期实绩（万元）	同期实绩（万元）	比上年增长（%）	本期实绩（万元）	同期实绩（万元）	比上年增长（%）	本期实绩（万元）	同期实绩（万元）	比上年增长（%）
1	近湖街道	江苏兰朵针织服装有限公司	4965.60	4829.16	2.83	96.36	78.11	23.36	4965.60	4829.16	2.83
2	近湖街道	江苏雷诺时装有限公司	1912.74	2970.79	−35.62	170.91	268.62	−36.37	1912.74	2970.79	−35.62
3	近湖街道	江苏标尔鼎实业有限公司	3628.08	3608.85	0.53	129.12	133.51	−3.29	3628.08	3608.85	0.53
4	近湖街道	建湖县亮者鞋业有限公司	2343.93	1480.46	58.32	47.59	52.72	−9.73	2343.93	1480.46	58.32
5	近湖街道	建湖县天顺屠宰有限公司	7928.27	10036.35	−21.00	0.62	1.48	−58.11	0.00	0.00	0
6	近湖街道	江苏正达气体有限公司	4592.03	3801.99	20.78	155.65	143.73	8.29	4592.03	3801.99	20.78
7	近湖街道	盐城东方希望动物营养食品有限公司	10046.48	9747.06	3.07	10.50	17.21	−38.97	8.86	10.45	−15.22
8	近湖街道	盐城冠华水产有限公司	7087.74	7391.67	−4.11	24.59	18.98	29.56	7087.74	7391.67	−4.11
9	近湖街道	上海素畅食品江苏有限公司	3662.87	5219.82	−29.83	85.25	107.61	−20.78	3662.87	5219.82	−29.83
10	近湖街道	江苏西臣奥勒医疗科技有限公司	2778.01	2733.49	1.63	91.18	326.97	−72.11	2778.01	2733.49	1.63
11	近湖街道	盐城仁越生物科技有限公司	6517.57	4565.28	42.76	303.68	280.92	8.10	6517.57	4565.28	42.76
12	近湖街道	盐城祥人电器有限公司	2924.80	2888.15	1.27	39.44	47.90	−17.66	2924.79	2888.15	1.27
13	近湖街道	建湖县振兴矿山机械配件厂	2517.09	3880.54	−35.14	−11.81	54.77	−121.56	2517.09	3880.54	−35.14
14	近湖街道	建湖浩天机械有限公司	3807.73	7421.37	−48.69	178.12	391.26	−54.48	3807.73	7421.37	−48.69
15	近湖街道	江苏铭星供水设备有限公司	17214.47	13790.71	24.83	1263.57	802.50	57.45	17214.47	13790.71	24.83
16	近湖街道	盐城金泽供水设备有限公司	1173.30	1651.12	−28.94	23.90	68.69	−65.21	1173.30	1651.12	−28.94
17	近湖街道	江苏贝多环境科技有限公司	1383.99	1369.92	1.03	54.53	5.53	886.08	1383.99	1369.92	1.03
18	近湖街道	盐城金球环保产业发展有限公司	2686.96	3546.36	−24.23	101.00	161.23	−37.36	2686.96	3546.36	−24.23
19	近湖街道	江苏泓益交通工程有限公司	11418.91	16226.98	−29.63	92.03	121.40	−24.19	11418.91	16226.98	−29.63
20	近湖街道	盐城得力飞机械有限公司	4293.26	4284.91	0.19	165.27	192.11	−13.97	4293.26	4284.91	0.19
21	近湖街道	建湖祥业铸钢锻造有限公司	14589.17	13318.23	9.54	1550.43	1605.86	−3.45	14589.17	13318.23	9.54
22	近湖街道	盐城市逸阳精密冷拉型钢有限公司	5225.35	5047.76	3.52	49.59	57.22	−13.33	5225.35	5047.76	3.52
23	近湖街道	中科聚信洁能热锻装备研发股份有限公司	5331.19	6356.64	−16.13	18.58	1.95	852.64	5331.19	6356.64	−16.13
24	近湖街道	江苏华威机械制造有限公司	35198.19	38559.27	−8.72	260.57	20.23	1188.22	35198.19	38559.27	−8.72
25	近湖街道	江苏华祥机械制造有限公司	10008.62	15078.21	−33.62	157.32	1849.68	−91.49	10008.62	15078.21	−33.62

续表29

序号	镇（街道、区）	单位名称	开票销售			入库税金			应税销售		
			本期实绩（万元）	同期实绩（万元）	比上年增长（%）	本期实绩（万元）	同期实绩（万元）	比上年增长（%）	本期实绩（万元）	同期实绩（万元）	比上年增长（%）
26	近湖街道	江苏聚龙湖机械制造有限公司	29612.33	19420.49	52.48	2018.51	33.06	6004.69	29612.33	19420.49	52.48
27	近湖街道	盐城市吉凯石油机械有限公司	2485.57	1898.28	30.94	126.83	111.79	13.45	2211.20	1873.06	18.05
28	近湖街道	建湖县永维阀门钻件有限公司	3773.68	1867.40	102.08	11.38	18.28	−37.75	3773.68	1867.40	102.08
29	近湖街道	江苏照友石化机械有限公司	2784.33	2258.98	23.26	111.24	145.55	−23.57	2784.33	2258.98	23.26
30	近湖街道	建湖县欣益机械制造有限公司	3792.67	5284.10	−28.22	189.13	220.46	−14.21	3792.67	5284.10	−28.22
31	近湖街道	建湖县恒源机械制造有限公司	2421.36	3312.49	−26.90	87.79	193.78	−54.70	2421.36	3312.49	−26.90
32	近湖街道	盐城市致力石油机械有限公司	1319.10	1268.33	4.00	31.09	55.71	−44.19	1319.10	1268.33	4.00
33	近湖街道	江苏杰阀钻采设备有限公司	1262.77	1236.69	2.11	19.00	40.52	−53.12	1262.77	1236.69	2.11
34	近湖街道	江苏永维海工装备有限公司	3530.34	1572.87	124.45	87.11	3.80	2192.37	3530.34	1572.87	124.45
35	近湖街道	江苏华祥高端智能装备制造有限公司	19437.58	14218.09	36.71	1.74	3.49	−50.14	19437.58	14218.09	36.71
36	近湖街道	建湖县华晟机械制造有限公司	8701.96	7376.25	17.97	310.45	335.08	−7.35	8701.96	7376.25	17.97
37	近湖街道	盐城金元特钢有限公司	6433.59	9069.21	−29.06	72.45	146.27	−50.47	6433.59	9069.21	−29.06
38	近湖街道	江苏华之益机械有限公司	6432.57	3709.70	73.40	227.40	105.45	115.65	6432.57	3709.70	73.40
39	近湖街道	盐城金德瑞工具科技有限公司	3959.70	2657.95	48.98	131.05	42.66	207.20	3959.70	2657.95	48.98
40	近湖街道	盐城德泰玻璃有限公司	3874.12	2904.20	33.40	48.46	26.62	82.04	3874.12	2904.20	33.40
41	近湖街道	江苏恒昊机械有限公司	2561.03	2468.47	3.75	121.33	82.39	47.26	2561.03	2468.47	3.75
42	近湖街道	建湖县鸿业液压机械有限公司	1731.59	3077.56	−43.73	91.79	159.50	−42.45	1731.59	3077.56	−43.73
43	近湖街道	盐城思源给排水设备有限公司	2310.86	2267.60	1.91	78.31	72.88	7.45	2310.86	2267.60	1.91
44	近湖街道	盐城春风机械有限公司	2124.19	2116.25	0.38	122.04	174.06	−29.89	2124.19	2116.25	0.38
45	近湖街道	江苏鼎盈智能科技有限公司	2119.95	2034.63	4.19	16.46	13.89	18.50	2119.95	1979.65	7.09
46	上冈镇	盐城润银纺织有限公司	17058.66	18000.17	−5.23	170.24	227.22	−25.08	17058.66	18000.17	−5.23
47	上冈镇	江苏万茂纺织有限公司	10080.83	6887.02	46.37	90.16	71.15	26.72	10080.83	6887.02	46.37
48	上冈镇	建湖县新宇纺织有限公司	9283.01	10222.47	−9.19	132.57	145.07	−8.62	9283.01	10222.47	−9.19
49	上冈镇	盐城东明纺织有限公司	12829.30	10512.36	22.04	122.08	155.36	−21.42	12829.30	10512.36	22.04
50	上冈镇	建湖县星宇纺织有限公司	5709.62	5241.27	8.94	140.50	146.87	−4.34	5709.62	5241.27	8.94

续表29

序号	镇（街道、区）	单位名称	开票销售			入库税金			应税销售		
			本期实绩（万元）	同期实绩（万元）	比上年增长（%）	本期实绩（万元）	同期实绩（万元）	比上年增长（%）	本期实绩（万元）	同期实绩（万元）	比上年增长（%）
51	上冈镇	建湖县利达制衣有限公司	5956.49	6929.74	−14.04	249.79	367.53	−32.04	5419.68	6704.53	−19.16
52	上冈镇	建湖县银海棉业有限公司	36011.88	16141.78	123.10	589.39	110.71	432.37	35980.28	15956.97	125.48
53	上冈镇	建湖县华龙纺织有限公司	4766.88	4099.33	16.28	47.51	33.70	40.98	4766.88	4099.33	16.28
54	上冈镇	盐城市元翔纺织有限公司	4188.97	3377.62	24.02	1.15	32.72	−96.49	4188.97	3377.62	24.02
55	上冈镇	盐城鑫业纺织有限公司	5708.73	3818.41	49.51	53.60	60.54	−11.46	5708.73	3818.41	49.51
56	上冈镇	盐城鑫盟纺织有限公司	2139.56	1474.75	45.08	19.29	7.86	145.42	2139.56	1474.75	45.08
57	上冈镇	建湖兴达特种纱线有限公司	3284.78	2856.76	14.98	29.84	31.02	−3.80	3284.78	2856.76	14.98
58	上冈镇	盐城市鼎瀚纺织原料有限公司	3054.74	3380.68	−9.64	27.64	34.29	−19.39	3054.74	3380.68	−9.64
59	上冈镇	江苏佳磊矿业发展有限公司	5313.63	9419.13	−43.59	38.01	37.39	1.66	5313.63	9419.13	−43.59
60	上冈镇	江苏通满钙业有限公司	15.40	0.00	0	0.05	3.08	−98.40	15.40	0.00	0
61	上冈镇	江苏三鼎软基材料有限公司	6214.80	3731.45	66.55	88.25	59.57	48.15	6214.80	3731.45	66.55
62	上冈镇	苏东新材料（江苏）有限公司	6700.40	8548.81	−21.62	1120.60	965.80	16.03	6700.40	8548.81	−21.62
63	上冈镇	盐城品越高分子材料有限公司	197.73	918.72	−78.48	0.03	18.30	−99.84	197.73	918.72	−78.48
64	上冈镇	盐城市金龙发纸业加工厂（普通合伙）	1099.65	2667.48	−58.78	26.80	85.65	−68.71	1099.65	2667.48	−58.78
65	上冈镇	建湖宏威液压件制造有限公司	226.18	1073.66	−78.93	9.92	83.71	−88.15	226.18	1073.66	−78.93
66	上冈镇	建湖天成液压件制造有限公司	766.33	920.67	−16.76	30.28	41.82	−27.59	766.33	920.67	−16.76
67	上冈镇	盐城满佳建筑材料有限公司	5521.85	5484.29	0.68	131.83	175.00	−24.67	5521.85	5484.29	0.68
68	上冈镇	盐城市山水索具有限公司	2383.82	2359.11	1.05	44.28	68.41	−35.27	2383.82	2359.11	1.05
69	建阳镇	江苏东华纺织有限公司	51744.56	36132.09	43.21	370.88	565.03	−34.36	17744.56	17632.09	0.64
70	建阳镇	百通达（盐城）医疗科技发展有限公司	1001.22	14149.97	−92.92	58.23	249.77	−76.69	1001.22	14149.97	−92.92
71	建阳镇	盐城嘉弘纺织有限公司	12144.73	14627.54	−16.97	7.50	8.31	−9.75	12144.73	14627.54	−16.97
72	建阳镇	江苏绮悦纺织科技有限公司	12043.43	15499.78	−22.30	96.17	138.43	−30.53	12043.43	15499.78	−22.30
73	建阳镇	江苏恒隆酒店用品有限公司	3257.80	2156.20	51.09	27.02	9.02	199.56	3257.80	2156.20	51.09
74	建阳镇	江苏应龙光学科技有限公司	6135.19	3320.23	84.78	286.28	202.37	41.46	6135.19	3320.23	84.78
75	建阳镇	建湖县博奥液压机械制造有限公司	11296.32	10951.93	3.14	238.44	430.38	−44.60	11296.32	10951.93	3.14

续表29

序号	镇（街道、区）	单位名称	开票销售			入库税金			应税销售		
			本期实绩（万元）	同期实绩（万元）	比上年增长（%）	本期实绩（万元）	同期实绩（万元）	比上年增长（%）	本期实绩（万元）	同期实绩（万元）	比上年增长（%）
76	建阳镇	江苏恒才重工机械有限公司	518.07	22001.98	−97.65	96.54	116.39	−17.05	518.07	22001.98	−97.65
77	建阳镇	江苏大象机械有限公司	10138.96	6145.51	64.98	341.61	351.85	−2.91	10138.96	6145.51	64.98
78	建阳镇	江苏斯泰威工业有限公司	4384.51	4353.65	0.71	234.48	273.11	−14.14	4384.51	4353.65	0.71
79	建阳镇	江苏泰昌机械科技有限公司	6227.17	4868.99	27.89	140.62	154.63	−9.06	6227.17	4868.99	27.89
80	建阳镇	江苏恒才液压机械制造有限公司	6084.50	6017.17	1.12	170.23	112.27	51.63	6084.50	6017.17	1.12
81	建阳镇	盐城中煤亚太机电设备制造有限公司	5522.69	3904.21	41.45	196.49	190.68	3.05	5522.69	3904.21	41.45
82	建阳镇	盐城汇鸿供水设备有限公司	3264.67	3911.01	−16.53	42.25	79.68	−46.98	3264.67	3911.01	−16.53
83	建阳镇	江苏华厦给排水科技有限公司	5500.37	4416.65	24.54	57.55	81.62	−29.49	5500.37	4416.65	24.54
84	建阳镇	江苏金阳交通工程有限公司	10146.12	13373.18	−24.13	165.63	180.85	−8.42	10146.12	13373.18	−24.13
85	建阳镇	建湖县永炬锻造机械厂	13176.60	9304.54	41.61	320.90	279.20	14.94	13176.60	9304.54	41.61
86	建阳镇	建湖县宏源锻造机械有限公司	5514.09	4092.92	34.72	151.42	134.18	12.85	5514.09	4092.92	34.72
87	建阳镇	江苏正伟机械有限公司	5157.55	4243.57	21.54	117.75	168.98	−30.32	5157.55	4243.57	21.54
88	建阳镇	盐城方行集团有限公司	2007.09	2830.06	−29.08	40.76	120.63	−66.21	2007.09	2830.06	−29.08
89	建阳镇	江苏凯卓立液压设备有限公司	22174.04	34468.97	−35.67	1066.26	552.69	92.92	22174.04	34468.97	−35.67
90	建阳镇	盐城金龙达机械制造有限公司	3484.93	2418.18	44.11	72.95	107.07	−31.87	3484.93	2418.18	44.11
91	建阳镇	江苏亿德隆石油机械有限公司	15660.80	14382.52	8.89	1052.86	1044.89	0.76	13752.75	14382.52	−4.38
92	建阳镇	中聚信海洋工程装备有限公司	37528.69	34069.62	10.15	103.06	101.32	1.72	37528.69	34069.62	10.15
93	建阳镇	江苏信得石油机械股份有限公司	14046.15	23653.92	−40.62	1558.53	3035.24	−48.65	14046.15	23653.92	−40.62
94	建阳镇	建湖县科达机械有限公司	10676.87	15663.26	−31.83	392.91	803.41	−51.09	10676.87	15663.26	−31.83
95	建阳镇	江苏苏博石化机械有限公司	11112.56	7443.98	49.28	433.65	359.19	20.73	11112.56	7443.98	49.28
96	建阳镇	建湖县昊辉电力石化机械有限公司	3649.85	4010.28	−8.99	227.05	117.02	94.03	3368.27	4010.28	−16.01
97	建阳镇	江苏双鑫集团有限公司	3225.17	1846.71	74.64	256.46	112.63	127.70	3128.51	1692.59	84.84
98	建阳镇	江苏荣岭机械制造有限公司	4410.13	4031.22	9.40	114.78	179.76	−36.15	4410.13	4031.22	9.40
99	建阳镇	建湖顺旭机械制造有限公司	1252.99	1186.25	5.63	80.84	72.19	11.98	1009.69	1186.25	−14.88
100	建阳镇	江苏优特莫森机械有限公司	3946.48	2624.15	50.39	155.64	41.70	273.24	3946.48	2624.15	50.39

续表29

序号	镇（街道、区）	单位名称	开票销售			入库税金			应税销售		
			本期实绩（万元）	同期实绩（万元）	比上年增长（%）	本期实绩（万元）	同期实绩（万元）	比上年增长（%）	本期实绩（万元）	同期实绩（万元）	比上年增长（%）
101	建阳镇	江苏瑞润隆机械有限公司	3307.99	2241.68	47.57	118.07	103.29	14.31	3307.99	2241.68	47.57
102	建阳镇	建湖隆新石油机械有限公司	4873.66	3893.72	25.17	176.09	112.63	56.34	4873.66	3893.72	25.17
103	建阳镇	建湖县庆建机械有限公司	3878.71	3780.61	2.59	211.27	261.53	−19.22	3878.71	3780.61	2.59
104	建阳镇	江苏三益石油装备有限公司	10383.44	6703.15	54.90	534.95	457.07	17.04	10080.46	6702.09	50.41
105	建阳镇	盐城佰信石油机械有限公司	6328.67	6320.37	0.13	398.04	333.98	19.18	6328.67	6320.37	0.13
106	建阳镇	兆阳钻探工程有限公司	21495.58	12731.45	68.84	1053.47	10.91	9560.35	21495.58	12731.45	68.84
107	建阳镇	中电投建湖光伏发电有限公司	10822.37	9728.22	11.25	2602.83	2213.99	17.56	10822.37	9728.22	11.25
108	建阳镇	盐城卓凌液压科技有限公司	3271.51	3662.12	−10.67	75.48	7.37	924.11	3271.51	3662.12	−10.67
109	建阳镇	建湖京能新能源有限公司	3582.12	3357.29	6.70	772.60	735.66	5.02	3582.12	3357.29	6.70
110	建阳镇	盐城凯发石油机械有限公司	2091.08	2718.52	−23.08	75.89	151.58	−49.93	2091.08	2718.52	−23.08
111	建阳镇	盐城泽华精工机械有限公司	2302.87	2205.49	4.42	32.40	22.55	43.67	2302.87	2205.49	4.42
112	建阳镇	建湖凯润机械制造有限公司	843.95	2166.45	−61.04	16.54	20.12	−17.79	843.95	2166.45	−61.04
113	建阳镇	江苏成固交通工程有限公司	10194.71	545.98	1767.23	232.70	0.16	145337.50	10194.71	545.98	1767.23
114	建阳镇	江苏标兵环保科技有限公司	5116.83	2148.81	138.12	173.37	21.12	720.88	5116.83	2148.81	138.12
115	建阳镇	江苏百通达医疗用品有限公司	3735.10	0.00	0	0.16	1.60	−90.00	3735.10	0.00	0
116	建阳镇	江苏畅达铝业有限公司	2624.89	0.00	0	48.54	0.00	0	2624.89	0.00	0
117	颜单镇	江苏玉人服装有限公司	27626.30	27455.38	0.62	2677.94	2598.27	3.07	27626.30	27455.38	0.62
118	颜单镇	盐城鑫昌丝绸有限公司	1985.79	1691.64	17.39	1.57	2.02	−22.07	1985.79	1691.64	17.39
119	颜单镇	江苏品冠维尔服饰有限公司	972.49	194.69	399.51	131.77	102.74	28.26	972.49	194.69	399.51
120	颜单镇	盐城恒辉食品有限公司	4047.36	3402.07	18.97	167.74	32.61	414.38	1337.65	911.30	46.78
121	颜单镇	江苏马克热敏纸品有限公司	4961.79	4955.72	0.12	54.74	36.45	50.18	4961.79	4955.72	0.12
122	颜单镇	江苏永安动力机械有限公司	10261.64	13052.44	−21.38	241.93	404.21	−40.15	10261.64	13052.44	−21.38
123	颜单镇	江苏鑫典钢业发展有限公司	186244.62	318683.33	−41.56	100.92	597.78	−83.12	186244.62	318683.33	−41.56
124	颜单镇	建湖县玉荣锻压件有限公司	2571.06	1671.07	53.86	56.03	46.78	19.77	2571.06	1671.07	53.86
125	颜单镇	江苏鑫春隆精工制造有限公司	52391.96	3590.34	1359.25	14.28	1.14	1153.03	52391.96	3590.34	1359.25

续表29

序号	镇（街道、区）	单位名称	开票销售			入库税金			应税销售		
			本期实绩（万元）	同期实绩（万元）	比上年增长（%）	本期实绩（万元）	同期实绩（万元）	比上年增长（%）	本期实绩（万元）	同期实绩（万元）	比上年增长（%）
126	颜单镇	盐城恒明弹簧有限公司	5842.54	5395.55	8.28	213.11	221.18	−3.65	5831.96	5390.01	8.20
127	颜单镇	盐城市勇发石油机械有限公司	3648.86	3527.07	3.45	125.98	149.81	−15.91	3648.86	3527.07	3.45
128	颜单镇	盐城奥凯特种机械有限公司	1690.73	2817.28	−39.99	22.41	148.77	−84.94	1690.73	2817.28	−39.99
129	颜单镇	江苏西臣药业有限公司	2106.78	2035.37	3.51	0.29	0.73	−60.74	2106.78	2035.37	3.51
130	恒济镇	江苏金佰纳建筑装配有限公司	179.11	2299.10	−92.21	20.31	69.42	−70.74	179.11	2299.10	−92.21
131	恒济镇	江苏高盛高分子新材料有限公司	7763.49	6765.91	14.74	91.73	103.38	−11.27	7763.49	6765.91	14.74
132	恒济镇	江苏宏芃尼龙材料有限公司	1181.84	4570.24	−74.14	3.04	21.15	−85.63	1181.84	4570.24	−74.14
133	恒济镇	江苏宏发工程尼龙有限公司	3073.88	3004.80	2.30	126.46	240.79	−47.48	3073.88	3004.80	2.30
134	恒济镇	裕安（江苏）有限公司	1682.24	5548.67	−69.68	120.99	421.62	−71.30	1682.24	5548.67	−69.68
135	恒济镇	盐城恒发玻璃制品有限公司	2972.05	1948.48	52.53	161.10	95.69	68.36	2972.05	1948.48	52.53
136	恒济镇	建湖腾驰旅游用品有限公司	3986.09	3670.18	8.61	66.51	99.54	−33.18	3986.09	3670.18	8.61
137	恒济镇	盐城神力制绳有限公司	16408.32	19107.71	−14.13	1165.03	1066.92	9.20	16372.87	19107.71	−14.31
138	恒济镇	江苏神力船舶设备有限公司	11353.25	10210.36	11.19	4.20	7.73	−45.61	11353.25	10210.36	11.19
139	恒济镇	江苏曼杰克有限公司	6416.19	2408.62	166.38	130.75	116.79	11.95	6416.19	2408.62	166.38
140	恒济镇	建湖华鑫自控设备有限公司	2755.75	2688.15	2.51	97.20	130.66	−25.61	2755.75	2688.15	2.51
141	恒济镇	盐城特达钻采设备有限公司	5382.76	8719.85	−38.27	548.98	471.10	16.53	5382.76	8719.85	−38.27
142	恒济镇	盐城默成汽车内饰科技有限公司	4290.26	1672.66	156.49	109.98	50.48	117.87	4290.26	1672.66	156.49
143	恒济镇	江苏正源创辉食品科技发展有限公司	24172.01	15009.61	61.04	101.87	88.37	15.28	24172.01	15009.61	61.04
144	庆丰镇	盐城虹顺纺织有限公司	6912.53	6041.98	14.41	211.47	31.54	570.49	6409.17	5559.71	15.28
145	庆丰镇	建湖县明信纺织有限公司	4480.03	4109.80	9.01	42.00	52.96	−20.69	4480.03	4109.80	9.01
146	庆丰镇	建湖旺达纺织有限公司	6345.50	4909.10	29.26	60.75	55.57	9.32	6345.50	4909.10	29.26
147	庆丰镇	盐城金鑫纺织有限公司	4997.13	4971.78	0.51	47.40	80.12	−40.84	4997.13	4971.78	0.51
148	庆丰镇	建湖县亚华纺织有限公司	5130.39	7536.58	−31.93	27.02	76.34	−64.61	5130.39	7536.58	−31.93
149	庆丰镇	盐城华运纺织有限公司	5087.65	5081.64	0.12	29.33	68.06	−56.91	5087.65	5081.64	0.12
150	庆丰镇	建湖永泰纺织有限公司	2731.94	2688.45	1.62	25.68	33.34	−22.98	2731.94	2688.45	1.62

续表29

序号	镇（街道、区）	单位名称	开票销售			入库税金			应税销售		
			本期实绩（万元）	同期实绩（万元）	比上年增长（%）	本期实绩（万元）	同期实绩（万元）	比上年增长（%）	本期实绩（万元）	同期实绩（万元）	比上年增长（%）
151	庆丰镇	建湖华顺纺织有限公司	3654.65	3613.76	1.13	30.52	36.09	−15.43	3654.65	3613.76	1.13
152	庆丰镇	建湖县联烨化纤纺织有限公司	2840.96	2513.64	13.02	38.99	35.29	10.48	2840.96	2513.64	13.02
153	庆丰镇	建湖县盛峰纱线有限公司	3276.63	3109.87	5.36	27.03	34.27	−21.13	3276.63	3109.87	5.36
154	庆丰镇	盐城锦钰化纤有限公司	2827.11	2266.15	24.75	23.05	20.65	11.62	2827.11	2266.15	24.75
155	庆丰镇	建湖县古基水泥有限责任公司	11897.02	8482.96	40.25	107.03	137.23	−22.01	11897.02	8482.96	40.25
156	庆丰镇	江苏安民新型建材有限公司	6644.03	3036.77	118.79	140.59	41.30	240.45	6644.03	3036.77	118.79
157	庆丰镇	盐城市瑞龙塑业有限公司	14866.49	14287.43	4.05	279.22	325.59	−14.24	14866.49	14287.43	4.05
158	庆丰镇	盐城市恒泰橡胶有限公司	4136.23	5045.75	−18.03	171.41	244.30	−29.84	4136.23	5045.75	−18.03
159	庆丰镇	江苏东弘塑业有限公司	3766.91	3643.72	3.38	159.73	127.46	25.32	3766.91	3643.72	3.38
160	庆丰镇	盐城宠佳科技有限公司	6112.03	7630.27	−19.90	68.12	104.98	−35.11	3426.27	6567.23	−47.83
161	庆丰镇	盐城超顺安防用品有限公司	3803.71	3741.43	1.66	59.01	53.11	11.11	3803.71	3741.43	1.66
162	庆丰镇	盐城嘉丰环保纸业有限公司	3332.00	4188.81	−20.45	12.63	53.43	−76.36	3332.00	4188.81	−20.45
163	庆丰镇	盐城百圣机械有限公司	7505.73	15157.49	−50.48	231.17	771.65	−70.04	7505.73	15157.49	−50.48
164	庆丰镇	盐城聚德机械零部件有限公司	2236.88	2181.53	2.54	23.92	43.06	−44.45	2236.88	2181.53	2.54
165	庆丰镇	江苏华尔泰科技有限公司	0.00	11500.00	−100.00	0.00	0.00	0	0.00	0.00	0
166	庆丰镇	江苏帝源智能设备有限公司	2375.03	2369.13	0.25	32.87	19.16	71.56	2375.03	2369.13	0.25
167	庆丰镇	江苏帝迈柯智能制造有限公司	5174.66	2595.85	99.34	45.05	21.23	112.20	5174.66	2595.85	99.34
168	庆丰镇	盐城金圣汽车部件有限公司	1695.92	1674.78	1.26	27.84	48.40	−42.48	1695.92	1674.78	1.26
169	庆丰镇	江苏威德福鸿达石油设备有限公司	27829.03	18138.47	53.43	1674.20	1366.21	22.54	27829.03	18138.47	53.43
170	庆丰镇	建湖永佳机械有限公司	14089.12	14472.65	−2.65	1008.12	874.68	15.26	14089.12	14472.65	−2.65
171	庆丰镇	建湖县海盛机械制造有限公司	1912.42	1497.32	27.72	78.64	62.29	26.24	1912.42	1497.32	27.72
172	庆丰镇	江苏石贝新材料有限公司	2301.39	2284.03	0.76	16.51	71.28	−76.84	2301.39	2284.03	0.76
173	庆丰镇	盐城市嘉霖纺织科技有限公司	2217.24	2100.12	5.58	24.08	74.46	−67.66	2217.24	2100.12	5.58
174	九龙口镇	盐城市鸿纬纺织有限责任公司	2075.91	1535.27	35.21	25.39	20.14	26.07	2075.91	1535.27	35.21
175	九龙口镇	江苏谷盛能源有限公司	6452.60	8221.16	−21.51	100.47	109.57	−8.31	6452.60	8221.16	−21.51

续表29

序号	镇（街道、区）	单位名称	开票销售			入库税金			应税销售		
			本期实绩（万元）	同期实绩（万元）	比上年增长（%）	本期实绩（万元）	同期实绩（万元）	比上年增长（%）	本期实绩（万元）	同期实绩（万元）	比上年增长（%）
176	九龙口镇	盐城市嘉禾恒兴磁性材料有限公司	62908.56	24016.67	161.94	642.14	189.14	239.51	62908.56	24016.67	161.94
177	九龙口镇	建湖县勇峰锻压机械有限公司	3874.52	3857.14	0.45	95.91	91.36	4.98	3874.52	3857.14	0.45
178	九龙口镇	江苏飞耐科技有限公司	3814.59	3490.81	9.28	177.27	182.85	−3.05	3814.59	3490.81	9.28
179	九龙口镇	江苏跃亿机械制造有限公司	820.82	633.88	29.49	35.65	5.16	590.89	820.82	633.88	29.49
180	九龙口镇	江苏九龙阀门制造有限公司	7919.29	8407.25	−5.80	313.72	223.54	40.34	7919.29	8407.25	−5.80
181	九龙口镇	江苏瀚洋精工科技有限公司	2483.71	2248.74	10.45	101.51	83.09	22.17	2483.71	2248.74	10.45
182	高作镇	盐城华泰纺织有限公司	5838.30	4577.20	27.55	7.01	26.72	−73.76	5838.30	4577.20	27.55
183	高作镇	建湖县众森织业有限公司	3124.31	3628.04	−13.88	67.23	111.45	−39.68	3124.31	3628.04	−13.88
184	高作镇	盐城市龙源新型建材有限公司	2756.11	2348.32	17.37	161.61	129.58	24.72	2756.11	2348.32	17.37
185	高作镇	江苏军曼农业科技有限公司	11842.10	10294.24	15.04	6.03	2.54	137.40	0.00	0.00	0
186	高作镇	盐城晶惟玻璃瓷釉有限公司	2332.26	1720.77	35.54	36.82	34.18	7.72	2332.26	1720.77	35.54
187	高作镇	江苏建锋商业道具设计制作有限公司	2469.84	2056.81	20.08	67.32	47.10	42.93	2469.84	2056.81	20.08
188	高作镇	江苏中创同盛新材料有限公司	1085.58	2806.44	−61.32	26.17	19.69	32.91	1085.58	2806.44	−61.32
189	高作镇	江苏永玖纸业有限公司	35142.01	32493.68	8.15	2160.30	1457.06	48.26	35142.01	32493.68	8.15
190	高作镇	江苏厚睦莱照明科技有限公司	17166.41	14535.38	18.10	449.58	220.49	103.90	17166.41	14535.38	18.10
191	高作镇	盐城市群力工矿机械有限公司	9212.20	7075.43	30.20	419.54	403.86	3.88	9212.20	7075.43	30.20
192	高作镇	建湖凯旭机械有限公司	3188.83	4394.78	−27.44	132.24	233.45	−43.35	3188.83	4394.78	−27.44
193	高作镇	江苏烨达环保设备有限公司	2541.38	3719.86	−31.68	132.85	131.81	0.79	2541.38	3719.86	−31.68
194	高作镇	江苏富捷刀业有限公司	9293.43	7455.15	24.66	248.95	235.66	5.64	9293.43	7455.15	24.66
195	高作镇	建湖县杰林石化机械有限公司	6390.20	4873.09	31.13	244.30	200.04	22.13	6390.20	4873.09	31.13
196	高作镇	盐城天龙锻造有限公司	5703.91	4224.53	35.02	85.59	107.08	−20.07	5703.91	4224.53	35.02
197	高作镇	盐城润伟石化机械有限公司	2184.15	2332.49	−6.36	65.45	101.37	−35.43	2184.15	2332.49	−6.36
198	高作镇	江苏宇洋石化装备有限公司	2469.86	3461.29	−28.64	117.03	252.31	−53.62	2469.86	3461.29	−28.64
199	高作镇	盐城奥晖机械有限公司	7064.38	6724.67	5.05	134.85	131.36	2.66	7064.38	6724.67	5.05
200	高作镇	盐城市盾田机械制造有限公司	4525.14	3209.88	40.98	12.84	7.21	78.07	4525.14	3209.88	40.98

续表29

序号	镇（街道、区）	单位名称	开票销售			入库税金			应税销售		
			本期实绩（万元）	同期实绩（万元）	比上年增长（%）	本期实绩（万元）	同期实绩（万元）	比上年增长（%）	本期实绩（万元）	同期实绩（万元）	比上年增长（%）
201	高作镇	江苏亿益机械有限公司	1977.13	3843.31	−48.56	163.61	256.45	−36.20	1977.13	3843.31	−48.56
202	芦沟镇	盐城烨达纺织有限公司	3582.64	3355.44	6.77	40.12	41.95	−4.36	3582.64	3355.44	6.77
203	芦沟镇	盐城金恒纺织有限公司	3563.07	3425.95	4.00	13.48	22.27	−39.47	3563.07	3425.95	4.00
204	芦沟镇	建湖县盛泰纺织有限公司	3362.75	3030.45	10.97	58.95	26.44	122.96	3362.75	3030.45	10.97
205	芦沟镇	建湖县结胜服装辅料有限公司	2219.37	2132.21	4.09	6.93	13.57	−48.93	2219.37	2132.21	4.09
206	芦沟镇	盐城富超建材有限公司	3858.65	3591.83	7.43	102.44	100.73	1.70	3858.65	3591.83	7.43
207	芦沟镇	建湖县龙腾新型建材有限公司	770.18	1043.16	−26.17	23.57	59.50	−60.39	770.18	1043.16	−26.17
208	芦沟镇	江苏佳力铝业有限公司	9126.75	8091.17	12.80	99.16	89.11	11.28	9126.75	8091.17	12.80
209	芦沟镇	江苏键宝新型建材有限公司	8134.84	3301.24	146.42	197.36	93.84	110.32	8134.84	3301.24	146.42
210	芦沟镇	江苏鑫瑞交通建设集团有限公司	7640.80	6504.40	17.47	48.68	92.32	−47.27	7640.80	6504.40	17.47
211	芦沟镇	盐城汇达玻璃仪器有限公司	4403.67	4256.59	3.46	351.87	447.77	−21.42	4403.67	4256.59	3.46
212	芦沟镇	建湖县兴隆尼龙有限公司	2875.88	2819.86	1.99	50.39	64.21	−21.52	2875.88	2819.86	1.99
213	芦沟镇	江苏何老大酱醋业有限公司	288.86	678.91	−57.45	8.90	18.43	−51.71	288.86	678.91	−57.45
214	芦沟镇	江苏蒙腾电气有限公司	13718.03	12678.65	8.20	92.14	61.00	51.05	13718.03	12678.65	8.20
215	芦沟镇	江苏群昌智能科技有限公司	1988.22	2688.87	−26.06	108.65	24.17	349.52	1988.22	2397.16	−17.06
216	芦沟镇	盐城市崇达石化机械有限公司	13820.42	17261.78	−19.94	1549.82	2048.39	−24.34	13820.42	17261.78	−19.94
217	芦沟镇	盐城市琪航石油机械有限公司	8188.53	12200.89	−32.89	374.28	490.52	−23.70	8188.53	12177.74	−32.76
218	芦沟镇	盐城市煜洋石油机械有限公司	5486.74	5458.86	0.51	187.99	263.17	−28.57	5486.74	5458.86	0.51
219	芦沟镇	盐城市骊麟石油机械有限公司	4348.87	5345.01	−18.64	263.20	363.33	−27.56	4348.87	5345.01	−18.64
220	芦沟镇	江苏欧吉尔新能源有限公司	7224.75	5901.05	22.43	80.72	129.34	−37.59	7224.75	5901.05	22.43
221	芦沟镇	江苏鸿洋包装印刷有限公司	2834.17	2581.00	9.81	24.64	20.94	17.68	2834.17	2581.00	9.81
222	芦沟镇	建湖县晶艺玻璃制造有限公司	2039.45	2012.66	1.33	81.32	78.14	4.07	1797.90	2012.66	−10.67
223	芦沟镇	盐城市逸尔智能装备有限公司	3300.06	0.00	0	92.83	0.00	0	3300.06	0.00	0
224	芦沟镇	建湖县昕星特种纺织有限公司	2755.33	2394.01	15.09	43.71	12.43	251.65	2755.33	2394.01	15.09
225	芦沟镇	江苏迈利凯半导体有限公司	2598.69	0.00	0	0.42	0.00	0	2598.69	0.00	0

续表29

序号	镇（街道、区）	单位名称	开票销售			入库税金			应税销售		
			本期实绩（万元）	同期实绩（万元）	比上年增长（%）	本期实绩（万元）	同期实绩（万元）	比上年增长（%）	本期实绩（万元）	同期实绩（万元）	比上年增长（%）
226	沿河镇	盐城富恒服饰有限公司	2137.67	1920.98	11.28	75.37	67.72	11.30	2137.67	1920.98	11.28
227	沿河镇	建湖艺龙纺织有限公司	4081.44	2678.34	52.39	143.83	31.69	353.87	4081.44	2678.34	52.39
228	沿河镇	江苏华舒特环保科技有限公司	6471.26	5866.10	10.32	50.49	59.41	−15.01	1369.26	1446.10	−5.31
229	沿河镇	道尔道科技有限公司	65044.54	48722.16	33.50	7981.08	7555.69	5.63	65044.54	48722.16	33.50
230	沿河镇	江苏振华工业集团有限公司	621.39	7491.78	−91.71	47.96	50.64	−5.30	621.39	7491.78	−91.71
231	沿河镇	盐城恒通实业有限公司	2711.57	3659.65	−25.91	98.92	234.81	−57.87	2711.57	3659.65	−25.91
232	沿河镇	江苏永大压力容器制造有限公司	3142.67	3078.61	2.08	109.86	130.00	−15.49	3142.67	3078.61	2.08
233	沿河镇	建湖县裕祥机械制造有限公司	1298.61	919.06	41.30	37.03	45.14	−17.97	1298.61	919.06	41.30
234	沿河镇	建湖县国源新能源开发有限公司	6708.23	6534.61	2.66	1707.38	766.53	122.74	6595.27	6534.61	0.93
235	冈西镇	建湖县华盛特种纱线有限公司	4742.30	3952.00	20.00	45.52	47.95	−5.07	4742.30	3952.00	20.00
236	冈西镇	江苏华伟纺织有限公司	5746.88	3658.58	57.08	64.56	46.62	38.48	5746.88	3658.58	57.08
237	冈西镇	建湖龙华纺织有限公司	2531.57	1804.90	40.26	21.16	24.36	−13.14	2531.57	1804.90	40.26
238	冈西镇	建湖县坤泰纺织有限公司	1797.51	1793.57	0.22	15.96	23.80	−32.94	1797.51	1793.57	0.22
239	冈西镇	江苏中联路基工程有限公司	7040.44	5389.93	30.62	81.77	55.02	48.62	7040.44	5389.93	30.62
240	冈西镇	建湖县申茂软基材料有限公司	8953.19	7791.40	14.91	261.64	67.41	288.13	8953.19	7791.40	14.91
241	冈西镇	建湖县金骏土工材料有限公司	13046.53	13004.57	0.32	2.71	4.16	−34.86	13046.53	13004.57	0.32
242	冈西镇	建湖县盛源软基材料有限公司	5752.65	6022.63	−4.48	218.51	6.48	3272.07	5752.65	6022.63	−4.48
243	冈西镇	盐城市恒茂土工材料有限公司	17595.67	11304.61	55.65	198.87	151.62	31.16	17595.67	11304.61	55.65
244	冈西镇	盐城市涌泉排水板有限公司	6291.71	5596.11	12.43	76.54	64.05	19.50	6291.71	5596.11	12.43
245	冈西镇	建湖县鑫盛土工合成材料有限公司	2428.00	4856.98	−50.01	17.82	31.80	−43.96	2428.00	4856.98	−50.01
246	冈西镇	江苏方源土工材料有限公司	1767.55	2950.88	−40.10	9.49	14.10	−32.70	1767.55	2950.88	−40.10
247	冈西镇	盐城王开食品有限公司	321.26	10229.56	−96.86	3.56	32.32	−88.99	321.26	19.43	1553.42
248	冈西镇	盐城市全盛生物技术有限公司	2358.10	2512.54	−6.15	35.46	22.87	55.05	2358.10	2512.54	−6.15
249	冈西镇	江苏星碟科技有限公司	5505.86	3477.08	58.35	127.34	2.83	4405.19	5505.86	3477.08	58.35
250	冈西镇	盐城市宏宙土工材料有限公司	2368.41	2301.30	2.92	21.65	23.63	−8.38	2368.41	2301.30	2.92

续表29

序号	镇（街道、区）	单位名称	开票销售			入库税金			应税销售		
			本期实绩（万元）	同期实绩（万元）	比上年增长（%）	本期实绩（万元）	同期实绩（万元）	比上年增长（%）	本期实绩（万元）	同期实绩（万元）	比上年增长（%）
251	宝塔镇	建湖隆昌纺织有限公司	1776.75	1880.03	−5.49	2.27	4.94	−54.05	1776.75	1880.03	−5.49
252	宝塔镇	建湖福盈旅游用品有限公司	1311.58	3574.53	−63.31	28.55	78.70	−63.72	1311.58	3574.53	−63.31
253	宝塔镇	立可达电器（江苏）有限公司	4286.59	4978.66	−13.90	162.53	21.61	652.11	4286.59	4978.66	−13.90
254	宝塔镇	建湖县盛源特钢有限公司	11359.56	10448.31	8.72	89.71	150.68	−40.46	11359.56	10448.31	8.72
255	宝塔镇	江苏秦贵智能科技有限公司	5324.23	2674.31	99.09	23.89	12.85	85.93	5324.23	2674.31	99.09
256	宝塔镇	建湖安普汽车配件有限公司	1990.80	1817.21	9.55	13.94	15.43	−9.66	1990.80	1817.21	9.55
257	宝塔镇	江苏勃曼工业控制技术有限公司	4386.54	2554.16	71.74	46.67	52.30	−10.76	4386.54	2554.16	71.74
258	开发区	建湖亿隆盛纺织品有限公司	15750.35	12457.75	26.43	120.67	103.94	16.10	15750.35	12457.75	26.43
259	开发区	江苏成华纺织有限公司	13812.62	13644.08	1.24	225.95	167.16	35.17	13812.62	13644.08	1.24
260	开发区	建湖腾达气流纺织有限公司	4400.50	4374.88	0.59	76.36	86.59	−11.81	4200.50	4374.88	−3.99
261	开发区	盐城科隆威自动化有限公司	7217.77	14.69	49033.90	128.73	0.00	0	7217.77	14.69	49033.90
262	开发区	盐城博俊服装有限公司	329.49	4585.76	−92.81	133.12	31.16	327.21	329.49	4585.76	−92.81
263	开发区	江苏玉人羊毛衫有限公司	3199.42	4783.12	−33.11	676.94	595.11	13.75	3199.42	4783.12	−33.11
264	开发区	盐城薪力园实业有限公司	6924.72	6401.99	8.17	−44.56	113.63	−139.21	6924.72	6401.99	8.17
265	开发区	江苏华陵服装有限公司	1131.11	4410.40	−74.35	34.56	11.23	207.75	1131.11	4410.40	−74.35
266	开发区	江苏克胜集团股份有限公司	18028.91	19693.64	−8.45	558.68	853.85	−34.57	17845.05	19611.38	−9.01
267	开发区	江苏剑牌农化股份有限公司	87941.96	76032.98	15.66	4747.74	3580.82	32.59	87941.96	76032.98	15.66
268	开发区	江苏永林油脂科技有限公司	10606.14	10554.96	0.48	142.49	125.99	13.10	10606.14	10554.96	0.48
269	开发区	江苏中英钢索股份有限公司	10143.64	13301.79	−23.74	120.16	205.92	−41.65	9143.64	13301.79	−31.26
270	开发区	江苏新加管业有限公司	11911.24	4778.51	149.27	403.59	128.05	215.18	11911.24	4778.51	149.27
271	开发区	江苏华云桩业有限公司	19692.05	37542.30	−47.55	201.35	758.58	−73.46	19692.05	37542.30	−47.55
272	开发区	江苏黄海水泥有限公司	17138.71	20795.80	−17.59	302.48	363.96	−16.89	17138.71	20795.80	−17.59
273	开发区	盐城市仁和建材科技有限公司	7068.99	7415.00	−4.67	391.16	371.79	5.21	7068.99	7415.00	−4.67
274	开发区	江苏麦迪尔高档门窗型材有限公司	11230.29	12210.84	−8.03	65.36	82.51	−20.79	11230.29	12210.84	−8.03
275	开发区	江苏黄海建材集团有限公司	5641.51	4052.60	39.21	148.53	140.35	5.83	5641.51	4052.60	39.21

续表29

序号	镇（街道、区）	单位名称	开票销售			入库税金			应税销售		
			本期实绩（万元）	同期实绩（万元）	比上年增长（%）	本期实绩（万元）	同期实绩（万元）	比上年增长（%）	本期实绩（万元）	同期实绩（万元）	比上年增长（%）
276	开发区	盐城良工建筑模板有限公司	4408.85	3774.78	16.80	130.47	169.03	−22.81	3453.63	3618.52	−4.56
277	开发区	建湖三龙混凝土有限公司	9396.86	9378.97	0.19	261.16	324.55	−19.53	9096.86	9378.97	−3.01
278	开发区	建湖县九鼎混凝土有限公司	11714.19	12995.87	−9.86	409.07	500.61	−18.29	11714.19	12995.87	−9.86
279	开发区	建湖县福鑫混凝土有限公司	3627.97	1356.00	167.55	195.55	114.20	71.23	3627.97	1356.00	167.55
280	开发区	江苏玉人鞋业有限公司	5494.11	8481.38	−35.22	794.43	864.19	−8.07	4779.49	8480.59	−43.64
281	开发区	江苏苏品家具有限公司	1678.55	3879.39	−56.73	123.09	271.90	−54.73	1678.55	3879.39	−56.73
282	开发区	江苏兴鼎生物工程有限公司	1720.67	6096.70	−71.78	11.42	23.38	−51.15	1720.67	6096.70	−71.78
283	开发区	江苏泛迪工艺品有限公司	5042.65	5503.09	−8.37	367.78	256.39	43.45	5042.65	5503.09	−8.37
284	开发区	盐城泛宇工艺品有限公司	5208.00	2982.28	74.63	301.96	144.68	108.71	5208.00	2982.28	74.63
285	开发区	江苏雅鑫玻璃有限公司	5599.33	5505.62	1.70	24.45	32.85	−25.57	5299.33	5505.62	−3.75
286	开发区	江苏永超磁性材料有限公司	16271.22	17697.89	−8.06	411.27	302.52	35.95	16271.22	17697.89	−8.06
287	开发区	江苏般若电子工业有限公司	31644.42	52702.50	−39.96	224.28	11.54	1843.50	31644.42	52702.50	−39.96
288	开发区	江苏亚明照明有限公司	15946.42	17213.96	−7.36	457.05	487.76	−6.30	15946.42	17213.96	−7.36
289	开发区	江苏日月照明电器有限公司	15601.32	19719.99	−20.89	948.90	600.21	58.09	15601.32	19719.99	−20.89
290	开发区	江苏合泓通讯技术有限公司	5204.74	5918.90	−12.07	85.68	22.65	278.28	5204.74	5918.90	−12.07
291	开发区	盐城青松机械制造有限公司	8002.37	7322.77	9.28	435.00	460.45	−5.53	8002.37	7322.77	9.28
292	开发区	江苏重亚重工有限公司	3490.94	3747.18	−6.84	175.73	151.02	16.36	3490.94	3747.18	−6.84
293	开发区	江苏象王集团股份有限公司	9573.02	10284.29	−6.92	94.98	181.65	−47.71	9573.02	10284.29	−6.92
294	开发区	江苏星华机场设施有限公司	11586.99	11435.84	1.32	406.89	529.29	−23.13	10878.28	11380.03	−4.41
295	开发区	建湖县恒泰机械制造有限公司	4879.77	6463.36	−24.50	135.17	365.56	−63.02	4879.77	6463.36	−24.50
296	开发区	江苏金秆农业装备有限公司	8561.66	6174.71	38.66	246.48	228.92	7.67	8561.66	6144.80	39.33
297	开发区	江苏华田机械装备有限公司	9029.63	12786.01	−29.38	301.18	576.67	−47.77	9029.63	12786.01	−29.38
298	开发区	盐城可理斯机械制造有限公司	21972.16	12004.28	83.04	292.22	101.32	188.41	21864.39	11983.86	82.45
299	开发区	盐城鑫玺机械制造有限公司	4684.41	4212.16	11.21	101.19	60.68	66.76	4684.41	4212.16	11.21
300	开发区	建湖县双源冷拉型钢有限公司	13204.74	14005.22	−5.72	134.56	173.05	−22.24	13204.74	14005.22	−5.72

续表29

序号	镇（街道、区）	单位名称	开票销售			入库税金			应税销售		
			本期实绩（万元）	同期实绩（万元）	比上年增长（%）	本期实绩（万元）	同期实绩（万元）	比上年增长（%）	本期实绩（万元）	同期实绩（万元）	比上年增长（%）
301	开发区	江苏莲源机械制造有限公司	42778.40	34257.47	24.87	229.33	580.11	−60.47	42778.40	34257.47	24.87
302	开发区	江苏建农科技有限公司	2925.85	5066.52	−42.25	68.79	110.63	−37.82	2925.85	5066.52	−42.25
303	开发区	建湖申江机械有限公司	3734.25	3497.38	6.77	99.61	162.75	−38.80	3734.25	3497.38	6.77
304	开发区	建湖中恒机械有限公司	4595.40	2181.46	110.66	134.05	45.29	195.98	4595.40	2181.46	110.66
305	开发区	沪强企业（盐城）有限公司	5683.15	4398.55	29.21	290.89	80.11	263.11	5683.15	4398.55	29.21
306	开发区	盐城盛鑫源机械配件制造有限公司	1672.54	2827.15	−40.84	66.09	151.48	−56.37	1672.54	2827.15	−40.84
307	开发区	爱雷德机床有限公司	5203.21	10731.83	−51.52	166.37	154.94	7.38	5203.21	10731.83	−51.52
308	开发区	江苏风力士智能科技有限公司	5011.57	5640.30	−11.15	85.66	26.96	217.73	5011.57	5640.30	−11.15
309	开发区	盐城市京田纺织机械有限公司	5504.57	6189.19	−11.06	162.16	176.03	−7.88	5338.44	6189.19	−13.75
310	开发区	建湖县洋帆液压机械制造有限公司	2458.94	2411.34	1.97	17.20	21.96	−21.68	2252.12	2085.17	8.01
311	开发区	盐城永洋科技有限公司	2152.11	2075.05	3.71	20.77	45.17	−54.02	2052.11	2075.05	−1.11
312	开发区	江苏爱雷德塑机有限公司	3035.60	5126.26	−40.78	19.49	6.91	182.05	3035.60	5126.26	−40.78
313	开发区	江苏盐海电镀中心有限公司	2821.19	2572.54	9.67	141.23	14.07	903.62	2821.19	2572.54	9.67
314	开发区	江苏国威工程机械有限公司	4200.85	6958.25	−39.63	242.22	347.80	−30.36	4200.85	6958.25	−39.63
315	开发区	斯达史密特（盐城）汽车零部件有限公司	1703.13	1575.23	8.12	2.05	23.57	−91.30	1703.13	1575.23	8.12
316	开发区	盐城环宇汽车零部件制造有限公司	32418.88	37614.88	−13.81	1420.65	1843.92	−22.95	32418.88	37614.88	−13.81
317	开发区	江苏良基金属制品有限公司	8248.04	8018.32	2.86	196.29	213.23	−7.94	8248.04	8018.32	2.86
318	开发区	江苏润创金属科技有限公司	5375.04	3819.05	40.74	103.58	48.43	113.88	5375.04	3819.05	40.74
319	开发区	江苏海达管件集团有限公司	7501.25	5822.06	28.84	413.13	352.01	17.36	7501.25	5822.06	28.84
320	开发区	盐城旭东机械有限公司	10052.66	13044.31	−22.93	339.55	936.77	−63.75	9052.66	13044.31	−30.60
321	开发区	盐城鼎华机械有限公司	6427.81	7101.09	−9.48	304.67	385.87	−21.04	6427.81	7101.09	−9.48
322	开发区	建湖县锋祥机械有限公司	2058.69	2751.02	−25.17	282.22	19.42	1353.24	2058.69	2751.02	−25.17
323	开发区	江苏艾伦弗罗机械制造有限公司	8600.21	3065.46	180.55	98.92	18.34	439.37	8600.21	3065.46	180.55
324	开发区	盐城市竹林机械制造有限公司	8436.76	11988.63	−29.63	419.83	818.78	−48.72	8436.76	11988.63	−29.63
325	开发区	盐城博越管件有限公司	5072.79	4494.83	12.86	145.79	115.45	26.28	5072.79	4494.83	12.86

续表29

序号	镇（街道、区）	单位名称	开票销售			入库税金			应税销售		
			本期实绩（万元）	同期实绩（万元）	比上年增长（%）	本期实绩（万元）	同期实绩（万元）	比上年增长（%）	本期实绩（万元）	同期实绩（万元）	比上年增长（%）
326	开发区	建湖祥伟锻压件厂	4996.74	3833.96	30.33	92.37	79.89	15.62	4996.74	3833.96	30.33
327	开发区	江苏华冶液压机械有限公司	3871.26	3342.91	15.81	170.10	160.93	5.70	3871.26	3342.91	15.81
328	开发区	建湖友诚机械有限公司	2104.30	2442.25	−13.84	90.66	141.13	−35.76	2104.30	2442.25	−13.84
329	开发区	盐城市万余液压机械有限公司	2102.21	3278.63	−35.88	102.24	162.67	−37.15	2102.21	3278.63	−35.88
330	开发区	江苏润森管业有限公司	2337.62	2550.67	−8.35	61.86	82.31	−24.85	2337.62	2550.67	−8.35
331	开发区	建湖县昌升机械有限公司	1346.04	1934.43	−30.42	34.23	94.01	−63.59	1346.04	1934.43	−30.42
332	开发区	建湖威尔森压力设备有限公司	7494.37	6375.44	17.55	143.21	142.35	0.60	7494.37	6375.44	17.55
333	开发区	盐城大浩机械有限公司	3772.06	3496.71	7.87	126.89	160.29	−20.84	3772.06	3496.71	7.87
334	开发区	盐城曼达管业有限公司	754.81	1911.38	−60.51	39.94	104.94	−61.94	754.81	1911.38	−60.51
335	开发区	建湖金拓机械制造有限公司	4373.20	2916.64	49.94	157.10	148.11	6.07	4373.20	2916.64	49.94
336	开发区	江苏森达热电集团有限公司	7083.22	10836.75	−34.64	50.00	113.15	−55.81	7083.22	10836.75	−34.64
337	开发区	江苏大塑精管环保科技有限公司	2803.53	3324.36	−15.67	9.00	22.42	−59.86	2803.53	3324.36	−15.67
338	开发区	江苏雄禹构件有限公司	2845.77	3121.66	−8.84	115.10	113.55	1.37	2845.77	3121.66	−8.84
339	开发区	江苏喆铝铝业有限公司	10760.40	4699.74	128.96	118.19	9.58	1133.72	9760.40	4699.74	107.68
340	开发区	江苏瑞晶太阳能科技有限公司	118190.50	17448.75	577.36	118.09	25.29	366.94	118190.50	17448.75	577.36
341	开发区	江苏润阳光伏科技有限公司	770144.47	480360.96	60.33	9470.25	7153.39	32.39	783541.24	466962.26	67.80
342	开发区	盐城溥天电子有限公司	1271.09	3045.08	−58.26	33.10	94.24	−64.88	1271.09	3045.08	−58.26
343	开发区	建湖翰达机械制造有限公司	2848.92	2836.43	0.44	115.26	152.93	−24.63	2648.92	2836.43	−6.61
344	开发区	江苏欧锐特精密智造有限公司	6545.57	4029.23	62.45	44.27	5.61	689.13	6545.57	4029.23	62.45
345	开发区	江苏飞达尔机械有限公司	2461.38	2344.84	4.97	78.43	46.12	70.06	2461.38	2344.84	4.97
346	开发区	江苏爱飞乐机场设施有限公司	1714.65	2487.41	−31.07	56.06	81.57	−31.27	1714.65	2487.41	−31.07
347	开发区	盐城市冉峰机械设备制造有限公司	3500.96	3412.02	2.61	137.93	190.69	−27.67	3400.96	3412.02	−0.32
348	开发区	盐城市驰达机械制造有限公司	2235.97	2640.45	−15.32	87.81	138.39	−36.55	2235.97	2640.45	−15.32
349	开发区	江苏龙之心铝业有限公司	7841.76	9541.39	−17.81	36.11	20.22	78.59	7841.76	9541.39	−17.81
350	开发区	建湖县飞亚紧固件有限公司	2978.68	2735.53	8.89	101.52	114.59	−11.41	2978.68	2735.53	8.89

续表29

序号	镇（街道、区）	单位名称	开票销售			入库税金			应税销售		
			本期实绩（万元）	同期实绩（万元）	比上年增长（%）	本期实绩（万元）	同期实绩（万元）	比上年增长（%）	本期实绩（万元）	同期实绩（万元）	比上年增长（%）
351	开发区	建湖县华越机械制造有限公司	2082.79	2379.16	−12.46	57.29	74.42	−23.02	2082.79	2379.16	−12.46
352	开发区	轩寓（江苏）新材料有限公司	1252.98	3055.52	−58.99	7.67	6.99	9.73	1252.98	3055.52	−58.99
353	开发区	江苏柒捌玖电子科技有限公司	2172.84	2004.53	8.40	86.79	58.78	47.65	2172.84	2004.53	8.40
354	开发区	盐城祥宏机械有限公司	3159.10	2460.45	28.40	118.01	82.12	43.70	3159.10	2460.45	28.40
355	开发区	建湖睿丰纺织科技有限公司	3571.24	3558.94	0.35	32.84	4.31	661.95	3471.24	3558.94	−2.46
356	开发区	盐城新宇机械制造有限公司	3193.05	1350.17	136.49	30.59	58.21	−47.45	3193.05	1350.17	136.49
357	开发区	盐城丰菱研磨科技有限公司	5943.82	0.00	0	0.85	2.39	−64.44	5943.82	0.00	0
358	开发区	江苏广徽科技有限公司	3128.69	3.26	95872.09	86.33	0.00	0	3128.69	3.26	95872.09
359	开发区	江苏龙成纺织有限公司	5499.16	7538.29	−27.05	59.33	56.26	5.46	5499.16	7538.29	−27.05
360	开发区	建湖耀晟纺织原料有限公司	5469.31	5018.04	8.99	30.11	29.16	3.26	5469.31	5018.04	8.99
361	开发区	江苏奇迹纺织科技有限公司	1853.78	1852.37	0.08	22.63	24.30	−6.87	1853.78	1852.37	0.08
362	开发区	江苏天成科技集团盐城饲料有限公司	31621.10	31528.06	0.30	−116.04	270.86	−142.84	15.03	21.55	−30.26
363	开发区	盐城市朗创新材料有限公司	3728.55	3713.75	0.40	109.55	59.81	83.16	3728.55	3713.75	0.40
364	开发区	盐城鑫素元机械制造有限公司	2296.69	2292.86	0.17	48.49	40.37	20.11	2296.69	2292.86	0.17
365	开发区	建湖县威力液压机械制造有限公司	3285.98	4037.11	−18.61	159.95	253.57	−36.92	3285.98	4037.11	−18.61
366	开发区	江苏中电环境工程有限公司	2256.52	2970.84	−24.04	77.15	95.96	−19.60	2256.52	2970.84	−24.04
367	开发区	江苏丰信航空设备制造有限公司	6795.08	5963.07	13.95	43.66	34.05	28.22	6795.08	5963.07	13.95
368	开发区	江苏浩瀚钢结构有限公司	33199.61	64094.62	−48.20	1015.04	2104.90	−51.78	33199.61	64094.62	−48.20
369	开发区	江苏宇达钢结构有限公司	10293.29	9133.22	12.70	166.44	214.10	−22.26	10293.29	9133.22	12.70
370	开发区	盐城长耀电气科技有限公司	3394.52	3225.16	5.25	66.89	86.18	−22.38	3394.52	3225.16	5.25
371	开发区	江苏华耀机械制造有限公司	5264.97	5240.09	0.47	271.99	159.90	70.10	5264.97	5240.09	0.47
372	开发区	江苏超群机械科技发展有限公司	7726.88	5486.51	40.83	478.16	358.50	33.38	7726.88	5486.51	40.83
373	开发区	盐城海之星车轮有限公司	3330.15	2765.06	20.44	113.95	83.20	36.96	3330.15	2765.06	20.44
374	开发区	盐城锐晔液压管件有限公司	4386.75	3285.49	33.52	148.12	165.42	−10.46	4386.75	3285.49	33.52
375	开发区	江苏普美纺织有限公司	15468.85	14904.30	3.79	177.05	158.55	11.67	15468.85	14904.30	3.79

续表29

序号	镇（街道、区）	单位名称	开票销售			入库税金			应税销售		
			本期实绩（万元）	同期实绩（万元）	比上年增长（%）	本期实绩（万元）	同期实绩（万元）	比上年增长（%）	本期实绩（万元）	同期实绩（万元）	比上年增长（%）
376	开发区	江苏永豪纺织有限公司	4388.12	4375.61	0.29	38.21	7.55	406.21	4388.12	4375.61	0.29
377	开发区	江苏锦佳恒纺织有限公司	5207.58	4490.62	15.97	87.09	29.01	200.21	5207.58	4490.62	15.97
378	开发区	江苏乾远纺织科技有限公司	3455.64	3115.14	10.93	3.55	2.18	62.66	3455.64	3115.14	10.93
379	开发区	江苏嘉锦纺织科技有限公司	3928.91	3927.67	0.03	21.38	2.69	694.61	3928.91	3927.67	0.03
380	开发区	江苏华杰纺织科技有限公司	3590.23	3584.04	0.17	32.45	2.08	1459.41	3590.23	3584.04	0.17
381	开发区	盐城市沪丰新材料有限公司	2683.55	3965.51	−32.33	31.34	50.15	−37.51	2683.55	3965.51	−32.33
382	开发区	江苏鸿顺铝业有限公司	73188.54	42333.56	72.89	5457.20	3472.33	57.16	73188.54	42333.56	72.89
383	开发区	江苏宏力环境工程科技有限公司	3683.84	2590.99	42.18	137.30	181.50	−24.35	3683.84	2590.99	42.18
384	开发区	江苏超惠环保科技有限公司	1708.34	1689.30	1.13	88.31	100.35	−11.99	1708.34	1689.30	1.13
385	开发区	江苏烨宝环境设备有限公司	2443.77	2380.28	2.67	90.35	134.03	−32.59	2443.77	2380.28	2.67
386	开发区	江苏海科环境科技工程有限公司	3063.04	4024.14	−23.88	80.17	157.67	−49.15	3063.04	4024.14	−23.88
387	开发区	建湖悦翔通用设备有限公司	1200.69	2169.76	−44.66	13.32	36.00	−63.00	1200.69	2169.76	−44.66
388	开发区	江苏胜德龙机电科技有限公司	2751.88	2280.80	20.65	105.58	83.15	26.98	2751.88	2280.80	20.65
389	开发区	江苏江动柴油机制造有限公司	39638.41	51379.20	−22.85	242.35	36.65	561.25	39638.41	51379.20	−22.85
390	开发区	江苏东西发动机配件有限公司	100217.77	63623.94	57.52	660.94	108.27	510.46	100217.77	63564.40	57.66
391	开发区	江苏圣金特汽车配件有限公司	1125.94	2671.10	−57.85	25.68	29.80	−13.83	1125.94	2671.10	−57.85
392	开发区	江苏克劳波尔科技有限公司	4797.88	5321.54	−9.84	246.38	293.61	−16.09	4797.88	5321.54	−9.84
393	开发区	盐城仁创砂业科技有限公司	3279.78	3202.90	2.40	133.65	182.34	−26.70	3179.78	3202.90	−0.72
394	开发区	江苏国奥汽车零部件制造有限公司	1740.96	1737.57	0.20	42.80	134.48	−68.17	1610.96	1737.57	−7.29
395	开发区	江苏科球新能源汽车科技有限公司	1127.20	1492.67	−24.48	32.68	49.17	−33.54	1127.20	1492.67	−24.48
396	开发区	江苏拓世机械制造有限公司	3023.23	4150.79	−27.16	92.97	90.51	2.72	3023.23	4150.79	−27.16
397	开发区	盐城市锋泉液压件有限公司	6118.87	7844.71	−22.00	466.21	553.83	−15.82	6118.87	7844.71	−22.00
398	开发区	江苏千里机械有限公司	3578.35	1814.83	97.17	73.84	61.25	20.56	3578.35	1814.83	97.17
399	开发区	江苏超惠特种风机有限公司	2004.84	2000.88	0.20	17.98	45.07	−60.10	2004.84	2000.88	0.20
400	开发区	江苏亚昇制绳有限公司	2992.93	2143.15	39.65	1.86	7.24	−74.28	2992.93	1951.32	53.38

续表29

序号	镇（街道、区）	单位名称	开票销售			入库税金			应税销售		
			本期实绩（万元）	同期实绩（万元）	比上年增长（%）	本期实绩（万元）	同期实绩（万元）	比上年增长（%）	本期实绩（万元）	同期实绩（万元）	比上年增长（%）
401	开发区	江苏超翔纺织科技有限公司	2782.12	2757.25	0.90	23.93	1.70	1304.02	2582.12	2757.25	-6.35
402	开发区	江苏润新纺织有限公司	2773.27	2744.80	1.04	37.22	32.41	14.84	2773.27	2744.80	1.04
403	开发区	江苏贝诺医疗器械有限公司	2602.50	2482.35	4.84	109.79	126.53	-13.23	2578.69	2480.58	3.96
404	开发区	盐城三丰机械有限公司	1342.25	1965.49	-31.71	62.09	66.53	-6.67	1342.25	1965.49	-31.71
405	开发区	江苏泉腾纺织科技有限公司	3105.16	2290.92	35.54	15.90	1.37	1063.96	3105.16	2290.92	35.54
406	开发区	盐城市顺发油箱有限公司	2172.07	2137.05	1.64	81.46	73.01	11.57	2072.07	2137.05	-3.04
407	开发区	江苏展阳纺织科技有限公司	2711.71	2224.74	21.89	40.34	1.20	3261.38	2711.71	2224.74	21.89
408	开发区	盐城市中鸿机械有限公司	2078.66	2007.94	3.52	25.99	48.02	-45.88	1878.66	2007.94	-6.44
409	开发区	建湖骏达机械制造有限公司	443.83	2187.25	-79.71	24.61	117.46	-79.05	443.83	2187.25	-79.71
410	开发区	盐城市悦丰模具有限公司	1939.28	2524.42	-23.18	88.36	131.92	-33.02	1939.28	2524.42	-23.18
411	开发区	盐城聚丰纺织有限公司	1015.43	8640.60	-88.25	9.69	75.91	-87.23	1015.43	8640.60	-88.25
412	高新区	江苏新森达鞋业有限公司	27882.92	30371.74	-8.19	3617.81	2970.77	21.78	27882.92	30371.74	-8.19
413	高新区	江苏那美实业有限公司	27619.93	26096.77	5.84	3592.73	3093.91	16.12	27619.93	26096.77	5.84
414	高新区	建湖县自来水有限公司	16227.46	16926.41	-4.13	1416.63	2020.19	-29.88	16227.46	16926.41	-4.13
415	高新区	江苏恒祥宇新材料有限公司	2565.12	2856.86	-10.21	118.71	90.27	31.51	2565.12	2856.86	-10.21
416	高新区	江苏飞博尔新材料科技有限公司	3409.46	3125.35	9.09	137.76	140.89	-2.22	3119.36	2990.35	4.31
417	高新区	江苏仕爵科技有限公司	3002.30	2559.89	17.28	94.00	84.04	11.85	3002.30	2559.89	17.28
418	高新区	江苏博克斯科技股份有限公司	10107.79	10535.11	-4.06	1159.27	856.17	35.40	10107.79	10535.11	-4.06
419	高新区	江苏源达线缆科技有限公司	10727.73	12374.56	-13.31	280.29	373.29	-24.91	10727.73	12290.09	-12.71
420	高新区	江苏东福光电科技有限公司	12238.33	9311.15	31.44	42.06	134.78	-68.79	12238.33	9311.15	31.44
421	高新区	阿尔阜斯（江苏）机械科技有限公司	2915.09	4504.53	-35.29	108.33	170.68	-36.53	2913.06	4504.53	-35.33
422	高新区	江苏国瑞液压机械有限公司	20924.22	17222.76	21.49	1297.14	1017.80	27.45	20924.22	17222.76	21.49
423	高新区	盐城市盐富环保设备有限公司	5630.01	5440.93	3.48	194.01	233.73	-16.99	5630.01	5440.93	3.48
424	高新区	江苏金洋机械有限公司	11375.63	11245.15	1.16	265.07	160.82	64.82	11069.64	10976.93	0.84
425	高新区	建湖金洋科技有限公司	3567.81	4595.97	-22.37	49.31	69.51	-29.06	3567.81	4595.97	-22.37

续表29

序号	镇（街道、区）	单位名称	开票销售			入库税金			应税销售		
			本期实绩（万元）	同期实绩（万元）	比上年增长（%）	本期实绩（万元）	同期实绩（万元）	比上年增长（%）	本期实绩（万元）	同期实绩（万元）	比上年增长（%）
426	高新区	江苏天一机场专用设备股份有限公司	5159.91	4494.62	14.80	90.63	130.08	−30.33	5159.91	4494.62	14.80
427	高新区	建湖鹏盛机械有限公司	10232.96	16234.80	−36.97	463.62	740.97	−37.43	10232.96	16234.80	−36.97
428	高新区	江苏德泰顺电梯部件有限公司	1975.49	5103.07	−61.29	55.31	164.21	−66.32	1975.49	5103.07	−61.29
429	高新区	江苏创迈达智能科技有限公司	2303.03	1403.88	64.05	73.50	30.23	143.14	2303.03	1403.88	64.05
430	高新区	江苏希来尔机电科技有限公司	14891.66	14891.53	0.00	294.25	38.90	656.43	14257.56	13954.56	2.17
431	高新区	盐城市盛典锅炉制造有限公司	2119.75	2281.62	−7.09	118.71	147.99	−19.79	2119.75	2281.62	−7.09
432	高新区	盐城朝泓建筑机械有限公司	2661.84	3167.35	−15.96	59.26	74.16	−20.09	2661.84	3167.35	−15.96
433	高新区	国唐汽车有限公司	29781.21	21021.93	41.67	2852.98	63.10	4421.37	29781.21	21021.93	41.67
434	高新区	江苏众志达新能源科技有限公司	3675.15	3237.88	13.50	6.54	65.09	−89.95	3675.15	3237.88	13.50
435	高新区	江苏睿昕汽车科技有限公司	8969.99	4820.07	86.10	1.48	1.49	−0.70	8969.99	4820.07	86.10
436	高新区	建湖县特佳液压管件有限公司	18257.74	30011.30	−39.16	374.44	2046.41	−81.70	18257.74	30011.30	−39.16
437	高新区	盐城海特机械科技有限公司	25063.64	24787.50	1.11	1549.42	2028.67	−23.62	25063.64	24787.50	1.11
438	高新区	江苏福吉特管业有限公司	7675.20	7043.74	8.96	310.67	369.97	−16.03	7675.20	7043.74	8.96
439	高新区	盐城瑞德石化机械有限公司	3578.79	2257.33	58.54	82.76	172.43	−52.00	3573.86	2257.33	58.32
440	高新区	建湖县恒昌液压机械有限公司	3037.57	3964.65	−23.38	201.37	250.13	−19.49	3037.57	3964.65	−23.38
441	高新区	江苏锐凯机械有限公司	3751.94	9396.78	−60.07	95.44	184.49	−48.27	3751.94	9396.78	−60.07
442	高新区	江苏谦益实业有限公司	5366.93	5889.64	−8.88	212.66	194.30	9.45	5366.93	5889.64	−8.88
443	高新区	盐城神华机械制造有限公司	3574.96	1765.17	102.53	130.75	81.07	61.28	3574.96	1765.17	102.53
444	高新区	建湖县鸿达阀门管件有限公司	50272.18	35823.73	40.33	4931.70	2263.46	117.88	50272.18	35823.73	40.33
445	高新区	江苏双辉机械制造有限公司	7506.00	9383.60	−20.01	479.34	780.18	−38.56	7490.67	9383.60	−20.17
446	高新区	江苏欧瑞德石油机械有限公司	8231.99	5315.47	54.87	208.35	210.69	−1.11	8233.00	5314.46	54.92
447	高新区	凯文斯流体控制（江苏）有限公司	8448.67	4034.45	109.41	67.68	35.52	90.54	8448.67	4034.45	109.41
448	高新区	迪威尔（建湖）精工科技有限公司	5267.83	3200.13	64.61	86.09	20.67	316.53	5267.83	3200.13	64.61
449	高新区	江苏英能新能源科技有限公司	434.57	5256.05	−91.73	0.00	101.43	−100.00	434.57	5256.05	−91.73
450	高新区	江苏悦阳光伏科技有限公司	502231.33	283056.74	77.43	14664.39	1865.58	686.05	502231.33	277632.25	80.90

续表29

序号	镇（街道、区）	单位名称	开票销售			入库税金			应税销售		
			本期实绩（万元）	同期实绩（万元）	比上年增长（%）	本期实绩（万元）	同期实绩（万元）	比上年增长（%）	本期实绩（万元）	同期实绩（万元）	比上年增长（%）
451	高新区	江苏宏元达光伏新材料有限公司	36690.06	19713.80	86.11	621.74	327.33	89.94	36690.06	19713.80	86.11
452	高新区	润达光伏盐城有限公司	101036.31	15511.54	551.36	28.94	4.65	522.37	101036.31	15511.54	551.36
453	高新区	江苏新阳光智顶科技有限公司	11113.30	2591.45	328.84	297.03	172.22	72.47	11113.30	2591.45	328.84
454	高新区	盐城合信智能装备有限公司	7327.36	3099.11	136.43	3.16	1.27	148.82	7327.36	3099.11	136.43
455	高新区	三郎科技有限公司	13894.93	23299.30	−40.36	1524.94	547.15	178.71	13894.93	23299.30	−40.36
456	高新区	江苏弄潮儿复合材料有限公司	3992.22	2502.79	59.51	73.19	14.72	397.23	3992.22	2502.79	59.51
457	高新区	江苏明纳半导体科技有限公司	3594.88	2460.65	46.09	6.26	3.55	76.34	3594.88	2460.65	46.09
458	高新区	建湖县八达液压机械有限公司	598.43	2226.93	−73.13	64.09	142.16	−54.92	598.43	2226.93	−73.13
459	高新区	盐城市圣和给水设备有限公司	2778.38	2540.76	9.35	78.51	91.74	−14.42	2778.38	2540.76	9.35
460	高新区	江苏贝肯盛创新能源科技有限公司	11980.35	5285.44	126.67	631.71	174.90	261.18	11980.35	5285.44	126.67
461	高新区	晖朗（盐城）电子科技有限公司	7545.97	255.28	2855.96	0.59	0.00	0	7545.97	255.28	2855.96
462	高新区	大生集成电路（江苏）有限公司	5926.28	0.00	0	5.53	0.00	0	5926.28	0.00	0
463	高新区	江苏优敖智能装备有限公司	5127.16	0.00	0	121.24	0.00	0	5127.16	0.00	0
464	高新区	江苏量能动力科技有限公司	4372.41	0.00	0	1.58	0.41	285.37	4372.41	0.00	0
465	高新区	鹿山新材料（盐城）有限公司	7395.93	0.00	0	0.95	0.00	0	7395.93	0.00	0
466	高新区	盐城高测新能源科技有限公司	16664.39	0.00	0	6.58	0.00	0	16664.39	0.00	0
467	高新区	江苏深盐达新能源科技有限公司	2207.05	336.28	556.31	11.54	0.00	0	2207.05	336.28	556.31
468	高新区	江苏优舒科技有限公司	3520.97	1353.93	160.06	1.30	0.52	150.00	3520.97	1353.93	160.06

表30　2022年全县获批省级以上专精特新企业

序号	所属园区	所属镇区	企业名称	备注
1	高新区园区	高新区	建湖县鸿达阀门管件有限公司	国家级
2	高新区园区	恒济镇	盐城神力制绳有限公司	国家级
3	开发区园区	开发区	盐城环宇汽车零部件制造有限公司	省级
4	开发区园区	开发区	盐城市竹林机械制造有限公司	省级
5	开发区园区	近湖街道	江苏铭星供水设备有限公司	省级
6	开发区园区	近湖街道	盐城仁越生物科技有限公司	省级
7	开发区园区	近湖街道	中科聚信洁能热锻装备研发股份有限公司	省级
8	开发区园区	开发区上冈产业园	江苏华耀机械制造有限公司	省级
9	开发区园区	庆丰镇	盐城百圣机械有限公司	省级
10	高新区园区	高新区	江苏金洋机械有限公司	省级
11	高新区园区	高新区	江苏天一航空工业股份有限公司	省级
12	高新区园区	高新区	江苏飞博尔新材料科技有限公司	省级
13	高新区园区	高新区	江苏国瑞液压机械有限公司	省级
14	高新区园区	高新区	建湖县特佳液压管件有限公司	省级
15	高新区园区	建阳镇	江苏凯卓立液压设备有限公司	省级
16	高新区园区	建阳镇	江苏亿德隆石油机械有限公司	省级
17	高新区园区	建阳镇	盐城佰信石油机械有限公司	省级
18	高新区园区	芦沟镇	盐城市琪航石油机械有限公司	省级
19	高新区园区	恒济镇	江苏曼杰克有限公司	省级
20	高新区园区	恒济镇	江苏高盛高分子新材料有限公司	省级

新特产业

【概况】　2022年，全县三大主导产业完成规模以上企业开票销售398亿元，比上年增长23.3%，占全县规模以上企业占76.3%，比上年提高6.2个百分点，产业集聚度进一步提升。其中，高端装备产业规模以上企业开票占全县总量的40.2%，与上年基本持平；电子信息产业、新能源产业增长明显，比上年分别增长11.7%、89.1%，全县占比分别提升0.8个和11.6个百分点；六条重点产业链完成开票销售292.9亿元，比上年增长48.2%，除光电显示外，其余五条产业链均正增长。

【高端装备产业】　年内，全县249家高端装备规模以上企业，实现开票销售209.88亿元，占全县规模以上企业的40.2%；入库税金7.36亿元，占全县规模以上企业的49.6%。高端装备产业是建湖县重点打造的主导产业之一，产业规模占全县工业经济总量的40%以上，具有压舱石作用。至年底，形成石油装备、农业装备、工程装备、轨道交通装备、海工装备和汽车及零部件6个细分产业链，涵盖钢坯铸锻件、热处理、冲压、切削、焊接、装配、模具制造、检测检验、电镀等装备制造环节。建成国家级石油机械产品检验检测中心、盐海电镀中心、通用机场等公共服务平台。

【新能源产业】　年内，全县新能源产业实现规模以上企业开票销售163.8亿元，比上年增长89.1%。有规模以上晶硅光伏企业15家，开票销售161.2亿元，比上年增长90.9%，占全县规模以上工业总量的31%。江苏悦阳光伏科技有限公司6吉瓦光伏组件、江苏润阳光伏科技有限公司5.5吉瓦电池片等产业链项目，实现从无到有的快速突破。江苏悦阳光伏科技有限公司二期全国首批BIPV（光伏建筑一体化）厂房屋顶光伏项目成功并网发电，建湖县被列为全国首批屋顶分布式光伏整县推进试点县。江苏润阳光伏科技有限公司、江苏悦阳光伏科技有限公司开票销售分别超77亿元和50亿元。

【电子信息产业】 年内，全县电子信息规模以上企业开票销售24.34亿元，比上年增长11.69%，占全县规模以上企业的4.7%，占全市新一代信息技术产业开票销售总量的3.3%。坚持把电子信息作为主导产业重点培育发展，以节能电光源产业为基础，逐步丰富发展光电显示、集成电路等六大重点产业链，全县19家规模以上电子信息企业，其中光电显示企业9家、集成电路企业8家、其他电子信息企业2家。

传统产业

【概况】 2022年，全县传统产业实现规模以上企业开票销售123.8亿元，比上年增长2.8%。其中，纺织服装行业规模以上企业开票销售43.7亿元，比上年增长8.6%；皮鞋及鞋材行业规模以上企业开票销售3.57亿元，比上年下降11.4%；建材行业规模以上企业开票销售27.04亿元，比上年下降6.1%；化工行业实现规模以上企业开票销售11.66亿元，比上年下降9.7%。

【建材化工整治】 年内，建湖县有建材行业规模以上企业40家，完成规模以上企业开票销售27.04亿元，入库税金5218万元。县工信局对全县水泥项目开展排查，摸清企业底数，核实企业立项、环保、能评等情况；督促并协助龙腾公司办理能评报告，黄海水泥无环保验收的第二条生产线果断停电停产。对中央环保督察交办4条信访举报问题进行核实与整改。其中，沿河向阳砖瓦厂取土场地填埋垃圾问题，会同沿河镇制定整改方案，进行填埋物质认定和清理工作；海洲建材未按照营业执照核定范围经营，企业未生产，协同建湖县供电公司对企业采取断电措施。由县工信局牵头整改的向阳砖瓦厂和芦沟小塑料问题，已向生态环境局提交销号材料，于10月19日再次组织人员对相关问题整改情况进行“回头看”，经现场核实，2条信访问题均整改到位。

为企服务

【概况】 2022年，县工信局为企服务办围绕企业发展需求改进加强服务，帮助企业解决难题，建立完善企业问题收集、汇总、交办、分办、督办、销号制度，确保问题收集率100%，交办率100%。年内，工业问题交办66次，非工业问题交办28次，实行问题收集、交办、催办、督办、结办等全流程闭环管理。收集问题381个，其中用工类129个，资金类91个，用地、厂房办证、市场、水电气以及其他问题161个。办结367个，办结率96.3%。

【平台搭建】 年内，县工信局建立惠企政策公示制度，会同县发改委、财政局、税务局等部门在平台上及时公示惠企政策意见，做好政策解读和申报指引工作，对可实现线上申报的政策意见，在线上申报办结。发挥企业家微信群功能，随时在微信群内发布行业咨询、政策信息、供需信息、活动信息等，供企业家学习交流；将微信群作为服务重点企业的平台，对企业在微信群反馈的问题和诉求，落实相关职能部门和镇区跟踪服务。定期更新企业家信息库，在采取调查问卷收集信息的基础上，分月对定报企业“家家到”调研，全面了解企业发展现状和存在问题，实时掌握部门挂钩的服务情况，提出针对性指导意见，调整企业家信息库信息，为部门统筹谋划开展工作提供更为精准对称的信息支持。

【挂企服务】 年内，县工信局牵头制发《关于在全县深入开展为企服务活动的通知》文件，县四套班子领

12月29日，县工信局为悦阳光伏科技公司赠送疫情防控物资 （县工信局 供）

导主要走访服务全县重点工业企业及产业链关键企业86家。县委、县政府主要领导分别挂钩服务5家企业，县人大常委会、县政协、开发区、高新区主要领导分别挂钩服务4家企业，其他20名县领导分别挂钩服务3家企业，县直部门及驻建湖单位挂钩服务企业706家。县工信局负责规模以上工业企业391家，住建局负责建筑业107家和房地产企业34家，商务局负责限上批零住餐企业124家，发改委负责规模以上服务业企业50家。各镇（街道、区）参照县委、县政府方案制定实施办法，组织科级干部走访服务属地企业。制定“企业大走访”工作方案，成立“企业大走访”推进工作专班，落实各产业牵头部门主体责任，建立“企业大走访”信息收集报送制度，研究出台问题闭环管理办法，推促实现问题收集、交办、催办、督办、结办等全流程闭环管理。

【个性化暖企服务】 年内，县工信局围绕重点企业、项目开展个性化暖企服务，针对企业融资、绿色能源、上市、市场开拓等需求，践行“店小二”服务模式。7月28日，县领导在聚龙湖集团召开会办会，明确近湖街道会同县自然资源和规划局帮助协调解决LNG气站用地问题；县住建局负责LNG（液化天然气）气站建设验收工作；县应急管理局负责LNG气站“三同时”建设验收和安全生产管理工作。江苏东华纺织有限公司请求相关银行不压贷，同时将股权进行转让。工信局会同金融监管局，与有关银行对接沟通，召开协调会议，形成解决意见，经县政府常务会研究通过，将东华公司股权转让给建湖县国有资产投资公司。县为企服务办组织召开金融监管局、国投公司、工信局、博克斯公司相关负责人专题沟通协调会，听取博克斯公司相关情况诉求，帮助协调解决博克斯公司上市难题。市黄海金控集团、国投公司与博克斯公司解除对赌协议。全力服务润阳二期项目，针对污水处理问题，牵头召开推进会，现场排班，明确责任，强调完成的时间节点，11月6日由净水公司移交给污水公司，为企服务办加强跟踪，确保润阳二期按时投产和量产。

【惠企政策落实】 2021年9月，县委、县政府出台支持民营经济发展二十条政策，分别是支持企业做大做强，包括打造领军企业、支持规模发展、鼓励设备投入、支持兼并重组、鼓励引进外资、支持上市融资；提升企业竞争能力，包括支持单项冠军企业、鼓励企业服务化转型；支持数字化转型，包括支持企业智能改造、支持工业互联网应用、支持农产品线上销售；鼓励企业科技创新，包括支持质量品牌提升、支持科技成长型企业、支持研发平台建设、支持政产学研合作、强化知识产权全链条保护；支持绿色低碳发展，包括支持企业节能降耗、支持企业绿色发展；鼓励企业引进人才，包括支持集聚技术技能人才、鼓励加大高校毕业生招引。2022年4月，县委、县政府落实奖励星级企业及支持民营经济发展二十条政策。兑现奖补资金6050.04万元，其中星级企业奖补560万元，民营经济二十条政策奖补5490.04万元。

智慧建湖建设

【概况】 2022年，建湖县坚持把数字经济作为县域经济转型发展的关键增量，强化数字核心产业培育，推动产业数字化转型升级，县域数字经济发展取得一定成效。召开全县数字经济发展推进会，部署全县数字经济重点工作和重大项目，制定出台《建湖县数字经济三年行动计划（2022—2024年）》《建湖县推进企业智能化改造和数字化转型“十百千万”工程实施方案（2022—2024年）》等文件，成立数字经济工作领导小组，县委书记任第一组长，县长任组长，各相关部门主要负责人为小组成员，细化工作目标，明确工作职责。召开全县推进政府数字化转型会议，推进数字政府、数字城市建设。县政府出台《关于促进制造业“智改数转”的激励意见》，从支持免费诊断服务、鼓励“智改数转”投入、支持标杆企业培育、支持工业互联网应用等8个方面支持制造业“智改数转”，年内兑现“智改数转”奖补资金近3000万元。

【县域信息化】 年内，建成10G-PON端口1900个，全县城乡互联网宽带接入能力达到千兆，城镇、农村宽带平均接入速率超200M，行政村百兆光纤宽带覆盖率100%。统一整合5G基站需求，在城市总体规划框架内统筹布局5G基站建设。至年底，建成5G基站910座，基本实现城镇主要区域和重点园区连续覆盖。全县工业互联网标识解析二级节点注册接入企业523家，其中规模以上工业企业411家，规模以上企业注册率90%。建有建湖电信公司IDC数据中心，整体规划4个冷通道68架机架，一期投用34架机架供县公安局作为专用机房使用，与县公安局合作成立大数据及实战应用联合实验室，通过5G应用提升公安实战能力，二期投用17架机架作为盐城市华为政务云灾备机房，运行良好。建成市县一体化数据共享交换平台，制定数据共享开放目录1017条，完成43个部门数据归集8060.2万条，推进打通政务“信息孤岛”。通过安装传感器、摄像头等物联感知设备，实现对安防、交通、环境、自然资源等情况的自动监测。县公安局开展感知“天罗”前端建设，整合社会面摄像头，建成视频实战平台、多维度视频运维平台，分类升级部署物联网报警、周界防护、出入口控制、视频监控、人脸识别、车辆识别、视频门禁等安防感知系统，织密“城乡一体、天地一体、水陆一体”智慧技防网络，为侦查破案、服务人民提供支撑。水运监测方面，县交通局借助摄像头拍照，自动抓取船号，并在后台调取船舶的船员配载、货物等信息。国土监测方面，县自然资源和规划局“一张图”平台实现摄像头覆盖，帮助获取遥感影像等信息。环保监测方面，建湖生态环境局通过自动监测仪器设备、摄像头和垂管系统，实现污染源在线监测、机动车遥感监测和危险废物动态管理等功能，保护改善城市生态环境，助力城市可持续发展。种植监测方面，县农业农村局自建的种子信息系统通过传感器和摄像头，监管种子、土壤等农业生产要素，并建成农业大数据平台。

【“智改数转”】 年内，在全市率先出台《建湖县规模以上工业企业智能化改造和数字化转型行动路径》《关于促进制造业“智改数转”的激励意见》等政策文件，加速推进“建湖制造”向“建湖智造”新跨越。开展全县规模以上企业“智改数转”免费咨询诊断工作，规模以上企业诊断覆盖70%；创成星级上云企业70家，至年底，全县创建星级上云企业99家；江苏天一航空工业股份有限公司获入省重点工业互联网平台，为当年全市唯一入选；江苏润阳光伏科技有限公司、江苏铭星供水设备有限公司获评省级工业互联网标杆工厂；江苏克胜集团获评省工业电子商务创新发展示范企业；13家企业获批省两化融合贯标示范企业培育对象，5家企业通过（国家）两化融合贯标认定；江苏悦阳光伏科技有限公司、建湖县鸿达阀门管件有限公司创成省级智能制造示范车间，建成省级智能制造示范车间5个；江苏悦阳光伏科技有限公司申报创建2023年省智能制造示范工厂，并入选国家智能光伏试点示范企业，为全市唯一入选企业。在各大新媒体平台开设“智改数转”专栏，宣传标杆示范，掀起学比赶超热潮。数字技术与各行业加速融合，在线学习、远程会议、直播带货、外卖送餐等成为日常工作生活新常态，年内实现电子商务（含互联网批发和零售、外卖等）主营收入约30亿元。建湖高新区智慧产业园创成2021—2022年度江苏省电子商务示范基地，累计创成省级电商示范企业2家、示范镇2个、示范村8个。中通、圆通、申通等知名快递品牌落户建湖，重点物流快递企业已覆盖各镇区。年内全县农产品电子商务销售额达27亿元。建成智慧农业大数据平台、“农技耘”APP建湖地方频道、质量安全管理与追溯等信息化管理平台。建湖县获评全国县域数字农业农村发展先进县、省农业电子商务示范县、省数字农业农村基地县、省“互联网+”农产品出村进城工程试点县（大闸蟹）。全县创成省农业电商示范镇3个，省级“一村一品一店”示范村6个，市级“一村一品一店”示范村15个。

【数字产业】 年内，全县数字经济规模300亿元，比上年增长60%。其中，电子信息产业实现开票销售24.3亿元，比上年增长11.7%，晶硅光伏产业实现开票销售161.2亿元，比上年增长90.9%。数字经济核心产业“四上”企业53家，数字经济核心产业增加值占地区生产总值的6.4%，比上年增长40%。按照“精细化、专业化”思维，坚持锻长板、补短板，集中优势资源抢占数字化制高点，全面提升数字产业规模能级。聚焦产业基础高级化、产业链条现代化，开展“产业质效提升年”活动，推动高端装备、新能源和电子信息三大主导产业转型升级，重点培育晶硅光伏、集成电路、光电显示三大数字经济核心产业链，全力突破一批重大项目和产业链关键节点项目。年内多次开展电子信息产业、数字经济等专题招商活动。7月15日，江苏盐城建湖电子信息产业招商

8月19—20日，“建湖有戏，细语姑苏”推介会在苏州虎丘举行。图为工作人员展示建湖土特产品

（郑永梅　摄）

推介会在深圳举行，现场集中签约显示屏模组、石墨烯涂层铝箔集流体等电子信息产业项目，并与深圳市电子行业协会、深圳盐城商会签约了战略合作协议；8月19日，建湖（苏州）产业合作推介会在苏州举办，建湖县就电子信息、文旅、现代农业产业进行专题推介；11月5日，“相约长三角　奋进新征程”2022建湖（长三角）招商推介会在苏州高新区举行，欧达年产12GW光伏电池片项目、斯玛特年产3吉瓦组件项目等8个数字经济项目现场签约，计划总投资98亿元。

【数字政务】　建湖县以“智慧建湖”“数字建湖”为核心，强化基础支撑，聚焦数据赋能，坚持应用牵引，统筹推进全县数字政府、数字社会、数字经济三位一体建设工作。推进“数字政府”建设，在政务、社会治理、交通、教育、医疗、环保等领域实施一批数字化应用项目，全县建成重点信息化项目超80个。其中，办公自动化系统实现党政机关与各单位的公文网上流转；落实“放管服”改革要求，推进“一网通办”；建成全要素网格化社会治理智能应用平台，开展“智慧平安网格”建设，完善数字城管平台，推进数字化社会治理；建成环境空气质量监测联网管理平台、污染源监控中心、“蓝天卫士”视频监控系统、防汛防旱指挥系统等，提升智慧生态治理水平；建设智慧校园、智慧医疗、智慧养老，实施“社保卡一卡通”工程，打造“我的盐城”APP建湖专区，推进数字惠民服务建设。《建湖县数字经济发展三年行动计划（2022—2024）》中政府数字化转型重点项目23个，建成智慧养老服务平台、应急管理数字化提升、互联网医院等5个项目；智慧校园、社保卡“一卡通”应用、交通运输综合智能监管平台、区域健康信息平台等15个项目在建设推进之中。

建筑业

【概况】　2022年，全县完成建筑业产值530亿元，比上年增长14.22%。建筑业经济总量在全市各县（市、区）列第三名，连续3年考核为盐城市建筑业发展第一梯队。兴业建工集团有限公司、江苏建业建设集团有限公司、瑞坤建设集团有限公司、江苏德基长隆建设有限公司、成盛建设集团有限公司入选盐城市建筑施工企业30强。创成省建筑业百强企业1家、省优质工程1项，兴业建工集团有限公司承建的“合肥市裕同印刷包装有限公司厂房、综合楼及配电房垃圾房项目”工程被山东省建筑业协会颁授“华东杯”；市优质工程7项，创建省级安全文明施工标准化星级工地4个，市级安全文明施工标准化工地8个，市五星级企业1家。

11月20日，县住建局工作人员检查在建工程质量

（县住建局　供）

【建筑质量】　县住建局依法依规对全县建设工程质量和工程检测进行监督管理。年内，受理新报监房屋建筑工程111项，受监面积176.35万平方米。监督竣工验收房屋建筑工程91项191个单位工程，竣工验收工程总面积170.98万平方米。培育一批专业优势明显企业，专注细分市场、核心业务，开拓、深耕设备安装、水利水电、公路等专业领域；培育一批管理精细企业，推广全过程精益建造模式，推动效率变革，弘扬工匠精神，建造更多精品工程；培育一批经营特色明显企业，打造“人无我有、人有我特”的技术、产品、服务，提高企业在细分市场、特定区域和特殊领域市场占有率；培育一批创新能力强的企业，强化新创业、新研发、新服务、新场景导向，推进创新创业。至年底，全县有一级总承包资质企业8家、一级专业承包资质企业16家，二级总承包资质企业32家、二级专业承包企业87家。

【行业监管】　年内，全县房屋建筑类在建工程72项，建筑面积213.57万平方米，查验塔式起重机68台、施工升降机34台、吊篮75台，检查深基坑工程6项，高支模工程8项。开展节后复工大检查、夏季高温及汛期安全专项检查、“五一”国际劳动节前安全检查、建筑起重机械专项检查、中秋国庆冬季建筑安全及防火专项检查等各类安全检查15次，发出《建筑工程施工隐患整改通知书》62份，《建筑工程施工（局部）停工整改通知书》4份，发现安全隐患775条，要求相关建设、监理单位督促施工单位限期整改到位并上传整改后的图片，确保安全隐患整改到位。规模以上在建工程建设绿色智慧工地10个，全县建筑施工安全形势总体平稳向好，未发生亡人事故。健全招投标机制，规范招投标活动，实施技术、质量、品牌、价格等多因素综合评估方法，引导建筑企业实现从“拼价格”向“拼质量”转变。建立政府、企业定期会商制度，主动上门服务，倾听企业呼声，了解发展需求，帮助建筑企业与金融部门联系，搭建载体平台，解决企业融资难题。全力优化项目施工许可审批，全面推行多图联审、网上审批和不见面审批，做到受理咨询“一口清”、发放材料“一手清”、审核材料“一次清”，开辟“绿色通道”，以优质高效便捷的服务助力企业健康发展。6月，县建筑工程管理处印发《关于开展2022年全县建筑施工“安全生产月”活动方案》，在宝龙广场开展安全生产月宣传活动，发放《建筑施工安全生产宣传手册》《工伤预防宣传折页》等2000余份，现场回答市民咨询问题60多条，开展现场安全教育培训2000余人次。

【扬尘监管】 年内，县住建局加强组织领导，成立以分管局长为组长的扬尘整治工作领导小组，制定县城建筑施工现场扬尘治理工作方案及检查登记表，明确建设、监理、施工等各方主体责任，强化责任意识，做到组织保障有力。召开专题会议，召集在建项目负责人，学习扬尘整治专项方案、施工现场扬尘治理实施细则、建筑施工雾化降尘车辆设施、雾化系统及冲洗设施使用规定等相关文件，专题部署建筑施工现场扬尘治理工作，明确工作任务与职责，加大巡查力度，发现问题立行立改，确保全县建筑施工扬尘治理工作取得实效。

【市场拓展】 年内，建湖县支持建筑企业融入“双循环”，动员参与长三角一体化、长江经济带、粤港澳大湾区等国家发展战略建设，持续巩固国内建筑市场，跟踪国外特别是“一带一路”沿线国家投资热点，围绕重点区域、重点专业领域和重点工程项目，实施“走出去”战略，全力拓展境外市场。建安总产能90%来自外埠建筑市场。江苏建业集团有限公司在长三角、珠三角、湖南等地区屡创佳绩，其中总承包施工的香港长江实业上海真如副中心，产值70多亿元；杭州恒隆广场一期二标工程15亿元，项目总产值50多亿元。中港集团在广东、福建、辽宁、河南、新疆等地，瑞坤集团在陕西、河北、黑龙江等地，兴业公司在湖北、安徽、贵州等地都站稳脚跟，叫响“建湖建筑”品牌。全力开拓专业市场，突破港口航道、建筑智能、钢结构、机电安装等，专业施工产值占全县建筑总产值30%。产业结构不断优化，中港集团资质等级高、资金实力强，创新“工程金融”模式，超前采取PPP（政府和社会资本合作）运作方式，2015年参与辽宁辽东湾新区建设，总投资109亿元，2022年底全部竣工。

【星级企业】 年内，全县建筑业创市星级企业6家。其中，五星级企业1家，为江苏建业集团有限公司；四星级企业1家，为瑞坤建设集团有限公司；三星级企业2家，分别为江苏德基长隆建设工程有限公司、兴业建工集团有限公司；二星级企业2家，分别为江苏顺达公路有限公司、建湖县春林绿化工程建设有限公司。

房地产业

【概况】 2022年，建湖县围绕住房发展规划总体目标要求，以规范服务程序为先导，以服务项目建设为重点，以强化内部管理为基础，务实进取、开拓创新，各项工作稳步推进。年底，全县库存商品房134.9万平方米，比上年下降3%，其中库存商品住房56.8万平方米（4845套），比上年下降5.9%，去化周期为28.9个月；县城商品住宅库存35.2万平方米，乡镇商品住宅库存21.6万平方米。

【房地产销售】 年内，全县商品房销售较上年相比呈下降趋势。全县商品房合同备案28.9万平方米，比上年下降50.3%。其中商品住房合同备案23.6万平方米（1787套），比上年下降53.1%，大部分为城南销售的楼盘。二手房（住宅）成交32.9万平方米（3080套），比上年下降33%；成交额12.9亿元，比上年下降29%；均价3932元/平方米，比上年上升6%。

【房地产市场】 县住建局坚持“房子是用来住的，不是用来炒的”定位，突出住房的民生属性，建立完善房地产市场平稳健康发展长效机制。加大房地产市场监管力度。加强全县新建商品房预售资金的收存、支出、使用及监督管理，确保用于有关的工程建设；对用于支付工程建设等费用的预售资金实行重点监管，防范化解市场交易风险，规范和维护房地产市场秩序。提高公建配套初步审查标准，加强对开发企业竣工验收的前期指导工作，提升小区配套水平，切实改善新建小区居住环境，实施公建配套设施建设工程跟踪监督管理；加强房地产项目交付管理。根据《建设工程质量管理条例》和市住建局《关于进一步加强房地产开发项目竣工验收和交付使用管理工作的通知》精神，开展对房地产开发项目交付使用前的指导与服务，对拟交付的开发项目提前介入，确保在建设主管部门核发的竣工验收备案文书后交付使用。

表31　　2022年建湖县房地产开发企业

序号	开发企业名称	项目名称	项目所在区域
1	建湖碧桂园房地产开发有限公司	碧桂园	县城
2	盐城新城亿佳房地产开发有限公司	新城悦隽学府	县城
3	江苏日新置业有限公司	御景贵园	县城
4	江苏克胜置业有限公司	九龙华府	县城
5	江苏中辰置业有限公司	帝璟湾	县城
6	建湖永林房地产开发有限公司	金港湾	县城
7	江苏红星登达置业有限公司	天铂华庭	县城
8	盐城金牛置业有限公司	怡景学府苑	县城
9	盐城市万鸿置业有限公司	未来城二期	县城
10	建湖雨润置业有限公司	雨润星雨华府	县城
11	盐城市新景融置业有限公司	水木清华	县城
12	盐城荣昌置业有限公司	阳光丽都	县城
13	江苏开起置业有限公司	天泽府	县城
14	盐城汇杰置业有限公司	汇杰花园	县城
15	江苏登达房地产开发有限公司	登达新天地	县城
16	建湖县盈佳房地产开发有限公司	盈佳港汇城	县城
17	建湖宏普房地产开发有限公司	书香名邸	县城
18	建湖中远房地产开发有限公司	西塘雅苑	县城
19	建湖中亿房地产开发有限公司	恒隆广场	县城
20	江苏富方置业有限公司	东方绿洲	县城
21	江苏日月置业有限公司	水韵绿城	县城
22	江苏云庐房地产开发有限公司	云庐香樟园	县城
23	盐城丰源置业有限公司	东方豪城	县城
24	盐城市万泽置业有限公司	御景新城	县城
25	江苏海聚汽贸城投资发展有限公司	海聚汽贸商城	县城
26	江苏远盛房地产开发有限公司	东城逸品	县城
27	江苏中利世纪置业有限公司	中利城市商业广场	县城
28	盐城捷达置业有限公司	建湖中央华府	县城
29	盐城市万源置业有限公司	泽园未来城	县城
30	建湖万达房地产开发有限公司	万华御园	县城
31	盐城市华丰房产开发有限公司	盛世豪庭	县城
32	建湖县华实房地产开发有限责任公司	锦冠佳苑	乡镇
33	盐城市东华置业有限公司	明阳花园	乡镇

续表31

序号	开发企业名称	项目名称	项目所在区域
34	江苏国创置业有限公司	象王城市花园	乡镇
35	江苏银海置业有限公司	都市名城	乡镇
36	盐城海源房地产开发有限公司	水乡华庭	乡镇
37	江苏群力置业有限公司	冠城华府	乡镇
38	江苏易家乐商业管理有限公司	上冈易家乐	乡镇
39	盐城市馨泉置业有限公司	双鑫家园	乡镇
40	建湖申阳新置业有限公司	香榭尚品	乡镇
41	盐城佳强置业有限公司	阳光家苑	乡镇
42	建湖县鸿鑫置业有限公司	阳光花苑	乡镇

表32　　2022年建湖县在建房地产项目

序号	开发企业名称	项目名称	项目所在区域
1	建湖碧桂园房地产开发有限公司	碧桂园	县城
2	盐城新城亿佳房地产开发有限公司	新城悦隽学府	县城
3	江苏日新置业有限公司	广益来财富广场	县城
4	江苏红星登达置业有限公司	天铂华庭	县城
5	建湖雨润置业有限公司	雨润星雨华府	县城
6	盐城市新景融置业有限公司	水木清华	县城
7	江苏开起置业有限公司	天泽府	县城
8	盐城市万泽置业有限公司	御景新城	县城
9	建湖万达房地产开发有限公司	万华御园	县城

综述

【概况】 2022年，全县实现服务业增加值346.61亿元，比上年增长3.7%；生产性服务业增加值占服务业增加值的45.7%；社会消费品零售总额实现239.68亿元，比上年增长3.6%。批发业、零售业增幅位居全市前列。县商务局印发《建湖县消费券发放活动实施方案》，8月6—30日，组织开展“相约建湖城·消费嘉年华”活动，在“云闪付”APP、“建行生活”APP平台发放各类消费券1000万元，涵盖购物、餐饮、家电、电影、图书、体育等不同场景的消费需求，撬动市场消费5000万元，带动消费市场持续升温。宝龙广场、九龙口淮剧小镇创成第二批“盐城市特色夜市街区”，大润发、红星美凯龙家居广场等一批规模大、品牌响的商业零售网点，成为主要商贸业态。

【服务业集聚区】 年内，建湖开发区里下河物流园区获批市级现代服务业高质量发展集聚示范区，被列为省高质量发展集聚示范区（全市4家）。建湖高新区智慧产业园通过省级电商示范基地综合A级（优秀）评价，获批市级现代服务业集聚区。淮剧小镇二期、荷花漫对外开放，九龙口旅游度假区入选全国非遗与旅游融合发展优选项目名录，淮剧小镇被认定为水韵江苏•网红打卡地。九龙口景区建成国家地理首个“双框”之城，被认定为全国首家“碳中和”景区。

【服务业重点项目】 年内，全县列入市服务业重点项目6个，分别为鑫典钢业仓储物流中心、悦湖之星孵化器（加速器）、登达酒店、九龙旅游度假区综合开发、万达广场商业综合体、名人故居提升项目，建设均超序时。列入市5000万元平台的19个项目，完成投资17.08亿元，其中九龙口景区业态提升、渔樵耕读等6个项目竣工；列入县重大产业和重点工程的21个项目，完成投资13亿元，其中易家乐生活广场二期、欧堡利亚连锁酒店等11个项目竣工。

【服务业规模企业】 年内，全县服务业规模以上企业83家，实现营业收入41.2亿元，比上年增长1.1%，其中地区生产总值核算指标涉及服务业的8个行业24家企业，实现营业收入26.5亿元，比上年增长5.5%。江苏悦阳光伏科技有限公司被认定为全省第二批先进制造业和现代服务业深度融合（简称“两业融合”）试点企业，为全市唯一入选的县域企业，创成盐城首家“两业融合”标杆企业。建湖农商银行纳税突破5000万元，被认定为全市服务业四星级企业。

【市场稳价保供】 年内，根据国家、省和市价格调控目标责任制要求，建湖县明确居民消费价格指数涨幅控制在3%左右。落实防疫期间增发一次性临时价格补贴资金政策，向符合价格补贴联动机制保障对象发放资金1028.66万元。加强市场供给，稳定“菜篮子”和“米袋子”，国庆节、中共二十大期间销售储备肉3.9吨，惠及群众2600人次。开展2021年度收费年统，县本级统计收费8151.05万元，比上年减少486.55万元，降幅5.63%。出台《全面清理乱收费工作专项行动方案》《建湖县完善重要民生商品价格调控机制实施方案》。调整非居民用天然气终端销售价格、优化全县城镇居民燃气阶梯气价政策。对全县污水处理企业污水处理成本进行抽样调查，出台《关于进一步明确我县城乡污水处理费标准的方案》。完成2021年度成本监审（成本调查）统计工作。开展价格监测，强化调研分析。在县城大型超市、农贸市场开展价格监测工作，上报各类价格监测信息19篇、报表36份，反映主副食品、防疫物资、房地产市场价格行情。建立价格监测日报、周报和月报工作制度，明确岗位职责，逐步实现价格监测工作的制度化、规范化和科学化管理，为政府决策和价格调控工作提供市场信息。完成《建湖县幼儿园收费情况专题调研报告》《关于如何做好城市静态下民生保障工作的调研报告》《建湖县生猪市场及价格监测分析报告》《关于城市生活垃圾处理收费情况的调研报告》等多篇调研分析报告。

【市场建设】 宝龙商业综合体由江苏登达置业公司投资建设，上海宝龙商业管理控股有限公司负责运营，建筑面积6万平方米。建湖宝龙广场集时尚购物、餐饮娱乐、文化休闲等多功能于一体，入驻星巴克、肯德基、阿迪达斯、耐克、李宁、安踏、周大福、横店影城、苏果超市、秘密艾儿童电玩、贝拉厨房等国内外知名品牌商近百家。红星美凯龙家居广场位于建湖湖中路，商场集家居智能信息、家居文化传播等于一体，以品牌独立店、综合大店、情景体验店、家装公司、设计师工作室等多业态综合呈现。商场通过智能电器馆、国际进口馆、设计客厅馆、高端定制馆、软装陈设馆、系统门窗馆、精品卫浴馆、睡眠生活馆、潮流家具馆、顶地空间馆十大主题馆打造，助力新热销品牌，顺应消费升级趋势，让消费者进入放心购物、舒心购物的新空间。2022年，建湖县投资1440万元，完成市为民办实事和县“两重一实”项目，颜单、建阳、冈西和灵龙里4个农贸市场改造建设，总营业面积5400万平方米工程竣工。全部通过市、县二级验收。

宝龙广场外景 （县商务局 供）

表33 2022年全县各镇（街道、区）社会消费品零售总额

镇（街区）	总量（亿元）	比上年增长（%）
全县合计	239.68	3.6
近湖街道	96.51	3.7
上冈镇	43.79	3.5
建阳镇	13.46	3.8
颜单镇	6.53	3.7
恒济镇	6.82	3.6
庆丰镇	9.27	3.8
九龙口度假区（镇）	7.21	3.7
高作镇	7.92	3.6
芦沟镇	7.88	3.8
沿河镇	7.21	3.7
冈西镇	6.37	3.6
宝塔镇	5.51	3.7
开发区	14.79	3.5
高新区	6.41	3.6

商贸流通

【概况】 2022年，建湖县推进电商示范县建设，进一步加大电子商务基地建设力度，实现主要农副产品及部分工业品网上销售。加强粮食购销储备与管理，提升粮食流通水平，完善粮食宏观调控，强化粮食产销对接，夯实粮食应急保供；推动粮食储备提质增效，加强仓储物流建设，实施“科技兴粮”战略，严格环节管理；推进粮食产业发展，开展粮食基地化生产，修订完善粮食加工标准化流程，培植粮食生产加工规模化发展。组织供销系统公益助农直播活动，开展农资保供和农产品冷链项目建设，改造基层供销社，提升基层社为农服务水平。加强盐业、烟草、石油、医药等专项经营管理，推促合法经营，健康发展。

【电子商务】 2022年，县商务局推进电商示范县项目建设，结合建湖县电商发展实际，聚焦短板，因地制宜，经多轮讨论研究修改完善，形成建湖县电子商务进农村综合示范项目实施方案，以提升农村电商应用水平为重点，线上线下融合为抓手，聚力建设电商公共服务中心、三级快递物流配送体系、农产品上行和工业品下乡服务体系、电商人才培训体系，并采取加强组织领导、建立联动机制、强化过程监管、做好信息公开、强化督查推进等措施，保证项目实施成效。加大电商培植力度，引导电商企业销售县内优质农产品。年内，实现网络零售27亿元，比上年增长8%。提升电子商务基地建设水平，增强综合服务能力，智慧产业园获得2022年省级电商示范基地综合评价A级。

【粮食收储】 年内，全县收购粮食45.09万吨，其中优质优价收购18.4万吨。设立授权特许销售中高端“建湖大米”窗口，签订即购即销、代收代储等协议6万吨。新增成品粮储备规模500吨，军粮供应质量合格率和部队满意率100%。新建洪桥粮库2.03万吨高大平房仓并投入秋粮收购，实施蒋营粮库改扩建、宝塔粮库拆旧建新、洪桥二期拆旧建新等项目，新建10.13万吨高大平房仓项目申报全市粮食仓储建设示范项目。引进“互联网+”技术，应用环流熏蒸、粮情测控、谷物冷却等新的储粮技术，推进粮情远程监测、智能通风、智能消防等系统建设。成立建湖县储备粮管理有限公司，将地方储备粮归集至2个优质库点。全年检查粮食安全60次以上、企业100多家次。健全粮食质量安全监管制度，严格仓储出入库检验程序，严禁不符合食品安全标准的粮食流入口粮市场。建成“建湖大米”绿色稻米主导品种生产基地，甄选“南粳9108”“南粳5718”“淮稻五号”等优良品种推广，良种覆盖率85%以上，种苗繁育实行工厂化生产。发展“互联网+”优质稻米品牌经营，创新“线上+线下”农产品零售新模式，建湖大米电商网络年销售超1亿元。实现“节粮、减损、增效”，带动农民增收近500万元。江苏大地禾公司新上年产10万吨粮食加工项目，形成集生产中心、仓储中心、烘干中心、物流中心于一体的现代化粮食基地。

【供销合作】 年内，县供销总社参加市供销系统第二届“供聚农心　销连万家”名特优农产品公益助农直播活动，推广恒济大鱼圆、何老大酱醋、军曼麻鸭、福禧藕粉圆等建湖名优农产品。建成军曼供销农场合作有限公司冷链仓储库1座500立方米，投入使用。购置200平方米沿街门面，创建沿河供销社为农综合服务中心。沿河镇兴旺村新型社区建成“供销e站”。新建钟庄街道江苏顺达农业科技有限公司、九龙口镇顺民秸秆专业合作社、建湖县国展秸秆回收专业合作社等收储大棚3座。开展农药零差率统一配供和农药废弃包装物统一回收工作，全年完成小麦水稻15.3万亩农药零差率配供面积，全县14个镇区配供产生的农药废弃包装物统一回收。建湖正清农机专业合作社、江苏田园驰飞农业服务有限公司完成27万亩农业社会化服务任务。江苏军曼农业科技有限公司“购森活”平台获评江苏省首批“产销对接　公益助农”十佳平台。

【盐业专营】 年内，建湖盐业公司销售各类盐产品2861吨，比上年下降7.02%。其中，小包装食盐销售870吨，比上年下降24.94%；大包装食盐销售1226吨，比上年增长23.7%；工业盐销售765吨，比上年下降17.5%。完成营业收入560万元，实现主营利润14.95万元。盐业公司重抓访销分离落地、外勤智能使用质量、“BC”标准店提档升级、特通渠道收复、品牌宣传“一店一策”等经营方式，客户拜访覆盖率98%。建立健全食盐政府储备社会储备机制，明确储备单位主体责任，常态化储备大、小包装食盐400吨。通过国家盐行业信用评审工作。联合市场监管部门净化食盐市场。巩固发挥“KA”商超准盐风向标作用，持续推进“BC”商超样板店建设。

【烟草专卖】 江苏省建湖县烟草专卖局、盐城市烟草公司建湖分公司（以下简称“建湖烟草”）组建于1983年，设办公室（安全管理科）、专卖管理科（专卖稽查大队、电子烟管理办）、法规科（监察科、内部专卖管理监督派驻组）、客户服务科4个科室，下辖城区、上冈、沿河3个基层客户服务站。依据《中华人民共和国烟草专卖法》《中华人民共和国烟草专卖法实施条例》，行使卷烟批发经营和市场管理职能。2022年底，公司在册员工80人，实现利税3.29亿元，比上年增长9.69%。全县持证经营4352户，电子烟持证6户；上线“金丝利零售”加盟终端11户、合作终端1户、新现代终端117户。开展“百日会战”“攻坚100”专项行动，查处假私烟案件38起5.4万支，案值9.84万元；查获真烟案件150起415.35万支，案值445.69万元，其中标值5万元以上案件36起（50万元以上2起，20万元以上1起）。创建“红色温馨·金丝利”党建品牌，推动党建与业务深度融合，在全市烟草系统卷烟营销网络建设推进会上作经验介绍。

【石油经营】 年内，建湖石油公司轻油销售48772吨，直分销完成销售5127吨。非油品业务销售额1169万元。新建3座加油站投入运营。制定其他加油站点迁建规划，探索与政府联营合作。配合县政府相关部门摸排打击多起黑油窝点。强化安全管理，推进HSE管理体系。组织员工研讨剖析系统内外事故案例，增强风险识别和应对突发事件本领，提升自我防范保安能力和公共安全管理水平，整改“低老坏”（低标准、老毛病、坏习惯）、“三违”（生产作业中违章指挥、违规作业、违反劳动纪律）等问题。开展“安全生产月”、“119”消防日活动，与消防救援大队联合举行消防灭火演练，提升全员消防业务技能和应急处置突发事件能力，保障企业经营平稳健康发展。

【医药经营】 建湖县康博医疗科技发展有限公司是县城投公司下属子公司，成立于2015年10月，注册资金1亿元，主要经营医疗器械研发，一类、二类、三类医疗器械销售等。2022年，康博公司为县人民医院、双湖中医院、县第二人民医院进行耗材配送及设备招标采购服务，实现销售额9800万元，利润1200万元，完成全县防疫物资的采购、储存、管理、配送工作。建湖县康泰医药物流有限公司，成立于2020年7月，注册资金3亿元，主要负责药品批发，保健食品销售，普通货物销售，仓储服务，中成药、中药饮片、化学药、生物制剂销售。除麻精、蛋肽药品不经营外，供货品种涵盖县人民医院所有临床用药。为县人民医院、县第二人民医院、高新区社区卫生服务中心、恒济镇卫生院、建阳镇卫生院、庆丰中心卫生院、沿河镇卫生院、宝塔卫生院、冈东卫生院配送药品，全年实现销售额1807万元、利润85万元。位于县人民医院内的康馨药房，年内实现销售额838万元、利润约150万元。经营品种有160余种，其中医保刷卡药品90余种，双通道药品有7种。药房经营利润主要来源于人血白蛋白、静脉免疫球蛋白两个生物制品的销售。

金融保险

【概况】 2022年底，全县有银行16家，保险公司33家，农村小贷公司5家。全县金融机构各项存款余额、贷款余额，分别比上年增长11.1%、21.88%。各金融保险机构围绕县委、县政府中心工作，坚持稳中求进工作总基调，贯彻落实稳健货币政策，突出金融风险防范化解，提升金融服务水平，夯实内部管理，强化信贷政策引导，聚力纾困市场主体，促进辖区经济平稳健康发展。大力拓展市场，继续深化改革，加强内部管理，经营效益持续增长，市场份额稳步提升，全量客户稳中向好，乡镇拓展成效明显，为地方经济社会发展作出应有贡献。

【中国人民银行建湖县支行】 2022年底，全县金融机构各项存款余额786.47亿元，比年初增加78.56亿元，增长11.1%；各项贷款余额603.33亿元，比年初净增108.3亿元，增长21.88%；小微企业贷款余额125亿元，比年初增长32%；新发放小微企业贷款平均利率4.64%；制造业贷款余额83.73亿元，比年初增长27.98%；为企业提供政策性担保资金18亿元，帮助56家企业过桥财政应急资金23.8亿元。存贷比70%，比年初上升3.85个百分点；全年向建湖农商行发放再贷款10.4亿元，推动其投放涉农贷款135.37亿元、小微和民营企业贷款99.09亿元；用好普惠小微贷款支持工具，向建湖农商银行发放奖励909.63万元，通过窗口指导全县普惠金融贷款净增25.2亿元。12月，中小微企业贷款平均利率4.64%，比年初下降0.23个百分点。办理增值税留抵退税853笔，金额5.5亿元。辖区7家企业参与贸易收支便利化试点。通过“断卡行动群”发布200余条异常柜面开卡风险提示。推进毒品洗钱罪在建湖辖区首次落地宣判。办理企业信用报告查询1588人次，个人信用报告查询18672人次。开设小微企业账户3729户，个体工商户开户1406户。建成农村普惠金融服务站点175个，普惠点参标建设覆盖率100%。组织商业银行开展“云闪付周周庆”活动，联合公交公司开展移动公交“半价”乘车福利活动、“云闪付1元体验区”活动等，完成“云闪付”拓新任务16036户，推动何老大酱油系列、军曼蛋系列、恒济鱼圆上架“云闪付”京品商城下的“盐支有爱”购物车，建湖特色农副产品销售20余万元。增设“便民现金服务点”2个。收缴假币719张6.65万元，为城乡居民兑换残损币788张3.63万元。加强财政单一账户管理，授权支付29.77亿元、直接支付98.73亿元，办理各级预算收入148.82亿元，办理财政一般预算支出185.52亿元，办理预算收入退库12.69亿元。全县8家外汇指定银行办理涉外收付款8439笔7.52亿美元。开办农村金融消费者教育流动课堂，处理金融消费投诉16人次，金融消费者投诉处理满意率100%。

表34　　2022年末全县金融机构存贷款情况

项目/单位	各项存款				各项贷款			
	年底余额（亿元）	比年初增加（%）	住户存款		年底余额（亿元）	比年初增加（%）	中长期贷款	
			年底数（亿元）	比年初增加（%）			年底数（亿元）	比年初增加（%）
工行建湖支行	61.00	9.31	46.36	8.57	31.56	5.71	21.77	4.24
农行建湖支行	127.28	15.27	104.59	14.22	63.82	21.78	33.34	11.16
中行建湖支行	65.56	1.87	42.10	6.43	55.61	8.73	40.33	9.35
建行建湖支行	52.03	6.00	36.71	5.45	37.26	7.42	24.38	4.07
农发行建湖县支行	2.81	0.36	—	—	16.42	3.57	12.00	2.96
江苏银行建湖支行	47.25	7.32	18.14	4.32	57.16	10.20	39.19	19.76
建湖农商银行	238.60	20.78	209.25	23.48	189.60	18.96	51.26	4.26
昆山农商行建湖支行	10.56	−0.04	4.93	1.10	18.09	1.62	5.70	−0.60
邮储银行建湖县支行	70.90	6.49	69.03	8.89	21.99	2.42	8.05	−0.21
建湖中成村镇银行	1.72	0.31	0.92	0.35	2.79	0.64	1.99	0.65
华夏银行建湖支行	23.81	1.87	6.87	1.42	24.47	2.13	11.51	1.05
民生银行建湖支行	13.54	1.95	5.17	1.01	13.13	4.80	10.46	4.93
交通银行建湖支行	7.32	2.40	5.46	1.66	12.41	4.71	10.00	5.03
南京银行建湖支行	40.53	7.68	8.77	3.15	28.69	11.25	13.79	8.01
中信银行建湖支行	21.25	−0.74	3.47	1.58	30.33	4.36	21.95	1.92
合计	786.47	78.56	561.77	81.64	603.33	108.30	305.69	76.58

【中国工商银行建湖支行】　2022年底，各项存款余额61亿元，比年初新增加9.31亿元，其中储蓄存款余额46.36亿元，比年初净增8.57亿元；对公存款余额14.02亿元，比年初净增0.4亿元；各项贷款余额31.56亿元，比年初新增5.71亿元。实现拨备前利润1.55亿元，人均创利159.8万元。营销国土保证金2亿元。全市唯一乡镇网点上冈支行连续7个季度增量列同业第一名。在恒济、高作投放的“恒源渔业、万玉农业”农业产业化项目，日均存款余额8400万元，新开上冈、高作2个乡镇财政专户、开立票据池6个，发放两镇企业普惠贷款5500万元，办理镇政府人员信用卡和公务卡23张，开立流转土地农民银行卡236张，签发电子医保凭证242张。在上冈、恒济、芦沟等乡镇销售贵金属定制产品3单2700克、120万元。至年底，新开农村经济合作组织账户28户。

【中国农业银行建湖支行】　2022年底，各项存款余额127.28亿元，比年初增加15.27亿元。其中，储蓄存款余额104.59亿元，比年初净增14.22亿元；对公存款余额22.69亿元，比年初净增1.05亿元。各项贷款余额63.82亿元，比年初增加21.78亿元。其中，项目贷款22.33亿元，比年初增加12.51亿元；流动资金贷款13.59亿元，比年初增加2.35亿元；制造业贷款比年初增加9.77亿元，票据贴现流量5.99亿元。上报并获批城市能级提升、乡村振兴、园区能级提升、区域重大基础设施建设等项目11个34.75亿元，投放21.2亿元。全年实现营业收入2.99亿元，中间业务收入5600万元，拨备后利润2.06亿元。新开本外币对公账户940户，新增企业掌网银活跃客户877户，新增现金管理及银客链接系统客户3户。智慧校园场景建设成果不断扩大，以“账单式”缴费合作学校26所，以“非税”形式缴费合作学校31所，“家校通”系统共建学校25所。2022年被中国农业银行江苏省分行评为先进集体，授予“人均创利进步支行”称号，综合绩效考核全市排名第二，获得县综合绩效考核一等奖。

【中国银行建湖支行】　2022年底，各项存款余额

65.56亿元，比年初新增加1.87亿元，其中储蓄存款余额42.1亿元，比年初净增6.43亿元，市场份额四大行占比21.44%，排名第二。各项贷款余额55.61亿元，比年初新增8.73亿元，市场份额四大行占比29.56%，排名第二。实现营业净收入2.22亿元，新增0.36亿元，比上年增长19.35%。实现拨备前利润1.92亿元，净利润1.35亿元。不良贷款余额1704.1万元，比年初减少276.74万元，不良率0.31%。绿色信贷新增2.38亿元，比上年增长610.26%。战略性新兴产业贷款新增0.49亿元，比上年增长168.97%。科技型企业贷款新增0.87亿元，比上年增长24.72%。民营企业贷款下降0.76亿元；制造业贷款新增0.53亿元，比上年增长7.44%。普惠贷款余额10.34亿元，比年初新增1.07亿元，市场份额占比31.58%。涉农贷款余额32.07亿元，新增6.06亿元，全年计划完成率270.92%。

【中国建设银行建湖支行】 2022年底，各项存款余额52.03亿元，比年初净增6亿元，其中储蓄存款36.71亿元，比年初净增5.45亿元；对公存款15.32亿元，比年初净增0.55亿元。各类贷款余额37.26亿元，比年初净增7.42亿元，其中个人贷款7.16亿，比年初减少0.33亿元；对公贷款30.1亿元，比年初净增7.75亿元。实现账面收入1.43亿元，比上年增加1100万元，增长8.3%。实现净利润1.13亿元，比上年新增900万元。不良贷款余额0.21亿元，不良率0.55%，比年初压降0.61亿元，不良率较年初下降2.19%，不良资产处置0.75亿元。外汇日均存款150万美元，外币贷款200万美元；国际收支客户数42户，较年初新增4户，同业第三名。获批大中型项目贷款19.08亿元，其中，农房改善贷款7.28亿元，园区提档升级贷款3.8亿元，城镇建设贷款2.6亿元，城市更新贷款5.4亿元。已支用10.13亿元，批复待提款项目8.95亿元。农房改善贷款新增4.19亿元。普惠金融余额5.87亿元，新增0.4亿元，普惠贷款执行平均利率3.7%，较上年度下降35个BPS（基点），为58户小微企业办理无还本续贷。

7月25日，新华社南京分社王燕（右）等人和建行相关人员走访建湖农村进行调研

（中国建设银行建湖支行 供）

【中国农业发展银行建湖县支行】 2022年底，各项存款2.81亿元，比年初增加0.36亿元。各项贷款余额16.42亿元，比年初增加3.57亿元，其中绿色信贷余额9.21亿元，占56.14%。筹集共同担保基金2100万元，按出资额近18倍支持市场化收购。粮食购销储贷款5.95亿元，支持企业收购入库粮食19.4万吨，其中小麦收购占社会商品量60%以上。获批全省首笔全域土地综合整治项目贷款4.4亿元，投放3.5亿元，项目建成后新增耕地3035亩。支持农房改善项目3个，投放3.76亿元。向3户农业小微企业投放贷款3000万元。

【建湖农商银行】 2022年末，各项存款余额238.6亿元，比年初增加20.78亿元，其中储蓄存款209.25亿元，比年初增加23.48亿元。各项贷款余额189.6亿元，比年初增加18.96亿元。电子银行客户数120.33万户，产品覆盖率305.28%；普惠金融服务点行政村覆盖率100%。实现各项收入12.1亿元、拨备前利润4.19亿元、金融增加值6.24亿元。在建湖纳税1.15亿元，获市“四星级企业”称号。新开对公账户1411户，其中基本户974户；1年期及以下低成本存款余额139.1亿元，比年初净增13.94亿元。实体贷款3.45万户137.04亿元，比年初净增4831户、17.23亿元。新增微信银行、互金平台注册客户5.3万户、2.1万户，贷记卡活跃率、价值收单商户占93%、45.51%，比年初上升23%、19.06%。处置不良贷款3.55亿元；实体贷款户均余额39.72万元，1000万元以上大额贷款占29.02%。社保卡市场占有率、激活率71.36%、80.73%。完成阳光信贷整村授信12.3万户、66.2亿元；发放普惠类贷款30601户、45.53亿元；线上贷款客户数超2.1万户，线上贷款占90%。开发统计报表19张、优化16张，形成可视化视图15张，完成12.13万户客户数据维护，清理存折13.21万户。购置1辆流动银行车，建设9家“来丝e站”、168个普惠服务点，柜面替代率、STM（超级柜员机）转化率98.02%、83.5%。流动银行车为123个村居、45家企业、99所学校，现场办理9500人次2.25万笔业务。与14个镇（街道）签订共建协议，与229个村居结对共建，选派28名中层管理人员到县各部委办局、乡镇党政机关挂职。与21个县部委办局、2家国有银行建立服务联盟关系。成立12个专班小组，推行送贷上门服务。发放企业贷款829户64.85亿元，比年初净增171户9.04亿元。围绕“30类人”重点客群，用好1652名网格员，统筹推进家庭金融产品。发放个人贷款3.37万户72.18亿元，比年初净增4329户8.2亿元。增设三农事业部，将1家支行升格为一级支行，将4家支行调整为三级支行，新设1家重点支行，整合8个业务中心，建立普惠城乡、覆盖全县的金融服务体系。推出“富农”“来丝”“振兴”“强企”四大系列43个信贷产品，上线“智慧旅游”“智慧食堂”等13个场景项目。开展“金融服务乡村振兴”试点，捐资捐物超300万元。承办第57场“大美江苏行”活动，超25万人次观看直播。

8月27日，县委组织部、建湖农商银行召开“党建+金融”工作推进会议　　（张亚东　摄）

【江苏银行建湖支行】　2022年底，各项存款余额47.25亿元，比年初新增7.32亿元，其中储蓄存款余额18.14亿元，比年初新增4.32亿元；各项贷款余额57.16亿元，比年初新增10.2亿元。各类项目贷款新增投放22.69亿元，普惠贷款余额5.86亿元，比年初新增1.55亿元；涉农贷款37.28亿元；普惠涉农贷款4.56亿元，比年初新增1.27亿元；普惠绿色信贷3956万元。线上线下营销新客户100余户，授信金额近2亿元。现金收回个人经营贷款1180万元。

【昆山农商银行建湖支行】　2022年底，各项存款余额10.56亿元，比年初减少0.04亿元，其中储蓄存款余额4.93亿元，比年初新增1.1亿元；各项贷款余额18.09亿元，比年初新增1.62亿元。增户拓面32户，其中新增信贷户26户。存贷比171.31%，不良贷款率1.05%，比年初下降6.27个百分点。

【邮储银行建湖县支行】　2022年底，各项存款余额70.9亿元，比年初增加6.49亿元，其中住户存款69.03亿元，比年初增加8.89亿元；各项贷款余额21.99亿元，比年初增加2.42亿元。基础金融个人储蓄余额12.76亿元（只统计邮储银行在县内3个网点数据），其中活期2.58亿元，占比为20%。储蓄年日均净增4797万元。公司存款余额1.88亿元，年日均净增-1.95亿元；票据贴现2.44亿元；小企业贷款余额3.78亿元。零售贷款结余18.04亿元。其中，经营贷款结余7.61亿元，较年初净增8241万元；非房消费贷款结余3.78亿元，较年初净增1.23亿元；房贷结余6.65亿元，较年初减少6715万元。贷款不良率为0.31%，较年初下降0.11个百分点。

【建湖中成村镇银行】　2022年底，各项存款余额1.72亿元，比年初增加0.31亿元，其中住户存款0.92亿元，比年初增加0.35亿元。各项贷款余额2.79亿元，比年初增加0.64亿元。其中涉农、小微贷款余额2.28亿元，占81.67%。年末客户数5804户。8月，建湖中成村镇银行新网点投入使用，设立定点特色村镇，派遣客户经理进村，解决农户和小微企业资金需求。

【华夏银行建湖支行】　2022年底，各项存款日均25.31亿元，新增2.12亿元，其中对公存款日均19.99亿元，新增1.05亿元；个人存款日均5.32亿元，新增1.07亿元。各项存款余额23.81亿元，比年初增加1.87亿元，其中对公存款16.94亿元，比年初减少0.1亿元；个人存款6.87亿元，比年初增加1.42亿元。各项贷款余额24.47亿元，比年初增加2.13亿元，其中普惠金融贷款余额3.88亿元，占15.85%；个人贷款余额6872万元，占2.81%。个人金融资产总量10.83亿元，其中个人存款6.2亿元，理财3.84亿元，代销0.79亿元。国际结算量和结售汇业务量分别为2.56亿美元、6832万美元，在华夏银行盐城分行占比均超50%；投行业务规模5亿元，完成率161%。

【民生银行建湖支行】　2022年底，各项存款余额13.54亿元，较年初新增1.95亿元，其中住户存款5.17亿元，比年初增加1.01亿元；各项贷款余额13.13亿元，较年初新增4.8亿元，其中中长期贷款10.46亿元，较年初增加4.93亿元。双湖实业2.28亿元公募项目贷款获批并实现投放1亿元，开发区0.9亿元高标准农田项目贷款获批，高新区2.08亿元分布式光伏项目贷款获批，森达沿海热电获批0.3亿元综合授信并实现投放0.15亿元。

【交通银行建湖支行】 2022年底，各项存款余额7.32亿元，比年初增加2.4亿元，其中住户存款5.46亿元，比年初增加1.66亿元；各项贷款余额12.41亿元，比年初增加4.71亿元。普惠“两增”口径贷款1.65亿元；普惠金融“两增”口径客户145户，首贷户2户。个人消费贷时点余额2.11亿元，较年初增长0.45亿元，年均余额2.21亿元，较年初增加0.29亿元；零售条线线上抵押贷覆盖率100%。云闪付推广302户。

【南京银行建湖支行】 2022年底，存款余额40.53亿元，比年初增加7.68亿元，其中储蓄存款余额8.77亿元，比年初增加3.15亿元。各项贷款余额28.69亿元，比年初新增11.25亿元，其中中长期贷款13.79亿元，比年初净增8.01亿元。新增法人实体客户14户，绿色金融完成1.8亿元，普惠金融较年初新增1.21亿元；制造业贷款新增8392万元，科技贷款新增5328万元。个人授信启用户数新增922户，信用卡新增1406张，新客户手机银行签约率100%，手机银行新签约活跃率100%。

【中信银行建湖支行】 2022年底，各项存款余额21.25亿元，比年初减少0.74亿元，其中住户存款3.47亿元，比年初增加1.58亿元。各项贷款余额30.33亿元，比年初增加4.36亿元。其中实体信贷投放余额4.48亿元，比年初新增0.67亿元。运用线上化产品为15家小微企业开展普惠金融“零”接触服务。办理“商票E贷”8笔2833万元，办理“银税E贷”1笔35万元，办理“科创E贷”3笔1100万元，办理线下放款30余笔9198万元。

【中国人寿保险建湖支公司】 2022年，实现首年标保194万元，完成率60%；首年期交达成6314万元，完成率76.8%，较上年提升1位；10年期达成3580万元，完成率82.1%，较上年提升2位；大短险2830.3万元，完成率93.2%，较上年提升2位；市场份额46.47%。一年期赔款支出1655.26万元；死伤医疗给付1938.73万元；满期给付3915.89万元；年金给付1209.73万元。承保建湖县民生三项保险，实现14个镇（街道、区）全覆盖，保费148万元，承保超过70万人次，提供2.1万亿元的保障金额；与县妇联联合开展“关爱妇女万家行活动”，举行健康讲座15场，新增参保1600人次；组织关爱困境妇儿活动，为妇女办理爱心健康保单，向困境儿童发放文具和慰问物品。

【中国人寿财产保险建湖支公司】 2022年，实现保费收入3213.31万元，承担社会风险总额220亿元。树立依法合规经营意识，采取多种方式开展教育培训活动，帮助员工转变经营理念，增强市场经济条件下合规经营意识。检查指导柜面、理赔一线人员贯彻落实公司统一制定的员工守则，用温暖人心的优质服务赢得客户的信任和支持。

【中国人民财产保险建湖支公司】 2022年，实现保费收入1.56亿元，承担社会风险总额2000多亿元，全县100多家企业，2万多户家庭和1万多名车主获得保险补偿，足额的保险赔付，为企业灾后重建和社会稳定发挥了作用。发挥行业优势，建立“三个机制”，即借助服务热线“95518”功能，确保24小时有人值班，形成灾害事故快速反应机制；自下而上建立和启动特大自然灾害及意外事故的紧急预案运作机制；建立和实施灾害事故快速支付赔款的绿色通道机制，为社会各界提供有力的保险保障。

【中国太平洋人寿保险建湖支公司】 2022年底，实现保费总收入1.4亿元，比上年增长3.5%。坚持合规经营取信投保客户，市场份额在开拓中扩增，保险业务在发展中做大。保险产品从创办初期的26个增加到258个，其中团体保户65万户，个体保户5.6万户。“3·15”国际消费者权益日、“7·8”国际保险节等节点开展用户宣传互动，维护权益。连续承保医保大病医疗项目，团体业务以燃气险、驾意险为主。

【中国太平洋财产保险建湖支公司】 2022年，实现保费收入2300万元，承担社会风险总额256亿元，多次参与政府惠民工程招标，树立依法依规经营意识，着力提高风险防范能力，各项工作实现新突破。业务范围有财产损失保险、责任保险、信用保险和保证保险，短期健康保险业务和意外伤害保险业务，上述业务的再保险业务，经中国银行保险监督管理委员会批准的其他业务。

【建湖县银宝农村小额贷款有限公司】 2016年，经省政府金融工作办公室批准设立，位于建湖县上冈镇隆世达广场。法定代表人唐明；注册资金5010万元，其中盐城隆世达置业有限公司2000万元，持股39.92%；自然人唐燕1500万元，持股29.94%；自然人陈凤萍1510万元，持股30.14%。2022年末，注册资金3000万元，其中盐城隆世达置业有限公司2000万元，持股66.66%；自然人唐燕500万元，持股16.67%；自然人陈凤萍500万元，持股16.67%。各项存量贷款75笔5010.41万元，贷款余额比上年减少263.18万元。年内，各项贷款投放71笔5710万元，比上年减少21笔732万元；各项贷款收回82笔5904万元，存量比上年减少21笔450万元。各项营业收入584.67万元，比上年增加79.33万元；实现利润131.54万元，比上年增加12.07万元。上缴国家税收72.97万元。2022年被市金融监督管理局评为“优秀小贷公司”。

【建湖县东昇农村小额贷款有限公司】　2014年1月6日，经省政府金融工作办公室批准，由江苏龙成纺织有限公司、盐城市新叶园林有限公司、盐城铁狮湾旅游开发有限公司共同出资成立。注册资金1亿元，法定代表人裔兆成，总公司位于建湖县上冈镇港口大道88号。2019年11月28日，经批准成立盐城分公司，位于盐城市世纪大道与西环路交叉路口中国银行二楼。2022年末，累计发放贷款2.52亿元，回收贷款2.74亿元，贷款余额1.37亿元，共319笔。其中小额贷款占86.14%，均为涉农贷款，3个月以上经营性贷款占88.44%，贷款年化利率控制在15%以下，实现税收1282.81万元。3月，东昇小贷公司向地方政府捐款10万元用于疫情防控。9月，公司被推选为盐城市小贷行业协会会长单位，获盐城市小额贷款协会颁发的政府、客户、股东三满意奖等。11月1日，东昇小贷公司作为原始权益人，参与的“首创-江苏金农小贷债权第一期资产支持专项计划”在上海证券交易所发行。

通信服务

【概况】　2022年，建湖电信公司实现千兆网全覆盖，突出加强5G站点建设，参与数字政府建设，推动企业数字化转型，助力数字乡村建设。建湖移动公司加速发展5G网络，实施数字乡村振兴计划，做好网上招商等重要活动网络保障工作，推进政府信息化工程建设。建湖联通公司积极融入智慧建湖、美丽乡村建设，践行社会责任，推进网络精品化建设。江苏有线建湖分公司加快全县有线电视线路改造步伐，推进光进铜退工程，全面做好视频会议系统、公安监控系统、应急广播保障工作，实现视频会议系统县镇村全覆盖。

【建湖电信】　2022年，经营收入2亿余元，天翼用户17万余户，宽带用户12万余户，ITV（电信宽带电视）用户13万余户。投入200万元，新增出口带宽120G，数据业务出口带宽800G。日常出口流量约占出口带宽30%，全部实现OLT双10G上行，均为物理双路由，实现千兆网络全覆盖，千兆用户占25%。投入110万元完成兴湖花苑、徐河新村等6个小区升级改造。牵头与联通公司共建共享5G网络，至年底总投资3600万元，完成243座5G站点建设，覆盖县城及各镇区。其中3500M基站136座，2100M基站107座。承建电子政务外网，实现县—镇—村三级电子政务外网全覆盖。助力县政府“互联网+政务服务”，完成“12345”、数字城管、智慧停车、全要素网格化、智慧小区、数字乡村、智慧安监、数据共享交换平台、智慧审计等多个平台建设。与县公安局合作成立大数据及实战应用联合实验室。“5G+工业光网”双千兆网络覆盖全县工业企业，推动工业互联网落地。参与县工信局“智改数转”诊断服务二标段，为66家企业提供“智改数转”诊断服务。为全县17家中小企业提供星级上云服务，通过五星上云1家、四星上云1家、三星上云8家。两化融合贯标1家。依托中国电信科研力量，以5G企业专网+应用嵌入+场景化解决方案推进工业互联网项目，服务全县标杆性智能工厂建设，为大型企业提供5G智能工厂解决方案。投资672万元建设农村宽带网络、5G网络设施。全县农村实现光纤全覆盖，有线宽带速率最高达千兆。打造6个镇电视台项目，助力政府数字乡村建设，打通基层政府与农民信息互联“最后一公里”。

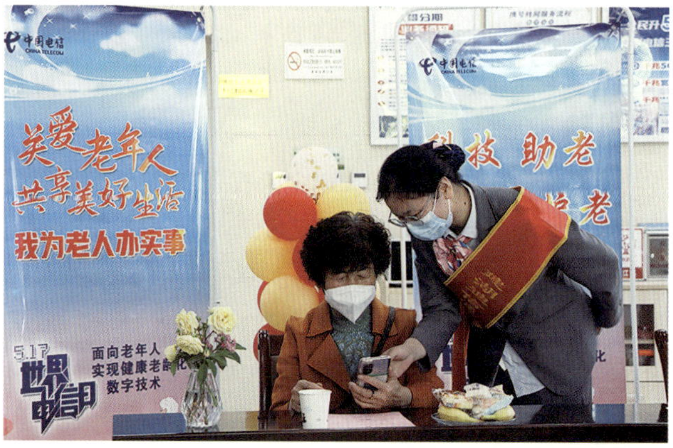

5月17日，建湖电信公司志愿者辅导老人使用手机APP
（建湖电信　供）

【建湖移动】　2022年，实现营业收入3.65亿元，手机用户40.9万户，5G用户14.6万户，家庭宽带用户13.79万户，互联网电视用户12.8万户，集团用户14.18万户，物联网用户509.45万户。新建基站220座，配合地下通信管网迁改及重建工作。完成通信基础设施建设投资4200万元。至年底，全县通信杆路2376千米，管道963千米，家庭宽带覆盖用户40.9万户。完成九龙口风景区、上冈新城建设、高中考等通信保障。利用5G、大数据、云计算等多种技术，配合县政府推进互联网政务建设，提供专业的信息化解决方案，提高政务服务感知度。配合县公安局加强社会治安防控体系建设，升级改造县城视频监控老旧点位，为群众提供规范、文明、高效、便捷的公安政务服务。配合县妇幼保健院建立覆盖科室的医院信息系统。配合县工信局完成54家传统产业企业工业诊断，配合建湖开发区完成3家光电显示、集成电路企业工业诊断，配合建湖高新区完成3家企业车间工业诊断。聚焦家庭宽带品质，持续提升乡村网络质量水平，确保用户网络使用感知，完成数字乡村37家。开展家客专项网络义诊工作，有线宽带实现100%光纤接入，1000M以上宽带客户数4.06万户，智慧家庭融合率37.5%。

1月9日，建湖移动参加盐城市暨建湖县2022年“三下乡”集中服务活动　　（朱志刚　摄）

【建湖联通】　2022年，实现主营收入5000万元。联合建湖电信推进5G/4G网络部署，至年底完成243个5G站点建设，其中3500M基站136个，2100M基站107个。年内规划建设900M低频站址36个，5G覆盖县城及镇区。新增千兆宽带接入小区68个3.76万户；改造老旧小区网络53个1.37万户。为80余家企业进行“智改数转”政策宣贯及信息化诊断服务，为23家规模以上企业提供智慧上云服务。规划2022—2024年度在全县范围内选取100个行政村建设500M—1000M速率的光纤宽带网络，助力数字基础设施提档升级。组建村居通信合作社，服务村民、村企，助力农业、乡村公共服务及社会治理等数字化智能化转型。

【建湖邮政】　2022年，实现营业收入1.19亿元，比上年增长13.81%。手机银行客户新增1.05万户，比上年新增192户。快捷绑卡新增1.49万户，比上年新增570户。绿卡发卡1.64万张，偏股基金定投新增815户，信用卡客户新增900户。“9·19”打造万单单品建湖九五面业仙姑挂面，活动期间销售超万单，实现销售额22万多元。开展“感恩邮你”主题客户节活动，推广微信邮付等新业务，寻找电子银行、资管业务、直销银行、绿卡通等项目，推动金融业务发展。对接金融通信、房地产、商超、家装等行业，实现农发行、社保账单等新媒体开发。做好个性化邮票的开发和企业形象年册的专题营销活动。围绕两个平台建设，量质并举建设加盟店，开展各类商品订购会。结合“销售+寄递+金融”新模式，打造万单特色农产品，建湖仙姑挂面被列为省重点扶贫产品，上架邮乐平台和“强国商城”。开展警邮合作、税邮合作，为客户带来快捷方便的服务。

1月9日，建湖邮政公司参加盐城市文化科技卫生“三下乡”集中服务活动　　（吴圣萍　摄）

【江苏有线建湖分公司】　2022年，发挥党建引领作用，整合基层党支部，调整支部班子，开展“党旗飘在一线、堡垒筑在一线、党员冲在一线”行动。完成中共二十大、中国共产主义青年团成立100周年、北京冬季奥运会、北京冬季残疾人奥运会、香港回归祖国25周年、国庆、县两会等重要会议和重大活动安全播出；组织落实“安全生产月”等活动，健全安全生产规章制度和安全生产流程。加强设备巡查、线路巡查、流量实时监控调度，24小时应急值班响应，全县网络安全平稳运行。融入县数字经济发展三年行动计划，依托有线电视网络，搭建乡村党务、村务和财务信息“三务公开”平台，建成新时代文明实践中心云平台、政协“有事好商量”线上协商议事平台等智慧广电项目，“红色网西”“水韵恒济”2个智慧广电镇项目通过市文旅局验收。落实弱势群体文化惠民政策，为全县7020户低保户、五保户、困难户家庭安装有线电视。广电5G覆盖建湖全域。10月，建湖县域广电5G正式放号运营，广电网络建成“5G+电视+宽带+语音+X”融合应用体系，完成192号段商用的前期准备、内部员工测试、市场营销工作，优化网络质量和客户体验。年底，全县广电5G累计放号8719张。加快全县有线电视线路改造步伐，推进光进铜退工程。全面做好视频会议系统、公安监控系统、应急广播保障工作，实现视频会议系统县镇村全覆盖。

旅游业

【概况】 2022年，县文旅局在长三角地区举办2次苏州文旅招商（推介）活动，与长三角文旅企业签订10项合作协议，加快与长三角地区旅游业对接融合路线。至年底，全县有AAA级以上旅游景区6家，九龙口淮剧小镇创成全市唯一首批省级文化和旅游产业融合发展示范区。九龙口景区被列入《中国国家地理》“红框”和《中华遗产》“绿框”，成为中国首个“双框之城”；九龙口景区被上海环境能源交易所碳中和运营中心授予“碳中和景区”；淮剧小镇入选“全国非遗与旅游融合发展优选项目名录”，并获“2022水韵江苏•网红打卡地”之“网红非遗体验”称号；九龙口湿地公园被授予市“湿地艺术创作基地”称号。

【旅游协会】 11月1日，建湖县旅游协会成立大会召开，审议通过《建湖县旅游协会章程》《建湖县旅游协会组织机构选举办法》，选举产生县旅游协会首届理事会，会长杨海滨，副会长周勇、董玉志、孙宝国、吴伟，秘书长董玉志（兼），监事傅兆玉，理事23名。

【旅游活动】 1月22—23日、27—28日分别在盐城宝龙广场和建湖宝龙广场举办两场“喜闻乐‘建’不亦乐‘湖’”建湖文旅地推活动，多个景区和文旅企业参加。2月5日，县文旅局和恒济镇在建河村联合举办“建湖有戏，建河有礼”活动。春节期间，九龙口淮剧小镇举办各种民俗表演，被中央电视台报道；县美术馆举办“丹青如霞”花鸟画展，备受亲子游青睐。2月14—15日，九龙口淮剧小镇组织庆元宵赏花灯活动。2月19—20日，县文旅局在苏州虎丘金鹰国际购物广场举办“建湖有戏 细语姑苏”建湖文旅地推活动，引导观众通过打卡特色景点展区、体验非遗文化魅力、欣赏精彩非遗表演，领略建湖文旅风光。5月19日，县文旅局在灵龙里开展“感悟中华文化 享受美好旅程”旅游日惠民活动并现场直播。县内13家旅游景区、旅行社、旅游饭店展示各自的旅游资源和产品。九龙口景区对游客免门票，提供1000张门票供直播秒杀。全县星级旅游饭店推出餐饮和住宿特惠活动，旅行社对报名旅游线路（一日游以上）给予每人20元优惠。6月3—5日，举办“盛夏水乡•一‘建’粽情”端午文旅活动。8月2—5日，县文旅局、县图书馆在灵龙里网红街区举办“夏”一站•“趣”建湖——奇妙夜暑期亲子夜游活动。8月19—20日，“建湖有戏 细语姑苏”地推活动在苏州虎丘举行，一站式集结“建湖文旅精华”。中秋、国庆期间，县文旅局举办“盐城好秋色•戏在九龙口”主题活动，演出九龙口大型多维实景《小镇有喜》节目。

【旅游线路】 生态自由行线路：上冈铁狮湾—登达生态园—双湖公园—收成文旅小镇—九龙口风景区—恒济建河村—渔乐大世界。历史人文怀旧行线路：乔冠华故居—江苏省杂技团非遗旅游体验基地—陆秀夫纪念馆—收成文旅小镇—淮剧小镇—九龙口景区。红色传承线路行线路：盐阜地区第一个党小组成立地（草堰口党小组成立地）—白果烈士墓—华中鲁艺抗日殉难烈士纪念碑—乔冠华故居—陆秀夫纪念馆—建湖县党性教育基地—九龙口车桥战役站前指挥所—恒济镇建河村苏中二分区《人民报》印刷厂旧址。

【酒店选介】 **九龙国际大酒店** 五星级标准旅游饭店，坐落在建湖双湖公园南侧。江苏克胜集团投资建造，由国际酒店、国际会议中心和国际俱乐部三大区域组成，建筑面积9万平方米，主楼28层，高108米，有客房、总统套房308间，行政酒店、自助餐厅和36间景观包房，可容纳1000人多功能厅及9间专业会场。酒店康乐设施完备，有室内游泳池、1300平方米健身中心及各类休闲设施。

御锦国际酒店 按四星级标准联袂国内名师设计、体现新巴洛克风格的纯欧式酒店，位于湖中南路888号。酒店拥有165间精致客房、20余间豪华餐饮包厢、12个主题宴会大厅，餐厅可容纳3500多人就餐，配套一流健身娱乐会所（含恒温游泳池、高端器材健身馆、篮球场、网球场及笼式足球场等）、多功能会议室、咖啡吧、商务中心、礼仪中心，可承接各类会议及大中型宴会。

建湖永林国际大酒店 四星级酒店，位于湖中北路66号，靠近明珠西路。有高档客房183间，客房内除基本生活用品外还配有保险箱、Wi-Fi、小冰箱、迷你吧、洗浴间电话等。酒店配备棋牌室、室内游泳池、健身室、按摩室、桑拿浴室、足浴、SPA体验室等娱乐健身设施。设宴会厅5个、豪华包厢20个，可容纳2000人同时就餐。

登达大酒店 三星级酒店，位于汇文路296号，建湖大桥北侧，东临西塘河风光带。宾馆有客房96间，多功能宴会厅9个、豪华包厢16间，可容纳1600人同时就餐。

建湖皇廷国际酒店 三星级酒店，位于建宝路88号，毗邻建湖汽车站。酒店外观具有浓郁的欧式古典风格，时尚奢华，内饰豪华精致。有客房70间，床位数124张，房型种类多样，室内设施一应俱全。附设精美典雅的无柱宴会大厅6个、豪华VIP包厢10余间，可容纳1500人同时就餐。

物流业

【概况】 2022年底，建湖县有普货生产性物流企业106家，车辆823辆，总载重吨位1.8万吨；危货企业5家，车辆108辆，载重吨位2200吨。全县有水路运输企业32家，船舶726艘，总载重吨位22.95万吨，主要从事沙石料等建筑材料运输。快递法人企业6家，直营快递分支机构4家，快递末端服务网点160个（其中菜鸟驿站品牌末端网点127个），乡镇邮政支局20个，从业人员600余人，实现县、镇、村快递服务全覆盖。年内全县邮政快递与包裹业务完成7510.13万件，其中进港4117.51万件，出港3392.62万件，业务总量比上年增长5.33%，列全市第四名。

【物流基地建设】 推进城乡物流一体化，出台《建湖县农村物流达标县建设实施方案》，县交通运输局会同邮政快递公司对沿河、高作两镇的客运站场进行改造，并签订交邮合作协议。在推进现代物流联盟发展的同时，培育农村物流市场新主体，以现代科技信息技术为支撑，利用全县物流资源，引导和帮助建湖舟谱科技有限公司整合天宇超市、永源商贸等9家经销商资源和运输车辆，建成6800平方米的云仓库1幢，入库品种3000多个，实行“统仓统配”，2022年末镇区配送率100%，村居网点配送率64.37%。联合邮政等部门建成1个县级物流分拨中心、14个镇级物流服务站、198个农村物流服务点组成的三级农村物流网络体系，畅通农副产品、农业生产资料、农民生活资料商品化渠道。

【物流企业选介】 **盐城市途安物流有限公司、盐城市一川物流有限公司** 主要从事重庆、成都货物专线运输，年底两家公司有车辆43辆，其中有牵引车头6辆，挂车19辆，每车配备3个驾驶员，歇人不歇车，承诺30小时内货物从建湖到达重庆、成都；每月发车8—9趟次，月货运量3000吨。建湖县恒进运输服务站与建湖恒运物流有限公司联盟经营，主要从事延安、西安、甘肃、内蒙古等西北专线运输，两家公司有37辆车，为建湖、阜宁、滨海等周边县、市（区）货主提供运输服务，每天发车2—3辆，月货运量1800吨。

建湖申通快递公司 成立于2009年9月，坐落在建湖经济开发区明星支路688号，有员工62名，操作场地2500平方米，各类大型运输车辆5辆，投递车辆43辆，各镇设代理点。有“次晨达”“次日达”“隔日达”等多种业务，满足不同客户需求。2022年业务量673万件，比上年增长8.71%。其中，收件198万件，比上年下降5.71%；派件475万件，比上年增长15.85%。

建湖县韵达速递有限公司 成立于2009年12月，是韵达快递股份有限公司建湖县级加盟网点企业，坐落于建湖县民营工业园区3号路133号。经营范围包括国内快递、代理国际快递（邮政企业专营业务除外），公司有分拣操作场地2200平方米，投递员工50多人，拥有各种机动运输车15辆。2022年快递业务量1088.3万件，比上年下降5.73%。其中，进港655万件，比上年增长10.34%；出港433.3万件，比上年下降6.62%。

建湖县飞翔快递有限公司 成立于2010年9月，是中通快递股份有限公司建湖县级加盟网点企业，坐落于建湖经济开发区兴达路998号，主营中通快递和中通速运以及货物仓储等业务。2022年有员工110名，各类资产4010万元。其中企业自有土地1.35万平方米，自有厂房面积1.7万平方米；拥有各类运输车20辆，其中17米拖挂厢式货车2辆、9.6米厢式货车10辆。年内包裹快递以及物流等相关业务收件票数1100万件，派件票数945万件，总营业额4205.6万元，纳税50.6万元（因疫情原因公司快递收派业务2022年免缴增值税）。先后淘汰一批续航受限的电瓶三轮车，新上续航能力更强的新能源汽车，让“快递进村”覆盖率得到提升。引进主流电商入驻公司，先后有7家电商入驻公司仓储，入驻电商发货量近600万单。

城市规划

【概况】 2022年，建湖县自然资源和规划局加强“多规合一”探索研究，统筹全县国土空间规划编制工作，划定全县“三区三线”方案，为发展国土空间格局提供有力支撑；助力乡村振兴，争取第二批村庄规划流量指标1000亩。与省自然资源厅协调，在全市首家获得村庄规划第二批1000亩专项流量指标，保障全县新型农村社区空间规划需求，助力农房改善集中居住点建设。

【规划编制】 2020年8月启动《建湖县国土空间总体规划（2021—2035年）》编制工作，2020年10月成立国土空间规划编制领导小组，统筹全县国土空间规划编制工作；2020年12月至2022年10月，规划编制领导小组完成部门、镇区座谈和社会问卷调查，征求各镇区、部门和社会各界意见，有机衔接“十四五”规划、交通、水利等专项规划，经过上下沟通衔接，吸纳多方意见，划定全县“三区三线”方案，并报住建部批复；2022年12月形成规划成果草案并向社会公示全县国土空间总体规划成果。年内，启动建湖县镇村布局规划优化调整工作，对全县规划发展村庄和搬迁撤并村庄进行布局更新，指导高作、宝塔、冈西、建阳等12个镇（街道）33个村开展“多规合一”的村庄规划编制，细化、优化村庄空间布局，保证集中居住点落地上图和增减挂钩复垦地块村控区的优化调整，为全县土地综合整治、农房改善、农田整理、乡村振兴提供规划支撑。

【审批管理】 2022年，县自然资源和规划局对新型农村社区、粮食储备库、国省干道服务区、临盐高速、燃气管道、光伏发电等项目选址是否符合征地条件、是否符合供地条件、规模是否符合省定额指标、是否涉及永久基本农田、生态红线、生态管控区、林地或者项目之间存在重大冲突的多种情形进行科室并联审查、提前预警，避免二次选址，缩短项目落地时间。提请县土地出让和规划工作领导小组审议重大项目，推进万达一期、御景新城、耀宁、益佳通、润阳等项目规划审批工作。推行“阳光规划”，严格执行建设项目批前公告、批后公布，深入项目现场，在一线发现问题、解决问题，帮助企业解决实际困难。县自然资源和规划局对涉及全县经济社会发展有重大影响的项目，纳入重大、应急项目审批的“绿色通道”，组织力量、集中精力，快速审批。完善建设项目方案公示制度，扩大项目审批的公众参与度，增强规划管理的透明度及公信度。

城市更新

【房屋征收】 2022年，县住建局依据《国有土地上房屋征收与补偿条例》等相关政策法律法规文件，依法推进房屋征收工作，创新征收补偿机制，维护被征收人的合法权益。在县城建指挥部统一组织安排下，配合相关街道工作组，对集体土地上房屋搬迁提供政策和业务指导，合力推进集体土地房屋搬迁工作。年内，完成审计局北侧、原中捷市场周边、西塘河风光带（建北桥—宁湖桥）二期、河道整治等8个地块1183户、约14.6万平方米的房屋征收签约任务。家乐福超市南侧、县实验小学西校区东侧项目扫尾，完成县城零星房屋征收187户。根据被征收（搬迁）人房屋补偿安置多样化的需求，房屋征收（搬迁）继续推行“房产超市”和“结算凭证”优惠措施，2022年房产超市结算463户，补贴15%资金2422万元，托管资金6765万元。

【路桥建设】 年内，县住建局完成西葛庄路（建宝路—民营工业园区2号道路段）改造，全长274米、宽8米；实施县城雨水井盖更新工程，将建成区内1898座大井、6295座小井更换为铸铁井盖，增设防坠网，提升设施安全系数；对录入省城市桥梁信息管理系统的46座桥梁（涵）进行检测，发现问题及时修复整改，确保城市桥梁安全。

【城建工程】 年内，建湖县加快建设国家新型城镇化示范县，开工建设城乡重点项目63个，完成投资114.3亿元。根据《江苏省城镇污水处理提质增效精准攻坚“333”行动方案》精神，围绕“2021年底提质增效达标区面积30%、2025年建成60%”目标，县住建局推进污水提质增效工作，将30.39平方千米建成区由北向南划分为7个达标区，逐年有序推进，建湖县通过验收达标区5个，达标区面积21.14平方千米，占县城建成区面积的69.56%。2022年列入全县重大项目的城市建设类项目31个，其中新建项目23个、续建项目8个，计划总投资105.36亿元，年内完成投资64.62亿元，占61.33%。

【老旧小区改造】 年内，根据市下达计划任务和县“两重一实”目标要求，县住建局对徐河新村、达源花园、镇南小区、纺织厂家属区、新苑小区、鑫阳小区、兴湖花苑西区7个老旧小区实施综合改造，改造面积14.08万平方米，涉及43幢房屋，惠及居民1235户，总投资3300万元。重点对屋面防水、落水管、路面黑色化、增设天然气管道、雨污分流、林荫式停车位、监控系统、路灯、绿化、线路老化等方面实施综合改造提升。

【后街巷道整治】 年内，县住建局投资154.54万元，改造基础条件较差、群众反映强烈的冠华三巷、太平新村支巷等7条巷道，挖除部分巷道破损道路面层及基层，新建混凝土路面，对部分巷道进行黑色化处理，加铺沥青层。拆除排水不畅管道，新设雨污分流管道，加装雨水收集口和检查井，保障巷道内排水畅通。

【公厕环境提升】 年内，县环卫中心直管公厕68座，其中一类6座，二类20座，三类42座，公厕运行良好；根据文明城市创建要求，推进厕所革命，采用新风除臭、负压冲洗、智能监测等工艺，以装配式公厕为主，逐步完善公厕布局，扩增公厕功能，提升公厕标准，除硬件提档升级，对厕所外部环境进行美化，用温馨提示语点缀智慧公厕的每个角落，全年新增公益广告68处，营造一个环境优美的如厕环境；加大公厕保洁力度、提升服务能力，城区公厕实行“一人一厕”专人看护，推行广场、商业大街等繁华路段高峰时期“两人一厕”管护模式，强化厕管人员培训，推行巡回保洁，形成布局合理、设施完善、管理规范的城市公厕服务体系，提升县城公厕形象。

供水排水

【概况】 2022年，县自来水有限公司实现营业总收入1.72亿元，比上年增长10.7%，其中水费收入5734万元，三产收入1.08亿元，其他收入697万元；利润总额2588万元，比上年增长30.6%；纳税1458万元，比上年增长1.02%；县城售水量1794万吨，比上年增长3.98%；产销差率16.75%，比上年下降0.83个百分点；争取各类专项资金1360万元，列入计划资金800万元；国资经营业绩考核119.21分，连续3年列全县国有企业第一位。县自来水公司获得市“安康杯竞赛优胜单位”、县“联手兴家”示范单位称号；供水服务窗口获评县“工人先锋号”；副经理孙浩获得“盐城市劳动模范”称号，安装一处安装组长周铁军获市“五一”创新能手称号。

【供水保障】 年内，县自来水公司接受市住建局供水安全保障考核检查，首次进入全市第一方阵。加强水厂技术改造，投入785万元，完成2个水厂分布式光伏安装，年发电量165万千瓦时，收益108万元；投入600多万元，完成2个水厂炭滤池滤料更换改造，改造后平均出水浊度低于0.1NTU（光散射浊度），CODmn（高锰酸盐）指标降至1.5mg/L；投入140万元，完成水厂及取水口高可靠性配电增容改造，解决变压器容量不足、无备用问题；投入120万元，完成城南水厂成品次氯酸钠消毒改造，消除危化品运输、存储、配置安全隐患；投入115万元，对水厂自动化控制系统、地理信息系统（GIS）、营销系统进行信息系统安全等级升级，获市公安局信息系统安全等级保护备案证明。投入100多万元，新增32个水质在线监测点（县城4个、农村28个），率先在全市实现24小时全域管网水质实时监测；投入100多万元，调整实验室功能区，新增面积220平方米，新增检测能力8

项；每月进行水质质态分析，发挥水质检测指导生产实践的作用。加强消火栓管理，《建湖县市政消火栓管理办法》通过县政府审批，投入30万元安装15台智能取水机，实现环卫、绿化用水按实计量收费。

【供水服务】 年内，县城水费线上缴费4068万元，占总额的69%。县自来水公司开设客户服务热线，建立客服工作流程、客服服务评价机制，24小时在线解决用户用水问题。加快供水基础设施建设，完成城南水厂扩建工程土地征用、设计招标、管理招标、施工招标等前期工作。实施开发区南段供水专管工程，铺设DN800供水管道13千米，东部片区环网基本建成。实施老旧小区供水管网改造工程，完成逸湖新村等9个老旧小区2177户管网改造工作。完成城投集团下达的9个安置小区消防改造工程。2022年新建和改造供水主管道37.2千米，支管道15.3千米，新增用水户6660户。

【污水处理】 年内，县污水公司处理污水2005万吨，完成计划的100.25%，平均负荷率74.23%。其中，城北污水处理厂处理790万吨，负荷率72.19%；城南污水处理厂处理545万吨，负荷率119.5%；上冈污水处理厂处理115万吨，负荷率52.51%；九龙口污水处理厂处理90万吨，负荷率49.48%；宝塔污水处理厂处理10万吨，负荷率54.79%；城东污水处理厂处理455万吨，负荷率62.19%。全县出水COD（化学需氧量）平均值20.0毫克/升，合格率98.3%；氨氮平均值0.71毫克/升，合格率98.6%；总磷平均值0.19毫克/升，合格率98.4%；总氮平均值8.31毫克/升，合格率97.3%。全县产生污泥15669吨。其中，城北污水处理厂5568吨、城南污水处理厂6168吨、城东污水处理厂3450吨、九龙口污水处理厂483吨。完成县城16条河道整治提升，总投资3420.85万元，建设管网总长20.62千米；其中建湖高新区严桥河、体育中心河、唐桥河、三队河等7条河道，投资1033.39万元，建成管网3.28千米；近湖街道刘家墩河、门诊河、西葛河、中心河等6条河道，投资1633.56万元（含增补），建成管网10.9千米；钟庄街道陈堡河、东葛三墩河、西桥河3条河道，投资753.9万元，建成管网6.44千米。小区污水管网重建提升、补充改造工程，被列为县政府“两重一实”重点项目。5月11日开工，12月31日竣工，分为5个标段，县城56个小区改造实施“雨污分流”，总投资3361.52万元，建设管网总长58千米。至年底，建成污水处理厂6座，配套建设污水管网总长730千米（县城410千米，建制镇320千米），建成规模8.65万吨/日。其中，县城7.5万吨/日，平均负荷率68%，城市污水集中处理率94.5%；建制镇1.15万吨/日，平均负荷率36%，建制镇污水集中处理70%。建成农村分建制镇散式污水处理设施389台（套），配套管网200千米，实现行政村全覆盖。

供电用电

【概况】 2022年，全县全社会用电量、售电量分别完成32.56亿千瓦时、30.71亿千瓦时，比上年分别增长4.34%、4.25%。调度最高负荷57.96万千瓦时，比上年增长1.36%。供电可靠率99.9674%，电压合格率99.997%；全口径营业收入17.97亿元，主营业务比上年增长12.2%；固定资产原值32.26亿元，比上年增长6.44%。近湖供电所被评为“国家百强供电所”。6月30日，省电力公司科技项目《油浸变压器状态光纤传感及评估关键技术研究》启动会在国网建湖县供电公司召开，省综合能源公司与建湖县人民医院签署碳资产战略合作协议。

【电力供应】 年内，县供电公司服务润阳光伏110千伏业扩项目建成投运，远超全省同批次项目建设速度，获县委主要领导批示肯定。精简工商业用户光伏并网流程，实行“2+1+1”（2个工作日内完成勘查现场及接入方案拟定，在用户来申请并网时1个工作日内完成项目验收，1个工作日内完成装表接电）服务，确保申请后4个工作日送电。推广“开门接电”示范区建设，建湖高新区建成首个“开门接电”示范区。推动县行政审批局增设线上“水电气网联合申报模块”，3月4日在全市率先完成线上试点项目踏勘和系统推送。发布“助企纾困”10项政策，缓收电费62.37万元，节省35家企业420万元内部电气投资。投资业扩配套专项资金2006.41万元，为256家企业免费接电至项目红线。落实特快电力服务措施，高低压客户平均办电环节时长压至20.3和6.5个工作日。建成廖庄村等10个农集区电力配套，“服务苏北‘美丽乡村行’”志愿服务项目获省青年志愿服务项目大赛二等奖。选派技术骨干参加县秋粮保障服务队，获中央电视台《朝闻天下》《新闻30分》《新闻直播间》播报。

【用电安全】 年内，县供电公司统筹结合安全生产大检查、提升年等专项行动，排查整改各专业领域突出问题和薄弱环节，实现安全生产专项整治三年行动收官。

编制适应本地的《需求侧保供方案》。每年配合省市公司、结合配电调度专业开展迎峰度夏需求侧保供实战演习。落实用电安全“四到位”（人员、措施保障、作业标准执行、验收监督考核到位）工作要求，协同市发改、应急、公安、城管等部门开展多领域安全隐患检查督导，消除500千伏输电线路3处通道隐患和1起保护区违建。完成高中考、中共二十大、盐城市“家家到”观摩项目推进会建湖现场、庆祝2022年“中国农民丰收节”暨“遇建湖鲜”农产品金秋展销会等33次保电任务。开展迎峰度夏系统反事故演习和防汛应急演练，引导企业错峰用电。全面摸排企业负荷实际情况，协助政府出台迎峰度冬电力保供方案。

【电网建设】　年内，县供电公司建成公司系统14处0.92兆瓦建筑屋顶光伏，实现四类屋顶光伏试点全覆盖。配合开展五峰山直流二期工程建湖区域选址，打通“渔光互补”光伏基地能源消纳通道。与政府主管部门、平台公司沟通对接，探索“零碳产业园区”建设路径。结合规划部门“三区三线”工作要求和地方招商引资成果，滚动修编建湖开发区、建湖高新区电网规划，实施220千伏高粮变主变扩建工程。完成芦北—南苑改接陈堡线路工程，按时序推进芦沟变升压、颜单变改造项目；深化新技术、新工艺运用，建成县域首座110千伏用户预制舱式变电站；芦沟110千伏变电站新建工程项目部获评省公司“三强五优”（项目统筹管控强、安全质量管理强、党建引领效用强，项目部标准化配置优、依法合规建设优、工程造价控制优、工程技术管理优、数字化应用质效优）业主项目部，全年实现电网投资2.36亿元。全力保障锡泰800千伏特高压属地化建设，加大农网建设改造投入，农网户均配变容量从3.7千伏安提高至5.9千伏安。

【电网改造】　年内，县供电公司推进配电线路“一线一案”项目落地，重点解决超长线路、联络位置不合理问题，确保线路年内不发生5次以上故障，大时户事件压降30%，全口径用户平均停电时间不大于2小时。扩建不停电作业中心，新增13人获不停电作业资质，实施不停电作业1879次，减少用户4.3万停电时户。全面检查老旧小区、地下配电房配电设备，处理影响设备运行隐患，完成1座地下配电房“下改上”治理，治理2个老旧小区电力消防隐患。高质量完成上冈新城和九龙口杆线入地。深化配网“三降”（压降年度配网故障跳闸次数，压降配电停电时间，压降客户投诉次数）专项行动，清理树障5470棵，完成设备绝缘化改造2834处，开展局放、红外测温等专项检测7750次，配电故障率压降23.67%。深化线损精益管理，综合线损率由7.5%降至3.09%，创建5次线损百强县，百强所实现全覆盖，建湖县供电公司12月线损指标进入全国前40强。

【润阳光伏业扩工程】　4月28日，江苏润阳光伏科技有限公司110千伏业扩配套工程建成投运。工程东起220千伏榆河变，西至润阳光伏科技有限公司用户变，新建架空路径总长13.6千米，其中新建双回角钢塔架空路径长2×13.1千米，新建单回钢管杆架空路径0.5千米，杆塔计49基。工程竣工投运，建湖北部电网跨区互联有了新通道。

4月3日，县供电公司实施110千伏润阳光伏业扩配套基建工程　（薛锦程　摄）

供气用气

【概况】　建湖县有燃气经营企业11家，其中管道燃气企业3家，瓶装燃气企业5家，车用燃气经营企业3家。2022年，3家管道天然气公司总供气量7630万立方米，新增市政中压燃气管道28千米，新增天然气居民用户5530户、工业用户21户、商服用户23户；完成天泽府等4个新建住宅小区、萃华云居等8个老旧小区及九龙口镇梁泽村等6个新型农村社区天然气管道建设并通气。5家瓶装液化气公司总供气量913.23万立方米，3座车用加气站销售车用天然气720万立方米。

【燃气管道维护】　年内，县住建局出台《关于进一步加强燃气管道及设施安全保护工作的通知》，明确管道燃气企业燃气设施保护标识、管网巡查标准，建立建设、施工、监理、燃气企业四方联系沟通平台，前置掌握施工建设动态及各类开挖信息，各地下管线施工单位与燃气公司签订保护方案，防范第三方施工破坏燃气管线，3家管道燃气公司现场监护102个第三方施工项目，确保燃气管道安全运行。

【燃气安全监管】 县住建局常年开展城镇燃气安全排查整治，强化风险隐患销号闭环，突出燃气经营、输送配送、燃气使用、燃气具生产销售4个环节的典型问题开展“清单式”排查整治。规范燃气燃烧器具安装、住宅小区及车库燃气安全管理、瓶装液化石油气送气工管理等工作，突出对餐饮等公共场所的安全监管，重点检查餐饮场所用气环境、“灶管阀”质量和使用隐患以及燃气泄漏安全保护装置安装使用等情况。

【燃气安全宣传】 县住建局利用“建湖燃气”微信公众号推送燃气安全使用知识，全年发布16条；从8月起，每月通过移动短信发送1条燃气安全使用知识，累计发送65万条次，增强用户安全用气意识。印制“餐饮场所燃气安全常识13条”不干胶宣传单以及燃气安全宣传包袋，采购合格和不合格“灶管阀”产品进行对比展示和讲解。组织4次培训宣贯会，495人参加培训，提升相关从业和监管人员的专业知识和应急处理技能。

11月28日，县住建局开展燃气使用安全宣传“进社区”活动 （县住建局 供）

城市管理

【概况】 2022年，全县建成城市管理“五个一”精细化样板项目5个，总投入7000万元。分别为上冈镇精细化样板镇，九龙大道集镇段精细化样板街，朝阳巷精细化样板巷，建湖广益来财富广场精细化样板场，九龙口镇金徐村精细化样板村。完成九龙大道、迎宾大道、国道343、盐淮线、冠华路、明星路、明珠路、向阳路、秀夫路、航空路10条道路6310套高压钠灯节能改造，安装后街背巷太阳能路灯500盏。县城管局被表彰为盐城市国家生态文明建设示范区创建工作先进集体。县环卫中心被省住建厅评为优秀职工之家，在建湖县承办的全市机械化技能比赛中分获团体、个人一等奖，被市城管局表彰为2022年度“垃圾分类与治理工作先进集体”“队伍建设先进集体”。

【事业单位改革】 年内，县城管局稳妥推进事业单位改革，完成职能划转、人员转隶、“三定”方案等工作。改革后，县城管局对原有事业单位进行重塑重构和功能再造，事业单位由6家合并为4家，精简33.33%；编制由151个减至120个，精简20.53%。建湖县环境卫生管理处更名为建湖县环境卫生服务中心，保留副科级建制，由差额拨款事业单位转为全额拨款事业单位；建湖县路灯管理所更名为建湖县路灯亮化服务中心，保留股级建制，为全额拨款事业单位。撤销建湖县景观管理所、建湖县城市管理档案室。

【市容秩序管理】 年内，县城管局以创建文明城市为契机，开展市容秩序专项整治行动，整治流动摊点、出店（占道）经营、乱停乱放、乱摆乱放等行为。规范非机动车1.6万多辆次，查扣共享单车等非机动车660辆次，对非机动车主进行轮学660人次，施划非机动车停车线5万余米。规范出店经营3.6万多起，查处不履行市容环卫责任制案件149起，处罚2.51万元，清理流动摊点6825个。推进违法建设治理，全县拆除各类违法建筑675处3.11万平方米。查处违规渣土运输行为77起，处罚4.16万元。拆除清理违规设置和存在安全隐患的户外广告及店招标牌47块，整改加固30块。

10月18日，县城管执法人员管理街头摊点 （倪朝丰 摄）

【环境卫生管理】 县城管局根据城市精细化管理标准要求，开展道路保洁行动，严格执行道路分级机械化作业制度，做到核心区域人工普扫快捡、车辆洗扫循环作业不间断。年内，机械化清扫面积489万平方米，机械化清扫率93%；开展道路、垃圾收集容器、设施设备冲洗行动，对油污路面、窨井盖进行跟踪滚动冲洗，确保路见本色，容器干净整洁；强化督查考核，落实全员上阵，坚持步行巡查，发现问题及时交办整改。开展大气污染防治工作，每日出动4辆雾炮车、5辆高压冲洗车全天候歇人不歇车对县城区域2个空气质量检测点（县二中监测点、书画院监测点）周边进行循环雾炮降尘作业，最大限度控降扬尘污染。县城直管15座垃圾中转站、68座公厕运行良好。年内，开展5次专项环境整治，出动1.6万余人次，清理各类垃圾2万余吨；处理城乡生活垃圾13.6万吨，城乡生活垃圾无害化处理率100%，生活垃圾分类集中处理率94.5%；垃圾桶、果壳箱定期清洗和破损更新，更换垃圾桶2118只，维修果壳箱263只，设置乱倒垃圾警示牌50余块。

县城一类公厕外景 （县城管局 供）

【城管执法】 年内，县城管局组织集中培训、专家讲解、线下交流等学习活动10次，开展法律法规和城市管理条例宣传活动7次。建立健全以“学法、执法、宣法、考评”为主要内容的基层一线执法队伍管理工作机制，每月举办一次执法业务培训，提升城管执法队伍法律素养和业务素质。开展城管执法队伍“百日教育整顿”活动，启动基层中队综合执法改革，优化整合中队辖区、职能、人员。投资5万余元建设执法档案室，开展执法业务培训9次，规范办理行政处罚案件588件，其中简易程序581件，普通程序7件。高标准推进依法行政，受理举报案件1596件，立案8件、实施行政处罚631件，其中普通程序案件8件，罚没金额100.02万元，简易程序案件623件，罚没金额10.56万元。严格执行重大行政处罚案件行政机关负责人集体讨论决定制度，定期组织行政执法案卷评查。推动“两法衔接”工作，办结公安机关移交案件通知书22件。办理人大代表、政协委员建议和提案4件，办理检察建议书5件。受理“12345”政务热线交办件246件，办结率100%，二次满意率100%。主动公开政务信息，全面推进“阳光城管”。

【数字化城管】 建湖县围绕“完善系统功能、健全运行机制、部门协调配合、提高运行质态”总体思路，突出问题导向，推进数字化城管工作。智慧城管监督指挥中心数字化城市管理信息系统覆盖面约30平方千米，覆盖18个专业部门，涵盖2个区（建湖开发区、建湖高新区）、1个镇（建阳镇）、1个街道（近湖街道），底图数据采用1:1000大比例尺基础地形图，划分单元网格384个、责任网格30个，采集入库15.69万个城市部件。按照行业标准，部件类事项分为5个大类130个小类，事件类事项分为6个大类96个小类。开展“一月一主题”专项巡查县城区384个网格工作。至年底，数字化平台信息系统专项巡查12类主题1310件案件。县智慧城管监督指挥中心加大对重点问题的检查与督办力度，年内巡查采集案件2811件，处置问题412件；巡查采集破损、缺失、移位井盖1066件工单，立案934件，处置927件，处置率99.25%；中心上报采集案件3.28万件，派遣各成员单位应处置案件3.12万件，实际处置数31091件，处置率99.78%，评价综合指标值97.79分。

10月8日，座席员张丹讲解智慧城管办案流程 （王悦洁 摄）

【垃圾分类试点】 县城管局对照省、市垃圾分类最新标准和要求，全面开展垃圾分类试点工作，利用“党日+”活动推进生活垃圾分类由点向面推广，全县城区实施生活垃圾分类小区51个，通过市场化运作模式推进小区试点工作。年内，完成13个居民小区16个垃圾分类集中收集房（车）建设任务。开展集中宣传60余次，其中广场12次、小区48次；发放宣传手册8000余份。收集有害垃圾0.2吨，可回收物1172.48吨。与358家餐饮单位和83家机关企事业单位食堂签订餐厨垃圾收运合同，收运6791.77吨，餐厨废弃物处理率95%以上。11月29日，全市生活垃圾分类宣传工作现场会在建湖召开，与会人员实地观摩建湖水木清华小区垃圾“四分类”工作，参观建湖县湖中北路小学学校艺术社团垃圾分类作品展，观看垃圾“四分类”进校园主题演出。

【道路机械化作业技能比赛】 11月30日，由市总工会、市城管局主办，建湖县城管局、江苏悦达专用车公司承办的全市城管系统第三届道路机械化作业职业技能竞赛在建湖举办，全市12支代表队36名环卫车辆专业驾驶员同台竞技。此次竞赛采用单人赛方式，分理论考试和技能操作两项，技能操作主要考核“冲洗作业”“洗扫作业”两大部分和操作程序、作业质量、作业时间三方面内容。经过1天的激烈角逐，建湖县城管局代表队、市经济开发区城管局代表队、东台市城管局代表队分别获得团体一、二、三等奖，建湖县城管局徐永贵、东台市城管局张军明、市经济开发区城管局蔡中根、建湖县城管局董雪、市环卫处刘正顺、盐南新区城管局朱根龙分别获得个人竞赛前六名。

物业管理

【概况】 2022年底，全县住宅小区390个，其中有物业服务住宅小区114个，无物业服务住宅小区276个（主要是政府机关企事业单位2000年左右集资建设的单独楼栋，占80%以上；还有少部分为零星开发的商住楼，均由属地社区实施基本物业服务）。承接物业服务企业44个，托管面积972.6万平方米，从业人员近3000人。创成3个省级优秀项目、23个市级优秀项目，成立业主委员会23个；组建物业企业党组织36个，创建省级党建示范点2个，市级党建示范点8个，参与示范点创建小区13个。县住建局健全物业管理联动机制，列出职能部门责任清单，牵头成立由县政府分管领导任组长的物业管理工作领导小组，统筹协调和监督指导全县物业管理工作，实现县、镇（街道）、社区（村居）三级物业管理联动机制全覆盖。制定出台《建湖县住宅小区物业规范化管理三年行动实施方案》《建湖县住宅小区物业服务标准化清单》《建湖县物业小区“对照合同寻不足、对照标准找差距”工作方案》等文件，通过舆论宣传引导、政策文件规范、加强物业企业创优和从业人员培训、提高市场准入门槛、建立诚信奖惩和退出机制等手段，使物业管理体系不断健全，推促物业行业服务质量和水平提升。

【规范化管理】 年内，县住建局全面推进物业管理标准化建设，物业行业突出问题治理取得明显成效，物业管理得到规范，服务品质显著提升。按照“条块结合、属地管理、行业监管”原则，建立健全社区物业管理长效机制；推进小区业主自治，业委会（物业管理委员会）由原来的9家增至23家。实施“2310”计划，即创建省级物业管理示范项目不少于2个、市级物业管理示范项目不少于3个、县级物业管理示范项目不少于10个，打造物业管理优秀示范项目，放大典型示范引导效应。深化小区公共事务公示公开。加强小区公共收益管理，调研收集物业经营用房、停车泊位等小区共有资产情况，推动小区共有资产及其收益专项审计和公示试点（壹品仕家、冠城华府小区），加大物业服务收费信息公开力度。规范提升物业服务能力。对照物业服务标准化清单，结合房地产市场秩序专项整治，优化物业服务质量综合评价体系，梳理问题清单，开展“对照合同寻不足、对照标准找差距”活动，推进“四看”行动，即“看合同备案、看人员配备、看服务承诺、看费用收支”，解决群众身边急难事、烦心事、愁心事，推动物业服务标准化、规范化、精细化。

【物业纠纷调解】 年内，县住建局结合“12345”政府热线群众反映的违法建设、市容环境、墙体立面开门破洞、治安秩序、绿化管理、环境保护、占道经营、房屋漏水、物业收费等热点难点问题，坚持源头抓起，在全县范围内开展物业管理矛盾纠纷化解工作。“走在前”，抓牢问题排查。定期走访物业小区，检查物业企业基础管理、设施设备维护、卫生清洁、公开公示等工作，针对排查中发现的问题，责令物业立即整改。“干在先”，抓稳责任落实。对一般矛盾纠纷，及时联系物业了解情况，通过查询法律法规、现场走访等方式，做到当场化解，不拖延不耽搁不留隐患；对较复杂的重大矛盾纠纷，及时上报，并召开业主、物业、部门多方参与的沟通协调会，确保化解落到实处。“做到位”，抓紧跟进回访。对已化解的矛盾纠纷，坚持回访工作“两手抓”，一方面加强与小区业主沟通交流，了解工作成效，发现、纠正调解工作的不足，直至问题彻底解决；一方面持续跟踪物业企业，巩固化解成果，提高物业企业服务水平，防止矛盾纠纷再次发生。

水　利

综述

【概况】　2022年，建湖县水利工作坚持民生为本，绿色发展，生态优先，实施水利工程项目建设，提升防灾减灾能力。通过洼地治理水利重大项目工程、中小河流治理重点县结余资金工程、农田水利维修养护工程等项目，完成新（拆）建改造病险闸站167座。疏浚大中小沟340条，完成土方530万立方米。督促防汛工作行政、技术负责人上岗到位，关注和掌握所属区域雨情、水情、汛情，检查水利工程运行情况，落实各项预案措施，确保安全度汛。

【水利规划】　建湖县水利规划工作本着科学、合理治水要求，遵循“规划严紧，布局合理，安全第一”原则，发挥水利规划在全县水利建设中的龙头引领作用。年内，编制《建湖县水利基础设施空间布局规划》《建湖县双湖东部片区水利调整规划》《上冈镇防洪规划》方案。按照市有关部门“十四五”规划要求，结合实际，对轮窑河、严桥河、黄沙港整治（洼地治理）、阜溧高速建湖段涉及水利设施等12项规划，提出规划修编建议，均被采纳修编。

【水利工程】　县水利局组织实施洼地治理、中小河流治理重点县、农田水利设施维修养护、河道疏浚和圩堤达标建设5项水利重点工程项目。年内，新建改造闸站167座，疏浚大中小沟340条530万立方米。推进洼地治理工程项目建设，整治芦沟河和C343尤家沟河道5.8千米，拆建沿线建筑物73座、跨河桥梁8座，新建护岸26.6千米，完成2019—2022年度投资13.2亿元。中小河流治理重点县项目，在高作和宝塔项目区疏浚河道16条72.2万立方米，新建护岸和植物护坡23.1千米，新建闸站5座。开展“三河”（黑臭河道、生态河道、一村一河）整治，统筹推进“一村一河”整治，整治村庄河塘204条，在全市率先完成任务，列市高质量考核前三名。

城乡水利

【河道整治】　2022年，县水利局以点带面，重抓列入省市考核的12条60千米生态河道建设，全部通过考核验收。联合生态环境局、农业农村局组成督查组，每月督查指导，推进整治进度，完成16条黑臭水体整治。疏浚村庄河道204条210千米226万立方米。在上冈、建阳、庆丰、开发区、宝塔等镇区疏浚河道86条100千米65.2万立方米；疏浚高铁沿线河道8条10千米6.6万立方米。九龙口镇拆建排灌结合闸站3座、桥梁2座，整治乡级河道9条15.84千米、村庄河塘38条43.9千米，清淤51.3万立方米，绿化种草21.9万平方米，植树2.6万株，建设岸坡植物防护59.74千米。加修不达标圩堤41.5千米，完成土方54万立方米。整合专项资金337万元，维修养护农田水利设施。

【河长制】　县委、县政府主要领导担任县级总河长，镇（街道、区）主要负责人担任镇级河长，村书记、主任担任村级河长，县、镇、村三级河长实现全覆盖。按照省市统一部署，根据河长工作变动情况，更新更换河长公示牌，指导河长利用APP巡河巡湖，各级河湖长正常履职尽责，河湖治理管理取得新成效。坚持上下联动、攻坚克难，推进河湖“两违三乱”（违法圈圩、违法建设，乱占、乱排、乱建）问题专项整治，对重点骨干河湖管理范围内非法码头、砂石场、畜禽养殖等老大难问题处置紧追不放，年内完成省市交办40项河湖问题整治任务，通过市级验收。全年全县963名河长利用河长制APP巡河6.5万人次，巡河率100%。建成幸福河湖15条，串场河、顾顶中心河被列为美丽江苏行幸福河湖宣传示范点。市交办32个河湖违法问题全部整治到位，通过验收销号。排查河道问题128个，整治率100%。开展联合整治专项行动，以通榆河、串场河、黄沙港、蔷薇河、南草堰河等县级跨界河道为重点，集中力量，整合资源，上游集中打捞，支河常态保洁。

整治后的体育中心河和长兴河交叉口（县住建局　供）

水利管理

【水利设施】　2022年，出台《建湖县关于深化农村水利基础设施管护体制改革意见》，加大对水利设施管护力度，确保水利设施完好无损。对新建水利设施树立界标和标识牌，用PVC（聚氯乙烯）划界，确定管护范围，标识牌注明工程名称、建设时间、管护责任人，泵站使用管护制度，管护规范，并将制度张贴上墙，建立泵站运行记录簿，记录维修养护、开关运行时间等信息。全县754座排涝站、1184座圩口闸均确定专门管护责任单位与责任人。建湖县水利工程设施管理连续三年被省水利厅、财政厅评为“优秀”等级，小型农田水利工程管护获省考核优秀等次。

【水利执法】　年内，建湖县“安全生产月”主题活动，获省水利厅优秀组织单位奖。年内下达的图斑全部完成整改销号。对骨干河道和“一湖六荡”（射阳湖，刘家荡、夏家荡、九里荡、沙村荡、东荡、兰亭荡）开展全方位联合执法巡查，现场制止水事违法行为14起，立案查处水事案件8起，清除阻水障碍物106处。

【防旱防汛】　2月中旬起，县水利局对各类工程和非工程措施组织开展拉网式检查，在各镇（街道、区）、部门自查基础上，组成5个专项督查组，深入实地查找问题，交办落实整改。召开全县防汛防旱工作会议，县政府与各镇（街道、区）及相关部门签订责任状，在《建湖日报》发布责任人名单，接受社会监督，推动防汛防旱工作责任有效落实。制定防洪、抗旱、防御台风3项应急预案，增强预见性、适用性。加强汛期值班值守，保持上下联系畅通。加强信息化建设，发挥视频会商系统和农村预警体系作用，掌握研判天气形势，发送水位雨量信息，提前关闸预降内河水位。实行快速反应，抗御了夏插期间的严重干旱。县防旱防汛指挥部派出7个督查组专项督查，全县排查出192个隐患均在汛前落实整改措施。5月底前，防汛各项准备全部到位。6月中旬，正值水稻大面积插播用水高峰，受持续气象干旱影响，外河水位普遍下降，县防旱防汛指挥部及时发布旱情预警，组织全县奋力抗旱，有效化解旱情。高度重视防台工作，启动11号台风和12号台风应急响应，确保全县安然无恙。

交通运输

综述

【概况】 2022年，建湖县交通运输局紧扣全年目标任务，统筹推进疫情防控和工程建设、民生保障、行业监管、行政执法、安全管理和精神文明建设等各项工作。配合开展临盐高速建湖段各项前期工作。成立工作专班，盐阜快速通道、阜溧高速建湖至兴化段项目建设全面启动实施；综合立体交通网规划形成初步成果，开展黄沙港航道等级提升规划研究。持续深化“放管服”改革，推进并利用“互联网+政务服务”，推行“一网通办”“一门通办”“跨省通办”，使跨省从业的驾驶员在异地也能体验到和办事窗口一样的服务。

【交通执法】 县交通运输局落实行政执法“三项制度”，完善执法公示内容，推行全过程记录，建立重大决定合法性审核制度，全面规范执法行为，纵深推进行业监管。加强“八五”普法宣传，开展“精准普法年”活动，推广运用“互联网+法治宣传”，年内开展集中法治宣传6次，发放交通政策法规宣传单2000余份，接受咨询400多人次。规范完善交运系统行政权力清单和责任清单，保留行政权力695项，其中行政许可46项、行政处罚566项、行政强制26项、行政奖励3项、行政确认10项、行政裁决1项、其他行政权力43项。至年底，审批行政许可事项279件、行政处罚844件，未发生一起行政诉

9月27日，县交通运输局开展综合执法人员岗位大练兵活动 （县交通运输局 供）

讼和行政复议案件。县交通综合行政执法大队出动执法车辆3240辆次、执法人员9022人次，查处交通运输案件815件，结案1012件（197件是2021年查处的，2022年结案）。其中，非法营运128件，“一超四罚”责令停产停业整顿26件，驾培违规59件，水上案件196件，“两客一危”案件23件（处罚金额146.08万元），其他类型案件580件。上报信用平台和互联网+平台案件527件，受理处置“12345”“12328”热线转办件275件，热线服务过程满意率100%，办理结果满意率98%。

【交通安全】 县交通运输局开展“三年专项整治行动”、交通运输安全生产“百日行动”、百日执法行动和危化品使用专项整治行动，年内检查1135次，出动检查人员3376人次，查出问题及隐患525个，均整改到位。持续开展“安全生产月”活动，“6·16”安全宣传咨询日，制作戗板4块、横幅2条、印发传单及宣传手册400份；发放交通运输企业安全生产主体责任手册，指导企业认真学、系统学、全面学，把安全生产责任落实到企业实际持有人、经营人，落实到关键岗位、一线操作人；开展安全宣传“五进”活动，推进交通运输安全进船头、进码头、进企业，进学校、进家庭，造浓安全氛围，增强全员安全意识。坚持“贴近实战、注重实效”原则，结合行业风险特点，围绕道路“两客一危”（公路客运、旅游客运，危化品运输车）运输、水上危化品运输、交通工程建设、公路基础设施等重点领域、重点企业和灾害突发事件，组织开展针对性的跨区域、跨部门、跨行业综合应急演练，督促企业自主开展应急实战演练，年内先后组织开展危化品运输应急救援演练、汽车客运站消防应急处置演练、盐城港建湖港区消防安全演练，提升应急处置能力和安全防范水平。县城乡公交公司举办2022年度驾驶员安全营运业务知识轮训班，增强驾驶员安全意识，提升营运服务质量。

公共交通

【城市公交】 县交通运输局贯彻落实公交优先战略，县域公交运营群众满意度不断提升，驾驶员服务质量明显提高，正班率超过90%；年内，开辟草庆线，增设观音阁回车场，改造东乔、沈杨公交停车场，完善沿河支线公交站牌；城市公交运行有序，全年新增新能源公交车20辆、公交站台20座，更新升级公交车辆智能化信息监控系统，提升运行效率。推进城乡公交一体化，完成《建湖县城乡公交一体化达标县建设实施方案》。

【出租车管理】 2月，县交通运输局出台《建湖县交通运输综合执法大队出租汽车客运市场专项整治行动实施方案》，整治时间2月21日至3月27日；7月出台《“创建文明城市”活动巡游出租汽车管理及整治实施方案》，针对出租车违法行为，采取多措并举、统分结合的方式开展，全面提升建湖县巡游出租汽车行业管理能力和服务水平，投诉率、不规范经营行为发生率明显下降。群众满意度、行业服务信誉度显著提升。树立巡游出租汽车行业文明新风尚，推动巡游出租汽车行业健康有序发展。根据3月14日出台的《关于进一步加强全市出租车（含网约车）行业疫情防控工作的通知》，建湖县巡游出租汽车经营者严格落实疫情防控各项措施，确保广大人民群众平安健康出行。

公路建设与运输

【概况】 2022年底，全县公路总里程1870.3千米，公路密度161.2千米/百平方千米。其中高速公路42.4千米、一级公路237.1千米、二级公路282千米、三级公路145.3千米、四级公路1163.5千米。全县境内有新长铁路、连盐铁路和徐宿淮盐高铁3条，总体形成“两横一纵”铁路框架。其中徐宿淮盐高铁建湖站于2019年12月投入运营，停靠列车31趟，全年客运量52万多人次，其中旅客总到达近26万人次，总发送26万多人次。高铁开通后从建湖出发可直达南京、徐州、淮安、宿迁等省内城市以及省外北京、重庆、天津、济南、郑州、西安、成都等核心城市。年内，对照市政府下达的两个服务区建设任务，做好沟通协调和服务保障工作，九龙口服务区由县新农投公司于3月28日竞拍摘牌，11月由县城投公司投资建设；上冈服务区由市交投公路服务公司于7月28日竞拍摘牌，办理土地证、用地规划许可证。建湖县建恒线和旅游公路8号线分别获评江苏美丽农村路样板路、江苏平安放心路样板路。

【公路建设】 年内，完成交通工程投资34.8亿元。其中，阜溧高速建湖至兴化段、盐阜快速通道等省市重点工程稳步实施，草庆线基层维修及桥头跳车处置工程、233省道竣工验收修复工程等县属重点工程全部完成。县交通运输局发挥属地优势，做好阜溧高速公路建湖至兴化段征地拆迁、矛盾协调，至年底，全线路基工程进入

建湖县建恒线概貌 （县交通运输局　供）

收官阶段，路面工程施工拉开序幕。配合市交通局和设计单位做好盐城至临沂高速公路盐城段资料收集、线路优化及沿线结构物核实等工作。建县路改扩建工程被列为“盐城市2022年度公路水运平安百年品质工程”，全市6个。建县路改扩建工程地处建湖县高作镇，位于永建线、省道233之间，途经建阳县抗日民主政府旧址、润谷农业产业园、洗泥沟自然水系带、季家墩民俗文化自然村，全长8.42千米，总投资6000万元。完成卞大公路改造、卞大公路连接线、高卞线将军段、高卞线、大乔线、高大线、旅游公路7号线收成支线等项目，实施美丽乡村公路28.71千米，改造农桥21座，建成农村公路安全生命防护工程199千米，总投入6350万元。

【公路运输】　年底，全县有7家客运企业，拥有营运客车221辆6352座，出租车251辆1255座，城市公交车162座；载货汽车2583辆，3.48万吨位。全县境内公路客运量24.9万人次，旅客周转量1.86亿人/千米；货运量219万吨，货物周转量20143万吨/千米；客运班线81条（含镇村公交），货运班线23条；城市客运量1579万人次，其中出租787万人次、公交792万人次。

【公路管护】　县公路事业发展中心牢固树立“精细化养护”理念，遵循“预防为主、防治结合”方针，以创建“苏式养护”品牌为引领，开展国省干线公路路肩、边坡、排水沟、绿化带、附属设施等常态化提升整治，达到平整密实、宽度一致、整齐划一、边沟内无杂物、排水畅通。加强公路安保设施管护，加大巡查力度，修复破损设施，公路安保设施设置规范。加强养护机械化作业，年内新增1台干式吸尘车用于路面养护作业，配合使用雾炮车，抑制环境污染；新增100K防撞车1台、推雪板1台，用于公路养护维修保畅应急处置。做好涉路施工许可事项规范性技术审查和大件运输网上申请许可事项办理，完成1028件大件运输许可事项的网上审核办理，维护路产路权，保障公路安全运营。全年完成路肩边坡整治20.8万平方米，割除路肩边坡高草265万平方米，贴缝灌缝15.8万米，路面病害维修处置1.3万平方米，基层维修处置7540.3立方米，桥梁桥面台背维修11.34立方米，更换路缘石239米、防眩板379套，安装防抛网2座，增设标志牌122套、防护栏1314米，漆划标线3000余平方米。管养国省干线公路平均MQI值92，国省干线公路危桥处置率和水毁修复率100%。在市公路中心组织的养护管理工作季度检查考核中列第一名，在省公路中心组织的养护管理工作检查考核中获第三名，在盐城市普通干线公路养护职业技能竞赛中获团体三等奖和个人二等奖。

【路政管理】　年内，县交通运输局查处路政案件32件，处罚2800元，与公安部门联合整治车辆超载运输，处理案件414件，约谈14家企业负责人，对不符合要求的企业处以停业3—5天行政处罚。开展公路侵权风险与管控动态监测工作，巡查国省道公路里程2万余千米，拆除违建6处，拆除非标19块，清理污染公路730平方米，清理临时摊点45处，清理公路用地及桥梁隐蔽部堆积物300多立方米。强化公路法规宣传，悬挂横幅2条，散发传单500余份，张贴画报30张。

航道运输与管理

【概况】 2022年底，全县有航道53条，总里程531.85千米，其中等级航道13条219.84千米、等外级航道40条312.01千米。六级以上航道（航段）8条：连申线航道（通榆运河建湖段）规划等级三级，航道里程17.38千米；黄沙港航道规划等级四级，航道里程24.31千米；盐宝线航道（南盐河）规划等级三级，航道里程22.19千米；建口线航道（西塘河）规划等级五级，航道里程24.17千米；盐益线航道（夹荡港至永兴段）规划等级五级，航道里程19.46千米；射阳河航道规划等级六级，航道里程27.87千米；阜宝线航道（蔷薇河）规划等级六级，航道里程12.68千米；射阳港区疏港航道，规划三级，总里程4.54千米。

【航道维护】 全年县交通运输局维护航标158座次，航道清障扫床里程277千米，清除沉船及碍航物42处。完成通榆河九号标综合提升工程。开展黄沙港航道提升规划研究与支线航道定级调查研究工作。年底，全县拥有水上航运公司32家，各类运输船舶664艘（其中危货1家，运输船舶24艘），载重3.46万吨，货运量1570.2万吨，货物周转量54.96亿吨千米。县内货运企业涉及海洋运输的2家，分别是建湖县第二航运有限公司、江苏三航物流集团有限公司。海洋货运船舶4艘，载重13547吨。

【内河港口建设】 建湖县辖区15家持证码头建成港口粉尘在线监测系统，接入省港口粉尘在线监管系统，配备岸电设施并上传相关信息至绿色交通云平台，年内港口岸电使用量6105千瓦时，比上年增长173%。7月，全面完成靠港船舶水污染物接收转运处置能力检查评估工作，接收转运处置率达到省督办要求，位于全市前列。9月，建立港口码头污染防治长效管理机制。10月，完成15家港口码头环保设施评估工作。11月，建湖港岸线变更获省交通厅批准。完成西塘河建湖水上服务区土建主体工程，12月开工建设水上服务区加油站。全年完成港口吞吐量585万吨、集装箱3800标箱。

【水上安全管理】 年内，县交通运输局实施水上执法检查1488次，出动海巡艇715艘次，巡航1568小时，巡航里程1.13万千米，检查船舶1115艘次；水工作业检查10次，水工作业维护24次，维护时间76小时；检查水上游览经营企业8次，发现安全隐患13项，均整改验收合格。开展污染防治攻坚战，实施船舶防污染检查886艘次，其中专项检查船舶416艘次，燃油检测86艘次，检查码头设施79次，发放宣传单250份。全县有码头71座，其中持证码头15座、非法码头56座（取缔33座、规范提升3座、拆除20座），非法码头全部按要求整治到位。

环境状况

【概况】 2022年，建湖县空气质量优良天数比率87.9%，PM2.5平均浓度30微克/立方米，达到省考核要求。2个饮用水源地水质达标率100%，4个省考断面水质均达Ⅲ类水标准。冈西镇徐王村、芦沟镇田曹村、塘河街道胜利村创成江苏省生态文明建设示范村，上冈镇运东村等53个村创成盐城市生态文明建设示范村。国家生态文明建设示范县通过省级三年复核。九龙口旅游度假区获国内首个景区类“碳中和”证书，九龙口入选“全国非遗与旅游融合发展优选项目名录”，被列入江苏省“生态岛”试验区实施计划。

【空气环境质量】 县城空气环境质量设置县二中、建湖书画院2个空气自动监测站24小时监测。主要监测二氧化硫（SO_2）、二氧化氮（NO_2）、可吸入颗粒物（PM10）、细颗粒物（PM2.5）、一氧化碳（CO）和臭氧（O_3）。年内县城空气各污染物日均浓度为：二氧化硫8微克/立方米，二氧化氮19微克/立方米，可吸入颗粒物50微克/立方米，细颗粒物30微克/立方米，一氧化碳600微克/立方米，臭氧103微克/立方米。其中二氧化硫、二氧化氮、可吸入颗粒物和细颗粒物日均浓度达空气质量二级标准，符合功能区划要求；一氧化碳、臭氧无具体标准值。全县环境空气以颗粒物污染为主，空气优良天数321天，优良天数比率87.9%，比上年下降2%，列全省第一名。PM2.5年浓度均值30微克/立方米，比上年上升6.3%，列全省第十九名、全市第六名。县城降水检测点1个（建湖生态环境监测站），获得降水样品24份，降水酸度在6.68%—7.1%之间，降水pH均值为6.97%。全年没有出现酸雨。降尘测量点2个（建湖县实验小学和建湖生态环境监测站），降尘年月均值为2.3吨/（月·平方千米），与上年3.0吨/（月·平方千米）相比略有下降，测值范围为0.9—4.9吨/（月·平方千米），最高值4.9吨/（月·平方千米），出现在3月建湖生态环境监测站测点。

【水环境质量】 建湖县有2个集中式生活饮用水源地，分别是西塘河颜单水源地、戛粮河建阳水源地（备用水源）。2022年取水量2014万吨，每月上旬监测1次，其中6月进行109项全分析。根据江苏省生态环境厅官网公示结果表明：建湖县饮用水源地水质总体较好，符合《地表水环境质量标准》（GB 3838—2002）Ⅲ类标准，达标率100%，与上年相比水质保持稳定，饮用水源地水质受到安全保护。境内主要河流（水系）黄沙港、通榆河、射阳河上布设水环境质量例行监测断面16个。其中，省考断面4个、市考断面9个、县控断面3个，每月例行监测1次。16个断面按照《地表水环境质量标准》（GB 3838—2002）进行评价。水环境质量总体为优，符合Ⅲ类的断面比例100%。4个省考断面9个市考断面、3个县控断面年均水质符合Ⅲ类的断面比例均100%。黄沙港水系水质良好，9个监测断面符合Ⅲ类断面比例100%，部分支流监测断面的个别指标达到或接近Ⅲ类标准上限，主要是总磷、氨氮、化学需氧量、高锰酸盐指数；通榆河水系在建湖仅设1个监测断面，水质符合Ⅲ类水标准；射阳河水系水质为优，6个监测断面符合Ⅲ类的比例100%。

【土壤环境质量】 年内，建湖县划定优先保护类耕地101.4万亩，占全县耕地总面积的100%，无安全利用类和严格管控类耕地，受污染耕地安全利用率100%。按照国家土壤污染防治相关要求，开展集中污水处理单位、危险废物经营单位、固体废物处置单位、土壤重点监管单位以及遗留地块周边土壤和地下水环境质量监督性工作，12个地块土壤环境检测结果未超出相关的筛选值（标准值）。更新全县土壤重点监管单位名录，督促11家单位编制土壤环境质量自行监测方案，开展年度自行监测工作，检测结果均未超出建设用地第二类用地风险筛选值，土壤环境状况平稳可控。

水资源保护

【水资源管理】 2022年，建湖县坚持节水优先，加强节水型社会建设。严格执行水资源管理制度，水资源支撑能力不断增强。创成省级水资源管理保护规范化创新集成示范县。全年用水总量5.217亿立方米，单位地区生产总值用水量68.4立方米，农田灌溉水利用系数0.67。加强地下水管控，封填深井5眼，按时完成市水利局下达的13眼深井和新增10眼县级地下水位点监测任务。巩固全国节水型社会建设达标县创建成果，严格监管重点行业、重点企业和农业用水，新增县级以上节水型单位19家。巩固拓展开发区节水型园区创建成效，关注指导高新区建成省级节水型园区。加强戛粮河、西塘河饮用水源地规范化建设，对森达热电、永玖纸业等19个自备水源用水企业（单位）进行取水口规范化建设，实行全时段在线监控。

【供水安全】 年内，县水利局每月对管网水进行检测，并在县政府网站公布检测结果。每季度覆盖从原水、出厂水、管网水、末梢水以及二次供水进行全分析检测，城南水厂、上冈水厂出厂水106项指标每年一次全检测。农村供水保障工程概算总投资1.6亿元，更新改造供水管网108千米；启动城南水厂扩建，新建增压站1座。

土地资源保护

【土地征用】 2022年，县自然资源和规划局规范土地征收程序，对相关专项规划、立项、所有权证书、征地红线等要素进行前置审查，定期会同人社、财政等部门联合审定《征地补偿安置方案》，规范各阶段公告公示。执行报批前征地补偿费用和社会保障资金预存款制度，批后及时进行征收土地公告和征地费用结算，实现征供分离。开展联合审查，通过提前介入服务和窗口前移，缩短审查时间，加快组卷和报批进度。编制2022年土地征收成片开发方案，涉及16个片区1.12万亩，7月获市政府批复。统筹项目用地保障，确定“突出保障重点，实行总量控制，适度保障民生，鼓励节约集约”的计划指标分配原则。推动土地要素向建湖开发区、建湖高新区集聚。对市级以上重大项目实行建设用地计划应保尽保，县级重大项目新增建设用地计划实行定额保障，其他一般项目通过盘活存量自行保障。年内，批准41个项目5370.45亩，其中征收集体土地4356.75亩，农用地转用1013.7亩。拨付各类补偿1.2亿元、社会保障资金2.3亿元，保障耀宁、益佳通、正源创辉等县重点工业、乡村振兴等项目用地。

【土地招商】 3月，县政府出台《建湖县2022年城建土地招商工作实施方案》，以国土空间总体规划及区域城市设计为引领，围绕将城南片区打造成城市新中心的目标，创新优化“就近招商、联合招商、网上招商、以商引商”方式，拓展城建土地招商工作。年内，挂牌出让经营性用地22宗909.6亩，收取出让金32.26亿元；出让工业用地1220亩，收取出让金1.68亿元。

【土地节约集约利用】 建湖县资源集约利用水平质效双升，工业用地更加优质。新上项目执行严格“321”标准，容积率1.2以上。联合县工信局开展工业闲置资源清理，将年初制定的2000亩清理任务增加至4000亩，年底完成清理4015.35亩。清理闲置土地766.95亩，批而未供土地处置885亩。单位地区生产总值建设用地面积列全市考核第一名，自然资源节约集约利用列全省第十五名，成为资金奖励地区受到表彰。

【耕地保护】 县自然资源和规划局完善耕地保护责任目标考核办法，落实县、镇两级政府耕地保护责任，实行耕地保护责任追究制度。逐级签订新一轮耕地保护目标责任书，将耕地保有量和永久基本农田保护面积纳入考核目标，出台《建湖县耕地保护激励暂行办法》。严格耕地用途管制，规范耕地利用顺序，全面落实耕地占补平衡、进出平衡制度。年内，完成耕地占补平衡64个项目补充耕地1282.22亩、城乡建设用地增减挂钩169个项目指标1850.28亩，满足全县大批重点项目和民生工程用地需求。“三区三线”划定耕地保护目标85.17万亩，永久基本农田保护面积78.15万亩。强化永久基本农田特殊保护，凡划为永久基本农田的耕地，其用途只能种植粮食作物，不得转为林地、草地、园地等其他农用地及农业设施建设用地，坚决遏制耕地“非农化”、基本农田“非粮化”。加强耕地违法占用行为查处，严格问责。重视耕地质量监测与评价，落实耕地数量、质量、生态“三位一体”保护。开展土壤普查和后备耕地资源调查工作。

【湿地保护】　年内，全县新建河流湿地保护小区13条，新增自然湿地保护面积8370亩，自然湿地保护率63.4%；九龙口湿地公园按湿地保护修复项目规划，实施河道疏浚、退圩还湿、水体清洁、芦苇轮割、水生植物种植等修复工程，涵养水源，保护湿地野生动植物；圩堤绿化提档升级，建设完整的水陆生态系统，仅芦沟河两岸护坡绿化栽植榉树、中山杉、水杉等适生树种200多亩；统筹推进小微湿地建设，结合绿美乡村建设，建设小微湿地20多处，整治村庄沟渠、河塘，提升水质，栽培水生植物、乡土树种，建设生态护坡，竖立湿地保护标牌，宣传湿地保护知识，增强湿地保护意识。

12月19日，湿地保护小区标志牌安装（陈国翠　摄）

【土地执法】　县委、县政府把加强土地管理、切实保护耕地，严守粮食安全红线作为全县自然资源管理工作的重要内容，在全县构建“党政同责、部门协同、镇为主体、源头严控”责任机制。县自然资源和规划局坚持严格执法，推动执法监察关口前移、重心下移，从严执法，对新增违法用地不讲条件、不打折扣，以严的态度、严的标准、严的举措，坚决遏制问题增量。全年巡查1600余次，发出整改建议函38份，抄告镇区和共同责任机制成员单位25次，制止违法行为22起，拆除整改违法用地27起，拆除复垦面积近100亩，移送违法用地责任人线索39条，收缴罚款974.36万元。以“4·22”世界地球日、“6·25”全国土地日等法治宣传活动为契机，加强舆论宣传，全面提升全县广大干群依法依规用地意识，土地利用秩序明显好转。2022年建湖县获评江苏省土地执法先进县。

8月15日，县土地执法大队跟踪拆除现场（周立　摄）

林业资源保护

【概况】　2022年底，建湖县森林覆盖面积38.53万亩，其中林地面积24.71万亩、特灌林地2.2万亩、“四旁”植树11.62万亩，林木覆盖率24.41%，森林覆盖率15.5%，自然湿地保护率63.4%，省级以上公益林保有量稳定在3万亩。10月14日，县自然资源和规划局联合消防大队在建湖县开发区原砂石场（黄沙港南侧，省道231大桥东）开展森林火灾应急处置演练，提升森林火灾预测预警及应急处置能力。县委、县政府出台《关于全面推行林长制的意见》，落实县、镇、村党政“一把手”森林资源管理责任，设立县级林长3人、镇级林长45人、村级林长224人，竖立林长制公示牌420个，其中县级公示牌19个、镇级公示牌177个、村级公示牌224个，督促各级林长履行职责；建立考核评价制度，将林长制重点工作纳入乡镇年度考核内容。县自然资源和规划局保护林业生产生态安全，做好林业有害生物发生监测管控，重点做好美国白蛾及杨树食叶害虫监测防治，在全县范围内开展联防联治。在盐徐高速、阜建高速、黄沙港等两侧林带开展飞机施药防治工作，组织专业防治队伍对全县镇、村道路及成片林运用车辆喷雾防治，在公园、县城景观林等人流密集处采用生物防治，悬挂生物天敌“以虫治虫”，促进生态循环。

【植树造林】 县自然资源和规划局科学推进造林绿化，挖掘利用可造林空间，重点绿化圩堤、道路、村庄，年内完成成片造林面积868.2万亩。绿化串场河、芦沟河、冈西中心河、南建港沟、长沟河等圩堤，栽植适生乡土树种水杉、榉树、槐树、银杏、楝树、椿树，建成水系生态廊道网络，涵养水源；完善提升国道343、省道231、省道233、国道331等国省干道绿化，绿化美化旅游线路，搭配栽植桂花、樱花、海棠，乔木、灌木、草本植物，绿化美化道路风景线；推进村庄绿化，居民家前屋后栽植各种经济林果、花灌木，全县村庄绿化“四旁”植树栽植各类苗木50.3万株。配合土地整理项目，构建农田防护林网，机耕道两边各栽一排水杉、中山杉或女贞等小树冠乔木，新建完善农田林网2.6万亩。农村新型社区、村部周围建设1亩以上的公共绿地游园，栽植彩色乔木、灌木、花草。开展新农村绿化美化，新建绿美村庄5个，分别是恒济镇恒庆村戴莫庄、颜单镇三虹新农村社区、高作镇光明村新型社区、芦沟镇联星村新型社区、九龙口镇蒋营居委会常盈新村，村庄道路，沟、河、渠、塘边绿化率95%以上，家前屋后户均植树15株以上，村庄绿化后林木覆盖率38%以上。

3月11日，恒济镇举行义务植树活动（钱兆奎　摄）

【林业执法】 年内，县委、县政府印发《关于建立建湖县野生动物保护联席会议制度的通知》，县自然资源和规划局做好野生动物保护执法监管，严厉打击破坏野生动物犯罪行为；落实“清风行动”工作方案，设立举报电话，实行领导带班值班制度，建立县级协调机制，联合公安、农业农村、市场监督管理等多个部门开展打击非法猎捕、出售、运输、滥食野生动物行为。加强林业执法队伍建设，设立林业管理科，选派执法人员及技术人员参与林地资源管理工作。创新使用“慧眼守土”森林资源保护监控点210个，定期巡查林地保护情况，防范森林火灾及盗砍滥伐现象。

【建湖县林场】 创建于1972年，地理坐标北纬33°36′44″—33°39′03″、东经119°33′49″—120°05′17″。西端从建湖县城蜿蜒向东与射阳县接壤，全长37.5千米，横穿近湖、开发区、庆丰、冈西、上冈5个镇（街道、区），场部设在上冈镇。林地位于黄沙港沿线两侧堆堤，区域面积5600亩，林地面积4751.55亩，主要树种有杨树、水杉、榉树、银杏、中山杉、泡桐等；活立木总蓄积量3万余立方米，森林覆盖率84.85%。建湖县林场前身为建湖县黄沙港林场，正科级建制，全额拨款；1985年开始转为自收自支事业单位，改为副科级建制；1993年名称变更为建湖县林场。2018年国有林场改革调整为差额拨款事业单位，副科级建制。2022年末在职人员19人、退休人员81人。县林场承担保护和培育森林资源林木种植，林木种苗生产供应，森林培育与经营，维护国土生态安全，提供生态公益服务。2022年林场购置森林防火（管护）车1辆，装备微波感应语音提示器20个、太阳能摄像监控5个，连接沿线林边“慧眼守土”监控12个，提高视频监控水平，做到实时监控全覆盖。建设林间3座微型消防站，配备消防器材并聘护林员20名，增强森林防火应急能力，确保森林防火安全。

建湖县林场　（建湖县林场　供）

节能减排

【企业节能】 县发改委加强煤炭消费总量控制，坚持把控制煤炭消费、实现持续削减作为控制能源消费、调整能源结构的重中之重，紧盯重点企业，抓实关键措施，落实工作责任，系统推进煤炭消费总量削减工作。2022年，建湖县4家规模以上非电行业企业用煤1.99万吨，比上年下降40.4%。严格执行煤炭替代管理政策，年内未新增耗煤项目。2021年6月，国家能源局启动整县推进屋顶分布式光伏开发试点工作，建湖县依托较为完整的光伏制造产业链条和光伏推广应用基础，组织开展创建申报，2021年9月被国家正式列入试点名单，全市有7个县（市、区）获批。年内，建湖县整县屋顶分布式光伏试点并网售电43.7兆瓦。

【公共机构节能】 年内，建湖县行政中心新增2800平方米（2016年建成面积700平方米），新增208个停车位，26个新能源汽车充电桩。利用停车位上部空间，安装540瓦单晶双玻光伏组件1200块，合计648kWp，同时以380伏电压等级并入政府大楼低压侧母线。电站采用“自发自用，余量上网”用电模式，年可发电71.28万千瓦时，减排二氧化碳710.7吨，节约标准煤6415.2吨。年内，县公安局、县第二实验小学、住建局、机关事务服务中心等6家单位获评省节能示范单位。建湖县县级以上公共机构51家，44家创成节约型机关，创建率86.3%。县人民医院入选五星级库，建湖高级中学、湖阳路小学、秀夫初级中学、县供销合作总社入选四星级库。县中医院获2021年度（省级）节水型单位。县人民医院安装太阳能集热器、热泵热水器等新型能源设备，制造热水，节能环保，满足病人需求，改善医护人员工作环境。

【节约型机关创建】 年内，县住建局、财政局等19家单位被国家机关事务管理局、中央直属机关事务管理局、国家发展和改革委员会、财政部四部门授予“节约型机关”称号，超额完成上级“35%左右的县级以上党政机关建成第二批节约型机关”目标。建湖县把节能减排纳入年度工作计划，成立节约能源资源工作领导小组，安排专人负责节能工作，推动全县上下厉行节约、反对浪费，引导干部职工养成简约适度、绿色低碳、文明健康生活方式。出台《建湖县公共机构能耗双控专项实施方案》《建湖县公共机构节能降耗的通知》等文件，夏季、冬季用电高峰期，抽查部分县直单位办公大楼用电情况，通报长明灯、忘关空调、开门开窗使用空调等不用电行为。定期组织各单位参加绿色低碳培训，宣传各地节能降耗工作经验做法，营造节能降耗氛围。

【九龙口景区“碳中和”建设】 根据《IPCC国家温室气体清单指南》《国家省级温室气体清单编制指南》解析，建湖县九龙口旅游度假区温室气体排放涵盖固体废弃物与污水处理过程的直接碳排放，以及电力调入和交通运输的间接碳排放。经测算，2019年度假区碳排放总量325.5吨，人均碳排放0.15吨；2020年度假区碳排放总量519.4吨，人均碳排放0.24吨；2021年度假区碳排放总量2823.7吨，人均碳排放1.33吨，2021年出现大幅增加。从碳排放结构看，以2021年为例，九龙口湿地调入电力的间接碳排放2470.3吨，占总排放量的88%，是最主要的排放来源。交通排放的二氧化碳24.8吨，占总排放量的8%；固废处置直接碳排放125.4吨，占总排放量的4%；污水处理的直接碳排放量3.2吨，占总排放量的0.5%。电力产生的碳排放是九龙口度假区二氧化碳减排的重点领域，2021年九龙口度假区温泉酒店全面营业以及淮剧小镇项目的运营，碳排放量显著增加。建湖县全面贯彻习近平生态文明思想，牢牢把握创新、协调、统筹、特色原则，根据过去三年和未来一段时间景区发展趋势，确定到2025年为“碳中和压力期”，2025—2035年为“碳中和稳定期”，2035年后为“深度中和期”。九龙口旅游度假区提出维持自然生态、优化控制排放及综合管理保障3个方面16条建议和53个工作点。其中，维持自然生态包括严控湿地碳汇底线、丰富公共绿化、补充居民绿化3条举措、12个工作点；优化控制排放对能耗管理、污水处理、垃圾处理、绿色交通、绿色建筑等提出5条举措、21个工作点；综合管理保障从建设领导小组、完善制度保障、加强配套评价工作、会商协调机制、奖惩机制、绿色数字化保障、打造特色品牌、提高社会意识等方面提出8条举措、20个工作点。

污染防治

【概况】 2022年，建湖县出台《建湖县“十四五”生态环境保护规划》《关于深入打好污染防治攻坚战的实施意见》《关于推动减污降碳源头治理的实施方案》等文件，强化体制机制建设，落细压实生态环境保护工作责任。坚持“绿水青山就是金山银山”发展理念，强化源头治理，坚持铁腕治污，深入打好污染防治攻坚战。

【大气污染防治】 2022年，建湖生态环境局动态调整《省控大气站点污染防治工作手册》，定期召开大气污染防治推进会议，压实“达标负责人”责任，夯实大气污染防治基础。开展专项整治。相关部门、镇（街道、区）齐抓共管，对扬尘、餐饮油烟、工业企业、移动源、露天焚烧、港口码头堆场等采取强化管控措施，市下达的69项大气污染防治重点项目年内全部完成。印发《建湖县大气污染防治百日攻坚行动方案》《建湖县臭氧污染“夏病冬治”工作方案》等专项治污文件，组织开展夏季臭氧污染整治、百日攻坚等专项行动。编制建湖县重污染天气应急减排清单，明确各涉气单位重污染天气预警期间各项应急管控任务。加强烟花爆竹禁（限）放管控，公安等多部门发出《关于调整城区烟花爆竹禁（限）放时段的通知》，规定全年禁燃时间。组织开展烟花爆竹整治专项行动，处罚违规燃放行为。年内发布黄色预警1次，预警通知大气环境质量异常情况60次，指导各镇（街道、区）预警期间采取管控措施。委托第三方对建湖县进行颗粒物雷达扫描，分析颗粒物污染热点高值区域，出具分析报告4份，推送热点高值区域图30张，发现问题第一时间现场核查，督促整改到位。联合县政府督查室对各部门、各板块大气污染防治工作进行督查，编发督查通报29份。聚焦2个省控大气站点周边环境问题，加大督查巡查力度，全年下发交办单133份。

【水污染防治】 建湖生态环境局加强省考断面日常水质监测，每半月对省考断面开展一次加密监测，年内溯源排查20余次；落实镇区、街道属地水环境治理责任，下发交办单46份，印发水质通报9份。开展县级集中式饮用水水源地保护区范围内固定源专项排查，保障饮用水安全。开展涉水企业事故排放及应急处置设施专项督查，14个问题整改到位。联合住建部门推进建成区黑臭水体整治，建成区列入重点治理的25条河道，完成整治23条，2条列入开发地块综合整治。开展全县28条骨干河道及5个重点湖泊的入河（湖）排污口排查。推进射阳河建湖段沿线水环境整治，年底朦胧渡桥周边县境内18条住家船全部整治到位。完成4条市级农村黑臭水体整治和239个农村生活污水治理设施项目，16个20吨以上农村生活污水治理设施按要求开展一年两次的自行监测。配合农业农村局建立83家规模养殖场和327家小型养殖场清单，规模养殖场建立粪污利用计划台账；清理一级保护区通榆河两侧1000米范围内规模畜禽养殖场9家，拆除养殖圈舍53处。与农业农村局联合开展百亩以上及连片水产养殖生态环境问题排查，对3家养殖池塘尾水开展调研性监测。配合农业农村局在钟庄街道开展高标准农田排灌系统生态化改造试点，减少农田退水对陈堡断面的影响。

【土壤污染防治】 建湖生态环境局贯彻落实《中华人民共和国土壤污染防治法》《中华人民共和国地下水管理条例》，制定《建湖县2022年土壤和地下水污染防治工作计划》。落实高风险历史遗留地块风险管控措施。原江苏建农农药化工有限公司、原盐城天捷锆制品有限公司、原建湖县新元化工有限公司3个高风险历史遗留地块落实风险管控措施，双马化学公司土壤修复与管控修复效果评估通过专家评审。督促土壤重点监管单位履行法定责任。更新土壤污染重点监管单位名录，年底前，11家重点监管单位完成土壤和地下水自行监测，督促新纳入的2家土壤污染重点监管单位完成土壤污染隐患排查。开展土壤污染状况调查，以用途变更为“一住两公”（居住用地、公共管理与公共服务用地）地块为重点，变更前依法开展土壤污染状况调查，29个“一住两公”地块完成土壤污染状况调查。加强危废规范化管理。严格52家危险废物产生和经营单位全生命周期监管，26家产废单位和经营单位视频监控全部接入省危废全生命周期监控系统。推进小微企业危废收集贮存试点运行，410家小微企业纳入小微企业危废收集平台。督促83家规模养殖场制定年度畜禽粪污资源化利用计划，会同农业农村局做好规模养殖场整治提升治理认定工作。

【秸秆禁烧禁抛】 建湖生态环境局制定出台系列考核奖惩办法，召开专题会议部署落实，实行“巡查日志”调度制度，各驻镇检查组、各镇（街道、区）发扬“铁脚板”精神，深入田间地头，24小时交叉巡查，严防严控。设立举报电话，24小时接受群众举报。县抽调人员成立15个检查组驻镇（街道、区）检查，建湖生态环境局成立3个县级巡查组，分组分片全方位、全覆盖巡查。发挥覆盖全县的88个蓝天卫士“千里眼”视频监控平台和自动监控实时预警信息化系统作用，明确专人值守，监控秸秆焚烧情况和大气状况，发现异常情况第一时间处置到位。秸秆禁烧工作实现国家、省卫星遥感监测零火点通报。

6月15日，生态环境执法人员巡查秸秆禁燃禁烧情况（建湖生态环境局　供）

环境监管

【环境监测】　建湖生态环境局根据主要河流分布状况、大气污染防治工作及功能区噪声管控要求，在全县设2个饮用水源监测断面、16个地表水监测断面、131个噪声监测点位、15个空气自动监测站和5个水质自动监测站。2022年度建湖县空气质量优良天数比率87.9%。PM2.5平均浓度30微克/立方米，较年初大幅改善。戛粮河建阳饮用水源地、西塘河颜单饮用水源地水质达标率100%，堰东、陈堡、沙南村、硕陈大桥4个省考断面水质均达Ⅲ类水标准。7个功能区点位环境噪声昼间达标率97.5%，夜间达标率89.4%。加大环境监测力度，获取环境监测数据近73万个。推行"非现场"监管方式，运用空气、水质自动监测站、蓝天卫士、污染源在线监测系统、大数据平台、走航监测、雷达扫描、无人机等科技手段，提升精准治理能力水平。

【环境管理】　建湖生态环境局深化"放管服"改革，推进审批提速增效，2022年审批建设项目70个，其中报告表65份、报告书5份。核发排污许可证56本，其中重点管理7本、简化管理49本，不见面审批率100%。严把环境准入关，否决不符合产业政策的"两高"项目（高耗能和高排放项目）2个。完成高测新能源科技有限公司10GW光伏大硅片项目、江苏芯诺半导体科技有限公司太阳能硅片及半导体硅晶圆片生产项目和江苏益佳通新能源动力锂离子电池项目的环评审批。成立6个为企服务小组，现场办理解决企业需求和问题，涉及其他部门的第一时间移交，做好后续跟踪服务。

【环保问题督查整改】　年内，第二轮中央生态环境保护督察交办建湖县信访问题18个，均整改完成。其中不属实件2件、重复件4件，无重点件，信访总量在全市11个县（市、区）中排第七名，为全市2个无重点件的县区之一。省突出生态环境问题专项督查交办建湖县六类22个问题，整改完成21个，剩余热电联产问题整改达时序进度。4个省政府挂牌督办的生态环境项目完成整改。围绕环保督察交办问题、重点信访件、省专项督查交办问题、市通报问题、散乱污整治等方面，全县自排五大类482个突出环境问题，整改完成478个，整改率99.2%。

【环境执法监管】　建湖生态环境局开展重点行业建设项目督查、非道路移动机械执法检查等环保执法专项行动，年内出动执法人员8360人次，上传标准执法记录1896条，快捷留痕记录1720条，查封扣押1件，立案查处62起，涉嫌环境污染犯罪案件移送公安机关8起，移送县人民法院强制执行案件5起，下达行政处罚决定书62份。建湖生态环境局、司法局、法院、检察院联合磋商10起生态环境损害赔偿案件。加强环境信访调查处理，受理环境信访744件，比上年下降30%。

8月7日，生态环境执法人员利用无人机对黄沙港沿线开展执法检查（建湖生态环境局　供）

【环境安全整治】　建湖生态环境局以"查隐患、严整治、防事故"为主线，开展生态环境安全百日攻坚、危废专项整治、六大类环境治理设施排查、新兴领域安全风险排查、核辐射安全检查等专项行动，排查工业企业一般隐患问题611个和重大隐患问题1个、加油（气）站2个普遍问题、医疗机构101个问题，均整改到位。重点环境治理设施和项目安全风险评估论证率100%。完成生活垃圾应急填埋库区建设项目，农村生活污水治理率30%，农村生活污水治理行政村覆盖率100%、自然村及农户覆盖率50%。多部门、园区联合开展环境应急演练，99家企业完成应急预案备案工作。严格执行突发环境事件信息报告制度，加强苗头性信息收集分析研判，年内未发生重特大环境污染事故。

【环境法制宣传】 年内，建湖生态环境局拍摄污染防治攻坚专题片、微电影各1部，抖音视频24个，向各类媒体报送宣传稿件100余篇。利用“5·22”世界生物多样性日、“6·5”世界环境日等节点，开展生物多样性宣讲、“生态文明建设一条街”宣传、“生态美丽建湖由我守护”等主题宣传活动，贯彻落实《江苏省企事业环保信用评价办法》，做好环保信用评价工作。至年底，全县完成参评企业540家，上传承诺书企业422家；对信用系统内的红黑名单落实联合惩戒制度，每半年将红黑名单抄送相关部门实施差别化水电价、差别化信贷；实施环保信用“动态修复”，对15家企业实施信用修复。

5月22日，建湖牛态环境局开展生物多样性宣传活动 （建湖生态环境局 供）

综述

【概况】 2022年，建湖县开展“科技创新推进年”活动，在全市率先召开“科技创新推进年”会议，县委、县政府主要领导出席会议，并作动员部署。出台《关于在全县开展科技创新推进年活动的实施意见》《关于推进科技创新促进高质量发展的激励政策》《全县高新技术企业培育三年行动计划》3个文件，细化分解目标任务，落实关键举措，明确办结时限。将科技创新重点目标任务进展情况列入县委、县政府督查室督查事项，每月通报，倒逼推进，较好完成市下达各项科创任务，县委主要领导作批示，被省市主流媒体宣传报道。

【科技创新推进年】 年内，县政府出台科技创新推进年活动实施意见，加大科技创新扶持力度。开展“科技创新推进年”，推进高新技术企业培育，全年申报128家，年底高新技术企业总数186家，每万家法人企业中高新技术企业数全市前列，备案科技型中小企业461家，比上年增长50.7%；新增市级以上潜在独角兽企业和瞪羚企业5家，道尔道公司被认定为省潜在独角兽企业，实现省级独角兽企业“零”的突破。将科创平台建设作为企业创新的重要支撑，通过“新建一批、共建一批、提升一批”措施，建成省级研发机构及人才站点9家，市级工程技术研究中心100家，建湖高新区悦湖之星以全市综合评价得分第一名报省参评国家级科技企业孵化器。围绕“智汇建湖 科创赋能”主题，与东南大学、苏州大学、西安石油大学等30多所高校院所开展产学研对接活动，推介新技术、新成果100余项，举办专题讲座6场次，签订产学研合作协议120余项，引进科技副总35名，转化科技成果30余项。全年规模以上工业企业上报研发费用19.16亿元，技术合同登记30亿元以上，研发人员占19.86%，组织科技型企业开展研发项目备案，备案企业数283家，举办企业研发管理体系建设内审员培训班，7家重点企业通过省研发管理体系贯标验收，全市领先。获批省乡村振兴项目2项，盐城市鑫素元公司智能防渗渠现浇成型机应用示范项目获批100万元，中农网购（江苏）公司蜻蜓农服星创天地项目获批30万元。组织飞博尔联合南京农业大学、捷克利贝雷茨科技大学开展“改性棉纤维调控树脂基生态复合材料的联合开发”项目并申报省国际合作项目。

5月19日，县科技局举办“智汇建湖 科创赋能”建湖—常州工学院云上产学研对接活动（县科技局 供）

【科技特派员培训班】 6月22—24日，省生产力促进中心、盐城市科技局、县科技局在建湖联合举办“提高创新创业能力，促进我省乡村振兴”培训班，省科技特派员、江苏农村科技服务超市分店、省级以上星创天地、省农业科技型企业有关技术人员、各市科技管理部门农业条线工作人员等120多名学员参加培训。通过培训，提升参训农业农村科技人员创新创业与科技管理能力，推动参训企业产学研用紧密结合，加快科技成果转化，增强农业科技型企业核心竞争力。

科技平台

【高新技术企业】 县科技局按照“高企—瞪羚企业—潜在独角兽企业”培育路径，对标补差，提升企业质态。年内，新增国家高新技术企业38家，比上年净增31家。组织16家企业参评“市百强高企”，新增市瞪羚培育库企业15家、省市潜在独角兽企业各1家、市瞪羚企业及省高新区瞪羚企业4家。备案科技型中小企业461家，比上年增长162%。推进高新技术企业培育工作，集中举办业务培训3场次，小班化培训10场次，组织拟申报高新技术企业申请发明专利95件，组织希来尔机电等75家规模以上企业列入市“规升高”培育库，入库企业数列全市第一位。

表35　2022年全县国家级高新技术企业

序号	镇区	企业名称	申报类型
1	开发区	江苏润创金属科技有限公司	首次认定
2	开发区	江苏润森管业有限公司	首次认定
3	开发区	盐城青松机械制造有限公司	首次认定
4	开发区	建湖金拓机械制造有限公司	首次认定
5	开发区	盐城市京田纺织机械有限公司	首次认定
6	开发区	沪强企业（盐城）有限公司	首次认定
7	开发区	建湖县新诚液压机械有限公司	首次认定
8	开发区	江苏烨宝环境设备有限公司	首次认定
9	开发区	建湖悦翔通用设备有限公司	首次认定
10	开发区	江苏亚昇制绳有限公司	首次认定
11	高新区	江苏东福光电科技有限公司	首次认定
12	高新区	江苏希来尔机电科技有限公司	首次认定
13	高新区	江苏永诚装备科技有限公司	首次认定
14	高新区	江苏特能鼎特种装备制造有限公司	首次认定
15	高新区	盐城市圣和给水设备有限公司	首次认定
16	近湖镇	盐城全球环保产业发展有限公司	首次认定
17	近湖镇	盐城中威机械有限公司	首次认定
18	近湖镇	盐城金德瑞工具科技有限公司	首次认定
19	近湖镇	盐城德旺仪器设备有限公司	首次认定
20	近湖镇	兴业建工集团有限公司	首次认定
21	近湖镇	盐城安科液压机械有限公司	首次认定
22	近湖镇	盐城市林谷机械制造有限公司	首次认定
23	建阳镇	江苏正伟机械有限公司	首次认定
24	建阳镇	江苏苏博石化机械有限公司	首次认定
25	建阳镇	江苏永炬锻造有限公司	首次认定
26	颜单镇	建湖县鑫源绳带有限公司	首次认定
27	上冈镇	江苏三鼎软基材料有限公司	首次认定
28	上冈镇	盐城市精图包装有限公司	首次认定
29	恒济镇	盐城明洋石英制品有限公司	首次认定
30	庆丰镇	江苏凯威传动科技有限公司	首次认定
31	庆丰镇	盐城君朋机械有限公司	首次认定
32	九龙口镇	中电浩普（江苏）科技有限公司	首次认定
33	高作镇	盐城市群力工矿机械有限公司	首次认定
34	高作镇	江苏一仲石油装备有限公司	首次认定
35	芦沟镇	盐城汇达玻璃仪器有限公司	首次认定
36	宝塔镇	立可达电器（江苏）有限公司	首次认定
37	宝塔镇	江苏秦贵智能科技有限公司	首次认定
38	宝塔镇	盐城昌裕自动化科技有限公司	首次认定
39	开发区	盐城环宇汽车零部件制造有限公司	到期重报
40	开发区	盐城市竹林机械制造有限公司	到期重报
41	开发区	建湖县威力液压机械制造有限公司	到期重报
42	开发区	江苏丰信航空设备制造有限公司	到期重报
43	开发区	江苏华耀机械制造有限公司	到期重报
44	开发区	江苏胜德龙机电科技有限公司	到期重报
45	开发区	江苏千里机械有限公司	到期重报
46	开发区	江苏普美纺织有限公司	到期重报
47	高新区	建湖金洋科技有限公司	到期重报
48	高新区	建湖鹏盛机械有限公司	到期重报
49	高新区	江苏新泰隆管件有限公司	到期重报
50	高新区	江苏瑞亿石油机械有限公司	到期重报
51	高新区	江苏国瑞液压机械有限公司	到期重报
52	高新区	江苏谦益实业有限公司	到期重报

续表35

序号	镇区	企业名称	申报类型
53	近湖镇	盐城市锦东液压机械有限公司	到期重报
54	近湖镇	江苏铭星供水设备有限公司	到期重报
55	近湖镇	盐城恒华智造科技有限公司	到期重报
56	近湖镇	建湖县欣益机械制造有限公司	到期重报
57	近湖镇	中科聚信洁能热锻装备研发股份有限公司	到期重报
58	近湖镇	盐城仁越生物科技有限公司	到期重报
59	近湖镇	建湖县永维阀门钻件有限公司	到期重报
60	建阳镇	盐城金龙达机械制造有限公司	到期重报
61	建阳镇	江苏凯卓立液压设备有限公司	到期重报
62	建阳镇	建湖县科达机械有限公司	到期重报
63	建阳镇	江苏申利达机械制造有限公司	到期重报
64	颜单镇	盐城鸿吉机械有限公司	到期重报
65	上冈镇	盐城润银纺织有限公司	到期重报
66	恒济镇	江苏曼杰克有限公司	到期重报
67	庆丰镇	建湖县海盛机械制造有限公司	到期重报
68	庆丰镇	盐城市恒泰橡胶有限公司	到期重报
69	九龙口镇	江苏飞耐科技有限公司	到期重报
70	九龙口镇	建湖国创机械制造有限公司	到期重报
71	高作镇	建湖县杰林石化机械有限公司	到期重报
72	高作镇	江苏及时雨消防器材有限公司	到期重报
73	高作镇	江苏厚睦莱照明科技有限公司	到期重报
74	芦沟镇	盐城市崇达石化机械有限公司	到期重报
75	芦沟镇	盐城市琪航石油机械有限公司	到期重报

【科技企业孵化器】 年内，建湖高新区悦湖之星、建湖开发区睿创之芯分别争创国家级、省级科技企业孵化器，悦湖之星建成国家级孵化器。推促县科创园新增孵化场地，加快整合提升，完成选址及装修方案。在县科创园、悦湖之星先后举办科技型企业招引、培育和政策扶持等多场专题培训活动，孵化效能明显提升。建成高新区加速器，争创市级加速器。开发区加速器一期基本建成，启动二期主体建设。推进离岸孵化器建设，悦湖之星、睿创之芯、科创园分别与南京软件谷创智软件科技企业孵化器、南通晶城科创园、如皋科技创业园签订共建协议，构建异地孵化、建湖转化新格局。

5月21日，县科技局举行高企申报培训会

（县科技局　供）

【研发平台建设】 年内，县科技局组织亿德隆、三益等138家企业申报市级工程技术研究中心，规模以上工业企业、市级以上研发机构覆盖率40%以上。引导研发机构创新能力提档升级。推动企业研发机构对照“五有”（有场地、有人员、有投入、有装备、有研发业务能力）要求回头看，扶优扶强，鼓励行业龙头企业争创国家级、省级高水平研发机构，“三站三中心”60家，即省级工程技术研究（企业技术、工程研究）中心和省院士工作站、博士后科研工作站、省研究生工作站。建湖县鸿达阀门管件有限公司争创国家级企业技术中心。鼓励龙头企业牵头组建独立法人新型企业研发机构，建设“企业为主、政府参与、高校支持”创新中心，耀宁新能源研究院、润达新能源检测中心、金秆耕整作业创新中心启动建设。支持重点企业建设飞地研发机构，8家企业在南京、上海、深圳与高校院所合作共建研发机构。

科技交流合作

【产学研合作】 2022年，县科技局紧扣“智汇建湖　科创赋能”主题，采用“线上+线下”“走出去+引进来”结合方式，开展系列化产学研用对接活动。紧扣县内三大主导产业和六条产业链，定期收集企业技术需求并在高校网站发布，与东南大学、苏州大学、中国石油大学等20余所高校、60余名专家教授开展精准对接，全年签订产学研合作协议120余项。引进高校院所博士人才担任企业科技副总35名，共建省级研究生工作站4家，助推成果在建湖落地10项。1月24日，常州工学院到建湖开展校地合作交流活动。5月19日，建湖县科技局举办“智汇建湖　科创赋能”建湖—常州工学院云上产学研对接活动。6月1日，盐城工业职业技术学院到建湖调研，了解产业发展现状、毕业生工作情况，征求合作企业技术需求、摸排企业技术工人需求，深化产教融合。7月20日，中国石油大学（华东）与盐城市崇达石化机械有限公司进行产学研合作，围绕“一种带有自动监测系统的五缸高压柱塞压裂泵液力端总成的研发”开展深度交流，并就建设高端装备研究中心进行对接。8月27日，建湖县—山东大学材料科学与工程学院校企合作对接会在建湖召开，部分企业家代表参加活动。9月7日，县委副书记许刚带队到东南大学对接校地产学研合作事宜，并就BIPV光伏建筑一体化飞地研发机构建设进行深度洽谈。

【科技服务】　县科技局以开展“科技创新推进年”活动为契机，制定科技创新送服务活动方案，每月一主题，每月一走访，每月一帮办，确保“科技创新送服务”活动取得实效。围绕高新技术企业培育、技术攻关、成果转化、项目申报等难点热点问题，采取点对点挂钩，保姆式服务。全面了解企业在科技创新方面困难，摸排创新难题，落实科技干部“一企一策”跟进服务，助推企业高质量发展。年内，开展“科技创新送服务活动”，深入企业解读政策、落实政策，走访企业400余次，发放宣传资料2000余份，帮助企业申报科技项目30余项，协同解决科技需求80余项，兑现科技奖励资金2177.92万元，惠及企业400余家。

【科技活动】　1月8日，由县科技镇长团、县科技局、江苏亿德隆公司和阳光之家义工组织发起的“千里爱心援西安　校地携手共抗疫——我们与西安石油大学心连心”捐赠发车仪式在建湖县卫健委启动，满载40箱防疫物资的货车从建湖出发，急速驰援西安石油大学，助力西安石油大学打赢疫情防控“阻击战”。1月9日，盐城市暨建湖县科技“三下乡”集中服务活动在建湖县九龙口镇收成村举行。4月22日，由县委组织部、县科技局主办，县科技镇长团承办的“智汇建湖”云讲堂开讲。5月25日，举行第二期“智汇建湖”云讲堂。5月27日，县科技局、县科协等部门在希望广场开展“科技宣传周”活动，宣传科技政策，普及科技知识。6月29日至7月1日，县委常委、副县长马圣群率团参加中国·盐城第三届创新创业大赛成都专场暨科技资源推介会，佰信、铭星、鸿达、亿德隆、瑞华5家企业负责人参加活动。8月18日，建湖县组团参加盐城市“盐·续创新梦　城·揽天下才”第三届中国·盐城创新创业大赛成都专场赛暨科创资源推介会，在盐城市第三届创新创业大赛总决赛中，赛德新光电材料（盐城）有限公司获三等奖、晖朗（盐城）电子科技有限公司获二等奖。8月18—19日，县科技局联合江苏省企业研发机构促进会、江苏省科学技术情报研究所共同举办企业研发管理体系建设培训会，15家企业进入企业研发管理体系建设培训库。9月23日，建湖县组团参加第三届中国·盐城创新创业大赛杭州专场赛暨科创资源推介会。11月11日，建湖县举办常州工学院技术转移中心建湖分中心成立暨“一院一镇”系列活动。11月12日，在全市科技载体人才对接会上，崇达石化公司与常州大学共建省级研究生工作站、润阳公司N型高效太阳能电池省级工程技术研究中心、赛德新光电材料（盐城）公司市外国专家工作室等参加授牌。道尔道科技股份有限公司参与共建省产业研究院联合创新中心，开发区与苏州大学共建智能制造研发中心、悦湖之星科技企业孵化器与南京软件谷创智软件科技企业孵化器合作共建悦湖之星（南京）科技创业园等项目参加集中签约。11月16日，建湖县聘请荷兰皇家艺术和科学院院士担任“科创专家顾问”。11月24日，建湖县又一离岸科创中心——江苏常耘丰施播智能装备科创中心在南京生态科技岛揭牌成立。

2月26日，省科技厅领导专家一行到建湖调研科技创业载体　（县科技局　供）

气象服务

【概况】　2022年，县气象局持续推进气象现代化建设。抓住新建建湖气象监测预警中心机遇，制定实施气象事业“十四五”规划。争取江苏省气象局气象监测预警“补短板”工程，4月28日项目主体竣工，12月31日完成地面气象观测业务切换和迁站工作，正式投入业务运行，发挥作用。强化全县防雷安全工作，联合县应急管理局印发《关于进一步加强防雷安全工作的通知》，联合教育局印发《关于切实做好学校防雷安全工作的通知》，加强对建湖县重点行业、部门及学校等防雷安全工作。对建湖县易燃易爆、人员密集场所等防雷监管重点单位进行防雷检查，督促有关单位落实防雷安全责任，加强隐患排查整改。在全县范围开展防雷和气球专项整治行动。

【预报预警】 县气象局做好灾害性、关键性、转折性天气跟踪监测，及时发布预报预警信息，开展灾害性天气、汛期、疫情防控和农时、农事等专项气象服务。6—9月，建湖县累计降水量459毫米，较历史同期偏少153.7毫米。6月23日入梅，7月11日出梅，梅雨期19天，梅雨量偏少，出梅后高温日数25天，极端最高气温37.9℃，气候极端异常。台风“梅花”对建湖县造成明显的风雨影响。其间，建湖县气象局强化监测预报预警，及时发布雨情通报，较好完成汛期气象服务工作。做好重大活动的气象服务保障，为建湖首届荷花节和盐城市“家家到”现场会活动提供准确及时的气象服务，得到地方领导肯定。畅通气象服务途径。更新完善预警信息接收人员、气象信息员（协理员）名单及家庭农场、农民合作社示范社、重点龙头企业、种植养殖农户、在建工程项目负责人、塔吊负责人名单，打通“预警信息发布最后一公里”渠道。与建湖移动公司签订短信发布协议，保证气象预报预警服务信息正常发布，与县供电公司签订服务协议，做好用电气象服务。加强天气预警监测与应急联动，发布各类预警信号48次，更新33次，公众预警短信接收近55万余条。与县应急管理局联动13次，发布13期建湖县气象灾害应对工作提示单，与县融媒体中心联合推送发布48次。组建气象保障分队，开展疫情防控专项服务，及时提供天气预报和气象信息服务。通过国家突发事件预警信息发布系统、显示屏等向公众广泛传播防控信息。

【气象宣传】 县气象局持续开展气象科普、防灾减灾知识宣传活动。在“3·23”世界气象日、“5·12”全国防灾减灾日、“5·19”科普宣传周、“6·16”安全生产月等节点开展气象防灾减灾主题宣传活动，发放各类气象科普材料2000余份；开展“气象开放日”“气象进社区”主题活动，联合县科协、县应急管理局、县教育局、县司法局组织开展中、小学生和网格员气象科普宣讲。

3月23日，县气象局开展世界气象日进校园活动

（县气象局　供）

综述

【概况】　2022年，建湖县贯彻落实国家、省、市关于义务教育学校教师“县管校聘”管理体制改革意见，县委编办、县教育局、县人社局、县财政局印发《关于推进教师聘用管理改革的实施方案（试行）》，制定《建湖县2022年教师聘用管理改革实施方案》，根据“按需设岗、竞聘上岗、按岗聘用、合同管理”原则，以学校为单位，采取分步推进、逐级竞聘方式聘任教师68名，全县农村学校教师富余和县城学校师资不足矛盾得到化解。年底，全县有中小学47所，其中普通高中4所、职业高中2所、初中14所、小学22所、九年一贯制学校5所，幼儿园54所，社区教育中心15所，另有特殊教育学校、少体校、教师发展中心、体育中心、青少年活动中心、中小学实践基地各1所。年底，在校中小学生63325名，其中高中11824名、初中17789名、小学33712名。有幼儿园52所，其中公办34所、民办18所，在园幼儿12860名。新组建27个县级名师工作室，评选苏教名家培养对象1名、省教学名师1名、省名师工作室主持人2名、“盐城市名教师”4名，全县有盐城市学科带头人和教学能手213名。组织开展以“推广普通话，喜迎二十大”为主题的第二十五届“推普周”活动，各学校造浓“推普”氛围，宣传语言文字法律法规，实施中华经典诵读工程，开展“筑梦向未来”2022年度建湖县中华经典诵写讲系列活动，报送作品参加盐城市国家通用语言文字教学能力大赛获一等奖1名、二等奖1名、三等奖3名。组织参加盐城市首届“故事大王”比赛，获得盐城市一等奖2名、二等奖9名。开展“语言文字规范化示范校”抽样测评工作，各学校持续不懈推进语言文字规范化工作。

【校园建设】　年内，县教育局投入1500万元实施办学提升工程，拆除汇文初中C级1号、2号教学楼，原址重建2幢教学楼及连廊，总建筑面积4800平方米。投入900万元，新建湖阳路小学教学楼1幢，建筑面积2964平方米。投入150万元，翻建上冈初级中学400米运动操场。投入150万元，新建县中小学生实践基地实训农场。投入300万元，装修秀夫剧场，新建秀夫文化陈列馆和秀夫农场。投入120万元，出新改造西塘河小学科技楼和双语楼。投入400万元，实施明星路小学母语教育馆屋面翻新工程，翻建湖景幼儿园、西塘丽景幼儿园、恒济小学等塑胶场地，为湖阳路小学、冈西镇中心校、向阳路小学、芦沟小学、东方幼儿园等重做屋面防水，迎接省优质园复审，改造提升高新区幼儿园、县实小幼儿园校园校舍，新建西塘河小学停车场等。投入750万元，提档升级建湖高级中学校园绿化，新建课程基地。投入500万元，新建建湖中专烹饪实训车间，改造提升文旅、电子商务、智能制造等实训室。投入150万元，新建建湖高级中学、县第二中学两个标准化考点双回路系统。投入120万元，改造恒济初中、草堰口初中室外公共厕所，新建汇文初中厕所连廊。投入300多万元用于教学一体机、计算机、互动教室、智慧校园建设等项目。至年底，全县中小学被认定为市级“智慧校园”52所，占98.11%；省级“智慧校园”49所，占92.45%。

【招生考试】　年内，建湖县有21544名考生参加高考、中考、教师资格考试、成人高考、自学考试等各类考试，实现组考规模、工作强度、目标达成“三突破”。

6月7—9日，全县参加高考考生3198名，比上年增加269名。其中，首选科目物理2160名、历史1038名。外语语种报考英语考生2830名、日语考生368名。艺术类报考考生349名，体育类报考考生69名。设建湖高级中学和建湖县第二中学2个标准化考点110个考场。全县高考成绩620分以上31人（比上年增加18人），600分以上91人，建湖高级中学学生陈香怡629分，列全省前100名；本一达线808人、本二达线1821人。建湖中专338人参加职教高考，338人达大专分数线，84人达本科分数线，达线总人数连续3年列全市第一位。6月16日至18日，全县7255名学生参加中考，设建湖高级中学、建湖中专、建湖县第一中学、建湖县第二中学和建湖县汇杰初中5个考点243个考场。建湖高级中学录取分数线686分，录取学生1034名；上冈高级中学录取分数线647分，录取学生899名；县第一中学录取分数线524分，录取学生1056名；县第二中学录取分数线612分，录取学生1034名。八年级参加生物、地理考生6773名，设227个考场。江苏省2022年普通高中学业水平合格性考试（俗称“小高考”）报名人数4168名，全县设3个考点141个考场，考生均在标准化考场参加考试。

【教师队伍】 年底，建湖县在册在岗教职工6275人，其中专任教师5020人。在职特级教师12人，江苏省教学名师2人，正高级（教授级）教师11人。上冈高级中学李正浪、汇杰初级中学周静、西塘河小学荀以勇获省教育厅公布的第十六批特级教师。2月，县教育局组建27个县级名师工作室，全年参加线上线下活动3000余人次。4月，县实验小学教育集团教师查晓芳、汇杰初中教师周静被确定为“省名师工作室主持人”。4月11日，《建湖县教育局：努力打造名师工作室　引领教育高质量发展》被中国江苏网登载。6月，上冈高级中学教师李正浪被评为“苏教名家”培养对象，东方幼儿园、秀夫小学、汇杰初级中学的“四有”（有理想信念、有道德情操、有扎实学识、有仁爱之心）好教师团队被确定为市级重点培育团队。7月，教师王亚清、王竞进、张兵被评为“盐城市名教师”，149人被评为盐城市学科带头人、教学能手。9月，县幼儿园、县中心幼儿园、西塘河小学、湖阳路小学、向阳路小学、汇文初级中学的“四有”好教师团队被确定为县级培育团队。11月2日，在秀夫小学举行全县“四有”好教师团队建设现场会，推进全县高素质、专业化、创新型教师队伍建设。援疆教师王竞进、乡村教师刘德胜被评为第71期“建湖好人”。

【教学竞赛】 年内，建湖县有81人获省市基本功优质课竞赛一、二等奖，其中小学27人，初中22人，高中32人。市级一等奖以上31项，其中小学6项、初中8项、高中17项。建湖县第二中学、建湖县西塘河小学、建湖县实验幼儿园被评为江苏省教科研先进集体，教师蒋维忠、徐岚、杨义洪、朱琳被评为江苏省教科研先进个人。建湖县秀夫小学被评为盐城市教科研先进集体，王竞进、罗懿婷被评为盐城市教科研先进个人，县教育局教研室王竞进、建湖县第二中学徐军获评正高级教师。建湖县在省青年教师基本功大赛中，获省一等奖3项、二等奖2项，其中建湖县秀夫初中陈莉娟获初中综合实践基本功大赛一等奖，建湖高级中学陈琳获高中音乐基本功大赛一等奖、王明亮获高中班主任基本功大赛一等奖。建湖高级中学戴平平获高中综合实践基本功大赛二等奖、陈杭获高中物理基本功大赛二等奖。建湖县第二中学苏静获高中语文优质课竞赛二等奖。在2022年江苏省基础教育前瞻性教学改革实验项目评审中，建湖县被评为“初中数学主题式课程建构与实践项目实验区”。在盐城市基础教育内涵建设培育项目评审中，全县有6个项目参加前瞻性教学改革实验项目评审。建湖高中教师居爱民、孟凡龙主持的课题“基于思辨性学习课程基地的生物教学实践研究”在省教育科学“十四五”规划2022年度课题评审中立项。

【教育科研】 县教育局教研室高中组驻点建湖高级中学，指导督查推动学校校本教研工作，建湖高级中学与高中各学科教研员签订“指导校本教研工作协议书”，颁发聘书，安排办公地点、配备办公设备。受聘教研员每周参加高中3个年级备课组集体备课活动，指导审定教学案和校本练习等教学资源建设工作，把教研阵地移至一线。各高中团队瞄准教改热点话题、聚焦教学研究目标，转变课堂教学方式，有效提升教学研究层次和水平。专注教师培训。推动“学习共同体”“研究共同体”“资源共同体”建设，支持校内县级以上学科带头人、教学能手等参与“卓越教师培养计划”项目，参与高端研修或到高校、名校跟岗学习。对近三年招聘的青年教师采取集中培训和岗位结对培训相结合，引导他们参加县教师发展中心、市县名师工作室、县级初中学科中心组、小学教研员工作室、乡村骨干教师培育站等平台培训活动。通过专题讲座、课例研讨、课堂实践、网络培训等方式，实行跟踪培养与管理，帮其尽快熟悉掌握课程标准、教学常规等，在培训和自主研修中加快专业成长，成为合格教师。提升教研实效。以“提高质量，服务基层”为教研工作理念，将教研室打造成“有活力、有效能、受欢迎的科室”，使教研员队伍成为“善于学习、服务意识强的团队”。具体做实“五制”，即推行专题学习制，提升教研员的理论水平；推行每月工作任务公示制，未按时完成的工作任务限期补课整改；推行联系与服务学校制，使教研员工作重心下沉、服务靠前；推行工作资料积累制，扩增教研室的资源储备；落实教研员外出培训工作制，拓宽教研员工作视野，拓展教研工作思路，提升教研工作质量。年内全县有90项课题在省、市、县各类课题评审中立项，其中江苏省“十四五”教育科学规划课题立项4项、江苏省中小学教学研究第十四期课题立项1项。盐城市教育科研立项课题18项、盐城市学思融通课堂教学改革专项立项课题12项。

【德育教育】 年内，县教育局印发《2022年全县学校德育（法治）工作要点》，全面落实《关爱青少年生命健康专项行动总体方案》《关于加强新时代中小学心理健康教育的意见》，制定《关于合力推进全县青少年心理健康教育行动方案》，推动学生心理健康教育工作，营造人人关心关爱未成年人健康成长氛围。推进宪法学习宣传，开展未成年人保护法和预防未成年人犯罪法以及与青少年学习生活密切相关的法律法规普法宣传，发挥法治副校长专业特长，开展“法律进校园”“法治进课堂”活动，教育学生积极学法、主动用法、自觉守法。开展“青春献礼二十大，强国有我新征程”“喜迎二十大，强国复兴有我”“喜迎二十大　筑梦向未来”等系列主题宣传教育实践活动。开展“新时代好少年”等未成年人先进典型学习宣传活动。年内，1名学生被评为“新时代盐城好少年”，22名学生被评为“新时代建湖好少年”，120名学生被评为“美德少年”。落实立德树人根本任务，强化德育品牌意识，推进省、市、县三级中小学生品格提升工程建设。建湖高级中学《教书启智　育人育心》、汇文初中《入学有方　成长有礼》、湖阳路小学《关爱老人　温暖社会》、中心幼儿园《中幼童子军　浓浓爱国情》、上冈社区教育中心《践行志愿服务精神　激发道德成长力量》获2021年度盐城市中小学德育工作典型案例。秀夫初中《秀夫文化涵育忠贞品格的跨学科行动》、湖阳路小学《践行“四生”（生长课堂、生命践旅、生活作文、生趣社团）课程：新时代阳光学子品格提升策略》入选市品格提升工程项目。

【教育督导】 县教育局发挥教育督导“长牙带电”功能，将一线督导作为督导部门“守门护田”职责，助力县域教育内涵发展与质量进位“双提升”。加强县、校聘督学专业建设，选聘17名不再担任校级领导干部的教师充实到全县教育督学队伍，发挥基层学校教育管理干部“长尾”效应。设立全县责任督学工作室，辟出专门办公场所，实行周四集中办公制度。加强督学业务培训，组织学习中共二十大报告及《中华人民共和国家庭教育促进法》《江苏省教育督导条例》《江苏省教育督导问责实施细则》等法律法规，推动教育法规政策落地落实。组织督学代表参加全国教育督导管理干部网络培训，上传学习心得。年内，开展全县优秀责任督学评选工作，评选表彰30名优秀责任督学。常态化组织挂牌督导，制定月度挂牌督导清单，明确“四个一”督导要求，即检查一次安全工作、听议一节课堂教学、组织一次师生访谈（或问卷调查）、提出一项发展建议，丰厚学校办学内涵。组织春、秋学期开学工作检查，举办专业培训，成立10个督查组，到全县各学校开展开学工作检查验收，下发督查通报及问题整改清单，采取现场回访、电话咨询、整改报告等形式，实行销号清账，确保安全开学与开学安全。中共二十大召开前，组织9次校园安全工作专项督查，年内对全县36所中小学进行6轮安全检查，发现问题隐患559条，督促现场整改275条，交办整改284条，所有问题均整改到位。将“双减”“五项管理”（作业、睡眠、手机、读物、体质管理）工作列为全县教育督导“双一号工程”，重点督查推进。县

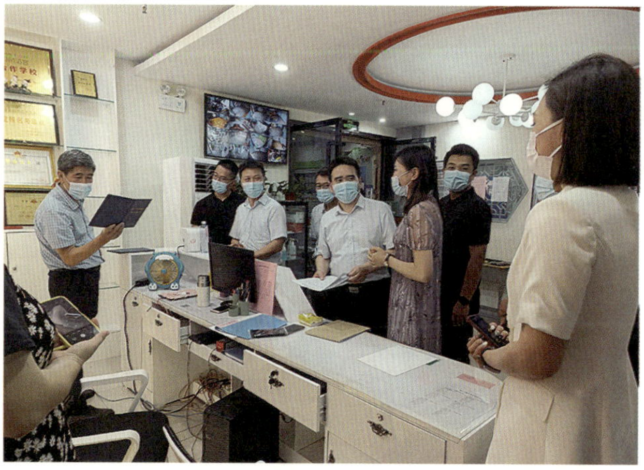

7月20日，省教育厅校外教育培训监管处和“双减”办专项调研组到建湖调研　　（县教育局　供）

委办、县政府办印发《关于全面落实减轻义务教育阶段学校学生作业负担和校外培训负担工作实施方案》等文件，形成常态督、督常态机制。联合实施全县小学初中教育教学综合督导，制定下发督查简报5期。定期向省市报送建湖县“双减”工作典型做法，全县“双减”动态信息被省市“双减办”采用发布21篇。组织全县义务教育学校“双减”工作典型案例评选，表彰20个优秀典型案例，并汇编成册。《秀夫小学作业不出门书包不回家》被评为市中小学责任督学挂牌督导优秀案例；湖阳路小学推送的《五维评价：构建“双减”新生态》被评为省第四批“双减”工作典型案例；全县“双减”工作典型做法《以“双减”促“双提升”推动教育高质量发展》作为盐城市唯一县级入选典型参加省级专项会议经验交流。

【“三风”整治】 9月，县委、县政府在全县教育系统开展为期近4个月的校风教风师风建设问题专项整治行动，印发《全县教师违规收受礼品礼金问题专项整治行动方案》，通过宣传教育、自查自纠、执纪问责、健全制度等，凝聚监督合力，对师德失范的教师坚持从严从快处理，严格执行“一案三报告”（案件审查调查报告、案件剖析报告、案件总结报告）制度，推动以案促警、以案明纪。立案查处教育系统30人，问责13人。11月，下发《关于成立建湖县教育系统清廉建湖建设行动领导小组的通知》《建湖县教育系统清廉建湖建设行动方案》，结合11项重点整治项目，解决教师师德失范等突出问题，扭转教育领域不正之风，营造风清气正的育人环境。开展学习贯彻《新时代教师职业行为十项准则》，争做“四有”好老师活动，用榜样的力量涵养师德。

【扶贫助学】 县教育局建立健全特殊群体学生教育关爱帮扶机制，实现教育关爱、结对帮扶全覆盖。年内，摸排全县中小学“四特学生”4751人，其中特殊家庭学生3286人、特殊心理学生191人、特殊行为学生170人、特异体质学生1104人，全部落实一人一档、一人一策。教育系统2100余名党员教师帮扶2400余名困境学生，解决生活、学习和成长等困难。资助家庭经济困难学生13844人次，资助金额2316.09万元，教育系统267名管理干部结对帮扶青海玉树新寨中心学校学生，捐助8.23万元。

【校外培训管理】 建湖县把推进“双减”工作、整治校外培训机构作为深化教育改革、回应人民群众关切的重点任务，坚定整治决心，压实工作责任，坚持综合施策，实行疏堵结合，推进校外培训机构专项治理。年内，62家学科类校外培训机构，停办27家，转型32家，压减率96.77%。年底，全县纳入管理的校外培训机构156家，其中义务教育阶段学科类2家、纯高中学科类4家、体育类30家、艺术类113家、科技类7家。3月，县委办、县政府办出台《关于全面落实减轻义务教育阶段学生作业负担和校外培训负担工作实施方案的通知》，建立建湖县“双减”工作县级联席会议机制。成立由教育部门牵头的校外培训机构专项治理工作领导小组，明确学科类、艺术类、体育类、科技类校外培训机构，分别由县教育局、文旅局、体育局、科技局归口管理。各行业主管部门各司其职，加强对职责范围内校外培训机构日常监管。明晰教育部门统筹，各行业主管部门监管，依托社区网格化综合治理体系，发挥综合管理功能，完善联动工作机制，明确具体任务要求，形成全社会共同推进各类培训机构规范发展合力。把非学科类培训机构违规举办学科类培训，任何机构或个人以“高端家政”“众筹私教”“住家教师”“托管照看”等名义违规开展“一对一”“一对多”非法违规学科培训作为靶向治理的重点，严厉纠治治理隐形变异违规培训行为，坚定不移推进“双减”工作落地见效。

【合作交流】 县教育局深化《海安市人民政府和建湖县人民政府合作办学协议》《海安高中和建湖高中合作办学协议》履行，新增海安市海陵初中和建湖县秀夫初中合作项目。通过举办高层次人才论坛，同课异构、线上交流研讨、合作开展课题研究等学术研讨活动，加强双方在集体备课管理、校本资源建设、初高衔接课程开发等合作。定期开展学生管理、综合发展、科学评价、社团建设、家校共育等交流研讨，以学生社团或年级为单位，定期开展联谊活动。

表36　　2022年建湖县中小学及幼儿园基本情况

学校名称	主要负责人	教职工（人）	班级数（个）	在校学生（人）
江苏省建湖中等专业学校	朱长安	355	93	4081
江苏省建湖高级中学	张书军	357	68	3495
江苏省上冈高级中学	谈万余	239	51	2738
建湖县第一中学	严廷勇	259	53	2839
建湖县第二中学	蒋　锋	272	53	2691
建湖县秀夫初级中学	张　兵	395	89	4372
建湖县汇文初级中学	徐成荣	289	65	3159
建湖县东进路初级中学	陈　继	167	33	1601
建湖县汇杰初级中学	胡宏明	231	56	2559
建湖县上冈实验初级中学	彭光勇	214	49	2386
建湖县少年体育学校	夏斯彬	30	3	38
建湖县建阳中学	周新文	97	15	562
建湖县恒济初级中学	吴炳华	38	7	257
建湖县芦沟中学	朱学鹏	54	6	149
建湖县庆丰中学	唐　鹏	80	12	455
建湖县冈东初级中学	吴加军	38	6	175
建湖县草堰初级中学	颜学成	44	8	295
建湖县冈西初级中学	张加林	36	4	136
建湖县海南初级中学	陈廷亮	51	8	249
建湖县宝塔初级中学	李德猛	28	5	155
建湖县高作中学	黄同万	50	9	331
建湖县九龙口镇中心学校	张广海	95	20	640
建湖县颜单镇中心学校	吴朝华	59	9	203
建湖县沿河镇中心学校	孙朗华	58	9	232
盐城市建湖汉开书院学校	潘景茚	164	33	914
建湖县西塘河小学	荀以勇	237	79	3725
建湖县明星路小学	陆春芹	74	24	923
建湖县冠华小学	蒋　磊	57	20	720
建湖县湖阳路小学	丁加华	292	94	4803
建湖县汇文西路小学	成万兵	97	37	1442
建湖县向阳路小学	蒋建波	317	92	4405
建湖县湖垛路小学	陆正庆	116	43	1851
建湖县湖中北路小学	吕生同	116	43	1747
建湖县秀夫小学	李宏生	222	72	3749
建湖县森达路小学	陈建伟	91	34	1324
建湖县建阳镇中心小学	刘孝锋	81	16	596
建湖县恒济镇中心小学	夷正中	51	12	377
建湖县芦沟镇中心小学	成中正	32	6	181

续表36

学校名称	主要负责人	教职工（人）	班级数（个）	在校学生（人）
建湖县芦沟镇裴刘小学	肖　达	18	6	97
建湖县庆丰镇中心小学	吴　萍	67	18	592
建湖县冈东小学	李立轩	26	6	219
建湖县草堰口小学	臧　振	45	11	374
建湖县冈西镇中心小学	张加林	38	8	216
建湖县钟庄小学	唐　建	36	8	258
建湖县宝塔镇中心小学	李德刚	33	10	231
建湖县高作镇中心小学	刘宏彬	52	13	405
建湖县上冈镇中心小学兴冈校区	徐才万	169	52	2642
建湖县上冈镇中心小学复兴校区	陈　军	119	42	1691
建湖县特殊教育学校	刘必军	43	15	173
建湖县高级技工学校	游春飞	62	26	925
建湖县幼儿园	李　冬	63	15	556
建湖县东方幼儿园	乔红兰	64	14	470
建湖县实验幼儿园	彭玲玲	79	20	758
建湖县实小幼儿园	王海艳	47	11	322
建湖县二小幼儿园	张雨霞	69	18	700
建湖县中心幼儿园	殷舟枝	62	16	579
建湖县进修幼儿园	姜　月	57	14	486
建湖县西塘丽景幼儿园	吴爱静	40	10	353
建湖县希望广场幼儿园	王小丽	22	5	98
建湖县湖景幼儿园	嵇章东	28	7	169
建湖县翠湖幼儿园	殷舟枝	16	3	68
建湖县经济开发区中心幼儿园	肖莹莹	39	8	264
建湖县高新区幼儿园	祁红梅	19	4	103
建湖县森达幼儿园	刘玉珍	65	17	688
建湖县育红幼儿园	许世红	31	6	213
建湖县怡景学府苑幼儿园	苏　和	39	9	353
建湖县碧桂园幼儿园	刘丽萍	32	7	218
建湖县建阳镇中心幼儿园	夏亦琴	28	8	183
建湖县建阳镇中心幼儿园建南分园	夏亦琴	11	3	55
建湖县九龙口镇中心幼儿园	成新艳	27	6	132
建湖县恒济镇中心幼儿园	王　英	27	5	125
建湖县颜单镇中心幼儿园	徐巧兰	15	3	65
建湖县沿河镇中心幼儿园	朱国英	16	4	56
建湖县芦沟镇中心幼儿园	崔　梅	18	4	105
建湖县芦沟镇中心幼儿园裴刘分园	崔　梅	7	2	26
建湖县庆丰镇中心幼儿园	刘成娅	32	7	164
建湖县冈东幼儿园	沈祥丽	16	3	50

续表36

学校名称	主要负责人	教职工（人）	班级数（个）	在校学生（人）
建湖县草堰口幼儿园	戴粉梅	19	5	133
建湖县冈西镇中心幼儿园	邵莉丽	13	3	71
建湖县钟庄幼儿园	徐　卉	17	4	81
建湖县宝塔镇中心幼儿园	周　松	18	4	79
建湖县高作镇中心幼儿园	王　霞	24	5	110
建湖县上冈镇中心幼儿园	沈　慧	86	21	684
建湖县上冈镇二小村幼儿园	沈　慧	4	1	18
建湖县上冈镇明照村幼儿园	沈　慧	4	1	23
建湖县鸿雁幼儿园	刘蓓蓓	47	11	358
建湖县爱心幼儿园	吴　艳	25	6	142
建湖县新蕾幼儿园	陆广霞	56	15	524
建湖县新蕾幼儿园明星城分园	陆广霞	66	18	572
建湖县建北幼儿园	巴召艳	28	8	295
建湖县红花幼儿园	戴青松	13	3	89
建湖县城北幼儿园	陈晓莉	16	3	87
建湖县环宇幼儿园	唐崇霞	17	4	116
建湖县开发区城东幼儿园	成　娣	49	13	559
建湖县开发区明珠幼儿园	周德兰	13	3	70
建湖县童心幼儿园	陆应巧	11	3	48
建湖县国花幼儿园	陈国花	11	3	54
建湖童蕾蓝天幼儿园	李永华	42	11	272
建湖县布朗学府文苑幼儿园	杨颖瑞	19	4	54
建湖县建阳蓝天幼儿园	蒋加兰	19	5	142
建湖县向阳幼儿园	王　进	69	17	627
建湖县上冈金摇篮幼儿园	丁红梅	14	3	93
建湖县上冈镇世纪新城幼儿园	陈　艳	25	6	200

幼儿教育

【概况】　2022年底，建湖县有幼儿园54所，其中公办34所、民办18所，在园幼儿12860人。新启用布朗学府文苑幼儿园并创成市优质园，新认定普惠性民办园2所，县实验小学幼儿园、建湖高新区幼儿园通过省优质园复审，全县普惠性幼儿园覆盖率97.1%，省市优质幼儿园覆盖率98.9%，居全市前列。申报省乡村骨干教师培育站，成立县学前教育名师工作室4个，组织8所联盟龙头园举行市、县级开放交流活动，录播家校共育大讲堂宣传片1部。

【省级课程游戏化项目】　年内，省专家团队到建湖视导2020年申报的省区域推进课程游戏化建设项目。专家组听取专题汇报，全面了解项目建设的保障机制、有效路径、研究成效等核心要素，走进县内4所幼儿园实地指导，涵盖公办民办、县城农村、普惠性与非普惠性园所，分别为县实验幼儿园、建阳镇中心幼儿园、童蕾蓝天幼儿园、上冈镇世纪新城幼儿园。专家组观摩建湖县学前教育中心教研组专题研讨活动，对全县基于问题开展有质量的区域教研活动表示认可。

【建湖县中心幼儿园】　创建于1995年，原隶属县妇联管理，2002年创成省示范性实验幼儿园，2018年收归教育局管理。2022年有教职工62名，班级16个，在园幼儿579名。坚持“践行生态教育 培养幸福儿童”办园理念，落实立德树人根本任务，致力培养“文明会交往、健康乐运动、好奇爱探索、独立能合作”儿童。投入500多万元改扩建南保教楼，创设6个标准幼儿活动室及科学、阅读、木工、生活、美工与音乐等功能室。结合省“快乐体操”特色项目，运用地方自然、社会、人文资源创设“童子军”课程，每年“9·3”抗战胜利纪念日开营，“9·30”烈士纪念日结营并向国庆献礼；幼儿在快乐运动游戏中，收获勇敢、坚韧、自律、守时等良好品质，达成“炼其体魄、强其心智”课程目标。童子军课程逐渐从幼儿园向家庭、社会延伸。连续3次获市（县）亲子趣味田径比赛冠军，市幼儿组快乐体操银奖，省级幼儿组快乐体操（早操）金奖、最佳军旅题材奖。2022年，中心幼儿园倡导的家庭亲子运动做法在县家校共育大讲堂作“趣味运动 快乐成长”专题录播，被“学习强国”江苏学习平台、市县多家媒体平台推广宣传，被评为“盐城市优秀德育典型案例”、江苏省体育（快乐体操）特色幼儿园。

11月19日，建湖县中心幼儿园亲子运动代表在县“家校共育大讲堂”展示　（县教育局　供）

义务教育

【概况】 2022年，全县有义务教育阶段学校44所，公办学校43所，民办学校1所。其中，小学24所，初中16所，九年一贯制学校4所。小学在校学生34632人，初中在校学生17680人。建湖特校有教学班10个，学前康复班1个，在籍学生185人，教职工43名。县教育局以《关于推进建湖县中小学教研工作三项重点工程的实施意见》为指引，将“校本研训”“资源建设”“集体备课”等作为改革重点。围绕“推进三项工程”教学改革主题，严格落实校本研训措施，科学构建资源共享机制，提高集体备课实效的总体改革思路，推进中小学课堂教学改革，解决学校教学教研中的实际问题，提高校本研训工作实效性，实现信息化条件下教学资源共建共享，稳步提高教育教学质量。

【“一主多元”内涵建设】 县教育局实施“双减”提质、文化提升工程。推进“双减”政策落地生根，围绕立德树人根本任务，打造学校文化品质提升工程，促进学生身心全面、健康发展。5月，县教育局印发《关于进一步推进小学“双减”工作及“一主多元”内涵提升工程的实施意见（试行）》，在全县小学深度挖掘“一主多元”内涵建设提升工程价值，注重文化引领，持守“校园文化为根本、课程建设为基本、促进改良为务本”的管理、质量、教研逻辑，实施校园文化“三精”行动路径，即文化表述应精当、文化标识应精美、文化制度应精要；“七化”课程行动路径，即课程实施纵深化、课程评价素养化、品行养成阵地化、体艺教育菜单化、劳动教育立体化、科学启蒙实操化、校园阅读全科化；“三提”教学行动路径，即校本研训提能、集体备课提效、资源建设提质。定期开展“一主多元”内涵建设现场推进会，给学校搭建展示的舞台，提供互相学习的机会，促进全县小学教育内涵建设品质整体提升。

【师生参赛】 年内，在省、市基础教育基本功、优质课比赛中，建湖县1名教师获省一等奖，20名教师获市一等奖，30多名教师获市二等奖；在盐城市少先队辅导员基本功大赛中，获团体特等奖，30多名教师获省、市级表彰。全县30名学生获“江苏省好少年”称号，40多名学生参加全国飞北大赛（中国航空协会主办）获一等奖；20多名学生在全国珠心算大赛中获特等奖、一等奖；100多名学生在省“请党放心 强国有我”征文中获奖；在全市中小学生“三独”比赛中，7名学生获一等奖；在全市“童心永向党 快乐伴成长”红领巾征文活动中，8名学生获一等奖，近1000名学生在省“七彩语文”作文大赛、书法大赛中获得等级奖。

【秀夫初级中学】 2022年，有教职工395名，班级89个，在校学生4372名。学校秉持“惟忠惟真 且秀且实”校训，敬立陆秀夫塑像，建成秀夫文化长廊，全面培育“秀夫文化”。依托市级“四有”好教师团队，加强教师队伍建设。12月2日，举行面向全市的融德“四有”好教师团队建设暨课堂教学展示研讨活动。通过跨学科整合德育资源、优化德育活动载体，精心打造“融合德育”特色品牌。实施全员导师制，建立“学生人人有导师、教师人人是导师”制度体系，减轻学生过重的学业负担、心理压力，构建和谐师生关系，形成“三全”（全员育人、全方位育人、全过程育人）育人格局。开展“五节三仪”（读书节、科技节、英语节、体育节、艺术节，入校仪式、青春仪式、壮行仪式）系列活动，组织“阅读•悦享•越精彩”双语阅读活动，纵深推进“让学引思　学思融通”课堂教学改革，构建“五学三引”课堂教学范式，办学特色日益彰显，品牌效应持续扩大。

【湖阳路小学】　2022年，有教职工292名，班级94个，在校学生4803名。践行“阳光育人，多彩成长”办学理念，打造“向光生长”校园文化，确立“培养阳光儿童”育人目标，倡导“阳光普照，童心绽放”教育观，“乐学、善思、笃行、日新”儿童观，“普惠、温暖、博学、慧教”教师观，构建以“生长课堂、生活作文、生命践旅、生趣社团”特色课程，开展“主题式”德育活动，孕育学生道德之魂；建构“对话式”阳光课堂范式，点亮师生智慧之光；开展“菜单式”劳动实践，拓宽学生素质发展之路。学校发挥江苏省特级教师、市县名师工作室的资源优势，集聚智慧，打造名师团队，在国家、省、市各类竞赛中屡获大奖；推进社团建设，铜管乐团、足球、淮剧、剪纸、跳绳、科技、珠心算等社团建设层次高、活动影响力大，学生素质发展多元。学校先后获评全国绿色学校、全国艺术教育先进集体、全国青少年足球特色学校、全国中小学中华优秀传统文化传承学校、江苏省教育工作先进集体、江苏省教科研工作先进集体、江苏省文明校园、江苏省科普阅读推广基地、江苏省红十字示范学校。

【汇文西路小学】　2022年，有教职工97名，班级37个，在校学生1442名。确立“阳光育人，多彩成长”教育理念，以“培养阳光儿童”为育人目标，全面推进素质教育。学校地处城乡接合部，开发校园劳动实践场地，打造“汇·力”劳动品牌。学校以“汇·美”生态园为主阵地，设置植物蔬菜区和动物饲养区，让学生亲近自然、观察实践，师生通过与动物的亲密接触，在植物种植、培育实践中，建立认知、锤炼技能、培养情感。学校借智引力编撰校本教材《五育并举塑造劳动美》，构建契合校情、生情的劳动课程体系。学校劳动教育被央广网、江苏卫视、“学习强国”学习平台选介。先后获评全国书法教育特色学校、全国青少年足球特色学校、江苏省生态科技实验学校、盐城市内涵建设先进校、盐城市教科研先进学校。

【湖中北路小学】　2022年，有教职工116名，班级43个，在校学生1747名。秉承“知行合一，诚善笃行”办学理念，坚持“教、学、做合一”，打造“行知”特色文化校园。2019年获批江苏省“陶行知研究会实验学校”；2020年加入中国陶研会行知名校联盟。学校致力建设润物无声、知行合一、管理有序的行知校园；培养勤学笃行、手脑相长、学行并重的行美学生；打造努力上进、以身作则、持续成长的行健教师；塑造民主和谐、宽严并济、言传身教的同行家长。校园形成“一像两苑”（“陶行知先生”雕像，“求真苑”“行知苑”）、“四石五楼座”（力心石、行知石、学行并重石、教学做合一石，行成楼、行健楼、知美楼、力行楼、行知剧场）的行知校园物态文化，通过定期举办“行知论坛”“行知读书班”汇报会、“行知综合实践”活动，形成“学陶”“师陶”“践陶”的浓烈氛围。构建“力心”劳动课程体系，打造“行知四动”（问题驱动、学生主动、教师引动、多元互动）课堂，开展劳动实践，校园成立扎染、百态脸谱、淮剧馆、服装设计、版画社、3D打印、书画社等特色社团，提升学生综合素养。学校先后获评江苏省特色文化校园、江苏省优秀家长学校、盐城市教育工作先进单位、盐城市文明单位。

【恒济镇中心小学】　2022年，有教职工51名，班级12个，在校学生377名。学校坚持“持之以恒扬特色，多元并济育龙人”办学理念，依托水乡文化资源，打造集聚历史与未来的“龙文化”特色，形成以文化育人、管理育人、服务育人、环境育人、活动育人办学路径，培养具有胸怀天下、尚美向善、体壮艺湛、好学奋进品质的新时代“小龙人”。学校以田径项目为突破口，打造体育特色项目，“腾飞”舞龙队多次参加市、县活动，被评为省红领巾优秀社团，被市、县电视台专题报道；田径“龙之队”多次参加省、市、县田径比赛，在2021年江苏省青少年田径锦标赛中获一银二铜，在2022年盐城市青少年田径锦标赛中获二金四银四铜。学校获评江苏省体育特色传统学校，2022年被评为盐城市内涵发展先进校。

【上冈镇复兴小学】 2022年，有教职工119名，班级42个，在校学生1691名。秉持“向上生长 立冈铸魂”田园教育理念，打造“学生有丰富想象力、教师有强大战斗力、学校有核心竞争力、品牌有广泛影响力”百姓家门口的好学校。学校弘扬优秀传统文化，推进“淮剧进校园”工作，依托“乡村学校少年宫”阵地，建立“淮剧小传人”等社团活动载体，探索“团校共建、资源共享”有效路径，实施文化兴校、艺术亮校、特色名校工程，建构《唱响淮剧》《我爱淮剧我爱唱》等校本化文化课程体系，形成一榜（淮剧名人榜）、一墙（淮剧艺术墙）、一室（淮剧体验室）、一场（淮戏大剧场）、一角（班级淮艺角）、一节（淮剧艺术节）“六个一”的艺术教育特色文化。校园形成“看得见氛围、听得到歌声、留得住乡愁、带得走素养”的艺术教育特色，学校先后获评全国陶行知实验学校、全国青少年校园足球特色学校、江苏省中小学艺术教育特色学校。

【钟庄小学】 2022年，有教职工36名，班级8个，在校学生258名。钟庄小学办学历史悠久，蕴百年老校之精粹，构现代学校之精神，秉持“育人为本、素质优先、张扬个性、发展能力”办学理念，明确“干净、安静、上进、孝敬”校园办学目标，打造布局合理、精致优雅的家园，活动多元、阳光成长的乐园。学校坚持艺术特色打造，以民族器乐为突破口，推进“竹笛、淮剧进课堂”工作，提升师生艺术涵养。学校创新课程编排，专兼职教师全员参与艺术课程实践，悠扬的乐声、动听的淮调充盈校园每个角落，特色建设工作硕果累累。《新华日报》《家教周报》《东方生活报》《建湖日报》等媒体多次宣传报道钟庄小学办学特色，学校获评江苏省平安校园、盐城市德育先进校、盐城市器乐教学特色校、盐城市教育科研先进单位。

【建湖县青少年活动中心】 发挥“全国优秀县级校外教育场所”品牌功能，一校两区（本部、双湖分部）建设注重集园林化、特色化、现代化于一身，培训项目融艺术、健身、人文于一体，校外教育服务功能齐全、师资专业、独具特色。本着“成长青少年，服务全社会”工作宗旨，秉持“育快乐人，快乐育人”办学理念，实现“播下兴趣的种子，奠基孩子的未来”办学目标，注重未成年人思想道德教育和创新实践能力培养，面向全体学生开设涵盖美术、音乐、书画等20个项目课程，组织开展丰富多彩的活动，让孩子们“唱起来、演起来、舞起来、笑起来、玩起来”。创新专业设置，发挥公益性职能，开辟旋转舞台、健身区、科技活动等阵地，向科技、体育、德育等延伸。3000名学员在各级各类比赛中获奖，500多名学员通过省级5—10级器乐考级，近千人在全国少儿书画比赛中获奖，连续10年被评为全国少儿书画大赛先进集体。

【盐城汉开书院】 2019年10月21日，盐城汉开书院落户建湖县，是县政府2019年重点民生项目，位于建湖县人民南路东，正义路南，体育路北，占地面积154亩，建筑面积7万余平方米，毗邻县体育中心。由县政府和深圳汉开教育咨询管理有限公司合作创办。2021年9月1日正式开学，开设小学、初中2个学段，实施小班化教学。2022年有教职工164名，班级33个（小学23个、初中10个），学生914名。盐城汉开书院是一所九年一贯制学校，整体设计1—9年级的课程体系。所有学科采用教师命制导学案形式，融合美思教学法和尝试教学法，采用“4+2+3”（方格笔记本、思维导图、效能手册、汉开汇4种学习工具；尝试学习法、思维审美2种教学策略；明标、探标、达标3种制度）课堂教学模式，提高课堂效率，激发学生成长内驱力。

高中教育

【概况】 2022年，全县有普通高中4所、职业高中2所，高中在校学生11824名。全县3198名考生参加高考，本科达线人数1821人，其中本一达线808人，650分以上2人，620分以上31人，600分以上91人。上冈高级中学徐晨652分，为全县物理类最高分。建湖高级中学历史类陈香怡629分，跻身全省前100名。与上年比较，620分以上人数增长率高出省62个百分点。建湖中专338人参加职教高考，84人达本科分数线，居全市第一名。在2022全国中学生英语能力测评中，建湖高级中学有490人获全国一、二、三等奖，其中52人获全国一等奖，200人获全国二等奖；221人获江苏省一、二、三等奖，其中118人获江苏省一等奖，75人获江苏省二等奖。建湖高级中学学生周锐获江苏省首届中小学生实验操作大赛二等奖，朱洲等5名学生获全国中学生数学奥林匹克竞赛（预赛）二等奖。

【教学管理】　年内，县教育局建立“集体备课+”式校本教研内容体系，将学习课程方案、学习课程标准、学习教育前沿理论和研究动态明确为校本教研的固定内容，让“先学后教”“先备后教”成为全体教师的行动自觉。强化考试研究。组织教师参加市、县组织的专业培训与考试、考核活动。组织“三新”（新聘用、新选调、新借用）教师与35周岁以下教师参加“师生同考”活动。秋学期参加高三市一模考试、春学期参加市三模考试。利用寒暑假时间，组织“三新”教师、35周岁以下教师、高三教师开展做高考题、评高考题、讲高考题活动，分学科组织教师开展原创题设计竞赛。推进校际交流。组织青年教师与校外名师结对培养，推进与名校的深度合作。与江苏省海安高级中学和无锡天一中学等名校建立长期深度合作机制。定期派出青年教师到名校跟岗学习和校际学术交流。鼓励支持青年教师进行校际学术交流、同课异构和任教支教。

【江苏省建湖高级中学】　创建于1925年，江苏省四星级普通高中、国家级示范性高中。学校占地面积266亩、建筑面积9.8万平方米。学校坚持“质量立校、质量立人”，全面实施素质教育。2022年，有教职工357人，班级68个，在校学生3495名。锚定立德树人根本任务，依托新课程改革，借助集团化办学，尝试探索跨学段衔接课程实践，以学定教，推进“导—疑—测”思辨课堂实践。加强与南京大学和海安高中等名校深度合作，实现资源共享、教研互鉴。以“惟文惟真”校训为引领，培育“仁爱、敬业、团结、创新”教师团队精神，树立“做成功的现代中国人”学生培养目标。在“求真”德育导引下，推行“导师制”育人模式，细化“三化三题三礼四节日”（德育课程化、课程活动化、活动主题化，学校每月一主题、年级每周一话题、班级每天一问题，高一入学礼、高二成人礼、高三毕业礼，科创节、阅读节、体育节、艺术节）的实施路径。2022年高考质量稳中有升，文科1人进入全省前100名，理科620分以上30人，600分以上85人，本一达线644人，文化达本科线1036人。录取复旦大学1人，南京大学9人，“985”大学26人。学校先后获评全国教育科研先进单位、全国青少年校园足球特色学校、江苏省文明校园、江苏省双拥模范单位、盐城市思政育人特色学校、建湖县“五四红旗团委”。

【江苏省上冈高级中学】　发端于1905年在上冈文庙创办的初等小学，创办于1931年，占地面积135亩，建筑面积7.1万平方米。1958年被命名为建湖县上冈中学，1960年被列为省大改试点学校，1980年被定为省首批办好的95所重点中学之一，1984年被列为省12所大改试点学校之一，被誉为全省教育界“四大名旦两朵花”之一，1994年被省教委正式确认为省合格重点中学，2000年6月被省教育厅命名为省模范学校，2002年4月被正式确认为国家级示范高中，2003年6月晋升为江苏省上冈高级中学，2004年被评为江苏省首批四星级高中。2022年，有教职工239人，班级51个，在校学生2738名。学校先后被表彰为全国德育先进校、全国科研兴教先进单位、全国课堂教学先进单位、全国学校体育工作先进单位、全国学校管理先进单位。

7月29日，上冈高中举办远教站点建设观摩活动
（县教育局　供）

【建湖县第一中学】　创办于1956年，原校址位于建湖县钟庄镇，曾用名秉文中学、红旗战斗中学、钟庄中学。2002年经县委、县政府批准易址县城新建。校园占地面积210亩，建筑面积5.15万平方米，总投资6000万元，集信息化、园林化、人文化于一体，是县委、县政府2003年实事工程，2004年9月投入使用。校园位于县城北部，介于明珠路与火车站之间，东临湖中路，西接建高线。硬件设施均按国家级示范高中配置，教学楼、学生公寓、综合服务楼错落有致，生活、体育活动场所齐全。多媒体网络、闭路电视系统、智能广播系统构成学校先进的信息网络系统。2007年12月通过江苏省三星级普通高中验收，2010年7月由县委、县政府定名为“江苏省建湖县第一中学”。2022年有教职工259人，班级53个，在校学生2839名。学校被评为全国美术教育先进学校、全国中学生英语听读能力竞赛先进集体、全国职工书屋示范点、中国国防教育特色学校、江苏省德育工作先进学校、江苏省体育教学工作先进学校、江苏省招飞

工作先进集体、江苏省军训工作先进学校、盐城市绿色学校、盐城市文明单位、盐城市四星级教工之家、盐城市教育系统先进基层党组织、盐城市和谐校园。

【建湖县第二中学】 创办于1976年，前身为建湖镇南中学，1984年划归县直改用现名，占地面积80亩，建筑面积3万多平方米。1998年升格为盐城市重点中学，2001年4月跻身省重点高中行列，2004年3月转评为省三星级高中，2010年、2016年两次通过三星级高中复审。学校被评为江苏省绿色学校、江苏省德育先进学校、盐城市安全文明校园、盐城市模范学校、盐城市依法治校先进学校、盐城市中小学百佳校园、盐城市教育系统先锋号、盐城市教育工作先进集体、盐城市中小学百佳校园、盐城市学校食堂A级单位、盐城市三星高中教学质量优胜奖。坚持科研与教研相结合，把教科研作为学校的重点工作来抓。6月17日，学校被评为全省教科研工作先进集体。11月25日，建湖县第二中学教师徐军被认定为江苏省教学名师。成立“盐城市高中化学徐军名师工作室”“建湖县高中数学许卫兵名师工作室”。2022年，有教职工272人，班级53个，在校学生2691名。

【校外宣教实践中心挂牌】 2022年4月，建湖高级中学与九龙口旅游度假区、恒济镇、庆丰镇、高作镇、建阳镇举行校外宣教实践中心集中挂牌仪式。中心隶属建湖县中学教育集团，从校地合作、共同育人的目的出发，建立以开展科技创新、生涯规划、志愿服务、社会实践等为主要内容的学生社会实践中心、地方文化宣教中心、爱国主义宣教中心。校外实践宣教中心的成立，旨在引导学生准确理解和把握社会主义核心价值观的深刻内涵和实践要求，锤炼良好政治素质、道德品质、法治意识和行为习惯，修养积极健康的人格和良好心理素质，促进学生全面发展，提升学生综合素养。

特殊教育

【概况】 县教育局做好全县适龄残儿教育安置工作，依托建湖特殊教育学校，提供学前和义务教育学段特殊教育服务。借助普通学校（幼儿园）做好轻度残儿随班就读工作，建成资源教室47个，配有专职特教老师50名。2022年，全县3—6岁特需儿童55人，入园47人，入园率85.5%。各学前融合教育资源中心服务本镇（街道）特需儿童，做到应收尽收、应融尽融。经教育评估不具备进入普通幼儿园条件的特需儿童，安置到特殊教育学校学前班就读。全县义务教育阶段适龄残疾学生354人，在县内入学354人，入学率100%，巩固率100%。送教上门学生96人，占适龄残疾学生总数的27%。全县中等职业学校设置职业教育融合资源中心，在普通学校和特教学校完成义务教育的特需学生，高中阶段受教育率60%。

【建湖县特殊教育学校】 创建于1999年，占地面积18.9亩，建筑面积4636平方米。2022年有教职工43人，班级15个，在校学生173名。学校秉持“替学生成长着想，为学生自立奠基”办学宗旨，倡行“包容差异，全面育人，多元发展”办学理念，弘扬“博爱、奉献、自强、奋进”治校精神，开拓创新，锐意进取，提升教育教学质量和办学品位，开创学校持续、健康、快速发展新局面。注重养成教育，践行“以课堂教学渗透，以养成教育促进，以体验活动强化，以文体活动拓展”育人方略；实施个别教学，构建“尊重个体，按需施教，差异发展”课堂教学模式和“制定旬教学计划—实施个别化教学—进行旬目标考核”运作模式，让每名学生都能接受最适合的教育；研发校本课程，针对学生个性差异研发超市购物、游戏、手工、康复治疗、糕点制作等生活、体育、兴趣、康复、职训五大类发展性校本课程，供每名学生选择参与，培养孩子们的生活技能、兴趣特长和生存能力。动态修订完善安全管理制度，全面落实安全管理措施；针对特殊孩子特点，采取交接式、跟踪式安全管护策略；分解包干责任，实行全天候24小时安全管理全覆盖、无缝隙。2022年，学校先后获得江苏省第九届智障教育微课大赛评比“优秀组织奖”、“盐城市平安校园示范学校”、建湖县关心下一代工作“先进集体”等荣誉。

职业教育

【教学管理】 2022年，建湖中等专业学校高度重视课堂教学改革和质量提升，在“校企合作、工学结合”人才培养模式引导下，开展校内课堂、企业（车间）课堂相结合的探索性教学尝试，发挥企业重要办学主体作用，推进行业、企业参与人才培养全过程，实现校企协同育人目标。建湖中专推进文化育人和活动育人融合，将地方传统文化作为选修课引入课堂，并以专业课程衔接为核心，加强与高校交流合作，推进中、高职教育紧密衔接，拓宽技术技能人才成长通道，为学生多样化选择、多路径成才搭建“立交桥”。2022年，对口单招333人参加高考，85人达本科分数线，列全市第一位；与盐城工业职业技术学院实行“3+3”中高贯通升学37人；106人参加五年制高职“专转本”考试，60人被金陵科技学院、淮阴工学院、苏州大学应用技术学院、三江学院等省内本科高校录取，录取率位居全省前列，建湖职教品牌吸引力、影响力扩增。

【校企合作】 2022年，建湖县中等专业学校策应县域经济发展战略，坚持常态化走访企业，对接企业需求，深化拓展校企合作。走访县域多家重点行业和企业，考察了解企业在数控、电子、酒店服务、计算机、电子商务等多个专业岗位用人需求，达成意向就业岗位上百个。1月，建湖县中等专业学校与江苏国瑞液压机械有限公司合作，成立“国瑞流体动力学院”；与江苏建业建设集团合作，挂牌成立“建业建筑产业学院”。新增江苏润阳光伏科技有限公司“产学研”校企合作单位，新增盐城可理斯机械有限公司和格物汽车科技（盐城）有限公司“现代学徒制”校企合作单位和校外实训基地。与苏州优敖智能科技有限公司、九龙口温泉酒店签订现代学徒制培养协议，校企双方协同培养产业对口高素质技能人才。上冈产业园数控技术现代学徒制定制班、九龙口旅游管理现代学徒制定制班为镇域企业量身定制，吸引域内学生报名就读，首届（2019届）九龙口旅游管理现代学徒制定制班学生到九龙口温泉酒店跟岗实习。11月，学校4个系部分别举行顶岗实习招聘会，28家县内企业到校招聘，2020级400多名学生参加面试，顶岗实习签约率稳定在90%以上，对口就业率85%以上。

【江苏省建湖中等专业学校】 2002年8月，由江苏省建湖职业高级中学、建湖广播电视大学、建湖第二职业高级中学及8所行业职校合并组建而成。学校先后通过省级合格职教中心、国家级重点中等职业学校评估验收，2009年被评为江苏省首批四星级中等职业学校，2011年成为江苏省联合职业技术学院建湖办学点，2012年升格为建湖开放大学，2016年成为江苏省高水平现代化职业学校，2017年成立盐城工业职业技术学院智能制造学院（建湖）。2018年9月启用东校区，至此形成“一校两区”办学模式。东校区位于县城汇文东路338号（原外国语学校旧址）；西校区位于建湖大道888号。占地面积236亩（东校区50亩、西校区186亩），建筑面积14.2万平方米（东校区2.2万平方米、西校区12万平方米）；2022年有教职工355人，班级93个，学生4081名。学校紧扣“学生自信、教师幸福、企业满意、社会认可”办学目标，坚持做强五年制高职、做优职教高考、做实县内就业，实施“蓝领培育计划”，打造为民、惠民服务型职业教育。学校被表彰为全省教科研工作先进集体，获评省级创业培训实训示范基地。建湖中专调整系部专业结构，建立智造工程系（包含数控技术应用专业群、汽修专业群、电子技术应用专业群），建筑管理系（包含建筑专业群、会计专业群），文旅服务系（包含餐旅专业群、计算机专业群）等专业系部；新增五年制高职电气自动化技术专业，学校五年制高职开设专业7个。新建3个计算机室设备，新增机械、建筑、旅游管理、机电、电子等专业实训设备。与苏州大学合作成立的智能制造分院（建湖中专内）精益培训中心建成运营。

2月28日，建湖中专开展专业技能培训
（县教育局　供）

【建湖县高级技工学校】 创建于1988年，位于冠华东路868号，占地面积40亩，建筑面积2万平方米。1995年被评为省（部）级重点技工学校，2005年被评定为国家级重点技工学校，2008年升格为高级技工学校。先后获评江苏省创业培训实训示范基地、江苏省高技能人才培养示范基地、江苏省技工教育改革发展示范校。2020年建成盐城市唯一的公共实训基地，拥有新能源汽车校企联合实训中心、数控技术校企联合实训中心，形成理论教学与实习实训一体化的办学新格局，成为建湖县培养高技能人才摇篮。县高级技校教学设施升级改造工程是江苏省技工院校改革发展示范校项目、完善高端装备实训中心建设项目、职业技能培训扩大资金使用范围项目，县高级技校新增10台数控车床、20个数控编程软件、160台电脑、10台电钢琴、300套课桌凳；新建3个计算机教学机房；完善校园网络监控、多功能会堂音响和LED显示屏等智慧校园建设；改造部分女生宿舍、形体房、住校生车棚、篮球场、配电房、电瓶车充电装置等基础设施，年底项目竣工。全年完成投资300万元。2022年，县高级技工学校分别与环宇、琪航、新恒鼎3家企业签订冠名班合作协议，3家企业负责人现场向签订协议的在读学生发放助学金。秋学期，县高级技校按照县内6条重点产业链人才需求，优化专业设置，开设机械类、汽车类、计算机类、服务类四大类12个专业，招收中技、高技班327人。春学期，通过举办2022年春季校园招聘会、学生进企业等活动，将50多名应届毕业生输送到县内各大企业。县高级技工学校成立就业技能培训中心，整合培训资源，开展多功能培训，先后开展电焊工、电工、叉车工等特殊工种以及数控车等智能制造工种培训，累计培训363人次。2022年有教职工62名，班级26个，在校学生925名。

社会教育

【概况】 2022年，全县有社区学院1所，开放大学1所，15家社区教育中心，全部创成省级标准化社区教育中心。建湖县获评江苏省社会教育宣传工作先进集体、盐城市积极应对人口老龄化能力评价第一名。县教育局落实江苏省社区教育品牌建设计划，推进“一镇一特色”“一校一品牌”建设。依据地方特色产业，引导各镇（街道）社区教育中心发挥自身优势，建设特色项目。“风物·九龙口”湿地游学项目获评江苏省社会教育游学项目；全县3所社区教育中心获评省关心下一代工作先进集体、9所社区教育中心获评盐城市优秀校外辅导站；上冈镇爱心暑托班获评2022年度江苏工会爱心托管班；2项省级社会教育规划课题结题。

【社区教育】 暑期，县教育局联合县关工委、团县委出台《关于开展2022年建湖县爱心暑托班的方案》，开设公益“爱心暑托班”48个班次，120名专职教师、159名“五老”及大学生志愿者参加志愿服务，服务困境留守儿童及外来务工人员子女约1500人，县镇财政、爱心公益组织投入经费70万元，将党和政府的温暖传递给困境青少年群体。12月15日，举办全民终身学习活动周启动仪式，活动主题“学习贯彻中共二十大，终身学习向未来”，开展节目展演、社团项目展示、家庭教育、非遗淮剧、养生保健、智慧助老等社区教育活动70多场次。

【建湖县老年大学】 校舍总面积近2000平方米，有教室7个、露天教室300多平方米、教师办公休息室、学员作品陈列室和书籍报刊阅览室等。2022年，学校有行管人员9名，在任教师20名，18个学科36个班级，年内注册学员1917名，设建北社区、季埝社区、太平村、镇南村4个便民教学点，专业授课诗词、书法、绘画、普通话、电脑等。常年聘请中青年教授、专家、离退休老教授、老专家、社会名家30多人任教。实行多媒体教学，安装电梯、监控等便老设施。办学30年学员近6万人次。定制贴近社会、贴近时代、贴近老人需求的课程，有迎合文化需求的诗词、书画、普通话等，有迎合健身需求的保健、太极拳等，有迎合爱美审美的时装形体、瑜伽等，有迎合爱好和娱乐的声乐、器乐、舞蹈、戏曲等，有迎合服务自我、服务家庭的电脑、花卉、摄影等。学制弹性大，有三年制、二年制、一年制，还有短期培训班。通过党组织活动、课前十分钟每周一专题政治微课堂、主题班会等形式，组织师生、党员学习中共二十大精神。学校编印的《建湖文史教材》《太极拳与中老年人科学健身》被评为江苏省优秀校本教材。建校30周年举办“三个一”庆祝纪念活动，召开一场纪念大会、编辑一本纪念册、组织一台专场文艺节目。学校先后获评盐城市示范老年大学、江苏省示范老年大学，2名教师被评为省百佳教师，3名教师被评为省老年教育先进个人。参加全国老年大学第十三次年会并介绍管理工作经验，《在老年大学开展社会主义核心价值观教育的探讨》一文获全国社会科学成果入选奖。

体育

【概况】 2022年，全县体育战线在县委、县政府的坚强领导下，统筹疫情防控和体育事业发展，以实干笃定前行，以拼搏检验初心，紧紧围绕国家、省、市“十四五”体育、教育事业发展规划和《全民健身计划（2021—2025年）》及县委、县政府的战略部署，以满足群众不断增长的体育需求为出发点，统筹推进全民健身设施建设，提高公共体育服务能力，开展全民健身活动，构建更高水平的全民健身公共服务体系；坚持“健康第一”理念，推进学校阳光体育运动，确保每天一小时活动时间，增强学生体质，促进学生健康成长；以普及带动提高、突出发展重点项目为思路，合理布局业余训练项目，备战省、市级运动会，打造竞技体育新亮点。

【学校体育】 2022年，建湖县贯彻落实中共中央、国务院《关于全面加强和改进新时代学校体育工作的意见》精神，加强学校体育师资队伍建设与管理，严格执行体育课程计划，上好体育课，开展阳光体育活动，全面落实中小学生每天校内锻炼1小时要求。推进体教融合，助力“双减”政策落实落地，促进学生全面发展。8月，县教育局举办全县中小学体育教师暑期培训活动，邀请专家现场授课，理论与实践相结合，全面提升体育教师专业素养。全县体育教师参加盐城市高中体育与健康优质课评比活动，获市一等奖1名、二等奖1名。组织全县初中毕业升学体育考试工作和普通高中体育与健康学业水平考试工作，举行全县高中体育与健康优质课竞赛、中小学校园田径、篮球、足球、乒乓球和棋类等县级竞赛活动，举办全县幼儿园趣味田径亲子比赛。年内，全县学校学生体质健康数据上报率100%，优良率50%以上，合格率95%以上。在2022年盐城市第五届青少年校园篮球联赛总决赛中，湖垛路小学获得小学女子乙组第一名和小学男子乙组第二名；庆丰小学获得小学女子甲组第二名；建湖第二中学获得高中男子组第二名。在2022年盐城市少儿艺术体操锦标赛中，县中心幼儿园获6岁以下组集体球操第二名。向阳路小学、明星路小学、汇杰初中和建湖高中足球队代表建湖县参加盐城市第十届“市长杯”足球联赛市级总决赛，其中汇杰初中获得初中女子组第二名，向阳路小学获得小学乙组第三名。

【群众体育】 年内，县体育局完善盐城市创建全国健身模范城市资料台账工作；举办全县迎新年双湖长跑活动、中老年人乒乓球比赛、羽毛球、篮球和足球联赛、“全民健身日”精品健身项目展演活动、省老年人体育节建湖县分会场系列活动、全国健步走大联动活动，组队参加市元旦长跑、马拉松、龙舟赛、自行车、门球、健身气功、足球、篮球、健身教练技能大赛等群众性赛事活动。开展各类项目社会指导员培训工作，发展三级社会指导员88名、二级社会指导员47名，开展各类健身项目公益培训进社区活动；各类体育社会组织定期开展广场舞、健身气功、游泳等贴近群众、贴近生活的体育赛事活动。

8月8日，建湖县庆祝2022年“全民健身日”精品健身项目展演活动举行（县教育局 供）

【竞技体育】 县体育局利用体教结合资源，实施青少年体育“5621”计划，做好新一轮项目布局工作。以县队校办为举措，推广名校办体育模式，打造以学校为主的竞技体育主阵地，逐步形成小学、初中、高中系统训练网络体系。抓好全县学校业余训练工作，县少体校与市运动学校联办田径、武术项目，备战省第二十届运动会、市第九届运动会和省、市其他各类体育竞赛活动。年内，全县运动员在参加各级各类体育竞赛中，获得金牌43枚（市级比赛28枚、省级比赛15枚）；银牌49枚（市级比赛36枚、省级比赛13枚）；铜牌27枚（市级比赛16枚、省级比赛11枚）。在江苏省第二十届运动会上，运动员王艺静获得6枚游泳项目金牌，运动员解云策获得3枚田径项目金牌。县教育局举办中小学生田径比赛、乒乓球比赛、校园足球联赛、校园篮球联赛和首届建湖县健身气功网络公开赛、职工乒乓球电视大赛等赛事；承办江苏省少儿趣味田径亲子赛、盐城市第五届“小足球”俱乐部联赛、盐城市青少年田径比赛、盐城市青少年羽毛球比赛。

12月13日，建湖县承办2022年江苏省趣味田径幼儿亲子赛（建湖站）　　（县教育局　供）

【体育设施】　县体育局实施市政府实事工程，摸排全县体育场地器材现状，组织开展全县体育场地面积调查工作。年内，新增更换健身路径器材100多套，全县室外体育健身器材整改工作取得初步成效，人均公共体育设施面积4.02平方米。分别建成孟兰河风光带、串场河风光带10千米健身步道项目，在串场河风光带和高作公园，增加笼式篮球场、足球场、健身广场、步道、健身路径等设施，新建改建2个镇（街道）级体育公园项目，完善庆丰镇董徐村、建湖高新区胜利村党群服务中心健身设施。新建改建2个行政村（社区）健身房项目。高作镇公园创成省最美乡村健身公园。

【建湖县体育中心】　2009年8月开工建设，2012年10月建成投用。占地面积283亩，总建筑面积5.4万平方米，绿化、景观面积11万平方米，主体建筑由3640座的多功能体育馆、1.4万座的标准田径场、3358平方米的游泳馆和1.3万平方米的全民健身中心组成。室外配套设置小型田径场1片、五人制足球场2片、篮球场6片、网球场2片、排球场2片和健身路径多组，总投资3亿多元。县体育中心由上海现代建筑设计集团和杭州园林设计院联合设计，是一座大型综合性体育场馆。田径场、体育馆2012年10月投入使用，项目瞄准“苏北领先，全省一流”目标定位，突出经济、美观、实用原则，采用晶体造型独特理念，体育馆外形犹如一朵盛开的莲花，更似一顶晶莹剔透的皇冠，与湖中路西侧的双湖公园交相辉映。室外景观绿化与运动场地统筹考虑绿地、建筑、休闲空间的有机搭配，视觉高低起伏，格调富有动感，充分彰显体育运动特色。游泳馆和全民健身中心经过精心打造，2018年启动内部硬件设施配套，投入近2000万元，开设跆拳道、武术、体操、高温瑜伽、羽毛球、乒乓球、篮球、台球、壁球、动感单车、器械训练、恒温游泳池、儿童活动中心等16个项目，各功能室于2019年4月29日开业，2020年7月室内恒温游泳馆建成试运营，全民健身中心正式对外开放。体育中心每年承办省、市、县田径比赛等大型活动任务、体育赛事20多场，2022年接待健身人群近20万人次，是一座集运动健身、娱乐演出、会展商贸、观光休闲等功能于一体的现代化园林式活动场所，成为全县社会事业高起点、高标准发展的运动中心、健身中心、活力中心。

【体育彩票】　建湖县体育彩票管理中心成立于2008年。2016年1月，县编委核定为独立核算事业单位，内设机构办公室、渠道管理部和营销技术部。2022年，全县在售站点123个，其中便捷型销售终端17个。至年底，全县体育彩票总销量1.29亿元，其中乐透型6285万元、即开型1155万元、竞猜型5493万元。销量在全省排第三十一名，在全市各县（市、区）排第一名。

文化传媒

综述

【概况】 2022年，县文旅局围绕“喜迎二十大、喜庆二十大”“礼赞新时代、奋进新征程”等主题，创作《万疆》《党的光辉照我心》《新的航向》《二十大精神暖心房》等文艺作品。新创杂技节目《炼——倒立技巧》获全国杂技最高奖“金菊奖”。杂技诗剧《四季江淮》在县内外演出。淮剧《阳光县长》入选省级重点文艺创作资助项目。杂技《礼运》、淮剧《芦荻知秋》入选省艺术基金资助项目。《谷家大事》入选江苏省新时代现实题材舞台艺术作品巡演。淮剧《暖爸孝女》获第十五届江苏省五星工程奖。《潮汐》入选第四届中国粉画展。小戏《乡村小屋》获全市小戏小品展演二等奖。开展“杂技村村到校校到”“建湖杂技周末剧场”“淮剧进村庄进社区进校园”“淮剧周末舞台”等文化惠民活动。先后举办“滋味盐城过大年　建湖有戏等你来”“盛夏水乡　一‘建’粽情”“盐城好秋色　建湖有好戏”“‘夏’一站　‘趣’建湖”“盐城生态三鲜美食节建湖分会场——遇‘建’湖鲜”“九龙口荷花节暨第八届全国荷花品种展”等活动。

【文化机构队伍】 2022年，县文旅局内设机构有办公室（财务科）、公共服务科（文化遗产科）、传媒管理科（艺术科）、资源开发科（产业发展科）、文化旅游交流推广科、市场管理科（政策法规科），下设县文化市场综合行政执法大队、县美术馆、县博物馆、县旅游服务中心、县剧目工作室、县文化馆、县图书馆、江苏省杂技团、县淮剧团和县杂技研究所。县文化市场综合行政执法大队为副科级参公事业单位，编制9名。内设综合科、执法一中队、执法二中队。主要负责贯彻落实中央关于文化市场综合行政执法政策和省、市、县委决策部署，承担文化、文物、出版、广播电视、电影、旅游、体育等执法职能。年底，在编8名，大队长1名，副大队长2名。科长（中队长）职数3名。

【文化市场管理】 年内，县文化市场综合行政执法大队以省级文明城市创建为契机，以中共二十大、全国两会以及五一劳动节、国庆节等重要时间节点为文化市场专项整治重点，开展常态化执法检查，联合公安、市场监管、教育等部门开展“扫黄打非”专项整治行动。开展集中清理查处“问题图书”行动、校园周边非法出版物市场专项检查；开展网吧“智慧网文”在线率、歌舞娱乐场所曲目库违禁歌曲和著作权、印刷业专项检查。全年，出动检查人员3315人次，检查单位1100余家次，查处违法违规行为26起，报送的体育领域违法案件卷宗获盐城市执法卷宗“十佳案卷”。在盐城市文化市场综合执法岗位练兵技能竞赛中，县文化市场综合行政执法大队获案卷纠错团体单项三等奖、文书制作及案卷归档团体单项一等奖、团体全能二等奖，执法人员周国、王丽丽获“办案能手”称号。

【文化产业】 年内，县文旅局召开文化事业产业工作推进会，对全县文化产业发展进行剖析，指明下一步发展方向。摸排全县文化产业，立足当下抓存量，放眼长远抓增量，整理出待转规模以上文化企业14家，重抓县域文化企业规模质量。推进新兴文化产业集聚发展。支持文化产业项目建设，推进高新技术科技园、近湖民营工业园绿色印刷包装基地建设，培育印刷骨干企业。培育以芦沟鸿洋印刷为龙头的印刷包装产业园、恒济玻璃工艺业、经济开发区民营工业园智能玩具等文化产业。

文化场馆

【概况】 县文旅局围绕人均接受文化场馆服务次数指标，坚持服务导向、惠民导向，细化落实推进举措，深入开展文化惠民活动。人均接受文化场馆服务次数指标在半年评估中，被评为“好”等次，全年指标完成值为4.5次/人。“建湖杂技：创优农村公共文化服务的助推器”被文旅部入选“中国民间文化艺术之乡”建设典型案例。图书馆入选省“最美公共文化空间”名录，国华艺术团、文广艺术团被评为省“优秀群众文化团队”，中共建阳县委县政府成立地旧址、大唐村入选省第二批红色地名；博物馆藏品“雪枫刀”入选省第二批革命文物名录。

【建湖县文化馆】 国家一级文化馆，成立于1949年，位于县文化艺术中心D区，建筑面积6200平方米，文化活动场地4600平方米，有书报阅览室、电子阅览室、书画展览厅、少儿活动室、老年活动室等活动阵地（项目），下辖国华艺术团、金乐淮剧团、文化馆戏剧票友协会夕阳红艺术团等8个业余团队。2022年，县文化馆开展第十六届“欢天喜地闹新春”惠民演出、“纪念延安文艺座谈会发表80周年”活动、“喜迎二十大·奋进新征程”优秀群众文艺节目展演、庆“七一”广场惠民演出、“七彩的夏日”少儿才艺展演暨庆祝建军95周年专场文艺演出、第十三届“团圆佳节听乡音”淮剧演唱会、第十七届“祖国颂”国庆广场惠民演出、“重阳佳节 爱老敬老”广场惠民演出等节庆文化活动30余场次，送戏下乡35场次，送展览到学校进社区100余场次，观众总数25.31万人次。

【建湖县图书馆】 国家一级馆，成立于1949年，位于县文化艺术中心D区。2022年入选省“最美公共文化空间”。馆藏纸质文献约86万册，其中总馆藏书纸质文献28万册，电子图书100余万册，各类视听文献3万余种。图书馆功能设施完善，文献采编与储藏、书刊外借阅览、网络资料查阅、讲座展览、知识培训与社会教育、读者自习，新增亲子阅览、视障阅览、自助还书、数字图书馆、移动图书馆、读者公众微信服务平台等多元化信息服务。全县镇级（街道）分馆14家，246个农家书屋。配备24小时自助还书机、流动图书车等现代化、智能化设备，初步达到现代图书馆“数字化”标准要求。全年服务读者43万多人次，接待进馆读者7万多人次；开展阵地活动82场次，参与活动读者超4万人次；开展巡展60场次，覆盖群众超30万人次；开展主题讲座、培训、非遗进校园等活动，受众超2万人次。

7月23日，建湖图书馆自习室　　（唐进文　摄）

【建湖县博物馆】 创建于1989年，位于县城双湖公园西湖南侧。建筑面积1600平方米，展览面积1200平方米，展馆分历史沿革、文物遗存、古哲今贤、红色热土4部分。馆内有藏品751件，其中国家一级文物2件、国家二级文物14件、国家三级文物22件。2022年7月，开展“青春心向党 建功新时代”主题党史学习教育，传承红色精神；馆藏文物雪枫刀入选省革命文物名录。11月，启动博物馆安防提升改造工程。

【建湖县美术馆】 成立于2015年，位于双湖公园东门南侧，建筑面积1280平方米，内设展厅、创作室、艺术沙龙、少儿艺术教育等功能区，馆藏艺术品100余件。2022年，在全县5个场馆举办“新时代颂”2022江苏美术摄影主题联展，引进江苏十佳优秀青年美术书法作品展15场次。其中，郭永霞的《灵龙水乡 盛世荷风》、戴国禾的《盐城高架》、陈秀巧的《老墙记忆》、杨华的《盐城建湖九龙口淮剧小镇》等多幅作品入选展览。开展以2022“约会美术馆·与美相伴”系列公教活动93场次。

【建湖新华书店】 年内，江苏凤凰新华书店集团有限公司建湖分公司（建湖新华书店）教材销售1510万元，比上年增加136万元。向全县各乡镇、企事业单位发行

1.1万册《习近平谈治国理政》第四卷。联合县委宣传部举行中共二十大文件及学习辅导读物建湖首发式，并将学习用书第一时间在店内突出位置陈列展示，做好宣传、推广、征订工作。利用“塘河书吧”活动平台，组织策划品牌阅读活动。举办全县中小学生“筑梦向未来”朗读大赛活动。成立公益阅读推广小分队，参加和配合县委宣传部组织的“喜迎二十大阅读颂辉煌”“汇聚满天星阅读向未来”等主题公益阅读活动22场次，为全县各个乡镇、社区、各个村居派送中共二十大精神学习图书，满足党员干部群众的学习需求。建湖分公司“图书漂流活动”被县全民阅读活动小组领导评为“优秀阅读活动”。送书到全县各中小学校263.25万册，完成“课前到书、人手一册”任务。成立网络安全与软件正版化工作小组，公司总经理为第一责任人，明确网络安全分管领导和专管员，确保网络安全运行。

文化活动

【概况】 2022年，县文旅局组织开展“杂技村村到校校到”“建湖杂技周末剧场”“淮杂进村庄进社区进校园”“淮剧周末舞台”等文化惠民活动582场次。国华艺术团、文广艺术团被评为省“优秀群众文化团队”。5月27日，“喜迎二十大　永远跟党走”全县业余文艺团队座谈会在县文化馆举行，业余文艺团队负责人和文艺骨干20余人参加活动。7月1日，县文化馆承办“党旗飘飘映水乡”文艺演出在好人广场上演。8月，淮剧小戏《暖爸孝女》获省第十五届五星工程奖。9月，县美术馆举办“喜迎二十大　礼赞新时代”美术书法摄影作品展。11月5日，县图书馆、美术馆在江苏省淮剧博物馆举办“喜庆二十大　非遗共传承”系列活动。12月，县图书馆承办“日出东方　江山辉煌”“喜庆二十大”红色文献展在各镇（街道）、中小学巡回展出。建湖县画家戴国禾创作的《人民子弟兵》入选“庆祝中国人民解放军建军95周年全国美术作品展览暨第十五届全军美术作品展览”，并在中国美术馆展出。

【文化惠民演出】 年内，全县群众业余文艺会演围绕举旗帜、聚民心、育新人、兴文化、展形象的使命任务，坚持以人民为中心工作导向，克服新冠疫情影响，紧扣爱党颂党、乡村振兴、民族团结、社会治理等主题，创作编排37个不同题材的文艺作品，用生动的文艺形式，讲述新时代建湖故事，展现广大干群投身实施“四化战略”、打造“五大高地”的昂扬风采。县委宣传部采用“超市化”供应、“菜单式”服务、“订单式”配送的文化惠民模式，通过周末淮剧舞台、道德讲堂、欢乐广场等8个活动载体，开展“淮杂村村到校校到”“建湖杂技周末剧场”“淮剧周末舞台”等惠民演出582场次。其中，淮剧《谷家大事》演出7场、《深渊》演出73场、《浪淘沙》演出37场、杂技诗剧《四季江淮》演出4场。开展“喜迎二十大”农村公益电影放映2794场。2月1日，建阳镇举办“春游陆秀夫，宋‘潮’正当时”文化惠民活动。演出节目有舞蹈《欢欢喜喜过大年》《欢乐中国年》，淮剧对唱《看罢榜文心高兴》《牙痕记》《金殿传》《民法进万家》《买房卖房》，笛子演奏《大青山下》、萨克斯齐奏《北国之春》。2月1—2日，庆丰镇在乔冠华故居举行“时代表情，喜笑迎春”首届新春欢乐汇活动。由庆丰镇党委政府策划安排、东乔村“两委”发动组织的“时代表情，喜笑迎春”首届新春欢乐汇活动，以事先发放“时代表情·喜笑迎春”卡片形式给部分干群进行联络发动，以“共庆吉祥年，同心奔小康”为主题，首次在名人故居举办春节联欢活动。2月3日，县文旅局在好人广场组织淮剧惠民演出，1000多名观众到现场观看演出。2月4日，中央电视台《新闻30分》以《江苏建湖：舞龙舞狮闹新春，民俗活动年味浓》为题，关注九龙口淮剧小镇各种精彩的民俗表演；中文国际频道聚焦建湖县新春系列活动；江苏电视台公共·新闻频道《新闻空间站》以《非遗过大年·传统年味儿浓》为题，报道建湖县非遗体验活动。春节期间，建湖县第十六届“欢天喜地闹新春”惠民演出走进希望广场、塘河广场、近湖街道文广中心广场，为建湖民众奉上一场雅俗共赏的文艺盛宴。6月1日，“喜迎二十大·奋进新征程”盐城市优秀群众文艺节目展演在建阳镇、九龙口镇举办。淮剧《谷家大事》获省“五个一工程”奖，淮剧小戏《暖爸孝女》获省“五星工程奖”，歌曲《我喜欢》等4部作品获市“五个一工程”奖。沉浸式秀演《小镇有喜》亮相淮剧小镇。举办“宅家看建博——云观展”“我们的中国梦——文化进万家”建湖县第十六届“劳动者之歌”线上惠民演出，县图书馆、美术馆、博物馆分别在微信公众号推出云浏览项目。建湖宣传、建湖发布等微信公众号开设“以艺抗疫”主题文艺作品展播专栏，开展优秀文艺作品进机关、进学校、进景区、进校园、进网络、进商场线上“六进”活动。开展喜迎二十大书画展览、全民阅读、惠民演出等线上线下文化活动。举办“喜迎二十

大　奋进新征程”文艺展演、“建湖有戏”青年美术作品展、“建湖有戏·纸爱建湖”剪纸作品展、“向美之声”美术作品展等主题文化活动5场，送展览下基层110场。江苏省杂技团被中国杂技家协会表彰为先进单位、省文化和旅游先进集体，县图书馆入选2022年度省“最美公共文化空间”，县文广艺术团、国华艺术团入选2022年度省“优秀群众文化团队”。

12月9日，建湖杂技送戏下乡活动举行
（崔晶晶　摄）

文化遗产保护

【概况】　2022年，县文旅局强化文化遗产保护传承，推荐8个项目申报第六批市级非遗项目，19名县级非遗传承人申报第五批市级项目代表性传承人，新增县级非遗项目8项。大同铺遗址第五期考古发掘有序开展，李三庙遗址抢救性发掘取得重要收获，出土钱币清理及保护工作同步进行。

【非遗保护传承】　2022年底，建湖县有国家级非物质文化遗产项目1个，省级2个，市级13个，县级19个。建湖杂技有登记注册的民营团体9个，未注册团体20多个，国营团体1个，从业人员1500人；19人被文化主管部门认定为非遗传承人，其中国家级传承人1人，省级传承人1人、市县级传承人17人。推荐8个项目申报第六批市级非遗项目、19名县级非遗传承人申报第五批市级项目代表性传承人。九龙口景区入选“全国非遗与旅游融合发展优选项目名录——非遗旅游景区”。以“滋味盐城过大年　建湖有戏等你来”为主题，开展非遗年货节活动，诠释生活美学与非遗艺术的融合之美。邀请非遗传承人，打造春节非遗市集，设置非遗摊位12个，游客现场与相关非遗传承人进行互动，参与学习非遗制作、听非遗传承人科普讲解等。活动期间，通过线上线下全媒体推广。

【建湖淮剧】　2022年末，建湖淮剧团有演职人员40人，其中国家一级演员2人。开展淮剧“进村庄、进社区”惠民演出，推出“淮剧周末舞台”文化品牌服务活动，弘扬地方特色文化，传承发展淮剧艺术，丰富城乡人民群众文化生活。创排大戏1部《阳光县长》，提升、复排大戏各1部《谷家大事》《珍珠塔》，生产小戏3个《暖爸孝女》《一支旧笔》《幸福桥头的婚礼》。全年惠民演出210场次，举办各类主题演出12场次。完成省艺术基金创作资助项目《谷家大事》巡演任务；参与配合“建湖有戏”“淮剧小镇”宣传拍摄，完成“淮剧起源故事”市级非遗项目申报。与九龙口旅游度假区合作，编创10多个节目实景（9+1）排演。争取各类项目资金及商业演出创收400多万元。小淮戏《暖爸孝女》获省“五星工程奖”；折子戏《过关》《刘二姐赶会》《十八相送》等多部作品参加中央电视台戏曲频道节目录制并播出。现代淮剧《阳光县长》入选省重大题材文艺创作资助项目；《谷家大事》获省第十二届精神文明建设“五个一工程”奖，入选江苏省新时代现实题材舞台艺术作品巡演剧目；《芦荻知秋》被列入江苏省艺术基金交流推广资助项目；《浪淘沙》入选江苏省优秀文艺成果奖励名录。

6月22日，《暖爸孝女》参加第十五届江苏省“五星工程奖”演出
（赵永娟　摄）

【建湖杂技】　年内，江苏省杂技团被认定为一级院团，在社会效益评价考核中被评为优秀格次，被中国杂技协会表彰为杂技综合工作先进单位，被中国侨联认定为中国华侨国际文化交流基地。完成“建湖杂技周末剧场”42场次和“建湖杂技村村到校校到”惠民演出288场次。完成小镇散点演出时长1万小时及各类演出65场次。与省政府新闻办、新华社、省委统战部、市政协等联合制作《MAGIC奇技》《海外华裔菁英青少年沉浸式体验非遗杂技》等视频作品，在海内外线上宣传，点击量700多

万次。与县委组织部联合举办非遗杂技现场直播活动，在线观众突破2万人次。年内，建湖杂技“创优农村公共文化服务的助推器”入选文旅部“中国民间文化艺术之乡”建设典型案例，创排融合非遗淮剧、聚焦“绿水青山就是金山银山”的杂技诗剧《四季江淮》，9月在苏州完成市场化演出和省艺术基金验收工作，入选省文旅厅“水韵江苏”对外交流精品项目库（三期）；新创杂技节目《炼——倒立技巧》获第十一届中国杂技比赛总决赛最高奖“金菊奖”，应邀参加百花迎春——中国文学艺术界联合会春节晚会节目录制，在中央电视台及各地方卫视平台播放；杂技剧《礼运》被省艺术基金管理中心立项为重点资助项目。

9月8日，杂技诗剧《四季江淮》首演举行（江苏省杂技团　供）

【冈西双墩村古钱币遗址】　县文旅局与省市文物部门对接，抓好考古研究阐释，合力推进芦沟大同铺遗址、冈西李三庙遗址研学及开发利用。10月22日，冈西镇在复垦整理土地时，施工挖机挖出大量宋代铜钱，随即进行现场保护。10月24日，抢救性发掘工作在双墩村全面展开。根据测量，窖藏坑口呈方形，长1.63米、宽1.58米、深0.5米。钱币整齐分层平铺，成贯铜钱用草绳串联，钱币整体保存完好，多数铭文清晰，有“开元通宝”“大观通宝”“太平通宝”“崇宁重宝”“宣和通宝”“政和通宝”等唐、宋钱币。铜钱多为宋徽宗时代铸行，未见南宋后的钱币，窖藏年代约在北宋末年。出土钱币约1.5吨，除少量唐代开元通宝钱，大部分为宋代钱币，有小平铜钱，也有当十大钱。据考古工作人员介绍，窖藏是古代人们由于某种特殊原因（如战争、自然灾害）埋藏于地下的相关遗存，多藏有珍贵瓷器、钱币和金属工具等贵重物品，同古遗址、古墓葬、窑址等诸多历史遗存一样，有丰富的历史文化内涵和重要研究价值。

建湖县文化艺术中心（孙华金　摄）

表37　建湖非遗项目名录

序号	项目名称	项目类别	项目级别	项目保护单位
1	建湖杂技	传统体育、游艺与杂技	国家级	江苏省杂技团
2	建湖花炮制作技艺	传统技艺	省级	建湖爆竹烟花实业有限公司
3	九龙口传说	民间文学	省级	九龙口镇文广服务中心
4	九狮图	传统舞蹈	市级	建湖县文化馆
5	恒济龙舞	传统舞蹈	市级	恒济镇文广服务中心
6	朦胧塔传说	民间文学	市级	宝塔镇文广服务中心
7	建湖方言	民间文学	市级	建湖县文化馆
8	建湖淮剧	传统戏剧	市级	建湖县淮剧团
9	冈西剪纸	传统美术	市级	冈西镇文广服务中心
10	戚氏膏药	传统医药	市级	颜单祖传伤骨门诊
11	藕粉圆制作技艺	传统技艺	市级	建湖福禧食品有限公司

续表37

序号	项目名称	项目类别	项目级别	项目保护单位
12	徐氏膏药	传统医药	市级	恒济祖传伤骨科门诊
13	马群棕编	传统美术	市级	建湖县文化馆
14	何老大酱油、土酱酿制技艺	传统技艺	市级	江苏何老大酱醋业有限公司
15	恒济大鱼圆制作技艺	传统技艺	市级	江苏源泉渔业有限公司
16	周庵冶铁技艺	传统技艺	市级	建湖县华丰金属制品有限公司
17	上冈草炉饼	传统技艺	县级	上冈镇文广服务中心
18	建湖面塑	传统美术	县级	近湖街道文广服务中心
19	陈氏糖画制作技艺	传统美术	县级	近湖街道文广服务中心
20	五谷树传说	民间文学	县级	九龙口镇文广服务中心
21	打水平	民俗	县级	近湖街道文广服务中心
22	瞿氏蛇串疮速愈祖传秘方	传统医药	县级	芦沟镇卫生院杏园村卫生室
23	潘氏扶正搜邪拔毒膏	传统医药	县级	江苏肤春堂医药科技有限公司
24	淮剧起源故事	民间文学	县级	建湖县淮剧团
25	羽毛画制作技艺	传统技艺	县级	江苏军曼农业科技有限公司
26	红糖果制作技艺	传统技艺	县级	建湖县天香食品有限公司
27	庆丰盐水鹅制作技艺	传统技艺	县级	建湖县丫丫禽业专业合作社
28	九龙九鲜制作技艺	传统技艺	县级	建湖县芦荡客栈有限公司
29	九龙口大鱼圆制作技艺	传统技艺	县级	盐城蔷薇河钱氏食品有限公司
30	黄土沟大鱼圆制作技艺	传统技艺	县级	盐城庆博食品有限公司
31	祁氏中医内科术	传统医药	县级	建湖培化堂中医诊所
32	培华堂中医药文化	传统医药	县级	建湖培化堂中医诊所
33	陆氏糖画糖人	传统美术	县级	县文化馆
34	建湖面人李彩塑	传统美术	县级	高作镇社会事业局
35	建湖婚俗文化	民俗	县级	建湖县文化馆

大众传媒

【概况】 2022年，县融媒体中心坚持以习近平新时代中国特色社会主义思想为指导，紧扣县委县政府中心工作，发挥媒体深度融合优势，围绕“高质量发展”目标，踔厉奋发、笃行不怠，推动媒体融合向纵深发展。聚焦主线，舆论宣传守正出新；创新驱动，融媒平台不断出新；精心策划，生产能力大幅提升；聚力推动，“媒体+服务”实现突破；筑牢防线，安全管理稳步提升。

【广播电视】 2022年，县融媒体中心广播外宣被市广播电台用稿290条，综合积分1205分，居全市县级广播电台第一位。电视外宣用稿769条，比上年增加近200条。其中，被中央电视台用稿46条、江苏电视台用稿261条、盐城电视台用稿462条，居全市县级融媒体中心前列。《江苏盐城　助企纾困　精准施策　打好“组合拳”》《江苏盐城　主动求变　助力各类企业复工复产》被中央电视台新闻频道单篇报道，播出时长1分多钟；6月27日晚，中央电视台《焦点访谈》报道建湖县“守住粮食生产的命根子”做法，时长4分多钟。7月26日，中央电视台《财经频道》《农业农村频道》分别播出《江苏建湖：千亩荷花绽放》。10月20日，中央电视台《焦点访谈》采访中共二十大代表、县委书记祁从峰。

【《建湖日报》】 年内，聚焦中共二十大、产业发展、项目建设、文明创建、疫情防控等重点，开设专栏

23个，刊登稿件1019篇。推出“喜迎二十大·融媒记者看亮点”“学习宣传贯彻习近平新时代中国特色社会主义思想”等系列专版52期。推出市“家家到”项目观摩专版。常态化推出理论、塘河、财经、康乐、民生、视觉、成长等专版，刊登各类专版400余期。推出“全县优秀共产党员”杨峰系列报道7篇，多方面、立体化挖掘展示杨峰先进事迹，在全县掀起向杨峰学习的热潮。推出劳模风采系列报道，宣传劳动一线的典型人物和感人故事。

5月26日，县融媒体中心工作人员周润发（右）拍摄相关场景（县融媒体中心　供）

【建湖发布】　县融媒体中心巩固以“建湖发布”为统一呼号的移动传播矩阵，加快推广“建湖发布”移动客户端。年内，“建湖发布”移动客户端发布各类信息11430条；微信公众号发布1460条，总浏览量超144万次、点赞数2万多次；抖音号发布作品953个，播放量超2000万次，348件作品播放量超万次；视频号发布作品361件，播放量超650万次，点赞量超30万次。《关于临时关闭高速公路部分出口的通告》播放量19.2万次，《“3+11”怎么做？一起来看看！》播放量15.2万次，《淮剧小调：我们都把口罩戴》《建湖县首批“健康小屋”便民核酸采样点正式启用》播放量破6万次，《请主动报备！各镇（街道）疫情防控咨询、报备电话公布！》浏览量5.7万次。《建湖人顾建志携工友在太湖勇救落水母女冲上热搜，中央电视台新闻和人民日报持续关注！》播放量突破20万次。《10月20日国家卫健委通报》播放量110万次。《建湖籍姑娘王佳琪勇夺全国摔跤冠军》《冷空气马上到！最低气温降至14℃》《建湖至杭州直达高铁，开通！》等多部短视频被抖音平台推荐到热搜榜、同城榜。《我们的新时代“苏”说美好生活丨湿地映春光　白鹳夫妇为爱筑巢》被省网信办全网推送。

【民生宣传】　县融媒体中心将民生宣传放在突出位置，结合疫情防控、营商环境、文明创建等工作，以文字、影像、视频等多种媒介形式，开展有思想、有品质、有情怀的民生宣传。年内，《建湖新闻》《今日播报》开办《文明在行动　满意在建湖》《我为群众办实事》《新春走基层》等专栏，播出各类民生新闻近千条；《建湖日报》开设《奋进新征程　建功新时代》《文明创建进行时》等专栏；“建湖发布”APP“民生”子栏目发布各类民生资讯和便民信息近300条；以“为百姓解难、替政府分忧”栏目《政风行风热线》开办41期，接受群众咨询投诉求助240件，答复率96%，满意率100%。

【经营创收】　县融媒体中心与各镇（街道、区）、42个单位和部门开展战略合作，在政务服务上建立良好合作关系。与县域内知名工贸企业、服务业企业商务合作，开展宣传服务。举办“喜闻乐‘建’不亦乐‘湖’”盐城宝龙文旅推介、建湖万达“聚首万达　共襄繁华”、少儿才艺大赛、“遇建湖鲜”建湖县第二届农业文化节、2022年建湖县职工乒乓球电视大赛等活动40多场。依托“建湖发布”新媒体平台，拓展各类新服务领域和业态，嵌入相关服务模块。“建湖发布”APP集纳公共服务、医疗服务、社保服务等模块98项，方便群众生活，增强媒体传播力、引导力。全年经营创收632万元，比上年增长4.5%。

【队伍建设】　县融媒体中心坚持内强素质，外树形象。本着“缺什么、补什么”原则，围绕摄影、摄像、航拍、新闻策划、采写、短视频剪辑、制作、新媒体平台运用等主题，通过好稿评选、短视频大赛、岗位大练兵、技能大比武等形式，促进从业人员专业素养和业务水平的提高。尝试内部首席制、领衔制、骨干制招引开展人才招录等岗位聘用制度，拓宽新闻采编、艺术创新、经营管理等各类人才发展通道。重视发挥榜样的作用，着力培树身边的先进和典型，用身边的人和事教育引导全体干部职工始终保持昂扬向上的精神风貌，激情创业，无私奉献。

卫生健康

综述

【概况】 2022年，建湖县有医疗卫生机构307个。其中，县直医疗机构5个，民营医疗机构6个，镇级医疗机构17个，村级医疗机构233个，公共卫生专业机构4个，社会办医疗机构42个。双湖中医院建成运行。各医疗机构实际开放床位3495张。其中，县级公立医院1323张，镇（中心）卫生院1330张，民营医院842张。卫生系统在职职工4297人，其中专业技术人员3604人，拥有高级专业技术人员754名，中级职称851名，注册乡村医生715名。市、县卫健委分别在5月12日、8月19日表彰一线优秀医护人员，被市卫健委表彰为抗疫优秀护士55名、优秀护士7名、优秀护士长2名；被县卫生健康委表彰为抗疫优秀护士200名、优秀护士50名、优秀护士长10名、优秀医师80名。

【人才学科】 年底，全县卫健系统有享受国务院政府特殊津贴1人，省“333”高层次人才8人，市医学重点人才、医学青年人才12人，市中医药重点人才1人，市中医药青年人才2人。全年招聘优秀医学类人才109名，其中硕士研究生8名、成熟型人才7名。加强医学技术研究，申报科研项目99项，获批省级1项，高校课题47项（参照市级）；申报市新技术引进奖20项，获批14项，确定市医学重点学科5个，市医学创新团队8个。有省级临床重点专科1个、省级基层医疗机构特色专科3个、市级临床重点专科15个、市级基层医疗机构特色专科18个。

【中医中药】 建湖县有7个市级中医重点专科，县中医院、中西医结合医院均建成治未病科，建阳镇卫生院建成省五级中医馆，冈西镇卫生院建成市四级中医馆。年内，组织14名西医人员参加省中医药知识与技能培训，培养能西会中的实用型人才，提升基层卫生人员医疗服务能力。开展“七一”《中华人民共和国中医药法》、“十一”《中华人民共和国中医药条例》法制宣传、中医药健康文化科普巡讲14场，其中“岐黄进校园”3场。

【义诊活动】 1月9日，市委宣传部统一组织卫生下乡活动，到九龙口镇收成村开展义诊活动，安排6名医疗专家、卫生志愿者发放新冠肺炎疫情防控知识宣传资料1200余份，免费发放口罩、手消等防疫物资100份。7月26日，全县首家优秀毕业生义诊工作室——“潘广涛义诊工作室”揭牌仪式，在颜单镇单庄社区党群服务中心举行。潘广涛系2021年华中科技大学同济医学院硕士研究生毕业，通过优秀毕业生汇盐行动入职盐城市中医院

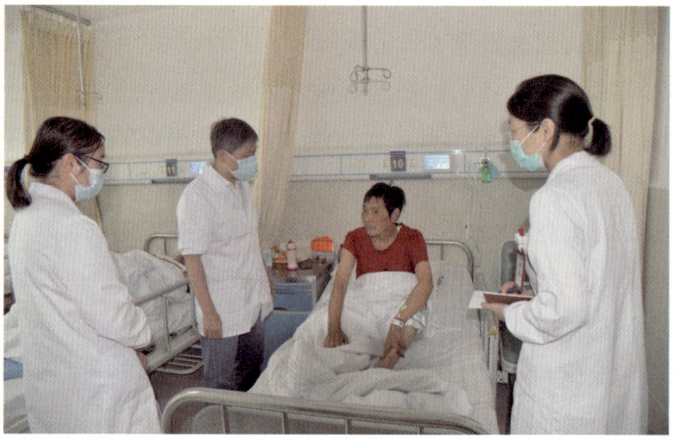

7月27日，苏大附一院血液科薛胜利（左二）教授到建湖县人民医院教学查房　（赵旻　摄）

皮肤科工作，5月被市委组织部选派到单庄社区挂职党总支副书记。7月31日，县卫健委组织县人民医院、县中医院、县第三人民医院成立医疗专家团队到驻地部队，开展“医疗服务进军营，情系官兵送健康”义诊活动。讲解急救要点、训练防护及应急救助知识，提供刮痧、针灸等中医诊疗服务。11月23日，16名市级医卫专家到建湖开展“送医下乡”活动，在县中西医结合医院开展义诊、查房、示教手术、业务讲座等活动，专家接诊300余名患者。年内，在沪宁150余名建湖籍医卫专家回乡义诊，接诊患者2282人次；开展教学查房近40次，会诊452例、讨论疑难病例260余例。

【医政药政管理】 年内，县卫健委组织医疗机构疫情防控、疫苗接种医疗保障、院感防控、医疗质量管理、急诊质量管理、病历书写及时性、住院病历质量、药事管理等各种检查4轮次，反馈问题161条，限期落实整改。落实医疗质量安全各项核心制度，一级及以上医疗机构全部参加医疗责任险，投保金额165万元，全年申请调解医疗纠纷37起，完成调解34起，调解率92%。县人民医院争创省级平安示范医院，年内申报材料通过省初审。

【行风整治】 县卫健委牢固树立“作风建设永远在路上”意识，强化组织领导，抓实整治措施，推进专项行动，以“零容忍”态度整治医务人员收受“红包”“回扣”等突出问题，规范医务人员执业行为，营造风清气正就医环境。年内，成立以县卫健委主要负责人为组长的专项行动领导小组、班子成员为副组长、各科室负责人为成员的清廉建湖建设卫健领域行风整治专项行动领导小组，下设办公室，办公室设在县卫健委行风办。制定下发《清廉建湖建设卫健领域行风整治专项行动实施方案》，明确整治时间、整治范围、整治重点和整治步骤。出台“十个一”工作清单，将每项任务细化分解到科室、单位，明确时间节点，将专项行动项目化、任务化、清单化，切实保障专项行动规范有序、高质量开展。张贴“若您提供医务人员收受‘红包’线索，一经查实，将给予您5000元奖励”监督提示标识220张，建立健全有奖举报制度。重新设置医德医风意见箱102个，公开县优化办和县卫健委投诉电话，畅通投诉举报渠道。下发《关于在全县卫健领域开展行风整治自查自纠工作的通知》，落实各医疗卫生单位责任，以“六学六查”（学习医疗机构从业人员行为规范，查有无违反医疗职业道德问题；学习医疗质量安全核心制度，查有无违反“三合理”规定问题；学习医疗机构从业人员廉洁从业九项准则，查有无收受“红包”“回扣”行为；学习药品、耗材管理制度，查有无重点药品、耗材管理不到位问题；学习医药代表活动管理文件，查有无医药代表违规营销问题；学习医保政策，查有无欺诈骗取医保基金问题）为抓手，开展自查自纠，撰写自查报告，动态上报自查问题。县卫健委领导班子成员督查指导蹲点联系医疗卫生单位专项行动开展情况。组建专项督查组，围绕警示教育、自查自纠、问题上报等重点工作，加大督查力度，现场交办问题，限期整改落实，推进专项行动向纵深发展。医务人员收受“红包”、医保资金使用不规范、医患矛盾纠纷时有发生等三类问题，均得到落实整改。

【作风建设】 年内，县卫健委提升基层党建标准化规范化水平，下发《全县卫健系统党的建设工作要点》《全县公立医院党建工作重点任务清单》，推动建设党建和业务“双强”党支部，推进“健康惠民，党员先行”品牌创建。深化党风廉政建设，召开全系统党风廉政、卫健系统行风建设等会议，层层签订党风作风行风责任书，上好小班化警示教育课，通过“一案三说”（法律顾问“说”法律法规、“热点”岗位人员“说”廉政风险、监管部门“说”防范措施），教育全系统干部职工以违纪违法案件为鉴，时刻警醒自己。开展清廉建湖卫健领域行风建设行动，以“十个一”工作清单为指向，即制定一份责任清单、完成一份自查报告、梳理一批问题线索、组织一系列警示学习教育活动、定期召开一次行风整治工作专题会议、开展一次谈心谈话、召开一次专题民主（组织）生活会、查处一批案件、解决一批群众急难愁盼难题、建立完善一套制度，坚决整治医务人员收受“红包”“回扣”等问题，规范医务人员执业行为，营造风清气正的就医环境。

医疗卫生改革

【概况】 2022年，县政府制定出台《建湖县推动公立医院高质量发展实施方案》《全县深化医药卫生体制改革重点工作任务及分工》《建湖县学习福建省三明市医改经验深化医药卫生体制改革实施方案》等文件，强化“三医联动”（医疗、医药、医保联动），推动医改工作走深走实。县卫健委以医药卫生体制改革先行先试、公立医院管理体制改革、人员编制管理改革、医保付费方式改革4项省级试点为突破口，学习推广福建三明医改经验，推行药品耗材阳光采购，推进DRG支付医保支付方式改革。建湖县2021年度深化医改工作获省政府真抓实干督查激励表彰。

【公立医院改革】 县人民医院新建公共卫生医学楼、核医学科楼，完成急诊中心改造；县中西医结合医院作为全省首批农村区域医疗中心在全市首家创城二级甲等中西医结合医院；县三院完成精神病区改扩建，收治能力明显提升；县妇保院建成全市首批二级妇保院；双湖中医院建成投入运行。加快县域紧密型医共体建设，进一步突出县人民医院龙头作用，以镇卫生院为枢纽、村卫生室为基础，构建县镇村三级医疗卫生机构分工协作、上下联动的县域医疗服务体系。7月，县政府召开县域医共体建设推进会议，将九龙口中心卫生院、高作中心卫生院纳入县域医共体建设。8月，县人民医院组建工作专班，到2家卫生院实地调研，召开座谈、推进会议3次，围绕特色专科建设、人才培养、信息化、绩效考核等方面，制定工作方案，落实具体措施，选派急诊科、中医康复科、老年医学科、呼吸科专家到基层开展坐诊、带教、查房活动，成立内分泌科名医工作室，帮助基层加强特色专科建设，提升业务能力和管理水平。县人民医院定期安排专家到镇级卫生院开展坐诊、查房、教学、处方点评、病历点评等帮扶活动。全年上转病人9821人次，下转2802人次，下派专家346人次，县内就诊率91.54%。

【合作交流】 建湖县深化与苏北人民医院“院府合作”，县中西医结合医院加强与南京中医药大学合作，建阳眼科医院加强与省人民医院眼科合作。年内，举办讲座32场次，专科会议近60次，开展示教手术90余台次。县人民医院新增2个市级临床重点学科，呼吸与危重症医学科通过国家PCCM（呼吸与危重症医学科）规范化建设认证。

【智慧医疗】 县卫健委注重提升医学影像检查同质化水平，全县19家公立医疗机构接入“省影像云平台”，实现统一采集、统一存储、统一调阅、统一质控、统一互认。对照国家最新规范，完善全县电子健康档案系统，县第三人民医院达到三级电子病历标准，全民健康信息平台通过国家三级信息安全评审。所有一级及以上医疗机构实现结构化门急诊电子病历全覆盖。

【“三甲”医院创建】 县人民医院开展“三甲”医院创建，落实“国考”问题整改，提高专科技术水平，重构医疗资源优化运营质态，提升县级公立医院核心竞争力。推动分级诊疗加快县域紧密型医共体建设，完善双向转诊工作机制，开展日间手术服务，县人民医院9个专科37个病种列入日间手术服务，病种均进入临床路径管理，日间手术占全院手术的13%。紧扣“质量、安全、服务、管理、绩效”主题，邀请省级医院评审专家开展等级医院评审、专题培训，推行月度质评工作，督促指导科室完善制度、流程和管控标准，提升创建水平和成效。医院紧扣“高质量”主题，推进“千县工程”十项任务，坚持挂大靠强，接轨沪宁，与复旦大学附属中山医院、上海瑞金医院、省人民医院、东南大学附属中大医院、省肿瘤医院等城市大医院建立协作关系，成立6个专科诊疗中心和22个名医工作室，借力提升医院综合实力。8月，接受省级专家组试评审，专家组对县人民医院创建工作予以肯定。深入剖析“国考”存在问题，制定整改方案，强化问题整改，2021年、2020年度考核等级均为B++，较2019年度提升2个级别，在全国1342家三级综合医院中排第430名，在省内40家县（市）级综合医院中列第五名。

建湖县人民医院远景　　（县卫健委　供）

疾病防控

【概况】 2022年，县卫健委树牢“大卫生、大健康”理念，贯彻综合防控策略，加强传染病防控和疫情监测，全县传染病疫情发展总体呈低发趋势。无甲类传染病报告，报告乙类传染病9种561例，发病率73.36/10万，比上年下降9.36%，主要上升病种为乙肝和肺结核；报告丙类传染病4种212例，发病率27.72/10万，比上年上升73.77%，主要上升病种为手足口病、流感。

【传染病防治】 年内，建湖县完成65岁及以上老年人肺结核症状筛查9万余例、糖尿病症状筛查2万余例，入学新生体检症状筛查1.78万例，发现活动性肺结核患者159例，其中病原学阳性110例，肺结核患者健康管理率100%。将HIV（人类免疫缺陷病毒）筛查纳入老年人体检中，全年HIV筛查16.55万人次，全人群检测率26.73%。完成国家艾滋病检测哨点和干预工作400例检测采样任务，检出HIV阳性1例，丙肝阳性1例。对娱乐场所干预5325人次，覆盖率95.62%。完成丙肝既往报告病例调查项目155例。筛查上报18例麻风疑似病例，未发现新发麻风病患者。发现并处置2例输入性疟疾疫情。

【慢性病防治】 建湖县各医疗单位严格执行门诊35岁以上患者免费测血压制度，发现并管理高血压、糖尿病患者。各镇（中心）卫生院建成慢性病综合防控门诊，强化镇村联动，提高慢性病患者转诊、随访质量，健全慢性病防控数据库，居民电子健康档案系统建立高血压档案6.63万人、糖尿病档案2.19万人，规范管理率和控制率均达标。在县中医院、中西医结合医院组织实施国家卫健委上消化道癌筛查及早诊早治项目。年内，完成5000人上消化道癌筛查工作。正常开展肿瘤登记报告工作，全县报告恶性肿瘤发病2531例，粗发病率298.6/10万，报告恶性肿瘤死亡1621例，报告肿瘤粗死亡率223.5/10万。全县恶性肿瘤登记报告工作连续7年被国家肿瘤登记中心颁授“杰出贡献奖”。

【职业病防治】 县卫健委高标准建成上冈尘肺病康复站。9月20日，国家卫健委职业健康司副司长王建冬率队到建湖调研尘肺病康复站建设运行情况，给予肯定。开展职业病危害专项治理、粉尘危害专项整治、尘肺病防治攻坚行动，推动企业按职业病防治要求，开展“三同时”（职业病防治设施应当与建设项目主体工程同时设计、同时施工、同时投产使用）、职业危害现场监测、接害工人体检等工作，组织职业健康巡回培训，做到镇区、企业全覆盖，加强企业职业卫生防治工作督查，职业卫生防治主体责任告知率98%，主体责任落实率95%以上。组织县内3家企业争创省级健康企业，遴选30名健康达人参加市级健康达人竞赛，获集体三等奖、1人获个人单项奖；开展职业卫生健康教育宣传，3件作品获省级奖项。

【计划免疫】 年内，县卫健委推动实施儿童免疫规划，0—6周岁儿童基础免疫接种率99%以上，加强免疫接种率百白破第四针93.0%，麻腮风第二针96.77%，甲肝第一针96.06%，脊灰第四针94.21%，乙脑第二针97.58%，流脑A+C第一针95.69%，流脑A+C第二针92.62%，白破93.43%。全年分别报告AEFI（疑似预防接种异常反应）常规疫苗101例，处置105起温度异常报警，及时化解风险隐患。

公共卫生

【基层卫生】 县卫健委实施基层医疗机构提档升级三年行动计划，以“优质服务基层行”活动为载体，新增九龙口、近湖、芦沟等7家服务能力省级推荐标准单位，推荐标准单位占58.82%，位于全市前列。年内，建成冈西、庆丰2家社区医院，新增3家甲级卫生室，建成市级特色科室4个。开展省乡村基层卫生服务能力提升培训项目、务实进修、实用技能进修以及在岗培训，全县有33名镇级卫生院骨干人员、3批次120名村医在实训基地接受轮训。

【妇幼保健】 县卫健委实施母婴安全行动提升计划，组织县人民医院产科、ICU医生到省救治中心进修，全县孕产妇系统管理率95.4%，7岁以下儿童健康管理率98.7%，均达省定目标。开展城乡妇女“两癌”免费筛查、出生缺陷防治等民生实事项目。年内，免费为城乡

7月12日，县卫健委会同县总工会开展2022年度女职工“520两癌筛查项目” （县卫健委 供）

妇女宫颈癌筛查2.9万例，乳腺癌筛查3.02万例，免费产前筛查737人、新生儿疾病筛查1413人，超额完成年度任务。9月26日，“九龙喜事”孕检中心建成运行，完善提升婚孕检“一站式”服务。

【生育支持】 年内，县卫健委实现各类计生奖特扶政策兑现率100%，确定扶助对象2.7万名，发放资金3947.01万元，实现计生特殊家庭医生签约、帮扶联系人、就医绿色通道“三个全覆盖”。年底，有托育机构43家，其中幼儿园设立托育班34家托位847个，社会托育机构9家托位1060个，完成3岁以下婴幼儿每千人2.84个托位目标任务。开展国家托育机构平台信息注册备案，注册19家，备案通过6家，备案率居全市第四位，推进“一乡镇一街道一普惠”建设，建成省、市级普惠托育机构各1家。

【爱国卫生】 年内，县卫健委实施25项健康工程，全面促进居民健康水平提升，推进“健康细胞”工程，建阳镇西尖村、九龙口镇梁泽村创建成省健康村。建立长效管理机制，巩固卫生县城创建成果，芦沟镇、宝塔镇创成省卫生镇，芦沟镇联星村等33个村创成省卫生村，建阳镇、九龙口镇创建国家卫生镇通过市级初评。至年底，全县建成国家卫生镇2个、省卫生镇9个，省卫生村87个、省健康村3个。

【卫生监督】 年内，县卫健委开展产前筛查、医疗乱象治理、医疗废物废水等专项监督检查，加大打非工作力度，开展非法行医黑名单日常巡查，注重线索搜集，立案查处各类卫生违法案件56件，其中简易程序13件、普通程序43件。受理投诉举报41起，立案查处9起，跟踪督查17起未发现有医疗行为的非法行医投诉举报。重点推进“双随机”抽检，完成国家卫健委下达的135家和省卫生健康委下发的18家单位监督任务，责令整改9户不合格单位。推进粉尘危害专项整治三年行动，完成市级挂牌督办重大风险隐患用人单位督查，组织涉爆粉尘企业职业健康基础工作监督检查，全年监督检查单位103家，下达监督意见书87份，行政处罚2家单位。开展公共场所集中空调通风系统专项检查和游泳场所督查，采集游泳池水质样品76份，检测合格69份，合格率90.8%。与县教育局、疾控中心联合开展春秋学期学校卫生综合监督检查，保障中高考考生住宿、饮水卫生安全，对11所中小学开展卫生综合评价。每季度对县水厂、上冈水厂、管道直饮水单位进行监检督查，完成6家二次供水单位、4家现制现售水经营单位水样抽检，合格率100%。对3个单位的协管员、信息员进行点对点专题培训，每月、每季定期开展协管服务信息平台使用情况督查通报，提高协管服务质量。

8月3日，县卫生监督所开展抗（抑）菌制剂专项监督检查和抽检工作　　（郝苏云　摄）

医疗单位选介

【建湖县人民医院】 创建于1948年5月，集医疗、教学、科研、预防保健于一体，三级乙等综合医院，苏北人民医院建湖分院，扬州大学建湖临床医学院。位于县城城南核心区域，占地面积200亩，建筑面积15万平方米，设置床位950张。至2022年底，县人民医院有职工近1400人，其中卫技人员1200余人，高级职称300余人；有享受国务院政府特殊津贴1人，省“333工程”人才培养对象18人、市医学重点人才10人、市医学青年人才18人、硕士生导师10人。2022年门急诊量95.5万人次，出院病人4.1万人次，住院手术1.1万台次。拥有S-PET、双源、128排、64排等CT机，3.0T核磁共振，直线加速器，数字减影血管造影机，数字乳腺钼靶，生化免疫检测流水线，三维手术导航仪，三维腹腔镜，16人高压氧舱，气动物流，轨道物流，数字化手术室等一批高端医疗设备与设施。2021年10月，医院公共卫生医学楼启用。全院设置临床、医技科室46个，骨科为省级临床重点专科，骨科、普外科、神经外科、肿瘤内科、神经内科、呼吸内科、消化内科、心血管内科、儿科、麻醉科、介入科、妇科、重症医学科、影像科等为市级临床重点学（专）科。推进“智慧医院”建设，建成医院信息集成平台，实现移动诊疗、移动护理、移动心电，2016年达到电子病历系统功能应用分级评价五级医院水准，六级电子病历验收正在积极推进。开展互联网+医疗行动，实行门诊诊间结算、住院自助结算服务模式，配合“我的盐城”“掌上建医”APP和微信平台，推行预约挂号、预约诊疗、预约检查、线上缴费、医患互动、检查结果查询等信息便民服务，有效改善群众就医体验在2020、2021年全国三级公立医院绩效考核中，医院等级均为B++，在省内40家县（市）级综合医院中列第五位。2022年获评江苏省文明单位、江苏省老年友善医疗机构优秀单位、绩效改革优秀医院。入选2023年高质量发展省级试点单位，盐城市仅两家。2013年9月，在省内率先组建县、镇、村一体化医疗联合体，并覆盖全县所有基层卫生院。2021年3月，与县中西医结合医院试点组建紧密型医共体，成立人力资源管理、财务核算管理、质量控制等六大中心，着力提升基层医疗机构服务能力，推动分级诊疗制度落实。至年底增加至3个成员单位。

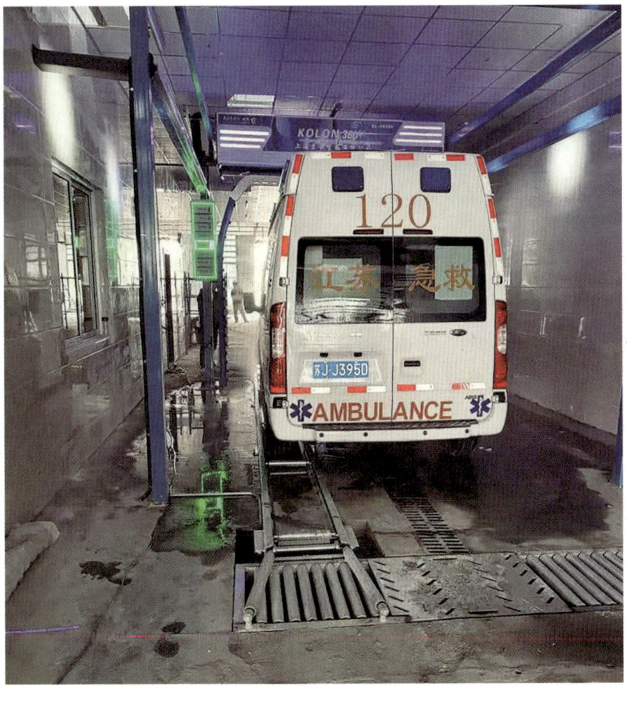

2月25日，建湖县人民医院建成救护车洗消中心

（县卫健委　供）

【建湖县中医院】　创建于1978年，是集中医、西医、中西医结合医疗、急救、预防、保健、康复、科研、教学于一体的二级甲等中医医院，是南京中医药大学教学医院、扬州大学医学院教学医院、东南大学附属中大医院合作医院、江苏省肿瘤医院技术协作医院、医保定点医院。医院占地面积12亩，建筑面积2万多平方米。2022年，门急诊量21万多人次，出院病人1.3万多人次。有职工386人，其中卫技人员336人，高级职称70人，中级职称85人，全国基层优秀名中医1人，市名中医3人。开放床位300张，设11个病区，32个临床科室，5个医技科室。心血管病科、脑病科为盐城市创新团队；脑病、肝病、脾胃病、内分泌病、重症医学、骨伤科等专科为盐城市中医重点临床专科。设江苏省中西医结合学会心脑血管病苏北研究中心、东南大学附属中大医院建湖心血管病介入中心。拥有DSA、核磁共振、GE小宝石64排128层CT、高压氧舱、四维B超、DR、数字胃肠机、血透机、全自动生化仪、钬激光治疗机、德尔格呼吸机、强生超声刀、腹腔镜、电子胃镜、肠镜、支气管镜、十二指肠镜等大中型医疗设备百余台（套）。2012年后，县中医院教科研成果迭出，出版学术专著10部，发表论文500余篇，获中医药科普图书著作奖一等奖1项，中华中医药学会科技进步奖1项，省卫生健康委（中医药管理局）科技进步奖2项，市政府科技进步奖11项，县政府科技进步奖17项。

【建湖县中西医结合医院】　创建于1949年，位于上冈镇人民路58号。按照二级甲等中西医结合医院标准设计建造，占地面积70亩，建筑面积5万多平方米，设置床位500张，实际开放床位300张，设内科、外科、妇科、儿科、康复科等8个病区。诊疗科室主要有内科、外科、妇产科、儿科、中医科、骨科、眼科、耳鼻喉科、口腔科、康复科等。2020年，医院创成二级甲等中西医结合医院，通过“优质基层服务行”省级评估，被确认为首批“江苏省农村区域性医疗卫生中心”，连续三年获得“优秀社区教学实习基地”称号；康复科病区创成盐城市中医重点专科；骨科、呼吸内科成为盐城市基层特色科室。拥有多层螺旋CT、DR成像系统、数字胃肠机、彩超、全自动生化分析仪、化学发光分析仪、血气分析仪、电子胃肠镜、腹腔镜等先进进口设备，年底有职工364名，中、高级专业技术人员142名，江苏省基层医疗卫生机构骨干人才6名。全年门诊就诊患者20余万人次，住院患者近1万人次，各类手术2000余台次。医院秉持“中西医并重”办院方针，遵循“尚医尚德、仁心仁术”精神，以“塑名医，铸名科，创名院”为动力，依托南京中医药大学、江苏医药职业学院、盐城市第一人民医院、盐城市中医院等医学高等院校和城市三甲医院的技术支持，正常开展普外科微创、前列腺电切、痔上黏膜套扎、骨科射频消融等手术。定期邀请南京、上海、盐城的专家开展坐诊讲学活动，建成南京中医药大学中医传承工作室、盐城市一院郑闽前骨科工作室、盐城市一院瞿平泌尿外科工作室及国家名医老中医李乃庚传承工作站。与建湖县人民医院结成医共体，成立3个名医工作室，根据临床需求，特聘6名专家担任科室主任，各派驻专家定期现场坐诊、讲学、查房，诊疗技术及服务水平渐生质的飞跃。医院新建近1000平方米的血液净化中心投入使用，新上核磁共振检查、重症监护等服务项目。

【建湖县第三人民医院】 创建于1977年，新建于2010年，为二级公立医院。位于建湖县城南京路，占地面积50亩，建筑面积2.5万平方米，是一所集医疗、教学、科研、康复、预防保健、精神卫生防治于一体的现代化综合医院，承担着全县精神卫生防治和开发区医疗卫生服务的双重任务。开设精神科、心身疾病科、内科、外科、妇产科、儿科、中医科、眼科、口腔科和康复科等20个临床科室，设药械科、检验科、影像科、心电图、脑电图、胃镜室、心理测试室等医技诊疗科室，下辖6个村卫生室。2022年底，有职工214人，其中中高级职称58人。医院拥有CT、DR、数字胃肠、B超、电子胃肠镜、全自动生化分析仪、全自动血球分析仪、经颅磁治疗仪、动态心电图、脑电图、骨密度仪等诊疗设备。2013年，率先在盐城市通过二级专科医院评审。2014年，成为东南大学附属中大医院协作医院和精神卫生临床科研基地。2015年，承办由东南大学附属中大医院主办的国家级继续教育项目。2016—2018年分别举办国家省市继续教育项目。2017年，与盐城市第四人民医院合作成立医联体。2018年，与建湖县人民医院共建医联体。2020年，与东南大学附属中大医院建立心身与精神医学联盟。2021年，创成江苏省老年友善医院。2022年，创成江苏省健康促进医院。2022年，门诊量8.47万人次，出院2961人次，总业务收入6133.28万元。

建湖县第三人民医院全貌　（县卫健委　供）

【建湖建阳眼科医院】 创建于1977年7月，1998年1月从建阳镇迁址建湖县城明珠东路220号，有五层门诊大楼和住院楼各1幢，医疗用房面积8600平方米。2002年6月改制为民营非营利性医疗单位，二级眼科专科医院，盐城市眼科临床重点专科。先后成为江苏省创建“白内障无障碍省”扶贫定点医院、江苏省“价格诚信单位”、江苏省眼科联盟成员单位、盐城市AAAA级信用服务单位、低视力康复机构、医保定点服务单位。开放150张床位，2022年业务收入6700万元，门诊6.83万人次，住院0.53万人次，手术0.64万台次，就诊患者外埠率35%。年底有职工133人，卫技人员99人，其中高级职称31人，中级职称42人。医院秉持“精益求精，诚奉光明”办院宗旨，熟练开展眼科三级以下及部分四级眼科手术100多种，形成中西医结合治疗眼底疾病特色，准分子激光治疗近视为苏北首家。拥有美国威视S4激光、德国阿玛仕Smart全激光、瑞士Ziemer LDV达芬奇飞秒激光设备，IOLmaster700、海得堡荧光造影、OCT、OCTA、欧堡超广角眼底激光扫描仪、眼底照相、577微脉冲激光机等100台/套进口检查治疗设备。

社会事务

社会保险

【概况】 2022年，建湖县减免企业失业保险费2131.2万元，缓缴企业职工基本养老保险、失业保险、工伤保险三项保险费345.1万元。年底，全县企业职工基本养老保险、事业保险、工伤保险参保人数分别为9.75万人、6.9万人、8.78万人，城乡居民基本养老保险参保19.4万人，机关事业基本养老保险参保1.31万人。完成职业年金历史虚账做实第三年还款归集；职业年金实缴13976万元，即时归集至省职业年金归集财产账户。

【养老保险】 全县企业退休人员养老金实现“十八连涨”，2022年人均增资101.29元/月，惠及60336名企业退休人员；城乡居民基础养老金由每人每月210元调至235元；同步调整机关事业单位退休人员待遇。发放企业离退休人员养老金11.53亿元、城乡居民基础养老金4.46亿元、机关事业单位离退休人员养老金6.63亿元。城乡居民基本养老保险缴费档次最低调整为500元，适用于返贫致贫、低保对象、特困人员、重度残疾人等困难群体的100元档次除外，最高调整为10200元。开展涉及新老政策衔接地块的被征地农民社会保障试点工作，研究出台《建湖县被征地农民社会保障实施办法》，符合条件的被征地农民“即征即保”“应保尽保”。

【失业保险】 年内，县人社局发放失业金2306.96万元，惠及失业职工2147人；代交医疗保险费580.82万元；为符合领取条件的603名失业职工发放失业补助178.42万元；为3月领取失业保险金的1229名失业职工，增发一次性临时价格补贴24.58万元，标准为200元/人；发放物价补贴37.17万元，涉及在领失业金人员6092人次。

【工伤保险】 年内，县人社局联合县邮政公司启动全县基层网点快递员参加工伤保险工作，解除基层快递人员的后顾之忧。举办集中培训和“一对一”上门培训20余次，培训人员500人次，发放安全头盔、安全帽500顶，悬挂横幅200条。在水木清华和华祥特钢等项目工地（企业）开展夏日“送清凉”“送预防培训”活动。委托第三方专业培训机构对中聚信海洋工程装备有限公司等8家单位400余名员工开展“现场互动与持续改善式工伤预防进企业、进工地、进校园培训”活动。联合县应急管理局印发《建湖县实施危险化学品企业工伤预防能力提升培训工程（2022—2024年）工伤方案》，对全县

3月3日，县人社局上门开展工伤预防培训

（县人社局　供）

危化企业进行详细排查，核实企业用工、参保情况，并对相关人员进行工伤预防能力专项培训。另外，对工伤事故多发和工伤保险基金支出较高的化工企业进行2次联合检查。

【生育保险】 年内，全县生育保险参保人数7.11万人，生育保险基金收入3964.85万元，全年支出1722.56万元。

医疗保障

【概况】 2022年，建湖县医疗保障局（以下简称县医保局）强化管理，优化服务，建强队伍，夯实基础，维护医保基金安全，稳步提高医保待遇，推进医保改革，医疗保障工作高质量发展成效不断显现。至年底，全县完成基本医疗保险参保66.44万人，其中职工医保参保14.26万人，城乡居民医保参保52.18万人。城乡居民医保转职工医保约5600人，“江苏医惠保1号”投保4.28万人。

【医保体系】 县医保局加强基本医保主体保障功能，职工医保和城乡居民医保政策范围内住院费用支付比例分别不低于85%、70%。巩固城乡居民大病保险保障水平，政策范围内支付比例稳定在60%以上。资助人员应保尽保，与县民政局、残联、农业农村局等部门对接，将困难人员身份信息录入医保参保信息系统加以标注，建立低收入人口电子台账，保障参保人实时享受医保待遇。对省定7类重点医疗救助对象、符合条件的建档立卡低收入人口及重度贫困的残疾人等拓展对象，个人缴费部分由县医疗救助基金全额资助。持续加快构建以基本医疗保险为主体，医疗救助为托底，大病保险、商业补充医疗保险共同发展的医疗保障体系。

【医保改革】 年内，县医保局调整省、市两级154个医疗服务项目价格，增加医疗机构年收入428.46万元。完成全县20家公立医疗机构病房床位价格核定调整，医疗机构年收入增加296万元。开展药品耗材带量采购，组织公立医疗机构参与国家、省10批287个品种药品、6轮8个品种高值医用耗材联盟带量采购。至年底，药品耗材集中带量采购金额5034.1万元，减少支出3437.8万元。推进医保支付方式改革，全县第一批6家试点医院医疗总费用比上年减少5064.65万元，下降9.6%；次均费用比上年减少964元，下降11.06%；基金支出比上年减少3481.38万元，下降9.7%，DRG支付方式控费提效作用初显成效。

【参保扩面】 县医保局全力推进医保参保扩面，将扩面任务分解至各镇（街道、区），压实参保扩面属地责任，定期通报各镇（街道、区）参保扩面进度，广泛动员学生、新生儿、精神障碍患者、外出务工人员等人群参保，与税务部门及时比对更新参保缴费数据，避免出现缴费失败、重复参保、漏保等情况。坚持城乡居民医保和“江苏医惠保1号”同步宣传，11月12日全面启动“聚焦惠民医惠保，全民福利保障高”主题宣传活动，与共保体保险公司建立定期会商机制，开展“六走进”（进社区、进村居、进企业、进医院、进校园、进机关）宣传活动，通过学生家长群发布公告、企事业单位举办讲座、“15分钟医保服务圈”阵地宣传等方式，协同推进“江苏医惠保1号”在全县推广。

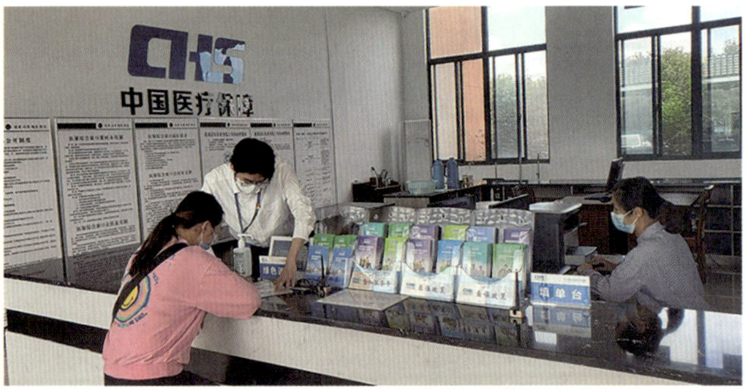

10月10日，庆丰镇便民服务中心医保窗口工作人员为群众提供医保政策咨询服务　　（马春艳　摄）

【基金监管】 县医保局开展“织密基金监管网，共筑医保防护线”集中宣传月活动，分批次召开全县双定机构医保服务协议培训会和基金监管警示教育活动。全县纳入医疗保险协议管理的零售药店210家，其中在14个镇（街道、区）设立19家“医保便民药店”，各“医保便民药店”专柜销售的医保集采药品、国谈药品执行“零差价”政策。至年底，完成现场检查机构100%，追回违规费用及违约金343.93万元。其中，查处定点医疗机构违规行为为115例，扣除违规金额和违约金311.47万元，自查自纠追回违规金额175.84万元，暂停联网结算2家；查处定点零售药店违规行为396例，扣除违规金额和违约金32.46万元，自查自纠追回违规金额15.91万元，暂停联网结算59家。行政处罚3例，移送公安4例，追回医保基金21.25万元。

【“15分钟医保服务圈”建设】 县政府召开专题会议

研究建设方案，排定时间节点，强化推进力度，加快建设到位。2021年与县农商银行合作创成“15分钟医保服务圈”上冈省级示范点，2022年新打造省级示范点2家（恒济镇、高新区）、市级示范点3家（沿河镇、九龙口镇、宝塔镇）。8月，全县14个镇（街道、区）“15分钟医保服务圈”全部投入运行。按照业务培训、窗口实操、理论测试等途径全面提高医保经办人员的业务素能和服务水平，全面梳理全县困难独居老人及失能人员名单，登门为其帮办代办医保事项，县、镇、村三级医疗保障服务体系日臻完善，“15分钟医保服务圈”整县推进效果明显，群众的满意度和获得感提升。

住房保障

【保障性住房】 2022年，建湖县制定出台《建立公共租赁住房退出管理制度的实施意见（暂行）》《进一步规范我县住房保障相关问题的通知》《建湖县住房保障失信行为管理办法（试行）的通知》《调整住房保障家庭收入标准和租赁补贴标准的通知》《建立住房保障工作联动机制的实施意见》《建湖县发展保障性租赁住房实施办法》等政策文件，健全保障性住房管理机制，完善住房保障制度。年内，城镇棚户区改造货币安置1013户，筹集汇建文苑保障性租赁住房120套，向符合条件的中等偏下家庭配租公共租赁住房51套，发放租赁补贴63.22万元，公租房租赁补贴87户、保障性租赁住房租赁补贴63户。

【公积金管理】 年内，建湖住房公积金管理部归集住房公积金8.14亿元，比上年增长32.79%，归集余额18.8亿元；提取住房公积金4.87亿元，比上年增长7.51%。发放住房公积金贷款520笔1.75亿元，比上年增长7.36%。至年底，发放住房公积金贷款10786笔24.71亿元。全年邮寄开户通知书85份、缴存通知书253份、催建通知书65份、人数不足核对函32份，新增缴存单位284家，新增缴存人数10266人。走访90多家企业并将助企纾困政策与企业对接宣传，疫情期间向30家规模企业邮寄助企纾困政策文件。对已达低比例缴存期限的企业，逐一与企业沟通了解生产经营情况，帮助10家企业向市住房公积金中心继续申请降低缴存比例，涉及职工915人，累计减缴122.8万元。依据盐城市人民政府助企纾困二十条政策意见，对1家房产开发公司适当降低标准进行住房按揭贷款合作。全面落实《关于调整我市住房公积金贷款政策的通知》，调整公积金贷款最高限额；恢复第二次购房住房公积金贷款支持政策；调整公积金贷款保底贷款额度。利用报纸、网站、广播电视、自媒体等媒介加强宣传，到房产开发商的楼盘销售处和文化广场现场宣传贷款新政策，开展“住房公积金服务进企业”活动，向广大企业职工宣传公积金新政策，发放宣传手册3000余本。

10月21日，住房公积金管理部对农商银行各网点开展政策业务解读 （徐玥霖 摄）

民政管理

【概况】 2022年，县民政局办理婚姻登记6491对（跨区域办理63对）。其中，结婚登记3129对，离婚登记880对，离婚申请1521对，补领结婚证891对，补领离婚证69件，（无）婚姻登记记录证明1件。投入1.35亿元新建县城公益性公墓，一期工程建成投入使用。全县14个镇（街道）投入1100万元，建成使用骨灰存放室。建立“清明祭”云平台，云祭扫应用覆盖镇级公墓，拓展线上实景祭扫，5万多名群众共享线上祭扫服务，解决群众远程祭扫、网络祭扫难题。全年火化遗体6898具，火化率100%。强化公益性公墓属性回归，建阳镇、恒济镇等7个村级公墓回归集体管理。加强社会组织登记管理，建立“统一登记、各司其职、协调配合、分级负责、依法监管”的社会组织管理体制，依法开展社会组织的登记管理、年度检查、等级评估、信息公开、执法监察等工作。年内，登记各类社会组织909个，其中社会团体380个、社会服务机构529个。

【慈善事业】 县民政局强化“慈暖建湖，善盈水乡”慈善理念宣传，推进基层慈善组织建设，形成县镇村三级慈善网络体系；加强慈善文化建设，建成慈善文化广场，开展慈善文化进校园活动，举办全县中小学生慈善征文；组织“情系孤困，慈善一日捐”“99公益江苏专场”活动，实施“幸福家园”村社互助工程，全年募集善款近千万元；开展慈善项目救助，救助城乡困难群众近4000人；规范慈善资金使用管理，提升慈善公信力。1月5日起，县慈善总会开展春节走访慰问困难群众2000多人，发放慰问金300万元。5月30日，县慈善总会网络募捐工作获省慈善总会“团队鼓励奖”（全省32家），“情系孤困·善满建湖”“99公益”捐赠项目获评“优秀品牌项目”（全省6个）。6月29日，全县248个村居完成“幸福家园”村社互助工程项目平台注册和上线工作。9月5日，县慈善总会发出“情系孤困·慈善一日捐”及“99公益”项目捐赠倡议书。至9月15日，全县52089人通过线上线下捐款599.59万元。其中“99公益”项目线下捐赠67.21万元。11月30日，县慈善总会第三次会员代表大会召开，大会听取县慈善总会第二届理事会工作报告，选举产生县慈善总会第三届理事会和监事会组成人员，曹征松当选县慈善总会第三届理事会会长。

9月1日，县慈善捐赠仪式启动，图为县委书记祁从峰带头捐款（县民政局 供）

【社会救助】 县民政局健全完善分层分类保障体系，构建完善低保、特困人员、低保边缘家庭、支出型困难家庭、临时救助、残疾人两项补贴等多层次救助帮扶体系，打造分层分类综合救助格局。年内，城乡低保对象6026户9274人，城乡特困供养人员3932人，享受残疾人生活补贴1.1万人、护理补贴1.03万人，临时救助1083人次，发放各类救助保障金2.14亿元。

【社区建设】 年内，县民政局印发“村（居）委会依法履责主要事项”“村（居）委会依法协助政府工作主要事项”清单，组织村（居）与镇（街道）签订《城乡社区协助政府工作协议书》，从法律层面厘清权责关系，减轻基层自治组织负担；开展社区证明事项清理行动，明确基层群众性自治组织依法出具事项和不应证明事项；按照“十大功能”（综合服务功能、综合展示功能、文化服务功能、综治管理功能、党群议事功能、便民超市功能、健康养老功能、党群活动功能、室外广场功能、特定业务功能）、“十有微服务”（志愿服务队、流动健康站、微积分超市、红色快递员、农技大课堂、红色广场舞、快乐棋牌室、怀旧老电影、易学智能机、创业先锋贷）功能要求，改造提升3个重点社区综合服务中心。

【志愿服务】 年内，县委宣传部举办盐城市暨建湖县“三下乡”集中服务活动，现场提供七大类29项志愿服务，捐赠财物总值近150万元。举办“文明实践谱新篇 喜迎中共二十大”主题活动暨“3·5”学雷锋志愿服务启动仪式，评选表彰2021年度建湖县志愿服务先进典型。面向社会各行各业，招募成立由200名志愿者组成的24小时抗疫应急志愿服务队，开展“线上+线下”业务培训和多轮实地应急演练，提高志愿者应急服务水平。发布《建湖县疫情防控志愿服务倡议书》，开展“发挥文明创建力量、助力疫情防控”专项行动，全县4万多名志愿者常态提供疫情防控宣传、防疫消杀、心理援助、社区排查、卡口值守、文明劝导等服务，志愿服务成为疫情防控的重要力量。坚持志愿服务制度化、项目化、常态化，挖掘扶持优秀志愿服务组织，培育打造精品志愿服务项目。孙强获评江苏省优秀志愿者，服务苏北“美丽乡村行”青年志愿服务项目获2022年省青年志愿服务项目大赛“乡村振兴类”二等奖。团县委发布疫情防控储备青年志愿者招募令，招募志愿者300余人，组建青年突击队16支，常态化开展防疫志愿服务。开展暖冬行动和“点亮微心愿”志愿服务活动，陪伴困境青少年度过欢乐时光。开展“社区有我 青春报到”行动，举办交流分享会，招募来自复旦大学、南京师范大学等40余所高校的大学生团员100余人，参与志愿服务、文化宣传及社会治理等工作56次。开设15家爱心暑托班，邀请南京师范大学、扬州大学、江苏师范大学等高校学子发挥学业所长，丰富儿童暑期生活。县民政局依法推进志愿服务队伍建设和信息化建设。依托“江苏志愿服务信息管理平台”，实时监管志愿项目发布、志愿者管理等。至年底，系统在册志愿者总数19.1万人，有服务时长志愿者11.8万人，开展志愿活动2.4万场次。

7月13日，县民政局在建阳镇社工站开展社会救助政策科普关爱志愿服务　（县融媒体中心　供）

老龄事业

【养老服务】　2022年，县民政局聚焦老年人急难愁盼问题，提高政府购买服务覆盖面，为4000名困难老年人、2.8万多名高龄老年人、1000名75—79周岁失能社会老人智慧养老购买居家上门服务，累计服务28.9万工时；推进城市街道标准化综合体建设，利用近湖街道镇北派出所闲置用房，建成1个“枢纽式”养老服务综合体，打造“15分钟养老服务圈”；建成10个示范性“长者幸福食堂”，通过“政府补一点，企业让一点，个人出一点”方式，解决老年人就餐难问题；改造241户困难高龄老年人居所，改善老年人家庭居住环境；为1156户独居老人安装一键呼叫装置，建立24小时应急救援服务响应机制；将恒济镇敬老院、钟庄街道敬老院改造提升为区域性养老服务中心。近湖街道获评省智慧健康养老示范街道，“时间银行”开启互助养老新模式项目获评省“益智乐老”优秀案例，“坚持四个聚焦，激活养老‘一池春水’”做法被人民网推介。

【尊老金发放】　年内，县民政局为29484名高龄老人发放尊老金3788.72万元。其中80—89周岁26897人，发放金额3156.16万元；90—99周岁2537人，发放金额598.2万元；100周岁以上50人，发放金额34.36万元。

【医养融合】　县卫健委加强老年健康服务，全县老年友善医疗机构实现全覆盖，其中县人民医院、绿康湖垛家园和九龙口中心卫生院3家单位被评为优秀单位。县人民医院设立老年医学科。全县17家养老机构全部与邻近的医疗卫生机构签订合作协议，实现医养规范全覆盖。深化医养结合，由卫生院全面托管辖区敬老院，实现“两院合一”做法获省通报表扬。加强居住环境、日常出行、为老服务质量、精神文化生活等建设，提高社区适宜养老程度，近湖街道神台、建北2个社区创成老年友好型社区。开展“敬老月”“最美健康老人”“孝亲敬老之星”“最美金婚夫妇”等活动，弘扬孝亲敬老文化，实施老年人运用智能技术专项普及培训工程，免费培训3226人次。

【老年人健康体检】　年内，县卫健委为65岁以上老年人健康体检9.49万人，接受健康管理9.49万人，体检率65.53%，城乡社区规范健康管理率65.51%。体检发现血压偏高或高血压患者5.8万人，血糖偏高或糖尿病患者2.55万人，血脂异常4.26万人，超重或肥胖4.06万人，腹型肥胖2.96万人，脂肪肝2.65万人，胆结石9211人，心电图改变1.16万人，18家医疗卫生机构，233家村卫生室7日内反馈体检结果。

表38　　2022年全县养老机构

序号	名称
1	建湖县近湖街道敬老院
2	建湖县上冈镇敬老院
3	建湖县钟庄街道敬老院
4	建湖县高作镇敬老院
5	建湖县温馨家园养老院
6	建湖县九龙口镇敬老院
7	建湖县颜单镇敬老院
8	建湖县芦沟镇敬老院
9	绿康湖垛家园医养服务有限公司（县福利中心）
10	建湖县庆丰镇敬老院
11	建湖县冈西镇敬老院
12	建湖县宝塔镇敬老院
13	建湖县塘河街道养老服务中心
14	建湖县建阳镇敬老院
15	建湖县恒济镇敬老院
16	建湖县沿河镇敬老院
17	建湖县九玖老年公寓

关心下一代工作

【概况】　2022年，是市、县关工委成立30周年。县关工委在县委的坚强领导和上级关工委的指导下，围绕全县经济社会发展中心、服务党政大局，关心下一代工作取得新进展、呈现新特色。“迎庆二十大、传承红色基因”活动得到中国关工委《中国火炬》约稿报道，“三扶两创”、校外辅导站等项工作受到省、市关工委的肯定推介，8个先进集体、17名先进个人获市委、市政府表彰。

【县关工委成立30周年纪念活动】 2022年，县关工委组织“召开一次纪念大会、表彰一批先进、拍摄一部专题片、编印一本《五老之歌》、出一期《建湖日报》专版”等“五个一”活动，进一步提升关工委的影响力，广大“五老”（老干部、老战士、老教师、老专家、老模范）的成就感显著增强。5月12日，纪念县关工委成立30周年暨全县关心下一代工作会议在县行政中心召开，播放专题片《而立关工奋进路》，县委、县政府表彰39个关工先进集体、106名先进工作者和优秀“五老”，县关工委主任唐修国作工作报告，市关工委主任陆树臻到会讲话；县委副书记许刚对全县关心下一代工作提出要求。

5月12日，纪念建湖县关工委成立30周年暨全县关心下一代工作会议召开　　（县委老干部局　供）

【预防青少年违法犯罪】 县关工委履行《中华人民共和国未成年人保护法》《中华人民共和国预防未成年人犯罪法》《中华人民共和国家庭教育促进法》法定职责，大力推进预防和减少青少年违法犯罪工作走深走实。年内，组织法治副校长、老干警给在校学生上法治教育课165场次，受教育青少年12万人次。政法部门关工委、关爱工作站组织“五老”积极参与“问题”未成年人和矫正对象结对帮扶帮教工作，促成基本转好率90%以上，其中25周岁以下社区矫正对象无一人重新犯罪。

【关爱弱势青少年活动】 县关工委把为孤困儿童青少年排忧解难，作为关心下一代常抓不懈的工作，倾情倾力帮扶，坚持精神关爱和物质关爱并举，使困境青少年都能享受政策照顾和“五老”的关爱。与县教育局配合，全面加强辅导站建设，11个中心站被评为省优或市优，辅导站辅助育人作用愈益凸现。暑假期间，各辅导站接收1300多名留守困境儿童，活动呈现“有红色基因传承、有才艺拓展传授、有多学科课业辅导”等“六有”良好局面。全县参加“学典型见行动”的“五老”3300多人，做好事1585件，动员社会各界为孤困儿童捐款106万元，捐衣物2300多件，帮助43名孤困儿童解决住房困难。

【“三扶两创”工作】 县关工委将“三扶两创”（扶志、扶技、扶创业和创建创业示范基地、评选创业之星）融入乡村振兴战略。深入“扶创”基地调研，撰写《推进乡村振兴战略的探索与启示》，得到县委主要领导批示肯定，被县委研究室《调查研究》专刊印发。“扶创”中坚持新老创业人员一起帮、大小创业项目一起扶，老科技与创业青年“一对一”“几对一”结对帮扶由原来的39对增加到51对。回乡大学生夏思成在丁明省等老科技工作者的帮扶下，创办的企业入选“省级现代农业推广示范基地”，市委书记徐缨在参加中共二十大期间接受《新华日报》记者采访时作特别推介。

建湖县老区开发促进会（扶贫开发协会）

【概况】 2022年，建湖县老区开发促进会（扶贫开发协会）（以下简称县老促会）帮助贫困学生200名，争取助企创业项目周转金120万元，培植乡村发展先进典型100名，新发展会员360名，年底有会员9850名。获评全国老区宣传工作一等奖、全省项目资金管理先进单位。县老促会组织调查了解农村集体经济发展现状与特点，形成关于当前农村种植业情况调查报告、关于红色资源的充分利用、如何壮大村级集体经济积累、继续帮扶低收入村民防止返贫方面的调研文章。

【宣传老区】 年内，县老促会完成省市统一部署的“三个一”任务，编一部史料翔实、图文并茂的《红色资源史料汇编》印发1000册；撰写一篇包含红色资源概况、保护利用现状及维护建议的调研报告；建立一本记录县域内红色资源印记、保护情况台账。近20篇稿件被

《中国老区建设》、中国老区网、《江苏老区》采用。沿河镇协调民政、军人事务局和老促会理事会成员单位共同支持天美村，筹资60多万元建成烈士英雄事迹陈列室、烈士纪念广场和烈士墓碑。

【赛“三事”活动】 “热心公益做好事，推进发展办实事，促进和谐解难事”成为县老促会会员的自觉行动。针对企业急需帮扶资金难题，年内县老促会向省三会争取追加资金20万元。冈东分会会长朱为良为养殖户争取银行贷款。近湖分会组织会员志愿者参加抗击新冠肺炎行动。桥东社区郭学凤、吕秀青上门为失明残疾人姜政民核酸检测。庆丰分会针对盐城3路公交车途经洪桥和中陈两村站点相距2千米，村民出行不便问题，派专人3次去盐城公交公司协商，后增设小阜庄站点，安装雨棚座椅，解决村民出行难题。开展结对帮扶烈士命名村活动，理事成员单位道尔道公司帮助沿河天美村建成污水治理泵站，全村6个组全部实现污水处理网格化。方圆禽业公司为冈西左幼村专业户提供草鸡饲养、鸡蛋销售一条龙服务，安排低收入家庭劳动力到公司就业。

【“三带五助”行动】 建湖县涌现“三带”（会员带头富、会员先富带后富、组长带领一方富）新典型近百人。近湖镇会员组长“玉进粮食种植家庭农场”法定代表人徐宝玉，承担省、市、县农业科研部门20多个新品种试验，为当地村民提供30多个岗位，人均年收入超6万元。建阳李庄村会员组长李学高带动一批养殖户到苏州学习先进经验，推广实地示范养殖，在外村养殖大闸蟹面积2万多亩，从业人员300多人，每亩纯利润近5000元，全村人均纯收入2.63万元。年内，县老促会开展助困、助学、助创、助灾、助残行动，参加省“三会”组织的公益募捐活动募集资金10.2万元，争取上级补助和自筹资金16万元，帮扶120多名低收入家庭学生，向扬州天海职业学校推荐8名困难学生免费就读。

建湖县老年科技工作者协会

【概况】 2022年，建湖县老年科技工作者协会（以下简称县老科协）获全省老科协工作特色奖。周立斌撰写的《难忘科协工作二三事》获《“我与科协”征文评选》一等奖；张玉明的《甘为助力青年田头创业的“老黄牛”》获省、市科协“强国复兴有我”主题征文一等奖；吴效凡的《“强国复兴有我”（诗三首）》获省三等奖、市二等奖；凌炳奇的书法《习近平讲话摘录》获主题书画摄影艺术展一等奖，雷涤生的摄影《田头细研》获二等奖，马崇云的书法《七律·庆祝中共二十大召开》获省三等奖、市二等奖；顾明的摄影《老科技工作者解惑》获市科协“强国复兴有我”主题活动三等奖，陆嘉禾的国画《鸿图大展》获一等奖，戴超的国画《雄风万里》获三等奖。张玉明入选《江苏老科协》杂志2022年11期封面人物。2022年，县老科协新一届理事会成立后，将近五年来的老科技工作者的建言献策和相关科普知识汇编成书，编辑《建言献策》第四辑，供大家借鉴学习。王耀武的《关于全民健身设施建设和维护情况的调研报告》获“助力‘强富美高’新江苏建设建言献策竞赛活动”三等奖。县老科协《关于全民健身设施建设和维护情况的调研报告》、关于双湖公园东南角、文化中心西南角的渠化岛的地面整修建言，均得到回复。

【服务“三农”】 年内，县老科协与江苏顺达农业科技有限公司协作的《江苏省优质高效绿色水稻大面积栽培应用与推广》项目，获市科协2022年度企会协作优秀项目奖。县农业农村局老科协给自愿为“三农”工作服务的退休人员建立专家库。年底入库专家53人，高级职称40人（含研究员3人）。分设种植、水产、畜禽、植保、林果、农机6个专业服务组。与县农科所、江苏众创农业服务公司合作，对新型植物营养调节剂康乐收、云乐收等在小麦生长中后期应用技术研究及实际应用效果进行田间验证试验。

公共安全

安全生产监督管理

【概况】 2022年，建湖县应急管理局全面学习贯彻习近平总书记关于安全生产的重要论述和系列重要指示批示精神，严格落实国家、省、市工作部署要求，强化党委政府、部门、企业、员工“四方责任”，建立风险辨识、管控、排查、治理“四项机制”，提升监管执法能力、事故预防能力、应急处置能力、社会共治能力“四种能力”，实现监管理念、监管方式、监管重点、监管效能“四个转变”，全县安全生产工作呈现稳中向好的趋优态势。全年全县发生生产安全事故7起，死亡3人，事故起数比上年下降12.5%，死亡人数与上年持平。组织专题业务培训、基础知识考评和综合执法演练竞赛，推行基层新进人员跟班学习制度，鼓励所有执法人员参加注册安全工程师考试，年底具备安全生产相关专业或工作能力的安全监管人员84人，专业人员占92.3%。委托镇区办理案件70起，占全县案件总量的44.6%，所有案件均按期结案，未有行政复议和行政诉讼，全县重大隐患立案率100%。

【安全生产专项整治】 2020年开展的三年专项整治以来，县应急管理局排查整治各类隐患7.61万条，立案查处1698起，关停取缔5家，责令停产停业整顿56家。国务院和省市交办建湖县的224项问题均整改到位。开展重点领域专项治理，完成266座农村危桥、94处群租房、549座高层建筑、16家养老机构、14所学校幼儿园、629家“三合一”场所、1.7万栋城镇自建房、1361户餐饮单位等集中整治工作。查处违法超限超载车辆330辆，其中“百吨王”2辆、卸驳载2857.24吨，抄告查处超限运输车辆信息26条，落实“一超四罚”和失信联合惩戒，处罚货运企业24家。出台《建湖县铁路沿线安全环境治理“双段长”责任制工作方案》，开展铁路沿线安全环境专项治理，受到国铁总公司上海监督局及江苏省铁路办的高度肯定，并通报表扬。

【安全检查】 县应急管理局围绕国务院15条硬措施，明确47项具体排查整治工作任务，重点突出道路交通、危化品、建筑施工、城镇燃气、消防等重点行业领域，全面深入排查重大风险隐患，对标对表、深入查找、坚决整改存在的突出问题和薄弱环节，推动各项任务措施落地见效。年内，检查生产经营单位及场所3386家次，排查问题隐患11973条，立案查处411起，处罚款263.9万元。

11月19日，市安委办一行到建湖检查燃气安全专项整治工作　　（县应急管理局　供）

【安全风险报告】 县应急管理局继续推进2022年安全

风险定期报告工作，3月底全县完成1797家工业企业安全风险网上定期报告工作，完成率100%；全县工贸企业环保设施填报199家，环保设施315处；开展企业安全生产风险辨识管控工作“回头看”，重点检查企业风险辨识的全面性、准确性和管控措施的针对性和实用性，对风险排查辨识不精准、风险管控责任落实不严密、风险管控措施不到位的企业逐企上门面对面指导规范，对22家严重违反省政府2020年第140号令的企业实施行政处罚。

【应急救援】 年内，县应急管理局制定并发布全县应急救援总体预案1个，专项预案40个，镇级预案196个，村居预案248个，开展燃气压力管道泄漏事故演练、应急水源启动切换演练、住宅小区防汛演练、九龙口景区应急救援综合演练、危险化学品事故应急处置演练、打通消防通道应急演练等综合性应急演练活动。建成近300平方米的指挥中心，包括指挥大厅、视频会议室、机房控制室、值班室、休息室、洗漱间、会商室等。根据省、市装备配置要求，所有人员都下载安装使用应急宝，配置穿戴手表7套、购置布控球1台、应急指挥箱1只、卫星电话2台；建湖开发区、建湖高新区、九龙口景区3个功能区购置了应急通信装备（布控球）；上冈、冈西、宝塔、恒济4个偏远镇配备视频会议系统、布控球各1套。

消防救援

【概况】 建湖消防救援大队成立于1996年，营房占地面积9000平方米，建筑面积4905平方米，下设明珠路消防救援站，上冈镇、建阳镇、开发区、高新区设政府专职消防队。2022年底，消防从业人员141人，其中编制内消防员20人，合同制消防员102人，消防文员19人。大队配备执勤车辆8辆，分别为五十铃泡沫水罐消防车、永强压缩空气A类泡沫消防车、永强泡沫水罐消防车、永强抢险救援车、豪运举高喷射消防车、奔驰登高平台消防车、卢森堡城市主战车、远程供水泵组（双车），载水量50.5吨，载泡沫量7.5吨。县消防救援大队接报出警786起，其中火灾扑救575起、抢险救援99起、社会救助91起、公务执勤21起，出动消防车1110辆次、消防救援人员1829人次，抢救疏散被困人员114人，抢救财产价值1578万元，全年未发生有影响火灾事故。在“3·11”厂房火灾事故中，县消防救援大队火速出警，调度8辆车43人赶赴现场扑救，消防救援人员坚持“规范处置、精准打击、确保安全”作战原则，历经4小时鏖战，火势被完全扑灭，未造成人员伤亡、未对周边环境造成影响。

【消防检查】 县消防救援大队以“补短板、强弱项、抓整治、除隐患”为主线，统筹推进消防安全大检查和专项整治“三年大灶”，高位推进全领域火灾隐患排查整治。年内，开展监督检查1018家次，督改火灾隐患1473处，受案查处100起，临时查封20处，责令停产、停业、停止施工4家，罚款66.52万元，办结“12345”举报投诉案件126件，县政府挂牌督办重大火灾隐患4处，借助“信用盐城”平台对行政许可、行政处罚进行“双公示”，办理消防行政许可24家，提升消防监督执法威慑力。1月13日，县消防救援大队到江苏润阳光伏科技有限公司开展“洁净厂房”消防安全检查，助推冬春火灾防控工作。1月24日，县消防救援大队深入辖区酒店开展冬春火灾防控消防检查。3月29日，县消防救援大队利用社会单位管理系统“云视频”对亿隆盛纺织企业开展“双随机、一公开”消防安全检查。4月12日，县消防救援大队深入玉人公司开展消防安全服务指导工作。6月16日，县安委办联合县消防救援大队，开展“消防安全专家入企宣讲”活动。9月16日，县消防救援大队联合教育部门重点检查学校教学活动场所、学生宿舍、食堂、实验室等部位，火电源管理、疏散通道、安全出口和消防车通道等情况。11月1日，“119”消防宣传月活动启动仪式在宝龙广场举行。

1月20日，县消防救援大队开展“雷霆系列”消防安全专项检查行动 （县消防大队 供）

【消防宣传】 县消防救援大队常态化推进消防公益宣传工作，发动消防宣传服务队、社区民警、街道乡镇网格员走村入户，开展“敲门行动”。年内，印制发放各类宣传资料5万余份，张贴消防安全通告和公益海报3

11月1日，建湖县2022年"119"消防宣传月启动仪式举行　　（县消防大队　供）

万余份。联合应急管理局开展全县"消防安全专家入企宣讲"活动，举办讲座14场，培训人员1800余人次。走进建湖县第二中学、上冈高级中学、建湖县第一中学开展消防安全"进军训"活动，为广大师生讲解火灾处置办法和扑救要领并开展"油盆灭火演练"，提高学校师生消防安全意识；走进向阳路小学开展消防安全"第一课"活动，讲解火灾的危险性与损失、家庭如何防火、发生火灾如何正确疏散逃生等相关知识，解读《小学生消防安全教育手册》，提高学校师生的消防安全意识及自防自救能力。联合住建局对全县32个小区开展物业服务企业消防"自防自救"实操演练，训练考核物业单位火灾报警、快速着装、移车器移车、灭火器灭火、消火栓出水枪打靶等专业实操技能，培养一大批"见火不慌、抬手就灭"的准消防员。

【保障后援】　县消防救援大队建立"1+4+N"灭火救援调度体系，即以县消防救援大队为全县应急救援指挥中心，重点打造上冈、建湖开发区、建湖高新区、九龙口旅游度假区4个区域应急救援指挥中心，构建"一域多站、单元合成、布防合理"的应急救援圈，形成快速响应体系。新建政府专职队站6个（上冈镇、九龙口镇、建阳镇、宝塔镇、沿河镇、庆丰镇）、原有队站提档升级2个（建湖开发区、建湖高新区）。与县委编办等部门配合，征召政府专职消防员88人。开展建筑施工工地火灾、危险化学品事故、压力管道燃气泄漏等综合性应急救援演练活动，提升应对突发事件反应处置能力。

【消防执法】　县消防救援大队出台《建湖县消防委托执法工作方案》，在近湖街道、塘河街道、建阳镇、九龙口镇试点开展基层委托执法工作，打通基层火灾防控"最后一公里"。推进"智慧消防"建设，推促各镇（街道、区）安装独立式感烟探测报警器400台、简易喷淋装置60套、电气火灾监测系统40套。全面统筹公安派出所、综合行政执法和网格员三支主要基层监管力量开展巡查检查，协同开展群租房、棋牌室、"九小"场所（小学校或幼儿园、小医院、小商店、小餐饮场所、小旅馆、小歌舞娱乐场所、小网吧、小美容洗浴场所、小生产加工企业的总称）消防安全专项行动，形成多警种联合作战合力。联合城南派出所、塘河街道综合执法局，在未来城小区开展"三合一"场所整治工作，对各"三合一"场所是否占用或堵塞疏散通道、有无私拉乱接电线、是否堆放可燃易燃物品、有无电动自行车违规停放和充电、消防设施设备是否符合配置标准、是否使用液化气罐等情况进行检查，并责令整改。

【技能竞赛】　7月14日，县消防救援大队联合县总工会举办第二届消防行业职业技能竞赛，70名消防救援人员参加5000米跑、400米疏散物资、绳索攀爬、60米肩梯登楼操、4×100米消防接力等竞赛科目，设个人奖和团体奖，县总工会为个人综合得分第一名颁发建湖县"五一劳动奖章"、为4个项目第一名颁发建湖县"五一"创新能手奖。

7月14日，建湖消防救援大队联合县总工会举办2022年建湖县第二届消防行业职业技能竞赛（县消防大队　供）

防震减灾

【防灾减灾】　2022年，县应急管理局在全县范围内组织开展自然灾害风险普查，收集完成相关清查对象数据2620条。落实AB角灾害信息员526名，完善县、镇、村三级自然灾害报送体系。开展国家级综合减灾示范社区创建，近湖街道西苑社区已创成；建湖高新区双湖社区审核通过，即将授牌；近湖街道镇南村通过创建初审，被市减灾办评为2022年度优秀创建单位。5月12日是全国第14个全国防灾减灾日，主题是“减轻灾害风险，守护美好家园”。5月7—13日防灾减灾宣传周期间，县减灾办组织镇区、县有关部门采用多种宣传方式，营造防灾减灾良好氛围。利用新媒体和传统媒体平台，通过短信、公益广告、微信公众号、视频号，宣传普及灾害风险基本知识和防范应对技能。5月12日，县减灾办组织应急、住建、交通等多个部门在希望广场开展集中宣传活动，设立防灾减灾咨询台，普及洪涝、台风、地震等自然灾害知识。推动防灾减灾救灾宣传教育进企业、进学校、进农村、进社区、进家庭，扩大防灾减灾科普宣教覆盖面。

【地震监测】　建湖县有强震动测震台和深井测震台各1座。安排专人值守，做好震情监视和短临跟踪工作，专门制定年度震情监视跟踪工作方案，明确宏观监测点职责，建立健全地震宏观测报网、地震科普宣传网、地震灾情测报网和防震减灾助理员的“三网一员”体系，强化检测系统运行维护，震情值班、会商和异常跟踪落实制度。利用县体育中心建成全县中心避难场所，相关配套物资均配置到位，城南市民广场固定避难场所同步建成。

【气象应急】　县委、县政府高度重视气象工作，县气象局持续推进气象防灾减灾体系建设，气象防灾减灾能力得到提升。年内，完成10套加密区域自动站的选址、建设工作，并按时投入运行。开展建湖县自然灾害风险普查工作，实施《建湖气象探测环境保护规划》。

近湖街道

【概况】 区域面积56.64平方千米，2022年末户籍人口16.7万人，辖26个村（居），其中行政村9个，社区17个。2022年，完成地区生产总值186.8亿元，比上年增长4.8%；一般公共预算收入4.84亿元，比上年增长3%；社会消费品零售总额96.51亿元，比上年增长3.7%；规模以上工业增加值比上年增长11.9%；规模以上工业开票销售28.39亿元，比上年增长1.46%；规模以上工业应税销售26.57亿元，比上年增长2.2%；规模以上入库税金8962万元，比上年增长1.9%；定报工业企业45个，企业增长面64.44%；固定资产投资比上年增长13.6%；农村居民人均可支配收入30469元，比上年增长6.5%。新注册登记个体工商户2200家，累计1.8万家；私营企业809家，累计7587家，新增限上批零住餐35家，新增规模以上服务业企业4家，进出口总额8500万美元。完成一产增加值3.47亿元，比上年增长7.1%；二产增加值69.96亿元，比上年增长8.1%；服务业增加值113.37亿元，比上年增长5.3%。

【农业生产】 年内，近湖街道粮食种植面积42961.26亩，单产500.79千克，总产21514.5吨。其中，夏粮种植面积18179.26亩，单产387.97千克，总产7053.09吨；秋粮种植面积24782亩，单产583.54千克，总产14461.4吨。争取项目资金600万元，完成蔡徐、西葛4000亩高标准农田开发建设任务；新办东冯、唐东、高桥3个村级新型农场，落实土地550亩；严抓秸秆“双禁”，完成秸秆离田6200亩、秸秆还田1.06万亩，实现零火点零抛点；完成违规种养整改2060亩；加大农村水利、农电设施建设力度，新建排灌站10座，机耕桥涵9座，田间耕作道路3.6千米，高低压线路1.1千米；新建农村户厕50座、改建50座，农村改厕工作通过市县验收；新增成片造林54亩，完善农田林网1000亩，“四旁”植树2.1万余株；农村动物防疫密度、免疫抗体检测100%。

【工业经济】 年内，近湖街道社会研发投入1.1亿元，新增高新技术企业4家，培育科技型中小企业75家，产学研合作项目10家，研发费用备案21家，技术合同总额1.8亿元，完成“智改数转”咨询诊断企业21家。培育开票销售超亿元企业8家，入库税收超千万元企业3家，新增三星级以上企业1家，培育专精特新企业2家，西臣、聚龙湖等6家星级企业上云，铭星供水公司在北京新三板上市完成企业股改和报告期确认，新增规模以上工业企业8家。完善国家级科技企业孵化器功能设施，协调孵化场地2600平方米，推进“三项清理”，清理僵化企业1家，清埋闲置土地1宗1500平方米，清埋低效厂房2处4500平方米。引进亿元以上工业项目9个，泰源倍倍10亿元锂离子动力电池项目开工建设，江苏嘉信5亿元高端精密不锈钢机械部件项目厂房完成过户，土耳其SMART公司5亿元光伏组件项目通过县预审。在建亿元以上项目13个，太仓拓信电子、盐城顺宇农机、苏州曼镭科石油机械等4个项目竣工投产，徐州锦炎彩晶玻璃、上海申瑞石油机械、上海禾汽科学仪器等5个项目试生产。丰晁园150万元粽子加工项目、盐城一坤中央大厨房二期、盐城福湖农产品加工3个农业项目建成投产。登达集团2.5亿元大酒店项目装修施工，建湖新城华松公司1亿元商业街项目改造装修。

【镇村建设】 年内，近湖街道实施蔡徐村农房改善项目，签订农房改造协议450户，总建筑面积2.8万平方米农房主体工程建设加快推进。签订永辉超市东侧71户1.25万平方米、镇北村冠华路北侧205户3.57万平方米的房屋搬迁协议。完成镇南村中央华府东侧、湖阳路东侧地块房屋拆迁任务，实现5.5万平方米净地交付。实施东进路、杨沟河两侧道路维修，明星苑排水管网埋设、原纺织厂家属区改造等民生项目。治理轮窑河、阳光河、建港门诊河、建港中心河等7条河道黑臭水体，完成上级交办的布厂河、冯秀沟、茆家沟3条河道水体整治任务。建立大气污染源动态管理清单，开展常态化巡查，邀请第三方公司对县二中大气监测站点3000米范围大气污染源进行走航监测，列出问题清单，持续开展露天烧烤、工地扬尘等问题整治。处理主次干道无证设摊、占道经营、堆放物料、非法广告、非机动车辆乱停放等各类问题4500多起，拆除各类违法建设64处6200平方米，拆除、整改问题店招店牌63块。将农产品加工集中区保洁和绿化养护纳入市容管理，完成城东片区主要道路保洁重新发包。完成光辉路垃圾中转站迁移、升级，改造西葛村、近湖路二处垃圾中转站，建成农产品集中加工区垃圾中转站。集中整治毁绿种菜、乱堆乱放等城市顽疾，改变老旧小区、后街背巷环境。开展神台河船只整治，清理废旧船只150条。重抓无物业小区管理，成立国有物业平台公司，承接县城投公司移交小区9个，成型小区和零散独栋住宅全部托底管理。太平村、镇南村、镇北村、神台社区获评省文明村、社区；西苑社区、镇西社区获评市级文明社区。

【社会事业】 年内，近湖街道开展“喜迎二十大 阅读颂辉煌”“喜迎二十大强国复兴有我”等文化惠民活动209场次，其中“巾帼心向党 花艺展风采”国际妇女节主题插花、“雷锋·永恒的精神丰碑”主题展览等活动被县、市媒体推介。依托新时代文明实践站建设，丰富农家书屋载体和内容，打造集“图书借阅、电子阅读、亲子活动、学习交流、红色教育、志愿服务”为一体的多元知识空间，举办60多场次“线上+线下”阅读活动，培育巩固“农家书屋”特色品牌，太平村农家书屋获评2021—2022年度“江苏省五星级示范农家书屋”。开展“三送”活动，送戏29场、送电影200余场，服务观众万余人次。推广“江苏公共文化云”平台，线上总服务14万余人次。组织开展“扫黄打非·护苗”进校园宣传教育活动，张贴护苗海报、发放绿书签8000余份，获评全国“扫黄打非”进基层示范点。园区、企业、社区体育设施日臻完善，群众性体育活动蓬勃开展，全民健身氛围浓烈。妥善处置4起疫情突发事件，“云翼”平台接收报备信息8.8万余条，落实重点人员管控6万余人次，开展核酸检测700万余人次。办理生育登记333份，补发独生子女父母光荣证119份，兑现计划生育扶助资金587.68万元。组织筛查妇女乳腺癌、宫颈癌1.45万人次，儿童免疫接种1.53万人次，社区60周岁以上老年人体检1.23万人次，医疗签约服务3.37万人次。

【民生保障】 年内，近湖街道排查重点低收入家庭193户、家庭成员患重大疾病支出困难户17户、收入处于低保边缘家庭20户，全部纳入兜底保障。超额完成社保扩面和公积金扩面任务，分别新增1803人、110人。落实城镇低保户255户432人，农村低保户137户219人，发放低保资金406.8万元。严格低保审查程序，退出低保58户123人。对636名智障残疾人，落实复明、肢装、药卡等措施。救助各类人员443人，发放临时救助、护理补贴、生活补助等资金415.8万元。筹集慈善捐款60.2万元，向94名困难对象发放慈善援助金10.3万元。办理优待证3000余人次，安排4名失业志愿兵进入公益性岗位，每季度慰问一次11名省级平台生活困难退役军人。持续加强17个社区一站式便民服务中心建设，不断提升神台社区绿色科普阵地、先锋社区铭星助老服务队、徐东新型睦邻文化社区服务水平。开展养老服务，落实254名空巢独居老人关爱服务措施，发放3855名80周岁以上老人尊老金238万元。联合第三方专家检查工贸企业285家，排查整改隐患2811条，立案查处10起。深化化工产业整治提升行动，完成美丽雅漆业退出危化品行业。向店铺和居民发放、张贴燃气安全告知书1.51万份，现场检查并下发整改通知书189份，交办处理安全隐患415条。开展城镇自建房安全整治行动，排查城镇房屋7804幢、农村房屋3151幢，对隐患房屋全部落实解危措施。实现消防“四有”（有防火安全制度、有义务消防组织、有消防器材、有防火负责人）村（社区）全覆盖，深入推进居民小区“百日攻坚”和生产经营性自建房消防专项整治，张贴各类消防安全宣传海报6000余张，排查住宅小区18个、生产经营性自建房52户，排查整改各类隐患275处。

表39 2022年近湖街道各村居基本情况

村（居）	书记主任	面积（平方千米）	人口（人）	经济总收入（万元）	集体收入（万元）	农村居民人均可支配收入（元）
裕丰村	许广中	3.01	3059	9439	145.65	30382
太平村	徐海建	4	7286	24211	131.28	33050
镇南村	彭宗荣	1.22	12175	46355	362.95	37760
东冯村	李纯燕	5.5	407	1340	199.38	28032
唐东村	赵达安	6.8	227	779	132.61	28500
蔡徐村	顾玉扣	5.9	905	2970	130.38	31385
镇北村	徐桂林	6.5	10482	36082	233.74	34200
西葛村	周新根	6.3	1485	4657	159.24	30292
高桥村	吴丽政	6.07	3499	10659	267.37	29700
近湖社区	孙万章	3.2	20212	63813	145.46	31500
桥东社区	陈立东	1.45	19215	—	—	—
建北社区	赵宏林	0.75	8673	—	—	—
季埝社区	张　涛	3	12580	—	—	—
黄桥社区	姜　莹	0.95	6022	—	—	—
城北社区	张平平	1.63	9958	—	—	—
城南社区	陈林忠	0.8	8755	—	—	—
管舍社区	王　健	1.5	9404	—	—	—
徐东社区	朱巨娥	0.72	6060	—	—	—
镇西社区	吕建频	1	7980	—	—	—
西苑社区	张红建	0.79	18183	—	—	—
花园社区	史加胜	1.2	18710	—	—	—
神台社区	杨正秀	0.5	5392	—	—	—
沈舍社区	陈　胜	0.4	4012	—	—	—
先锋社区	姜正芹	0.25	3460	—	—	—
秀夫社区	张　伟	0.79	18379	—	—	—
孟兰社区	于　祥	0.25	5180	—	—	—

上冈镇

【概况】 区域面积236.86平方千米，2022年末户籍人口13.99万人，辖45个村（居）。2022年，完成地区生产总值89.97亿元，比上年增长5.4%；一般公共预算收入1.82亿元，比上年下降13.3%；社会消费品零售总额43.79亿元，比上年增长3.5%；规模以上工业增加值比上年增长11.3%；规模以上工业开票销售14.85亿元，比上年增长15.97%；规模以上工业应税销售14.79亿元，比上年增长15.9%；规模以上入库税金3163.81万元，比上年增长6.79%；定报工业企业23个，企业增长面60.87%；固定资产投资比上年增长31.7%；实际利用外资82万美元；农村居民人均可支配收入24221元，比上年增长6.5%。完成一产增加值13.04亿元，比上年增长6.36%；二产增加值27.77亿元，比上年增长11.57%；服务业增加值49.16亿元，比上年增长5.11%。新增私营企业13家，个体工商户359家。肯德基车速取餐厅投入运营，桃园加油站竣工投用，镇东农贸市场改造提升工程完成招标，2023年春节后进场施工。

【农业生产】 年内，粮食种植面积388471亩，单产496.01千克，总产192684.02吨。其中，夏粮种植面积183835亩，单产388.24千克，总产71372.75吨；秋粮种植面积204636亩，单产592.81千克，总产121311.27吨。围绕优质粮食、现代种业，打造新时代“三农”工作载体平台、农业农村现代化先行示范区，创成省级现代农业产业示范园，培育家庭农场46家，其中省级示范家庭农场4家、市级示范家庭农场8家，堰东、龙汪等5个村1.8万亩高标准农田项目竣工投用。总投资超亿元的大地禾10万吨粮食加工项目及投资1000万元的杏鲍菇项目竣工投产。推广优良品种、水稻机械化种植技术及测土配方施肥技术，良种覆盖率100%。组织237人次参加县镇农技培训，提升农民科学种植水平。完成全镇318个主体经济入网安全监测及258台农机检审。秸秆还田14.72万亩、离田1.68万亩。镇农产品质量安全检测站通过“市四星级乡镇检测站”现场评比，镇动物防疫工作站被市表彰为先进集体。开展“强村富民”三年行动，发展壮大村集体经济，39个涉农村（社区）完成“田格子”划分，25个试点村领办新型农场项目5217亩，村（社区）集体经济收入平均53.82万元，其中50万元以上占43.89%。运东村集体领办项目相关经验做法在“学习强国”学习平台宣传推广。成立农村产权交易中心，建立镇会计记账中心，全面运营小微权力监管平台，规范村级财务管理。

【工业经济】 上冈镇通过“线上对接”“云招商”等形式，推进招商工作数字化、线上化。年内，签约亿元以上项目15个，其中10亿元以上项目2个（总投资10亿元的新高建材装配式建筑项目、总投资10亿元的芯诺半导体太阳能硅片及半导体晶圆片项目）、5亿元以上项目3个（总投资5亿元的静立辰装配式建筑项目、总投资10亿元的新高建材装配式建筑项目、总投资10亿元的芯诺半导体太阳能硅片及半导体晶圆片项目）。丰菱研磨新材料、精图包装、中鸿密封部件等9个项目竣工投产。恒通达智能门控、汇中空调高端整机等13个项目开工建设。实现销售超亿元企业11家、税收超千万元企业3家。盘活闲置土地12亩、闲置厂房3万平方米，新增“四上”企业24家，其中限上批零住餐企业11家，整改通榆河沿线企业5家。拨付扶持民营经济发展资金26万元，留抵退税7408.2万元，帮助协调解决用工、融资等问题28个。苏东新材料等9家企业通过省三星上云认定，新宇纺织等61家企业完成科技型中小企业备案，华龙纺织等48家企业完成智改数转场景诊断。润银纺织、三鼎软基、精图包装等7家企业被评为国家高新技术企业。拥有发明专利23项，均未授权。新型实用专利12项，授权9件。

【镇村建设】 年内，上冈镇完成国土空间规划编制、“三区三线”划定。推进老镇区风貌整治和老街区文旅复兴，编制完成《上冈老镇区有机更新规划》《上冈老街保护与复兴规划》初步方案、《宋楼村二组规划发展村庄概念性规划》，委托盐城规划设计院设计集镇污水管网专项规划。实施群众急难愁盼工程44处，建设农村生活污水治理点42处。树新新型农村社区158套安置房分房到户，上冈新城榆西、大团安置房主体基本竣工，完成串场河安置房设计、图审及盐阜快速通道安置房设计招标。滨河路景观廊道工程竣工通车，盐阜快速通道工程加快推进，上冈体育公园建成开放并配备公共体育器材，完成上冈高级中学西侧地块上市工作。分类推进河道整治，疏浚河道22条、完成废沟塘复垦6个、打造生态河道3条，串场河建成（县级）高标准“幸福河湖”。清理滞留船只328条，通榆河沿线1千米范围内61家养殖场全部整治到位。镇东排涝站河整治工程、上冈宾馆西侧小河污水治理工程竣工，铁狮湾、私盐港、粮运河等河道截污工程施工。完成中央环保督察交办问题整改销号，两个省考断面水质稳定达到Ⅲ类，空气质量优良率80.1%，PM2.5平均浓度34.3微克/立方米。

【社会事业】 年内，上冈镇淮戏沙龙、春晖演唱团等演出纳凉晚会8场次，开展“送欢乐到基层”文艺惠民活动，淮戏、杂技演出120场次，放映电影150场次，音乐说唱节目《再绘宏图谱华章》获县文艺会演金奖。至年底，全镇农家书屋、居民读吧拥有藏书2.3万余册，均配备全套阅读设施，广电网络入户率91%。开展“学习二十大 书香润征程”读书分享会、“品读红色经典 传承红色文化”红色故事阅读会、“农家书屋飘书香 文化知识惠民心”全民阅读知识竞赛活动等，镇新时代文明实践所、45个村（居）实践站每月开展一次阅读活动，全年开展500多场次，受众近万人次。兴冈小学课桌舞《“卓”而不凡、“舞”动童年》入选省“双减”典型案例；少年警校原创舞蹈《警色年华》被江苏教育电视台录制并公开播映。复兴小学打造“淮剧小传人”活动品牌，以全市第一的优势获评“江苏省中小学艺术教育特色学校”，《农村学校传承地方优秀文化的“五化”实践》作为盐城市推荐的唯一案例参加省级音乐论坛活动交流。集团心理健康教育经验文章《“六个一”保障心理健康教育走深走实》，相继在央广网、中国江苏网、《家教周报》、盐城教育发布等媒体公开发表。上冈镇社区教育中心创建学习型组织15个、学习型家庭20个、学习型个人20名。《践行志愿服务精神　激发道德成长力量》被评为盐城市中小学德育工作典型案例；《大数据时代思政课教学方法改革的挑战及创新》获评中国教育学会教研成果一等奖。开展农村实用技术培训30场次，培训2500人次；开展企业职工岗前、岗中、岗后培训600余人次；培训党员干部4期200余人次；其他专项培训10期500多人次。“七彩夏日　童享阳光”爱心暑托班被省总工会表彰为“省优爱心托管班”；暑托班活动专题片《爱心浇灌幸福花》被省关工委评为一等奖。举办广场舞、健身操和球类比赛等活动40多场次。

【民生保障】　年内，上冈镇新增社会保险扩面征缴982人，新增低保82户139人，纳入保障对象4820人。为54户困难群众发放临时救助金12.04万元，妥善安置长期流浪人员1名。为63名贫困白内障患者进行免费复明手术，向残疾人发放辅助器具257件，培训指导、扶持帮助残疾人就业36人。对40名高龄老人居住环境进行适老化改造，为215户老人安装一键呼叫装置。招聘社会治理专职网格员23名，推进“精网微格”工程，重新划分188个网格、576个微网格，建立“人格子”一户一档台账。开展特殊困难群体救助帮扶、妇女儿童权益保障、严重精神障碍患者服务管理、打击养老诈骗等专项行动。排查整改企业安全隐患1336条，立案企业23家，处罚38.73万元。对全镇8万栋建筑进行灾普调查核对，集镇15户经营性危房全部停用，清理国省干道口三角通视区绿化遮挡135处，完成49座农田机耕桥梁隐患整改，市挂牌督办东明纺织公司安全缺陷问题整改销号，全镇82家瓶装液化气餐饮场所全部安装燃气泄漏报警和切断装置，310户小区车库瓶装液化气用户全部整改禁用，督查整改C、D级危房225户。

【镇人大换届】　上冈镇人大二十届一次会议于1月7日至8日举行，应到代表143名，实到代表140名。大会听取并审议罗玉成作的上冈镇人民政府工作报告；审查批准《关于2022年镇财政预算和2021年镇财政预算执行情况报告》；审议通过各项工作报告的决议。选举夏中为上冈镇人民代表大会主席，徐正明为上冈镇人民代表大会副主席，罗玉成为上冈镇人民政府镇长，陶响、刘程、濮小君、陈清亚、高淦、丰洪超为上冈镇人民政府副镇长。

表40　　2022年上冈镇各村居基本情况

村（居）	书记主任	面积（平方千米）	人口（人）	经济总收入（万元）	集体收入（万元）	农村居民人均可支配收入（元）
冈北村	姚华成	3.27	2262	18298	35.89	28723
南庄村	孙开元	4.9	3481	69789	57.66	31600
益民村	费志容	7.5	2780	79013	37.33	28581
同心村	顾旭春	3.5	2626	32028	37.6	28298
沙汪村	殷德林（—2022.10）	6.66	3392	36731	37.12	26968
龙汪村	王达春	5	2146	39435	50.57	27204
仓冈村	裔昭奎	3.98	1500	21876	32.06	26063
宋楼村	陈金华（—2022.10）	8	4782	84971	36.48	29110
大志村	吉明海	3.9	2109	25816	42.54	24201
桥南村	王建国	2.27	1304	11502	36.08	26782
复兴村	周有余	6.05	2323	64332	97.94	32211
黎明村	赵永春	5.72	3150	20189	41.04	25028
坍圩村	张志连	5.03	3051	20331	41.87	25034

续表40

村（居）	书记主任	面积（平方千米）	人口（人）	经济总收入（万元）	集体收入（万元）	农村居民人均可支配收入（元）
大团村	孙俊标	6	4409	81030	56.32	27859
榆西村	崔启龙	9.6	6637	101927	42.19	30560
南沙居	倪向阳	2.2	5240	101051	51.44	31502
冈西居	洪　星	3.87	3061	40150	64.62	30802
镇东居	徐新志	1.2	2402	—	—	25620
新东居	陈少军	1.5	2249	—	—	27230
冈南居	朱　明	1.5	2805	—	—	31210
冈北居	陈其江（　—2022.10）	1.5	3862	—	—	30520
新街居	周永正	0.59	2463	—	—	24316
西桥居	夏　寅	0.11	2323	—	—	24800
徐庄村	李成海	5.6	3946	33562	105.75	31402
火炬村	刘士祥	6.24	3693	23904	104.15	26957
运河村	朱国芝	4.5	1932	14445	40.61	27465
镇中居	丰洪超	6.5	7067	34253	66.25	30672
风华村	卜玉龙（　—2022.10）	6.8	3202	22200	38.11	28490
运东村	李一连	6.57	2823	21001	74.06	27342
川洋村	李开成	8.5	2657	18993	44.09	30679
康庄村	胡洪连	11.5	2868	20697	42.15	26889
八庄村	彭光新	6.2	1938	14412	62.39	26846
洋中村	成　钧	6.1	2073	14132	170.14	26792
树新村	王　彬	8.2	2525	20343	168.84	31071
草堰居	孙立俊	6.2	7159	36845	55.5	29330
大唐村	颜大春	5.27	2310	16520	35.61	28985
堰红村	王加高	4.05	2429	15088	38.58	25025
院道村	彭明成	8.35	3290	19420	38.03	27840
沙墩村	戴　浩	5.4	2180	13450	57.85	23913
桃园村	朱德胜	8.67	4421	28222	54.22	25473
崔庄村	崔宗楼	2.9	1035	13519	38.21	25900
永丰村	颜　俊（　—2022.10）	6.72	3942	19423	46.56	24939
东冈村	彭大权	8.17	3808	20656	59.6	29809
堰东村	徐　成	2.13	2321	13950	33.76	25655
学滩村	沈玉龙（　—2022.10）	2.6	1494	5875	44.96	24763

建阳镇

【概况】 区域面积96.24平方千米，2022年末户籍人口5.04万人，辖22个村（居），其中行政村19个，居委会（社区）3个。2022年，完成地区生产总值52.65亿元，比上年增长5.5%。其中，第一产业增加值4.63亿元，比上年增长6.93%；第二产业增加值26.59亿元，比上年增长8.49%；第三产业增加值21.43亿元，比上年增长4.89%。一般公共预算收入1.64亿元，比上年增长1.7%；社会消费品零售总额13.46亿元，比上年增长3.8%；规模以上工业增加值比上年增长2.6%；规模以上工业开票销售40.13亿元，比上年增长1.77%；规模以上工业应税销售36.45亿元，比上年下降3%；规模以上入库税金1.52亿元，比上年增长2.5%；定报工业企业48个，企业增长面70.83%；固定资产投资比上年增长3.7%；实际利用外资962万美元；农村居民人均可支配收入26193元，比上年增长6.4%。

【农业生产】 年内，建阳镇粮食种植面积105975.92亩，单产496.9千克，总产52659.15吨。其中，夏粮种植面积46915.92亩，单产389.9千克，总产18292.44吨；秋粮种植面积59060亩，单产581.89千克，总产34366.71吨。引进爱莲藕制品加工项目，8月投产。秸秆综合利用率98%以上。创成省级数字农业示范基地2家、省级特色农机化示范基地2家。完成万亩国家级高标准农田项目，新增5500亩西尖高标准农田自建项目。完成3家县级家庭农场、2家市级示范社申报工作，示范家庭农场保有量26家。四星级乡镇农产品监管站创建工作通过上级验收。5个村领办新型集体农场1040亩，亩均收益500元/年。20个涉农村（社区）集体经营性收入均40万元以上，其中4个村经营性收入突破100万元。5月，建阳镇被市委、市政府表彰为盐城市乡村振兴先进集体。

【工业经济】 年内，建阳镇招引中睿石油机械、畅达铝制新材料、梦晟空气过滤器等超亿元工业项目6个，引进外资962万美元。靠前服务耀宁科技年产12GWh锂离子电池及系统总成项目。签约2个“珠三角”人才项目，在深圳、上海建成2个飞地型双招双引联络站。新增规模以上企业6家，规模以上企业总数50家，其中开票销售正增长企业34家，增长面70.83%，48家规模以上企业实现开票销售40亿元，其中销售超亿元企业17家，税收超千万元企业5家。苏博年产5000件/套石油机械项目、成固桥梁工业化智能生产基地、瑞润隆石油机械、畅达铝制新材料4个项目竣工达效。清理低效企业6家，盘活闲置土地211亩、闲置厂房7.6万平方米。与上海市曹路镇、苏州市七都镇、常州市遥观镇缔结友好合作共建关系。完成市级工程技术研究中心申报8家、智改数转企业35家，培育省专精特新企业3家、瞪羚企业2家、省四星级上云企业6家，申报国家高新技术企业9家，中聚信公司3500吨液压锤获得省首台套新产品认定，全社会研发投入1.7亿元。申报科技型中小企业43家，引进国外专家5名，技术合同登记2.19亿元。邀请苏州科技大学、西安石油大学、常州大学等6所高校10余名优秀专项研究教授与企业

12月17日，建阳镇举办2022年度高素质农民培训班 （梁建超 摄）

开展合作交流，引进高新专利12项、校企研究站3个。与常州工学院签订“一院一镇，百团百企”合作协议。

【镇村建设】 年内，建阳镇推进阜兴泰高速沿线两侧500米范围、高铁沿线及旅游廊道周边农房改善工作，改善农房757户。推进新型农村社区建设，交睦二期9幢28套、新桥三期28幢92套年中分房到户，建南新型社区71幢208套年底完成封顶。新增城乡挂钩、占补平衡土地复垦204亩。排查建成区自建房1436户，整改安全隐患5户；农村自建房7641户，7户安全隐患采取安全保障措施。完成试点顾东村260户发证工作，其余村（社区）陆续进行二次发证。开展文明城市创建、国家卫生镇创建工作，打造扮靓集镇主次干道、后街背巷，清除卫生死角，完善公共设施，集镇面貌得到全面提升。栽植树木100多株，草皮500多平方米，新立水文化宣传牌22块。对镇内25家涉及危险废物企业进行常态督查和监管，关停小塑料作坊4家、迁移散煤点2家。规范整治农村养殖场12家。对大气污染源进行溯源排查，集中整治37家污染企业。做好第二轮中央生态环境保护督察工作，涉及建阳镇的4条问题逐条核实、整改。王桥、顾东等7个村通过省级卫生村验收。新阳村通过市级特色田园乡村验收。推进“三河整治”（农村生态河道、黑臭河道和“一村一河”治理）工作，提升生态河道14条、打造幸福河湖1条、整治村庄河塘30条。完成8个村农村生活污水治理工程。新建污水主管网1600米，疏通污水管网8000米。

【社会事业】 年内，建阳镇推进“精网微格”工程，强化网格队伍建设，全镇22个村（社区）划分61个网格、198个微网格，覆盖服务对象51856人，调解矛盾纠纷6620件。开展社会矛盾“大排查、大起底、大化解”专项行动，接待群众来访251人次，化解诉求224件。对照“四不摘”（摘帽不摘责任、摘帽不摘政策、摘帽不摘帮扶、摘帽不摘监管）要求，对“十三五”期间1028户2124人建档立卡贫困户实行动态管理，进一步巩固脱贫成果。顾杨村获评省民主法治示范村。实施村（社区）农家书屋提升工程，发挥22个农家书屋作用，搭建阅读平台，全年送图书2200余册。到村（社区）送电影、送戏、送杂技，组织送戏下乡演出30场，到村（社区）、学校送展览50场、电影200余场。举办“名家走基层”活动，邀请知名书法家、淮剧艺术家在西尖新型农村社区书写春联、表演传统淮剧选段。开展关爱孤寡老人、儿童等系列活动6次，开展理论宣讲、文明城市创建、喜迎中共二十大等主题活动8次，推进数字乡村建设，镇双向网络覆盖率98%，百兆宽带接入能力90%，陆秀夫纪念馆被列入江苏省“喜迎二十大　见证新江苏”红色旅游精品线路点；开展首届“君在长建里、世外有‘萄’源”乡村文化旅游节、文明旅游展览、中共二十大精神宣讲等活动，受众2.5万人次。制定《混管初筛阳性应急处置工作方案》等应急方案，建立22支应急处置分队，开展3次应急演练，印发《给广大居民朋友的一封信》1.5万份，悬挂横幅60条，在全镇醒目位置张贴疫情宣传海报180余张，利用户外LED电子屏宣传新型冠状病毒感染的肺炎预防知识，发放爱心告知书2689份、老人防疫包344份。加强“15分钟医保服务圈”平台建设，为老年人等特殊群体开通绿色通道，实现一次告知、一表申请、一窗办成，全面提升医保经办效率。西尖村获评省级健康村。

【民生保障】 年内，建阳镇排查特殊困难人群2030人，临时救助94人、慈善救助157人、困难救助982人，办理优待证1407人，发放退役军人关爱基金，常态化走访48名困境儿童、1名孤儿和22名留守儿童。完成1637名残疾人基本状况调查，培训22名残疾人，治疗52名白内障患者，帮助108名精神病患者申请免费用药。走访慰问困难职工，发放慰问金2.6万元。对19户60岁以上困难老人家庭进行适老化改造。新增企保扩面660人，其中灵活就业参保96人。核查45岁以上未参保人员，新增首次缴费人员1800多人。组织3家重点企业参加“惠企稳岗　乐业建湖”2022年新春大型网络招聘会，新增劳务用工480人，扶持自主创业210人。签订安全生产、消防工作责任书170余份。制定下发《各专业委员会、各村（社区）监督检查目标任务实施意见》《行业领域安全生产、消防安全监管要点》等文件，督查通报42期，发送工作提请函47份，工作提醒函124份，交办单74份。举办安全生产技能培训5期，参培生产经营单位460余家、1500余人。开展“百团进百万企业千万员工”宣讲活动，受益员工400余人次。开展安全生产“百日清零”“百日攻坚”专项行动，9个专业委员会检查生产经营单位1277家次，排查整改隐患和问题1975条，其中立案查处14起、处罚14.47万元。

【镇人大换届】 建阳镇人大二十届一次会议于1月7—8日召开，应出席代表80名，实到代表80名。大会听取并审议王大力作的建阳镇人民政府工作报告，洪霞作的建阳镇人大主席团工作报告；审查批准《关于建阳镇2022年财政预算和2021年财政预算执行情况的报告》、宣布2022年镇人民政府民生实事项目票决结果；审议通过《〈关于建阳镇人民政府工作报告〉的决议》《〈关于2022年镇财政预算和2021年镇财政预算执行情况报告〉的决议》《〈关于镇人大主席团工作报告〉的决议》等。选举洪霞为建阳镇人大主席，王大力为建阳镇人民政府镇长，谷兴春、陈泽、陈乃军、邵俊萍、韩文莉为建阳镇人民政府副镇长。建阳镇第二十届人大二次会议8月26—27日举行，应出席代表77名，实到代表71名。补选吕品为建阳镇人民政府镇长。

表41　　2022年建阳镇各村居基本情况

村（居）	书记主任	面积（平方千米）	人口（人）	经济总收入（万元）	集体收入（万元）	农村居民人均可支配收入（元）
马厂村	张如军	3.29	3453	9150.45	94.74	26500
建东村	邱春华	2.52	2898	608.58	73.36	21000
湖成村	胡　军（　—2022.12）	4.28	1688	3335.60	82.27	19998
顾杨村	李国明	3.65	2053	5338.00	75.46	26000
赵墩村	邱春建	4.42	1825	3832.50	89.3	21000
瓦瓷村	路恒洲	5.06	2962	7701.20	82.67	26000
西尖村	金正盛	6.35	2387	6588.00	98.36	27600
丰喜村	徐　智	2.5	1365	55.49	55.49	20000
荡中村	郑　国	2.2	2111	7860.00	73.98	18500
建南村	孙　海	5.13	3674	7164.00	80.48	19500
金桥村	莫扣华	5.05	2574	6692.40	88.12	26000
王桥村	魏　邦	5.86	2526	4547.00	78.24	18000
新桥村	曹　勇	6.8	1836	4773.60	116.05	26000
职工村	徐兆广	4.65	2163	4888.00	71.76	22600
交睦村	刘士明	5.43	2056	5140.00	118.43	25000
顾东村	顾正彩	5.58	2230	195.56	230.76	22800
新阳村	顾洪发	6.68	2268	5896.80	233.62	26000
东尤村	高红军	3.5	785	1962.50	147.59	25000
李庄村	彭宗立	9.22	1942	674.99	130.7	26500
戛粮社区	陈　标（　—2022.10）	2.20	1582	7300.00	70.75	22350
建阳社区	杨兆龙	0.3	3434	94300.00	9.43	26193
长建社区	杨定延	1	3120	8424.00	0	27000

颜单镇

【概况】　区域面积55.9平方千米，2022年末户籍人口2.43万人，辖8个村（居）。2022年，完成地区生产总值27.88亿元，比上年增长4%。其中，第一产业增加值3.2亿元，比上年增长7.02%；第二产业增加值13.61亿元，比上年增长6.33%；第三产业增加值11.07亿元，比上年增长4.73%。一般公共预算收入7618万元，比上年下降23.9%；社会消费品零售总额6.53亿元，比上年增长3.7%；规模以上工业增加值比上年下降20.9%；规模以上工业开票销售30.44亿元，比上年下降21.65%；规模以上工业应税销售30.16亿元，比上年下降21.9%；规模以上入库税金3808.72万元，比上年下降12.29%；定报工业企业13个，企业增长面76.92%；固定资产投资比上年增长0.4%；农村居民人均可支配收入24131元，比上年增长6.3%。引进实施建湖聚盛泰科技研发有限公司科技研发及技术服务项目，投入超亿元。完成批零住餐限上企业申报5家，新登记工商户33家，私营企业20家。

【农业生产】 2022年，颜单镇粮食种植面积40312亩，单产505.03千克，总产20358.73吨。其中，夏粮种植面积14925亩，单产388.85千克，总产5803.53吨；秋粮种植面积25387亩，单产573.33千克，总产14555.2吨。正清米业新上日本低温精米加工和自动化包装设备，建成一套日产150吨大米的加工流水线；建成党建网红直播室和大米展示厅，被评为国家农民合作社示范社。“皇族梅花斋”牌粽子加工项目投产。三虹村唐福泉获首届“苏米工匠”称号，正清米业“建湖大米”获“江苏好大米”特等奖，颜单镇获江苏省“味稻小镇”“产业创新小镇”等称号。坚守耕地保护“红线”，防止耕地“非粮化”，实施楼港村3000亩高标准农田建设。举办首届水稻机插秧技能大赛，开展农业生产机械化“两大行动”（农业生产全程全面机械化推进行动和农机装备智能化绿色化提升行动），农业生产耕种收割全程机械化作业率100%，农业智能绿色作业率60%。夏秋两季秸秆综合利用率100%。培育农村实用型人才超200人次。完成任杨村、三虹村村集体领办新型农场试点，在其他村居开展村集体领办农场建设。新增省级、市级示范家庭农场各1家。完成15家农民专业合作社“空壳社”注销工作。

9月23日，颜单镇庆祝中国农民丰收节暨正清米业加工中心开业 （颜单镇 供）

【工业经济】 年内，颜单镇签约超亿元项目6个，其中青岛高测科技股份有限公司年产10吉瓦单晶硅片（二期）项目和鑫典H型材生产线项目总投资均超10亿元，永胜国Ⅵ柴油机缸体缸盖研发生产项目总投资5亿元。与吴江区江陵街道签订友好合作协议。鑫典型钢项目于8月20日点火开炉，9月新产品正式下线；铭域智能项目新增开票6983万元；正鑫仓储码头竣工投入使用；国Ⅵ柴油机缸体缸盖研发生产项目一期加快建设。完成“市5000万元项目平台”项目11个。实现开票销售超亿元企业4家，入库税金超千万元企业1家，新增开票销售2.6亿元，星级上云企业3家，智能化诊断12家，智改数转18家，新增规模以上工业企业1家，工业投资9.45亿元，工业技改投资3.24亿元。玉人公司被评为市“三星级”企业，被授予“建湖县县长质量奖”。13家规模以上工业企业研发费用1.24亿元。鸿吉机械、鑫源绳带通过高新技术企业申报。创成科技型中小企业14家，技术合同成交总额1.4亿元。

【镇村建设】 年内，颜单镇完成楼港村、农工商、单庄居、漕桥村4个村居农房改善367户，其中进城购房3户、进镇购房12户、进社区110户、货币化结算242户。完成三虹新型社区二期92套房屋和楼港新型社区300套房屋建设工作，分别于7月、11月分房到位。完成67户1980年之前所建农房改造，完成率191%。实施“三河整治”，完成整治11条，建设幸福河湖1条。楼港村大溪河市考断面稳定达Ⅲ类水质标准。推进农村生活污水管网建设，完成沈杨村4个村庄污水管网改造以及单庄老居民区、皇族梅花斋食品公司污水管网“十必接”（将镇区机关、学校、医院、浴室、宾馆、饭店、农贸市场、垃圾中转站、居住区和工业区10类场所排放的污水，全部接入污水管网，进入乡镇污水处理厂）工程建设，部分村（居）自然村庄污水管网覆盖率100%。新增垃圾分类设施300组。开展餐饮油烟、建筑工地、道路扬尘等专项治理行动，PM2.5浓度均值和空气优良率达上级考核要求。开展国土绿化行动，完成成片造林35亩，创成三虹村县级“绿美村庄”。

【社会事业】 年内，颜单镇完成特殊困难群体救助帮扶专项排查整治工作，发放低保金、五保金、残补、尊老金、慈善救助、困境儿童生活救助等各类资金950万元。做好农村独居老人、妇女儿童、退役军人等特殊群体关心关爱和服务保障工作。擦亮“戎耀颜单”退役军人志愿服务品牌，常态化开展退役军人志愿服务活动。

为4名企业困难职工家庭申报大病医疗救助、5名困难职工家庭申报建档立卡、精准帮扶8名生活困难职工。颜单镇被列为乡村公益医疗互助试点镇之一，群众参与率62.8%，募集农户资金29.73万元，村配套资金48.02万元。全年报销140人次12.6万元。完成医保扩面征缴12347人，占91.55%。镇便民中心开设医保窗口，完善医保15分钟服务圈，实现医保业务下移。7月26日，全县首家优秀毕业生义诊工作室——“潘广涛义诊工作室”揭牌仪式在颜单镇单庄社区党群服务中心举行，为社区群众提供基础的用药咨询、健康管理等服务。

【民生保障】 年内，颜单镇实施职业技能培训计划，培训各类人员300人次。常态化举办网络招聘会，新增服务企业用工近百人。实施就业扶贫，开发临时公益性岗位27个，一般性公益性岗位5个。做好企业退休人员和城乡居民基本养老保险待遇人员的社会化管理服务工作。健全防止返贫动态监测帮扶体制机制，完成中山杉苗木、禾田鱼稻虾共养产业扶贫项目收益分红。以“法治在身边，宪法伴我行”为主题，集中开展公益法律服务活动。组织开展“情系女职工、法在你身边”“三八”妇女健康权益保障宣传和“筑梦现代化、巾帼展芳华”女职工维权月活动。开展安全生产百日攻坚专项整治行动，完成烟花爆竹专项检查、有限空间专项整治及“六小”（小化工、小冶炼、小电镀、小喷涂、小印染、小粉尘涉爆）企业整治，检查企业167家次，排查隐患864条，整改825条，整改率95%，其中执法检查37家企业，立案查处2起，处罚1.5万元。全面开展镇村自建房排查，累计排查自建房4218栋，查出C级危房5栋，D级危房1栋，均整改到位。开展《中华人民共和国安全生产法》宣讲、消防安全专家宣讲、“百团进百万企业千万员工”宣讲、企业安全生产集中宣誓等活动，举办安全宣传咨询日、安全生产月活动，开展全镇综合应急救援、火灾应急处置演练，强化全员安全责任、拧紧安全链条，提高社会面安全意识与应急处置能力。

【镇人大换届】 颜单镇人大二十届一次会议于1月7—8日举行，应出席代表62名，实到代表57名。大会听取并审议於汝高作的颜单镇人民政府工作报告；审查批准《颜单镇2021年财政预算执行情况和2022年财政预算草案的报告》；审议通过《〈关于颜单镇人民政府工作报告〉的决议》、2022年镇政府民生实事项目等。选举周庆标为颜单镇人大主席，於汝高为颜单镇人民政府镇长，刘国军、李小平、杨建琴、杨海东、夏彬为颜单镇人民政府副镇长。

表42　　2022年颜单镇各村居基本情况

村（居）	书记主任	面积（平方千米）	人口（人）	集体收入（万元）	农村居民人均可支配收入（元）
任杨村	成志军	6.36	2962	183	24022
单庄居委会	单绍俊	5.76	4886	179	24591
三虹村	戴为华	5.8	2783	106	23512
漕桥村	潘茂林	4.52	2558	82.66	23023
古虹村	沈安兵	4.5	2312	95.1	23610
沈杨村	成志军	6.8	2895	100.54	23805
楼港村	周建武	7.7	2386	205.56	22600
马路村	许松贵	10.2	2724	382.5	22450

恒济镇

【概况】 区域面积73.4平方千米，2022年末户籍人口3.06万人，辖12个村（居）。2022年，完成地区生产总值31.11亿元，比上年增长4.8%。其中，第一产业增加值4.18亿元，比上年增长6.91%；第二产业增加值12.97亿元，比上年增长7.9%；第三产业增加值13.96亿元，比上年增长5.28%。一般公共预算收入7524万元，比上年增长5.7%；社会消费品零售总额6.82亿元，比上年增长3.6%；规模以上工业增加值比上年增长3.2%；规模以上工业开票销售9.16亿元，比上年增长4.56%；规模以上工业应税销售9.16亿元，比上年增长4.5%；规模以上入库税金2748.15万元，比上年下降7.89%；定报工业企业

14个，企业增长面64.29%；固定资产投资比上年增长7.1%；农村居民人均可支配收入24595元，比上年增长6.4%。新增私营企业和个体工商户46家。恒济镇被省精神文明建设指导委员会表彰为“江苏省文明乡镇”，2023年1月国家产业强镇项目通过农业农村部审批，现代渔业产业园通过市AAAAA级园区评审。恒庆村被认定为江苏省第九批省级特色田园乡村。

【农业生产】 年内，恒济镇粮食种植面积65166亩，单产506.82千克，总产33027.42吨。其中，夏粮种植面积27460亩，单产393.72千克，总产10811.68吨；秋粮种植面积37706亩，单产589.18千克，总产22215.74吨。正源创辉公司、九龙口大闸蟹公司深化与上海海洋大学、省淡水渔业研究中心等科研院所合作，持续推进标准化塘口改造，九龙口大闸蟹公司建成省级大闸蟹育苗基地1000亩，正源创辉公司建成省级大宗鱼类产业技术体系示范基地，被认定为国家水产种业破解难题阵型企业。推广优质种苗、先进养殖技术，在种苗繁育、养殖模式、过程管理、市场销售、质量可追溯体系建设等方面，形成更加科学规范的经营模式，全镇鱼虾蟹科学化养殖管理水平不断提升。正源创辉公司调理食品项目螺片、虾滑、虾球、虾饼、烤鱼生产线建成投产，实现“种养加、渔工贸、产供销”一体化集群式发展。九龙口大闸蟹公司5000平方米大闸蟹分拣中心建成运行，被认定为省农业龙头企业。重点跟踪邵记九龙口大闸蟹公司水产品深加工、阳光大棚改造等项目，延长产业链条，提升水产品附加值。国家产业强镇项目通过农业农村部审批，现代渔业产业园获评市AAAAA级园区。“九龙口”大闸蟹获评中国驰名商标、国家地理标志证明商标，申报国家绿色食品。“九龙口大闸蟹”入选省农产品区域公用品牌目录，并冠名高铁列车。九龙口大闸蟹公司、正源创辉食品公司与大北农集团、京东、叮咚买菜、海底捞、泰国泰万盛等国内外知名食品企业深度合作。全镇村集体资源面积3.6万亩，其中养殖水面2.64万亩，耕地9100亩，其他资源500亩。水产养殖2.36万亩、藕虾套作5200亩、稻虾轮作2800亩、稻麦种植4300亩、其他经营100亩。2022年村集体经营性收入2812.07万元。其中，超300万元的村2个，占16.7%；200万元至300万元的村5个，占41.7%；100万—200万元的村4个，占33.3%；70万—100万元的村1个，占8.3%。养殖水面发包收入为2475.32万元，占总经营性收入的77.36%。

【工业经济】 年内，恒济镇签约超亿元工业项目5个，其中超5亿元项目、超10亿元项目各1个。新投产项目有江苏华律智能科技有限公司的工业自动控制系统装置制造项目，新增开票销售1340万元；赛德新光电材料（盐城）有限公司的UTG柔性玻璃项目，新增开票销售1830万元。实现规模以上工业总产值9.12亿元。正源创辉调理食品项目占地1.9万平方米，包括厂房、物料库、研发中心及配套工程，7月建成试生产。赛德公司UTG显示器件项目2条线完成改造。华律自动控制系统装置制造项目一期建成投产，二期1万平方米厂房、办公楼建设稳步推进。华鑫公司、特达钻采公司5000平方米技改扩能项目主体建成。量能镍氢及圆柱电池项目全面投产。神力制绳公司被认定为国家专精特新“小巨人”企业。完成“智改数转”诊断企业10家，新增三星级“上云”企业2家、四星级“上云”企业1家，新增工业定报企业2家，培植新增长点项目2个。新申报高新技术企业2家，分别为盐城默成汽车内饰科技有限公司、盐城明洋石英玻璃有限公司；完成21家科技型中小企业备案，技术合同成交额1.4亿元，新产品研发企业技改投入20万元，发明专利79个。

【镇村建设】 年内，恒济镇推进专水、建中、吉兴、沿南、东袁等村农房拆迁搬迁工作，山河村北许舍试点村庄建设方案通过县审批。社区建设加速推进，幸福家园三期336套住房分房到位；恒庆大俞庄新型农村社区120套住房建成，附属设施启动建设。高起点规划设计东方花园社区，总体方案通过县评审，一期120套住房主体基本建成。完善社区管理制度，建立健全农村河道、道路交通、绿化美化、环境保洁、公共设施“五位一体”运行管护机制，做好农房改善“后半篇”文章。持续打好蓝天、碧水、净土保卫战，空气优良天数比率位居全县前列，完成7处污染源整治，60多家单位污水管道接入设计，检修清淤集镇污水主管网10千米，完成芦家舍、孟庄六组农村生活污水治理项目，东方花园社区、恒庆大俞庄社区生活污水治理项目结束各项招标程序。河道生态治理整镇推 被纳入市级项目组织实施。全镇省级特色田园乡村增至3个。加强沿街店面、居住小区常态化管理，高标准落实“门前三包”（包卫生、包秩序、包绿化），拆除违章搭建16处，天然气新增入户300多户，深入推进农村公共基础设施管护市级试点。推促园区转型发展，完善提升园区规划，对园区污水主管网进行清淤维修，企业污水全部接入主管网。持续开展园区“三项清理”，依法依规收购处置2家企业闲置土地30亩低效厂房1.15万平方米。

【社会事业】 年内，恒济镇有初中1所，在校学生325人；小学1所，在校学生417人；幼儿园1所，在园幼儿185人。恒济初中中考升学率继续位居全县同类学校前列。恒济镇中心幼儿园开展集绘画、手工操作、音乐、环境美、爱国情感、表演能力等于一体的“龙”文化特色建设，培养教育孩子传承祖国文明，立志振兴中华的精神品质。建河村创建全国乡村旅游重点村，打造“建湖有戏、建河有礼”文旅品牌，开展文艺演出、文化活动等60多场次，获2022年度全县群众业余文艺会演金奖，被列为全县第二批“智慧广电镇”建设试点镇，档案工作被评为市级先进单位。恒济镇被认定为“15分钟医保服务圈”省级示范点。全镇拥有1所镇级卫生院，16个村级卫生室，从业人员50人，村级医生28人。开展健康知识讲座6期、卫生节日宣传5期，健康教育宣传栏张贴12期；向居民发放健康知识宣传单1.2万份。开展65周岁以上老年人免费体检4410人。

【民生保障】 年内，恒济镇开展创业就业线上线下培训活动8场，培训1600人次。新发展个体工商户31户、私营企业15户，新增就业270人、返乡就业90人、转移就业114人。城乡居民养老保险新增230人、到龄领取养老金520人、丧葬补助350人、退保21人。为正源创辉食品科技发展有限公司、默成汽车公司、曼杰克公司、助业公司、赛德光电公司等解决用工近300人。化解劳资纠纷20多起，帮助企业申报相关补贴近百万元。新增职工保险260人（包括灵活就业人员），新增劳务用工310人、自主创业30人，办结建河村、东袁村被征地农民社会保障35人（建河村27人、东袁村8人）。排查全镇1067名特殊困难人群，临时救助798人22.34万元、慈善救助68人6.8万元、困难救助259人15.66万元，办理优待证762人，申请发放退役军人关爱基金4.75万元，常态化对全镇42名困境儿童、3名孤儿和33名留守儿童进行走访。完成全镇650名残疾人基本状况调查，对30名残疾人进行技能培训、37名白内障患者进行免费治疗，帮助60名精神病患者申请免费服药。镇领导走访慰问困难家庭32户，发放慰问金1.26万元。为全镇16户60岁以上困难老人家庭进行适老化改造。在全县率先启动养老服务中心公建民营改革，敬老院整修一新，2023年春节前投入使用。恒济镇被市表彰为“七五”普法先进镇，《依托爱心企业构建解戒人员回归社会一站式服务的案例》入选全国司法行政案例库。创新升级立体化、信息化社会治安防控体系。推进基层整合审批服务执法力量改革市级试点，推行“集中办理、一站式办结”模式，实现“一口清”导办、“一窗式”受理、“一条龙”服务。开展百日攻坚、百日清零行动。聚焦恒济镇6个重点行业领域，排查各类生产经营单位150家次，排查整改问题隐患664条，其中执法检查37家企业，立案查处5起，处罚4.34万元。排查经营性自建房149幢（农村108幢、集镇41幢），排查出安全隐患房屋5幢（集镇3幢、农村2幢），均采取安全措施。督促镇内5家危化品使用企业和3家危化品经营单位完善危化品档案，排查整改问题隐患136条。检查工贸企业102家次，企业覆盖率100%。至年底，排查并整改问题隐患1189条。

【镇人大换届】 恒济镇人大二十届一次会议于1月7—8日举行，应出席代表66名，实到代表66名。大会听取并审议王超作的恒济镇人民政府工作报告；审查批准《恒济镇人民政府工作报告》《关于恒济镇2021年财政预算执行情况和2022年财政预算草案的报告》《镇人大主席团工作报告》等报告；审议通过《关于〈恒济镇人民政府工作报告〉的决议》《关于〈恒济镇人大主席团工作报告〉的决议》《关于〈关于恒济镇2021年财政预算执行情况和2022年财政预算草案的报告〉的决议》等。选举吕以东为恒济镇人大主席，王超为恒济镇人民政府镇长，朱正华、俞先俭、俞春华、接家祥、彭翠为恒济镇人民政府副镇长。

表43　　2022年恒济镇各村居基本情况

村（居）	书记主任	面积（平方千米）	人口（人）	集体收入（万元）	农村居民人均可支配收入（元）
九里村	王书浩	7.03	1907	300.56	24022
山河村	许国俊	11.2	3257	467.89	24591
沿南村	荀道勤	3.07	1333	204.95	23512
恒庆村	张玉庭	5.03	1769	294.46	23023
建河村	俞进雷	4.52	1457	177	23610
东袁村	肖兆龙	5.4	1916	388.83	23523
恒东村	潘文建	5	2604	185.22	23465
孟庄居委会	韩成铭	2.93	1333	106.3	23620
苗庄村	滕习成	6.85	2422	246.9	23795
花垛村	凌立勇	5.3	2075	294.6	23463
强为村	肖龙柱	5.08	3041	210.99	23805
建中村	张久彬	9.88	5672	268.53	22600

庆丰镇

【概况】　区域面积93.16平方千米，2022年末户籍人口5.48万人，辖21个村（居）。2022年，完成地区生产总值48.32亿元，比上年增长4.6%。其中，第一产业增加值4.11亿元，比上年增长7.03%；第二产业增加值22.88亿元，比上年增长7.67%；第三产业增加值21.33亿元，比上年增长4.97%。一般公共预算收入1.3亿元，比上年增长1.1%；社会消费品零售总额9.27亿元，比上年增长3.8%；规模以上工业增加值比上年增长11.7%；规模以上工业开票销售17.02亿元，比上年下降0.4%；规模以上工业应税销售16.7亿元，比上年增长5.8%；规模以上入库税金4723.38万元，比上年下降4.85%；定报工业企业30家，企业增长面76.67%；固定资产投资比上年增长30%；农村居民人均可支配收入26383元，比上年增长6.5%。

【农业生产】　年内，庆丰镇粮食种植面积141193.63亩，单产513.81千克，总产72546.24吨。其中，夏粮种植面积61379.63亩，单产392.1千克，总产24066.98吨；秋粮种植面积79814亩，单产607.4千克，总产48479.26吨。实施吉庄村杂交稻制种基地升级工程，种子及农机具仓库、烘干中心建成使用；廖庄、谷庄、北秦等村优质粮种植基地建设有序推进。新组建家庭农场6家、合作组织3个、新申报国家级经济合作组织1家。违规种养塘口复垦到位，新增渗溢面积663.15亩。制定出台《庆丰镇村级增收指导意见》《庆丰镇村级增收实施办法》《庆丰镇村级增收考核要点》等文件，推进村集体领种、集体+公司、大户联营种植模式，村集体经营性收入935.53万元，其中长期稳定性收入863.75万元，村集体经营性收入全部达30万元以上，超50万元8家。

【工业经济】　年内，庆丰镇与苏州市吴江区盛泽镇签订合作共建协议，招引超亿元工业项目6个。总投资5亿元泰坦智能制造生产线、电哥新能源移动储能等项目签约落户，跟踪康之源生态康养、铭杰精密模具等重大项目。淘绿、上邦、亿杰、泰坦等项目开工建设，品一、瑞辉、捷源等项目竣工投产。5家新增长点企业新增开票销售1.81亿元。推动“智改数转”，完成规模以上企业智能化数字化诊断21家，新增四星级上云企业2家、三星级1家。百圣公司通过省级专精特新中小企业验收。培育“大中小微”企业梯队，建成小微企业培育库，新增规模以上企业3家，实现开票超亿元企业4家、税收超千万元企业2家，新增国家高新技术企业2家、市级研发中心12家、批零住餐企业7家。帮助企业纾解难题36条。盘活“僵尸”企业6家、闲置土地123.15亩、低效厂房7.09万平方米。

【镇村建设】　年内，庆丰镇开展水环境治理，完成

"一村一河"清淤疏浚，整治黑臭河道5条5.2千米，打造生态河道5条18.94千米、幸福河湖1.5千米，廖庄村被评为盐城市农村人居环境整治提升示范村。新增成片绿化造林30亩，盐淮线补植苗木1.5万余株。第二轮中央环保督查组交办件1件、镇自排2件按时落实整改、全部办结销号。华林村、谷庄村被命名为盐城市生态文明建设示范村。廖庄新型农村社区规划用地365亩，新建住房246幢854户，其中一期58幢192户、二期39幢128户、三期47幢174户、四期53幢192户、五期49幢168户，户均0.42亩，设计60平方米、115平方米、125平方米三种户型。组织开展环境整治提升、美丽庭院创建行动，每月机关干部到集镇包干路段开展大扫除，示范带动更多群众自觉投身创建。

【社会民生】 年内，庆丰镇开展文明单位、文明家庭创评、好人评选、道德讲评、未成年人思想道德建设等实践活动，培树各级道德模范3人，实施志愿服务项目42个，开展"我们的节日"专场4次。一体化推进镇村新时代文明实践站所提档和乔冠华故居文旅项目建设，打造爱国主义教育实境课堂2个、青年学习社3个。建成微网格191个，落实网格联络员、志愿者570人。中央和省市县交办的24件信访事项，全部化解完结。推动化解问题楼盘3个、帮助办证169户。信用体系建设被授予信用镇、18个村被授予信用村。庆丰镇以市旅游7号线环境提升为重点，开展全域化规划设计，推进节点项目建设。乔冠华故居旅游策划、乔家庄改造规划抓紧编制；文旅展示馆主体封顶；游客接待中心、景观广场已见雏形，举办春节、端午、国庆、元旦等专场活动4次。旅游7号线、盐淮线、省道232沿线违章建筑、乱堆乱放、散养畜禽、林下种植等"脏乱差"突出问题得到有效治理，展示红色旅游线路新形象。社会保险扩面新增504人，住房公积金扩面新增304人。低保对象精准救助率、困境儿童应保尽保率、残疾人"两项补贴"精准发放率均保持100%，综合养老服务中心建成启用。新增医保服务窗口2个，便民事项按时办结。10个"我为群众办实事"项目高效推进，开展"淮杂下乡"、扶老、助残、救孤、济困等活动。开展消防、燃气、危化品、自建房、夹芯板彩钢板建筑专项整治行动，检查生产经营单位344家次，督改销号安全隐患2746条，关闭非法小作坊2家，立案查处16家、处罚11.25万元。全镇70户危房户均拆除、维修到位。农村公路临河段埋设警示桩、防撞护栏6千米，整治视距不良平交路口82处。

【镇人大换届】 庆丰镇人大二十届一次会议于1月7—8日举行，应出席代表83名，实到83名。大会听取并审议胡存干作的庆丰镇人民政府工作报告；票决2022年镇政府民生实事项目。审议通过《关于庆丰镇人民政府工作报告的决议》《关于2021年财政预算执行和2022年财政预算草案的报告》《关于镇人大主席团工作报告的决议》。选举杜生军为庆丰镇人大主席，胡存干为庆丰镇人民政府镇长，彭海波、施银红、刘松盛、陈聪飞、顾莉莉、孙鹏程为庆丰镇人民政府副镇长。

表44　　2022年庆丰镇各村居基本情况

村（居）	书记主任	面积（平方千米）	人口（人）	经济总收入（万元）	集体收入（万元）	农村居民人均可支配收入（元）
庆丰居委会	马从喜	2.78	678	8505	81.29	22300
刘庄居委会	陈建忠	1.5	2583	6941	69.28	25000
唐庄居委会	陈兆明	2.2	1321	8124	68.91	22800
马庄村	马从卫	7.5	3100	10850	86.35	21200
东平村	潘立国	2.2	2998	10493	87.51	22800
双河村	吴哲生	5.68	1367	11645	83.07	19500
董徐村	孙恒书	4.2	1987	7343	92.78	25790
朱港村	黄万林	2.98	2238	6783	69.47	22890
中陈村	朱福华	5.5	2586	8351	89.04	17100
东刘村	邵正磊	4.8	2746	9611	79.97	21900
洪桥村	洪　标	4.5	2068	7588	74.28	22090

续表44

村（居）	书记主任	面积（平方千米）	人口（人）	经济总收入（万元）	集体收入（万元）	农村居民人均可支配收入（元）
永安村	丁兴太	5.82	3155	10938	60.98	21300
高丰村	徐正江	4.75	3395	11918	87.57	21980
谷庄村	杨建华	3.41	3049	11022	89.3	20150
华林村	杨建刚	5.6	2901	10469	81.54	23800
胡王村	祝建兵	3.05	2019	7417	85.18	22140
廖庄村	高　成	3.5	2210	8085	84.45	18135
吉庄村	马　骏	2.1	2757	9300	94.49	23600
北秦村	廖远太	4.3	2028	7448	96.3	21500
东乔村	吴建国	5.09	2898	9793	111.77	22530
北凌村	凌加尧	4.66	2228	8148	101.31	18000

高作镇

【概况】　区域面积69.55平方千米，2022年末户籍人口3.43万人，辖16个村（居）。2022年，完成地区生产总值24.55亿元，比上年增长4.1%。其中，第一产业增加值3.32亿元，比上年增长7.1%；第二产业增加值8.52亿元，比上年增长6.77%；第三产业增加值12.71亿元，比上年增长5.04%。一般公共预算收入10060万元，比上年增长0.4%；社会消费品零售总额7.92亿元，比上年增长3.6%；规模以上工业增加值比上年增长2.4%；规模以上工业开票销售13.63亿元，比上年增长8.37%；规模以上工业应税销售12.45亿元，比上年增长7.8%；规模以上入库税金4739.32亿元，比上年增长15.33%；定报工业企业20个，企业增长面65%；固定资产投资比上年增长16.3%；农村居民人均可支配收入24658元，比上年增长6.5%。

【农业生产】　年内，高作镇粮食种植面积101884亩，单产498.62千克，总产50801.3吨。其中，夏粮种植面积44155亩，单产389.49千克，总产17197.75吨；秋粮种植面积57729亩，单产582.09千克，总产33603.55吨。新开工美舜高档菜亿元以上农业项目1个、龙虾村2000万以上农业项目1个。全域土地综合整治实施方案获自然资源部审批通过，为“三调”数据启用后全省唯一国家试点项目。省自然资源厅同意跨县域调剂增减挂钩结余指标500亩，交易300亩。系统推进全域土地综合整治工作经验做法被《人民日报》、《焦点访谈》、新华网等宣传报道。《探索以土地综合整治推动乡村“三生”融合发展路径》入选中国改革2022年度地方全面深化改革典型案例。推进高标准农田建设1.5万亩。集体领办项目15个村全覆盖，稻虾综合种养面积5000亩，亩均收益2500元。季墩村入选省“共同富裕　百村实践”典型案例。揭牌成立亚夫科技建湖高作工作站；与扬州大学共建乡村振兴试验区，在稻虾产业提升、农技培训、科技成果转化等方面开展深度合作；成立省农科院龙虾养殖基地，与省农科院签订技术合作协议，试点推进“一稻三虾”试验田1000亩，亩均收益突破3000元。创塑本土农副产品品牌，“遇建湖鲜”高作大米、龙虾小酱等农产品在苏果超市铺货销售。获评AAA级现代农业园区。依托“遇建湖鲜”本土品牌，全面推广“高作龙虾”“‘高粮壹号’大米”等特色农产品，延长产业链，提高附加值。挖掘红色、复古元素，依托龙虾品牌，提升龙虾学堂，启动小王庄先锋馆建设，通过线上线下互动方式，将生态农业、红色阵地、休闲景点串点成线，开辟乡村旅游线路。组织开展“五一”乡村游、帐篷露营电影节，举

高作镇万亩稻虾基地　　（高作镇　供）

办农民文化艺术周、农民丰收节等宣传推介活动，推动农旅融合发展。

【工业经济】 年内，高作镇开展“企业大走访、项目大推进、产业大招商”活动，签约亿元项目7个，新开工亿元项目6个，竣工亿元项目3个。通过预审超亿元项目6个，其中10亿元工业项目1个，分别为永玖年产45万吨包装纸项目（二期）、长源液压件项目、赫阳航天特种车配件项目、奥晖石油钻采专用配件项目、高曼石油机械项目、瑞贺多向模锻及自由锻项目。新开工亿元以上工业项目5个，分别为：奥晖石油钻采专用配件项目、铂暻金属工业品项目、赫阳航天特种车配件项目、长源液压件项目、沃安精密辊类及齿轮箱项目；新增规模以上企业3家。永玖公司被评为市“三星级”企业。推进企业“三项清理”，盘活园区闲置土地、低效厂房，引进奥晖、赫阳、靓姿等项目。不折不扣落实一揽子惠企政策，累计退税310万元，帮助企业化解各类问题52个。规模以上工业企业研发投入5510万元，督促奥晖、天龙、盾田3家企业，做好专利、产学研、研发机构等要素完善工作。完成技术合同登记8800万元。规模以上企业完成研发活动备案17家，占80%。科技型中小企业备案登记21家。实施数字经济发展三年行动计划，加快推进企业智改数转和科技创新，咨询诊断企业19家，培育星级上云企业2家，创建国家级高新技术企业5家，聘请科技副总3家，申报市级工程研究中心4家。实现税收超千万元企业1家，销售超亿元企业3家，新增批零住餐企业6家，私营企业12家。新开工2000万元以上军曼线上大闸蟹交易平台项目1个。

【镇村建设】 年内，签订农房改善协议1130户，腾空拆除房屋850户。“幸福人家”新型农村社区206套、“幸福家园”康养社区一期90套分房到户。大尖新型农村社区56套、康养社区二期项目92套、水乡人家新型农村社区332套加快建设。开展蒋王、长北、光明、双界等村农房改善工作，年底完成4650户。新增绿化面积120亩，绿化覆盖率41%。打造幸福河湖2千米，生态河道7条，实施雨污分流工程2千米。严格落实河长巡河制度，全年累计巡河3800次。中央环保督察交办事项全部完成，有效处置风程固废、关闭顺达纸厂，实现“两断三清”；省考断面射阳河段水质稳定达III类。实现秸秆禁烧“双零”目标，空气质量优良天数位于全县前列。打造地方特色风情街，改善沿街立面，营造文化氛围。持续开展环境整治工作，聚合利用高作公园、幸福家园公园、人口文化园、交通路公园等园林要素，打造一步一景的绿色生态小镇。围绕完善提升“四横三纵”道路体系，10千米建县路建成通车，被评为市级交通示范项目，黑色化改造提升20千米乡村道路，配套安装维修路灯210盏。新建光明泵闸站1座，建成生态护坡1千米，维修各类泵闸站10座，加修三类圩堤1.5千米，疏浚河道18千米。完成幸福家园康养社区一期屋顶光伏太阳能安装。

【社会民生】 年内，高作镇救助特困供养等各类人群1000人，发放救助资金83万元。帮助“40”“50”就业困难人员办理社保补贴34名。10月1日，在高作公园举行第三届乡村文化艺术节。润谷农业公司总经理夏思成、稻虾轮作项目领办人周金龙、粮食生产农机服务队负责人孙建等获“十佳”最美新农人称号。万玉农业、润谷农业、军曼农业、鑫绮盛食品、聚康食品、春源采摘园等企业搭建展台，糖画糖人、香囊、棕编等10个非遗项目设置在公园乡贤走廊，现场还有校园优秀书画作品展览。支持教育事业发展，高作中学中考升学率在各乡镇名列前茅。开展各类职业技能培训320人次，新增城镇就业430人。社保扩面不断推进，完成1.12万人城乡居民养老保险续保工作，新增城乡居民养老保险3300人。完善镇、村退役军人服务站阵地建设。改造升级建阳县抗日民主政府旧址纪念碑。开展安全生产专题宣讲、安全生产督查检查，“百团进百万企业千万员工”宣讲活动受众200余人次。推进“百日攻坚”、纺织行业专项整治、农村自建房专项排查，以及“一厂多租”专项整治等行动。排查整改各类问题隐患739条，处罚4.8万元。

【镇人大换届】 高作镇人大二十届一次会议于1月7—8日举行，应出席代表69名，实到代表69名。大会听取并审议智中华作的高作镇人民政府工作报告；审查批准镇财政预算和预算执行情况报告等；审议通过《关于高作镇人民政府工作报告的决议》《关于2022年镇财政预算和2021年财政预算执行情况报告的决议》《关于镇人大主席团工作报告的决议》等。选举顾成喜为高作镇人大主席，智中华为高作镇人民政府镇长，马慧、杨钰、周惠萍、蔡玉霞为高作镇人民政府副镇长。

表45 2022年高作镇各村居基本情况

村（居）	书记主任	面积（平方千米）	人口（人）	经济总收入（万元）	集体收入（万元）	农村居民人均可支配收入（元）
大尖村	周维东	3.51	1500	19647	57.58	27560
双界村	曹征法	4.15	1826	17706	75.68	23927
长北村	王晓虎	4.32	1948	17200	54.86	24091
陈甲村	吕井山	4.31	2046	17488	73.26	22121
蒋王村	赵正全	3.47	2178	18036	80.82	23131
合兴村	杨定高	4.46	2013	17565	99.56	29617
卞港村	王丰玉	4.21	2116	17783	122.93	29225
季墩村	李凤春	5.58	2441	19196	161.33	27395
西站村	周金龙	3.34	1681	24183	63.32	26621
涔庄村	王国刚	4.81	3446	23026	76.14	22342
大墩村	李玉义	3.28	1694	19314	73.52	24262
光明村	王厚奎	5.21	2705	20268	67.61	20503
高群村	许世军	5.26	2156	17834	108.68	30863
马楼村	薛为连	5.27	2667	17328	128.1	25741
北庄村	徐立军	5.50	2810	17675	55.43	19544
高作居委会	吕　军	3.28	3907	24423	42.57	32327

芦沟镇

【概况】 区域面积73.8平方千米，2022年末户籍人口3.91万人，辖16个村（居）。2022年，完成地区生产总值26.29亿元，比上年增长5.5%。其中，第一产业增加值5.15亿元，比上年增长7.07%；第二产业增加值7.91亿元，比上年增长9.86%；第三产业增加值13.23亿元，比上年增长5.08%。一般公共预算收入9622万元，比上年增长4.7%；社会消费品零售总额7.88亿元，比上年增长3.8%；规模以上工业增加值比上年增长7%；规模以上工业开票销售11.81亿元，比上年增长6.66%；规模以上工业应税销售11.79亿元，比上年增长6.7%；规模以上入库税金3901.57元，比上年下降14.47%；定报工业企业24个，企业增长面75%；固定资产投资比上年增长8.8%；实际利用外资50万美元；农村居民人均可支配收入24208元，比上年增长6.5%。

【农业生产】 年内，芦沟镇粮食种植面积86658亩，单产494.92千克，总产42888.44吨。其中，夏粮种植面积37970亩，单产394.14千克，总产14965.32吨；秋粮种植面积48688亩，单产573.51千克，总产27923.13吨。实施完善城东设施葡萄园等项目2个。油料、蔬菜等经济作物种植1.5万亩、优质稻米生产基地3.7万亩，完成机插秧4500亩、机播种夏季2.6万亩、秋季2.8万亩，购置农机具100台（套）。加快培育农业经营实体，建坤谷蔬家庭农场申报省百佳家庭农场。发挥“何老大酱醋”“旺香大米”“桃香缘水蜜桃”等品牌优势，市场占有率和覆盖面持续扩增。

【工业经济】 年内，芦沟镇引进优东通风设备、优丰石化机械、迈利凯半导体、菲亚达环保设备、阜安机械新能源车辆架体超亿元项目5个。跟踪洽谈深圳氢蓝时代氢能源、宁波海仕凯智能家居、苏州凯艺美净化科技、崇达三期船舶机械等一批重大项目。聚力推进崇达高端井下装备、松源智能装备、阜安机械新能源车辆架体等8个在建项目，新增列统工业投资项目41个，其中超5000万元17个；18家企业实现正增长，规模以上企业增长面75%。加快崇达高端井下阀门、煜洋油田井口装置、琪航高端阀门闸板技改升级进程。石油装备产业总量超5亿元，培育崇达、蒙腾2家开票销售超亿元企业，新增逸尔、昕星、晶艺、迈利凯、慕匠、和仁6家规模以上企业。实施工业转型项目6个。推促光电、节能以及新能源新材料等产业裂变膨化，欧吉尔新能源、鑫瑞交通设施等新型产业总量大幅增加。开展“三项清理”，盘活玮达焊材、三源液压2家“僵尸企业”，处置亿源农业1宗闲置土地，促成威格尔机械、格兰德导管和星源石油3家低效厂房法拍，清理闲置土地136亩。协助解决企业融资信贷、用地用工、科技创新等难点堵点。推进企业“智改数转”“两站三中心”建设，实施企业技改扩能项目6个，新增新技术新产品12个，培育申报国家高新技术企业3家，帮助崇达、琪航、汇达等企业申报“瞪羚”企业和省市专精特新等科技项目。

【镇村建设】 年内，芦沟镇依法查处违法占用耕地2起，整改2起，排查整改存在安全隐患农房27户、既有房屋16幢。在红亮、杏园等7个村搬迁改造自然村庄8个、改善农民住房369户、复垦土地67亩。加大田曹社区（东区一期）扩建附属工程完善力度，加快田曹新型农村社区东区二期145套17204.94平方米农房工程建设。新修缮、浇筑农路23.5千米，新建桥梁6座、修缮加固桥梁3座。新建圩口闸11座、排涝站8座，维修改造圩口闸2座、排涝站4座，改造农村户厕80余座。村庄污水集中处理覆盖率100%，铺设一、二级污水管网38千米，推进畜禽粪污资源化利用，整治“散乱污”企业13家。建成圩堤驳岸及绿化带270亩，新增绿量18万平方米，集镇绿化覆盖率30%，联星村建成市级“森林村庄”。开展生态河道提升三年行动，打造大崔河、胜利河等生态样板河道8条，创建幸福河（湖）2条。综合治理裴刘徐桥河、红亮腾舍肖舍河黑臭河道2条，疏浚整治农村河道12条总长12.13千米，土方9.96万立方米。加大河道“两违”（违法圈圩、违法建设）、“三乱”（乱占、乱建、乱排）整治力度，清理鱼罾1道、鱼簖6道、拦河网6道、沉船33条、禽舍46座。持续做好秸秆“双禁”，推行红亮、裴西等村秸秆离田工作。

【社会民生】 年内，芦沟镇打造健康主题公园，发放宣传册3000余份、张贴海报30多张。学前教育7个班级137名幼儿，义务教育小学12个班级268名学生，其中，芦沟小学6个班级181名学生；裴刘小学6个班级87名学生，初中1所6个班级143名学生。推进文化惠民工程，送戏下乡32场次、专题文艺演出1场。县淮剧团送戏下乡16场次，县文化馆“喜迎二十大 筑梦向未来”专题文艺演出1场。开展各类主题活动6次；举办各类文体活动16场次，受众1.2万人次。加大文化阵地建设投入，维修文广中心办公楼；补充联星等8个村的农家书屋图书。新编小戏《暖爸孝女》获省“五星工程”奖。全年新增就业700人以上。持续开展“春风雁归”行动，开展农民技术培训680多人，新组织劳动力转移就业350多人。健全社会保障体系，完成居民养老保险续保1.26万人次。深入推进“15分钟医保服务圈”建设，全镇各类社会保险参保人数3.8万人次。提高弱势群体生活水平，全镇427户604人享受城乡最低生活保障待遇，277人享受特困供养，820名残疾人享受“两项补贴”，1867名老人享受尊老金待遇，21户家庭得到临时救助。加强农村“三资”管理，更新完善村（社区）“三资”管理平台。完善小额工程建设招投标制度，做好为企业担保代偿和财政借款“双清”工作。建立健全社会治安全要素网格化管理机制，注重全民普法宣传教育，推进政府诚信建设，人大代表建议、人民群众来信办理满意率、基本满意率100%。排查整改安全隐患689条，立案处罚生产经营单位6家，组织各类安全培训、应急演练5次，200人参加。

【镇人大换届】 芦沟镇人大二十届一次会议于1月18—19日举行，应出席代表69名，实到代表58名。大会听取并审议陆立华作的芦沟镇人民政府工作报告；审议通过《关于芦沟镇人民政府工作报告的决议》。选举赵正波为芦沟镇人大主席，陆立华为芦沟镇人民政府镇长，周大川、张宝国、周玉凤、成晓燕为芦沟镇人民政府副镇长。

表46 2022年芦沟镇各村居基本情况

村（居）	书记主任	面积（平方千米）	人口（人）	经济总收入（万元）	集体收入（万元）	农村居民人均可支配收入（元）
朝阳社区	崔海涛	2.9	2818	7030	54.28	24940
五联社区	严 平	2.07	2855	6850	55.27	23990
裴刘社区	薛海峰	3.15	3037	4930	54.09	16230
裴西村	黄金龙	2.75	1723	4780	46.24	27740
同建村	周海军	4.53	1895	4875	46.28	25720
徐沟村	陈 宏	5.2	2177	4850	40.90	22270

续表 46

村（居）	书记主任	面积（平方千米）	人口（人）	经济总收入（万元）	集体收入（万元）	农村居民人均可支配收入（元）
杏园村	沈文荣	4.88	2093	5230	52.27	24980
田曹村	田荣飞	3.1	2635	6645	59.50	25210
红亮村	王建良	4.24	2214	4680	39.41	21130
联星村	杨青松	3.48	1686	4350	42.32	25800
大同村	高书友	2.56	2153	5140	46.11	23870
双庆村	金全成	5.4	2710	7485	53.30	27610
芦东村	王志育	6.1	2748	5780	39.50	21030
东升村	孙朗桥	3.39	2750	5650	50.68	20540
芦北村	王　鑫	6.03	2715	5470	61.11	20140
淳化村	仲桂州	5.42	3269	7930	67.52	24250

沿河镇

【概况】 区域面积84.02平方千米，2022年末户籍人口3.5万人，辖15个村（居）。2022年，完成地区生产总值25.03亿元，比上年增长5%。其中，第一产业增加值4.02亿元，比上年增长6.91%；第二产业增加值7.94亿元，比上年增长9.37%；第三产业增加值13.07亿元，比上年增长5.32%。一般公共预算收入1.05亿元，与上年持平；社会消费品零售总额7.21亿元，比上年增长3.7%；规模以上工业增加值比上年增长3.9%；规模以上工业开票销售9.22亿元，比上年增长14.03%；规模以上工业应税销售8.7亿元，比上年增长13.8%；规模以上入库税金1.03亿元，比上年增长14.65%；定报工业企业9家，企业增长面77.78%；固定资产投资比上年增长30.9%；农村居民人均可支配收入23870元，比上年增长6.3%。新增私营企业8家，个体工商户29户。

【农业生产】 年内，沿河镇粮食种植面积62967亩，单产490.49千克，总产30884.99吨。其中，夏粮种植面积26710亩，单产389.86千克，总产10413.17吨；秋粮种植面积36257亩，单产564.63千克，总产20471.82吨。开展农业生产机械化，农业生产耕种收割全程机械化作业率90%，农业智能绿色作业率65%。扩大全程机械化作业覆盖面，全镇机条播面积2.4万亩，开展秸秆离田、深翻还田，秸秆综合利用率97%。培育新型职业农民250人，新增特经农业大户12户，发展家庭农场2家。整治“非粮化”违规综合种养行为，实现新规出台后“非粮化”新增为零、合同到期整改清零，多形式、立体化、复合型高效种植种养模式得到良性发展。

【工业经济】 沿河镇深化与吴江区同里镇结对共建，与昆山市张浦镇缔结友好合作关系。年内，招引落户各类产业项目6个，其中工业项目3个、农业项目2个、服务业项目1个。重点跟踪苏州北美枫情智能家居、上海华荣防爆电器、广州国光智能音响、上海新唐利5G算力中心等投资5亿元以上的重大项目，以及投资超亿元的苏州卓可盛智能制造、苏州华丰电梯、苏州苏齐盛电子科技、盐城荣高机械制造等项目落户。博特智能仓储、德干汽配等4个亿元项目投产达效。扶持裕祥、永大、荣杰、广源泰维、艾立泰等企业通过“智改数转”，实施“机器换人”转型。国能光伏电站项目实现税收超2000万元，恒通实业、艺龙纺织、富恒服饰、永大水箱4家企业税收超200万元，华盈汽配、旺卡普尔金属包装、金恒钢构、艾立泰共享托盘、裕祥机械5家企业税收超100万元。2家企业入库税金进入全县前10名。道尔道公司获“江苏省质量标杆企业”“江苏省服务型制造示范企业”、工信部“制造业单项冠军”、全县第一家“江苏省潜在独角兽企业”等荣誉，公司入库税收1.2亿元，首次实现全县工业企业税收超亿元“零”的突破，公司于3月完成股改，设立“道尔道科技股份有限公司”，11月申报江苏省证监局辅导备案。新增国家级高新技术企业1家，入库省科技型中小企业2家，企业拥有自主知识产权78件，研发新产品6个，技术更新改造投入4000万元，比上年增长11%。

【镇村建设】 年内，沿河镇围绕农村宜居宜业，实施烽火、马沿、兴旺、东兴、天美5个村主干道沿线农房改善。郑沟新型农村社区298户84幢3.56万平方米分房到位。兴旺社区三期182户62幢2.12万平方米房屋主体竣工，跟进完善附属设施。重抓生态环境保护工作，各类环保督察反馈问题按时整改销号，对水体污染严重的唐子沟、育才中心河进行综合性整治，加强黄沙港上游饮用水源区环境保护，实施禁养区违章拆除和限养区综合治理。深化农村环境综合整治，健全完善有制度、有标准、有队伍、有经费、有农民主体作用发挥、有常态监督检查的“六有”人居环境长效监管机制。推进秸秆综合利用，完成秸秆离田4300亩。落实河（湖）长责任制，建立健全“三定”巡河督查机制，新购置一艘水面保洁动力船，推动镇域河道保洁治理常态化、长效化。划定集镇生活垃圾处理责任区域，新配置3台单体6吨垃圾运输车辆。长兴鸡场投入2000万元进行智能化生态改造，建成标准化发酵除污设施，打造市级规模蛋鸡繁养基地。

【社会事业】 年内，沿河镇淮剧艺术团自编自导自演的文娱节目下乡巡演获得好评，参加全县一年一度业余文艺会演获金奖，送戏下乡30场次，放电影208场，累计观众3万人次。10月，承办县委宣传部主办的《习近平谈治国理政》第四卷文艺化宣讲活动。投资50万元新建200平方米的淮剧体验馆，添置价值5万余元，20平方米的彩色显示屏，两台白板；购置淮剧服装12套、二胡等乐器15件。15个村居新建阅报栏，方便群众阅读。镇农家书屋藏书1.34万册，村级农家书屋新增图书近5000册，每日借阅百余人次。至年底，全镇广播电视用户4200户。沿河中心学校获得市教育系统“优秀万年青志愿者工作站”“盐城市新优质初中”称号。体育教师刘德胜勇救落水老人，被评为第七十一期“建湖好人”。沿河中心幼儿园在教育局年度考核中获综合奖，教师马照、伏菁指导幼儿在全国第二十一届多多杯幼儿绘画比赛中获一等奖。游学《风物——九龙口》被评为省级游学项目；社区教育中心被评为省级学习体验基地；省级立项资助课题《老年教育志愿者队伍培植、运行机制的探究》结题。社区教育中心主任成晔被市委、市政府评为市关心下一代工作先进个人。对9个村居11套过期或者部分损坏的室外健身路径进行更换。浇筑沿东村80平方米、自强村190平方米的硬质健身小广场。5月12日，沿河镇老年体协举办老年人体育节，300多人参加太极、广场舞、腰鼓、连厢等老年健身项目活动。沿河镇卫生院建立健全院、科二级质量管理组织保证体系，配备专（兼）职人员，负责质量管理工作。每月进行一次全院性质量大检查，内容包括住院运行病历、门诊病历、医技功能、申请单、大型仪器阳率、传染病漏报率等。全镇14个村卫生室全部达标建设到位；儿童预防接种865针次，成人预防接种910针次；老年体检5562人；慢性病高血压管理3386人，糖尿病管理1323人；法定传染病管理乙类13人，丙类3人。

【民生保障】 年内，沿河镇为县镇重点企业服务招工220人，新增就业240人，办理农村基础养老金领取10145人。维修道路3千米、新浇筑硬质路面3.5千米、改造危桥5座，建成并通行芦沟河跨镇区大桥，实现主干道富郑线北延与县城交通并网，新开通镇际与盐城大市区直达公交专线。新申报低保18户29人，新评残10人，为12名白内障患者实施复明手术。结对关爱114名留守儿童、39名困境儿童。开展生育登记服务和流动人口均等化服务，宣传贯彻生育支持政策，逐步提高人口自然增长率。打造15个村级退役军人服务站，镇级人民武装活动阵地建设受市级表彰。开展“我为群众办实事”活动，梳理县级实事项目4个，镇级实事项目19个。年底完成销号20件，镇派出所获全省公安信访攻坚化解先进集体称号，受到嘉奖。组织“八五”普法“五进”宣传，加强“网格+警格”融合治理，开展特殊困难群体救助帮扶、妇女儿童权益保障排查、严重精神障碍者服务管理、社会治理短板弱项整治4个专项行动。全镇“网格化”事项采集8500余条，办结率98%，走访空巢老人及重点人员700余人次。受理便民事项8400余件，办结率100%。常态化对镇区26家工贸企业开展专项检查，交办整改473条安全隐患。派出所、安监办联合对花炮仓储、烟花门市等8家特种行业单位进行检查，责令整改41个特种行业安全隐患。

【镇人大换届】 沿河镇人大二十届一次会议于1月6—7日举行，应出席代表69名，实到代表69名。大会听取并审议袁新峰作的沿河镇人民政府工作报告；审查批准《关于2021年财政预算执行和2022年财政预算草案的报告》；审议通过《关于沿河镇人民政府工作报告的决议》《人大主席团工作报告决议》《财政预决算工作报告决议》等。选举孙启刚为沿河镇人大主席，袁新峰为沿河镇政府镇长，唐胜、方国华、宋霞、林芳芳为沿河镇人民政府副镇长。

表47　　2022年沿河镇各村居基本情况

村（居）	书记主任	面积（平方千米）	人口（人）	经济总收入（万元）	集体收入（万元）	农村居民人均可支配收入（元）
东夏居委会	夏东庆	2.06	3491	50798	91.2	24387
东兴居委会	欧荣才	4.02	2629	46575	69.85	23187
新丰村	朱书贵	3.78	2197	30677	77.92	23456
沿港村	李云峰	5.11	2036	20990	63.78	23704
向阳村	许　爱	4.93	2530	18878	66.13	23624
郑沟村	杨位贵	5.01	2285	15525	63.88	24680
长新村	周士吉	4.87	2559	16022	72.91	23631
天美村	陈万祥	5.42	2511	15649	67.26	22191
树桥村	蒋红旗	4.36	2032	15419	63.14	22479
沿东村	陆德祥	4.90	2357	15401	64.85	23630
烽火村	杨　刚	3.18	1388	13414	68.58	22547
马沿村	卞欣荣	5.06	1573	15400	125.86	22596
兴旺村	徐振国	3.71	1492	20741	85.21	22160
蒿仑村	汪文礼	8.73	2581	29063	586.07	25496
自强村	荀月明	18.06	3441	35521	546.79	27264

冈西镇

【概况】　区域面积68.11平方千米，2022年末户籍人口3.13万人，辖15个村（居）。2022年，完成地区生产总值19.18亿元，比上年增长5.1%。其中，第一产业增加值3.73亿元，比上年增长8.43%；第二产业增加值6.06亿元，比上年增长9.58%；第三产业增加值9.39亿元，比上年增长4.68%。一般公共预算收入5431万元，比上年增长12%；社会消费品零售总额6.37亿元，比上年增长3.6%；规模以上工业增加值比上年增长13.1%；规模以上工业开票销售8.82亿元，比上年增长1.85%；规模以上工业应税销售8.85亿元，比上年增长15.5%；规模以上入库税金1202.56万元，比上年增长94.27%；定报工业企业16家，企业增长面68.75%；固定资产投资比上年增长30.5%；农村居民人均可支配收入22592元，比上年增长6.5%。新增私营企业60家，个体工商户378户。2022年度冈西镇被评为盐城市“七五”普法先进单位，徐王村被评为江苏省文明村、江苏省乡村振兴先进集体，徐王村、顾顶村被命名为江苏省特色田园乡村，肖荡村获评江苏省民主法治示范村、盐城市特色田园乡村，陆河村获评盐城市耕地保护激励单位。

【农业生产】　年内，冈西镇粮食种植面积108323.68亩，单产499.7千克，总产54129.15吨。其中，夏粮种植面积48998.68亩，单产391.46千克，总产19180.82吨；秋粮种植面积59325亩，单产589.1千克，总产34948.33吨。农业机械化作业率100%；秸秆离田5700亩，还田6.15万亩，综合利用率100%。引进江苏从庸食品公司总投资1100万元新上水产品深加工生产线，鼎盛农机合作社建成市级特色农机示范基地，亿乐家庭农场、璐禾水产合作社建成市级数字农业农村基地。冈西镇被县确定为“小田变大田”试点镇，徐王、左幼、港东、陆河4个村被列为试点村；徐王村被列为大豆玉米复合种植示范点，创成化肥减量增效示范区。加强动物防疫检疫工作，建成建湖县区域性动物运输洗消中心。新发展家庭农场3家，创业粮食种植等3个家庭农场创建市级家庭农场取得新进展。推广徐王村集体领办新型农场经验，港东、顾顶、双墩等8个村集体领办新型农场。徐王村集体经营性收入85.6万元，港东、左幼等4个村超50万元，顾顶、东吉等8个村（居）40万元以上。

【工业经济】　年内，冈西镇与苏州吴江区桃源镇建立友好合作关系，新开工绿控汽车传动总成、鑫悦装配式建筑、先锋电机动力总成、普轩通用设备零部件等超亿元项目4个；签约中山靓芯半导体LED封装、奥威斯动力机械部件、新伟新能源汽车零部件超亿元项目3个；跟踪洽谈东莞长铭智能制造、江苏科羿电子终端配件等重点项目。总投资10亿元的苏州绿控新能源汽车传动总成项目落户上冈产业园，7月为全市高质量发展项目观摩活动提供高标准现场。全镇有工业企业41家，其中规模以上企业16家，工业技改项目9个，固定资产投资比上年增长30.5%。规模以上工业开票销售、应税销售均为8.82亿元，工业入库税收1203万元。加强为企业服务，帮助申茂、星碟、科高等企业解决用工、办证、融资等困难。重抓企业“智改数转”，对16家规模以上企业开展数字化诊断，上云企业1家，实施数字化改造1个，培育开票销售超亿元企业2家。强化税收协同共治，广辟渠道培植税源，冈西镇靖四方、业建、海盛等建筑运输企业成为全县纳税前100强企业。持续推进“三项清理”，加快“腾笼换鸟”，帮助卓茂、宣辉等企业出售或出租闲置厂房5000平方米，盘活原冈西砖瓦厂闲置土地105亩。新培育盐城市恒茂土工材料有限公司、江苏中联路基工程有限公司、盐城市宏宙土工材料有限公司3家高新技术企业；完成17家科技型中小企业备案，技术合同成交额7100万元。

【镇村建设】 年内，冈西镇徐王、顾顶2个省级特色田园乡村发挥典型示范作用，加强小区物业管理，提升整体环境面貌，多次接待省、市、县领导考察调研并受到肯定。肖荡村新型社区建成1.85万平方米57幢192套农房，文化礼堂、新农e站、卫生室、农家书屋等配套设施竣工交付，7月分房到位。双墩村改善农房429户，新型社区新建住房122套，12月主体封顶。东吉村、左幼村签订搬迁协议277户，排查登记全镇D级危房35户，以及1980年前建的老旧房屋110户，全面落实拆除或修缮加固措施。维修改建农路3千米；草庆线南段实施封闭维修，11月竣工通车；实施徐蔡线、窑厂线等处危桥改造6座，全面竣工通行。实施完成中俄东线天然气接通工程冈西段管网铺设13.6千米。抓好后街背巷、老旧小区、卫生死角环境整治，加强镇区、社区、村庄卫生保洁和垃圾清运工作，创优人居环境，持续巩固“国家卫生镇”创建成果。高标准新建集镇农贸市场，竣工交付。实施国土绿化工程，新增绿化面积40万亩，提升“森林小镇”建设内涵。实施“一村一河”治理项目，完成河道疏浚22条总长13.36千米、土方8.2万立方米，北草堰河生态河道提升工程通过省级验收。投入560万元，实施顾顶村、双墩村4700亩高标准农田建设项目，新增耕地236亩，陆河村获得市级耕地保护奖励资金20万元。完成农村黑臭河道整治16条，顾顶村中心河创建“幸福河湖”通过市级验收。推进集镇4千米的生活污水“十必接”、42个自然村生活污水治理项目完成污水管网建设任务。加强畜禽粪污治理，资源化利用率100%；适时开展秸秆“双禁”监管、镇域内实现夏秋两季“零着火点”。饮用水水质达标率100%，生态环境巡察反馈问题整改率100%。

【社会事业】 年内，冈西镇举办“学党史、传非遗”主题实践活动，“新艺坊”剪纸传承馆建成布展。开展剪纸主题活动，创作现代题材作品200多幅，设计开发湿地珍禽、淮剧杂技等系列文创产品。双墩村李三庙遗址考古发现窖藏钱币，出土铜钱约1.5吨，被县博物馆整体收藏。8月，冈西镇新组建1所九年一贯制学校，由原冈西镇初级中学搬迁到冈西镇中心小学组合而成。新组建的冈西中心校有12个班级，在校学生338名。冈西幼儿园在校幼儿71名。实施基层卫生提档升级“三年行动计划”，冈西卫生院完成中医馆服务能力等级四级评价验收，通过优质服务基层行推荐达标及江苏省社区医院创建工作，口腔科、中医妇科完成盐城市特色科室创建工作，丁渡村卫生室达到省定推荐标准。冈西镇开展“信访突出问题攻坚化解年”行动，对重点信访问题落实“五位一体”包保责任，化解一批信访积案。加强网格化服务管理，提升基层社会治理效能，白果居委会陶元群、西吉居委会王芹分别被表彰为盐城市“最美网格员”“优秀网格员”，秸舍村陆应干被评为盐城市首届十佳“法律明白人”。常态化开展反养老诈骗、反电信

2月15日，冈西镇中心学校学生们在做元宵节剪纸作品　　（冈西镇　供）

网络诈骗、防范非法集资、全民国家安全教育、反间谍法教育、宪法日、消费者权益日、禁种铲毒等法治宣传教育。通过网格化服务管理平台，网格员对镇域范围人口、房屋、地理标识物等进行巡查、走访，常态化开展户籍人口楼栋房屋信息完善、特殊人群（吸毒人员、刑释人员、矫正人员、重点人员等）服务走访、关心关爱弱势群体、矛盾纠纷排查化解、法治宣传教育、企业消防巡查、民生服务等。

【民生保障】 年内，冈西镇徐王村和左幼村高质量承办全县“幸福家园”村社互助工程现场观摩推进会。开展创业就业线上、线下培训活动2场700人次。城乡居民养老保险累计缴纳5080人、到龄领取569人、农保丧葬补助金领取324人。新增职工保险210人（含灵活就业人员），完成东徐村被征地农民社会保障工作，招聘临时公益性岗位5人。排查1291名特殊困难人员，临时救助36人8万元、慈善救助102人11.99万元、困难救助325人10.23万元，办理优待证851人，申请发放退役军人关爱基金3.21万元，常态化对全镇22名困境儿童、1名孤儿和22名留守儿童进行走访。完成全镇1038名残疾人基本状况调查，对28名残疾人进行技能培训、20名白内障患者进行免费治疗，帮助65名精神病患者申请免费服药。走访慰问困难家庭37户，发放慰问金1.92万元。对全镇15户60岁以上困难老人家庭进行适老化改造。开展安全生产宣传教育和检查抽查121次，查出存在问题786条，下发整改通知单686份，整改率100%。对锦宏板材厂等3家违规经营单位依法予以行政处罚。开展餐饮场所燃气安全巡查20余次，15家使用燃气的餐饮场所全部安装燃气泄漏保护装置，完成3481户瓶装气用户实名登记，吉瑞家园车库35户违规使用液化气清理到位。全年检查整改消防隐患198处，镇域安全生产形势总体保持稳定。

【镇人大换届】 冈西镇人大二十届一次会议于1月7—8日举行，应出席代表67名，实到代表65名。大会听取并审议姚万春代表镇政府所作的冈西镇人民政府工作报告，张健作的镇人大主席团工作报告；审查批准《关于2021年财政预算执行和2022年财政预算草案的报告》，审议通过《关于冈西镇人民政府工作报告的决议》《人大主席团工作报告的决议》《本级财政预决算工作报告决议》等。选举张健为冈西镇人大主席，邵艺为冈西镇人民政府镇长，姚万春、朱学磊、臧军、杨元龙为冈西镇人民政府副镇长。

表48　　2022年冈西镇各村居基本情况

村（居）	书记主任	面积（平方千米）	人口（人）	经济总收入（万元）	集体收入（万元）	农村居民人均可支配收入（元）
西吉居委会	杨锦龙	3.05	2174	4355	62.09	22785
白果居委会	陆海霞	0.11	3014	1951	50.97	22469
陆河村	彭大卫	5.16	2183	7948	43.24	21042
东徐村	陈　玉	4.76	2038	7018	49.94	20889
港东村	盛如万	4.45	1500	5931	63.13	20772
丁渡村	朱学磊	3.88	1676	5708	54.20	20531
嵇舍村	陶其将	3.74	1887	7044	56.97	20246
徐王村	徐维兵	4.25	1754	6698	91.20	20457
蔡港村	管学明	5.90	2395	7883	44.29	20428
顾顶村	陶天民	4.10	1781	8945	55.57	20827
双墩村	姜　维	4.74	1872	6367	65.53	20432
张荡村	孙龙贵	4.78	1709	7514	50.59	20565
左幼村	董文彬	6.99	2682	8346	56.25	20734
肖荡村	臧亚高	5.40	2175	7826	76.25	20632
东吉村	彭广才	6.75	2516	7885	54.58	20314

宝塔镇

【概况】 区域面积50.77平方千米，2022年末户籍人口2.51万人，辖12个村（居）。2022年，完成地区生产总值12.73亿元，比上年增长4.7%。其中，第一产业增加值2.84亿元，比上年增长6.77%；第二产业增加值3.96亿元，比上年增长8.79%；第三产业增加值5.93亿元，比上年增长4.77%。一般公共预算收入4936万元，比上年增长16.7%；社会消费品零售总额5.51亿元，比上年增长3.7%；规模以上工业增加值比上年增长10.4%；规模以上工业开票销售3.04亿元，比上年增长8.98%；规模以上工业应税销售3.04亿元，比上年增长9%；规模以上入库税金367.56万元，比上年增长9.23%；定报工业企业7家，企业增长面57.14%；固定资产投资比上年增长25%；农村居民人均可支配收入21004元，比上年增长6.3%。宝塔镇有服务业实体45家，年内实现服务业收入1.45亿元，比上年增长9.1%。服务业增加值4200万元，比上年增长10.6%；新增私营企业56家，个体工商户121户。培育服务业规模以上企业5家，分别是建湖平安运输有限公司、建湖迅捷物流有限公司、建湖申通快递有限公司、江苏建湖宝塔粮食储备库有限公司和盐城创沃信息服务有限公司，实现服务业经营性收入8436万元，比上年增长12.8%。宝塔镇获评省耕地保护激励单位，创成省级卫生镇。

【农业生产】 年内，宝塔镇粮食种植面积81356.32亩，单产504.32千克，总产41029.58吨。其中，夏粮种植面积37706.32亩，单产390.54千克，总产14725.69吨；秋粮种植面积43650亩，单产602.61千克，总产26303.89吨。菜籽、黄豆、芝麻等经济作物6.43万吨，鱼、蟹、虾等优质水产品3231吨。举办种植产品“三控”（控制化肥使用量、控制农药使用量、控制粮食寄种面积）技术培训班5期，培训500多人次，发放各类实用栽培技术资料5000多份，接受技术咨询群众100多人次。有机肥使用量比上年提高12%，雾化肥料、农药用量比上年分别下降5%、3%。新增流转土地1758亩，培植家庭农场7家。其中，市级2家、县级5家。新添置大型收割机、拖拉机、播种机等各类农机61台（套），植保无人机9架，实现全域面积全程机械化耕种。将基本农田保护工作纳入全镇经济社会高质量发展规划，建立基本农田管理标识和区域管理责任人，推进土地治理和复垦工作，被评为省级耕地保护激励单位。12个村（社区）实现集体经营收入562.62万元，比上年增长46.02%。其中，7个村（社区）实施自主经营集体农场，总面积818亩。丁湾村依托土地流转，对1158亩土地统一平台交易，亩均成交价1325元，新增溢价收入50多万元。

【工业经济】 年内，宝塔镇签约投资亿元工业项目4个，分别是落户县“两区”的宝迪液压工程机械项目、环展机械液压配件项目、羽航精密仪表阀门项目、曦泽机械汽车配件项目；签约投资2000万元以上农业项目1个，即落户镇区的盐城谷满仓米业农产品加工项目。全镇续建、新建项目12个。在县“两区”投资建设的7个项目有4个投产运行，分别是浩科伟业纺织机械项目、西环固件项目、宝迪液压机械项目、星地通信设备项目。正在建设的3个，分别是环展机械液压配件项目、羽航精密仪表阀门项目、曦泽机械汽车配件项目。在镇区“腾笼换鸟”投建的5个项目中，有3个形成产能，分别是迅发铝型材项目、振邦电线项目和荣晟麦业项目。在建的谷满仓农产品加工项目、秀夫环保设备项目进入机械设备安装阶段。实现工业开票销售4.19亿元，比上年增长9%；工业入库税收668万元，比上年增长16.7%。有7家规模以上企业，完成工业增加值3.96亿元，比上年增长71%。培植超亿元开票企业1家，即盛源新材料有限公司，全年实现开票销售1.14亿元，比上年增长8.7%。培植超5000万元开票企业1家，即秦贵智能科技有限公司，实现开票销售5323万元，比上年增长99%。宝塔镇科技创业园建成区面积200亩，入驻园区企业9家，分别是新亚阀门有限公司、秦贵智能科技有限公司、昌裕科技有限公司、秀夫环保设备有限公司、迅发铝型材有限公司、勃曼工业控制技术有限公司、振邦电线有限公司、立可达电器有限公司和安普汽车配件有限公司。立可达电器、昌裕科技、秦贵智能科技、勃曼工业4家企业获批国家高新技术企业，秦贵智能科技、勃曼工业、立可达电器获批省三星级上云企业，立可达电器、安普汽车配件、昌裕科技3家企业获批市级工程研究中心，9家企业获批国家科技型中小企业。

【镇村建设】 年内，宝塔镇启动实施丁湾、丁仁2个村农房拆迁改造，与688个农户签订农房拆除协议。其中，货币结算555户，占80.7%，到县城房产超市购房36户，占5.2%，进入新型农村社区安置97户，占14.1%。续建的宝龙新居建设项目，5月建成，龙河村172户全部分房入住。11月开工新建的前庄新型农村社区，占地面积5.8万平方米，建设住房200套。其中，60平方米26套，106平方米110套，125平方米64套。年底主体土建工程全部竣工。实施整治农村村庄河塘23条，总长22.46千米，疏浚土方13.58万立方米。打造生态河道9条，总长25.66千米。其中，龙河和三里半沟通过省级验收。加强建筑材料运输、堆放覆盖管理，杜绝途中散落和风起扬尘现象。持续抓实秸秆综合利用和禁烧禁抛工作，秸秆还田率和综合利用率100%。完成400米阳光大道、1.2千米幸福路、500米府前路、1.6千米辛庄港雨污管道埋设工程，1.8千米辛南生态河道混凝土道路浇筑工程和绿化栽植工程，栽植垂柳、红叶石楠球等景观苗木1100多株，建成镇区法治、文化、体育、卫生4个主题广场，创成省级卫生镇。修补集镇破损路面26处，总长1000米。筹措21.53万元，维修镇级管理路段辛潘线300米，总面积1700平方米。启动实施联合、潘渡、高港3个行政村14个自然村庄污水治理工程，采用“AO+人工湿地”处理方式，以自然村庄日处理量10吨左右要求建设，至年底污水设施全部竣工并投入使用。省级消防站、自来水提升泵项目全部建成。镇域自来水全部融入全县供水系统，入户率100%。宝塔镇有1个大圩区，12个小圩区。外围防洪大堤总长41.1千米，圩内面积50.8平方千米。排涝模数1.1立方米/秒/平方千米，圩内地面高程在1.2—2.0米，警戒水位线为1.6米。外圩防洪闸49座（其中6米闸5座，3米闸1座，直升门闸14座，4米人字门闸29座），排灌站31座（其中灌站1座，排灌结合站1座，排涝站29座），内圩防洪闸57座，排灌站22座（其中排灌结合站2座，排涝站20座），固定灌溉站82座。实施改厕170座，其中潘渡村50座，集镇120座。

【社会事业】 年内，宝塔镇用于文化建设投入20多万元，更换和增设公益宣传标识牌（墙）82块（面），建成集镇建邺路、振兴路、人民路3条文化街，朦胧景区老街、景点大道文化街2条。全年放映电影172场次，全镇12个村（社区）的群众每月都能看上1—2场电影。巩固提升宽带入户工作，朦胧新居、裴桥新居、宝龙新居绝大多数住户安装有线互动电视。镇文化阅览室藏书10217册，订阅报刊12种，农家书屋新添图书920册。宝塔初级中学中考升学率95%以上。开展“社会主义核心价值观”教育活动，公益设施维护、环境保洁、诚信从业等被写入村（社区）民约。建立“五老”社会化结对助教体系，留守（困境）儿童帮扶责任体系，有针对性地做好关爱工作，2022年被市委、市政府表彰为关心下一代工作先进集体，镇校外辅导站被市关心下一代工作委员会表彰为优秀校外辅导站。全镇12个村（社区）全部建成健身场所，添置健身器材，满足当地村民文体活动的需要。宝塔卫生院新设立慢性病医疗门诊，购置医用电脑等现代诊疗设备。2022年筛查妇女乳腺癌1204人、宫颈癌1120人，65岁及以上老年人健康体检3680人，为230名0—6岁儿童、2名孕产妇、1529名高血压患者、580名糖尿病患者、148名严重精神障碍患者和2名肺结核患者等重点人群提供规范健康管理服务。建立全民健康动态管理电子档案2.15万份，户籍档案人口健康状况建档率100%。

【民生保障】 年内，宝塔镇新增私营企业56家，个体工商户121户，新增就业218人，为企业职工和社会灵活就业人员办理社会保险206人，劳动人口就业率96%以上。至年底，全镇城乡居民养老保险人数9265人，城乡居民医疗保险参保人数15932人。为253名特困供养人员发放348.11万元；为248个低保户371人发放低保金262.42万元；为667个残疾人发放残疾补贴448.8万元；发放尊老金1208人159.7万元；发放38名困境儿童生活救助金66.08万元；发放临时困难救助金87人15.94万元。组织安全检查40家次，立案3起，处罚1.36万元，发现隐患500条，问题整改率100%。坚持以网格化推进社会治理，全镇划设网格30个、微网格165个，聘用网格长12名，网格员30名，分别制定网格管理职责、目标任务要求、考勤考核实施办法等，将网格管理工作落实、落细、落地。高港村周德光被县评为“最美网格员”，潘渡村胡达军被评为“优秀网格员”。解决生活救助、交通出行、环境治理等信访问题84个，化解土地权属、经济利益纷争、企业改制遗留问题等各类矛盾69件。

【镇人大换届】 宝塔镇人大二十届一次会议于1月7—8日举行，应出席代表62名，实到代表59名。大会听取并审议副镇长朱斌作的宝塔镇人民政府工作报告、人大主席王春锋作的宝塔镇人大主席团工作报告、财政审计和资产管理局局长孙德高作的《2022年镇财政预算和2021年镇财政预算执行情况报告》《2021年民生实事项目完成情况和2022年民生实事工程项目的建议》《2021年生态环境建设情况和2022年生态环境建设的建议》等，表决通过《2022年镇政府民生实事项目票决办法》《宝塔镇人民政府工作报告的决议》《人大主席团工作报告的决议》《2022年镇财政预算和2021年镇财政预算执行情况报告的决议》《2022年实施民生实事工程项目的决议》《2022年生态环境建设的决议》《代表提出议案情况及议案处理的审查意见》等。大会选举王春锋为宝塔镇人大主席，吴亚飞为宝塔镇人民政府镇长，朱斌、朱永浩、单建祥、夏其中为宝塔镇人民政府副镇长。

表49 2022年宝塔镇各村居基本情况

村（居）	书记主任	面积（平方千米）	人口（人）	经济总收入（万元）	集体收入（万元）	农村居民人均可支配收入（元）
高港村	周德光（副书记）	3.64	1366	2736.1	34.84	20030
丁仁村	李小芳	4.25	1654	3572.64	54.70	21600
龙河村	陈晓磊（主任未任）	6.58	2765	6165.95	51.85	22300
联合村	李大力	3.3	1932	3753.88	38.00	19430
辛庄社区	周正超	2.59	3873	9140.28	41.15	23600
前庄社区	陈晓华	1.73	2030	4425.4	40.19	21800
港口村	周克亚	3.97	1418	2731.07	34.76	19260
丁湾村	许益亚（主任未任）	4.51	1556	3401.42	80.72	21860
潘渡村	周建华	3.34	1662	3299.07	42.38	19850
长陈村	杨卫清（主任未任）	5.61	2020	4100.6	49.71	20300
裴桥村	李　申	5.79	2464	5297.6	49.58	21500
宝塔村	马　宏（副书记）	5.49	2383	5127.74	44.71	21518

建湖开发区（钟庄街道）

【概况】 创办于1992年10月，2006年5月升级为省级经济开发区，区域总面积92.96平方千米。与钟庄街道实行“区镇合一”管理体制，辖21个村（居），年末户籍人口5.47万人。2022年，完成地区生产总值78.17亿元，比上年增长5.7%。其中，第一产业增加值3.45亿元，比上年增长6.81%；第二产业增加值55.6亿元，比上年增长8.26%；第三产业增加值19.12亿元，比上年增长5.52%。一般公共预算收入4.45亿元，比上年增长3%；社会消费品零售总额14.79亿元，比上年增长3.5%；规模以上工业增加值比上年增长11.9%；开发区本级规模以上工业开票销售212.4亿元，比上年增长21.72%；规模以上工业应税销售209.77亿元，比上年增长23.5%；规模以上入库税金4.46亿元，比上年增长6.33%；定报工业企业154家，企业增长面56.49%；固定资产投资比上年增长21%；实际利用外资623万美元；农村居民人均可支配收入30145元，比上年增长6.6%；实现服务业收入39.3亿元，税收5980万元，比上年分别增长32%、51%。

【农业生产】 年内，建湖开发区粮食种植面积117474.11亩，单产506.53千克，总产59503.95吨。其中，夏粮种植面积52352.11亩，单产391.25千克，总产20482.62吨；秋粮种植面积65122亩，单产599.2千克，总产39021.34吨。实施兴村富民工程，开展村集体经济增收“30万+”行动，所有涉农村（居）集体收入均达50万元以上，其中11个村（居）收入超100万元。建成全县首家“无人化”种植农场，江苏金满佳农业科技项目建成全县最大良种繁育基地，新上总投资800万元的丰金谷粮食烘干项目。9月15日，金杆公司联盟成立全省第一家“耕整作业”装备创新中心。实施高标准农田建设，复垦后新增耕地133亩。科学防治美国白蛾二代幼虫、加拿大一枝黄花等危害。

【工业经济】 年内，建湖开发区新开工超亿元项目28

个，其中5亿元项目15个，10亿元项目5个，50亿元项目1个，100亿元项目1个；竣工超亿元项目10个；入库市平台5000万元以上投资项目42个。筹备召开建湖（深圳）电子信息产业招商推介会、建湖（苏州）产业招商推介会。总投资102.3亿元耀宁年产12吉瓦时锂离子电池及系统总成项目、总投资68亿元润阳二期14.2吉瓦-N型电池片、总投资10亿元威肯西线控底盘等一批重大项目签约。耀宁项目年底开工建设；润阳二期14.2吉瓦-N型电池片项目年底前电池片下线；绿控传动总成项目从开工建设到试生产仅用5个月。新增星级企业3家，新增高新技术企业24家；实施工业企业技改扩能项目71个，投资总额13.3亿元，新增规模以上企业42家，新增有效发明专利50项。园区省级以上名牌产品32个，高新技术企业105家，省级以上研发机构35个，领军人才8人，科技孵化器3家。其中，科技孵化器企业和15所高校院所建立产学研合作关系，孵化中小企业200多家；加速器一期建成厂房10万平方米。

【社会民生】 年内，建湖开发区开展特殊困难群体和妇女儿童权益保障问题专项排查整治，帮助解决25个问题，跟踪帮扶102人。按照“镇不漏村、村不漏户、户不漏人”要求，结合疫情防控“敲门行动”，对低保、特困、孤儿、困境儿童、享受“两项补贴”的残疾人等四大类民政保障对象开展“拉网式”核查，逐一解决排查出的问题。职工养老保险、医疗保险新增1320人，失业保险、工伤保险、生育保险各新增1000多人；城乡居民养老保险新增参保452人，使用江苏税务微信小程序开展城乡居民养老保险费的征缴工作，入库基金780多万元。10月中旬全面推行江苏税务小程序缴纳2023年城乡居民医疗保险，完成缴费2.3万人，比上年增加1130人。抓好养老服务领域疫情防控，完善养老服务疫情防控工作机制，建立区级养老服务应急处置支援队伍和区级养老服务应急处置技术队伍。常态化做好辖区各学校疫情防控工作、安全工作检查。3月，对各中小学、幼儿园进行安全大检查。6月，对各学校食堂卫生、食品安全进行专项检查，保证高考顺利进行。9月底与10月上旬聘请专家对各学校的消防安全、疫情防控等作全方位排查。加强退役军人服务体系建设，21个村（居）服务体系达到省退役军人事务厅硬件建设标准。走访慰问、困难帮扶650多人次，申请办理2名农村60周岁老兵优抚待遇。开展新系统重点优抚人员身份人脸识别核查工作，核查率100%。帮助2021年退役军人就业、创业，就业、创业率100%。开发区针对冶金工贸、危化品使用、燃气、烟花爆竹、建筑施工、道路交通、消防等重点高风险生产经营单位开展检查诊断，检查生产经营单位553家次，排查整治隐患5952条。开展安全生产大检查和消防火灾隐患大排查活动，排查安全生产隐患2184条，整治隐患2184条；排查火灾隐患16条，整治隐患416条。突出自建房、燃气、消防、中频炉、涉粉涉爆、有限空间、建筑施工、特种设备等重点开展“百日攻坚”专项行动，排查751家生产经营单位，发现隐患1827条，全部整改到位。与县应急管理局联合执法检查企业60家次，移交立案查处13起，处罚金额15万元。

【园区建设】 2020年8月至2022年1月，整合近湖、庆丰、上冈产业园（含冈西）、宝塔和高作5个镇级园区，形成“1+5”园区发展布局，进驻企业1600多家，其中规模以上企业324家，被认定为国家级科技孵化器、国家级小微企业创业创新示范基地，省大众创业万众创新示范基地、省首家苏沪共建园区、省生态工业园区、省服务业集聚区、省“两化融合”试验区。规划建设人才公寓12幢123.6万平方米，设产才融合中心、项目孵化中心、生活配套中心、共享活动中心、综合服务中心五大功能片区。年底建成一期8幢，可容纳4000人居住。持续开展“双招双引”，申报国家级人才项目8个，通过3个，申报盐城市“黄海明珠人才”计划项目5个，通过1个，申报建湖县第三届水乡英才创新创业大赛人才团队项目18个，招录优秀毕业生4人。完成农房改善760户建筑面积6.8万平方米，房屋征收117户拆迁面积1.8万平方米，上冈产业园农房改善295户新建面积3.8万平方米。开展“清洁乡村”“五个一”（精细化样板镇、精细化样板街、精细化样板巷、精细化样板场、精细化样板村）行动，扎实履行河长巡河制、防汛防旱职责，完成“一村一河”整治任务，整治疏浚21条河道总长12千米，土方7.5万立方米，新增植树造林面积69亩。

表50　　2022年建湖开发区（钟庄街道）各村居基本情况

村（居）	书记主任	面积（平方千米）	人口（人）	集体收入（万元）	农村居民人均可支配收入（元）
桥东村	朱同庆	2.5	2847	68.53	26989
杨庄村	傅俊旺	5.7	6400	129.21	25478
新东村	姜海洋	7.1	6065	69.09	25232
南华村	蔡永兵	4.5	3404	130.84	14393
建新村	何玉明	5.89	3889	111.24	24766
陈堡村	罗玉海	5.6	5966	91.5	25663
钟南村	吴雅玲	3.51	2531	120.4	24187
马渡村	吕生林	3	1799	98.01	24533
双港村	赵泉生	6.66	3720	191.43	23984
古桥村	董桂娟	1.9	1377	121.63	24277
秉文村	徐佳琳	2.95	1287	119.53	23997
刘夯村	刘步高	5.28	2087	138.48	24192
口河村	郑步国	5.11	2319	134.76	24527
新河村	姜东高	3	1610	145.39	24299
丁港村	胡　亮	9	2561	142.89	23986
新联村	卢玉兵	4.44	2693	134.88	24321
东北村	李志斌	4.29	1843	92.43	14145
大王村	王清明	2.68	998	90.62	24476
范墩村	汤其超	5.5	2126	60.57	25781
钟东居	曾海明	3.1	2643	60.87	25423
钟西居	曾正扬	5.1	3810	112.53	24312

建湖高新区（塘河街道）

【概况】　区域面积30.16平方千米，2022年末户籍人口2.38万人，辖8个村（居）。2022年，完成地区生产总值56.64亿元，比上年增长5.8%。其中，第一产业增加值7400万元，比上年增长6.86%；第二产业增加值28.79亿元，比上年增长9.63%；第三产业增加值27.11亿元，比上年增长5.4%。一般公共预算收入2.79亿元，比上年下降8.4%；社会消费品零售总额6.41亿元，比上年增长3.6%；规模以上工业增加值比上年增长17.6%；规模以上工业开票销售120.04亿元，比上年增长60.88%；规模以上工业应税销售113.72亿元，比上年增长53.8%；规模以上入库税金4.33亿元，比上年增长73.34%；定报工业企业57家，企业增长面66.67%；固定资产投资比上年增长67.3%；实际利用外资1812万美元；农村居民人均可支配收入27960元，比上年增长6.6%。新发展个体工商户315户，私营企业221户，新增就业1290人，新增批零住餐四上企业8户，服务业企业3家。

【农业生产】　年内，建湖高新区粮食种植面积24150.13亩，单产498.24千克，总产12032.52吨。其中，夏粮种植面积10628.13亩，单产392.46千克，总产4171.08吨；秋粮种植面积13522亩，单产581.38千克，总产7861.44吨。土地挂钩复垦48.9亩、占补平衡复垦30亩、公共空间治理300亩。机械化作业率100%，秸秆离田还田7180亩，综合利用率34%，新建经济合作组织7个，创办家庭农场4家。7个村集体领种土地4000亩，年增加集体经营性收入30多万元，实现所有村年经营性收入超50万元。

【工业经济】 年内，建湖高新区新签约亿元以上项目33个，其中超50亿元项目2个，超10亿元项目7个；开工建设25个；竣工投产13个。总投资60亿元的益佳通12吉瓦时方形磷酸铁锂动力电池、总投资50亿元的欧达12吉瓦光伏电池、总投资30亿元的润达8吉瓦光伏电池、总投资20亿元的普渡商用服务机器人研发制造、总投资11亿元的高测二期10吉瓦光伏大硅片、总投资10亿元的大生半导体、总投资10亿元的深圳泰源年产2吉瓦时锂离子电池、总投资10亿元的冠业石墨烯涂层铝箔集流体、总投资10亿元的明讯年产3亿平方米电子功能膜材料等一批重点项目签约落户。列入县“两重一实”项目33个，其中被列为市重大项目3个，提供市“家家到”现场观摩点3个。清理闲置土地3.02万亩，低效无效厂房42.3万平方米，新建改造厂房39.75万平方米。年底，有国家高新技术企业81家，比上年增加7家，增长9.46%；国家科技型中小企业176家，比上年增加63家，增长55.75%。市“瞪羚”企业2家、市潜在“独角兽”入库企业1家，获批省科技副总12名，道尔道公司被评为全县首家省潜在“独角兽”企业、飞博尔公司被评为省高新区“瞪羚”企业。创新“孵化器+加速器+产业园”发展模式，新增入孵科技型企业16家，与南京工业大学、常州工学院等院校签订就业创业实习实践基地建设协议，建湖高新区被省科技厅推荐上报并建成国家级科技企业孵化器，悦湖之星加速器被评为市级加速器，建成加速器厂房5万平方米，投入使用。组织23家企业参加各级创新创业大赛，赛德光电、晖朗电子2家企业在省初创组复赛中获优秀奖。新增授权发明专利185件，比上年增长66.7%；新增发明专利申请230件，比上年增长25.7%。建湖高新区获评全市唯一的江苏省“2022年度科技统计工作成效突出单位”。

【社会民生】 年内，建湖高新区组织文化惠民活动45场次，受众1.56万人次。举办读书分享会、交流会、阅读课堂、读书心得等系列活动。向辖区各小区居民发放全民阅读宣传单，向广大居民发出“多读书、读好书、好读书”的阅读倡议，全民阅读、农家书屋以及广播电视网络进村入户覆盖率97%以上。发放低保金136.37万元。入户调查658名残疾人基本状况，发放残疾人补助金237.9万元。发放退役军人优待证532人，发放优抚金217.78万元。加大临时救助力度，完善农村医疗救助制度，农村因病致贫的特困家庭得到有效救助。年底，建湖高新区在综合文化服务中心建有“三室、一场、一路径”，各村（居）在新时代文明实践站建有“两室、一场、一路径”，建有社会足球场地1个。高新区社区卫生院门诊接诊2.7万人次，住院976人，建立1.98万份健康档案。发放宣传资料12种2.4万份，受益2.4万户次；刊出画廊12期；举办健康知识讲座36次，受益人数5200人。为2525名65岁以上老年人提供免费健康体检及中医药服务，并录入电子健康档案系统。为2029名高血压患者提供4次随访检查，为620名糖尿病患者进行规范的健康管理；对高新区辖区内29家企业进行职业病防治宣传，保护劳动者身心健康。实施民生实事项目9项。完善“大数据+网格化+铁脚板”治理机制，调整优化50个综合网格，化解信访积案10件。排查各类生产经营单位132家次，排查问题隐患1296条，逐条整改销号，整改率100%，其中立案查处2起，处罚2.8万元。排查出自建房隐患8处，均采取安全措施。督促9家危化品使用企业完善档案。按期完成市第二安全生产督导组反馈的悦阳、海特14条隐患，市委督查组交办的那美公司2条隐患整改销号。

【园区建设】 2020年9月至2022年1月，整合建阳、芦沟、颜单、沿河、恒济5个镇级园区，形成高端装备、新能源、电子信息三大主导产业为核心、各镇园区产业特色鲜明协调发展的“1+5”园区格局。建成国家级石油机械产品质量检验检测中心、省级节能电光源检验检测中心、国家区域级通用机场和Tier4标准的大数据中心，被认定为省高端装备制造业基地、省电子商务示范基地、省“两化”融合试验区、省级知识产权试点园区和省级创业型园区、市AAAA级园区。完成湖景人居东侧拆迁扫尾7户，建湖高级中学东侧及其项目遗留等5户，农房改善扫尾29户。配套水电道路绿化、垃圾污水处理、基本公共服务等基础设施。打造“智慧环保”园区平台，强化源头、生产全过程监管，新建大气监测微站29个、VOCs（挥发性有机物）自动监测站2台，实现辖区水、气监测全覆盖。推进幸福河湖建设，强化河道疏浚、黑臭河道整治及圩堤绿化管护，完成长兴河、长东河、陈巷河、唐桥三队河等黑臭水体整治，创成长兴河、南李府河2条幸福河湖，走马村河、南舍河2条生态河道，完成美食街河、严桥河、新轮窑河周边小区污水管网改造。

表51　　2022年建湖高新区各村社区基本情况

村（居）	书记主任	面积（平方千米）	人口（人）	集体收入（万元）	农村居民人均可支配收入（万元）
胜利村	宋　超	7.23	11089	95.06	3.11
李夏村	高　均	6.55	3302	138.07	3.05
走马村	徐才健	3.88	2129	120	2.12
七里村	李　兵	3.79	3835	120.33	2.89
乔庄村	周勇飞	2.81	1395	118.64	2.55
严桥村	仇彬彬	4.56	18071	152.81	2.65
长沟村	商兰池	3.33	6670	130.03	3.05
双湖社区	董　劼	—	13560	—	—

九龙口旅游度假区（九龙口镇）

【概况】　区域总面积75.51平方千米，2022年末户籍人口3.02万人，辖11个村（居）。九龙口镇是全国重点镇，全国综合实力千强镇、省生态文明建设示范镇、省文明乡镇，九龙口旅游度假区先后获批省级风景名胜区、省级旅游度假区、国家AAAA级旅游景区、国家湿地公园。2022年，完成地区生产总值31.08亿元，比上年增长4.7%。其中，第一产业增加值4.95亿元，比上年增长6.91%；第二产业增加值10.4亿元，比上年增长8.9%；第三产业增加值15.73亿元，比上年增长4.8%。一般公共预算收入6710万元，比上年下降16.4%；社会消费品零售总额7.21亿元，比上年增长3.7%；规模以上工业增加值比上年增长8.8%；规模以上工业开票销售9.04亿元，比上年增长72.39%；规模以上工业应税销售9.04亿元，比上年增长72.4%；规模以上入库税金1492.06万元，比上年增长64.9%；定报工业企业8家，企业增长面75%；固定资产投资比上年增长24.2%；农村居民人均可支配收入24955元，比上年增长6.4%。淮剧小镇投入经营店铺52个，其中私营21个。一期有粮仓艺术中心、冠服馆、品品丫、九龙九鲜、猫屎咖啡、鱼生有圆、T5茶、渔人码头、沙庄戏院、沙庄大食堂等业态21个。二期新增九龙驿、淮潮馆、新文创店、戏藕霸糖水铺、50岚、猫咖、雾造餐厅、1953主题餐厅、筑花园咖啡店、G大调、口红学院、沙庄茶楼、大闸蟹礼品店等业态31个。

10月21日，淮剧小镇喜鹊湾演出现场（孙华金　摄）

【农业生产】　年内，九龙口区镇粮食种植面积58222亩，单产487.81千克，总产28401.11吨。其中，夏粮种植面积25500亩，单产392.58千克，总产10010.84吨；秋粮种植面积32722亩，单产562.02千克，总产18390.27吨。探索农村经济发展新模式，夏季开展亥河、金徐、收成、太绪4个村集体领办新型农场试点工作，试点村种植面积475亩，秋季新增九龙口、五谷、梅苏、竹元4个集体领办村。新上七彩稻田、水生花卉等观光农业，九龙口（荷藕）被省农业农村厅评为优质绿色农产品基地。推进上海牧亚、苏州鸿海等农产品深加工项目招引落地，形成农旅项目、定制农业、生态水产、农产品深加工等项目融合发展。全镇界定入股家庭8886户，人数28514人，九龙口区镇11个村（居）成立11个股份经济合作社，完成换届改选，产生新一届董事会、监事会。所有村（居）集体经营性收入均在70万元以上，其中6个村（居）超100万元，占总收入的54.45%。全面提高农业保险覆盖率，小麦种植面积2.42万亩，实际保险面积2.14万亩，投保率88%。水稻种植面积2.47万亩，实际保险面积2.27万亩，投保率92%，所有村（居）的三大主粮保险覆盖率85%以上。夏季秸秆还田1.85万亩，秸秆离田6000亩。

【工业经济】 年内，九龙口区镇招引产业项目16个，总投资30.85亿元，其中签约项目7个，开工项目9个，竣工项目4个。嘉禾公司开票销售超6亿元，税收600多万元。飞耐公司连续多年实现经济正增长，新增佳信、云豆公司2家工业规模以上企业，鸿纬纺织开票销售增幅超30%以上。培育县一星级工业企业1家，新增科技型中小企业8家、高新技术企业1家。规模以上工业企业“智改数转”覆盖面40%，国创、德创2家企业申报三星级上云企业。新增技术改造投入1800万元，新产品产值占工业开票销售的15.8%，申报、获批授权发明专利分别为27件、6件。

【社会民生】 年内，九龙口区镇办理居民养老保险续缴9123人，办理到龄领取尊老金211人、丧葬费发放272人、退保65人。送戏下乡、送杂技下乡26场，开展全民阅读线下活动55场次，参与阅读活动18023人次。组织承办2022年盐城市“三下乡”集中服务、“礼赞丰收迎盛会”盐城建湖庆祝“中国农民丰收节”等市级活动，组织开展“喜迎二十大 阅读颂辉煌”“阅建美好书香筑梦”等27场主题读书活动，参加县红色广场舞比赛，“中国共产党成立100周年的光辉历程”“雷锋·永恒的精神丰碑”主题展览活动。组织干部群众1000余人线上观看第十届“盐渎风”全民读书节、第十二届农民读书节、书香建湖第八届读书节等直播。开发临时性岗位20个、长期性岗位4个，借助“云上招聘、线下引才”新增就业275人，“40”“50”就业困难人员申请认定32人，灵活就业人员社保补贴47人。强化防返贫监测，保持原有脱贫攻坚政策不变，支持力度不减，实行动态预警防范，防止返贫现象发生。完善镇村调解网络，排查各级各类矛盾纠纷，实行分级负责、归口管理。九龙口镇被评为市“七五”普法先进单位，收成村被评为全国民主法治示范村。安全生产执法检查企业45家，限期整改隐患507条，开展烟花爆竹专项检查4次，交办整改隐患12条。签订安全生产责任状50余份。执法检查工贸企业39家，立案2起，罚款金额1.98万元，交办限改问题隐患442条；检查烟花爆竹零售店7家，交办整改问题隐患9条；在建工程方面，交办整改问题隐患151条；景区重点对沙庄、荷花漫、芦荡客栈、温泉酒店等进行检查，交办整改问题隐患33条。开展安全生产“百日攻坚”行动，梳理排查、发现问题隐患297条，全部整改到位，立案1起。

表52　　2022年九龙口区镇各村居基本情况

村（居）	书记主任	面积（平方千米）	人口（人）	经济总收入（万元）	集体收入（万元）	农村居民人均可支配收入（元）
九龙口村	潘国美	5.30	3366	370.79	370.79	27109
合荡村	卞林华	12.76	3515	320.80	320.80	25423
亥河村	卞加春	3.70	2079	113.23	113.23	24195
收成村	夏正东	5.80	2856	282.46	282.46	25058
五谷村	伏阿顺	2.73	1654	72.44	72.44	24221
全徐村	张　伟	3.35	1786	92.88	92.88	24315
梅苏村	朱洪庆	6.65	2884	134.55	134.54	25625
太绪村	张学峰	2.33	1757	89.97	89.97	23891
竹元村	李咸彬	2.87	1752	85.54	85.55	24250
梁泽村	朱广波	2.80	2388	80.88	80.88	25024
蒋营居委会	丁达锦	4.20	6162	111.86	111.86	25394

表53　　2022年全县各镇街道区主要数据

镇（区、街道）	土地面积（平方千米）	年末户籍人口（万人）	行政村（居）（个）	地区生产总值（亿元）				一般公共预算收入（亿元）	粮食总产量（万吨）	农村居民人均可支配收入（元）
				合计	第一产业	第二产业	第三产业			
近湖街道	56.64	16.70	26	186.80	3.47	69.96	113.37	4.84	2.15	30469
上冈镇	236.86	13.99	45	89.97	13.04	27.77	49.16	1.82	19.27	24221
建阳镇	96.24	5.04	22	52.65	4.63	26.59	21.43	1.64	5.27	26193
颜单镇	55.90	2.43	8	27.88	3.20	13.61	11.07	0.76	2.04	24131
恒济镇	73.40	3.06	12	31.11	4.18	12.97	13.96	0.75	3.30	24595
庆丰镇	93.16	5.48	21	48.32	4.11	22.88	21.33	1.30	7.25	26383
九龙口镇（区）	75.51	3.02	11	31.08	4.95	10.40	15.73	0.67	2.84	24955
高作镇	69.55	3.43	16	24.55	3.32	8.52	12.71	1.01	5.08	24658
芦沟镇	73.80	3.91	16	26.29	5.15	7.91	13.23	0.96	4.29	24208
沿河镇	84.02	3.50	15	25.03	4.02	7.94	13.07	1.05	3.09	23870
冈西镇	68.11	3.13	15	19.18	3.73	6.06	9.39	0.54	5.41	22592
宝塔镇	50.77	2.51	12	12.73	2.84	3.96	5.93	0.49	4.10	21004
开发区（钟庄街道）	92.96	5.47	21	78.17	3.45	55.60	19.12	4.45	5.95	30145
高新区（塘河街道）	30.16	2.38	8	56.64	0.74	28.79	27.11	2.79	1.20	27960
其他	—								0.22	—

新任县领导简介

【胡　铭】男，汉族，江苏盐城人，1968年7月出生，南京航空学院本科学历，1991年8月参加工作，2002年10月加入中国共产党。1987年9月在南京航空学院电子工程专业学习；1991年8月任盐城市新技术推广站办事员；1995年6月任盐城市计划经济委员会科员；2000年3月任盐城质量技术监督局质量管理科科员；2001年4月任盐城质量技术监督局质量管理科副科长；2002年12月任盐城质量技术监督局质量管理与认证处副处长（主持工作）；2003年4月任盐城质量技术监督局质量管理与认证处副处长（主任科员）；2005年6月任盐城质量技术监督局质量管理与认证处处长；2007年6月任盐城市建湖质量技术监督局局长、党组书记；2011年4月任江苏省盐城质量技术监督局纪检组组长、党组成员；2015年4月任盐城市质量技术监督局纪检组组长、党组成员；2017年8月任盐城市纪委第七派驻纪检组组长、市农委党委委员；2019年12月任建湖县委常委、纪委书记，县监察委员会主任；2020年6月任建湖县委常委、纪委书记，县监察委员会主任、三级调研员；2021年6月任建湖县委常委、纪委书记，县监察委员会主任、二级调研员；2022年1月任建湖县政协主席、党组书记。

【马圣群】男，汉族，江苏东台人，1973年12月出生，省委党校研究生学历，1993年8月参加工作，1998年11月加入中国共产党。1989年9月在盐城市会计学校基建财务与信用专业学习；1993年8月任东台市唐洋镇财政所会计；1999年4月任东台市唐洋镇政府三产干事，其间1999年12月在南京大学法律专业自考大专毕业；2001年11月任东台市唐洋镇司法干事；2002年5月任东台市唐洋镇司法干事、综治干事；2002年9月任东台市唐洋镇财经干事（财政所长），其间，2002年9月至2004年12月在省委党校法律专业函授本科学习；2005年1月任东台市唐洋镇副镇长；2007年11月任东台市唐洋镇党委副书记；2010年4月任东台沿海经济区管委会招商局局长；2011年12月任东台沿海经济区管委会副主任（副科职）、招商一局局长；2012年7月任东台市唐洋镇党委副书记、镇长，其间，2011年9月至2014年12月在省委党校行政管理专业在职研究生学习；2015年10月任东台市唐洋镇党委书记、镇长；2016年10月任东台市唐洋镇党委书记；2018年3月任东台市梁垛镇党委书记；2021年4月任东台市梁垛镇党委书记、一级主任科员；2022年1月任建湖县政府副县长；2022年11月任建湖县委常委、县政府副县长。

【谢超云】男，汉族，江苏建湖人，1971年10月出生，省委党校研究生学历，1991年9月参加工作，1994年11月加入中国共产党。1987年9月在常州轻工业学校档案专业学习；1991年9月任建湖县蒋营镇团委书记、工业干事，其间，1994年9月至1996年8月在中央党校函授学院经济管理专业在职大专学习；1996年9月在中央党校函授学院经济管理专业在职本科学习；1999年1月任建湖县计经委生产科干事、办公室副主任；2001年8月任建湖县经贸委办公室主任；2004年2月任建湖县宝塔镇组织委员；2005年4月任建湖县宝塔镇副镇长；2006年3月任建湖县近湖镇组织委员；2007年11月任建湖县钟庄镇党委副书记；2009年2月任建湖县建阳镇党委副书记，其间，2009

年9月至2012年6月在省委党校党政管理专业在职研究生学习；2010年8月任建湖县建阳镇党委副书记、镇长；2014年2月任建湖县建阳镇党委书记、人大主席兼建阳石油装备产业园党工委书记、管委会主任；2015年4月任建湖县建阳镇党委书记兼建阳石油装备产业园党工委书记、管委会主任；2019年2月任建湖县建阳镇党委书记；2019年9月任建湖九龙口旅游度假区管理办公室主任、建阳镇党委书记；2019年11月任建湖九龙口旅游度假区管理办公室主任；2020年5月任建湖九龙口旅游度假区管理办公室主任、党工委书记；2022年11月任建湖县政府副县长提名人选、九龙口旅游度假区党工委书记；2022年12月任建湖县政府副县长。

【夏正军】 男，汉族，江苏建湖人，1967年12月出生，淮海工学院本科学历，1992年8月参加工作，1997年11月加入中国共产党。1988年9月在淮海工学院汉语言文学专业学习；1992年9月任县广播电视局干事、副主任；1999年3月任县委组织部党员电教中心办事员、副主任；2003年5月任县委组织部党员电教中心主任；2006年3月任县党员干部远程教育办主任、县委组织部党员电教中心主任；2008年8月任县党员干部远程教育办主任、县委组织部办公室主任；2009年7月任县委组织部副部长；2013年10月任县委组织部副部长、县人才办主任；2019年2月任县委组织部常务副部长；2020年11月任县委组织部常务副部长、一级主任科员；2021年3月任县委组织部常务副部长、四级调研员；2022年1月任建湖县政协副主席、县委组织部常务副部长。

【潘　清】 女，汉族，江苏建湖人，1982年12月出生，南京林业大学研究生学历，2005年12月参加工作。2001年9月在河海大学经济学专业学习；2005年12月在县行政服务中心办事员；2008年10月至2009年10月任近湖镇镇长助理（挂）；2009年10月任近湖镇工会主席；2013年5月任县发改委副主任科员、招商引资办公室副主任；2017年8月任县发改委主任科员、招商引资办公室副主任，其间，2013年3月至2018年1月在南京林业大学农业推广专业学习；2019年2月任县科技局副局长、主任科员、总工会副主席（挂）；2019年6月任县科技局副局长、二级主任科员、总工会副主席（挂）；2020年8月任九龙口旅游度假区管理办公室副主任；2022年1月任建湖县政协副主席、九龙口旅游度假区管理办公室副主任。

退役军人事迹

【符广海】 男，江苏建湖人，1972年9月出生，1992年12月入伍，2020年8月获二等功，2022年12月退役，中共党员。曾任某舰主机技师兼班长，海军一级军士长。多次随舰船出海保障，参加实弹发射、执行演习和顺访等重大任务30余次。排除重大险情近50次、大小故障700余项。入伍30年多次被评为优秀士兵、优秀党员、“十佳”天涯哨兵，立二等功1次、三等功5次，多次获嘉奖，1次获全军优秀人才一等奖。中央电视台、《光明日报》《解放军报》《人民海军报》《部队管理》等多家媒体宣传报道符广海先进事迹。曾随舰赴亚丁湾、索马里海域参加7次护航任务。

市级劳动模范选介

【吴银祥】 男，1978年6月出生，江苏强东物流有限公司快递员。“小件送货上楼、代扔垃圾下楼”是他的服务特色，连续数年实现“零错件”“零投诉”，片区客户持续增长。传帮带教出30余名行业骨干，点站业务量在同体量同行中名列前茅，客户满意度和好评率位居前列。工作中，他经常为独居老人顺带打扫卫生、整理内务，向留守儿童捐赠礼品、定向资助也是他习以为常的暖心之举。先后获得“江苏省十佳最美快递员”“盐城市最美快递员”等称号。当选2022年盐城市劳动模范。

【刘　波】 女，1974年7月出生，中共党员，江苏悦阳光伏科技有限公司总经理。2019年，她服从集团总部安排，到建湖负责江苏悦阳光伏科技有限公司项目建设。带领骨干团队仅用4个多月时间，第一条组件生产线就投入生产，创造当年洽谈、当年签约、当年开工、当年投产、当年达效“五个当年”的“建湖速度”。2021年7月，悦阳二期扩产，10月二期4条生产线全部达产。2021年，公司提前完成当年生产目标，年营业收入32.43亿元，净利润1.5亿元，入库税金2756万元。她先后荣获“盐城市优秀共产党员”“盐城市十大经济女性领军人物”等称号。当选2022年盐城市劳动模范。

【许红兰】 女，1976年8月出生，建湖县环境卫生管理处环卫工人。太平路是她的作业路段，该路段紧靠居住小区，人员密集，垃圾量大，保洁任务相对繁重，她恪尽职守，风雨无阻。除保洁本职工作外，每月主动清理没人打扫的地埋式中转站和垂直式垃圾压缩中转站坑底淤积的垃圾。舍小家顾大家，在创建卫生县城和文明城市期间，她不论是否值班时间，分内分外之事，总是随时应对各类突击性保洁任务。作为一名普通环卫工人，用自己的实际行动践行了“宁可一人脏累，换来万家洁净”的誓言。当选2022年盐城市劳动模范。

【徐维兵】 男，1963年7月出生，中共党员，冈西镇徐王村党总支书记、村委会主任。25年党龄的他坚持始终为群众办事，带群众致富，促乡村振兴的初心。他以农房改善作为推进乡村振兴战略的突破口，全力打造具有乡村特色的美丽村庄。以土地股份合作社为平台，迈出富民强村的新路子，村集体经济从2010年负债20万元到2022年底存款390万元，土地股份专业合作社被市政府评为四星级示范社。他带领的村集体先后获得“江苏省和谐社区建设示范村”“江苏省乡村振兴先进集体”“盐城市民主法治村”等称号。当选2022年盐城市劳动模范。

【徐扬键】 男，1996年10月出生，中共党员，江苏正清米业有限公司总经理。大学毕业回乡创业的他以优质的“南粳46”“5055”“9108”稻米为主打，与南京、苏州、常州、无锡、上海多家超市、米店长期合作，并与盱眙甘泉粮油有限公司和射阳几家大型米业有限公司强强联合。2019年向武汉疫区捐赠5万斤建湖大米，并先后向参与抗击疫情的交警、向乡镇敬老院捐赠大米，让中国驰名商标“建湖大米”这块金字招牌更亮。种出最好吃的大米，带领越来越多的乡亲致富奔小康，是他永远的追求。当选2022年盐城市劳动模范。

【嵇绍兵】 男，1974年12月出生，中共党员，建湖县人民检察院第一检察部主任。他公诉席上唇枪舌剑惩治罪犯，开庭后苦口婆心挽救失足少年，一片真情资助贫困儿童。他把青春献给正义，用爱心诠释柔情。他负责的“检察官训诫”项目得到最高人民检察院的肯定，并在全市检察机关推广。多年来，他资助贫困家庭儿童10余名，帮助23名困难家庭儿童与相关企业或个人结对帮扶。先后获“盐城市最美检察干警”“江苏好人”“全国最美家庭”等称号。当选2022年盐城市劳动模范。

【肖其盛】 男，1971年5月出生，中共党员，建湖县高级技工学校副校长。工作33年，他一直从事一线专业技能教学和服务企业工作，工作中尽职尽责，技术上精益求精，长期担任省技师、高级技师考评员及技能大赛裁判员，多年来指导选手在省、市、县各级专业技能竞赛中获奖，发表专业论文10多篇，结题国家级、省级3个，拥有4项国家专利。先后获“江苏省企业首席技师”“江苏工匠”等称号。当选2022年盐城市劳动模范。

【王爱贵】 男，1982年5月出生，中共党员，江苏省建湖高新技术产业开发区投资促进局局长。投身招商一线以来，他认真学习财政金融、招商选资、产业经济等方面专业知识。他勤思考、善研究，从政策法规到产业定位，从县情到企业，从洽谈签约到项目落地，各个环节了然于胸。2021年，他带领区招商组在外驻点招商236天，拜访重点企业、商（协）会125家，推动8家投资亿元以上项目签约。帮助企业减税降费近5000万元，协调银行资金1.5亿元，新增用工1200人，办结不动产权证9张，新增规模以上企业9家，占比列全市各工业园区第一位。先后获“建湖县十佳招商之星”“盐城市综合先进个人”等称号。当选2022年盐城市劳动模范。

【张长红】 女，1971年6月出生，中共党员，建湖县疾病预防控制中心质管科副科长、主任技师。初心如磐的战疫“先锋”、科学工作的防疫“良医”、主动服务的抗疫“雷锋”……这是大家对她的评价。她是全县在隔离点工作时间最长的医务人员，从日常防护要点、穿脱防护服、健康监测、核酸采样、消毒液配比到三餐配送、医疗垃圾处理，各个工作环节一丝不苟地按照标准流程进行；她不分昼夜地奔波在疫情防控一线，统筹精准防控和应急处置。先后获“盐城市综合先进个人”“建湖县最美巾帼人物”等称号。当选2022年盐城市劳动模范。

【周宗刚】 男，1967年4月出生，江苏铭星供水设备有限公司科技经理。他是一名技术创新的践行者，持有授权实用新型专利2件，撰写的论文3篇获国家级奖，推进3个省级研发平台建设。善于创新现代企业管理模式，通过“6S”管理“QC”质量，优质高效地完成各项任务，为推动企业发展勇毅奋进。获“江苏省消防协会先进科技工作者”、盐城市“五一劳动奖章”等称号和盐城市职工十大科技创新成果奖。当选2022年盐城市劳动模范。

江苏好人

【杨　峰】　男，1976年9月出生，中共党员，1994年10月参加工作，2001年6月加入中国共产党，生前系建湖县市场监督管理局城南分局原局长。2022年2月23日上午，杨峰因连日劳累，在工作岗位上突发疾病经抢救无效不幸去世，年仅46岁。杨峰是基层党员干部的先进典型，是党员发挥先锋模范作用的优秀代表。他常年奋战在市场监管一线，调查处理消费纠纷，打击假冒伪劣产品，为净化市场秩序作出积极贡献，受到基层党员群众的好评，先后多次获得全县目标任务绩效考核综合先进个人、全县优秀党务工作者等称号。在疫情防控工作中，他克服分局人手少、任务重的困难，闻令而动、冲锋在前，不折不扣落实好市监系统疫情防控要求，帮助辖区做好沿街商铺、公共场所等疫情防控工作。4月13日，县委作出决定，追授县市场监督管理局城南分局局长杨峰“建湖县优秀共产党员”称号，在全县广泛开展向杨峰学习活动。学习他信念坚定、对党忠诚的政治品质；学习他心系群众、勤政为民的公仆情怀；学习他坚守岗位、以身作则的务实作风；学习他无私奉献、忘我工作的敬业精神；学习他清正廉洁、刚正不阿的高尚情操；学习他平常时候看得出、关键时刻站得出、危难关头豁得出的责任担当。4月15—21日，《建湖日报》分7期报道他的先进事迹。此后，他的事迹被市主要领导专门批示，在全市开展宣传学习。杨峰被评为“江苏好人”“盐城好人”“建湖好人”。

【李玉良】　男，1954年8月出生，建湖县高作镇涔庄村人。2022年1月30日，李玉良在无锡市金科米兰花园地下车库进行日常保洁时，发现一个白色塑料袋，里面装满了现金（后经清点共100万元），随即联系物业主管一同报警寻找失主。在警察的帮助下，他们将现金悉数归还失主。据了解，该失主从事建筑行业，这100万元现金是准备过年给工人们发的工资。面对百万现金却不动心，诚信归还不求回报，这位普通保洁师傅想人之所想，急人之所急，默默地在平凡的岗位上绽放光辉。当选2022年3月诚实守信类“江苏好人”、2022年第一季度“盐城好人”、2022年第69期“建湖好人”。

【顾建志】　男，1990年9月出生，建湖县颜单镇任杨村人，盐城市腾龙交通工程有限公司工作人员。2022年3月29日下午，苏州金庭镇阴山岛附近的太湖边，一辆黑色轿车突然失控冲入湖中，女驾驶员和5个月大的女婴被困车中。危急时刻，正驾驶清淤船在附近湖面作业的姚万顺与顾建志立即前往救援，操控挖掘机将汽车托出水面，但风力太大，车辆出水后再次滑落。顾建志抓紧用铲斗控制车身，延缓下沉，姚万顺急中生智，用铁锤敲破轿车后挡风玻璃。看到女驾驶员托举着婴儿浮出水面，两人迅速配合，一个站在挖掘机上，一个下到水里，成功救出车内母女并送到岸边，等待的民警随即送医救治，母女俩安然无恙。当选2022年5月见义勇为类“江苏好人”、2022年第二季度“盐城好人”、2022年第69期“建湖好人”。

全国最美家庭

【孙强家庭】　孙强家庭，夫妻同心，励志创业，携手打拼出属于自己的一片天地。他们扶危济困、乐善好施，时刻关心员工冷暖，成为大家眼中的“娘家人”。孙强每年拿出个人收益的10%投身公益，牵头成立建湖县阳光义工之家，带领团队开展近千场次公益活动，个人捐款捐物120余万元，打造的“助残驿站·让爱无碍”公益项目获评江苏省志交会铜奖，入选省社区社会组织优秀项目案例。个人被授予“江苏好人”“盐城好人”“感动建湖十大人物”称号；家庭获“盐城市文明家庭”“江苏省最美家庭”称号。敦厚家风浸润童心，品学兼优的子女，各自展现出学生的时代风采，多次摘得各类国家级大赛桂冠，分别获“江苏省优秀少先队员”“江苏省好少年”称号。

市级以上先进集体

表54　2022年度国家级和国家条线表彰的先进集体

获奖单位	荣誉称号	授奖单位	授奖时间
建湖县	全国综合实力百强县（第76位）	工信部	2022.12
建湖县	全国绿色发展百强县（第94位）	国信中小城市指数研究院	2022.11
建湖县	全国科技创新百强县（第47位）	工信部	2022.12
建湖县	全国县域经济和社会综合发展百强县（第86位）	中郡研究所	2022.12
建湖县	长三角百强县（第39位）	工信部	2022.07
建湖县	国家级制种大县（水稻）	农业农村部	2022.02
《带枪的文艺战士》	第十六届全国党员教育电视观摩交流活动一等奖	中组部	2022.04
《与时代同步与人民同行》	第十六届全国党员教育电视观摩交流活动三等奖	中组部	2022.04
建湖县以土地综合整治推动乡村“三生”融合发展	入选中国改革2022年度地方全面深化改革典型案例	国家发改委	2022.12
建湖县人民检察院	全国涉水领域检察公益诉讼十大典型案例	最高人民检察院、水利部	2022.06
建湖县人民检察院	全国羁押听证典型案例	最高人民检察院	2022.06
建湖县人民检察院	全国依法惩治盗采矿产资源犯罪典型案例	最高人民检察院	2022.10
建湖县交巡警大队第二警务服务站	“最美工会户外劳动者服务站点”	全国总工会	2022.12
江苏那美实业有限公司自动单层封口班组	“全国工人先锋号”	全国总工会	2022.04
建湖县总工会	2021年度工会财务会计工作先进单位	全国总工会	2022.07
建湖县工商联	调查点工作先进基层单位	全国工商联	2022.12

表55　2022年度省级和省条线表彰的先进集体

获奖单位	荣誉称号	授予单位	授奖时间
建湖县	全省推进乡村振兴战略实绩考核进位第一等次	省委农村工作领导小组	2022.01
建湖县	全省唯一耕整作业装备创新中心	省农业农村厅	2022.09
建湖县	财政重点工作绩效考核先进县	省财政厅	2023.01
建湖县	农田水利工程管护优秀等次	省水利厅、省财政厅	2022.10
建湖县	财政监督工作表现突出县	省财政厅	2022.01
建湖县	融资平台公司整合撤并及市场化转型试点县 债务率压降幅度大的县市	省债务办	2022.09
建湖县	自然资源节约集约利用模范县	省自然资源厅	2022.07
建湖县	省级生态文明建设示范县	省生态环境厅	2022.12

续表55

获奖单位	荣誉称号	授予单位	授奖时间
建湖县	全省基层党员冬训工作示范县	省委宣传部、省委组织部	2023.01
建湖县	全省农业“两刊”宣传工作成效显著单位	省农业农村厅	2022.12
建湖县	推进经济开发区转型升级创新发展成效明显地区；促进制造业转型升级成效明显地区；深化医药卫生体制改革、城市和县级公立医院综合改革成效明显地区；推进质量工作成效明显地区；贯彻实施《政府督查工作条例》推动经济社会发展成效明显地区	省政府办公厅	2022.05
建湖县	2021年度市县学生资助绩效评价优秀单位	省教育厅、省财政厅	2022.12
建湖县	全省信访工作先进县	省信访局	2022.12
建湖县委编办	全省推进基层整合审批服务执法力量工作典型案例	省委编办	2022.01
建湖县委老干部局	全省老干部工作先进集体	省委组织部、省人社厅、省委老干部局	2022.12
建湖县档案馆	档案宣传工作三等奖	省档案馆	2022.08
建湖县总工会	“智慧女性　匠心悦读”康乃馨诵读分享活动获省总通报表彰	省总工会	2022.12
建湖县总工会	“百万欠薪影响大　多元解纷促发展”被评为全省工会信访处理十大典型案例	省总工会	2022.12
建湖县总工会	获全省2021年度县以上工会财务会计工作竞赛评比一等奖	省总工会	2022.05
建湖县工商联	2021年度全省民营企业调查点工作先进单位	省工商联	2022.01
建湖县工商联	2022年度推荐为全国工商联调查点工作先进单位	省工商联	2022.12
建湖县工商联	2022年全省工商联系统优秀调研成果二等奖	省工商联	2022.12
建湖县妇联	妇女儿童工作先进集体	省人民政府妇女儿童工作委员会	2022.06
建湖县残联	残疾人事业专项资金绩效评价全省第一	省残联、省财政厅	2022.10
建湖县教育局	县（市、区）最佳组织奖	省广场健身舞运动协会	2022.09
建湖县教育局	“江苏省中小学幼儿园优秀教育管理论文”优秀组织奖	省教师培训中心、省教育行政干部培训中心	2022.12
建湖县教育局	江苏省社会教育宣传报道2021年度先进集体	省社会教育服务指导中心	2022.11

续表55

获奖单位	荣誉称号	授予单位	授奖时间
建湖县体育局	体育彩票销售工作成绩突出奖	省体育局	2022.01
建湖县进修幼儿园	“党的光辉照我心，童心喜迎二十大”主题征稿“优秀组织奖”	省关工委	2022.07
建湖县实验幼儿园	江苏省教科研工作先进集体	省教育厅	2022.06
建湖县实验幼儿园	“党的光辉照我心，童心喜迎二十大”主题征稿“优秀组织奖”	省关工委	2022.07
建湖县上冈镇中心幼儿园	儿童青少年近视防控示范幼儿园	省教育厅办公室	2022.09
建湖县湖阳路小学	江苏省文明校园	省精神文明建设指导委员会	2022.01
建湖县向阳路小学	江苏省文明校园	省精神文明建设指导委员会	2022.01
建湖县湖中北路小学	2022年江苏省“红领巾奖章”四星章大队	江苏少工委办公室	2022.07
建湖县向阳路小学	2021年“江苏省优秀少先队集体”	团省委、省教育厅、省少工委	2022.01
建湖县湖阳路小学	“党的光辉照我心，童心喜迎二十大”主题征稿“优秀组织奖”	省关工委	2022.07
建湖县上冈镇中心小学教育集团	江苏省智慧校园	省教育厅、省工信厅	2022.01
建湖县西塘河小学	江苏省智慧校园	省教育厅、省工信厅	2022.01
建湖县钟庄小学	江苏省智慧校园	省教育厅、省工信厅	2022.01
建湖县明星路小学	江苏省融合教育示范学校	省教育厅	2022.06
建湖县西塘河小学	江苏省教科研工作先进集体	省教育厅	2022.06
建湖县湖阳路小学	第四批“双减”工作典型案例	省教育厅办公室	2022.12
建湖县明星路小学	江苏省优秀家长学校	省教育系统关工委	2022.10
建湖县湖阳路小学五（12）中队	2022年江苏省“红领巾奖章”四星章中队	少工委办公室	2022.07
建湖县西塘河小学三（12）中队	2022年江苏省“红领巾奖章”四星章中队	少工委办公室	2022.07
建湖县上冈实验初级中学	江苏省优秀家长学校	省教育系统关工委	2022.10
江苏省建湖高级中学	江苏省文明校园	省精神文明建设指导委员会	2022.01
建湖县第二中学	江苏省教科研工作先进集体	省教育厅	2022.06
建湖县教育局家长学校总校	江苏省先进县（市、区）家长学校总校	省教育系统关工委	2022.10
建湖县上冈镇社区教育中心	江苏省社会教育宣传报道2021年度先进集体	省社会教育服务指导中心	2022.11
建湖县宝塔镇社区教育中心	江苏省社会教育宣传报道2021年度先进集体提名	省社会教育服务指导中心	2022.11
建湖县宝塔镇社区教育中心	2022年“学习苑”主题风采案例获奖	省社会教育服务指导中心	2022.10

续表55

获奖单位	荣誉称号	授予单位	授奖时间
建湖县宝塔镇社区教育中心	2022年度省级游学项目	省社会教育服务指导中心	2022.11
建湖县恒济镇社区教育中心	2022年度省级游学项目	省社会教育服务指导中心	2022.11
建湖县沿河镇社区教育中心	2022年度省级游学项目	省社会教育服务指导中心	2022.11
建湖县九龙口镇社区教育中心	2022年度省级游学项目	省社会教育服务指导中心	2022.11
建湖县体育彩票管理中心	2021年度体育彩票销售工作成绩突出单位	省体育局	2022.01
建湖县人民法院	全省法院宣传先进集体	法治报社	2022.10
建湖县人民法院政治部	全省法院“银耀天平”法律志愿服务组织工作先进集体	省高级人民法院	2022.06
建湖县人民检察院团支部	江苏省五四红旗团支部（团总支）	团省委	2022.04
建湖县人民检察院	全省检察机关扫黑除恶专项斗争先进集体	省检察院	2022.01
建湖县公安局	江苏公安“六六战略”先进实践示范点	省公安厅	2022.02
建湖县网安大队	全省公安机关中共二十大安保维稳成绩突出集体	省公安厅	2022.12
建湖县公安局沿河派出所	全省优秀公安基层单位	省人社厅、省公安厅	2022.07
建湖县公安局沿河派出所	全省公安信访突出问题攻坚化解专项工作成绩突出集体	省公安厅	2020.05
建湖县公安局沿河派出所	全省学习“枫桥经验”优秀派出所	省公安厅	2022.12
建湖县公安局开发区派出所	首批全省公安基层所队示范“训练角”	省公安厅	2022.05
建湖县司法局芦沟法律服务所	全省公共法律服务工作成绩突出集体	省司法厅	2022.01
建湖县交通运输局深化货车司机群体党建试点工作专班	全省深化货车司机群体党建试点工作先进集体	省交通运输行业党委	2023.01
盐城市港航事业发展建湖中心、县人民检察院、县审计局、建湖税务局、建湖气象局、县财政局、人民银行建湖支行、建湖税务局第一分局、住房公积金建湖管理部、上冈交巡警中队、县市场监管局、县行政审批局、县自然资源和规划局、县公路事业发展中心、建湖移动公司、建湖农商银行、建湖电信公司、建湖邮政公司、建湖新华书店、建湖农行、建湖供电公司、建湖阳光义工之家	江苏省文明单位	省精神文明建设指导委员会	2022.01

续表55

获奖单位	荣誉称号	授予单位	授奖时间
建湖县建恒线	2022年度江苏“美丽农村路”样板路	省交通运输厅公路事业发展中心	2022.12
建湖县旅游公路8号线	2022年度江苏“平安放心路”样板路	省交通运输厅公路事业发展中心	2022.12
建湖县文旅局、县民政局	中共建阳县委县政府成立地旧址、大唐村入选省第二批红色地名	省文旅厅、省民政厅	2022.06
建湖县水利局	省水利“安全生产月”主题活动单位组织奖	省水利厅	2022.09
建湖县农业农村局	基层农技推广体系改革与建设补助项目成效显著的单位	省农业农村厅	2022.02
建湖县农业农村局	夏油生产贡献突出单位	省农业农村厅	2022.08
近湖现代农业产业园	第一批江苏省农业生产全程机械化智能化典型基地	省农业农村厅	2022.05
建湖县农产品加工集中区	第二批农产品加工集中区示范典型案例	省农业农村厅	2022.11
建湖县淮剧团	《芦荻知秋》获江苏省艺术基金2022年度资助项目	艺术基金管理中心	2022.05
建湖县淮剧团	《单身县长》获列2022年度重大题材文艺创作重点跟踪（资助）项目	省委宣传部	2022.05
建湖县淮剧团	《谷家大事》入选江苏省新时代现实题材舞台艺术作品巡演	省委宣传部、省文旅厅	2022.06
建湖县淮剧团	《谷家大事》获省第十二届精神文明建设“五个一工程”	省委宣传部	2022.12
建湖县文化馆、县淮剧团	《暖爸孝女》获第十五届江苏省五星工程奖	省文旅厅	2022.08
建湖县淮剧团	《浪淘沙》获2021年度江苏文艺成果奖	省委宣传部	2022.06
建湖县图书馆	2022年度省“最美公共文化空间”	省文旅厅	2022.03
建湖国华艺术团、文广艺术团	2022年度省“优秀群众文化团队”	省文旅厅	2022.03
建湖县博物馆	雪枫刀入选省第二批革命文物名录	省文旅厅	2022.07
江苏省杂技团、县淮剧团	省一级院团	省文旅厅	2023.01
中共建阳县委县政府成立地旧址	入选省第二批红色地名	省文旅厅、省民政厅	2022.06
建湖县上冈镇大唐村	入选省第二批红色地名	省文旅厅、省民政厅	2022.06
建湖县博物馆	雪枫刀入选省第二批革命文物名录	省文旅厅	2022.07

续表55

获奖单位	荣誉称号	授予单位	授奖时间
建湖县淮剧团	《谷家大事》获江苏省第十二届精神文明建设“五个一工程”奖	省委宣传部	2022.12
建湖县卫健委	深化医药卫生体制改革、城市和县级公立医院综合改革成效明显	省政府办公厅	2022.06
建湖县卫健委	2021年全省老龄健康工作优秀案例	省卫生健康委	2022.01
建湖县上冈镇社区卫生服务中心	江苏省教育成果奖（职业教育类）	省教育厅	2022.03
建湖县市场监管局	全省食品安全工作先进集体	省食品安全委员会	2022.04
建湖县信访局	全省人民建议征集工作先进单位	省信访局	2022.06
建湖县医保局	“15分钟医保服务圈”省级示范点	省医保局	2022.04
建湖县供电公司	安全生产先进集体	国网江苏省电力公司	2022.12
建湖县供电公司	“安康杯”竞赛优胜单位	省总工会、省应急管理厅	2022.03

表56 2022年度盐城市级表彰的先进集体

获奖单位	荣誉称号	授奖单位	授奖时间
建湖县人民法院	全市扫黑除恶专项斗争先进集体	市委、市政府	2022.02
建湖县人民检察院	全市扫黑除恶专项斗争先进集体	市委、市政府	2022.02
建湖县人民检察院第一检察部	全市扫黑除恶专项斗争先进集体	市委、市政府	2022.02
建湖县公安局、刑警大队四中队	全市扫黑除恶专项斗争先进集体	市委、市政府	2022.01
建湖县财政局	盐城市乡村振兴先进集体	市委、市政府	2022.05
建湖县教育局关工委	盐城市关心下一代工作优秀集体	市委、市政府	2022.09
建湖县公安局关工委	盐城市关心下一代工作优秀集体	市委、市政府	2022.09
建湖县农业农村局关工委	盐城市关心下一代工作优秀集体	市委、市政府	2022.09
建湖县上冈镇关工委	盐城市关心下一代工作优秀集体	市委、市政府	2022.09
建湖县颜单镇关工委	盐城市关心下一代工作优秀集体	市委、市政府	2022.09
建湖县庆丰镇关工委	盐城市关心下一代工作优秀集体	市委、市政府	2022.09
建湖县九龙口镇收成村关工委	盐城市关心下一代工作优秀集体	市委、市政府	2022.09
建湖县宝塔镇关工委	盐城市关心下一代工作优秀集体	市委、市政府	2022.09
盐城市崇达石化机械有限公司	盐城市市长质量奖提名奖	市人民政府	2022.09
建湖县淮剧团	《谷家大事》获2020年度盐城市政府文艺奖	市人民政府	2022.01

市级以上先进个人

表57　　2022年度国家级和国家条线表彰的先进个人

姓名	工作单位	荣誉称号	授奖单位	授奖时间
曹流	建湖县公安局	全国公安机关爱民模范	公安部	2022.07
邱海萍	建湖县工商联	江苏省“构筑民营经济舆论阵地”先进个人	中华工商时报报社、《中国工商》杂志社	2022.12
许富峰	中国电信集团建湖分公司	优秀共产党员	中国电信集团	2022.06
张　蕾	中国电信集团建湖分公司	青年上云先锋	中国电信集团	2022.05

表58　　2022年度省级和省条线表彰的先进个人

姓名	工作单位	荣誉称号	授奖单位	授奖时间
陆慧娟	建湖县人民法院	全省法院政治工作先进个人	省高级人民法院	2022.09
吕俊霞	建湖县人民法院	全省法院行政审判工作先进个人	省高级人民法院	2022.05
冯振亚	建湖县人民法院	全省法院宣传优秀通讯员	江苏法治报社	2022.10
李　月	建湖县人民法院	全省法院宣传优秀通讯员	江苏法治报社	2022.10
陈　勤	建湖县公安局	全省优秀人民警察	省人社厅、省公安厅	2022.07
孙　阳	建湖县公安局	个人二等功一次	省公安厅	2022.05
谢继兵	建湖县公安局	个人二等功一次	省公安厅	2022.07
李宗杰	建湖县公安局	个人二等功一次	省公安厅	2022.12
沈中顺	建湖县交通运输局	全省交通运输行业优秀共产党员	省交通运输行业党委	2022.06
顾成琦	建湖县交通运输局	江苏省交通技术能手	省交通运输厅	2022.04
李大文	建湖县交通运输局	江苏省交通技术能手	省交通运输厅	2022.04
沈　建	建湖县交通运输局	优秀奖	省交通运输厅机关纪委	2022.05
周德良	建湖县审计局	全省审计机关“五个强审”先进个人	省审计厅	2022.06
王永华	建湖生态环境局	2022年全省生态环境系统污染防治攻坚专项行动标兵	省生态环境厅	2022.12
姜春蓉	建湖县近湖街道	江苏省文化科技“三下乡”活动服务标兵	省委宣传部	2022.03
孙迎春	建湖县供电公司	安全隐患排查标兵	省电力公司	2022.12
周士彪	建湖县供电公司	安全隐患排查标兵	省电力公司	2022.12

表59　　2022年度盐城市级表彰的先进个人

姓名	工作单位	荣誉称号	授奖单位	授奖时间
朱亮亮	建湖县委统战部	盐城市国家生态文明建设示范区创建工作先进个人	市委、市政府	2023.02
苗　东	建湖县人民法院	全市扫黑除恶专项斗争先进个人	市委、市政府	2022.02
冯兆江	建湖县人民检察院	全市扫黑除恶专项斗争先进个人	市委、市政府	2022.02
薛　敏	建湖县人民检察院	全市扫黑除恶专项斗争先进个人	市委、市政府	2022.02
孙兰琴	中国人民银行建湖县支行	全市扫黑除恶专项斗争先进个人	市委、市政府	2022.02
嵇绍兵	建湖县人民检察院	盐城市劳动模范	市委、市政府	2022.05

续表59

姓名	工作单位	荣誉称号	授奖单位	授奖时间
肖其盛	建湖县人社局	盐城市劳动模范	市委、市政府	2022.05
张长红	建湖县卫健委	盐城市劳动模范	市委、市政府	2022.05
于　祥	建湖县近湖街道	盐城市劳动模范	市委、市政府	2022.02
嵇　兵	建湖县芦沟镇	盐城市劳动模范	市委、市政府	2022.05
张洪国	建湖农商银行	盐城市劳动模范	市委、市政府	2022.05
彭桂梅	建湖县近湖街道	盐城市文明创建工作先进个人	市委、市政府	2022.04
邵红燕	建湖县芦沟镇	盐城市乡村振兴先进个人	市委、市政府	2022.05
徐维兵	建湖县冈西镇	盐城市劳动模范	市委、市政府	2022.05
吕以刚	建湖县委统战部	盐城市乡村振兴先进个人	市委、市政府	2022.05
朱学磊	建湖县冈西镇	盐城市乡村振兴先进个人	市委、市政府	2022.05
曾从礼	建湖县宝塔镇	盐城市乡村振兴先进个人	市委、市政府	2022.05

全县年度考核先进集体

【综合一等奖】 建湖开发区（钟庄街道）、建湖高新区（塘河街道）、建阳镇、近湖街道、九龙口旅游度假区（九龙口镇）、恒济镇、上冈镇；交通局、住建局、财政局（国资办）、工信局、水利局、自然资源和规划局、发改委、应急管理局；卫健委、公安局、司法局、法院、行政审批局、民政局、融媒体中心；统计局、检察院、总工会、党校、编办、信访局、审计局；税务局、供电公司、人行、消防救援大队、国调队、生态环境局；双湖控股集团、新农投公司、高投公司；建湖农商银行、农行、中行、农发行、江苏银行、南京银行、人保财险。县委办、人大办、政府办、政协办、纪委监委（巡察办）、组织部、宣传部（文明办）、统战部（民宗局）、政法委等“四办五部门”只参加考核，不参加综合先进评选，享受综合先进一等奖待遇。

【综合二等奖】 沿河镇、庆丰镇、高作镇、冈西镇、芦沟镇、宝塔镇、颜单镇；文旅局、农业农村局、金融监管局、科技局、商务局、供销总社、贸易办、城工办；医保局、城管局、人社局、市场监管局、退役军人事务局、残联、教育局；妇联、工商联、老干部局、团县委、党史办、科协、档案馆、红十字会；江苏有线建湖分公司、住房公积金建湖管理部、电信公司、邮政公司、气象局、移动公司、烟草公司、联通公司、盐业公司；开投公司、榆城通公司、旅发公司、国投公司；省信用担保公司建湖分公司、工行、中信银行、建行、邮政储蓄银行、华夏银行、交行、昆山农商行、民生银行、中成村镇银行、平安财险、太平洋财险、阳光财险、紫金财险、人寿保险、人寿财险。

【特别贡献奖】 冈西镇、高作镇；市场监管局、商务局、工信局、卫健委（以上镇和单位中未获得综合一等奖的，享受综合一等奖待遇）。

【单项奖】

高质量发展赶超进位奖：恒济镇，财政局、司法局、信访局。

科技人才创新奖：建湖开发区（钟庄街道）、建湖高新区（塘河街道）、建阳镇、近湖街道、宝塔镇。

城乡统筹协调奖：上冈镇、高作镇、冈西镇、庆丰镇、颜单镇。

绿色低碳发展奖：九龙口旅游度假区（九龙口镇）、建湖开发区（钟庄街道）、建湖高新区（塘河街道）、宝塔镇、沿河镇。

开放经济贡献奖：建湖开发区（钟庄街道）、建湖高新区（塘河街道）、建阳镇、上冈镇、近湖街道。

共享发展幸福奖：恒济镇、高作镇、九龙口旅游度假区（九龙口镇）、芦沟镇、颜单镇。

招商引资和项目推进工作奖：建湖高新区（塘河街道）、建湖开发区（钟庄街道）、九龙口旅游度假区（九龙口镇）、建阳镇、近湖街道、冈西镇、庆丰镇。

优化营商环境工作奖：建湖高新区（塘河街道）、建湖开发区（钟庄街道）、九龙口旅游度假区（九龙口镇）、沿河镇、芦沟镇，自然资源和规划局、发改委、行政审批局、法院、税务局、供电公司、建湖农商银行。

全县年度考核先进个人

【十佳招商引资之星】

杨林林　塘河街道党工委副书记　市“综合先进个人”

戴成臣　开投公司副总经理　市“招商能手”

潘书智　庆丰镇宣传委员　市“沿海地区高质量发展先进个人”

钟　柱　建湖高新区投资促进局局长

肖　锐　建湖开发区招商局局长

黄思磊　颜单镇人武部长

王玉马　建湖高新区投资促进局副局长

顾成喜　高作镇人大主席

崔迎锋　近湖街道经济发展局局长

何兆琴　上冈镇经济发展局局长

彭承桢　庆丰镇团委书记

臧　军　冈西镇副镇长

徐海兵　高投公司副总经理

【十佳项目服务之星】

孔祥良　钟庄街道办事处副主任　市“综合先进个人”

陈　平　建湖开发区社会事业局（建设局）局长

江　涛　高投公司副总经理

孟建强　沿河镇人武干事

张洪国　建湖农商行党委副书记、行长

周　惠　国家税务总局建湖县税务局第一税务分局局长

严　波　建湖天辰电气实业有限公司总经理

徐　鹏　建湖生态环境局项目科负责人

张　程　县行政审批局资规窗口负责人

徐　伟　县行政审批局住建窗口负责人

郑皆旭　县市场监管局注册科四级主办

【综合先进个人】

王　坚　曹建春　程焕鹏　陆海云　桑加俊
顾启雅　颜锦霞　徐保东　刘　剑　高　飞
孙　杰　赵明月　赵　鹏　陈慧阳　祁红星
胥荣荣　薛正仕　刘　晓　范风后　成　刚
成明璐　唐　巍　马　翔　徐　超　杨　奕
吴友钰　李盼盼　王　健　葛　磊　林　敏
王世祥　张可可　王　浩　朱正袖　姚　建
张　晶　朱明君　江昌健　吴剑锋　费　凯
刘　炜　李修娴　陆　瑶　汪　峰　冯振亚
王　众　许　玲　徐加旺　顾明月　刘　骏
吴明森　蔡大兰　李爱国　李　东　李夕照
李正红　朱　丹　夏　清　陈永之　陆凤霞
周绍华　陈　兵　杨　华　周　刚　杨　波
宋俊岭　吴顶龙　周益帆　周士松　胡士恒
颜　慧　吕　红　袁满梅　贾安东　杨　进
陆正军　周海浩　周光祥　臧晓明　倪　浩
吴立峰　张　欢　孙　蕾　马　龙　汤乃君
吴　军　陈　红　郑俊波　张鹏鹏　夏　叶
钟文华　朱　根　俞先荣　李　军　朱文林
荀以标　郑　湖　姜正芹　陶德尚　火日欣
夏　峰　颜廷宁　陆　鑫　杜　甲　崔　东
钟　柱　肖　锐　黄思磊　王玉马　顾成喜
崔迎锋　何兆琴　彭承桢　臧　军　徐海兵
陈　平　江　涛　孟建强　张洪国　周　惠
严　波　徐　鹏　张　程　徐　伟　郑皆旭

组织机构及负责人名录

2022年1—12月

中共建湖县委员会

书 记	祁从峰
副书记	陈 霞（女）
	许 刚
常 委	胡 铭（ —2022.01）
	徐 军
	孙 红（女）
	臧 冲（ —2022.06）
	乔宗华
	王 玮
	朱亮亮
	孙振宏
	王 弋（2022.01— ）
	白马措毛（女）（挂）（2022.05— ）
	马圣群（2022.11— ）

建湖县人大常委会

党组书记、主任	张连国
副主任	徐为祥
党组成员、副主任	金 明
	唐广群
	刘登石

建湖县人民政府

县 长	陈 霞（女）（2022.01— ）
党组书记	陈 霞（女）
常务副县长	臧 冲（ —2022.05）
	王 玮（2022.09— ）
党组副书记	臧 冲（ —2022.09）
	王 玮（2022.09— ）
副县长、党组成员	唐 坤
	郭 刚
	王 茜（女）
	李 振（挂）
	王 弋（ —2022.01）
	马圣群（2022.01— ）
	谢超云（2022.11— ）
副县长	周 成（女）
党组成员	罗玉成（2022.08— ）
	程茂洲（挂）（ —2022.12）
	程永华

政协建湖县委员会

党组书记、主席	胡 铭（2022.01— ）
党组书记	吴 云（ —2022.01）
党组成员	俞进虎（ —2022.01）
	曹征松（ —2022.01）
	左保年（2022.08— ）
副书记	朱亮亮（兼）
党组成员、副主席	徐为高
	夏正军（2022.01— ）
副主席	陈秀花（女）
	徐守忠
	潘 清（女）（2022.01— ）
党组成员、秘书长	苗志清（ —2022.12）

沈育茂（2022.12—　）

建湖县纪委监委

纪委书记、监委主任　胡　铭（　—2022.01）
王　弋（2022.01—　）
副书记、副主任　夏　龙
徐雄延
纪委常委、监委委员　王　青（女）
李　强
纪委常委　朱国成
陈亚飞
监委委员　郑步群
许志刚

建湖县人民法院

党组书记、院长　许雪峰
副院长　薛绍军（　—2022.08）
丁扣萍（女）
罗海峰
王　军（2022.08—　）
政治处主任　李仕春

建湖县人民检察院

党组书记、检察长　征汉年
副书记、副检察长　冯兆江
姜　艳（女）
副检察长　王小刚
政治部主任　陈扣连

县委工作机构

县委办公室

主　任　孙振宏（　—2022.08）
张如东（2022.08—　）
副主任　张如东（　—2022.08）
王　峰（　—2022.09）
曾从浩
陶　信（2022.08—　）
许士祥（2022.08—　）
丁　刚（挂）（2022.08—　）

县委深改办

副主任　董　俊

县委研究室（挂）

主　任　孙振宏（　—2022.08）
张如东（2022.08—　）

县委机要局（挂）

局　长　孙振宏（　—2022.08）
张如东（2022.08—　）

县委台湾工作办公室（挂）

主　任　孙振宏（　—2022.08）
张如东（2022.08—　）

县政府台湾事务办公室（挂）

主　任　孙振宏（　—2022.08）
张如东（2022.08—　）

县国家保密局（挂）

局　长　孙振宏（　—2022.08）
张如东（2022.08—　）

县国家密码管理局（挂）

局　长　孙振宏（　—2022.08）
张如东（2022.08—　）

县档案局（挂）

局　长　孙振宏（　—2022.08）
张如东（2022.08—　）

县委组织部

部　长　孙　红（女）
常务副部长　夏正军
副部长　徐正余
孙盘桧
孙华之（兼）

“两新”工委（挂）

书　记　徐正余

县委党建办（挂）

主　任　孙盘桧
副主任　陈　炜（　—2022.08）
王　健（2022.08—　）

县考核办（挂）

副主任　王　健（　—2022.08）
陈　龙（2022.08—　）

县级机关工委（挂）

书　记　孙盘桧（兼）（2022.08—　）
副书记　陈远近

县公务员局（挂）

副局长　李　俊

县远程教育办

主　任　葛春建

县委宣传部

部　长　乔宗华

常务副部长　陈鸿斌（　—2022.04）

吕申军（2022.08—　）

副部长　吕申军（　—2022.08）

葛　菁（女）

崔世才（挂）（　—2022.08）

陈远忠（2022.08—　）

县文明办（挂）

主　任　吕申军（　—2022.08）

陈远忠（2022.08—　）

副主任　陈远忠（　—2022.08）

县委网信办（互联网信息办）

主　任　葛　菁（女）

副主任　刘德彬（挂）（　—2022.08）

王友羊（挂）（2022.08—　）

县政府新闻办（挂）

县新闻出版局（挂）

县文联

主　席　徐守忠

副主席　吴晓刚（　—2022.08）

县委统战部

部　长　朱亮亮

常务副部长　张登富

副部长　孙开东（挂）

袁明才（　—2022.08）

吕以刚（2022.08—　）

县民宗局（挂）

局　长　张登富（　—2022.08）

吕以刚（2022.08—　）

副局长　申　勇（　—2022.08）

郑　洲（2022.08—　）

陶　峰（挂）（2022.12—　）

县政府侨办（挂）

县侨联（挂）

县委政法委

书　记　王　玮（　—2022.09）

孙振宏（2022.09—　）

常务副书记　张　进

副书记　郭　刚（兼）

刘士川（正科职）

政治处主任　彭　春

县法学会党组书记　王　玮（　—2022.09）

孙振宏（2022.09—　）

县委编办

主　任　孙华之

副主任　刘有群（女）

王乃亚

县事业单位登记管理局（挂）

局　长　孙华之

县委巡察办

主　任　徐雄延

副主任　张成碗（女）

县委巡察组

组　长　王　青（女）（　—2022.08）

陈汝平

陈红明

沈育茂（　—2022.12）

王建东（　—2022.08）

李　强（2022.08—　）

陈　炜（2022.08—　）

李佩荣（2022.12—　）

副组长　吴颖桢（女）

杨广新

潘镇山

成　飞

孙东芹（女）

颜　军

徐为军

仇玉泉

吴　军

杨树栋（　—2022.12）

严　庆（女）（2022.12—　）

县委老干部局

局　长　周　翔

副局长　高　宁（女）

胡建国

江晓俊（女）

县离退休工委（挂）

书　记　周　翔

县委党校

校　长　许　刚

常务副校长　吕向东
副校长　陶　刚
刘岳村（女）
孙启祥

县行政学校（挂）

校　长　臧　冲（　—2022.05）
王　玮（2022.09—　）

县社会主义学校（挂）

校　长　朱亮亮

县委党史办（县地方志办）

主　任　吴春安
副主任　彭　玉（女）
陈昌荣

县档案馆

馆　长　李　想
副馆长　夏斯兵
金　鑫

县人大常委会机关

县人大常委会办公室

主　任　蔡智海
副主任　顾康尖

监察和司法委

主　任　颜如超（　—2022.08）
王志亮（2022.08—　）
副主任　孙　蕾（女）

财经委

主　任　朱卫国
副主任　张峰梅（女）（　—2022.08）
岳加海（正科职级）（2022.08—　）

农村工作委

主　任　尤　勇
副主任　张晓娟（女）（　—2022.12）
张　璐（女）（2022.12—　）

教科文卫委

主　任　王　频
副主任　张　璐（女）（　—2022.12）
张晓娟（女）（2022.12—　）

人代委

主　任　袁文忠（　—2022.12）
侍宏健（2022.12—　）
副主任　吴胜兰（女）

环资委

主　任　侍宏健（　—2022.12）
袁文忠（2022.12—　）
副主任　许龙雨

县政府工作机构

县政府办公室

主　任　程永华
副主任　谈　宁
吕以刚（　—2022.08）
顾仁安
黄　胜
李佩荣（　—2022.12）
郭中兵（2022.08—　）
周　全（挂）（　—2022.08）
李　贺（女）（挂）（2022.08—　）

县政府外事办（挂）

主　任　程永华

外事委办

副主任　郭中兵（　—2022.08）
王再军（2022.08—　）

县政研室（挂）

主任　程永华

县机关事务服务中心

主　任　谈　宁
副主任　丁建荣
金　奎

县经济信息中心

主　任　陈　祥
副主任　王再军（　—2022.08）
许士祥（　—2022.08）
张　丽（女）（2022.08—　）
周　芹（女）（2022.08—　）
顾良春（　—2022.08）
吴剑锋（2022.12—　）

县经济研究中心

主　任　彭　鹏

县发改委

党委书记、主任　李定军
副书记、副主任　徐　根
副主任　刘　晔（女）
崔金金

吕　刚
张　兵（挂）

县粮食和物资储备局（挂）

局　长　李定军

县招商办

主　任　李定军

县教育局

党委书记、局长　朱　钧
副局长　王孝荣
钱　林
接传健

县教育工委（挂）

书　记　朱　钧
副书记　马如刚

县体育局（挂）

局　长　朱　钧

县科技局

党组书记　曾令群
局　长　曾令群（　—2022.12）
凌亚涵（2022.12—　）
副局长　吕忠东（　—2022.12）
丁庆梅（女）
潘海康（　—2022.12）
王介胜（2022.12—　）

县工信局

党组书记、局长　黄　坚（　—2022.08）
周　全（2022.08—　）
副书记、副局长　杨跃东（正科职）
副局长　唐春雷
胥雪梅（女）（2022.08—　）
李　峰（正科职）（　—2022.08）
高进强（挂）

县产业办

主　任　黄　坚（　—2022.08）
周　全（2022.08—　）
副主任　周雪锋（　—2022.08）
胥雪梅（女）（　—2022.08）
夏建荣
王苏建（2022.08—　）
潘海康（2022.12—　）

县公安局

党委书记、局长、督察长　郭　刚
副书记、政委　唐崇飞
副书记、副局长　杨正斌
副局长　张兆标
孙　阳
潘明朗
钱义红
政治处主任　徐　峰

县民政局

党组书记、局长　潘志胜
副书记、副局长　岳加海（　—2022.08）
副局长　周　斌（挂）（　—2022.08）
商万海
申　勇（2022.08—　）
接道云（女）（2022.12—　）

县司法局

党组书记、局长　李向前
副局长　陈　国
郝文娟（女）
政治处主任　丁建东

依法治县办

县财政局

党组书记　丁海东
局　长　丁海东（　—2022.08）
黄　坚（2022.08—　）
副书记、副局长
陈玉洁（女）（正科职）（　—2022.12）
副书记　黄　坚（2022.08—　）
副局长　杨晓霞（女）
李纯东
李吉胜

县国资办（挂）

主　任　丁海东（　—2022.08）
黄　坚（2022.08—　）

县人社局

党委书记、局长　葛步中
副书记、副局长　陆玉忠（正科职）（　—2022.08）
副局长　李正国
梁　洁（女）（　—2022.08）
吴伟芳（女）（2022.08—　）

县自然资源和规划局

党委书记、局长　孙育军
副书记、副局长　吴仕军

副局长 王立喜
于海堂
王建法
朱建亚
周小平（女）

县林业局（挂）

局长 孙育军

县住建局

党委书记、局长 姜广建（ —2022.04）
陈鸿斌（2022.04— ）
副书记 张国雨（2022.08— ）
副局长 张国雨
刘 宁（ —2022.12）
吴 飞
范 展

县人防办（挂）

主 任 姜广建（ —2022.04）
陈鸿斌（2022.04— ）

县地震局（挂）

局 长 姜广建（ —2022.04）
陈鸿斌（2022.04— ）

县城管局

党委书记、局长 仇汉兵（ —2022.09）
梁守祥（2022.09— ）
副书记、副局长 钟 山
副局长 金小刚
陶亚明

县综合行政执法局（挂）

局 长 仇汉兵（ —2022.09）
梁守祥（2022.09— ）

县交通运输局

党委书记 沈中顺
局 长 沈中顺（2022.08— ）
夏少青（ —2022.01）
副书记、副局长 吴 伟
副局长 李 颖（女）
钱大伟（2022.08— ）

县水利局

党委书记、局长 刘 峰
副书记、副局长 王 锋（2022.08— ）
副局长 周寿田（ —2022.08）
凌洪军（ —2022.12）
张志艳（女）

县农业农村局

党委书记、局长 徐 军（ —2022.09）
仇汉兵（2022.09— ）
副书记、副局长 张如群
副局长 夏平峰（ —2022.12）
时 宇
陈其新（ —2022.04）
张昌伟（挂）（ —2022.09）

县委农办（挂）

主 任 徐 军（ —2022.09）
仇汉兵（2022.09— ）
副主任 袁明群

县扶贫办（挂）

主 任（2021.06撤销） 徐 军（ —2021.06）

乡村振兴局（挂）（2021.06挂牌）

徐 军（2021.06—2022.09）
仇汉兵（2022.09— ）

县商务局

党委书记、局长 卞克年
副局长 杨怀玉（ —2022.08）
郭建军
张洪金
李 峰（正科职级）（2022.08— ）

县广文旅局（文物局）

局 长 徐守忠
党委书记 李育佐
副局长 吴其凯
王东锋
颜 刚（2022.08— ）

县卫健委

党委书记、主任 王志亮（ —2022.08）
王 育（2022.08— ）
副书记、副主任 王 锋（ —2022.08）
副书记 吕 鹏（2022.08— ）
副主任 吕 鹏
薛迎春
唐晓波（挂）（2022.08— ）
倪文康（2022.08— ）

县退役军人事务局

党组书记、局长 丁 刚
副局长 刘 宏（女）

冷　冰
蔡　建（兼）
钟文华（挂）

县应急管理局

党委书记、局长　刘有为
副书记、副局长　张　伟
副局长　许玉芹（女）
王建军

县消防救援大队

大队长　徐　进
教导员　李光磊
参　谋　吴　坤（　—2022.06）
孙亚洲（　—2022.04）
郑　君
余　辙（2022.04—　）
何俊康（2022.06—　）

县审计局

党组书记、局长　周德良
副局长　戴　勇
金　海（2022.09—　）
严国庆（女）（　—2022.09）
朱留华（　—2022.09）

县审计委员会办公室（挂）

县行政审批局

党委书记、局长　汤建高
副局长　荀为群
徐　宏（　—2022.12）
彭成军
潘玉宏（挂）（　—2022.08）
李苡玮（女）（2022.12—　）

县政务服务管理办（挂）

主任　汤建高

县市场监管局

党委书记、局长　唐　飞（　—2022.08）
左保年（2022.08—　）
副书记、副局长　王建东（正科职级）（2022.08—　）
副局长　肖　亚（女）
汤　勇
王志诚
印锦红（女）（　—2022.08）
孙　莉（女）（　—2022.08）

县知识产权局（挂）

局　长　唐　飞（　—2022.08）
左保年（2022.08—　）

县统计局

党组书记　袁志娟（女）
局　长　袁志娟（女）（　—2022.12）
虞　山（女）（2022.12—　）
副书记　虞　山（女）（2022.12—　）
李爱泉（兼）（2022.12—　）
副局长　李爱泉
张树亮
陈娟娥（女）
顾良春（挂）（　—2022.08）

县医保局

党组书记、局长　虞　山（女）（　—2022.12）
夏平峰（2022.12—　）
副局长　雷　铭（挂）（　—2022.12）
崔　慧（女）

县信访局

党组书记、局长　周　全（　—2022.08）
李　贺（女）（2022.08—　）
副局长　王月芹（女）（　—2022.12）
邓启祥
孔　军（2022.12—　）

县地方金融监管局

党组书记、局长　朱留华
副局长　沈　和

县金融办（挂）

主任　朱留华

县融媒体中心

党委书记、主任　刘步荣
总编辑　崔世才（　—2022.08）
郝　飞（2022.08—　）
副书记、副主任　夏　海
副主任　郝　飞（　—2022.08）
王春雨（女）
吕志平
倪　明（2022.12—　）

县贸易办

党委书记、主任　马风雷
副书记、副主任　徐正军
副主任　周海浩

县城工办

党委书记、主任　王晓林
副主任　刘中华（　—2022.08）
梁　实
支帮军（　—2022.12）
唐为东（　—2022.12）
陆正军（2022.12—　）

县供销总社

党委书记、主任　梁守祥（　—2022.09）
王　峰（2022.09—　）
副书记、副主任　潘　泳（2022.08—　）
副主任　王树钧
曹丽鹂（女）（2022.03—2022.08）
王介胜（　—2022.12）
张守高（2022.12—　）
监事会主任　李宏茂

县政协机关

县政协办公室

主　任　苗志清（　—2022.12）
沈育茂（2022.12—　）
副主任　陈　季（女）
袁明才（2022.08—　）
提案委主任　高才龙（　—2022.08）
唐　飞（2022.08—　）
文化文史委主任　李德贵
社会法制委主任　周永成
经济科技委主任　接道成
农业农村委主任　高文勇

群团机构

县总工会

主　席　刘登石
党组书记　王海东
副主席　陈玲玲（女）

团县委

书　记　许永斌（2022.12—　）
副书记　钱　燊（女）
李苡玮（女）（　—2022.12）
王翰明（挂）（2022.08—　）
颜鑫伟（挂）（2022.12—　）
沈丽萍（女）（兼）（2022.12—　）

县妇联

党组书记、主席　邵　静（女）
副主席　徐丹凤（女）
周艳红（女）（挂）（2022.08—　）
刘雯雯（女）（兼）（2022.12—　）

县妇儿工委

主　任　吴慧敏（女）（2022.08—　）

县工商联

主　席　陈秀花（女）
党组书记　孙开东
副主席　吴剑锋
邱海萍（女）

县科协

党组书记、主席　周成刚
副主席　张咏梅（女）

县残联

党组书记、理事长　符庆如
副理事长　潘　泳（　—2022.08）
朱雪芬（女）（2022.08—　）

县红十字会

会　长　周　成（女）
常务副会长　陈玉洁（女）（2022.12—　）
副会长　张连东

县属国有企业

县国投公司

总经理　葛万林
副总经理　周小俣（女）
顾　娟（女）（2022.12—　）

县城投公司

党委书记、董事长　刘大年
副书记、总经理　周　兵
副总经理　曹丽鹂（女）（　—2022.03）
陈廷岭
葛绍根
宋兆君
许　峰
纪委书记　张　峰（　—2022.08）
刘建扬（2022.08—　）

江苏双湖投资控股集团公司

党委书记、董事长　刘大年（2022.08—　）
副书记、总经理　周　兵（2022.08—　）

纪委书记　刘建扬（兼）（2022.08—　）

县新农投公司

党委书记、董事长　汪　刚
总经理　郭正标
副总经理　潘益文
　周　亚（女）
纪委书记　张婷婷（女）

县开投公司

董事长　刘万桃（2022.08—　）
总经理　刘万桃（　—2022.08）
　王　栋（2022.08—　）
副书记、副总经理　韩立勇
副总经理　陈　平
　戴成臣
　陈　浩
　杨　璐（女）（2022.08—　）
总会计师　袁宏明

县高投公司

董事长　韩建军（2022.08—　）
总经理　韩建军（　—2022.08）
副总经理　陈　勇
　钟　柱（　—2022.08）
　江　涛
　蔡玉霞（女）（2022.08—　）
　陈国涛（2022.08—　）

县旅游发展公司

董事长　周　勇（2022.08—　）
总经理　周　勇（　—2022.08）
　王　凯（2022.08—　）
副总经理　姜朝军
　苏海峰（2022.12—　）

国投东部公司（　—2022.08）

总经理　桑大军（　—2022.08）

江苏榆城通建设公司

董事长　赵　勇
总经理　祁瑶震（市交投公司委派）
副总经理　马开金
　吴云天
　蒋海峰（2022.12—　）

县惠湖实业发展公司

总经理　桑大军（2022.08—　）

驻湖单位

生态环境局

党组书记、局长　张卫东（　—2022.06）
　邱军华（2022.06—　）
副局长　王永华
　申建梅（女）
　吕　健
执法局局长　管昌盛（　—2022.10）
　姜军华（2022.10—　）

建湖税务局

党委书记、局长　彭长和（　—2022.03）
　闻天水（2022.03—　）
副局长　刘长干
　朱守亚
　赵志刚（2022.08—　）
纪检组组长　刘俊林（　—2022.04）
　刘　宇（2022.04—　）

建湖县供电公司

党委副书记、总经理　周红军
党委书记、副总经理　匡小兵
副总经理　赵志刚（　—2022.10）
　吴东宁
　祁维佳
　王宝健（2022.11—　）
纪委书记、工会主席　张　帆

建湖电信公司

党委书记、总经理　杭风景（　—2022.10）
　吕　匀（女）（2022.10—　）
副总经理　吕　匀（女）（　—2022.06）
　费俊明（2022.06—　）
纪委书记　吕　匀（女）（　—2022.10）
　费俊明（2022.10—　）
副总经理、工会主席　汪　波

建湖移动公司

总经理、书记　张德宏
副总经理　孙传鑫
　刘晓明

建湖联通公司

总经理　陈富华
副总经理　苏春林（　—2022.12）
　杨　芳（女）

建湖邮政公司

党委书记、总经理　吴　军
副总经理、党委成员　李以抓（　—2022.03）
副总经理、纪委书记　杜　强
副总经理　毛蔚东（2022.03—　）
　曾晓文（2022.03—　）

江苏有线建湖公司

总经理、书记　乔宗瑞
副总经理　武　祁
　葛玉梅（女）

建湖气象局

党组书记、局长　贾云河
副局长、纪检组组长　夏　倩（女）（　—2022.12）
　丁　晔（2022.12—　）
副局长　胡　青（女）

建湖烟草专卖局（公司）

局长、经理　王庆华
副经理　李　荣
副局长　王劲松

建湖国调队

党组书记、队长　张士洲
副队长　许　猛
纪检组长　李一红（女）

建湖盐业公司

副经理、副书记　翟　磊（　—2022.12）
　唐　伟（2022.02—　）
副经理　吴万清
经理助理　刘　平（女）
　居　伟

建湖石油公司

经理、书记　钟　建（　—2022.10）
　夏书华（2022.10—　）
副经理　蒋守益
　王　勇

住房公积金建湖管理部

主　任　查东霖
副主任　王为霞（女）
　周　萍（女）

新华书店

总经理　胡维祥（2022.06—　）
常务总经理　潘　磊（　—2022.09）
副总经理　唐　芳（女）

金融保险

人行建湖支行

书记、行长　万卫东
副行长　杨家军
副行长　赵　刚

工行建湖支行

党总支书记、行长　丁成建
副行长　李功建
　徐东升
　吴晶晶（女）（2022.01—　）

农行建湖支行

行　长　陈　啸
副行长　仲劲峰（　—2022.06）
　刘德军
　王顺松（　—2022.06）
　陈　杰
　刘晓霞（女）（2022.06—　）

中行建湖支行

行　长　戴　健（女）（　—2022.04）
　陈甜甜（女）（2022.06—　）
纪检员　李旭东
副行长　季成林（　—2022.08）
　陈永婧（女）（　—2022.06）
　卞　璐（女）
　李　丽（女）（2022.06—　）
　张　燕（女）（2022.08—　）

建行建湖支行

行　长　王柏岳
副书记　周卫东
副行长　张　正
　王仁政

农发行建湖支行

党委书记、行长　崔雨婷（女）
副行长　谷　苏
　周忠林

江苏银行建湖支行

行　长　顾加红
副行长　刘　琴（女）
　张　波（2022.05—　）

建湖农商银行

党委书记、董事长　刘荣华

副书记、行长　张洪国
监事长　薛如石
副行长　孙　婷（女）
　辛达雷
　沈永军
　李爱圃
　金立虎

昆山农商行建湖支行

行　长　朱　明
行长助理　夏　飞（　—2022.09）
　刘禹舟

建湖邮储银行

行　长　尹海波
副行长　康　勇（　—2022.05）
　陈采滨（2022.03—　）
　杨　哲（2022.11—　）

中成村镇银行建湖支行

董事长　李　川
行　长　戴遐军（　—2022.08）
　蔡亚雄（2022.08—　）
副行长　阮有康

华夏银行建湖支行

行　长　彭大生
副行长　陈　群
　苏　展

民生银行建湖支行

行　长　王　豪（　—2022.04）
　李海光（2022.04—　）
行长助理　祁　明
　周加梅（女）

交通银行建湖支行

行　长　赵　波（女）
副行长　刘进军
行长助理　李仁芹（女）（　—2022.04）
　钱庭慧（女）（2022.07—　）

南京银行建湖支行

行　长　易　森
副行长　姜爱霞（女）
　尹浚吏（2022.03—　）

中信银行建湖支行

行　长　徐必连（　—2022.07）
　卢成成（2022.07—　）
副行长　车尤玲（女）
　梅　磊

人保财险建湖公司

经　理　孟会建
副经理　季云超
　季谭林

人寿保险建湖公司

经　理　薛新里（　—2022.10）
　刘金扬（2022.10—　）
副经理　胡银东
　周瑛瑛（女）
　商津津（女）（　—2022.12）
经理助理　曹正顺（2022.12—　）
　刘文文（2022.12—　）

人寿财险建湖公司

总经理　吴　军
经理助理　刘以建
　杨红秀（女）
　苏正权（　—2022.10）

太平洋财产保险

经　理　徐　朔
副经理　朱一峰（2022.08—　）

太平洋人寿保险

经　理　金建生
副经理　朱爱民

银宝农村小额贷款公司

董事长　唐　明
总经理　朱德江（　—2022.12）

东昇农村小额贷款公司

董事长　裔兆成
总经理　季小凯

镇街道区

近湖街道

党工委书记　左保年（　—2022.08）
　胡荣华（2022.08—　）
副书记、主任　胡荣华（　—2022.08）
　张翼鹏（女）（2022.08—　）
人大工委主任　陈曙光
副书记　唐　泉
　席　通（挂）
　徐　海

副主任　孔　军（　—2022.12）
洪　兵
李永秀（女）
王苏建（　—2022.08）
李君人
彭艳艳（女）
姚　舜（2022.12—　）
纪工委书记　王扣娣（女）
组织委员　杨　升
宣传委员　彭桂梅（女）
政法委员　姚　舜（　—2022.12）
统战委员　陈德荣

上冈镇

党委书记（副处职）　王　玮
副书记、镇长（副处职）　罗玉成（　—2022.09）
施　健（2022.09—　）
人大主席（副处职）　夏　中（　—2022.11）
副书记　彭　岗（正科职）
孙　铭（正科职）（　—2022.08）
陶　响（2022.08—　）
张昌伟（挂）（　—2022.09）
陈　炜（挂）（　—2022.08）
人大副主席　徐正明
副镇长　陶　响（　—2022.08）
潘守红（挂）（2022.08—　）
刘　程
濮小君（女）
陈清亚
高　淦（　—2022.08）
丰洪超
姚万春（2022.12—　）
李　军（2022.12—　）
纪委书记　陶　康
组织委员　杜　飞（　—2022.08）
骆旭阳（2022.12—　）
政法委员　王　彬
统战委员　郑　好
宣传委员　骆旭阳（　—2022.12）

冈东社区党委、办事处

书　记　颜正彬
副书记　朱国琪
党委委员　陈昌国
李开成
朱春龙
李一连（2022.10—　）
陈少军（2022.10—　）

草堰口社区党委、办事处

书　记　张　荣
副书记　陈广仁
党委委员　杨义锦
彭大权
孙立俊
戴　浩（2022.10—　）

一办八局负责人

党政办公室负责人　彭　岗
财政审计和资产管理局局长
周　蓉（女）
建设和生态环境局局长　金　石
社会治理局负责人　王　彬（　—2022.12）
社会治理局局长　高少春（2022.12—　）
经济发展局局长　何兆琴（女）
农业农村局局长　颜立洪
党群工作局局长　李　侃
安监局（综合执法局）局长
李　军（　—2022.12）
陈　璐（女）（2022.12—　）
行政审批局局长　于步彬

建阳镇

党委书记　陈剑峰（　—2022.01）
王大力（2022.08—　）
副书记、镇长　王大力（　—2022.08）
吕　品（2022.08—　）
人大主席　洪　霞（女）
副书记　崔雪梅（女）
副镇长　韩文莉（女）
谷兴春
肖兆杰（挂）（2022.08—　）
邵俊萍（女）（　—2022.12）
陈乃军
陈　泽（　—2022.08）
肖　芹（女）（2022.12—　）
金正盛（2022.12—　）
政法委员　金正盛（　—2022.12）
梁　晔（女）（2022.12—　）

纪委书记　　孙纪祥
组织委员　　苏　君（女）（　—2022.08）
宣传委员　　肖　芹（女）（　—2022.12）
统战委员　　高长宏

颜单镇

党委书记　　施　健（　—2022.09）
副书记、镇长　於汝高
人大主席　　周庆标
副书记　　倪文康（　—2022.08）
　　　　　杜　飞（女）（2022.08—　）
副镇长　　夏　彬
　　　　　杨海东
　　　　　刘国军
　　　　　李小平（女）
　　　　　谢玉军（挂）（　—2022.08）
　　　　　杨建琴（女）
　　　　　王瑞峰（挂）（2022.08—　）
纪委书记　　徐亚平（女）
组织委员　　肖元元（女）
宣传委员　　刘　璐（女）
统战委员　　高宗玉
政法委员　　徐荣华

恒济镇

党委书记　　丁正军
副书记、镇长　王　超
人大主席　　吕以东
副书记　　徐海艳（女）
　　　　　彭成房（挂）（2022.12—　）
副镇长　　接家祥
　　　　　彭　翠（女）（　—2022.08）
　　　　　俞春华（女）
　　　　　俞先俭
　　　　　朱正华
　　　　　钱华章（挂）（2022.08—　）
　　　　　潘月兰（女）（2022.12—　）
纪委书记　　蒋宗佑
组织委员　　何津蓉（女）
宣传委员　　胡志超（　—2022.12）
　　　　　周育成（2022.12—　）
统战委员　　潘月兰（女）（　—2022.12）
政法委员　　朱建国

庆丰镇

党委书记　　杨　震
副书记、镇长　胡存干
人大主席　　杜生军
副书记　　冯国军
副镇长　　彭海波
　　　　　施银红（女）
　　　　　刘松盛（挂）（2022.08—　）
　　　　　陈聪飞
　　　　　顾莉莉（女）
　　　　　孙鹏程
纪委书记　　朱巨文（　—2022.12）
　　　　　树　娟（女）（2022.12—　）
组织委员　　戴忠娣（女）
宣传委员　　孙金晶（女）
统战委员　　树　娟（女）（　—2022.12）
政法委员　　张　琴（女）

高作镇

党委书记　　唐　城（　—2022.12）
副书记、镇长　智中华
人大主席　　顾成喜
副书记　　颜育明
副镇长　　马　慧（女）
　　　　　杨　钰
　　　　　蔡玉霞（女）（　—2022.08）
　　　　　周惠萍（女）
　　　　　孙壮志（挂）（　—2022.08）
　　　　　陈超华（挂）（2022.08—　）
　　　　　陈永霞（女）（2022.12—　）
纪委书记　　徐　建
组织委员　　王成丞
宣传委员　　夏荣早（　—2022.12）
统战委员　　陈永霞（女）（　—2022.12）
　　　　　匡小红（女）（2022.12—　）
政法委员　　吴巨刚（　—2022.12）

芦沟镇

党委书记　　邵红燕（女）
副书记、镇长　陆立华
人大主席　　赵正波
副书记　　王　亚
副镇长　　周大川
　　　　　张宝国

周玉凤（女）（　—2022.12）
成晓艳（女）（　—2022.12）
王海山（挂）（2022.08—　）
冯　月（女）（2022.12—　）
吉　明（2022.12—　）
纪委书记　冯　月（女）（　—2022.12）
李纯文（2022.12—　）
组织委员　肖乃文
宣传委员　高　梅（女）（　—2022.11）
统战委员　吉　明（　—2022.12）
政法委员　陈汉山

沿河镇

党委书记　李东风
副书记、镇长　袁新峰
人大主席　孙启刚
副书记　王　栋（　—2022.08）
苏　君（女）（2022.08—　）
王　健（挂）
副镇长　方国华
唐　胜
宋　霞（女）
马　云（女）（挂）（2022.08—　）
林芳芳（女）
纪委书记　吴荧荧（女）
组织委员　彭荣华（女）
宣传委员　查蔼玲（女）（　—2022.12）
朱铁军（2022.12—　）
统战委员　吴旭龙（　—2022.12）
政法委员　张玉丽（女）

冈西镇

党委书记　周　华
副书记、镇长　邵　艺（女）
人大主席　张　健
副书记　孟领坤
副镇长　姚万春（　—2022.12）
朱学磊
臧　军
杨元龙
刘　刚（挂）（2022.08—　）
谷晓萌（女）（2022.12—　）
纪委书记　蒋茂龙
组织委员　张　恺（　—2022.12）
宣传委员　徐　晶（女）
统战委员　谷晓萌（女）（　—2022.12）
孙德标（2022.12—　）
政法委员　陈婷婷（女）

宝塔镇

党委书记　马　骁
副书记、镇长　吴亚飞
人大主席　王春峰
副书记　陶　信（　—2022.08）
陈　泽（2022.08—　）
副镇长　朱　斌
单建祥
朱永浩
陈向成（挂）（2022.08—　）
夏其中
纪委书记　陈超华（　—2022.08）
组织委员　曾从礼
宣传委员　许　琴（女）
统战委员　徐菊香（女）（　—2022.12）
政法委员　俞　俊

建湖开发区党工委、管委会

党工委书记　孙　红（女）
副书记、主任　吴忠诚（　—2022.11）
周　华（2022.11—　）
副书记　汪向军
左保年（挂）（　—2022.08）
周　华（挂）（　—2022.12）
杨　震（挂）
高进强（挂）
唐　城（挂）（2022.01—2022.12）
马　骁（挂）（2022.01—　）
胡荣华（挂）（2022.08—　）
孙　斌（2022.08—　）
施　健（挂）（2022.09—　）
副主任　朱锦祥
孙　斌（　—2022.08）
单学俊
吴　涛（挂）（　—2022.12）
梁　洁（女）（2022.08—　）

一办七局负责人

党政办主任（党委委员）　徐昌鑫
社会事业局（建设局）局长　孔祥良

政法综治局局长　张永兴
招商局局长　王磊成（　—2022.08）
　肖　锐（2022.08—　）
安监局局长　洪　洋
农村工作局局长　吴长芳（女）（　—2022.08）
　杨成勇（2022.08—　）
经济发展局局长　周征浪
财政审计局局长　熊爱兵

上冈产业园

党工委书记　王　育（　—2022.08）
副书记　吕　品（　—2022.08）
　王磊成（2022.08—　）
管理办主任　单学俊（兼）
副主任　陈学华（　—2022.08）
　肖　锐（　—2022.08）
　张恒东（2022.08—　）
　王校锋（2022.12—　）
纪工委书记　王海涛（　—2022.08）

高端装备产业园管理办

主　任　吕　品（　—2022.08）
　周雪峰（2022.08—　）
副主任　张恒东（　—2022.08）
　吴长芳（女）（2022.08—　）

嘉定科技工业园管理办

主　任　汪汉军
副主任　张鹏飞（2022.12—　）

现代物流产业园管理办

主　任　杜　明（　—2022.08）
　陆　斌（2022.08—　）
副主任　周　鑫（女）（　—2022.08）
　姚　祥（2022.08—　）

节能环保产业园管理办

主　任　蒋晓云
副主任　徐　冰（女）

钟庄街道

党工委书记　王　弋（　—2022.08）
　孙　斌（2022.08—　）
副书记、主任　何　峰
人大工委主任　潘爱妹（女）
副书记　吴红霞（女）（2022.08—　）
副主任　刘　军
　颜　冬（女）
　许永斌（　—2022.12）
　王广明（2022.12—　）
纪工委书记　吴红霞（女）（　—2022.08）
　周　鑫（女）（2022.08—　）
组织委员　刘　健
宣传委员　陈学华（2022.08—　）
统战委员　李凤展
政法委员　王广明（　—2022.12）
　陈旻鹏（2022.12—　）

建湖高新区党工委、管委会

党工委书记　臧　冲（　—2022.06）
副书记、主任　王　伟
副书记　孙　浩
　施　健（挂）（　—2022.09）
　丁正军（挂）（2022.01—　）
　李东风（挂）（2022.01—　）
　王大力（挂）（2022.08—　）
副主任　赵开春
　郑　政
　凌亚涵（　—2022.12）
　杨正斌（兼）
　杨伯平（挂）（　—2022.08）

新能源产业园管理办

主　任　高树明
副主任　俞晓霞（女）

高端装备产业园管理办

主　任　朱德江
副主任　唐海丰（　—2022.08）
　夏斯军（2022.12—　）

航空产业园管理办

主　任　王　勇

智慧产业园管理办

副主任　刘水莲（女）
党政办主任　陆立高
财税审计局局长　吴开祥
投资促进局局长　王爱贵（　—2022.08）
　钟　柱（2022.08—　）
经济发展局局长　侍军平
行政审批局局长　管　辉
安监局局长　李　建

塘河街道

党工委书记　孙　浩

副书记、主任　张成宇
人大工委主任　朱庆兰（女）
副书记　李　贺（女）（　—2022.08）
　　杨林林（2022.08—　）
副主任　李德志
　　王海标
　　杨林林（　—2022.08）
　　徐春风
　　陆应琢（2022.12—　）
纪工委书记　吴克立
组织委员　陆应琢（　—2022.12）
宣传委员　张春纬（女）
统战委员　王　文（女）
政法委员　邵长江

九龙口旅游度假区党工委、管理办

书记、主任　谢超云（　—2022.11）
　　唐　城（2022.11—　）
副书记　潘　静（女）（挂）
　　张家豪（挂）（2022.12—　）
副主任　陈中荣
　　潘　清（女）
　　董　鑫
　　高　淦（2022.08—　）
综合科科长　孟　伟
财政审计科科长　夏正东
湿地保护科科长　吕　霏（女）（　—2022.12）
　　孙蓉蓉（女）（2022.12—　）
市场开发科科长　李宝娟（女）（　—2022.12）
安全生产监督管理科科长　唐　腾
规划建设科科长　李宝娟（女）（2022.12—　）

九龙口镇

党委书记　潘　静（女）
副书记、镇长　郭　飞
人大主席　张　伟
副书记　张翼鹏（女）（　—2022.08）
　　王海涛（2022.08—　）
副镇长　谭洪锋
　　吕越男（女）
　　王　凯（　—2022.08）
　　谢继兵（挂）（　—2022.08）
　　谢玉军（挂）（2022.08—　）
　　王佳佳
纪委书记　吴伟华
组织委员　倪同玲（女）
宣传委员　卜　菁（女）
统战委员　李为为（女）
政法委员　陈苏豫

文献选编

比学赶超争进位　绿色发展作示范
以实际行动迎接中共二十大胜利召开

——在县委十五届三次全会上的讲话

（2022年8月13日）

县委书记　祁从峰

同志们：

今年下半年，我们党将召开二十大。迎接中共二十大、学习宣传贯彻中共二十大精神，是重大政治任务和工作主线。这次全会的主要任务是，坚持以习近平新时代中国特色社会主义思想为指导，深入学习贯彻习近平总书记在省部级主要领导干部“学习习近平总书记重要讲话精神，迎接中共二十大”专题研讨班上重要讲话精神，全面落实“疫情要防住、经济要稳住、发展要安全”重大要求，认真落实省委工作会议和市委八届三次全会部署，回顾总结上半年工作，安排部署下半年任务，扎实抓好省委巡视反馈意见整改，动员全县各级党组织和广大党员干部，提振状态，担当作为，比学赶超争进位，绿色发展作示范，以实际行动迎接中共二十大胜利召开。

下面，我根据县委常委会会议讨论精神，讲四个方面意见。

一、深入学习贯彻习近平总书记在省部级主要领导干部专题研讨班上的重要讲话精神，深刻领悟“两个确立”的决定性意义，坚决做到“两个维护”

即将召开的中共二十大，是我们党在进入全面建设社会主义现代化国家新征程的关键时刻召开的一次十分重要的大会，将科学谋划未来5年乃至更长时期党和国家事业发展的目标任务和大政方针，事关党和国家事业继往开来，事关中国特色社会主义前途命运，事关中华民族伟大复兴。7月26—27日，党中央举办省部级主要领导干部“学习习近平总书记重要讲话精神，迎接中共二十大”专题研讨班，习近平总书记出席开班式并发表重要讲话，科学分析了当前国际国内形势，深刻阐述了过去5年工作和新时代10年的伟大变革，深刻阐释了新时代坚持和发展中国特色社会主义的重大理论和实践问题，深刻阐明了未来一个时期党和国家事业发展的大政方针和行动纲领，鲜明提出了一系列新的重要思想、重要观点、重大判断、重大举措，为中共二十大胜利召开奠定了重要的政治基础、思想基础、理论基础。总书记的重要讲话高屋建瓴、视野宏大、内涵丰富、思想深邃，体现了百年大党初心不改、矢志不渝的执着和坚定，充满了砥砺奋进、创新图强的豪迈和底气，彰显了谋划复兴伟业、擘画强国蓝图的历史主动和使命担当，是一篇闪耀着马克思主义思想光辉的纲领性文献，是我们党全面建设社会主义现代化国家的庄严政治宣言，是同心同德、踔厉奋发、奋进新征程、夺取新胜利的有力政治动员，对于全党深刻领悟“两个确立”的决定性意义，进一步增强“四个意识”、坚定“四个自信”、做到“两个维护”，高举中国特色社会主义伟大旗帜，奋力谱写全面建设社会主义现代化国家崭新篇章，具有十分重要的意义。

8月5日，在省委工作会议上，省委书记吴政隆对习近平总书记重要讲话精神进行了深入解读，并就进一步学习贯彻作出专题部署。8月9日，在市委八届三次全会上，市委书记徐缨对学习贯彻习近平总书记重要讲话精神提出了明确要求。全县上下要把学习宣传贯彻习近平总书记重要讲话精神作为重大政治任务，与学习《习近平谈治国理政》结合起来，深刻把握新时代新征程引领全党全国人民胜利前进的伟大旗帜和宏伟目标，深刻把握当前党和国家面临的战略机遇和风险挑战，深刻把握过去5年取得的重大成就和新时代10年的伟大变革，深刻把握习近平新时代中国特色社会主义思想的历史地位和精髓要义，深刻把握中国式现代化的丰富内涵、根本要求和全面建成社会主义现代化强国的战略部署，深刻把握推进新时代党的建设新的伟大工程面临的形势任务。党委（党组）要带头学、深入学，推动各级领导干部学深悟透、入脑入心，引导广大干部群众认真学习、把握要义，深刻认识忠诚拥护“两个确立”是领悟党的百年奋斗特别是新时代伟大成就的必然结论，是党心民心所向、党运国运所系的必然选择，是推进马克思主义中国化、时代化的必然逻辑，是走好新的赶考之路的必然要求，切实将思想和行动统一到习近平总书记重要讲话精神上来。

二、坚定信心、克难求进，高质量发展态势持续巩固提升

今年以来，在上级党委、政府的坚强领导下，面对新冠肺炎疫情不断反复、深层次矛盾叠加显现的复杂形势，我们坚决落实“疫情要防住、经济要稳住、发展要安全”重大要求，高效统筹疫情防控和经济社会发展，牢牢守住保的底线、夯实稳的基础、拓展进的态势，高质量发展迈出坚实步伐。我县推进经济开发区转型升级创新发展、促进制造业创新转型、深化县级公立医院综合改革等5项工作获得省政府真抓实干督查激励表彰。

1.*经济运行稳中向好*。坚持把保市场主体、激发市场活力作为战疫情、稳增长的先手棋，加强形势分析研判、指标跟踪监测、经济组织调度，因时因势精准施策，尽心尽力助企纾困，牢牢稳住经济基本盘。累计退税减税缓税10.5亿元，减费让利6085万元，为中小企业转续贷34.5亿元，为1193户贷款主体实行延期还本付息23.6亿元，发放稳岗补贴1358万元，减免企业失业保险费1055万元，兑现民营经济奖励资金5600万元。上半年，经济运行的积极因素不断增多，主要经济指标稳健增长。全县完成地区生产总值326.8亿元，同比增长3.1%；一般公共预算收入18.3亿元；规模以上增长面63.7%，全体居民人均可支配收入增速5.7%，均居全市第一；固定资产投资同比增长16.4%，位居全市第二；全口径开票销售、规模以上开票销售、规模以上应税销售、服务业增加值、社会消费品零售总额同比分别增长33.9%、36.7%、38.3%、1.7%、2.6%，均居全市第三；规模以上工业增加值、制造业贷款同比分别增长8.3%、26.4%，均居全市第四；城乡居民人均可支配收入分别达22656元、14514元，同比分别增长5.3%、5.7%。

2.*产业质效同步提升*。主导产业加速集聚，高端装备、新能源、电子信息三大产业实现开票销售170.7亿元，占规模以上工业比重提高到72.5%。项目攻坚成效显著，组织开展苏州产业合作推介会、“春到水乡·相约云上”签约会、珠三角专题招商等活动，新设立15亿元汇悦新能源和5亿元名湖两支产业投资基金，新签约、新开工亿元以上产业项目50个、46个，其中10亿元以上7个、5个，总投资60亿元的益佳通磷酸铁锂动力电池项目开工建设，总投资103亿元的耀宁磷酸铁锂电池及系统总成项目签约落户，实现建湖百亿级重特大产业项目历史性突破。圆满完成全市高质量发展项目观摩主场任务，项目建设成效赢得广泛赞誉。企业转型全面提速，创成省重点工业互联网平台、工业电子商务创新应用示范企业各1家，省星级上云企业36家，其中五星上云企业3家。要素保障有力有效，清理闲置土地2711亩、闲置厂房46.8万平方米，连续4次被评为省自然资源节约集约利用模范县；举办政银企合作交流座谈会，签订5年战略合作协议共1200亿元；服务企业用工4012人。

3.改革开放纵深推进。重点改革成效明显，全面推行企业开办“全链通2.0”综合服务平台，在全市率先实现“竣工即发证”“踏勘即发证”，营商环境综合评价全省排名较上年提升10位；双湖控股集团在全省同类县份首家创成A⁺A⁺信用等级；高作镇全域土地综合整治成为正式启用国土“三调”数据后第一个国家级试点，相关做法被《焦点访谈》宣传报道。创新动能持续蓄积，规模以上工业企业研发投入同比增长81%，位居全市第一，新增省级新技术新产品14个、市级工程（技术、研究）中心43家，签订产学研合作项目65个，引进产业领军人才45名。开放水平不断提升，新招引长三角地区超亿元产业项目20个；开发区与盐城港集团开展深度合作，内河港口吞吐量同比增长95.3%；外资外贸逆势上扬，实现外资到账1341万美元、进出口总额3.5亿美元，同比分别增长66.8%、46.3%。

4.城乡面貌持续改善。“一体两翼”有序推进，县城改造棚户区11.8万平方米、整治老旧小区7个，灵龙里特色街区、双湖文旅产业带新晋网红打卡地，上冈新城形象初显，淮剧发源地沙庄精彩呈现，九龙口旅游度假区建成全国首家“碳中和”景区。乡村振兴步伐坚实，绿色优质农产品比重达82.8%，建湖虾稻米被认定为国家地理标志证明商标，颜单镇获评江苏“味稻小镇”，建湖县现代农业产业园被认定为省级现代农业产业示范园；农房改善签订协议5638户，新开工新型农村社区4个、住房584套，冈西镇顾顶村、恒济镇恒庆村入选省级特色田园乡村。生态品质显著提升，中央环保督察交办事项整改率达94.4%，空气质量优良天数比例全省第三、全市第一，村庄河塘整治工作位列全市第一档次，陆秀夫景区创成国家AAA级景区。

5.民生福祉更有质感。认真落实“外防输入、内防反弹”总策略和“动态清零”总方针，高效规范处置输入性疫情，全力守护人民生命安全和身体健康。着力稳就业、保用工、惠民生，城镇新增就业3661人，创业带动就业5921人；在全市率先试点村集体领办新型农场，涉农村居集体经营性收入同比增长19.8%，高作镇季墩村获评全省新型农村集体经济发展典型案例。加快发展社会事业，职教高考本科达线人数连续三年位列全市第一，县人民医院在国家三级公立医院绩效考核中列全省县（市）级综合医院第5名、较上年提升两个级别，县图书馆入选省“最美公共文化空间”。统筹发展和安全，上冈镇提前半年全面完成化债目标，实现“零债务”；全力推动安全生产“三年大灶”专项整治圆满收官，深入开展“信访突出问题攻坚化解年”行动，社会大局保持和谐稳定。

6.巡视整改扎实有效。4月7日，省委第十一巡视组进驻建湖开展为期三个月的巡视。我县高度重视，积极配合，认真对照巡视组反馈的问题和提出的意见、建议，即知即改、立行立改、边巡边改，逐项制定整改措施，明确整改责任和时间节点，做到事事有回音、件件有落实。围绕追缴违规中介费用、清理银行中收费用、清收违规出借和担保代偿资金，累计追赃挽损16.78亿元，其中“双清”7.92亿元、银行中收6.82亿元、中介费用2.04亿元；围绕推动解决群众反映强烈的民生突出问题，7条黑臭水体已整治5条，33个问题楼盘已推动化解17个、办证1786户。

7.党的建设全面加强。常态长效开展党史学习教育，不断提高拥护“两个确立”、做到“两个维护”的政治自觉。开展意识形态“三查三问”专项行动，积极构建舆情快速反应机制，牢牢把握意识形态工作领导权、主动权。深入推进依法治县，中央全面依法治国办对我县加强法治政府建设、推进法治为民办实事等工作给予充分肯定。成立“抗疫先锋”行动党支部26个，在疫情防控一线筑牢最强堡垒、彰显组织担当。进一步树牢大抓基层、抓实基层的鲜明导向，基层党建赋能乡村振兴做法被中组部专题推介。坚持严的主基调深入推进正风肃纪，持续加大明察暗访和通报曝光力度，充分发挥巡察“利剑”和派驻“探头”作用，始终保持惩治腐败高压态势，党风政风向善向好。全力支持人大、政协强化一线意识、追求一线作为，深入推进党管武装、统战、群团、老干部等工作，形成激情燃烧、干事创业的良好氛围。

事非经过不知难，成如容易却艰辛。所有这些成绩的取得，得益于习近平新时代中国特色社会主义思想的科学指引，得益于中央和省市委的坚强领导，得益于全县上下的精诚团结、苦干实干。在此，我代表县委，向奋战在各条战线上的广大干部群众，向给予鼎力支持的老干部和社会各界人士，表示衷心的感谢，致以崇高的敬意！

在充分肯定成绩的同时，我们更要清醒地看到工作中的短板和不足。从高质量发展来看，产业层次总体还处于中低端，龙头型、基地型项目偏少，工业经济规模体量不大，绿色生态这一最大优势潜能尚未充分发挥；

从群众期盼来看，城市功能品质与宜居生活要求不完全匹配，社会治理效能还需进一步提升；从干部队伍来看，少数党员干部工作标准不高、担当精神不强等问题仍然存在，纪律规矩意识还需进一步强化。对此，我们要高度重视，在今后工作中着力加以解决。

三、聚势谋远、务实笃行，推动高质量发展取得更大突破

准确把握新形势新任务新要求，是我们做好各项工作的首要前提。7月28日，习近平总书记主持召开中央政治局会议，分析研究当前经济形势，部署下半年经济工作，强调经济大省要“勇挑大梁”，有条件的省份要力争完成经济社会发展预期目标。省委工作会议强调，要坚决担起“勇挑大梁”的重大责任，全力巩固经济回升向好趋势，努力把耽误的时间抢回来、把造成的损失补回来，力争实现最好结果。市委八届三次全会指出，要竞逐绿色低碳发展新赛道，勇当沿海地区高质量发展排头兵，为全省“勇挑大梁”多作贡献。我们一定要把思想和行动统一到中央和省、市委最新部署要求上来，“勇挑大梁”、扛起责任，着力保持平稳健康的经济环境、国泰民安的社会环境、风清气正的政治环境，以实际行动迎接中共二十大胜利召开。

*一要在准确把握宏观大势中积极抢抓战略机遇。*当前，在世纪疫情冲击下，百年变局加速演进，外部环境更趋复杂严峻，国内经济仍处于结构调整阵痛期、前期政策消化期、新的政策探索期，面临着需求收缩、供给冲击、预期转弱三重压力。尽管挑战前所未有，但我国经济韧性强、长期向好的基本面不会改变，特别是中央和省、市出台的一揽子稳增长政策措施，针对性强、含金量高，我们要保持敏锐嗅觉，把握政策机遇，坚持稳字当头、稳中求进，以经济、社会、政治各方面的“稳”，支撑质量、结构、效益各方面的“进”。同时，随着“双循环”新发展格局加速构建，长三角一体化、江苏新一轮沿海开发、江淮生态经济区建设等重大战略深入推进，我们面临的发展空间更广、发展潜力更大，必须主动迎上、积极策应，努力在深层次融合发展的区域重构中找准定位、彰显地位。

*二要在准确把握区域态势中奋力实现争先进位。*区域发展没有“齐步走”，只有“竞技赛”。从全市发展看，北部快速隆起、东部向海开拓、南部跨越引领、中部能级提升，特别是一些具有地理优势、先发优势的兄弟县份，有发展空间、要素资源的支撑，加快转型发展的积淀更多、余地更大。从追赶目标看，高邮与建湖区域位置相邻、人口资源相近、主导产业相似，但对照市“对标赶超、争先进位”明确的10项监测评价指标，无论是总量指标，还是增速指标，都较我县领先明显。面对“百舸争流、千帆竞发”的区域发展态势，不争就是认输，不抢就会失败，不进就是倒退。我们必须切实增强紧迫感和危机感，紧扣“对内提份额、对外争位次”的要求，跳出一时一地的局限，燃起“二次创业”的激情，在各条战线迅速掀起比学赶超热潮，推动各项工作由“跟跑”向“并跑”“领跑”转变，争做全市“领头雁”、沿海排头兵、长三角优等生。

*三要在准确把握自身优势中打造绿色发展标杆。*市委全会指出，当前和今后一段时期的主要任务是，建设绿色低碳发展示范区，展现“国际湿地、沿海绿城”的生态魅力、发展活力，重点建设绿色生态之城、绿色制造之城、绿色能源之城、绿色宜居之城四个“绿色盐城”。建设绿色低碳发展示范区，不仅是全面服务国家碳达峰、碳中和目标，展现绿色发展新担当的自觉行动，也是积极抢抓绿色低碳转型机遇，勇当排头兵的路径选择，更是发挥自身比较优势，激发区域发展新活力的现实需要。近年来，我县始终坚持生态优先、绿色发展，把生态品牌化作为“四化战略”的重要一环，系统谋划、精准发力，生态本底的价值更加凸显。建湖作为江淮生态经济区的核心板块，绿色低碳发展有基础、有优势、有潜力，理应站在排头、走在前列。我们要提高站位、深化认识，坚定不移把绿色低碳发展作为现代化建设的发展取向、工作导向、奋斗指向，全面推动产业生态化、生态产业化，保持定力，乘势而上，牢牢把握制胜未来的主动权，在建设绿色低碳发展示范区中扛起建湖担当、展现建湖作为、作出建湖贡献。

下半年，要围绕年初确定的各项目标任务，抓重点、抓关键、抓薄弱环节，努力推动各项工作取得更大突破。

*1. 要在高层次推进工业强县上取得更大突破。*始终坚持实体为本、制造为根不动摇，把工业经济作为稳定经济大盘的主力军，以开展“企业大走访、项目大推进、产业大招商”活动为抓手，全力扩增量、优存量、提质量。

一是扎实开展“企业大走访”活动。企业稳，经济才能稳。要深入一线访实情，强化县四套班子领导、挂钩服务部门、企业所属板块、为企服务办“四位一体”联动，倾听企业诉求，找准痛点难点，切实做到情况在一线了解、问题在一线解决、帮办在一线落实，努力以优质高效的“服务指数”赢得企业的“满意指数”。确保下半年规模以上工业企业增长面达 75%。要推动政策快落实，全面梳理各类减税降费、助企纾困政策措施，加强宣传解读，优化送达机制，确保各项政策直达基层、直接惠及市场主体，推动企业轻装上阵、稳健运行。要助力企业快转型，坚持把数字经济作为企业转型的关键增量，深入实施工业企业能级提升行动计划、“智改数转”三年行动计划，积极推动数字产业化、产业数字化，引导和支持企业深耕主业、迭代更新、重组上市、做大规模，确保全年培育三星级以上企业 22 家，其中四星级企业 5 家、五星级企业 3 家；博克斯公司实现北交所上市，道尔道公司进入辅导备案；工业全口径开票销售突破 850 亿元，三大主导产业开票销售突破 570 亿元，六条重点产业链开票销售突破 400 亿元，争创全省制造业“智改数转”成效明显地区。

二是扎实开展“项目大推进”活动。项目是支撑当下发展的“稳定器”，推动未来发展的“动力源”，不抓项目、抓不住项目，一切都是空谈。要加快重大项目建设，围绕项目成长全生命周期，聚焦提升签约率、开工率、竣工率、投产率、达效率“五率”要求，建立健全“单月预审、双月开工、季度督查、半年观摩、年度考核”制度，全力推动年产 20GW 金刚线切片、年产 3 万吨石墨烯涂层铝箔集流体等项目及早签约落地，耀宁磷酸铁锂电池及系统总成、高测二期等项目加快建设进度，润阳 13GWTOPCon、益佳通磷酸铁锂动力电池等项目抓紧投产达效，努力形成实实在在的实物工作量和真金白银的有效投资。确保全年新开工超亿元产业项目 120 个，其中超 10 亿元 10 个。要强化要素保障，持续开展工业企业资源集约利用综合评价和“三项清理”，把有限的空间、排放、能耗等要素进一步集聚到重大项目上，真正把“好钢用在刀刃上”，切实杜绝“项目等土地”问题。“两区”要主动顺应由零散分布向集聚发展、由低效运营向集约发展的趋势，不断增强对优质项目、创新资源的吸引力，加快提高园区的土地产出率、成果转化率、发展贡献率，真正成为高质量发展的标杆区。

三是扎实开展“产业大招商”活动。只有优质项目够数量，高质量发展才更有分量。要进一步明确招商方向，聚焦三大主导产业和六条产业链，坚持宜链则链、宜群则群、链群并举，深耕长三角、粤港澳等重点地区，精心组织长三角专题招商、新能源产业论坛等活动，持续突破一批“链主型”“群主型”重特大项目。确保全年新签约超亿元产业项目 120 个，其中超 10 亿元 10 个。要进一步优化招商方式，创新以商引商、中介招商、代理招商等模式，提高宏创、汇悦新能源、名湖等产业基金运营水平，更好地发挥投资撬动作用。要进一步压实招商责任，县四套班子领导要以身作则、率先垂范，带头招大引强，主动协调矛盾，高效推动建设；各板块“一把手”要切实担起招商引资第一责任人责任，以“不成不归、不签不回”的韧劲和执着，在你争我夺的项目招引中实现更大突破；各主要经济部门要增强“一盘棋”意识，强化服务、靠前帮办，努力为项目落地创造条件、腾出空间；专业招商小组要发挥主力军作用，突出专人专职，集中精力抓招商，心无旁骛抓项目。

当前已经是 8 月中旬，距离年底仅剩 4 个多月时间。县委决定，从现在开始，组织开展“百日会战、冲刺全年”活动，动员全县上下以决胜的心态、攻坚的姿态、决战的状态，紧扣目标加油干，争分夺秒抓落实，努力交出一份优异答卷。一要抬高站位、锚定目标。下半年，各项考核的指标内容和具体细则将陆续出台，要认真学习研究相关考核要求，围绕“进入全市第一方阵”的总体目标定位，对优势工作“保位次、拉分差”，缺口短板“进位次、缩差距”，以定了就干、干必干成的决心，推动各项工作提标进位。二要抓住重点、补齐短板。要对标对表深入剖析相关指标事项推进情况，进一步找准找实短板弱项，聚合力量、整合资源，针对性制定工作措施、清单式明确节点要求、销号制推进问题整改，不断夯实进位基础。三要强化对接、压实责任。县分管领导要定期牵头盘点，加强预警提醒；各部门单位要坚持目标同向、责任同担、行动同步，进一步加强信息交流、强化沟通协调，以强大合力推动各项工作再上新台阶、再创新业绩。

*2. 要在高水平推进改革开放上取得更大突破。*坚持以改革激发活力、以开放释放推力、以创新重塑动力，在服务和融入新发展格局中展现更多作为。

一是深化重点领域改革。科学把握各项改革举措的关联性、耦合性，构建形成系统集成、全面深化的改革体系。要持续优化“放管服”改革链条，以数据共享促进办事流程优化和业务协同，扎实抓好“一网通办”“一业一证”、企业开办“码上办”等重点改革事项，加快推进工程建设项目审批减环节、缩流程、降负担，实现项目拿地即开工、完工即验收、交验即发证，努力打造全市排头、全省前列、长三角一流的营商环境。要按照“控总量、减数量、调结构、降成本、促转型、建机制、压责任”的总体要求，明确政府债务、政府隐性债务、政府平台债务、政府关注类债务“全口径”管控目标，深化镇财县管、镇债县管改革，持续控减政府债务总量，坚决杜绝新增隐性债务，建立完善科学规范、约束有力的预算绩效管理指标体系，不断提高县级财力水平和自我保障能力。要深化国资国企改革，高质量完成改革三年行动计划任务，健全规范市场化实体化运营机制，强化提升国企内部监督管理效能，切实防范国企经营性债务风险，推动国企聚焦主业做大做强做优，在推进产业发展、城乡建设、民生保障等方面发挥积极作用。

二是拓宽开放合作空间。牢固树立开放理念，从更高视野、更广角度审视建湖，以外部市场和资源助力自身发展。要进一步增强“全市都是沿海地区”的思想自觉，紧抓江苏沿江产业向沿海转移机遇，寻求与黄海新区、中韩（盐城）产业园等重点园区协同发展，以陆海统筹、交通联通为牵引，以产业配套、项目承接为重点，以一体融合、协同发展为路径，全方位加强协作。要积极融入长三角一体化，以与苏州吴江区建立友好合作关系为契机，组织开展结对共建、产业提升、科创对接、农产品进吴江、文旅品牌推广“五大专项行动”，加快与吴江形成产业同频、创新同源、服务同等新格局。要打通对外开放通道，对接推进阜溧高速、盐阜快速通道、黄沙港航道等级提升等重大交通工程，深化与盐城港集团合作，推动建湖港区扩能升级，加快构建现代化交通运输服务体系。

三是激发创新创造活力。坚持把创新作为第一动力，在独有独创上施展更大作为。要大力实施高企培育三年行动计划，建立健全以企业为主体、市场为导向的技术创新体系，支持企业与高校、科研院所共建重点实验室、协同创新中心，促进高新技术企业数量质量“双提升”，着力形成科技领军企业高峰凸显、科技中小企业高原崛起的集聚效应，年内新增国家高新技术企业 30 家、市“瞪羚”企业 2 家以上。要围绕主导产业布局，集聚科技研发、创新孵化等高端要素，加快推进高端装备研究院等平台建设，努力推动更多创新成果落地转化。确保规模以上企业市级以上研发机构覆盖率达 40%，高新技术产业产值达 43.3%，高新区悦湖之星、开发区睿创之芯分别争创国家级、省级科技企业孵化器。要加快创新人才集聚，建立健全柔性引才、评价激励等制度，聚焦产业链“高精尖缺”领域，大力引进更多科技领军人才、顶尖科创团队，确保高层次创新创业领军人才数在全市领先。

*3. 要在高能级推进城乡融合上取得更大突破。*重点推进以人为核心的新型城镇化，大力实施乡村振兴战略，实现城乡互动并进、区域协调发展。

一是优化区域空间布局。要突出主导功能划分和边界刚性管控，强化集聚集约发展，以“三区三线”优化调整完善为契机，推动国土空间总体规划与重要节点城镇规划、实用性村庄规划、城市综合交通规划等各类专项规划相衔接，系统推进空间布局重塑和功能形态升级。要深入推进“一体两翼”建设，县城要突出文旅融合、创新创业，积极实施老旧小区和后街背巷整治、棚户区改造等工程，加快推进万达广场、金融政务服务中心、双湖文旅产业带等功能配套项目，布局发展假日经济、夜间经济、流量经济等新业态，不断提升城市品质内涵；东翼上冈要主动承接大市区辐射带动，统筹做好新城开发、老城更新和产业园提档升级，全面建成滨河路绿色生态和产业园特色产业两条“廊道”，加快呈现产城融合、宜居宜业的现代化城镇形象；西翼九龙口要树立“全域皆景区、全域大花园”理念，突出形态、业态、生态相统一，在塑造水乡肌理、积淀文脉底蕴中彰显“建湖有戏——灵龙水乡·淮杂故里”的独特魅力。

二是推动乡村全面振兴。要聚焦种源安全和耕地保护，坚决遏制耕地“非农化”、防止“非粮化”，大力实施种业振兴行动，加快高标准农田示范项目建设，持续提升农作物耕种收综合机械化水平，确保农业稳产增收。要围绕农业规模化、产业化、科技化、品牌化“四化”发展方向，突出有基地、有园区、有企业、有市场“四有”建设，积极打造东部设施果蔬、中部优质稻米、西部特色水产三大产业基地，提档升级农产品加工集中区，加快引培一批年销售超 10 亿元的规模龙头企业，建立农产品线上、线下双市场平台，提升“遇建湖鲜”“九龙口大闸蟹”品牌价值，实现农业发展质效同步提升。要一体推进农房改善和农村人居环境整治提升行动，加快实施高作、九龙口、恒济、庆丰全域土地综合整治项目，深入做好农房改善“后半篇文章”，建立健全农村河道、道路交通、绿化美化、环境保洁、公共设施“五位一体”运行管护机制，努力建设点上出彩、线上成景、面上美丽的特色田园乡村。

三是深化文明城市创建。要树立长抓常管意识，对照创建标准，聚焦重点难点，紧盯短板弱项，扎实开展文明城市创建专项行动，确保创建为民、创建惠民举措不断走深走实，以实实在在的创建成效提升群众的获得感、幸福感。要建立完善条块结合、上下联动的城镇管理机制，突出抓好一镇一街一巷一村一广场“五个一”精细化样板创建，探索建立智慧交通、智慧物业、智慧停车等数字化示范应用场景，逐步提高城市管理水平。

要注重道德内涵建设、文明风尚培育、城市精神塑造，大力弘扬社会主义核心价值观，深化书香城市建设，持续放大“建湖好人”品牌引领效应，扎实开展“树新风、除陋习”移风易俗专项行动，切实加强青少年思政教育，推动形成人人爱国爱家、个个崇德向善的文明新风尚。

4.要在高颜值推进绿色转型上取得更大突破。充分发挥生态禀赋优势，深度融入绿色低碳发展示范区建设，全力争创全国“两山”实践创新基地。

一是提升生态碳汇能力。坚持绿色低碳循环发展导向，系统布局碳达峰、碳中和行动，持续加大降碳减污力度，让产业结构更轻、发展模式更绿、生活质量更优。大力培育节能环保、清洁能源、资源循环利用等绿色低碳产业，鼓励引导企业应用绿色技术、绿色材料、绿色工艺开发生产绿色产品，以产业发展含绿量推动经济发展高质量。准确把握“双碳”目标和能耗“双控”要求，坚决遏制“两高”项目盲目发展，加快推进悦阳光伏关键工序、博克斯磁悬浮风机等项目绿色改造升级，确保全年实施绿色化改造项目50个，建成省级绿色工厂2家。扎实推进全国首批屋顶分布式光伏整县推进试点，大力支持新能源光伏制造企业和示范应用项目建设，鼓励工厂园区开展屋顶光伏、多元储热、高效热泵等绿色低碳微电网建设，做大清洁能源发电规模，逐步推动规模化“绿电”替代。加强生态文明宣传教育，积极倡导简约适度、绿色低碳生活方式，推动绿色出行、绿色居住、绿色消费，全民共建共享生态绿色家园。

二是夯实绿色生态基底。深入打好污染防治攻坚战，积极开展保蓝天、护碧水、守净土、增绿色行动，高标准落实第二轮中央环保督察交办问题整改，标本兼治提升区域环境水平。扎实开展保蓝天行动，严格落实PM2.5和臭氧浓度“双控双减”，系统抓好秸秆禁烧、城市扬尘管控、油烟废气治理、挥发性有机物减排和源头替代等重点工作，确保空气质量持续保持省、市前列。扎实开展护碧水行动，突出抓好黑臭水体治理、生态河道建设、农业面源污染防治等重点任务，加快推进里下河洼地治理工程，确保省考断面、水源地水质100%达标。扎实开展守净土行动，强化土壤污染源头管控和治理修复，深化垃圾分类和资源化利用，健全工业固废收集、处理、加工和综合利用体系，继续推行小微企业危废收集贮存试点，全力保障土壤环境安全。扎实开展增绿色行动，积极推进国土绿化建设和湖荡湿地保育工程，着力打造里下河最美“绿心”。

三是叫响生态文旅品牌。以“三区同创”为引领，一体推进九龙口国家AAAAA级景区、陆秀夫国家AAAA级景区、乔冠华和杂技传承基地、荷花漫国家AAA级景区创建，着力构建各具特色、优势互补的全域旅游发展格局。持续发挥九龙口旅游度假区龙头作用，以淮剧发源地沙庄招商、运营、管理为重点，完善服务业态，做精做美景区，国庆节全面对外开放，全力争创国家AAAAA级景区。坚持以文促旅、以旅彰文，扎实推动淮杂“非遗”与湿地“世遗”融合互动，积极推行“旅游+演艺”模式，将淮剧、杂技、民俗等文化，沉浸式、多点位、全天候植入生态旅游，努力实现文旅资源互为支持、共同提升，不断打响“水韵江苏”生态文旅品牌。

5.要在高品质推进幸福生活上取得更大突破。坚持以人民为中心，持续优化公共服务供给，用心用情办好民生实事，不断增强群众获得感幸福感和安全感。

一是拓宽富民增收渠道。健全完善就业促进、创业扶持政策体系，突出抓好高校毕业生、农村转移劳动力、退役军人等重点群体就业创业，确保全年城镇新增就业7300人、扶持自主创业2800人，城镇登记失业率控制在4%以内。扎实开展社会保险扩面征缴三年提升行动，持续完善多层次医疗保障体系，积极引导灵活就业人员、新业态从业人员参加社会保险，稳步提升城乡低保、特困人员、抚恤优待等标准，分层分类实施社会救助帮扶措施，确保共同富裕路上一个不落、一个不少。围绕“30、40、50”目标，鼓励农村经济股份合作社参与全域土地综合整治、高标准农田建设、新型农场试点和农村特色产业发展，持续拓宽村集体增收渠道，确保年内所有村（居）年经营性收入全部达30万元以上，50%的村（居）达50万元以上。

二是优化公共服务供给。坚持教育优先发展，全面落实“双减”要求，持续深化校风、教风、师风“三风”整治，优化调整城乡教育资源布局，着力推动学前教育普惠优质均衡、职业教育提质扩容、义务教育和普通高中教育稳步走在全市前列。全面推进健康建湖建设，健全完善分级诊疗机制，加大医共体、医联体、“互联网+医疗健康”建设力度，扎实开展县人民医院三甲创建，全方位全周期保障人民群众身体健康。深入实施文化惠民工程，精心组织开展“喜迎二十大”群众性文化活动，持续打造杂技剧场、淮剧舞台等文化惠民品牌，深度挖掘淮杂、渔耕、红色等本土文化，推出一批高水平的“建湖原创”。健全完善“一老一小”服务保障体系，积极推行以居家为基础、社区为依托、机构为补充、医养相结合的链式养老服务模式，加快发展普惠幼教和托育服务，有效缓解家庭和社会的养老、育儿负担，促进人口长期均衡发展。

三是提升社会善治水平。统筹好发展和安全，以“时时放心不下”的责任感，切实做好防风险、保安全、护稳定等各项工作，确保社会大局持续安全稳定。毫不放松抓好常态化疫情防控，健全公共卫生应急管理、重大疫情防控救治和疾病预防控制体系，坚决守住来之不易的防控成果。高水平打造平安建湖、法治建湖，一体推进法治城市、法治政府、法治社会建设，精心实施“八五”普法规划和“精网微格”工程，常态化开展扫黑除恶斗争，全力争创全国法治政府建设示范县。认真落实“两个不放松”“务必整出成效”总要求，持续加强应急管理体系和能力现代化建设，专项开展危化品、城市建设、道路运输等重点领域整治任务，坚决打赢“三年大灶”收官战，争创省安全发展示范城市。扎实开展“信访突出问题攻坚化解年”行动和矛盾纠纷大排查、大起底、大化解行动，不断完善纠纷多元化解、联动应急处置机制，坚决遏制增量，逐步消除存量，努力营造安定有序的社会环境。

四、扛起主责、抓好主业，不断推进新时代党的建设新的伟大工程

深入贯彻新时代党的建设总要求，不断提升党建工作质量和水平，以高质量党建助力高质量发展、引领现代化征程。

1. 强化思想引领，坚定对标看齐的政治自觉。坚持把思想政治建设摆在首位，加强党性锤炼，筑牢绝对忠诚的政治信仰。一要站稳政治立场。持之以恒学懂弄通做实习近平新时代中国特色社会主义思想，始终从政治上观察、分析和处理问题，毫不动摇忠诚核心、拥戴核心、维护核心，胸怀“国之大者”，注重“知行合一”，确保习近平总书记重要指示和党中央、省市委决策部署在建湖落地生根。二要深化理论武装。把迎接中共二十大胜利召开、学习宣传贯彻中共二十大精神作为首要政治任务，用活用好理论学习中心组、塘河讲坛等学习载体，充分发挥“1+3+N”宣讲队伍作用，全方位、多层次、立体式开展二十大精神轮训，坚定不移推促党的创新理论在建湖大地上形成生动实践。三要守牢思想阵地。严格落实意识形态工作责任制，深入推进党史学习教育常态长效化，深化拓展新时代文明实践中心建设，加强新闻媒体、民族宗教等阵地管理，强化网络舆情监管，传播强大正能量，为建湖高质量发展营造良好的舆论环境。

2. 注重固本强基，构筑坚强有力的战斗堡垒。积极实施“五聚焦五落实”深化提升行动，推动基层党组织全面进步、全面过硬。一要建强基层党支部。紧盯不同领域基层党支部工作特点，科学谋划、分类施策，打造党支部标准化、规范化建设工作体系。探索开展产业链、供应链、创新链党建，推动产学研、上下游、大中小企业等党建联建共建，助力产业高质量发展。持续强化新业态新就业群体党建，构建行业、属地、企业协调联动的党建工作体系，不断扩大党在新兴领域的影响力。二要培优基层带头人。深化基层干部建设，以村、社区、“两新”组织等为重点，构建分类分岗分级、提升素质提高待遇提振动力“三分三提”基层干部专业化体系。探索将专业化星级管理从村书记延伸至全体村干部，着力培养一批政治素质好、发展能力强、留得住扎下根的基层干部队伍。深入推进社区工作者职业化管理，严格选聘标准程序，完善岗位等级序列，逐步将社区专职网格员纳入社区工作者队伍管理。三要提升基层服务力。推动村（社区）党群服务中心常态化服务党员群众，优化党建活动、文明实践、文化医疗等功能布局，切实做到“大门常开、场所常用、活动常办、服务常抓、群众常来”。进一步完善“街道—社区—网格—党员楼栋长（中心户）”四级组织链条，推广“群众点单、社区派单、党员接单”模式，不断提升精细化治理、精准化服务水平。

3. 激励担当作为，打造可堪重任的硬核队伍。扛起建湖现代化建设新使命，必须要有一支敢于担当、善于创造、激情干事的干部队伍。一要以事业为上选好人。强化导向引领，把愿不愿做事、敢不敢扛事、能不能成事作为评判干部的重要标尺，探索实施实绩考核和干部评议、企业家评议、基层述评相结合，通过全方位、近距离、常态化地考察识别，把主动担当、实干苦干、敢抓敢管、实绩突出的干部发掘出来、使用起来。二要以实践历练培养人。注重在改革发展稳定一线练就干部的硬脊梁、真本事，综合运用上挂下派、内培外送等方式，有计划地选拔一批优秀年轻干部放到关键岗位、重要工作中墩苗压担，推动各级干部在啃“硬骨头”、攻“硬山头”中不断提升“八种本领”“七种能力”，用“铁肩膀”挑起事业发展的“重担子”。三要以严管厚爱激励人。积极构建干部为事业担当、组织为干部担当的良性机制，认真落实“三个区分开来”要求，常态化运用鼓励激励、容错纠错、能上能下“三项机制”，持续放大职级晋升激励效应，对不作为、假作为、乱作为的各级干部坚决予以调整，让有为者有位、能干者能上、优秀者优先。

4. 锤炼过硬作风，保持干事创业的激情状态。作风好则事业兴，作风实则发展快，优良的作风是一切工作的底线和保障。一要高标追求勇争先。牢固树立“争一流、创唯一、敢闯敢试敢创新”的工作导向，坚决摒弃思维定势、工作惯性和路径依赖，自觉增强负重前行的责任感、争先进位的紧迫感和敢为人先的精气神，把每项工作抓紧抓实，把每项指标落细落实，确保纵比年年有进步、横比年年有进位。二要攻坚克难强担当。始终秉持“困难面前有我们、我们面前没困难”的精神状态，把攻坚克难当成增加历练的“磨刀石”、经受考验的“试金石”，积极冲锋在招商引资主战场、维护稳定第一线、服务群众最前沿，努力以不畏挑战、克难求进的实际行动彰显建湖干部的良好形象。三要雷厉风行抓落实。大力倡导“马上就办、真抓实干”的务实作风，树牢“今天再晚也是早，明天再早也是晚”的效率意识，坚定“谈成归来，干完回家”的工作追求，杜绝“把说了当做了、把做了当做成了”的敷衍态度，用好用活“板块比发展、部门比服务”流动红蓝旗评比制度，引导全县上下以最短时间、最快速度、最高标准推动各项工作，全力跑出加速度、干出新业绩。

5. 从严管党治党，涵养风清气正的政治生态。始终坚持“严”的主基调，压紧压实“两个责任”，切实履行“一岗双责”，持续推动全面从严治党向纵深发展。一要持之以恒纠“四风”。坚决落实中央八项规定及其实施细则，精准纠治形式主义、官僚主义，深化为基层减负工作，严防“四风”问题隐形变异、反弹回潮。聚焦“昏懒庸贪”行为和“躺平式干部”现象，保持通报查处力度不减、尺度不松，不断强化督查问责在推动重点任务落实中的监督保障执行作用。二要毫不松懈抓监督。把政治监督向安全生产、生态环境保护、地方政府性债务、国企国资监管等领域拓展深化，持续深入抓监督、严问责、促落实，促进各级干部讲政治、守规矩、善作为。紧盯省委巡视反馈问题线索，逐项制定整改措施、明确整改责任，加快推动相关线索处置到位、制度规定完善到位、以案促改落实到位，确保巡视整改持续走深走实。三要旗帜鲜明惩贪腐。做事要讲原则、守规矩，始终心存敬畏、行有所止。一体推进“三不”机制建设，围绕平台融资、招商引资、工程建设、教育医疗等重点领域，坚持无禁区、全覆盖、“零容忍”，铁腕惩处各类腐败现象和不正之风，持续深化以案促改、以案促治工作，加强廉洁文化和家庭家教家风建设，引导全县党员干部怀德自重、洁身自好，永葆清正廉洁的政治本色。

同志们，百舸争流千帆竞，乘风破浪勇者先。让我们更加紧密地团结在以习近平同志为核心的党中央周围，在省、市委的坚强领导下，只争朝夕、砥砺奋进，拼搏进取、跨越赶超，勇当沿海地区高质量发展排头兵，奋力建设“强富美高”现代化新建湖，以实际行动迎接中共二十大胜利召开！

深入学习贯彻中共二十大精神
奋力谱写中国式现代化建湖新篇章

——在县委十五届四次全会上的讲话

（2022年12月22日）

县委书记　祁从峰

同志们：

这次全会的主要任务是，高举习近平新时代中国特色社会主义思想伟大旗帜，认真贯彻落实中共二十大精神和中央经济工作会议精神，按照省委十四届三次全会和市委八届四次全会部署要求，回顾总结 2022 年工作，部署安排 2023 年任务，动员全县各级党组织和广大党员干部，坚定信心、狠抓落实，踔厉奋发、勇毅前行，奋力谱写中国式现代化建湖新篇章。

下面，我根据县委常委会会议讨论的精神，讲四个方面意见。

一、深刻领悟“两个确立”的决定性意义，切实把思想和行动统一到中共二十大精神上来

中共二十大是在全党全国各族人民迈上全面建设社会主义现代化国家新征程、向第二个百年奋斗目标进军的关键时刻召开的一次具有里程碑意义的大会，为新时代新征程党和国家事业发展、实现第二个百年奋斗目标指明了前进方向、确立了行动指南。学习宣传贯彻中共二十大精神，事关党和国家事业继往开来，事关中国特色社会主义前途命运，事关中华民族伟大复兴，是当前和今后一个时期的首要政治任务。

一要全面把握精髓要义，深刻认识中共二十大的精神实质和丰富内涵。坚决贯彻习近平总书记“五个牢牢把握”和“全面学习、全面把握、全面落实”的重要指示，按照中央和省、市委部署要求，深入学、反复学，读原文、悟原理，持续拓展深度、延伸广度，自觉用中共二十大精神统一思想、统一意志、统一行动。要深刻认识中共二十大主题和主要成果，更好地理解把握我们党在新征程上举什么旗、走什么路、以什么样的精神状态、朝着什么样的目标继续前进，准确把握中共二十大的“灵魂”和党和国家事业发展的“总纲”。要深刻认识新时代10年伟大变革的深远历史意义，坚定中国特色社会主义道路自信、理论自信、制度自信、文化自信，坚持道不变、志不改，始终沿着习近平总书记指引的方向砥砺前行。要深刻认识习近平新时代中国特色社会主义思想的世界观和方法论、贯穿其中的立场观点方法，牢牢把握“两个结合”和“六个必须坚持”，做到学思用贯通、知信行合一，自觉用党的创新理论武装头脑、指导实践、推动工作。要深刻认识中国式现代化的中国特色和本质要求，牢牢把握推进中国式现代化的重大原则，在新征程上全面推进中国式现代化建湖新实践。要深刻认识党的中心任务和未来五年统筹推进“五位一体”总体布局、协调推进“四个全面”战略布局的重大部署，全面对标对表、创新工作举措，更好地扛起“争当表率、争做示范、走在前列”光荣使命，谱写“强富美高”新建湖现代化建设新篇章。要深刻认识以党的自我革命引领社会革命的重要要求，坚决扛起“全面从严治党”政治责任，把严的基调一贯到底，确保党不变质、不变色、不变味，始终成为建湖现代化建设的坚强领导核心。要深刻认识江山就是人民、人民就是江山的根本政治立场，更加自觉践行以人民为中心的发展思想，把为民造福作为最大政绩，扎实推进共同富裕，团结带领群众开创更加美好的未来。要深刻认识统筹发展和安全的重大原则，完整准确全面贯彻总体国家安全观，坚持以新安全格局保障新发展格局，增强忧患意识，树牢底线思维，下先手棋、打主动仗，守牢安全稳定底线。要深刻认识“三个务必”的谆谆教导和团结奋斗的时代要求，弘扬伟大建党精神，增强斗争精神，提高斗争本领，锤炼过硬作风，保持干事激情，勇于迎击任何狂风暴雨、战胜任何惊涛骇浪，为党和人民事业奋斗不止。中共二十大还对国防和军队建设、港澳台工作、外交工作等方面提出大政方针、作出工作部署，我们要认真学习领会、全面贯彻落实。

二要坚定正确政治方向，以实际行动和实际成效拥护“两个确立”、做到“两个维护”。学习贯彻中共二十大精神，最重要最根本的是要深刻领悟“两个确立”的决定性意义，深刻理解其历史逻辑、理论逻辑、实践逻辑，切实增进政治认同、思想认同、理论认同、情感认同。“两个确立”是党的十八大以来发生伟大变革、取得历史性成就的决定性因素，是新时代10年最大政治成果、最重要历史经验、最客观实践结论。“两个确立”对全面建设社会主义现代化国家、全面推进中华民族伟大复兴、实现党的第二个百年奋斗目标具有决定性意义，是我们应对一切不确定性的最大确定性、最大底气、最大保证。“两个确立”是走好新的赶考之路必须始终坚持的重大政治原则，也是必须全面贯彻的重大实践要求，在新时代新征程上我们要用实际行动坚定拥护“两个确立”、坚决做到“两个维护”。现在，“两个确立”已经成为全党全军全国各族人民的高度共识和共同意志，写在了新时代的伟大征程上、写在了全党全军全国各族人民的心坎上。我们要更加坚定地忠诚核心、信赖核心、紧跟核心、维护核心，坚决维护党中央权威和集中统一领导，学深悟透笃行习近平新时代中国特色社会主义思想，不断提高政治判断力、政治领悟力、政治执行力，胸怀“两个大局”、牢记“国之大者”，坚决贯彻习近平总书记重要指示和党中央决策部署，做到政治上绝对忠诚、思想上高度统一、意志上更加坚韧、行动上坚决有力，在以习近平同志为核心的党中央周围团结成“一块坚硬的钢铁”，步调一致向前进，紧跟习近平总书记走好新的赶考之路，不断夺取新的伟大胜利。

三要充分汲取真理伟力，做习近平新时代中国特色社会主义思想的坚定信仰者和忠实实践者。习近平新时代中国特色社会主义思想是当代中国马克思主义、二十一世纪马克思主义，是中华文化和中国精神的时代精华，是系统全面、逻辑严密、内涵丰富、内在统一、不断发展的科学理论体系，是我们不断夺取新时代新征程各项事业伟大胜利的思想灯塔和行动指南。中共二十大深入总结我们党坚持和发展马克思主义的历史经验，系统阐述、精辟概括了习近平新时代中国特色社会主义思想的世界观、方法论和贯穿其中的立场观点方法，集中体现为“两个结合”“六个必须坚持”，深刻阐明了马克思主义在中国创新发展的内在机理，揭示了习近平新时代中国特色社会主义思想的理论品格和鲜明特质。我们要把“两个结合”“六个必须坚持”作为学深悟透习近平新时代中国特色社会主义思想的“金钥匙”，深刻领会党的创新理论的道理、学理、哲理，自觉用于改造客观世界和主观世界的全部实践，真正让习近平新时代中国特色社会主义思想在建湖全面推进中国式现代化新实践中充分彰显真理力量和实践伟力，更好造福人民。要在学懂弄通上下功夫，坚持全面系统学、及时跟进学、联系实际学，对重大论断、重大观点、重大要求了然于胸，对内在本质和客观规律充分领会，真正理解把握习近平新时代中国特色社会主义思想的核心要义、精神实质、丰富内涵、实践要求，做到知其言更知其义、知其然更知其所以然。要在知行合一上下功夫，大力弘扬理论联系实际的马克思主义学风，自觉用习近平新时代中国特色社会主义思想之“矢”去射建湖发展之“的”，时时对表、事事对标，正确处理好速度和质量、发展和安全、发展和环保、发展和防疫等重大关系，着力解决实践遇到的新问题、改革发展稳定存在的深层次问题、人民群众急难愁盼问题、党的建设面临的突出问题，不断提高工作的科学性、预见性、主动性，不断开创事业发展的新局面。要在常悟常进上下功夫，不仅要知之行之，更要在实践中常修常炼、常悟常进，体悟蕴含其中的真理力量和实践伟力，体悟贯穿其中的坚定信仰信念、强烈历史担当、真挚为民情怀，在领悟不止、精进不怠中内化为自觉、上升为信仰，推动习近平新时代中国特色社会主义思想在建湖大地落地生根、开花结果，形成更多生动实践。

二、始终坚定知重负重、勇挑重担的高度自觉，推动高质量发展行稳致远

今年以来，在中央和省、市委的正确领导下，我们坚持以习近平新时代中国特色社会主义思想为指导，认真学习贯彻中共二十大精神，紧扣“勇当沿海地区高质量发展排头兵”和“国际湿地、沿海绿城”目标定位，全面落实“疫情要防住、经济要稳住、发展要安全”重大要求，高效统筹疫情防控和经济社会发展，全县经济社会发展保持了稳中有进、稳健前行的良好态势，被评为全国综合实力百强县、全国绿色发展百强县、全国科技创新百强县，推进经济开发区转型升级创新发展、促进制造业创新转型、深化县级公立医院改革等5项工作获得省政府真抓实干督查激励表彰。

一年来，我们保持发展定力，在高效统筹中稳住经济大盘。全力稳企纾困保市场主体，累计减免缓退税收11.5亿元，为中小企业转续贷57.16亿元，为市场主体实行延期还本付息39.02亿元，发放稳岗补贴1526.49万元，兑现民营经济奖励资金5490.04万元。始终抓牢发展第一要务，全年实现地区生产总值710.4亿元，增长4.9%；一般公共预算收入37.65亿元，增长9%；全口径开票销售、规模以上开票销售、规模以上应税销售分别达750.1亿元、528亿元、511.2亿元，分别增长23.96%、22.99%、22.9%；固定资产投资增长15.9%；进出口总额增长23.7%；注册外资实际到账增长47.2%；城乡居民人均可支配收入分别达44542.2元、27477.9元，分别增长5.3%、6.4%，农民收入增速连续9年高于城镇居民。

一年来，我们突出项目为王，在壮大产业中实现量质齐升。主导产业集聚提升。扎实开展“企业大走访、项目大推进、产业大招商”活动，高端装备、新能源和电子信息三大主导产业实现规模以上开票销售398亿元，同比增长23.3%，占规模以上工业比重提高到76%。与苏州市吴江区、高新区签订合作共建协议，新设立15亿元汇悦新能源等3支产业基金，新签约、新开工超亿元产业项目分别为123个、121个，其中超10亿元分别为18个、9个，总投资60亿元的益佳通磷酸铁锂动力电池、总投资68亿元的润阳14.2GW-N型电池片等一批重特大项目加速推进，总投资102.3亿元的耀宁锂离子电池及系统总成项目开工建设，实现建湖百亿元重特大项目历史性突破。企业转型成效显著。实现开票超亿元企业102家，其中超50亿元企业2家；税收超千万元企业28家，市三星级以上企业14家，其中五星级3家；创成国家“专精特新‘小巨人’”企业2家，建成省五星级“上云”企业3家、全市第一，净增国家高新技术企业31家，新增新三板挂牌企业1家，数字产业规模同比增长60%，道尔道公司被认定为全市唯一的国家制造业单项冠军企业、省级质量标杆企业和全县首家省潜在“独角兽”企业。要素保障有力有效。清理闲置土地4015亩、厂房77.3万平方米，连续四次被评为省自然资源节约集约利用模范县。在全市率先实现“竣工即发证”“踏勘即发证”，22个行业“一业一证”改革实现全覆盖，“水电气网”联合报装被列为全市样板，营商环境综合评价全省排名比上年提升10个位次。开发区、高新区分别被认定为省大众创业万众创新示范基地、省级新型工业化产业示范基地。

一年来，我们立足城乡融合，在一体发展中建设美好家园。“一体两翼”焕发新姿。县城改造棚户区14.6万平方米、整治老旧小区7个，工人文化宫建成使用。上冈新城形象初显，串场河道路及景观绿化工程建成开放，大团、梅西安置房工程主体基本竣工。九龙口景区建成全国首家“碳中和”景区、国家地理首个“双框之城”，淮剧小镇被评为全省首批、全市唯一文旅融合发展示范区。乡村振兴亮点纷呈。获评全省推进乡村振兴战略实绩考核进位第一等次，被认定为国家级制种大县，建湖虾稻米获批国家地理标志证明商标，九龙口大闸蟹产业发展促进会正式成立，上冈现代农业产业园被认定为省级示范园，恒济镇苗庄村入选全国乡村特色产业亿元村。新扩建新型农村社区14个、住房2570套，新增省级特色田园乡村3个、传统村落1个、绿美村庄5个。新建高标准农田2.3万亩，高作镇全域土地综合整治获批今年全省唯一国家试点，宝塔镇被评为省级耕地保护受激励乡镇。生态品质持续提升。中央环保督察交办事项整改全部完成，空气质量优良天数比率全省第一，饮用水源地水质达标率100%，在全市率先完成“一村一河”整治，建成全市首家省水资源管理集成创新示范县，陆秀夫景区创成国家AAA级景区。

一年来，我们坚持人民至上，在共建共享中答好民生考卷。富民增收步伐稳健。始终强化就业优先导向，城镇新增就业6600人，扶持自主创业3182人。在全市率先试点村集体领办新型农场，所有涉农村（居）年经营性收入均达30万元，50%以上达到50万元。大力实施社会保险扩面征缴三年提升行动，企业退休人员养老金实现“十八连涨”，城乡居民基础养老金实现“十三连调”。公共服务不断优化。职教高考本科达线人数连续三年位列全市第一，县人民医院在国家三级公立医院绩效考核中列全省县（市）级综合医院第五名、较上年提升两个级别，新建城市“枢纽式”养老服务综合体2个。文化事业繁荣发展。杂技《炼——倒立技巧》荣获中国杂技最高奖项“金菊奖”，淮剧《谷家大事》荣获江苏省“五个一工程”奖，建阳县抗日民主政府旧址、大唐村入选全省第二批红色地名，省杂技团被评为中国华侨国际文化交流基地，县图书馆入选省“最美公共文化空间”。

一年来，我们强化底线思维，在应对风险中筑牢安全屏障。疫情防控精准有效。不增不减落实好上级疫情防控政策，迅速果断处置县内突发疫情，最大程度守护人民生命安全和身体健康。债务管控成效明显。债务规模和债务率连续4年“双下降”，省定债务风险等级由红色降为黄色，上冈镇提前半年完成化债目标、实现“零债务”，全县不良贷款率降至0.7%，双湖控股集团在全省同类县份首家创成A^+A^+信用等级，五大国企集团实现AA信用等级全覆盖，被列为全省融资平台公司整合撤并及市场化转型试点地区。安全生产形势向好。圆满完成安全生产专项整治三年行动，扎实开展危化品、燃气、自建房等重点行业领域安全专项治理和安全生产“百日攻坚”行动，事故起数、死亡人数连续七年平稳下降。社会大局和谐稳定。圆满完成中共二十大、全国两会、北京“两奥”安保维稳任务，中共二十大期间实现进京访“零登记”“零滋事”，中央信访联席办交办重复信访事项全部办结，县、镇、村三级网格化中心实现全覆盖，九龙口收成村被评为全国民主法治示范村。

一年来，我们深化自我革命，在全面从严中提升党建质量。党性修养持续提升。深入学习宣传贯彻中共二十大精神，举办省委、市委宣讲团中共二十大精神报告会，县委宣讲团赴基层集中宣讲65场。开展意识形态“三查三问”专项行动，推动意识形态工作责任制落细落实。巡视整改扎实有效。高度重视、积极配合省委第十一巡视组进驻建湖开展工作，认真对照巡视组反馈的问题和提出的意见、建议，即知即改、立行立改、边巡边改，累计追赃挽损17亿元，推动化解问题楼盘33个、办证2925户，16条黑臭水体全部整改到位。基层基础不断夯实。深入实施年轻干部薪火工程、村（社区）党组织书记乡村振兴赋能、经济专业能力提升等专题培训班，持续放大“板块比发展、部门比服务”流动红蓝旗月度评比综合效应，基层党建赋能乡村振兴做法被中组部专题推介。党风政风向善向好。始终把中央八项规定精神作为推进作风建设的重要抓手，扎实开展清廉建湖建设专项行动，保持惩治腐败高压态势，共立案455件，其中科级干部立案32件。全力支持人大、政协围绕中心、履职尽责，统筹抓好党管武装、统战、群团、老干部、退役军人服务和关心下一代等工作，全县上下呈现心齐气顺、政通人和的良好局面。

在肯定成绩的同时，我们也要清醒地看到问题和不足：经济总量仍然不大，主导产业培育不足，重特大产业项目依然偏少；企业创新能力不足，产品档次不高、附加值较低，竞争力不强；民生保障仍有短板，教育、医疗等公共服务与群众期待相比还有差距；少数党员干部工作标准不高、破难办法不多、担当精神不强，与现代化建设要求不相匹配；等等。这些问题，需要我们高度重视，采取有力措施，切实加以解决。

三、牢牢把握新时代新征程党的使命任务，奋力谱写中国式现代化建湖新篇章

中共二十大全面把握党和国家事业发展新要求、人民群众新期待，明确提出新时代新征程党的中心任务，发出了为全面建设社会主义现代化国家、全面推进中华民族伟大复兴而团结奋斗的动员令。奋进新征程，使命光荣；建功新时代，正逢其时。全县上下要切实提高政治站位，以强烈的政治责任感、历史使命感、发展紧迫感，竞逐新赛道、勇当排头兵，奋力谱写中国式现代化建湖新篇章。

明年是全面贯彻落实中共二十大精神的开局之年，是实施“十四五”规划承上启下的关键之年，做好明年工作，意义重大，责任重大。刚刚召开的中央经济工作会议强调，要坚持稳中求进工作总基调，突出做好稳增长、稳就业、稳物价工作，有效防范化解重大风险，推动经济运行整体好转，实现质的有效提升和量的合理增长。省委全会强调，要自觉对标对表中共二十大精神，深刻把握中国式现代化五大特征和本质要求，在提升综合发展实力、人民生活品质、生态环境质量、社会文明程度、共同富裕水平、社会治理效能上不断赋予新的发展内涵，全面推进中国式现代化江苏新实践。市委全会强调，要紧紧围绕谱写“九个中国式现代化盐城新篇章”，以勇当沿海地区高质量发展排头兵的奋进姿态，以“人一之我十之”的拼搏劲头，一步一个脚印把中共二十大精神付诸行动、见之于成效。这为我们做好明年工作指明了方向路径、明确了工作重点。

我们必须在把握复杂形势中砥砺前行、开拓奋进。当前，在连续三年的世纪疫情冲击下，百年变局加速演进，世界经济不稳定、不确定、不平衡特点突出；我国经济恢复的基础尚不牢固，需求收缩、供给冲击、预期转弱三重压力仍然较大，困难和挑战明显增多。但是我们更要清醒地认识到，我国是最早走出疫情阴霾、实现正增长的大型经济体，经济韧性强、潜力大、活力足，长期向好的基本面没有变，优化疫情防控措施、存量政策和增量政策叠加发力将带来重大积极影响，基数效应也对明年经济数据形成一定支撑。从近期中央到地方的一揽子政策动向可以看出，疫情防控正在逐步进入一个更趋常态化的阶段，稳增长、稳物价、稳就业被放在了更为突出的位置，扩大内需将是恢复正常经济秩序的最有力手段。我们要保持清醒头脑、做到从容应对，把稳字当头、稳中求进体现到各领域和全过程，更好统筹疫情防控和经济社会发展，更好统筹发展与安全，以自身工作的确定性有效应对复杂形势的不确定性。

我们必须在抢抓战略机遇中笃定前行、主动作为。中共二十大谋划部署实施区域协调发展战略、区域重大战略、主体功能区战略、新型城镇化战略，将对重塑区域发展格局产生深远影响。对于我县而言，长三角一体化战略将建湖纳入长三角经济发展版图，推动高端要素资源加快导入，拓展开放发展新空间；沿海开发战略为我们搭建了开放新通道，推动建湖加快实现陆海河统筹、港产城联动；江淮生态经济区战略有利于我们彰显绿色发展比较优势，发挥碳汇空间的溢出效应，成为“江苏绿心”的“绿色标杆”；同时，作为国家县城新型城镇化建设示范县，我们在产城互动融合、城乡一体发展方面具有更加显著的优势。可以说，建湖面临的机遇前所未有。全县上下要抢抓机遇、乘势而上，全力推动发展进程的加速、模式的更迭，以最为过硬的成果展现中国式现代化建湖新实践的美好图景。

我们必须在绿色低碳发展中奋楫前行、勇立潮头。省委全会强调，要推进建设绿色低碳发展示范区，推动江苏全面迈入绿色低碳发展“快车道”。市委全会强调，要站在人与自然和谐共生的高度谋划发展，全面加快绿色低碳发展示范区建设，并从绿色制造之城、绿色能源之城、绿色生态之城、绿色宜居之城四个“绿色盐城”角度，对坚定走好生态优先、绿色低碳发展之路作了具体部署。建设绿色低碳发展示范区，是深入贯彻中共二十大精神和习近平生态文明思想的实际行动，是践行新发展理念和推动高质量发展的关键抓手。全县上下要从“国之大者”的高度，坚定不移把绿色低碳发展作为现代化建设的发展取向、工作导向，紧紧围绕绿色这个理念、低碳这个方式、发展这个要务、示范区这个目标，抓住资源利用这一源头和产业结构调整这一关键，正确处理发展和减排、整体和局部、短期和长期的关系，全面推动产业生态化、生态产业化，让生态优势转化为发展胜势，在建设绿色低碳发展示范区中实现换道超车、跑出建湖速度。

当前和今后一段时期的指导思想是：坚持以习近平新时代中国特色社会主义思想为指导，全面贯彻中共二十大精神，牢牢把握新时代新征程的使命任务，深刻领会中国式现代化的中国特色、本质要求、战略安排、重大原则，完整准确全面贯彻新发展理念，主动服务和融入新发展格局，紧紧围绕“强富美高”和“争当表率、争做示范、走在前列”总目标、总纲领、总要求，锚定“勇当沿海地区高质量发展排头兵”“国际湿地、沿海绿城”目标定位，以绿色低碳发展示范区建设为总抓手，深入实施“四化战略”，全力打造“五大高地”，奋力谱写中国式现代化建湖新篇章。

明年工作的基本要求是，按照“对内提份额、对外争位次”原则，各项经济指标快于全市，在全市占比达到10%以上，在全国百强县中持续进位。为此，我们确定明年全县经济社会发展的主要预期目标是：地区生产总值增长6.5%以上，一般公共预算收入增长10.4%，固定资产投资增长8.5%，规模以上工业增加值增长10%以上，城镇居民人均可支配收入增长6.8%，农村居民人均可支配收入增长7%。

1. 坚持以实体经济为核心，奋力谱写工业强县新篇章。始终把发展经济的着力点放在实体经济上，坚持工业强县不动摇，持续开展“企业大走访、项目大推进、产业大招商”活动，推动经济实现质的有效提升和量的合理增长。

一要更高层次聚增量、强链群。牢固树立项目为王理念，围绕三大主导产业和六条产业链，坚持宜链则链、宜群则群、链群并举，聚焦长三角、珠三角等重点区域，瞄准产业链上下游空白点、转型点，积极对接世界500强、国内500强、行业龙头企业，突出发挥产业基金招商作用，持续突破一批重大产业项目。确保全年招引超亿元产业项目140个，其中10亿元至30亿元8个、30亿元至50亿元2个、50亿元至100亿元2个，100亿元以上重特大项目持续取得突破。加快推进项目建设，围绕提升签约率、开工率、竣工率、投产率、达效率“五率”要求，坚持“单月预审、双月开工、半年观摩、年度考核”，进一步强化项目全生命周期管理和关键节点把控，全力推动耀宁、润阳二期、益佳通、欧达等重大项目快建设、早达效，更早形成更多可衡量、可考核的实物工作量。

二要更高标准育存量、提质效。大力实施工业企业能级提升行动计划，深入开展“争星创优”活动和“专精特新”提升工程，鼓励支持企业发展壮大，打造一批链主企业、行业细分领域的单项冠军。全年培植开票销售超亿元企业130家、入库税金超千万元企业40家、省级以上“专精特新”企业22家、三星级以上企业30家，实现全口径开票销售1000亿元，创成国家新型工业化示范基地。深入实施智改数转三年行动计划，扎实推动工业企业“十百千万”工程，支持瑞晶、润达等企业开展省级以上智能制造示范工厂（车间）、工业互联网标杆工厂（平台）创建，年内创建示范、标杆各5家，打造县域智能样板企业10家、星级上云企业40家。打造上市挂牌梯次方阵，对“报辅、报审、过会、上市”等重点环节量化进程、分项推进，确保明年剑牌、博克斯成功上市，道尔道完成辅导验收、提交IPO报会材料，铭星供水完成股改，实现上市企业“零”的突破。

三要更高水平优环境、拓空间。把“用户思维、客户体验”理念贯穿企业服务全过程，强化县四套班子领导、挂钩服务部门、企业所属板块和为企服务办“四位一体”联动，健全惠企政策精准投送机制，完善企业问题定期会办推进制度，把企业发展的痛点、堵点、难点作为持续改进服务的重点，用心用情帮助企业解难题、渡难关。深入开展园区等级创建，积极运营好盐海金属表面处理中心、里下河物流园区、国家石油机械产品质量检验检测中心等平台载体，加快完善邻里中心、人才公寓、物流仓储等配套设施，确保“两区”在省级以上开发区、高新区考核中分别前进3位、2位。支持和引导金融机构加大对实体经济的信贷投放力度，超前系统谋划产业发展要素配置，建立项目土地、能耗等稀缺性资源指标报批服务机制，对重点企业、重大项目逐一确定责任专员、帮办服务机构、要素补差期限，把土地、金融、用能等保障工作往前做，真正做到“要素跟着项目走”。

2. 坚持以城乡融合为关键，奋力谱写区域协调新篇章。坚持城乡一体、统筹联动，加强城乡功能衔接互补、资源均衡配置、建设统筹并进，让城市、乡村都更富品质、更加宜居。

一要优化城镇布局形态。持续推进“一体两翼”建设，县城聚焦品质提升、功能完善，大力实施老旧小区、后街背巷和棚户区改造，加快推进万达广场、金融政务服务中心、双湖文旅产业带等功能配套项目，积极培植夜间经济、户外经济、流量经济等消费热点，推动城市商圈、特色街区差异化发展，增强县域综合承载能力，努力打造令人向往的文旅融合精致城市、充满希望的创新创业活力城市。东翼上冈要统筹新城、老镇和产业园建设，深化与市交投集团合作，积极推动新城产业升级与城北联动发展，深入推进基础设施与大市区互联互通，全面融入市域一体化，成为高端装备制造基地和大市区近郊新城的产城融合示范区。西翼九龙口要以生态为核心、以文化为灵魂、以旅游为载体，深化与市燕舞集团合作，不断丰富旅游业态，提升景区品质，不断扩大“建湖有戏—灵龙水乡·淮杂故里”影响力和知名度。其他各板块要紧扣自身发展定位，将节约集约理念贯穿集镇规划、建设、管理的全生命周期，提升建管水平，深挖产业潜力，打造连接城乡、服务农民的区域经济中心。

二要绘就乡村秀美图景。坚决扛起粮食稳产保供责任，以高作、九龙口等国家和省级全域土地综合整治试点为契机，全力推进高标准农田建设，深入实施种业振兴行动，全年新建提升高标准农田7.8万亩。围绕规模化、产业化、品牌化、科技化“四化”方向，突出有基地、有园区、有企业、有市场“四有”建设，做大做优设施果蔬、优质稻米、特色水产等农业主导产业，加快引培一批年销售超10亿元规模农业龙头企业，精心做强“九龙口大闸蟹”育苗、养殖、加工、销售一体化产业，全力打造长三角绿色优质农副产品供应基地。以特色田园乡村示范区建设为抓手，深入开展农村人居环境整治提升五年行动，统筹抓好村容村貌、厕所革命、污水治理和河塘整治等重点工作，扎实做好农房改善“后半篇文章”，明年改善农房8000户以上，打造省级特色田园乡村1个。

三要塑造文明崭新高度。以文明创建引领文明实践和文明培育，聚焦农贸市场、物业管理、流动摊点、交通秩序等创建薄弱环节，科学运用数字化城市监管平台，推动城市管理精细化、智能化，不断提升城市文明程度和管理水平，创成全国文明城市提名城市。全方位推进新时代文明实践中心建设提质扩面、提档升级，常态化开展理论宣讲、文艺汇演、法治宣传等文明实践活动，广泛开展志愿服务关爱项目，打造具有建湖特色的文明实践工作品牌。以选树“建湖好人”等身边典型为抓手，大力弘扬社会主义核心价值观，持续开展文明镇村、文明家庭等创建活动，汇聚凡人善举，彰显城市精神，让“最美的风景是人”成为城市的深层基因。

3.*坚持以改革创新为动力，奋力谱写转型跨越新篇章*。强化改革推动、开放带动、创新驱动，为高质量发展注入源源不断的强劲动能。

一要在改革集成中释放红利。对照打造长三角地区“四最”营商环境目标，持续深化“放管服”改革，组织开展优化项目审批服务专项行动，积极推进“一件事”业务流程再造，高标准推进长三角“一网通办”、省内通办事项落地，真正以行政审批的“快”，激发市场主体的“活”、保证经济运行的“稳”。按照“生存回归利润、机制回归市场、发展回归产业”要求，加快国有企业市场化转型，有序推动“一业一企、一企一业”，鼓励支持与省农担、省再担、省环保集团以及悦达集团、黄海金控等大型国企对接合作，不断增强企业市场竞争力和抗风险能力。全面加强“三债统管”，持续推进隐债化解，严控经营性债务规模，进一步压降融资成本，实行预算执行情况、绩效目标实现程度“双监控”，牢牢守住债务风险底线。

二要在开放大势中激发活力。积极构建东向联通沿海开发，南向接轨长三角一体化发展，西向融入淮河生态经济带，北向参与“一带一路”的全方位开放格局，加快推进基础设施互联互通、产业协作互补、公共服务和功能载体共建共享，努力推动形成一批实质性成果。加快外资外贸扩量提质，加强与省贸促会、德国贸促机构、深圳外商投资企业协会合作，积极推进跨境电商产业园建设，强化重大外资项目特别是先进制造业外资项目招引，确保全年新开工超千万美元外资项目5个、实际利用外资8000万美元；支持外贸企业通过保市场、保订单、保份额，在实现稳步发展的同时努力扩大进出口规模，力争外贸进出口总额达7.7亿元。以交通一体化为先导，加快推进阜溧和盐临高速建湖段、盐阜快速通道、新长铁路扩能、盐宝河航道提升等重点项目，扎实推进县道、农村路桥提档升级，充分发挥里下河物流园公、铁、水“三式联运”效能，深化与盐城港合作，积极构建“立体联网、内外联通”现代交通体系。

三要在创新发展中积蓄动能。积极培育创新主体，大力实施高企培育三年行动计划，鼓励支持企业强化技术创新、产品攻关，不断向“微笑曲线”两端攀升，确保明年净增高新技术企业35家、省（市）“瞪羚”企业2家，规模以上工业企业和高新技术企业专利申请覆盖率60%以上。建强科技创新平台，支持鸿达公司争创国家级企业技术中心、悦湖之星争创国家级企业孵化器。确保全年建成市级以上工程（技术）研发中心50家，省级企业技术中心3家，省工业设计中心2家。更大力度招才引智，紧盯主导产业发展前沿、重点企业发展需求，建立多元化柔性引才机制，持续开展优秀毕业生“汇湖行动”，全年引进各类高层次人才50人、优秀高校毕业生110名；加强高技能人才培育，与建湖中专、技校开展“订单式”培养、组织产教对接，更好地发挥人才对产业发展的支撑作用。

4.*坚持以“两山”理念为引领，奋力谱写美丽建湖新篇章*。以建设绿色低碳发展示范区为总抓手，坚定不移举生态旗、打生态牌、走生态路，厚植生态本底、做强生态经济，全力打造里下河最美“绿心”。

一要聚焦环境质量系统“治”。深入打好蓝天、碧水、净土保卫战，巩固拓展中央环保督察反馈问题整改成果。积极推动PM2.5和臭氧浓度“双控双减”，统筹推进控煤、治气、降尘、禁烧，确保空气优良天数比率、PM2.5浓度保持全市第一、全省前列，创成全国“两山”实践创新基地。聚焦幸福河湖、生态河道“两河”建设，全面完成里下河洼地治理工程，持续加强省考断面及饮用水源地管理，扎实抓好工业污染、农业面源污染、农村黑臭水体等专项整治，确保省考断面、水源地水质100%达标。健全完善土壤污染防控体系，定期开展土壤污染状况调查，强化危废规范化监管，着力打造全域“无废城市”。大力推进湿地“生态岛”试验区、生态安全缓冲区建设，扎实开展湖荡湿地保育工程，积极实施生物多样性保护，全面提升生态系统多样性、稳定性、持续性。

二要瞄准绿色低碳坚决“转”。大力实施绿色低碳行动计划，加快推动铸造、锻造、建材等行业节能技术改造，鼓励企业淘汰落后工艺设备、开发推广应用绿色产品，确保全年实施绿色化改造项目10个，创成省级绿色工厂5家，“两区”争创省级绿色低碳循环发展示范区。积极实施工业企业亩均效益百企提升行动，进一步提高资源利用效率、提升企业运行质效，全年清理闲置土地2000亩，实现规模以上亩均税收8万元。聚焦能源清洁低碳高效利用，扎实推进整县屋顶分布式光伏开发试点，大力支持新能源光伏制造企业和示范应用项目建设，加快实施总投资70亿元的1.4GW渔光互补光伏发电项目建设，探索构建园区纯绿电供应体系，确保全年完成屋顶分布式光伏发电200MW，创成分布式光伏整县开发示范县。开展节约型机关、绿色学校、绿色社区创建行动，倡导简约适度、绿色低碳、文明健康的生活方式，增强全民节约意识、环保意识、生态意识，让绿色低碳生活方式成为社会新风尚。

三要围绕生态文旅加速“融”。锚定“三区同创”目标不动摇，积极构建“1+2+N”全域旅游发展模式，着力打造里下河地区最具代表性的生态旅游度假目的地。坚持以九龙口国家AAAAA级景区创建为引领，持续抓好淮剧发源地沙庄招商、运营、管理等工作，完善提升湿地公园、荷花漫等细部功能和配套设施，加快推进游客中心、旅游集散中心建设，精心培育夜间文化和旅游消费集聚区，着力构建“白天看景、晚上看戏”的文旅消费新格局。坚持以文塑旅、以旅彰文，依托淮剧沙庄、淮杂艺术人才传承基地等载体，将淮剧、杂技、民俗等优质文化沉浸式、全方位融入生态旅游，推动淮杂非遗与湿地世遗深度融合、互动提升，争创国家级文旅融合示范区，淮剧小镇创成国家AAAA级景区。坚持宜融则融、能融尽融，多角度、全产业挖掘旅游元素，因地制宜推动旅游业与农业、工业、城镇等领域跨界融合，加快实现“旅游+”向“+旅游”的转变，努力释放“一业兴、百业旺”的乘数效应。

5.坚持以改善民生为根本，奋力谱写共同富裕新篇章。深入践行以人民为中心的发展思想，注重尽力而为、量力而行，一件接着一件办，一年接着一年干，确保当期可承受、长远可持续。

一要以富民为导向健全社会保障网络。扎实开展就业服务、创业扶持和职业技能提升等工作，健全完善常态化援企稳岗帮扶机制，突出抓好高校毕业生、农民工、退役军人等重点群体创业就业工作，确保全年城镇新增就业再就业1万人、扶持自主创业1500人。深入推进强村三年行动计划，加大村集体各类资源资产的盘活利用力度，加快推动村集体领办流转土地经营，确保明年所有村（居）年经营性收入达40万元以上。聚焦全覆盖、保基本、可持续目标，大力实施社保扩面三年提升行动，健全完善多层次医疗保障体系，持续加强低收入居民、重病重残人员等困难群体兜底保障力度，着力构建更加健全、更富质效的社会保障网络。

二要以惠民为导向优化公共服务供给。以“立德树人”为根本，以提升教育教学质量为目标，以推进教育综合改革为关键，加快义务教育优质均衡发展和城乡一体化，深化区域校际教育合作，提升集团化办学水平，全面落实“双减”政策，加强师德师风专项整治，全力办好人民满意教育。构建优质高效、覆盖城乡的医疗卫生服务体系，双湖中医院正式运营，积极推进紧密型医共体建设，持续完善分级诊疗机制，创成“15分钟医保服务圈”省级示范县，县人民医院全力争创“三甲”综合医院。围绕满足群众精神需求，加强淮杂文化精品创作，常态化开展“杂技剧场”“淮剧舞台”等文化惠民活动，加快实施县图书馆扩容提升，健全全民阅读工作机制，不断丰富群众文化生活。下大力气解决好“一老一幼”问题，坚持政府和市场双向发力，健全居家社区机构相协调、医疗康养相结合的养老服务体系，完善普惠安全的托育服务体系，促进人口长期均衡发展。

三要以安民为导向提升社会治理能力。完整准确全面贯彻落实中央和省、市委疫情防控工作要求，着力提高应对重大突发公共卫生事件的能力和水平。坚持依法治县、依法执政、依法行政共同推进，法治建湖、法治政府、法治社会一体建设，深入推进“八五”普法宣传、治安防控体系升级和网格工作“五化”建设，常态化开展“扫黑除恶”斗争，加快建成全国法治政府建设示范县。深入开展“隐患清零”攻坚行动，全方位、大力度排查整治危化品、消防、城镇燃气、交通运输等重点行业领域，坚决遏制重特大事故发生，持续巩固拓展安全生产专项整治“三年大灶”成果。积极开展“信访突出问题攻坚化解巩固提升年”行动，深化领导干部接访下访和包案化解制度，全力攻坚省委巡视反馈和群众反映强烈的重点问题项目，争创省级信访工作示范县。

四、坚定不移全面从严治党，以党的自我革命引领社会革命

奋进新的赶考之路，关键在党。全县各级党组织和广大党员要切实增强“永远在路上”的政治自觉，全面落实新时代党的建设总要求，弘扬伟大建党精神，纵深推进全面从严治党，以党的自我革命引领社会革命，确保党始终成为建湖现代化建设的坚强领导核心。

1. 始终永葆对党忠诚的政治品格。对党忠诚作为党员干部的首要政治品质，必须融入血脉的政治基因，注入灵魂、践于行动。突出政治引领。坚持用习近平新时代中国特色社会主义思想铸魂固本，自觉在政治立场、政治方向、政治原则、政治道路上同以习近平同志为核心的党中央保持高度一致，引导广大党员干部牢记“三个务必”，深刻领悟“两个确立”决定性意义，切实增强“四个意识”、坚定“四个自信”、做到“两个维护”。坚守思想阵地。严格落实意识形态工作责任制，深入实施党的创新理论学习教育计划，常态长效推进党史学习教育，用活用好理论学习中心组、党员冬训等平台载体，把新思想的力量转化为坚定理想、锤炼党性和指导实践、推动工作的强大力量。分期分批开展学习中共二十大精神集中轮训，紧密结合党中央即将在全党开展的主题教育，面向全县党员开展多形式、分层次、全覆盖的全员培训。严明纪律规矩。增强党内政治生活的政治性、时代性、原则性、战斗性，推动政治监督具体化、精准化、常态化，教育引导各级党组织和党员干部不断提高政治判断力、政治领悟力、政治执行力，恪守“五个必须”，严防“七个有之”。充分发挥党委（党组）总揽全局、协调各方的作用，严格执行民主集中制，切实加强对重大工作的领导，积极创新和改进领导方式，不断提高把方向、管大局、作决策、保落实的能力。

2. 全力打造堪当重任的干部铁军。坚持党管干部原则，落实新时代好干部标准，着力打造一支政治过硬、适应新时代要求、具备领导现代化建设能力的干部队伍。树牢“凭实绩用干部”的导向。坚持一切以成绩说话，注重干部平时实绩考察，驻点研判板块、部门班子建设和干部队伍情况，实行以实绩为基础的精准“画像”。持续用好“板块比发展、部门比服务”红蓝旗月度评比制度，进一步加大“评差亮丑”工作力度，让工作推进不力的条块“上头条”，让碌碌无为的干部“坐不住”。练就“战必胜攻必克”的本领。实施新时代干部领导现代化建设能力提升工程，强化干部思想淬炼、政治历练、实践锻炼、专业训练，注重斗争精神和斗争本领的养成，切实练就干事成事的“宽肩膀”、硬本领。抓好后继有人这个根本大计，健全培养选拔优秀年轻干部常态化工作机制，选派年轻干部到招商引资、项目服务、乡村振兴、国企平台、信访稳定等一线岗位挂职锻炼，不断提高解决实际问题的能力和本领。营造“为担当者担当”的氛围。充分释放鼓励激励、能上能下、容错纠错“三项机制”效应，细化能上能下的具体细则标准，持续放大职级晋升激励效应，格外关心长期奋战在一线、扎根在基层、勤勉敬业的“老黄牛”，让潜心谋事、激情干事蔚然成风。大力挖掘选树担当作为、干事创业优秀典型，评选表扬“十佳公务员集体”“十佳公务员标兵”，激励干部在岗更在状态、在位更有作为。

3. 积极构筑坚强有力的战斗堡垒。突出政治功能、强化组织功能，持续推进基层党建“五聚焦五落实”深化提升行动，把基层党组织建设成为有效实现党的领导的坚强战斗堡垒，争创全国基层党建宣传示范单位。织密基层组织体系。统筹推进各领域基层党组织建设，加大在产业链、家庭农场、专业合作社等组建党组织力度，将支部标准化建设的要求延伸至功能支部，确保有形有效覆盖，推动全面过硬、全面进步。坚持把“两新”党建融入城市基层党建工作总体布局，持续加强新业态新就业群体党建工作，推动形成组织融合、资源融合、服务融合的工作新格局。建强基层骨干力量。持续深化村党组织书记专业化管理，将一般村干部纳入管理范围，建立薪酬考核体系和村干部个人实绩档案，大力开展村干部学历集中提升行动，进一步激发村干部干事创业、发展富民的激情。全面推行社区党务工作者职业化、分级式管理，不断壮大“两新”组织党务工作者队伍，优化选培管用体系，增强岗位“磁力”，提升专业能力。提升基层服务质效。持续加强服务型基层党组织建设，推动党员干部、服务资源“双下沉”，促进服务能力、服务效率“双提升”，重点打造一批“建湖红驿”，加快建设一批便民服务综合体，把服务群众“最后一公里”打造成“最实一公里”。扎实推进抓党建促乡村振兴，推动市“1+6”政策文件落到实处，不断夯实乡村振兴的组织基础、人才基础、物质基础。

4. 大力弘扬真抓实干的优良作风。以“功成不必在我”的境界、“建功必定有我”的信念，把初心落在行动上，把使命担在肩膀上，真正以抓铁有痕的劲头出实招、办实事、求实效。争先进位激情干。广大党员干部要始终保持争第一、创唯一的工作激情，见第一就争、见奖杯就夺、见红旗就扛，在全县营造人人争当先进的浓厚氛围。各级各部门要紧扣“对内提份额、对外争位次”要求，把自身发展融入区域发展、时代发展大格局，放眼全市全省全国，确立学习榜样和赶超目标，合力推动各项工作争先进位、再攀高峰。披荆斩棘担当干。始终秉持“困难面前有我们、我们面前没困难”的精神状态，无论是推进项目、服务企业，还是落实政策、服务群众，该办的事要第一时间办，不能往后拖；难办的事要想尽办法办，不能往边上躲；需要各方协调的事要一起来办，不能往外推，切实拿出真招、实招、硬招，在破解难题、主动作为中不断打开新局面。狠抓落实高效干。强化“马上就办、真抓实干”的务实作风，树牢“今天再晚也是早，明天再早也是晚”的效率意识，坚定“谈成归来，干完回家”的工作追求，做到“事不过夜、案无积卷”。对县委研究定下的事，既要立即执行、身体力行，更要项目化、节点化、责任化抓推进，坚决做到有要求必有行动，有部署必有落实，有交代必有回音。

5. 巩固涵养正气充盈的政治生态。始终保持永远在路上的警觉，扛起责任、担当作为。驰而不息纠治“四风”。锲而不舍落实中央八项规定及其实施细则精神，密切关注“四风”苗头性、倾向性、隐蔽性问题，坚决纠治贯彻党中央和省、市、县委决策部署中的形式主义、官僚主义顽疾，严肃整治损害党的形象、群众反映强烈的享乐主义、奢靡之风。聚焦提升作风效能，加大明察暗访、通报曝光、专项整治力度，狠抓“月季年”作风建设突出问题通报机制执行，持续释放从严信号。突出重点靶向监督。健全以党内监督为主导、各类监督贯通协同的工作机制，更好地发挥巡察综合监督作用，推动基层监督提质增效。以抓好省委巡视反馈问题整改和清廉建湖建设为契机，紧盯惠民利民政策落实、乡村振兴战略实施、政府性债务管控以及教育医疗等领域，持续深入抓监督、严问责、促落实，促进各级干部讲政治、守规矩、敢担当。一体推进“三不”建设。围绕“不敢腐”，深化整治权力集中、资金密集、资源富集领域腐败，严肃查处不收敛、不收手、群众反映强烈、政治问题和经济问题交织、作风问题和腐败问题交织的案件。围绕“不能腐”，持续做好以案促改促治，切实解决案件背后的体制性障碍、机制性梗阻、制度性漏洞。围绕“不想腐”，推动党性教育、政德教育、警示教育和家风教育常态化长效化，教育引导广大党员一心为公、一身正气、一尘不染，共同维护好、发展好建湖风清气正的政治生态。

同志们，新征程催人奋进，新蓝图鼓舞人心。让我们更加紧密地团结在以习近平同志为核心的党中央周围，在省、市委的坚强领导下，奋楫争先、笃定前行，砥砺奋进、务实苦干，勇当沿海地区高质量发展排头兵，为奋力谱写中国式现代化建湖新篇章而团结奋斗！

政府工作报告

——2023 年 1 月 3 日在建湖县第十九届人民代表大会第二次会议上

县长　陈　霞

各位代表：

现在，我代表县人民政府向大会作工作报告，请予审议，并请县政协各位委员和其他列席人员提出意见。

2022年工作回顾

2022 年是中共二十大召开之年，也是本届政府全面履职第一年。一年来，面对复杂严峻的宏观环境，以及世纪疫情反复延宕带来的挑战，我们坚持以习近平新时代中国特色社会主义思想为指导，深入学习贯彻中共二十大精神，在上级党委政府和县委的坚强领导下，在县人大、县政协的监督支持下，认真贯彻新发展理念，全面落实“疫情要防住、经济要稳住、发展要安全”重大要求，大力实施“四化战略”，全力打造“五大高地”，较好完成了县十九届人大一次会议确定的主要目标任务。实现地区生产总值 710.4 亿元、增长 4.9%，一般公共预算收入 37.65 亿元、增长 9%，固定资产投资增长 15.9%，社会消费品零售总额 239.68 亿元、增长 3.6%，城乡居民人均可支配收入分别为 44542.2 元、27477.9 元，分别增长 5.3%、6.4%。被评为全国综合实力百强县、全国绿色发展百强县、全国科技创新百强县。推进经济开发区转型升级创新发展、促进制造业创新转型、深化县级公立医院综合改革等 5 项工作获得省政府真抓实干激励表扬。

打造先进制造高地迈出新步伐。扎实开展“企业大走访、项目大推进、产业大招商”活动，全年完成全口径开票销售 750.1 亿元，增长 23.96%。转型升级提质增效。高位推动产业发展，三大主导产业、六条产业链实现开票销售 398 亿元、292.9 亿元，分别增长 23.3%、48.2%。大力实施数字经济发展三年行动计划，加快推进企业智能化改造和数字化转型，数字经济核心产业规模达 130 亿元，培育五星级“上云”企业 3 家、全市第一，新增省级智能制造示范工厂（车间）4 家、工业互联网标杆工厂 2 家、重点工业互联网平台 1 家。做大做强工业企业，纳税超千万元企业达 28 家，创成三星级以上企业 14 家，其中四星级 4 家、五星级 3 家。项目攻坚成效明显。编制“两图三清单”，新设立 3 支产业基金，举办“春到水乡·相约云上”云招商、深圳和苏州专题招商等线上线下系列活动 39 次，新签约、新开工超亿元产业项目123个、121个，总投资102.3亿元耀宁锂电池及系统总成项目成功落户，实现百亿级重特大产业项目历史性突破。建立健全重大项目全周期服务机制，新竣工超亿元项目56个、全市第一，总投资60亿元益佳通磷酸铁锂动力电池、总投资68亿元润阳二期N型光伏电池等龙头项目加快推进，总投资10亿元高测一期10GW单晶硅片、绿控传动总成等产业项目投产。助企纾困精准有力。不折不扣落实一揽子惠企政策，市场主体享受税收支持11.5亿元，阶段性减免失业保险费2131.2万元，发放稳岗补贴1526.49万元，兑付支持民营经济发展二十条奖励资金5490.04万元，帮助企业化解问题353个、办结率93%，相关做法被中央电视台宣传报道。组织开展“相约建湖城·消费嘉年华”活动，投放各类消费券1000万元，撬动市场消费5000万元。金融服务实体经济力度持续加大，与22家金融机构签订5年新增融资1200亿元战略合作协议，贷款余额突破600亿元，新增贷款首次迈上100亿元新台阶。建湖农商银行税收首次突破亿元。

打造创新创业高地注入新动能。坚持创新驱动、改革推动、开放带动，发展后劲持续增强。创新活力加速释放。深入开展“科技创新推进年”活动，净增国家高新技术企业31家，鸿达公司、神力公司创成国家“专精特新‘小巨人’”企业，道尔道公司获评全市唯一的国家制造业单项冠军、省级质量标杆和全县首家省潜在“独角兽”企业；入选国家重大人才工程项目6个、全市第一，引进高层次人才45名。梯度培育剑牌农化、博克斯等上市后备企业11家。国投公司战略投资上市企业上海神开公司，成为第一大股东。重点改革稳步实施。深化“放管服”改革，实行行政许可事项清单管理，在全市率先试点“踏勘即发证”“竣工即发证”，22个行业实现“一业一证”改革全覆盖，营商环境综合评价全省排名比上年提升10个位次。推进政府数字化转型，市县一体化数据共享交换平台建成投用。完成国企改革三年行动各项任务，双湖控股集团在全省同类县份首家创成$A^{+}A^{+}$信用等级，五大国企集团AA信用等级实现全覆盖，被列为全省融资平台公司整合撤并及市场化转型试点地区。对外开放不断深化。与苏州吴江区、苏州高新区签订合作共建协议，新开工长三角、珠三角地区超亿元产业项目96个。与青海玉树东西部协作扎实推进。完成“一区多园”实质化整合，开发区、高新区分别创成省级大众创业万众创新示范基地、新型工业化产业示范基地。举办德国贸促机构和跨国公司“建湖行”活动，组织41家石油装备企业线上参加阿布扎比国际石油展，注册外资实际到账、进出口总额分别增长47.2%、23.7%。

打造融合发展高地焕发新面貌。加快建设国家新型城镇化示范县，累计开工城乡重点项目63个，完成投资114.3亿元。“一体两翼”能级提升。实施城市更新行动，改造老旧小区7个、棚户区14.6万平方米，金融政务服务中心主体竣工，工人文化宫建成投用，宝龙广场获评盐城市特色夜市街区。加大不动产办证力度，33个“问题楼盘”累计办理不动产权证2925户，提前2个月完成全年任务。东翼上冈新城形象初展，串场河整治全面完成，大团、榆西安置房工程主体基本竣工。西翼九龙口影响力不断提升，沙庄古村二期、荷花漫对外开放，九龙口景区建成国家地理首个“双框”之城，被认定为全国首家“碳中和”景区。现代农业加快发展。粮食产量连续7年稳定在14亿斤以上，被认定为国家级制种大县，成立全省首家耕整作业装备创新中心，累计建成高标准农田64.1万亩，高作镇全域土地综合整治获批全省唯一国家试点，宝塔镇被评为省级耕地保护激励单位。上冈现代农业产业园创成省级示范园。“九龙口大闸蟹”入选省农产品区域公用品牌目录，在上海成功举办高铁冠名活动，九龙口大闸蟹产业发展促进会正式成立，“建湖虾稻米”创成国家地理标志证明商标。乡村建设扎实有效。新建扩建新型农村社区14个、住房2570套，新增省级特色田园乡村3个、传统村落1个。恒济镇苗庄村入选全国乡村特色产业超亿元村。实施农村公路安防工程199千米，新打造生态河道108条、幸福河湖15条。在全省推进乡村振兴战略实绩考核中获得进位第一等次。

打造生态文旅高地实现新提升。坚持生态优先、绿色发展，完成“三区三线”划定，美丽建湖建设不断深化。绿色转型持续推进。创成绿色工厂2个，单位地区生产总值能耗下降2%。盘活闲置用地4015亩、厂房77.3万平方米，连续4次获评省自然资源节约集约利用模范县。整县屋顶分布式光伏开发试点加快实施。新增新能源乘用车1319辆，新建生活垃圾“四分类”小区13个，完成县城32个小区雨污分流改造，农村生活污水治理率达30%。生态品质持续向好。中央环保督察交办事项全部完成整改。空气质量优良天数比率全省第一，整治城乡黑臭水体16条，4个省考断面水质全部稳定达Ⅲ类，2个饮用水源水质达标率100%，创成全市首家省级水资源管理集成创新示范县。新增造林面积868亩、绿美村庄5个。文旅特色持续彰显。“建湖杂技”入选国家文旅部典型案例，《炼——倒立技巧》荣获中国杂技界最高奖项“金菊奖”，《谷家大事》荣获省“五个一工程”奖。九龙口景区入选“全国非遗与旅游融合发展优选项目名录”，陆秀夫景区创成国家AAA级旅游景区，淮剧小镇获评省文化和旅游产业融合发展示范区、全市唯一。

打造民生幸福高地取得新成效。坚持财力向民生倾斜，财政民生支出占一般公共预算支出比重达80%，21项市民生实事、11项县人民代表大会票决民生实事项目高质量完成。疫情防控科学精准。坚持第九版，落实二十条、新十条，县镇指挥体系24小时运转，建立核酸检测基地2个，核酸日最大检测能力达8.44万管；设立健康小屋45个，建成方舱医院；驰援上海、苏州等地医疗队员345人次；3900多名医护人员、6400多名各级干部和民警辅警、网格员、志愿者上下同心、常年无休、坚守一线，有力守护了人民群众生命安全和身体健康。保障体系更加健全。强化就业优先，开展职业技能培训10133人次，新增城镇就业6600人。社会保障扩面提标，企业职工五项保险新增扩面3.6万人次，“快递小哥”县域工伤保险实现全覆盖。“一老一幼”保障全面加强，新建“枢纽式”养老服务综合体2个、示范性“长者幸福食堂”10个，完成300户困难老年人家庭适老化改造，县域普惠性幼儿园覆盖率超95%。公共服务优质高效。提升教育现代化水平，办学条件持续改善，“双减”提质成效明显，中高考质量逐年提升，职教高考连续三年全市第一。组织开展教师违规收受礼品礼金问题专项整治行动，教育生态不断净化。县人民医院“国考”在省内40家县级三级医院中排名第五，第三人民医院精神病区完成扩建改造。基层治理扎实推进。优化设置精网微格3723个，县、镇、村三级网格化中心实现全覆盖。“八五”普法深入开展，新创全国民主法治示范村1个。“三债统管”全面加强，政府性债务规模、债务率连续四年“双下降”，债务风险等级由红色转为黄色；提前半年完成上冈化债工作。安全生产专项整治“三年大灶”圆满收官，事故起数、死亡人数连续七年“双下降”。“平安建湖”建设不断深化，“信访突出问题攻坚化解年”行动扎实推进，圆满完成中共二十大安保维稳任务。

在全力推进高质量发展的同时，我们持续加强政府自身建设。深入贯彻习近平总书记“五个牢牢把握”重要指示，全面学习、全面把握、全面落实中共二十大精神，开展多种形式宣传活动，自觉用新思想、新理念武装头脑、指导实践，自觉捍卫“两个确立”，坚决做到“两个维护”。坚持县政府常务会每月学法，健全“三重一大”制度，中央依法治国办对我县加强法治政府建设等工作给予充分肯定。自觉接受各方面监督，人大代表建议、政协委员提案办结率和基本满意率100%。全面落实党风廉政建设责任制，严格执行中央八项规定，坚决整治形式主义、官僚主义。坚持政府过“紧日子”，一般性支出预算比上年压减5%。认真抓好省委第十一巡视组巡视建湖反馈涉及政府系统问题整改，扎实开展“清廉建湖”建设专项行动，行政效能进一步提升。与此同时，工会、团委、妇联、科协、侨联、残联、工商联、红十字、关工委、慈善总会等工作得到新加强，人武、民族、宗教、外事、侨务、对台、气象、邮政、档案等事业取得新进步。

成绩殊为不易，值得倍加珍惜。这些成绩的取得，根本在于有习近平总书记作为党中央的核心、全党的核心掌舵领航，在于有习近平新时代中国特色社会主义思想科学指引，是县委团结带领全县人民拼搏奋进的结果。在此，我谨代表县人民政府，向全县人民，向所有关心、支持建湖发展的社会各界人士，表示衷心的感谢！并致以崇高的敬意！

在肯定成绩的同时，我们也清醒地看到存在的问题和不足，主要表现在：经济总量规模不大，主导产业培育还需加强，重特大项目仍然偏少；企业创新能力不强，产品档次不高、附加值较低；民生保障仍有短板，教育、医疗等公共服务与群众期待相比还有差距；少数干部工作标准不高、破难办法不多、担当精神不强，与现代化建设要求不相匹配，等等。对这些问题，我们一定高度重视，采取有力措施，切实加以解决。

2023年工作安排

2023年是贯彻中共二十大精神的开局之年，是实施“十四五”规划承上启下的关键之年。今年政府工作的总体要求是：坚持以习近平新时代中国特色社会主义思想为指导，全面贯彻中共二十大精神，认真落实中央经济工作会议精神，按照省、市、县委部署要求，牢牢把握新时代新征程的使命任务，深刻领会中国式现代化的中国特色、本质要求、战略安排、重大原则，完整准确全面贯彻新发展理念，主动服务和融入新发展格局，紧紧围绕“强富美高”和“争当表率、争做示范、走在前列”总目标、总纲领、总要求，更好统筹疫情防控和经济社会发展，更好统筹发展和安全，锚定“勇当沿海地区高质量发展排头兵”和“国际湿地、沿海绿城”目标定位，以绿色低碳发展示范区建设为总抓手，深入实施“四化战略”，全力打造“五大高地”，奋力谱写中国式现代化建湖新篇章。

立足“竞逐新赛道、勇当排头兵”的更高追求，围绕“对内提份额、对外争位次”，紧扣“各项经济指标增速快于全市，总量在全市占比达10%以上，发展质量位居全市前列”的目标，我们确定今年全县经济社会发展主要预期目标是：地区生产总值增长7%以上，规模以上工业增加值增长10%以上，一般公共预算收入增长10.4%，固定资产投资增长9.5%，社会消费品零售总额增长6.5%，城镇居民、农村居民人均可支配收入分别增长7%、7.7%，节能减排完成省、市下达任务。

*一、聚焦工业强县新篇章，着力提升新型工业化水平。*紧扣打造绿色制造之城，深入实施产业链赋能行动，持续开展“企业大走访、项目大推进、产业大招商”活动，坚定不移推进工业经济扩量提质，创成国家新型工业化示范基地。

提升产业发展能级。加快培育主导产业。顺应高端化、智能化、绿色化发展趋势，重点打造高端装备、新能源、电子信息三大主导产业，聚焦六条产业链，分类施策、精准发力，健全产业链长调度机制和专班推进机制，突破一批战略性、引领性重大项目，形成更多具有建湖标识度的产业集群，三大主导产业规模突破750亿元。加快布局战略性新兴产业。围绕全市重点发展的五大战略性新兴产业，因地制宜、找准方向，突出新能源汽车及核心零部件、新材料等产业，重点突破汽车电子、电动电控系统等关键零部件，发力先进金属材料、新能源材料、电子功能材料等细分赛道，形成特色化竞争优势，实现融合集群发展，战略性新兴产业总产值占工业总产值比重达46%。加快发展数字经济。持续推进数字经济发展三年行动计划，数字经济核心产业规模突破400亿元。深入实施企业智改数转“十百千万”工程，规模以上工业企业智能化改造、数字化转型覆盖面超70%。创建省级工业互联网标杆工厂、智能制造示范工厂（车间）等标杆示范各5家。促进中小企业“上云、用数、赋智”，实施数字化智能化改造项目100个，新增星级“上云”企业40家。

壮大实体经济根基。坚持把发展经济的着力点放在实体经济上，确保工业经济总量突破1000亿元。聚力突破重大项目，进一步优化产业链创新图谱、全景图和招商地图，打好基金招商、以商引商、专业招商组合拳，精准对接重点央企、上市公司、龙头企业，引进一批强链补链延链的基地型产业项目，落地一批科技含量高、增长潜力大的科创项目，新招引超亿元工业项目100个以上，其中超10亿元12个、超50亿元2个，100亿元以上重特大项目持续取得突破。聚力扩大有效投入，围绕提升“五率”要求，坚持“单月预审、双月开工、半年观摩、年度考核”，实行重大项目服务专员制度，加快实施耀宁、润阳二期、益佳通等重大项目，竣工超亿元项目60个以上，工业投资增长15%。聚力培优规模企业，深入实施工业企业能级提升行动计划，重点抓好100个技改项目，培育开票超亿元企业130家，其中超10亿元10家，实现纳税超千万元企业40家、三星级以上企业30家。支持企业“规改股”“股上市”，重抓11家上市后备企业，培育上交所、北交所上市企业各1家，完成股改1家。

增强园区综合实力。提升贡献份额，开发区立足打造“开放标杆、创新高地”，高新区突出“高、新”定位，比学赶超、勇挑大梁，全力突破重大产业项目，全年各引进超10亿元项目不少于6个，全口径开票销售分别突破550亿元、450亿元，在省级以上开发区、高新区考核中分别前进3位、2位。做优园区配套，系统谋划土地空间、铸造产能、能耗指标等要素配置，发挥好金属表面处理中心、国家石油机械产品质检中心、里下河物流园区等平台载体作用，进一步完善邻里中心、人才公寓等配套设施，实施城南、城东污水处理扩能工程，打造“开门接电”示范区，以完善配套提升综合承载能力。创建绿色示范，支持开发区、高新区开展低碳、零碳园区建设试点，加快培育晶硅光伏、动力及储能电池等绿色地标产业链，推动园区循环式生产、产业循环式组合，逐步实现用能绿色化、零碳化，实施绿色化改造项目10个，创成省级绿色工厂5家，“两区”争创省级绿色低碳循环发展示范区。

*二、聚焦区域协调新篇章，着力推动城乡融合发展。*以国家新型城镇化建设示范县为引领，持续提升城市品质。做好乡村振兴“田、粮、房、产、人”5篇文章，建设新时代“鱼米之乡”。

打造精致县城。科学定位，扎实推进以县城为重要载体、以人为核心的新型城镇化。依据城市规模、人口密度、空间结构等，做到整体规划、分步实施。打造令人向往的文旅融合精致城市、充满希望的创新创业活力城市。统筹发展，城南组团围绕有城有产有人气，进一步集聚资源要素，打造县城发展核心区；城中组团围绕宜居宜业宜生活，精准实施城市更新，焕发老城新活力；

城东、城北组团有序开展环境整治，补齐配套短板。提升品质，积极引进全国名品、区域首店，推进万达商业综合体、中南城购物中心建设，做活灵龙里特色街区。综合整治老旧小区14个。系统谋划房地产市场去库存，促进房地产市场平稳健康发展，继续推进“问题楼盘”办证工作。强化精细管理，持续开展市容市貌、小区物业等综合整治，确保获得全国文明城市提名。

做强两翼支撑。东翼上冈全面融入市域一体化，深化与市交投集团合作，统筹新城、老镇、产业园建设，推进基础设施与大市区互联互通，致力打造高端装备制造基地和大市区近郊新城的产城融合示范区。新城建设方面，抓紧固化各类规划，谋定而后动，加快惠民路、利群路等基础设施建设，加快大团、榆西安置房竣工交付，加快零星地块房屋征收扫尾。老镇提升方面，高起点编制老街风貌保护规划，因地制宜逐步完善基础配套，深挖老街历史文化底蕴，再现千年古镇古韵风华。产业园建设方面，大力推动现代科技园一期项目招引入驻、投产达效，启动二期建设；加快推进企业安置区建设，年底前完成18家企业安置，以源源不断的产业集聚夯实新城、老镇、园区融合发展基础。西翼九龙口以争创国家AAAAA级旅游景区为目标，坚持创建与建设同步、品牌与品质并重，进一步丰富业态产品体系，精心策划“春夏秋冬四季行”系列活动，重点做好沙庄古村运营管理、荷花漫优化提升、湿地公园改造升级等工作，加大知名品牌、主力店铺、传统非遗等业态招引力度，实现“能吸引、留得住、反复来”。提升品牌文化内涵，强化景区IP塑造，办好湖荡湿地马拉松、金滩银荡摄影季等活动，叫响“灵龙水乡·淮杂故里”文旅品牌。同时，坚持以九龙口景区为龙头引领，高水平谋划推动“1+2+N”联动互动，促进淮杂非遗与湿地世遗深度融合，争创省级全域旅游示范区。

促进乡村振兴。夯实粮食安全基础。实施新一轮粮食产能提升行动，新建（改造）高标准农田7.8万亩，逐步把永久基本农田全部建成高标准农田。加快推进制种大县项目建设，争创国家现代种业产业园。强化粮食收储能力建设，抓紧开工蒋营粮库、新农粮库等扩容项目。树立大食物观，巩固设施果蔬、优质稻米、特色水产等主导产业优势，建成绿色蔬菜保供基地1.5万亩、食味稻米基地20万亩、特色水产规模养殖基地10万亩。大力发展现代农业。“一园一策”提档升级12个农业园区，全力突破精深加工、冷链仓储等领域项目，引进超亿元农业项目5个，恒济渔业园争创省级现代农业示范园区。支持农业产业化企业做大做强，新培育省级以上龙头企业3家，正源创辉公司争创国家级农业龙头企业。放大“遇建湖鲜”公用品牌溢出效应，重点打造“九龙口大闸蟹”品牌，制定产品质量标准，实现苗种、技术、品牌、价格、销售“五统一”，争创省级十强区域公用品牌。加快建设和美乡村。深入实施农村人居环境整治提升行动，统筹推进全域土地综合整治、村容村貌提升等，农村生活污水治理率达40%，改造农村户厕6324座，改善农房8000户以上，打造省市级特色田园乡村3个。推动城乡基础设施互联互通、提档升级，新建农路安防工程346千米，改造农路11.6千米，创成省级城乡公交一体化和农村物流一体化达标县。加强农村人才培养，全年培训高素质农民2000人。

三、聚焦转型跨越新篇章，着力促进高水平创新开放。坚持创新第一动力，深化对外开放合作，不断增创发展新优势。

激发创新活力。培育创新主体，实施科创企业集群培育提升行动，净增高新技术企业35家，培育省级以上“专精特新”企业22家。开展知识产权高质量发展两年行动计划，新增有效发明专利160件，规模以上企业和高新技术企业发明专利申请覆盖率达60%。推进质量强县建设，创成“江苏精品”认证企业、“市长质量奖”企业各1家。提质创新载体，加快建设耀宁新能源研究院、润达光伏材料检测中心，支持鸿达公司创建国家企业技术中心，全年新增“三站三中心”8家以上，规模以上企业市级以上研发机构覆盖率达50%，悦湖之星争创国家级科技企业孵化器。鼓励重点企业利用知名高校、科研院所丰富的科创资源建设离岸创新中心，完成科技成果转化10项。集聚创新人才，优化升级以“黄海明珠人才计划”为主体的“1+N”政策服务体系，靶向引进高层次人才50名以上、优秀高校毕业生110名以上。推动建湖中专、建湖技校深化产教融合、校企合作，培育更多急需专业人才和高技能人才。

深化开放赋能。构建全方位开放格局，主动对接沿海大开发、淮河生态经济带等国家战略及“一带一路”建设，全面融入以上海、苏州等为核心的长三角一体化，积极对接以广州、深圳等为重点的珠三角，有效承接优质产业转移，引进长三角、珠三角地区超亿元产业项目80个以上。提升经济开放水平，更大力度集聚外资项目，突出日韩、欧美，拓展中东、非洲，加强与省贸促会、深圳外商投资企业协会合作，继续办好德国贸促机构和跨国公司“建湖行”活动，开工超千万美元项目

5个，实际利用外资8000万美元。开展全方位促进贸易活动，鼓励企业加强外贸专业人才培养，组织石油行业骨干企业参加埃及石油装备展，有效拓展国际市场，进出口总额增长10%。畅通对外开放大通道，深化与盐城港集团合作，高标准编制建湖港区发展规划，跟踪做好临盐高速等重大项目前期各项工作，盐阜快速通道、阜溧高速建湖段完成主体工程。

创优营商环境。聚焦市场主体关切，对标市场化、法治化、国际化，打造具有建湖特色的服务品牌。提升政务服务效能。进一步深化“放管服”改革，全链条精简优化审批手续，完善跨部门综合监管机制，不断提升政务服务标准化、规范化、便利化水平。大力推进政府数字化转型，规划建设“智慧建湖”联动指挥中心，完善“苏服办”建湖旗舰店，政务服务新大厅投入使用，“政务云”上云率、“一网通办”率分别达60%、70%。营造良好发展氛围。坚持“两个毫不动摇”，大力弘扬“厚德、守正、创新、奉献”的新时代建湖企业家精神，支持民营企业家心无旁骛强实体、矢志不移守主业，全面落实各类减税降费、助企纾困政策，争创省民营经济高质量发展示范县。加强社会信用体系建设，扎实推进企业信用修复、失信惩戒等重点工作，打造公平诚信的市场环境、法治环境。增强要素保障能力。继续开展工业企业资源集约利用综合评价和“三项清理”，实施亩均效益“百企升级”行动，全年清理闲置土地2000亩以上，规模以上工业亩均税收提高到8万元。扩大金融供给，推促苏州银行、兴业银行在湖设立分支机构，全年县内金融机构新增贷款110亿元。高质量做好第五次经济普查工作。

四、聚焦美丽建湖新篇章，着力践行绿色低碳发展路径。以“双碳”为引领，全面融入绿色低碳发展示范区和江淮生态经济区建设，协同推进降碳、减污、扩绿、增长，让绿色成为建湖发展最动人色彩。

强化绿色转型发展。创成全国“两山”实践创新基地，对标对表3大类20项“两山”指数，扎实推进生态系统生产总值核算、生态产品本底调查，建立生态产品目录清单，积极探索排污权、碳排放权、用能权等生态权益市场化交易机制，深入挖掘生态工业、生态农业、生态旅游等方面示范案例，努力以创建引领经济社会绿色转型。扎实开展节能降碳行动，逐步调优产业、交通等绿色结构，加快推动铸造、锻造、建材等行业节能技术改造，积极推进公共交通、公务用车、物流配送等领域绿色能源替代，倡导绿色出行，逐步提高装配式建筑比例。大力提升能源利用水平，加快推进整县屋顶分布式光伏开发试点，支持新能源光伏制造企业开发示范应用项目，实施金融政务服务中心BIPV项目，推促1.4GW渔光互补光伏发电项目落地建设，全年新能源发电量达5亿千瓦时，创成分布式光伏整县开发示范县。

强化环境治理提升。持续深入打好蓝天、碧水、净土保卫战，推动生态环境质量稳定向好。蓝天就是幸福。围绕PM2.5和臭氧浓度“双控双减”、挥发性有机物与氮氧化物协同减排，扎实开展扬尘源、生活源、工业源等专项整治，强化秸秆离田综合利用。PM2.5年均浓度在28微克/立方米以下，全市第一；空气质量优良天数比率达90%，位居全省前列。碧水就是福祉。统筹水资源、水环境、水生态治理，严格落实河（湖）长制，加快实施城乡河道治理、小区雨污分流等项目。全面完成里下河洼地治理。打造幸福河湖9条、生态河道27条，确保省考断面、水源地水质100%达标。净土就是美丽。积极实施农用地污染源头防治行动，继续开展历史遗留地块土壤污染状况调查，严格建设用地准入管理。强化危废全生命周期规范化监管，建设全域“无废城市”。大力推进垃圾分类和资源化利用，县城实现生活垃圾“四分类”小区全覆盖，开展农村生活垃圾“四分类”的乡镇达70%。

强化生态修复保护。编制生态修复与保护规划，严格落实生态保护红线和生态空间管控区管控要求，严格执行项目准入和环评制度，加强对西塘河、九龙口湿地、饮用水源区等重点区域的保护，构建高效、集约的国土空间资源利用方式，实现生态系统良性循环和永续利用。创建九龙口省级“生态岛”试验区，开展湖荡湿地保育、河（湖）植被缓冲带建设、野生动物保护行动，建设上游水质自动监测站，修缮湿地科研观测站，实施野生动物救助站、珍稀水鸟迁徙通道等项目，加强外来入侵物种综合防控，打造里下河地区生态修复与生物多样性保护的典范区域。拓展造林绿化空间，全面落实林长制，进一步提升高铁高速、国省干道、乡村道路两侧成片造林成效，继续加强农田防护林网建设，确保宜林则林、应绿尽绿。新增成片造林700亩，创建绿美村庄5个。

五、聚焦共同富裕新篇章，着力创造更高品质生活。坚持尽力而为、量力而行，持续办实事、解民忧，更好满足人民对美好生活的向往。

让群众获得感更加充实。多措并举提高收入水平。落细落实就业优先政策，聚焦青年特别是高校毕业生等重点群体，健全就业公共服务体系，支持和规范发展新就业形态，新增城镇就业再就业1万人，扶持自主创业1500人。深入推进强村三年行动计划，激活“一村一策”增收动力，涉农村居集体经营性收入全部超40万元。扎实推进农民收入十年倍增行动，落实好农民创业信贷政策和农民工稳岗就业政策，确保农村居民可支配收入增长高于城镇居民。健全“一老一幼”服务体系。“一老一幼”，一头连着“夕阳”，一头连着“朝阳”，事关千家万户。持续开展困难老年人家庭适老化改造，加快推进农村敬老院转型升级为区域性养老服务中心，优化布局城市街道养老服务综合体、老年助餐点等设施，在基层医疗机构试点开展空闲床位用于养老服务，二级老年医院建成投用，创成老年友好社区2个以上。全面落实各项生育支持政策，完善普惠托育服务体系，推进托幼一体化，促进人口长期均衡发展。织密社会保障网络。深化社保扩面征缴提升行动，逐步扩大新业态和超龄工伤保险覆盖范围。坚持“三医联动”，大力推广普惠型商业补充医疗保险，进一步完善多层次医疗保障体系。积极发展保障性租赁住房，加快构建多主体供给、多渠道保障、租购并举的住房制度。统筹做好因疫因灾遇困群众生活保障、退役军人服务、妇女儿童权益保障等工作，兜牢基本民生底线。

让群众幸福感更可持续。坚持教育优先发展。以办好人民满意的教育为导向，推动教育优质均衡和城乡一体化发展，逐步缩小城乡、校际差距。持续深化九年一贯制办学改革，巩固教育集团改革成果，进一步拓展与海安教育合作领域，培育更多名校长、名教师，全面提升教育教学质量。持续推进“双减”提质，关注学生身心健康，促进学生全面发展、健康成长。认真抓好县委巡察教育系统反馈突出问题整改，持续深化师德师风专项整治，培养高素质教师队伍。推进健康建湖建设。学习三明医改经验，稳步推动27项医改措施落地落实。加快县人民医院“三甲”创建，双湖中医院投入运营。促进紧密型医共体扩面提质，提升医联体运作质效，继续实施基层医疗机构提档升级三年行动计划，切实增强基层医疗卫生服务能力。认真落实新冠感染防治各项措施，重点抓好老年人以及患基础性疾病群体等重点人群分级分类健康服务，全力保健康、防重症。广泛开展全民健身运动，高水平办好县第十二届运动会。加快文化事业文化产业发展。创作一批贴近时代脉搏、讲述建湖故事的文艺新品，《阳光县长》《四季江淮》角逐紫金艺术节“优秀剧目奖”，《炼——倒立技巧》冲刺国际“金小丑奖”。扩容升级县图书馆。扎实办好“杂技剧场”“淮剧舞台”等文化惠民活动，全年开展文化活动500场以上。加强大同铺、李三庙等文物文化遗产保护传承，扩大“探源建湖地域文明”影响力。聚焦文化产业发展，推动淮剧团、杂技团深度融入淮剧小镇，开拓县外演艺市场，引进和培育线上演播、数字艺术、沉浸式体验等新业态新模式，以高质量文化供给更好地满足人民群众精神文化生活新期待。

让群众安全感更有保障。加强法治建湖建设。扎实推进法治社会环境建设、网格服务管理效能优化等工作，不断提升县域现代化治理水平。深化“八五”普法，增强基层普法和依法治理能力。推进“扫黑除恶”常态化，完善升级社会治安防控体系，严厉打击各类违法犯罪行为。加强平安建湖建设。巩固拓展安全生产“三年大灶”专项整治成果，打好“安全隐患清零”攻坚战，扎实开展安全标准化达标提级晋档专项行动，争创省级安全发展示范城市。坚决落实“四个最严”要求，筑牢食品药品安全防线。加强和谐建湖建设。全面加强“三债统管”，严禁违法违规举债、为民营企业担保等行为，坚决遏制增量、化解存量。推动国有企业市场化转型，加强与市内外大型国企合作，不断做大做强主业，提升实体化经营能力，守住不发生系统性金融风险的底线。坚持和发展新时代“枫桥经验”，大力开展“信访突出问题攻坚化解巩固提升年”活动，争创省信访工作示范县，确保社会大局和谐稳定。

全面加强政府自身建设

新征程、新时代、新伟业，对政府自身建设提出了新的更高要求。我们将永葆奋发有为的精神状态和“时时放心不下”的责任意识，勇于改革创新、勇于担当尽责，以“功成不必在我、成功必定有我”的胸襟担当，奋力开创政府工作新局面。

坚定政治信念，砥砺忠诚品格。全面学习、全面把握、全面落实中共二十大精神，更加深刻领悟“两个确立”的决定性意义，更加坚定地忠诚核心、信赖核心、紧跟核心、维护核心，做到政治上绝对忠诚、思想上高度统一、意志上更加坚韧、行动上坚决有力。全面加强政府系统党的建设，坚持用习近平新时代中国特色社会主义思想武装头脑、指导实践、推动工作，更好地扛起“争当表率、争做示范、走在前列”光荣使命。始终胸怀“两个大局”，心系“国之大者”，不折不扣落实上级党委政府和县委各项决策部署，在新的征程上答好时代之卷。

强化法治思维，严格依法履职。深入践行习近平法治思想，尊崇宪法和法律权威，全面实行政府权责清单制度，严格“三重一大”决策程序，完善政府法律顾问制度，争创全国法治政府建设示范县。全面推行行政执法“三项制度”，建立基层综合执法“十项清单”，让行政执法既有力度、又有温度。加强政务公开，主动接受县人大法律监督、县政协民主监督，以及社会和舆论监督，强化审计监督、统计监督，办好人大代表建议和政协委员提案，让权力始终在阳光下运行。

锤炼过硬作风，笃行实干担当。坚持刀刃向内、勇于自我革命，集中整治政府系统“慵懒散”等“躺平”行为，大力营造干事创业的浓厚氛围，让干部敢为、地方敢闯、企业敢干、群众敢首创成为鲜明导向。坚持脚踏实地、真抓实干，瞄准新目标、提升新标杆，当事不推责、遇事不推诿，在谱写“五个新篇章”中奋勇争先。坚持问题导向、结果导向，以严的标准、实的举措抓好省委巡视反馈涉及政府系统问题整改，为不断开创高质量发展新局面提供坚强保障。

恪守廉洁底线，涵养清风正气。时刻保持两个“永远在路上”的清醒，坚决扛起政府全面从严治党主体责任，深化整治权力集中、资金密集、资源富集领域的腐败，坚决惩治群众身边的“蝇贪”，确保党和人民赋予的权力始终用来为人民谋幸福。坚持以严的基调强化正风肃纪，锲而不舍落实中央八项规定精神，结合“清廉建湖”建设专项行动，持续深化纠治“四风”，重点纠治形式主义、官僚主义，促进政风行风持续好转。坚持勤俭节约，严控“三公”经费等一般性支出，以政府的紧日子换取群众的好日子，永葆忠诚干净担当、为民务实清廉的政治本色。

各位代表，新征程是充满光荣与梦想的远征，让我们更加紧密地团结在以习近平同志为核心的党中央周围，在上级党委政府和县委的坚强领导下，踔厉奋发、勇毅前行，为奋力谱写中国式现代化建湖新篇章而团结奋斗！

《政府工作报告》有关名词解释：

1.“四化战略”：是指产业高端化、城乡一体化、生态品牌化、治理现代化。

2.“五大高地”：是指先进制造、创新创业、融合发展、生态文旅、民生幸福高地。

3.“上云”企业：是指企业通过网络，将企业的基础系统、管理及业务部署到云端，利用网络更便捷地获取云服务商提供的计算、存储、软件数据等服务，以此提高资源配置的效率，降低信息化建设成本 促进共导经济发展。

4.“两图三清单”：2022年主要编制“两图三清单”，是指产业链全景图、招商地图，现有规模以上企业清单、重点项目清单、招引突破企业清单。2023年优化调整为编制“三图三清单”，是指产业链创新图谱、全景图、招商地图，产业链规模以上企业清单、重点项目清单、重点突破企业清单。

5.专精特新：是指企业具有专业化、精细化、特色化、新映画的发展特征。

6.“小巨人”企业：全称为“专精特新‘小巨人’”企业，是由工信部认定的专注于细分市场、创新能力强、市场占有率高、掌握关键核心技术、质量效益优的排头兵企业。

7.“双框”之城：是指《中国国家地理》“红框”和《中华遗产》“绿框”，是国内著名科学人文传媒《中国国家地理》发起并实施的一项透过“窗口之美”，发现“自然之美与人文之魅”的传播新战略。

8.“三区三线”：“三区”是指城镇空间、农业空间、生态空问三种类型的国土空间。“三线”分别对应在城镇空间、农业空间、生态空间划定的城镇开发边界、永久基本农田、生态保护红线三条控制线。

9.生活垃圾“四分类”：是指可回收垃圾、厨余垃圾、有害垃圾和其他垃圾。

10.“三债统管”：是指抓好政府债务、政府隐性债务和国有企业经营性债务管理，主要包括债务总量、成本、结构、项目投资等管控目标。

11.战略性新兴产业：是指以重大技术突破和重大发展需求为基础，对经济社会全局和长远发展具有重大引领带动作用，成长潜力巨大的产业具有科技含量高、市场潜力大、带动能力强、综合效益好等特征。市里提出集中打造“5+2”战略性新兴产业体系，“5”是指新能源汽车及核心零部件、新能源、新一代信息技术、新材料、大健康五大产业，“2”是指数字经济、海洋经济两大产业。

12.智改数转“十百千万”：“十”是指“十厂示范”，每年创建10家示范智能工厂（车间）、工业互联网标杆工厂等示范项目。“百”是指“百企技改”，每年实施100项智能化改造和数字化转型项目。“千”是指“千匠引培”，每年组织1千名企业人员开展智能化数字化转型培训。“万”是指“万机联网”，推广使用工业机器人、CNC加工中心。

13.“五率”：是指签约率、开工率、竣工率、投产率、达效率。

14.“规改股”“股上市”：“规改股”是指引导有一定规模的企业改制转为股份有限公司，“股上市”是指支持优质企业到境内外证券市场上市。

15.“1+2+N”：“1”是指九龙口景区龙头引领，“2”是指淮杂非遗与湿地世遗深度融合，“N”是指“一、二、三产＋文旅”嵌入式发展的新模式。

16.“三站三中心”：是指博士后科研工作站、院士工作站、研究生工作站、工程技术研究中心、企业技术中心、工程研究中心。

17. 全国“两山”实践创新基地：是指“绿水青山就是金山银山”实践创新基地，由生态环境部授予，每年评选一次。

18.BIPV：是指光伏建筑一体化。

19.“无废城市”：是指通过推动形成绿色发展方式和生活方式，持续推进固体废物源头减量和资源化利用，最大限度减少填埋量，将固体废物环境影响降至最低的城市发展模式，也是一种先进的城市管理理念。

20.“三医联动”：是指医疗、医保、医药改革联动。

重要文件选录

中共建湖县委关于深入学习贯彻中共二十大精神在新征程上全面推进中国式现代化建湖新实践的决定

（2022年12月22日中国共产党建湖县第十五届委员会第四次全体会议通过）

为深入学习贯彻中共二十大精神，认真落实《中共中央关于认真学习宣传贯彻中共二十大精神的决定》和省委十四届三次全会、市委八届四次全会部署要求，动员全县各级党组织和广大党员干部深刻领悟“两个确立”的决定性意义，在新征程上全面推进中国式现代化建湖新实践，作出如下决定。

一、自觉用中共二十大精神统一思想和统一行动，坚定拥护“两个确立”、坚决做到“两个维护”

（一）充分认识中共二十大的重大意义。中共二十大是在全党全国各族人民迈上全面建设社会主义现代化国家新征程、向第二个百年奋斗目标进军的关键时刻召开的一次十分重要的大会，是一次高举旗帜、凝聚力量、团结奋进的大会。习近平总书记代表十九届中央委员会所作的报告，是党和人民智慧的结晶，是党团结带领全国各族人民夺取中国特色社会主义新胜利的政治宣言和行动纲领，是马克思主义的纲领性文献。大会通过的中央纪委工作报告，总结党的十九大以来全面从严治党的实践探索和重要成效，宣示了党以永远在路上的清醒和坚定推进党风廉政建设和反腐败斗争的坚强决心。大会通过的《中国共产党章程（修正案）》，对坚持和加强党的全面领导、坚定不移推进全面从严治党、坚持和完善党的建设、推进党的自我革命提出了明确要求。党的二十届一中全会选举产生了以习近平同志为核心的新一届中央领导集体，深得全党全军全国各族人民充分信赖，充分显示出中国特色社会主义事业蓬勃兴旺、充满活力。全县各级党组织和广大党员干部要把学习宣传贯彻中共二十大精神作为当前和今后一个时期的首要政治任务，坚决贯彻习近平总书记“五个牢牢把握”和“全面学习、全面把握、全面落实”的重要指示，立足建湖改革发展、党的建设实际，与学习贯彻习近平新时代中国特色社会主义思想紧密结合起来，与学习贯彻习近平总书记对江苏工作重要指示精神有机贯通起来，真正做到学深悟透、知行合一，确保中共二十大精神在建湖深入人心、落地见效。

（二）准确把握中共二十大的精神实质和丰富内涵。深刻认识中共二十大的主题和主要成果，准确把握大会的灵魂、党和国家事业发展的总纲，在举什么旗、走什么路、以什么样的精神状态、朝着什么样的目标继续前进上始终旗帜鲜明、坚定不移。深刻认识新时代10年伟大变革的深远历史意义，坚持道不变、志不改，紧跟习近平总书记奋进新征程、建功新时代。深刻认识习近平新时代中国特色社会主义思想的世界观方法论和贯穿其中的立场观点方法，牢牢把握“两个结合”“六个必须坚持”，更加自觉地用以武装头脑、指导实践、推动工作。深刻认识中国式现代化的中国特色和本质要求，牢牢把握推进中国式现代化的重大原则，在新征程上全面推进中国式现代化建湖新实践。深刻认识党的中心任务和未来5年的重大部署，全面对标对表、创新思路举措，更好地扛起“争当表率、争做示范、走在前列”光荣使命，谱写“强富美高”新建湖现代化建设新篇章。深刻认识以党的自我革命引领社会革命的重要要求，以永远在路上的政治自觉推动全面从严治党向纵深发展，确保党始终成为建湖现代化建设的坚强领导核心。深刻认识江山就是人民、人民就是江山的根本政治立场，更加自觉地践行以人民为中心的发展思想，把为民造福作为最大政绩，不断增强人民群众的获得感、幸福感、安全感。

深刻认识统筹发展和安全的重大原则，完整准确全面贯彻总体国家安全观，下先手棋、打主动仗，牢牢守住安全稳定底线。深刻认识“三个务必”的谆谆教导和团结奋斗的时代要求，坚持“五个必由之路”，弘扬伟大建党精神，依靠顽强斗争、团结奋斗打开事业发展新天地。认真学习贯彻中共二十大对国防和军队建设、港澳台工作、外交工作等方面提出的大政方针、作出的工作部署。

（三）切实增强坚定拥护“两个确立”、坚决做到“两个维护”的高度政治自觉。学习贯彻中共二十大精神，最重要最根本的是深刻领悟“两个确立”的决定性意义。“两个确立”是党的十八大以来党和国家事业取得历史性成就、发生历史性变革的决定性因素，是新时代10年最大政治成果、最重要历史经验、最客观实践结论。在“两个大局”交织激荡、“两个百年”历史交汇的重大历史关头，有习近平总书记作为党中央的核心、全党的核心掌舵领航，是党之大幸、国之大幸、军队之大幸、人民之大幸。在新的征程上，由经过历史检验、实践考验、斗争历练的党的核心、人民领袖、军队统帅习近平总书记继续掌舵领航，是党应对一切不确定性的最大确定性、最大底气、最大保证。现在，“两个确立”已经成为全党全军全国各族人民的高度共识和共同意志，已经写在了新时代的伟大征程上、写在了全党全军全国各族人民心坎上。全县各级党组织和广大党员干部要深刻领悟“两个确立”的决定性意义，切实增强“四个意识”、坚定“四个自信”、做到“两个维护”，更加坚定地忠诚核心、信赖核心、紧跟核心、维护核心，坚决维护党中央权威和集中统一领导，不断提高政治判断力、政治领悟力、政治执行力，在以习近平同志为核心的党中央周围团结成“一块坚硬的钢铁”，步调一致向前进，紧跟习近平总书记走好新的赶考之路，不断夺取新的伟大胜利。

二、全面推进中国式现代化建湖新实践，勇当盐城建设绿色低碳发展示范区的开路先锋

省委书记吴政隆在省委十四届三次全会上提出“支持盐城建设绿色低碳发展示范区”的明确要求，市委书记徐缨在市委八届四次全会上发出“坚定不移加快绿色低碳发展示范区建设”的动员令，这为我县全面推进中国式现代化建湖新实践指明了方向、提供了遵循。全县上下要准确把握新发展阶段，完整准确全面贯彻新发展理念，主动服务和融入新发展格局，牢牢抓好高质量发展这个首要任务，紧紧围绕“强富美高”和“争当表率、争做示范、走在前列”总目标、总纲领、总要求，锚定“勇当沿海地区高质量发展排头兵”和“国际湿地、沿海绿城”目标定位，以绿色低碳发展示范区建设为总抓手，立足建湖发展阶段、县情实际，全力做好“绿色生态、绿色制造、绿色能源、绿色宜居”4篇文章，坚定不移实施“四化战略”，全力以赴打造“五大高地”，让中国式现代化在建湖大地上充分展现可观可感的现实图景，为全市更好“扛起新使命、谱写新篇章”作出新的更大贡献。

（一）培育壮大实体经济，构建现代化产业体系。锚定“产业强县、以工兴县”目标导向，围绕高端装备、新能源和电子信息三大主导产业，突出晶硅光伏、动力及储能电池、石油机械、新能源汽车零部件、集成电路、光电显示六大产业链，扎实开展“企业大走访、项目大推进、产业大招商”活动，做强链主企业，深耕细分领域，打造产业链条完备、产业特色鲜明、竞争优势明显的建湖制造地标产业集群。强化项目建设拉动力，紧扣招商引资“两图三清单”，打好驻点招商、以商引商、基金招商等“组合拳”，加快形成百亿领航、十亿带动、亿元支撑的项目方阵；紧扣签约率、开工率、竣工率、投产率、达效率“五率”要求，打造项目全生命周期服务链条，强化资金、人才、政策等要素集成创新，全力以赴扩大有效投资。提升企业市场竞争力，大力实施工业企业能级提升行动计划，加大政策服务、专项资金、企业家培育等方面支持力度，加快企业“智改数转”步伐，打造上市挂牌梯次方阵，实现上市企业“零”的突破，创成国家新型工业化示范基地；推进三大主导产业与现代物流、科技研发、金融服务等生产性服务业融合发展，培育壮大总部经济、楼宇经济，推动生产性服务业向专业化和价值链高端跃升。发挥园区载体支撑力，紧扣“对内提份额、对外争位次”目标，推进“一区多园”实质化运行，推行“管委会+公司”发展模式，运营好盐海金属表面处理中心、里下河物流园区、国家石油机械产品质量检验检测中心等平台载体，加快完善人才公寓、物流仓储等配套设施，推动“两区”进入省级园区前10强。

（二）厚植科教人才基础，筑牢现代化战略支撑。深刻把握教育、科技、人才三者之间的内在规律，打通从教育强、科技强、人才强到产业强、城市强的发展通道，重塑建湖教育荣光，勇当盐城科技和产业创新的开路先锋。切实抓好教育这个根本，全面建立中小学校党组织领导的校长负责制，深入推进教育领域综合改革，推动学前教育普惠健康发展、义务教育优质均衡发展、高中教育优质特色发展、职业教育产教融合发展，加强师德师风专项整治，争创省义务教育优质均衡发展县。全力做强科技这个关键，聚焦主导产业发展方向，建立和完善一批工程（技术、研究）中心、省级院士工作站、国家企业重点实验室，高新区悦湖之星、开发区睿创之芯分别争创国家级、省级科技企业孵化器；强化企业科技创新主体地位，实施高新技术企业培育三年行动计划，强化技术创新、产品攻关，推动高新技术企业市级以上研发机构全覆盖，培育更多“专精特新”企业、行业“小巨人”和“单项冠军”。不断夯实人才这个基础，靶向产业发展和专业紧缺，提档升级“黄海明珠人才建湖计划”，建立多元化柔性引才和人才评价激励机制，持续开展优秀毕业生“汇湖行动”，全力打造人才聚集高地。

（三）聚焦人民主体地位，增进现代化民生福祉。坚持尽力而为、量力而行，用心用情办好民生实事，健全工资水平决定机制、正常增长机制、支付保障机制，确保城乡居民人均可支配收入增长快于经济增长。落实就业优先战略，健全就业公共服务体系，加大援企稳岗、职业技能提升与创业扶持力度，加强重点群体就业支持和困难群体就业兜底帮扶，促进高质量充分就业。健全社会保障体系，持续推进社会保险扩面征缴提升行动，争创“15分钟医保服务圈”整体推进示范县，加大困难群体兜底保障力度，着力构建更加健全、更富质效的社会保障网络。全力打造健康建湖，加强公共卫生防控救治体系和应急能力建设，完善分级诊疗制度，加大紧密型医共体建设力度，全力推动县人民医院“三甲”创建、双湖中医院正式运营，打造优质资源扩容均衡、城乡基层服务健全的医疗卫生服务体系。用心呵护“一老一幼”，加快构建以居家养老为主体的城乡养老服务体系，完善三孩生育政策配套措施，促进人口长期均衡发展。坚持“房住不炒”定位，支持刚性和改善性住房需求，加快建立多主体供给、多渠道保障、租购并举的住房制度。

（四）坚持绿色低碳发展，创塑现代化美丽建湖。以争创全国“两山”实践创新基地为统揽，构建完善以产业生态化和生态产业化为主体的生态经济体系，加快建设人与自然和谐共生的美丽建湖。深入推进生态环境保护修复，打好蓝天、碧水、净土保卫战，推动PM2.5和臭氧浓度“双控双减”，加快幸福河湖、生态河道建设，健全土壤污染防控体系，确保环境质量主要指标持续位于省市前列；推进湿地“生态岛”试验区、生态安全缓冲区建设，扎实开展湖荡湿地保育工程和国土绿化建设，全面提升生态系统多样性、稳定性、持续性。加快绿色低碳转型发展步伐，积极探索能耗“双控”向碳排放总量和强度“双控”转变，全力构建绿色制造体系、清洁能源体系、低碳生活体系，深入实施工业企业资源集约利用综合评价，扎实推进全国首批屋顶分布式光伏整县推进试点，广泛开展绿色学校、绿色社区、绿色家庭等创建，全民共建共享生态绿色家园。拓展生态产品价值实现路径，构建完善生态文旅格局，推动淮杂非遗与湿地世遗深度融合，突出九龙口AAAAA级景区创建龙头引领，抓好沙庄、湿地公园、荷花漫等运营管理，做强陆秀夫、乔冠华等“2+N”景区矩阵，推动旅游业与农业、工业等领域跨界融合，争创国家级文旅融合示范区、省级全域旅游示范区；积极发展绿色有机种植、生态健康养殖，提高建湖农产品市场竞争力，打造长三角优质农产品供应基地；建立健全生态产品调查监测、价值评价、经营开发、保护补偿等机制，提升湿地生态系统碳汇能力。

（五）深化城乡融合发展，彰显现代化功能品质。以国家县城新型城镇化建设示范为牵引，实施城乡融合发展行动，加快空间规划一体化、产业布局一体化、公共服务一体化、基础设施一体化，推动各类要素在城乡间双向高效流动。完善“一体两翼”空间布局，县城加快老城有机更新、新城功能完善，增强县域综合承载能力，加快县城常住人口向30万人目标迈进；东翼上冈镇积极融入盐城城北改造和市区产业配套，深化与市交投集团合作，加快新城开发建设，推动集镇精细管理，加速园区配套提档升级，努力呈现产城融合、宜居宜业的现代化城镇形象；西翼九龙口主动策应里下河水乡风光带建设，深化与市燕舞集团合作，突出生态保护与旅游开发协同推进，加快释放生态红利，充分彰显“建湖有戏—灵龙水乡·淮杂故里”的独特魅力。全面实施乡村建设行动，以全域土地综合整治为引领，放大高作镇、九龙口镇、恒济镇等试点效应，一体推进农房改善、人居环境整治等行动，加快医疗、养老、教育等优质资源向农村延伸，推动省、市两级特色田园乡村实现乡镇全覆盖。打造绿色优质现代农业，围绕农业规模化、产业化、科技化、品牌化“四化”发展方向，突出有基地、有园区、有企业、有市场“四有”建设，做强东部设施果蔬、中部优质稻米、西部特色水产三大产业基地，打造生产加工、仓储保鲜、冷链物流等全产业链，强化“遇建湖鲜”品牌营销，精心做强“九龙口大闸蟹”育苗、养殖、加工、销售一体化产业；严守耕地红线，严防耕地非农化、非粮化，实施种业振兴行动，高标准建设旱涝保收、高产稳产的"吨粮田"，提高农业机械化、智能化水平，牢牢守住粮食安全底线。

（六）坚决维护公平正义，健全现代化民主法治。坚持党的领导、人民当家作主、依法治国有机统一，不断丰富全过程人民民主的建湖实践，建设更高水平的法治建湖。加强和改进新时代人大工作，支持和保障人大及其常委会依法行使职权，完善人大监督机制，深入推进"家站点"平台建设，拓展吸纳民意、汇集民智渠道。全面发展协商民主，完善政协民主监督和委员联系界别群众制度，巩固提升镇（街道）、村（社区）、市级以上园区、界别协商阵地建设"四个全覆盖"水平，持续打响"有事好商量"品牌。加快构建大统战工作格局，进一步促进政党关系、民族关系、宗教关系、阶层关系、海内外同胞关系和谐，打造"聚湖同心"统战之家综合阵地，深化工会、共青团、妇联等群团组织改革和建设，有效发挥桥梁纽带作用。坚持党管武装制度，深入开展全民国防教育，提高国防动员能力，扎实做好退役军人事务工作，巩固发展军政、军民团结。加强法治建湖建设，一体建设法治建湖、法治政府、法治社会，深入推进司法体制综合配套改革，高质量推进"八五"普法工作，加快诚信建湖建设，争创全国法治政府建设示范县，使法治和诚信成为建湖现代化建设的显著优势和核心竞争力。

（七）加强精神文明建设，涵养现代化文化底蕴。围绕举旗帜、聚民心、育新人、兴文化、展形象，发展社会主义先进文化，弘扬革命文化，传承中华优秀传统文化，满足人民日益增长的精神文化需求。严格落实意识形态工作责任制，完善舆论引导机制，推进媒体深度融合发展，塑造奋进新时代的主流舆论新格局。实施核心价值观引领工程，弘扬伟大建党精神，用好华中鲁艺烈士陵园等红色资源，长效开展"四史"宣传教育，推动理想信念教育常态化制度化。持续深化文明创建，坚持全域全时全民推进，深入实施公民道德建设工程，推进新时代文明实践中心提档升级，放大"建湖好人"等品牌效应，创成全国文明城市提名城市。繁荣发展文化事业和文化产业，创新彰显淮杂文化特色的文艺精品创作生产机制，积极发展沉浸式演出、在线演出、云演出等文化新业态，讲好建湖故事，传播水乡声音；更好发挥图书馆、文化馆等作用，扎实推进"书香建湖"建设，常态化开展"周末舞台""周末剧场"等活动，让群众享有更高质量的精神文化生活。

（八）加快推进改革开放，激发现代化强劲动能。用好改革开放这个"关键一招"，持续为推动高质量发展、创造高品质生活、实现高效能治理赋能增力。以更深层次改革激发新活力，深化"放管服"改革，巩固提升"一网通办""一件事"等改革成效，持续提高政务服务标准化、规范化、便利化水平；深化国资国企改革，完善国企治理架构和"五位一体"监管体系，加快国有企业市场化转型，鼓励支持与省农担、省再担、省环保集团以及悦达集团、黄海金控等大型国企对接合作，提升创造价值能力；深化财税金融体制改革，实行预算执行情况、绩效目标实现程度"双监控"，大力发展普惠金融，争创省金融生态优秀县；统筹推动农业农村、社会事业、数字变革等牵引性强的重点改革事项，用好改革试点增量要素资源，不断提高改革工作效能。以更高水平开放争创新优势，推动外资外贸扩量提质，发挥好园区对外开放的主阵地作用，强化与省贸促会、德国贸促机构等合作，加快跨境电商产业园建设，提升开放型经济水平；充分发挥交通先导作用，加快推进阜溧高速建湖段、新长铁路扩能、盐宝河航道提升等重点项目，深化与盐城港集团合作，发挥里下河物流园公、铁、水"三式联运"效能；打造长三角地区"审批最快、成本最低、服务最优、社会满意度最高"的营商环境高地，统筹政策、市场、政务、法治、人文"五个环境"建设，营造透明便利开放环境。以更宽视野构建新格局，深度融入长三角一体化、江苏沿海开发、淮河生态经济带等重大战略，健全与上海嘉定、苏州吴江等地合作机制，围绕基础设施互联互通、产业协作互补、公共服务和功能载体共建共享，主动对接、全力争取，推动形成一批实质性成果。

（九）守牢安全稳定底线，完善现代化治理格局。坚定不移贯彻总体国家安全观，持续推进国家安全体系和能力建设，全力防范化解重大风险隐患，努力建设更高水平平安建湖。坚决捍卫国家安全，严格落实党委（党组）国家安全责任制，完善风险研判、决策风险评估、风险防控协同、风险防控责任"四项机制"，坚决维护政权安全、制度安全、意识形态安全。持续抓好经济安全，深入实施金融存量案件集中清理、"破圈解链"清盘扫尾等专项行动，健全债务规模、债务增速、资产负债率、融资成本约束机制，确保全口径政府性债务规模和债务率逐年下降，牢牢守住不发生系统性风险底线。全力守护人民安全，更好统筹疫情防控和经济社会发展，抓实安全生产风险专项整治、食品药品安全监管、应急救援能力建设等工作，创建省安全发展示范城市。切实保障社会安全，持续深化政法队伍教育整顿，抓紧规划建设县域治理联动指挥中心，深入推进新一代"雪亮工程”技防建设，推动“扫黑除恶”常治长效；完善社会矛盾纠纷多元化解机制，加强和改进信访工作，坚决遏制增量，逐步消除存量，争创国家和省级信访工作示范县，确保社会大局和谐稳定。

三、推动全面从严治党向纵深推进，持续巩固风清气正的政治生态

（一）加强党的全面领导。坚决落实中央政治局关于加强和维护党中央集中统一领导的若干规定精神，健全完善落实机制，加强监督检查，确保习近平总书记重要指示、党中央和省、市委决策部署在建湖不折不扣落到实处。严明政治纪律政治规矩，增强党内政治生活的政治性、时代性、原则性、战斗性，教育引导各级党组织和党员干部不断提高政治判断力、政治领悟力、政治执行力，恪守“五个必须”，严防“七个有之”，自觉在政治立场、政治方向、政治原则、政治道路上同以习近平同志为核心的党中央保持高度一致。发挥党委（党组）总揽全局、协调各方的领导作用，健全科学民主依法决策机制，积极创新和改进领导方式，不断提高把方向、管大局、作决策、保落实的能力。压紧压实全面从严治党主体责任，督促职能部门落实监管职责，强化纪委协助职责和监督专责，切实增强管党治党合力。

（二）深化思想理论武装。坚持用习近平新时代中国特色社会主义思想铸魂固本，健全宣传阐释工作机制，用好用活融媒体中心、塘河讲坛等传播阵地，分期分批开展学习中共二十大精神集中轮训，引导广大党员干部做到学思用贯通、知信行统一。深入实施党的创新理论学习教育计划，充分发挥理论学习中心组示范引领作用，把习近平新时代中国特色社会主义思想作为想问题、办事情、抓工作的根本遵循，自觉做共产主义远大理想和中国特色社会主义共同理想的坚定信仰者和忠实实践者。坚持理论武装同党史学习教育常态化长效化相结合，传承红色基因，赓续红色血脉，引导党员干部不断学史明理、增信、崇德、力行。

（三）锻造过硬干部队伍。坚持党管干部原则，落实新时代好干部标准，锻造“看得出、站得出、豁得出”的干部队伍。实施新时代干部领导现代化建设能力提升工程，强化干部思想淬炼、政治历练、实践锻炼、专业训练，推动常态化、多层次、宽领域干部轮岗交流，注重斗争精神和斗争本领养成。健全培养选拔优秀年轻干部常态化工作机制，选派年轻干部到招商引资、项目服务、乡村振兴、国企平台、信访稳定等一线岗位挂职锻炼，从严加强教育管理监督，形成青蓝相继、薪火相传的生动局面。坚持严管和厚爱相结合，细化落实“三个区分开来”要求，用好用活职级晋升资源，完善干部考核评价体系和“板块比发展、部门比服务”工作机制，激励干部在岗更在状态、在位更有作为。

（四）夯实基层战斗堡垒。突出政治功能、强化组织功能，持续推进基层党建“五聚焦五落实”深化提升行动，把基层党组织建设成为有效实现党的领导的坚强战斗堡垒，争创全国基层党建宣传示范单位。织密基层组织体系，统筹推进各领域基层党组织建设，将支部标准化建设的要求延伸至功能支部，确保有形有效覆盖，推动全面过硬、全面进步。建强基层骨干力量，选优配强基层党组织带头人，推进村干部专职化，社区工作者职业化，“两新”组织党务工作者专业化，优化选培管用体系，打造一支有情怀、有本领、有担当的基层干部队伍。提升基层服务质效，推动党员干部、服务资源“双下沉”，促进服务能力、服务效率“双提升”，重点打造一批“建湖红驿”，加快建设一批便民服务综合体，放大“党建网红”品牌效应，把服务群众“最后一公里”打造成“最实一公里”。

（五）加快建设清廉建湖。坚持严的主基调不动摇，坚持党性党风党纪一起抓，一体推进不敢腐、不能腐、不想腐，同时发力、同向发力、综合发力，坚决打赢反腐败斗争攻坚战、持久战。驰而不息纠治“四风”，锲而不舍落实中央八项规定及其实施细则精神，聚焦提升作风效能，加大明察暗访、通报曝光、专项整治力度，狠抓“月季年”作风建设突出问题通报机制执行，持续释放从严信号。着力完善监督体系，健全以党内监督为主导、各类监督贯通协同的工作机制，紧盯惠民利民政策落实、乡村振兴战略实施、政府性债务管控以及教育医疗等领域，更好发挥巡察综合监督作用，推动基层监督提质增效。一体推进“三不”建设，铁腕惩处各类腐败现象和不正之风，持续深化以案促改、以案促治工作，加强廉洁文化和家庭家教家风建设，教育引导广大党员一心为公、一身正气、一尘不染，共同维护好发展好建湖风清气正的政治生态。

全县各级党组织和广大党员干部要更加紧密地团结在以习近平同志为核心的党中央周围，全面贯彻习近平新时代中国特色社会主义思想，全面贯彻中共二十大精神，坚定拥护“两个确立”，坚决做到“两个维护”，自信自强、守正创新，踔厉奋发、勇毅前行，在新征程上全面推进中国式现代化建湖新实践，为全面建设社会主义现代化国家、全面推进中华民族伟大复兴作出更多建湖贡献！

全县产业高质量发展实施意见

为认真贯彻落实全市产业发展大会精神，培育壮大重点产业，提升产业发展能级，推动产业集聚化、高端化、绿色化，构建具有更强竞争力的现代产业体系。现结合我县实际，制定如下实施意见：

一、总体要求

坚持以习近平新时代中国特色社会主义思想为指导，全面贯彻党的十九大和十九届历次全会精神，认真落实县党代会、县委全会和县“两会”要求，紧扣“争创江淮生态经济区示范区，勇当沿海高质量发展排头兵”目标，深入实施“四化战略”，全力打造“五大高地”，聚焦产业转型、项目推进、链条培育、企业赋能、开放合作、载体建设等重点领域，做大产业规模、做优产业布局、做高产业能级、做强产业竞争力，打造产业结构优、科技含量高、质量效益好、资源消耗少、发展可持续的具有建湖特色的现代产业集群，以更大的努力夯实“稳”的基础，以更精准的举措积蓄“进”的力量，奋力谱写建湖现代化建设新篇章。

二、工作目标

坚持扩量、提质、强能、增效、创特，推动产业竞争力、创新驱动力大幅度提升。

（一）在产业转型上实现新突破。2022年，全县三大主导产业全口径开票销售超550亿元，高新技术产业产值占规模以上工业产值的45.5%，战略性新兴产业产值占工业总产值的40%。绿色优质农产品占84%，农业加工业产值与农业产值之比2.6:1。生产性服务业增加值占服务业增加值的43%，文化产业增加值占地区生产总值的3.9%。2025年，全县三大主导产业全口径开票销售超1500亿元，6条重点产业链开票销售1250亿元，制造业增加值占地区生产总值的36%；新创建国家级新型工业化示范基地1个，省级新型工业化示范基地2个。

（二）在创新引领上实现新突破。2022年，全社会研发投入占地区生产总值的2.35%，全县新增省级以上研发机构7家、高新技术企业20家、市“瞪羚”入库企业5家；新增“四上”企业160家，其中规模以上工业企业90家。到2025年，全社会研发投入占地区生产总值的3%；全县省级以上研发机构80家、高新技术企业250家，实现规模以上企业数字化转型全覆盖；有效注册商标1.5万件、有效发明专利950件。

（三）在开放合作上实现新突破。2022年，全县新开工亿元以上产业项目120个以上，其中长三角地区产业项目50个。进出口总额6.2亿美元，注册外资实际到账1亿美元。“十四五”期间，招引长三角地区产业项目250个以上，每年外资实际到账增长10%。

（四）在载体建设上实现新突破。2022年，开发区、高新区综合排名在省级同类园区中均前进2位。2025年，开发区、高新区经济总量分别占全县的55%、45%；综合排名在省级同类园区中进入前10位。

三、重点任务

（一）做大做强特色优势产业

1. 加快发展先进制造业。锚定高端装备、新能源、电子信息三大主导产业发展方向不动摇，做大产业规模，打造产业集群。高端装备产业坚持提升本土企业与引进优质项目相结合，加快向主件、部件和成套、总装方向跃升，着力培育“专精特新”企业集群，推动绿控传动总成、新恒鼎船用曲轴等项目加快建设，2022年产业总量突破250亿元。新能源产业抢抓产业发展机遇，突破重大项目和产业链关键节点项目，着力打造全国有影响力的产业高地，推促悦阳4GW光伏组件、耀宁12GWh磷酸铁锂电池生产基地等项目落地开工，2022年产业总量突破250亿元。电子信息产业瞄准“纵向提质、横向突破”，着力招引一批龙头企业、细分领域“隐形冠军”，推进产业集群式发展，加快推进般若电子、柒捌玖先进封测、大生半导体封装等项目建设，2022年产业总量突破50亿元。［责任单位：工信局、发改委，各镇（街道、区）］

2. 持续做精现代农业。高度重视粮食安全，坚决遏制耕地“非农化”、防止“非粮化”，加快建设杂交水稻制种大县，组织实施高标准农田建设、全域土地综合整治、上冈30万吨粮食仓储加工等项目，促进粮食增产增收。推动农业链条化发展，以东部设施果蔬、中部优质稻米、西部特色水产等规模产业为基础，提档升级12个农业特色园区，加快推进农业加工园区和农产品交易市场建设，大力发展农产品精深加工，健全仓储保鲜、冷链物流、电子商务等配套设施，打造全产业链精品现代农业。2022年，创建市AAAAA级园区1个、AAAA级园区1个，正源创辉争创国家级龙头企业。提升农业品牌化水平，加大“遇建湖鲜”农产品公共品牌和“九龙口大闸蟹”“建湖大米”等绿色农产品品牌宣传推介力度，2022年新增“两品一标”农产品20个以上。［责任单位：农业农村局、自然资源和规划局，新农投公司，

各镇（街道、区）]

3. 提质发展现代服务业。围绕调优产业结构，大力发展现代物流、科技信息等生产性服务业，深入推进“两业”融合，推进“产品＋服务”“互联网＋物流”“工业设计＋科技”等新模式，进一步完善里下河物流园区配套功能，积极推进鑫典钢业物流中心、里下河电商物流集散中心、上冈物流园等项目建设，大力引导物流、电商、科技等企业做大做强，更好地服务全县实体经济发展。2022 年，全县生产性服务业增加值占服务业增加值的 43%，新培植营业额超亿元物流企业 1 家以上。大力推进生活性服务业提档升级，推动商贸流通业提升品质、集聚发展，加快建设万达广场商业综合体、双湖文旅产业带等项目，提升城市服务水平。放大淮杂“非遗”效应，着力开发一批文化特色产品，引进实施一批文化产业项目，进一步提升文化产业增加值水平。做足生态文旅文章，按照“1+2+2”旅游发展模式，打响“灵龙水乡·淮杂故里”文旅品牌，扎实推进“三区同创”，组织实施淮剧小镇二期、里下河博物馆、陆秀夫故居提升、乔冠华红色展馆等项目，九龙口、陆秀夫、乔冠华景区分别争创国家 AAAAA、AAAA、AAA 级景区。2022 年，全县接待游客 300 万人次以上，旅游综合收入超 15 亿元。[责任单位：发改委、文旅局、商务局、交通局，各镇（街道、区）]

（二）全力推动重大项目突破

4. 狠抓项目招引。突出重点力量，充分发挥产业专班和 36 支专业招商组、3 支外资专业招商组作用，专门组建 6 支重点产业链招商组，进一步细化目标任务，加强常态化督查考核，聚合力量推动项目取得突破。突出重点产业，围绕三大主导产业和六条重点产业链，坚持线上、线下招商相结合，研究编制产业链全景图、招商地图，现有规模以上企业清单、重点项目清单、招引突破企业清单“两图三清单”，实施挂图作战、按图索骥，实现精准招商。突出重点地区，紧盯长三角、珠三角、粤港澳、日韩等重点区域，积极参与上海、苏州、深圳等发达地区产业链分工，着力招引一批科技含量高、投入产出比高、能耗水平低的重特大产业项目和外资项目。突出重点方式，进一步深化产业招商、专业招商、基金招商、以商引商、以才引商，推动重大项目持续突破，形成百亿元领航、十亿元带动、亿元支撑的项目方阵。2022 年，全县新开工亿元以上产业项目 120 个，其中 10 亿元以上 10 个，力争 100 亿元以上重特大项目取得突破。[责任单位：发改委、工信局，各镇（街道、区）]

5. 加快项目建设。围绕市县重大项目、5000 万元以上列统项目、2022 年市拟观摩项目、外资项目等重点，紧扣签约率、开工率、竣工率、投产率、达效率等环节，制订任务书、时间表，明确责任、全程跟进，每月开展现场督查，及时发现问题，交办整改清单，实行“销号”管理；每月召开专题会办会，研究解决突出问题；每两个月举行一次项目集中开竣工，每季度召开重大项目推进会，每半年组织项目观摩活动，集中检验项目建设成效。进一步优化重大项目县领导挂钩联系机制，完善“板块比发展、部门比服务”红蓝旗考核制度，明确亿元或 1000 万美元重大项目认定标准和程序，推动所有 5000 万元以上新开工项目，同步纳入市发改委重大项目管理服务平台、市统计局固定资产统计平台，进一步提升全县项目建设实效。2022 年，全县新竣工亿元以上工业项目 55 个。[责任单位：发改委、组织部、统计局，各镇（街道、区）]

（三）着力培育重点产业链条

6. 链式发展壮大产业集群。围绕全市 23 条重点产业链，结合我县实际，重点培育晶硅光伏、动力及储能电池、石油机械、新能源汽车零部件、集成电路、光电显示六条产业链，坚持有链强链、无链建链、短链延链，实现产业链从“零散”到“链式”、从“链式”向“集群”拓展。晶硅光伏产业链，重点发展组件和电池，同步发展光伏设备、硅片、胶膜、焊带、接线盒、逆变器、汇流箱等产业链配套项目，不断壮大产业规模，提升产业质效。动力及储能电池产业链，以引进电池龙头企业为重点，加强正极材料、负极材料、隔膜等细分领域项目招引，推动产业由消费类电池向车用动力电池、风光储能系统等领域拓展，实现“材料—电芯—电池—应用”的产业链配套，促进产业规模化、集聚化发展。石油机械产业链，围绕向高附加值领域延伸，重点突破海洋钻机、压裂装备、油气复合开采装备、水下防喷器、井下装备、页岩油（气）开采系列设备、油气储运设备等领域，打造“拳头产品”“特色产品”，增强行业话语权。新能源汽车零部件产业链，重点突破电机、电控、传动系统、变速系统、车身关键零部件、充电基础设施等领域，推动产业向整机装配、制造领域延伸，进一步完善产业链布局。集成电路产业链，主攻中游封装测试和晶圆制造、下游消费电子、通信设备和汽车电子等领域，进一步推动产业集聚发展。光电显示产业链，重点突破 LED 芯片、导光板等基础材料和驱动 IC 等元器件，液晶显示模组，LED 应用等领域，努力提升配套水平，形成较为完整的产业链条。2022年，六条产业链规模突破400亿元，占工业规模的50%以上。2025年，六条产业链规模突破1250亿元，占工业规模的70%以上。晶硅光伏产业突破500亿元，集成电路、动力及储能电池产业均突破200亿元，石油机械、新能源汽车零部件产业均突破150亿元，光电显示产业突破50亿元。[责任单位：发改委、工信局，各镇（街道、区）]

7. 建立健全产业培育体系。围绕六条重点产业链，按照链式梳理、系统支撑的思路，高效率“补链”、高水平“建链”、高标准“强链”，系统性解决产业发展堵点、断点，引领重点产业链高质量发展。建立产业链“六个一”推进机制，每条重点产业链明确一名挂钩联系县领导、成立一个产业专班、编制一张招商地图、组建一支招商队伍、制订一项行动计划、出台一批扶持政策。县领导挂帅“链长”，统筹产业链资源，优化产业链布局，对产业链上游项目“追根溯源”，对下游项目“顺藤摸瓜”。成立产业链工作专班，由发改委、工信局等部门牵头，协同推进招商引资、项目建设、企业培育、政策扶持、要素服务等工作。积极实施产业链企业融通发展行动、产业链企业协同创新行动、产业链数智化改造行动，以完善的培育体系推动产业向技术链、价值链高端攀升。[责任单位：发改委、工信局、科技局、财政局，各镇（街道、区）]

（四）不断激发企业发展动能

8. 支持企业创新提质。组织开展“科技创新推进年”活动，进一步完善科技创新扶持政策，高层次建设高端装备产业研究院、BIPV产业研究院、光伏研发技术中心，悦湖之星、睿创之芯分别争创国家级、省级科技企业孵化器，2022年新增“三站三中心”8家，新增市级以上研发机构及人才站点20家以上。大力实施高企培育三年行动计划，打造“科技型中小企业—高新技术企业—‘瞪羚’企业—‘独角’兽企业”为主体的创新梯队，2022年新增高新技术企业20家。创新合作机制，引导有条件的企业在上海、深圳等地设立飞地型研发平台，2022年，组织开展校企对接活动10场次以上，签订产学研合作项目100项以上，推促科技成果转化20项以上。加大企业创牌和专利申请力度，切实增强知识产权保护意识，鼓励县内各类研发机构、技术中心、中等技术院校发挥自身优势，积极参与科技研发，确保全县每年净增发明专利授权总量70件以上，新增国内商标申请1000件以上。扎实做好市长质量奖培育工作，实施重点帮扶计划，力争每年培育获评市长质量奖（含提名奖）企业1家。鼓励和支持企业参与国际标准、国家标准和行业标准制修订，抢占市场话语权。2022年，全县参与国家、行业标准化制定1项。[责任单位：科技局、市场监督管理局，各镇（街道、区）]

9. 推动企业“智改数转”。坚持以数字经济推动企业转型，鼓励企业改造内网、建设外网，支持规模以上工业企业实施设备换芯、生产换线、机器换人，提升企业智能化水平。2022年，实施智改数转重点项目10个，建成省级智能制造示范车间3个、省级智能制造示范工厂1个，通过省星级上云企业认定41个，完成智能化改造、数字化转型规模以上企业180家，规模以上企业数字化改造覆盖面达40%。大力实施企业能级提升行动、“星企引航”计划和“高升规”行动，滚动建立重点企业培育库，着力培育一批投入产出高、规模效益好、运行质态优的产业链重点企业。2022年，培育市三星级以上工业企业22家，其中四星级4家、五星级2家，规模以上工业企业增长面75%；三年滚动培育重点企业1000家。以“链主”企业、重点节点骨干企业、“专精特新”企业等为重点，引导和支持企业专注于细分市场、做精做深产品，每年创建市级以上“专精特新”企业15家，省级以上“专精特新‘小巨人’”企业3家。[责任单位：工信局，各镇（街道、区）]

10. 促进企业绿色发展。实施重点行业企业绿色低碳行动，鼓励企业开展绿色产品、节能产品认证和低碳技术、循环技术认定，推动全要素、全产业链、全价值链绿色转型。2022年，实施绿色化改造项目50个，建成省级绿色工厂2家。积极推广使用绿色能源，推进屋顶分布式光伏整县开发试点、华电4GW“渔光互补”光伏发电基地等重点项目建设，鼓励年用能量1000吨标煤以上工业企业，发展屋顶光伏、多元储能、高效热泵等清洁能源，推动多能高效互补利用。2022年，新增“绿电”20亿千瓦时，抵扣能耗57万吨标煤。加强对铸造、锻造、建材等重点行业的节能监察，督促企业开展节能技改，坚决遏制“两高”项目盲目发展，不断提升产业发展的“含绿量”“含金量”。继续推进工业企业资源集约利用综合评价，深化“三项清理”。2022年，清理低效用地2000亩，盘活闲置厂房40万平方米。[责任单位：发改委、工信局、市场监督管理局、商务局、自然资源和规划局，各镇（街道、区）]

（五）全面推进产业开放合作

11. 不断深化区域合作。积极融入长三角一体化，以上海为龙头，探索建立与上海等地的联合招商运营机制，有效承接一批与建湖产业发展相契合的好项目，实现优势互补、协同发展。每年招引长三角地区亿元以上产业项目50个以上；产学研合作项目不少于40个；建成优质农产品基地1个以上、生态旅游康养项目1个以上。加快融入省域一体化，筹备成立苏州驻点招商办事处、苏州建湖商会，重点推进与苏州吴江区战略合作，深入开展园区共建、产业转移、科技人才、现代农业、文化旅游等方面合作。每年招引苏州地区亿元以上产业项目20个以上。全面融入沿海开放开发战略，主动寻求与黄海新区、悦达集团合作，着力在产业项目、基础设施等方面取得突破，实现借港出海，勇当沿海高质量发展排头兵。深化与在外建湖商会、协会以及世界各地建湖籍侨商、侨企的联络，助推地区合作、企业交流、民间互动，努力为突破产业项目拓展新空间。［责任单位：发改委、工信局、农业农村局、文旅局、商务局、科技局、组织部、人社局、工商联，各镇（街道、区）］

12. 大力推进外资招引。围绕三大主导产业，发挥3支外资专业招商小组作用，坚持线上、线下并举、境内境外联动，聚焦长三角、珠三角，紧盯日韩、东南亚、欧美及“一带一路”沿线国家和地区，推动外资项目由单体向产业链延伸，每年招引超千万美元外资项目不少于10个，实际外资到账1亿美元以上。［责任单位：商务局，各镇（街道、区）］

13. 加大金融合作力度。加强与黄海金控、悦达投资、上海善达资本等基金的合作，做大宏创基金规模，设立科技孵化基金，撬动更多高端项目落户建湖，支持优质企业更好地利用资本市场实现做大做强。利用金融机构客户资源，推动金融机构参与项目考察、研判、洽谈，为产业项目提供综合金融服务。积极引导银行机构加大实体经济投放力度，进一步规范、清理各类融资收费，降低综合融资成本。2022年，全县净增各项贷款75亿元，存贷比75%，普惠金融贷款占21%，制造业贷款不低于各项贷款增速。推动县国有企业加强与银行间交易市场合作，发行PPN等专项债务融资工具，引导优质企业发行绿色债、双创债，进一步提升直接融资比重。2022年，新增直接融资规模超100亿元。严厉打击各类逃废债行为和非法金融活动，全力优化金融生态环境，争创省级金融生态优秀县。鼓励主业突出、成长性好、带动力强的企业登陆资本市场，打造沪深北交易所和新三板上市挂牌企业培育梯队。2022年，道尔道公司完成股改和辅导、剑牌公司实现主板上市、博克斯公司实现北交所上市。［责任单位：财政局、金融监管局，人行，各镇（街道、区）］

14. 加快引进产业人才。认真落实人才优先发展战略，以集聚创新创业领军人才为重点、以实施重大人才工程为抓手、以优化人才发展环境为保障，围绕三大主导产业，充分发挥“黄海明珠人才计划”政策引领作用，依托省科技镇长团、建湖籍在外高层次人才联合会等平台，积极对接中科院、南京大学、苏州大学等高校院所科创资源，组织举办“校企合作直通车”“高校院所科创人才菁英汇”“水乡英才创新创业大赛”等活动，努力打造一批高新技术转移转化、产业转型升级、科创企业培育孵化的优质创新平台，集聚一批重点人才，为产业高质量发展提供坚强有力的人才支撑。2022年，引进高校毕业生3200人以上；高层次人才35人以上，其中创业类高层次人才（团队）8人以上。［责任单位：组织部、人社局，各镇（街道、区）］

（六）持续提升园区载体能级

15. 加快发展工业园区。按照“对内提份额、对外争位次”要求，加快推动“一区多园”实质化运行，实行统一领导体系、统一发展规划、统一政策保障、统一招商引资、统一公共服务“五个一”工作机制，将“两区”打造成产业高质量发展主阵地。开发区围绕打造开放标杆、创新高地，进一步健全配套设施，重抓产业集群培育，突出科技创新驱动，不断推动产业体系升级和产城融合发展。2022年，园区总量突破400亿元；引进30亿元、50亿元以上项目各1个；实现进出口总额4亿美元、注册外资实际到账5000万美元，规模以上亩均税收6.7万元。高新区紧扣高新定位，完善双创服务体系，加快科技成果转移转化，打造全县高质量发展科创龙头、产业高地。2022年，园区总量突破300亿元；引进30亿元、50亿元以上项目各1个；实现进出口总额2.2亿美元、注册外资实际到账5000万美元，规模以上亩均税收6.8万元。（责任单位：开发区、高新区）

16. 做优园区功能配套。超前谋划水电气、污水处理、标准厂房建设等生产性配套设施，合理规划教育医疗、商务休闲、人才公寓等生活服务设施，促进产城融合发展。加快推动盐海电镀中心建设运营，将之作为招商引资的重要载体，每条电镀线至少匹配3亿元以上产业项目投资。提升国家石油机械产品质量监督检验中心运营质态，扩大产品检测覆盖率和市场认可度。整合现有铸造产能，规划建设集中式绿色铸锻热处理中心，提升产能利用效率。持续开展工业用地收储、标准厂房建设，每年建设高标准厂房不低于100万平方米。（责任

单位：开发区、高新区）

四、保障措施

（一）加强组织领导。由县政府分管领导牵头，定期听取产业链培育、项目招引、载体建设等情况，分析研判产业运行情况，研究解决重大问题，定期向县委、县政府专题汇报。各镇（街道、区）切实承担主体责任，县各有关部门切实承担服务保障责任，相互配合，通力协作，确保各项工作落到实处。[责任单位：各有关部门、各镇（街道、区）]

（二）强化服务保障。深化“放管服”改革，推进“照后减证并证”，推动更多事项网上办、掌上办、一次办，努力打造一流营商环境。准确把握国家、省相关政策扶持动向，围绕先进制造业、战略性新兴产业等重点领域，筛选优质项目向上申报争取专项资金，为产业发展提供有力保障。统筹土地、能耗、排放等指标，优先保障县重大项目、重点产业链项目。加强用工以及水电气热等要素保障，切实满足产业发展需求。（责任单位：行政审批局、发改委、工信局、自然资源和规划局、生态环境局、供电公司、人社局、住建局）

（三）严格考核奖惩。将产业发展、项目建设等工作作为年度综合考核重点，科学制定考核指标，进一步提高考核权重，严格兑现考核结果，以动真碰硬的考核推动各项任务落到实处。组织开展全县十佳招商之星、十佳项目服务之星“双十佳”评选，对项目招引、服务等方面有突出贡献的人员，在干部选拔任用上予以倾斜，优先提拔重用。（责任单位：组织部）

（四）注重氛围营造。加大宣传力度，分专题分板块精准报道产业培育、项目招引等过程中的经验做法、典型案例和优秀人员事迹，注重挖掘突破工作难点、堵点、痛点的工作成效，共同营造全县上下关注、支持、助力产业高质量发展的良好氛围。（责任单位：宣传部、融媒体中心）

重要文件目录选辑

表60　　中共建湖县委和建湖县人民政府联合发文

序号	文号	文件标题	发文日期
1	建发〔2022〕1号	关于印发加强“一把手”和领导班子监督实施办法的通知	1月20日
2	建发〔2022〕2号	关于印发2022年全县重大项目计划的通知	2月7日
3	建发〔2022〕3号	关于做好2022年全面推进乡村振兴重点工作的实施意见	4月4日
4	建发〔2022〕4号	关于印发2022年度中共建湖县委落实全面从严治党主体责任清单的通知	4月6日
5	建发〔2022〕5号	关于印发省委第十一巡视组组长沈自力市委副书记市长周斌和县委书记祁从峰在省委第十一巡视组巡视建湖县工作动员会上讲话的通知	4月23日
6	建发〔2022〕8号	关于印发建湖县法治社会建设实施方案（2021—2025年）的通知	7月8日
7	建发〔2022〕9号	关于印发建湖县法治政府建设工作规划（2021—2025年）的通知	7月8日
8	建发〔2022〕13号	关于印发深入打好污染防治攻坚战的实施意见	10月25日
9	建发〔2022〕15号	关于调整2022年全县重大产业项目、县级政府投资重大工程项目投资计划的通知	11月10日

表61　　中共建湖县委发文

序号	文号	文件标题	发文日期
1	建委〔2022〕1号	关于建湖县人大、政府、政协、监委、法院、检察院换届候选人建议名单的请示	1月5日
2	建委〔2022〕2号	关于召开县委十五届二次全会情况的报告	1月10日
3	建委〔2022〕3号	关于建湖县十九届人大第一次会议和政协十五届一次会议选举结果的报告	1月14日
4	建委〔2022〕4号	关于确定建湖县出席中国共产党第二十次全国代表大会候选人推荐人选的情况报告	1月18日
5	建委〔2022〕5号	关于县委、县政府领导班子和人大、政协主要领导工作分工的通知	1月20日

续表61

序号	文号	文件标题	发文日期
6	建委〔2022〕6号	关于2021年推进法治政府建设工作情况的报告	1月25日
7	建委〔2022〕7号	关于2021年隐性债务化解情况的报告	1月27日
8	建委〔2022〕9号	关于印发2021年度综合考核结果的通知	1月30日
9	建委〔2022〕10号	建湖县2021年工作总结和2022年工作思路	2月17日
10	建委〔2022〕11号	建湖县委关于党史学习教育专题民主生活会情况的报告	2月17日
11	建委〔2022〕12号	关于履行2021年度党风廉政建设主体责任情况的专题报告	2月21日
12	建委〔2022〕13号	关于履行2021年河湖长制工作情况的报告	2月21日
13	建委〔2022〕16号	2021年建湖县原主要领导经济责任审计发现问题整改结果报告	4月7日
14	建委〔2022〕17号	2021年建湖县原主要领导自然资源资产离任审计发现问题整改结果报告	4月7日
15	建委〔2022〕18号	关于追授杨峰同志“建湖县优秀共产党员”称号暨开展向杨峰同志学习活动的决定	4月13日
16	建委〔2022〕21号	关于全域土地综合整治工作情况的报告	5月12日
17	建委〔2022〕24号	关于涉粮问题专项巡察整改进展情况的报告	5月31日
18	建委〔2022〕25号	关于巡察工作指导督导反馈意见整改进展情况的报告	5月31日
19	建委〔2022〕27号	关于建湖县人民医院2022年度“国考”结果的报告	7月9日
20	建委〔2022〕28号	关于市高质量发展项目观摩暨“大走访大推进大招商”活动推进会精神贯彻落实情况的报告	7月29日
21	建委〔2022〕30号	关于省纪委召开部分县区委书记座谈会相关情况的报告	8月1日
22	建委〔2022〕31号	关于十四届省委第一轮巡视集中反馈会相关情况的报告	8月8日
23	建委〔2022〕32号	关于贯彻落实市委八届三次全会精神情况的报告	8月15日
24	建委〔2022〕33号	关于同意成立中共江苏双湖投资控股集团有限公司委员会的批复	8月16日
25	建委〔2022〕34号	关于群众反映沿河镇窑厂内偷埋固废危废的网络舆情调处情况汇报	8月22日
26	建委〔2022〕35号	关于赴长三角地区开展产业专题招商活动的情况报告	8月23日
27	建委〔2022〕38号	关于巡察工作指导督导反馈意见半年整改进展情况报告	8月31日
28	建委〔2022〕39号	关于贯彻落实重点信访事项专题会办会精神的情况汇报	9月7日
29	建委〔2022〕42号	关于同意成立中共建湖县人民政府国有资产监督管理办公室委员会的批复	9月29日
30	建委〔2022〕44号	关于十四届省委第一轮巡视选人用人专项检查整改工作方案	9月26日
31	建委〔2022〕47号	关于专项检查建湖县委巡察工作反馈意见整改落实情况的报告	11月23日
32	建委〔2022〕48号	关于赴苏州开展合作共建和专题招商活动的情况汇报	11月9日
33	建委〔2022〕49号	关于加强属地自媒体和抖音网红队伍建设工作方案的情况汇报	11月11日
34	建委〔2022〕51号	关于2022年食品安全工作情况的报告	11月24日
35	建委〔2022〕58号	关于乡村振兴工作情况的报告	12月30日

表62 建湖县人民政府发文

序号	文号	文件标题	发文日期
1	建政发〔2022〕5号	关于公布建湖县历史建筑保护名录（第一批）的通知	1月7日
2	建政发〔2022〕11号	关于印发进一步加强审计发现问题整改工作意见的通知	3月6日
3	建政发〔2022〕13号	关于印发建湖县人民政府工作规则的通知	3月30日
4	建政发〔2022〕16号	关于印发建湖县2022年度国有建设用地供应计划的通知	3月3日
5	建政发〔2022〕17号	关于印发建湖县领导干部自然资源资产离任审计实施意见的通知	4月9日
6	建政发〔2022〕21号	关于印发推进科技创新促进高质量发展激励政策的通知	4月20日
7	建政发〔2022〕28号	关于表扬建湖县第十四届职业技能大赛优秀选手的决定	6月24日
8	建政发〔2022〕55号	关于废止部分行政规范性文件的决定	12月15日

表63 中共建湖县委办公室和建湖县人民政府办公室联合发文

序号	文号	文件标题	发文日期
1	建办发〔2022〕1号	关于印发全县高质量发展实施意见的通知	1月18日
2	建办发〔2022〕2号	关于印发加强全县产业项目招引的实施意见的通知	1月18日
3	建办发〔2022〕3号	关于印发建湖县工业企业能级提升行动计划的通知	1月18日
4	建办发〔2022〕5号	关于印发进一步优化整合全县工业园区布局的工作方案的通知	1月26日
5	建办发〔2022〕6号	关于认定2021年度全县星级企业的通知	1月29日
6	建办发〔2022〕7号	关于印发2022年度全县“板块比发展、部门比服务”流动红蓝旗评比办法的通知	1月30日
7	建办发〔2022〕8号	建湖县招商引资和项目推进工作奖考核办法	2月7日
8	建办发〔2022〕9号	关于印发市委第一联动巡察组对建湖县涉粮部门单位开展涉粮问题专项巡察的反馈意见及祁从峰同志在反馈会上讲话的通知	2月21日
9	建办发〔2022〕11号	关于印发持续深化安全生产专项整治三年行动意见的通知	2月24日
10	建办发〔2022〕12号	关于在全县深入开展为企服务活动的通知	3月1日
11	建办发〔2022〕13号	关于印发2022年全域旅游示范区创建重点工作任务分解表的通知	3月3日
12	建办发〔2022〕14号	关于印发全面落实义务教育阶段学生作业负担和校外培训负担工作实施方案的通知	3月20日
13	建办发〔2022〕15号	关于印发建湖县迎接第二轮中央生态环境保护督察保障工作方案的通知	3月25日
14	建办发〔2022〕16号	关于印发建湖县建立健全耕地保护责任机制的意见的通知	3月25日
15	建办发〔2022〕17号	关于印发2022年全县农业农村重点工作目标任务分解表的通知	4月4日
16	建办发〔2022〕18号	关于印发在全县开展“科技创新推进年”活动的实施意见的通知	4月20日
17	建办发〔2022〕20号	关于印发省委巡视反馈问题立行立改工作方案的通知	5月17日
18	建办发〔2022〕21号	关于下达2022年全县国民经济和社会发展预期目标的通知	5月19日
19	建办发〔2022〕22号	关于印发市纪委党风廉政建设提醒函指出问题整改工作方案的通知	5月23日
20	建办发〔2022〕23号	关于印发2022年建湖县优化营商环境实施方案的通知	5月25日
21	建办发〔2022〕24号	关于推动党史学习教育常态化长效化的实施方案的通知	6月18日
22	建办发〔2022〕25号	关于印发中共建湖县委党的建设工作领导小组2022年工作要点的通知	6月28日
23	建办发〔2022〕26号	关于印发在全县开展“企业大走访、项目大推进、产业大招商”活动的实施意见的通知	8月10日

续表63

序号	文号	文件标题	发文日期
24	建办发〔2022〕27号	关于印发建湖县城乡网格员管理实施细则的通知	8月30日
25	建办发〔2022〕30号	关于印发建湖县数字经济发展三年行动计划（2022—2024年）的通知	9月14日
26	建办发〔2022〕33号	关于印发深化应急管理综合行政执法改革实施方案的通知	9月30日
27	建办发〔2022〕35号	关于印发建湖县农村住房条件改善专项行动实施方案的通知	11月26日
28	建办发〔2022〕36号	关于印发清廉建湖建设专项行动（一）民生领域行风整治行动方案、清廉建湖建设专项行动（二）优化营商环境专项监督方案的通知	11月2日

表64 中共建湖县委办公室发文

序号	文号	文件标题	发文日期
1	建办发〔2022〕1号	关于印发建立“我为群众办实事”实践活动长效机制的实施意见的通知	1月25日
2	建办发〔2022〕3号	关于调整优化县疫情防控工作领导指挥体系成立县疫情防控指挥部的通知	2月21日
3	建办发〔2022〕5号	关于调整巡察工作领导小组成员的通知	4月2日
4	建办发〔2022〕7号	关于成立县委巡视反馈问题立行立改工作领导小组的通知	5月17日
5	建办发〔2022〕9号	关于成立全县农村住房条件改善工作领导小组的通知	10月26日
6	建办发〔2022〕10号	关于调整建湖县优化营商环境工作领导小组成员的通知	10月26日
7	建办发〔2022〕11号	关于调整县法治宣传教育领导小组成员的通知	11月11日

表65 建湖县人民政府办公室发文

序号	文号	文件标题	发文日期
1	建政办发〔2022〕4号	关于印发全县工业企业闲置资源清理工作方案的通知	1月17日
2	建政办发〔2022〕5号	关于印发建湖县工业企业资源集约利用综合评论办法的通知	1月17日
3	建政办发〔2022〕22号	关于印发耕地“非粮化”问题专项清理整治行动方案的通知	3月14日
4	建政办发〔2022〕23号	关于印发防止耕地“非粮化”稳定粮食生产实施意见的通知	3月14日
5	建政办发〔2022〕26号	关于印发2022年度建湖县城市消防规划实施计划的通知	3月22日
6	建政办发〔2022〕28号	关于印发全县镇村志编纂工作考核细则的通知	3月24日
7	建政办发〔2022〕31号	关于印发建湖县农村人居环境整治提升五年行动实施方案的通知	4月2日
8	建政办发〔2022〕35号	关于进一步加强全县统计基层基础建设工作实施意见	4月15日
9	建政办发〔2022〕36号	关于印发建湖县突发环境事件应急预案的通知	4月17日
10	建政办发〔2022〕39号	关于印发简化厂房仓储类项目审批优化营商环境若干措施的通知	4月25日
11	建政办发〔2022〕42号	关于印发建湖县全民科学素质行动规划实施方案（2021—2025年）的通知	4月27日
12	建政办发〔2022〕43号	关于印发2021年度支持民营经济发展专项奖励结果的通知	5月6日
13	建政办发〔2022〕44号	关于印发2022年建湖县深化“放管服”改革工作要点的通知	5月11日
14	建政办发〔2022〕46号	关于印发建湖县重大项目审批帮办代办制实施办法的通知	5月11日
15	建政办发〔2022〕47号	关于印发建湖县“12345”开展线上服务企业“直通车”的工作的通知	5月11日
16	建政办发〔2022〕53号	关于印发建湖县医保公共服务“15分钟医保服务圈”示范点建设方案的通知	5月27日
17	建政办发〔2022〕55号	关于印发2022年建湖县农村改厕工作实施方案的通知	5月31日
18	建政办发〔2022〕59号	关于印发建湖县大型体育赛事和大众体育活动突发事件应急预案的通知	6月6日

续表65

序号	文号	文件标题	发文日期
19	建政办发〔2022〕61号	关于印发建湖县供水安全保障工作实施方案的通知	6月9日
20	建政办发〔2022〕63号	关于印发加快推进粮食产业经济高质量发展的实施意见的通知	6月27日
21	建政办发〔2022〕67号	关于印发建湖县2022年政务公开工作要点的通知	7月4日
22	建政办发〔2022〕68号	关于印发2022年建湖县省对县营商环境评价对标提升工作方案的通知	7月5日
23	建政办发〔2022〕69号	关于调整住房保障家庭收入标准和租赁补贴标准的通知	7月7日
24	建政办发〔2022〕70号	关于印发建湖县全民健身实施计划（2021—2025）的通知	7月8日
25	建政办发〔2022〕71号	关于印发2022年镇级政府（管委会）和县消防安全委员会消防工作任务清单的通知	7月13日
26	建政办发〔2022〕77号	关于印发建湖县消费券发放活动实施方案	8月9日
27	建政办发〔2022〕78号	关于印发建湖县“十四五”生态环境保护规划的通知	8月18日
28	建政办发〔2022〕81号	关于印发2022年建湖县卫生创建工作实施方案的通知	9月1日
29	建政办发〔2022〕83号	关于印发建湖县市政消火栓管理办法的通知	9月29日
30	建政办发〔2022〕85号	关于公布2021年度全县工业企业资源集约利用综合评价结果的通知	10月9日
31	建政办发〔2022〕96号	关于印发建湖县行政许可事项清单的通知	10月27日
32	建政办发〔2022〕100号	关于印发建湖县“十四五”卫生与健康发展规划的通知	11月3日
33	建政办发〔2022〕103号	关于印发建湖县深化农村公路管理养护体制改革实施方案的通知	11月10日
34	建政办发〔2022〕107号	关于印发建立住房保障工作联动机制实施意见的通知	11月26日
35	建政办发〔2022〕116号	关于印发建湖县辐射事故应急预案的通知	12月14日
36	建政办发〔2022〕117号	关于印发建湖县畜禽养殖污染防治规划（2021—2025）的通知	12月14日
37	建政办发〔2022〕120号	关于调整2022年度建湖县重大行政决策项目目录的通知	12月31日

媒体报道题录

表66　　被报纸采用的稿件

媒体	版面	日期	标题
人民日报	20版	4月29日	杂技剧——“技”“艺”跨界融合　丰富舞台表演
人民日报	4版	10月22日	中共二十大代表热议——发展全过程人民民主
人民日报	18版	11月25日	藏粮于地，让更多农田变良田
人民日报海外版	5版	10月20日	中国式现代化　扎根中国大地
人民日报海外版	4版	10月22日	中共二十大代表热议——发展全过程人民民主
新华每日电讯	7版	10月16日	江苏建湖：提升产业“含绿量”，做足“水文章”
经济日报	7版	8月5日	金融助力端稳“中国饭碗”——农业银行全流程服务粮食增产增收
光明日报	7版	10月17日	江苏省盐城市建湖县委书记祁从峰代表：方向更明　思路更清
光明日报	5版	11月26日	看！这些“金点子”成呵护民生“金钥匙”
经济日报	5版	10月18日	明朝更进百尺竿——中共二十大代表热议坚持和加强党的全面领导
经济日报	4版	10月19日	江苏省盐城市建湖县委书记祁从峰代表：聚焦高端装备制造
中国县域经济报	头版头条	9月29日	建湖，绿色跃迁满目新
中国水利报	4版	3月31日	让平原洼地成为民生高地——记江苏建湖县水利局卜月芹

续表66

媒体	版面	日期	标题
中国城市报 低碳城市	周刊	1月17日	江苏省盐城市建湖县：生产方式绿起来　生活环境美起来
中国城市报	11版	12月26日	江苏省盐城市建湖县：基层减负不减责　服务群众提质效
中国质量报	3版	3月25日	用好“工具箱”　打好“组合拳”
新华日报	头版	10月18日	把中共二十大作出的重大决策部署付诸行动
新华日报	4版	10月22日	以党的自我革命引领社会革命
新华日报	6版	10月23日	用奋斗创造令人刮目相看的新的更大奇迹
新华日报	头版	2月22日	建湖特色冬训为干事创业蓄势赋能　“精神食粮”送进工厂车间
新华日报	头版	3月22日	建湖：项目提质效企业增活力
新华日报	头版	5月16日	建湖：做好助企纾困“加减法”
新华日报	头版	5月23日	建湖县新能源产业再添新动能
新华日报	头版	7月26日	“链”上发力竞速产业主赛道
新华日报	9版	10月26日	建湖县高作镇季墩村：稻虾结“同盟”　村民喜盈门
新华日报 文化产业	周刊	6月24日	看诚信之花在九龙口“多维展开”
新华日报 文化产业	周刊	7月22日	千亩荷田展开文旅融合新画卷
新华日报 文化产业	周刊	11月25日	九龙口：全域旅游“再破题”
江苏法治报	2版	8月4日	建湖公安扎实推进“百日行动”
江苏法治报	5版	9月21日	建湖众志成城战“梅花”

表67　　被新媒体平台采用的稿件

媒体	日期	标题
新华社客户端	1月6日	江苏建湖残联：以残疾人为中心，为残疾人办实事
新华社客户端	1月13日	江苏建湖：喂，“12345”热线，我要表扬“她”！
新华社客户端	3月21日	建湖县56名准新兵申请到戍边一线服役
新华社客户端	3月24日	江苏建湖：志愿服务劲吹抗疫“春风”
新华社客户端	4月1日	谱写同心抗疫的动人赞歌——盐城市建湖县社会组织参与疫情防控纪事
新华社客户端	4月4日	江苏建湖：让党员淬炼在疫线“新岗位”
新华社客户端	4月11日	醉美，建湖四月天
新华社客户端	4月13日	盐城建湖残联：停工不停爱！“看见”残疾人群体的每一个微小需求
新华社客户端	4月18日	江苏建湖：把党建嵌入发展活跃的货运经络
新华社客户端	4月24日	建湖师生“云端”聆听曹文轩阅读思政课
新华社客户端	5月10日	盐城建湖让市民排队做核酸时品味书香
新华社客户端	6月20日	江苏建湖：燃！研学共进提升组工干部“硬实力”
新华社客户端	7月11日	江苏建湖：同“新”共“建”，暖“新”爱“湖”——全力答好新业态新就业群体党建新答卷
新华社客户端	7月28日	盐城建湖：“链”上发力竞速产业主赛道

续表67

媒体	日期	标题
新华社客户端	8月25日	盐城建湖：绿色基底涵养城市“好气质”
新华社客户端	8月29日	盐城建湖：惠民消费券助燃城市烟火气
新华社客户端	9月28日	江苏建湖：“四心管护”力促优秀毕业生扎根成长
新华社客户端	10月6日	新华社｜江苏建湖：以绿色发展理念引导产业转型升级
新华社客户端	10月16日	江苏建湖：提升产业“含绿量”，做足“水文章”
新华社客户端	10月16日	江苏建湖：提升产业“含绿量”，做足“水文章”
新华社客户端	11月3日	盐城建湖：推进人武阵地与退役军人服务站融合发展
新华社客户端	11月7日	创建“温馨家园”打造“全心地标”　盐城建湖推进社区治理提质增效
新华社客户端	11月15日	“灵龙水乡·淮杂故里——‘建湖有戏’网络大V建湖行”活动成功举办
新华社客户端	11月28日	建湖：神奇九龙口　一蟹鲜天下
新华社客户端	11月30日	江苏盐城：发现宋代钱币窖藏　出土古钱币约1.5吨
新华社客户端	12月2日	盐城建湖：标本兼治，化解土地流转金兑付矛盾
新华社客户端	12月21日	盐城建湖县纪委监委：点线结合　多方联动　以好家风涵养清廉风
新华社客户端	12月27日	发放“防疫健康包”、成立健康服务团队……盐城建湖全力保障好群众就医用药
新华社客户端	12月29日	条条“干货”！盐城建湖十条“硬核”措施支持企业稳岗留工保生产
“学习强国”学习平台	1月3日	江苏非遗｜盐城建湖：水韵湖乡　杂技故里
“学习强国”学习平台	1月6日	江苏建湖：梨园花香溢校园　传统文化润童心
“学习强国”学习平台	1月7日	江苏省盐城市建湖县：“三人行”引领课堂改革　赋能教师成长
“学习强国”学习平台	1月10日	我为群众办实事｜江苏建湖芦沟镇：“微菜园”种出大民生
“学习强国”学习平台	1月18日	高质量发展｜盐城建湖：争先进位破浪行　跨越赶超新征程
“学习强国”学习平台	1月20日	志愿服务｜江苏建湖：文明之行无终点　爱心之路有阳光
“学习强国”学习平台	1月20日	江苏建湖：一通来自“12345”的表扬电话
“学习强国”学习平台	1月21日	江苏建湖：“体育+旅游”　不断探索全民运动健身新路子
“学习强国”学习平台	1月22日	乡村振兴｜建湖：巧打“三张牌”串起全域旅游“珍珠链”
“学习强国”学习平台	1月23日	基层党建｜盐城建湖：三着齐上　合力打造党工共建“建湖品牌”
“学习强国”学习平台	1月24日	城乡教育｜盐城建湖：“美德少年”引领未成年人健康成长
“学习强国”学习平台	1月26日	盐城建湖：“湿地三宝”贺新春　非遗剪纸迎冬奥
“学习强国”学习平台	1月28日	新春走基层｜建湖：书香年味扑面来　“文化大餐”迎宾归
“学习强国”学习平台	1月29日	高质量发展｜江苏建湖：只争朝夕抓开局　奋楫争先谋跨越
“学习强国”学习平台	1月30日	新春走基层｜建湖：严把农产品质量安全关　守护“舌尖上的安全”
“学习强国”学习平台	2月6日	我为群众办实事｜建湖：“暖心港湾”温暖户外劳动者
“学习强国”学习平台	2月7日	盐城建湖：探访新型农村社区——建河村
“学习强国”学习平台	2月8日	区县新闻｜盐城建湖：民俗展演年味浓　龙狮欢腾闹新春
“学习强国”学习平台	2月9日	高质量发展｜建湖：奋力拼抢加油干　决战决胜开门红
“学习强国”学习平台	2月11日	区县新闻｜盐城建湖：18辆定制公交启动“开学营运”模式
“学习强国”学习平台	2月13日	党员冬训｜盐城建湖：远教“定制菜单”　畅享欢乐新春
“学习强国”学习平台	2月14日	江苏建湖：“她力量”助力乡村大美

续表67

媒体	日期	标题
“学习强国”学习平台	2月15日	现代农业｜江苏建湖：人勤春来早　大棚农事忙
“学习强国”学习平台	2月18日	江苏建湖：科技助农忙　田野春来早
“学习强国”学习平台	2月21日	区县新闻｜江苏建湖：“链式”思维推进产业高质量发展
“学习强国”学习平台	2月22日	基层党建｜盐城建湖：强能提质抓培训　充电赋能促发展
“学习强国”学习平台	2月25日	现代农业｜江苏建湖：春耕水暖蟹塘忙　只待金秋膏满黄
“学习强国”学习平台	2月26日	建湖：春耕水暖蟹塘忙　只待金秋膏满黄
“学习强国”学习平台	2月26日	暖新闻｜江苏建湖：7天为两名烈士“寻亲”成功
“学习强国”学习平台	2月28日	我为群众办实事｜盐城建湖：惠民服务办实事　百姓健康有“医”靠
“学习强国”学习平台	2月28日	现代农业｜江苏建湖：水利建设忙　春耕有保障
“学习强国”学习平台	3月2日	高质量发展｜盐城建湖：新能源产业让绿色发展之路越走越宽
“学习强国”学习平台	3月3日	现代农业｜盐城建湖：农机志愿服务　助力春耕备耕
“学习强国”学习平台	3月5日	党员冬训｜盐城建湖：特色冬训为干事创业蓄势赋能
“学习强国”学习平台	3月6日	高质量发展｜盐城建湖：打造光电显示产业发展新高地
“学习强国”学习平台	3月7日	高质量发展｜盐城建湖：金融“活水”助力实体经济行稳致远
“学习强国”学习平台	3月14日	制造强省｜江苏建湖：“互联互融”打造智慧工厂
“学习强国”学习平台	3月16日	盐城建湖：让消费更放心　让市场更有序
“学习强国”学习平台	3月16日	区县新闻｜江苏建湖：法润春泥更护花　用爱“联”起幸福家
“学习强国”学习平台	3月19日	重点工程进行时｜盐城建湖：黄沙港上春光好　大桥建设施工忙
“学习强国”学习平台	3月19日	盐城建湖：企业志愿者闻令而动显担当　“疫”路有我显真情
“学习强国”学习平台	3月19日	高质量发展｜盐城建湖：推进电子信息产业做大做强
“学习强国”学习平台	3月21日	一老一小｜盐城建湖：智慧关怀让老年生活乐无忧
“学习强国”学习平台	3月21日	抗疫行动｜盐城建湖：在“疫”线绽放青春风采
“学习强国”学习平台	3月21日	战疫一线｜盐城建湖：“志愿红”守护“健康绿”
“学习强国”学习平台	3月28日	盐城建湖：非遗“冈西剪纸”　以“艺”抗疫
“学习强国”学习平台	3月29日	振兴路上｜江苏建湖：发挥电商平台优势　助力农产品出村进城
“学习强国”学习平台	3月30日	盐城建湖：下好保用工稳就业“先手棋”
“学习强国”学习平台	3月31日	一老一小｜江苏建湖：情注养老，托起幸福“夕阳红”
“学习强国”学习平台	4月6日	盐城建湖：群鸟嬉戏生态美
“学习强国”学习平台	4月7日	建湖：下好保用工稳就业先手棋
“学习强国”学习平台	4月10日	战疫一线｜盐城建湖：守好交通卡口　筑牢防疫“大门”
“学习强国”学习平台	4月17日	区县新闻｜盐城建湖：实行“三严”管控措施　增强全民节水意识
“学习强国”学习平台	4月17日	全民阅读｜盐城建湖：书香阅读，点亮青年前行的路
“学习强国”学习平台	4月19日	江苏盐城建湖：以坚毅党心筑牢集中隔离点“红色堡垒”
“学习强国”学习平台	4月19日	文明实践｜盐城建湖：抗疫数来宝　声入百姓家
“学习强国”学习平台	4月21日	城乡教育｜盐城建湖：36个“名师工作室”引领教育高质量发展
“学习强国”学习平台	4月21日	抗疫行动｜盐城建湖：驱散疫情阴霾　遇见最美“阳光”
“学习强国”学习平台	4月22日	区县新闻｜盐城建湖：线上“高招会”　引得“凤凰来”
“学习强国”学习平台	4月24日	城乡教育｜江苏建湖：与曹文轩一起“云”上阅读

续表67

媒体	日期	标题
“学习强国”学习平台	4月25日	全民阅读 | 江苏建湖：《汇聚“满天星”　阅读向未来》
“学习强国”学习平台	4月25日	江苏建湖：一纸一剪一份情　非遗剪纸致敬航天英雄
“学习强国”学习平台	4月26日	战疫一线 | 盐城建湖：与时间赛跑的“幕后侦察兵”
“学习强国”学习平台	4月26日	江苏盐城建湖：群英合力，奏响人才抗疫“最强音”
“学习强国”学习平台	4月27日	江苏建湖：鸟类“私家图鉴”
“学习强国”学习平台	4月30日	盐城建湖：高位统筹服务　筑牢节日安全防线
“学习强国”学习平台	4月30日	区县新闻 | 建湖：助企纾困，打好“硬核+暖心”组合拳
“学习强国”学习平台	5月2日	区县新闻 | 盐城建湖：助企纾困解难为发展蓄势聚能
“学习强国”学习平台	5月3日	盐城建湖：“冈西剪纸”助力“爱鸟周”　共同守护蓝天精灵
“学习强国”学习平台	5月6日	盐城建湖：“智改数转”赋能企业提档升级
“学习强国”学习平台	5月8日	盐城建湖：婚礼简办　幸福不减
“学习强国”学习平台	5月9日	城乡教育 | 盐城建湖：多措并举护航未成年人健康成长
“学习强国”学习平台	5月9日	盐城建湖：打造具有人文底蕴的青年友好型城市
“学习强国”学习平台	5月11日	盐城建湖：普法办实事　情满帮扶路
“学习强国”学习平台	5月11日	江苏盐城建湖：慢直播让党建“云上添彩”
“学习强国”学习平台	5月13日	盐城建湖：植保无人机“护航”助力小麦丰产丰收
“学习强国”学习平台	5月15日	城乡教育 | 盐城建湖：防灾减灾　安全先行
“学习强国”学习平台	5月15日	区县新闻 | 盐城建湖：强化法人银行担当　助推民营经济发展
“学习强国”学习平台	5月16日	文明实践 | 盐城建湖：非遗剪纸助力未成年人安全宣传
“学习强国”学习平台	5月18日	区县新闻 | 盐城建湖：高端装备挺起建湖工业“脊梁”
“学习强国”学习平台	5月20日	抗疫行动 | 盐城建湖：抗疫“护”平安　温暖“幼”相随
“学习强国”学习平台	5月20日	今天我出镜 | 刘波：心系绿色能源　创造“建湖速度”
“学习强国”学习平台	5月21日	抗疫战疫 | 江苏建湖：“疫”无反顾，“青”力而为
“学习强国”学习平台	5月23日	江苏建湖举办“阅读马拉松”赛　42名选手同读《袁隆平自传》
“学习强国”学习平台	5月23日	“云端”汇智谋合作　“线上”赋能话发展　常州工学院与建湖县开展产学研对接活动
“学习强国”学习平台	5月27日	我为群众办实事 | 盐城建湖：在全市首推“踏勘即发证”
“学习强国”学习平台	5月30日	建湖县召开慈善“幸福家园”村社互助工程推进会
“学习强国”学习平台	5月30日	江苏盐城建湖：“三个坚持”推动年轻干部成长成才
“学习强国”学习平台	6月1日	建湖县慈善志愿者服务大队成立
“学习强国”学习平台	6月4日	盐城建湖：书香端午　“粽”享阅读
“学习强国”学习平台	6月9日	江苏建湖：帆满风劲书写现代化建设新篇章
“学习强国”学习平台	6月11日	区县新闻 | 盐城建湖：流动银行车将优质金融服务送到家门口
“学习强国”学习平台	6月11日	盐城建湖：首场线下人才招聘“供需两旺”
“学习强国”学习平台	6月13日	区县新闻 | 盐城建湖：“红色巡查队”守护“生态蓝”
“学习强国”学习平台	6月13日	盐城建湖：聚力优化营商环境　推动高质量发展
“学习强国”学习平台	6月14日	盐城建湖：非遗“活”起来　美好生活“火”起来
“学习强国”学习平台	6月14日	区县新闻 | 盐城建湖：金融活水化甘霖　润泽水乡增动能

续表67

媒体	日期	标题
“学习强国”学习平台	6月15日	区县新闻｜盐城建湖：农房改善，让农户喜圆“安居梦”
“学习强国”学习平台	6月15日	盐城建湖：致敬“她”力量　共赴新征程
“学习强国”学习平台	6月15日	盐城建湖：非遗+文创　擦出新火花
“学习强国”学习平台	6月17日	振兴路上｜盐城建湖：葡萄丰收人“萄”醉
“学习强国”学习平台	6月18日	全民阅读｜盐城建湖：阅“建”美好　双“湖”读吧
“学习强国”学习平台	6月19日	建湖有戏，戏在建湖，有景有新意！
“学习强国”学习平台	6月20日	盐城建湖：秸秆变废为宝　企业创新助力绿色发展
“学习强国”学习平台	6月21日	基层党建｜建湖：把党建服务“配送”到新业态中去
“学习强国”学习平台	6月21日	区县新闻｜江苏建湖：秸秆变废为宝　企业创新助力绿色发展
“学习强国”学习平台	6月22日	区县新闻｜建湖：打好助企纾困“组合拳”　下活交通行业“一盘棋”
“学习强国”学习平台	6月22日	盐城建湖：“青春礼赞新时代　青年追梦复兴路”青年讲师团成员主题宣讲走进企业
“学习强国”学习平台	6月22日	基层人物｜盐城建湖：寒门孝女一家获省“最美家庭”称号
“学习强国”学习平台	6月23日	区县新闻｜盐城建湖：打好“组合拳”　畅通税收政策落地“最后一公里”
“学习强国”学习平台	6月24日	振兴路上｜盐城建湖：扮靓美丽乡村　培植富民产业
“学习强国”学习平台	6月25日	振兴路上｜江苏建湖：农机+智慧脑　科技让种田更轻松
“学习强国”学习平台	6月26日	盐城建湖：竣工即发证　营商环境再迈新步伐
“学习强国”学习平台	6月26日	文明实践｜盐城建湖：“执法卫士”化身“护苗使者”　校队共建谱写爱心篇章
“学习强国”学习平台	6月27日	振兴路上｜盐城建湖：初夏时节果飘香
“学习强国”学习平台	6月28日	振兴路上｜江苏建湖：扮靓美丽乡村　培植富民产业
“学习强国”学习平台	7月1日	振兴路上｜建湖：电气化助推农家新生活
“学习强国”学习平台	7月1日	振兴路上｜江苏建湖：“稻虾共作”铺就生态致富路
“学习强国”学习平台	7月2日	盐城建湖：精准发力改革创新　持续助企纾困解难
“学习强国”学习平台	7月2日	城乡教育｜盐城建湖：关爱留守儿童　播撒爱心阳光
“学习强国”学习平台	7月2日	2022江苏学习达人挑战赛｜盐城建湖：线上线下忙比拼　学以致用氛围浓
“学习强国”学习平台	7月3日	全民阅读｜盐城建湖：书香氤氲夏日　阅读点亮未来
“学习强国”学习平台	7月6日	区县新闻｜盐城建湖：奋楫争先奏响高质量发展强音
“学习强国”学习平台	7月6日	振兴路上｜盐城建湖：“购森活”产销对接促增收
“学习强国”学习平台	7月7日	全民阅读｜盐城建湖：书香洋溢在希望的田野上
“学习强国”学习平台	7月7日	区县新闻｜江苏建湖：推动产业集聚　筑牢发展根基
“学习强国”学习平台	7月9日	便民服务｜盐城建湖：对标先进，全力推动营商环境持续优化
“学习强国”学习平台	7月10日	全民阅读｜江苏建湖：农家书屋飘书香　文化振兴正当时
“学习强国”学习平台	7月11日	城乡教育｜盐城建湖：多形式推进党的创新理论进校园
“学习强国”学习平台	7月13日	振兴路上｜江苏建湖：特色田园乡村绘就宜居宜业新画卷
“学习强国”学习平台	7月18日	江苏建湖：不惧“烤”验　“暑”你最美
“学习强国”学习平台	7月23日	2022江苏学习达人挑战赛｜盐城建湖：以赛促学，推动党史学习教育走深走实

续表67

媒体	日期	标题
“学习强国”学习平台	7月27日	学习动态｜盐城建湖：劳模宣讲团启动《习近平谈治国理政》第四卷理论宣讲活动
“学习强国”学习平台	7月28日	盐城建湖：诚纳各方心声建议　聚智落好税收政策
“学习强国”学习平台	7月29日	学习动态｜江苏建湖：《习近平谈治国理政》第四卷学习热起来
“学习强国”学习平台	7月29日	盐城建湖：因“荷”而来　护航保电
“学习强国”学习平台	7月29日	城乡教育｜盐城建湖：追寻红色印记　传承红色基因
“学习强国”学习平台	7月31日	区县新闻｜建湖：搭同场竞技平台　展快递员工风采
“学习强国”学习平台	7月31日	振兴路上｜江苏建湖：生态城里“戏”味浓
“学习强国”学习平台	8月2日	盐城建湖：医疗服务进军营　情系官兵送健康
“学习强国”学习平台	8月6日	盐城建湖：企业按下“快进键”　开足马力忙生产
“学习强国”学习平台	8月6日	数字江苏｜江苏建湖：“智改数转”赋能企业转型升级走上快车道
“学习强国”学习平台	8月7日	现代农业｜盐城建湖：科学养殖避风险　大闸蟹安全度夏
“学习强国”学习平台	8月7日	区县新闻｜江苏建湖：聚要素强服务　激发内生动力
“学习强国”学习平台	8月12日	江苏建湖：“礼赞新时代　追梦复兴路”主题宣讲鼓士气激斗志
“学习强国”学习平台	8月12日	盐城建湖：鏖战高温　“汗”卫清凉
“学习强国”学习平台	8月14日	振兴路上｜建湖：全域土地综合整治激活乡村振兴“新动能”
“学习强国”学习平台	8月14日	江苏建湖：晒幸福生活景　绘乡村振兴图
“学习强国”学习平台	8月15日	制造强省｜江苏建湖：“链式”赋能　提质增效构建集群新优势
“学习强国”学习平台	8月16日	江苏建湖：重大项目建设点燃高质量发展强引擎
“学习强国”学习平台	8月16日	江苏建湖：当好新就业群体“娘家人”
“学习强国”学习平台	8月17日	全民阅读｜盐城建湖：星星点灯，牵手未来
“学习强国”学习平台	8月17日	2022江苏学习达人挑战赛｜盐城建湖：达人挑战赛，指尖学习“竞”彩纷呈
“学习强国”学习平台	8月18日	城乡教育｜江苏建湖：流动公益课堂沉浸式护苗
“学习强国”学习平台	8月19日	区县新闻｜盐城市“民族团结一家亲·喜迎中共二十大”巡礼活动在建湖启动
“学习强国”学习平台	8月19日	建湖：比学赶超争进位　绿色发展作示范
“学习强国”学习平台	8月20日	盐城建湖：多样形式让微党课“活起来”“火起来”
“学习强国”学习平台	8月20日	全民阅读｜盐城建湖：“汇聚满天星　阅读向未来”公益阅读进农家书屋
“学习强国”学习平台	8月22日	盐城建湖：优化金融服务　助力“新市民”扎根第二故乡
“学习强国”学习平台	8月23日	振兴路上｜江苏建湖：高颜值推进绿色转型取得更大突破
“学习强国”学习平台	8月23日	建湖：公益暑托班丰富多彩　解决职工子女看护难题
“学习强国”学习平台	8月24日	青山绿水｜江苏建湖：在“幸福河湖”间收获幸福
“学习强国”学习平台	8月25日	全民阅读｜盐城建湖：农家书屋掀起学习《习近平谈治国理政》第四卷热潮
“学习强国”学习平台	8月25日	江苏建湖：《习近平谈治国理政》第四卷“七进”宣讲“声”入人心
“学习强国”学习平台	8月27日	学习动态｜盐城建湖：同筑振兴梦，返乡大学生宣讲团走进美丽乡村
“学习强国”学习平台	8月27日	建湖庆丰镇：深抓产业谋发展　科技创新赋动能
“学习强国”学习平台	8月28日	江苏建湖：“生态绿”靓了水乡幸福城
“学习强国”学习平台	8月28日	建湖：暖心“开学礼”助力困境儿童健康成长
“学习强国”学习平台	8月28日	盐城建湖：多措并举　纵深推进企业安全主体责任落实

续表67

媒体	日期	标题
“学习强国”学习平台	8月29日	江苏建湖：绿色基底涵养城市“生态范”
“学习强国”学习平台	9月2日	盐城建湖九龙口：中国国家地理首个“双框之城”，里下河“明珠”璀璨耀眼
“学习强国”学习平台	9月7日	盐城建湖：筑牢网络安全防线　共享晴朗网络空间
“学习强国”学习平台	9月13日	江苏建湖：《四季江淮》带你寻觅杂技的诗与远方
“学习强国”学习平台	9月24日	盐城建湖：当好“娘家人”　答好助企纾困“必答题”
“学习强国”学习平台	9月25日	建湖：交通先行，铺就高质量发展“快车道”
“学习强国”学习平台	9月27日	江苏建湖：“数字农业”让产销更“智慧”
“学习强国”学习平台	9月29日	江苏建湖：“低碳”为底“绿色”为链，串起高质量特色发展之路
“学习强国”学习平台	9月29日	学习动态 | 江苏建湖：“理论+文艺”，原著宣讲活跃乡村舞台
“学习强国”学习平台	10月26日	乡村振兴·江苏百村调研（66）| 建湖县高作镇季墩村：稻虾结“同盟”　村民喜盈门
“学习强国”学习平台	10月28日	江苏建湖：九龙口大闸蟹畅销线上线下　助力农民增收致富
“学习强国”学习平台	10月29日	区县新闻 | 盐城建湖：拉长产业链条　激活发展“强引擎”
“学习强国”学习平台	10月30日	区县新闻 | 盐城建湖：数字赋能文旅融合发展
交汇点	2月8日	盐城建湖：奋力拼抢加油干　决战决胜开门红
交汇点	2月16日	来盐城建湖，赏美景，吃美食，看杂技！
交汇点	2月26日	盐城建湖：放大党建三维作用　全力支援苏州防疫工作
交汇点	3月24日	江苏建湖：志愿服务劲吹抗疫“春风”
交汇点	4月8日	政声 | 建湖县委书记祁从峰：锚定高质量发展　书写更有温度民生答卷
交汇点	4月18日	盐城建湖：把党建嵌入发展活跃的货运经络
交汇点	4月18日	江苏战疫全景图 | 盐城建湖：把党建嵌入发展活跃的货运经络
交汇点	4月24日	盐城建湖师生“云端”聆听曹文轩阅读思政课
交汇点	4月25日	《群众》杂志探究建湖强县富民之路
交汇点	4月28日	江苏战疫全景图 | 盐城建湖：与时间赛跑的“幕后侦察兵”
交汇点	5月10日	江苏战役全景图 | 盐城建湖：诗情画“疫”一米线，凝聚战“疫”精神力
交汇点	5月27日	江苏建湖：做好综合考核“后半篇文章”　持续推进高质量发展
交汇点	5月30日	建湖：让退税减税政策“红利”直达市场主体
交汇点	6月16日	6小时共读《袁隆平自传》！盐城市建湖县第三届“畅享建湖”阅读马拉松“开跑”
交汇点	6月16日	湿地湖荡品古韵新诗！盐城建湖第五届诗赋大会举行
交汇点	6月16日	盐城建湖：市民排队做核酸还能品赏古诗词
交汇点	6月16日	盐城建湖：诗词诵元夕　灯谜乐元宵
交汇点	6月17日	建湖县：把党建服务“配送”到新业态中去
交汇点	6月18日	如何打开全域旅游的“全景模式”？建湖县委书记给出解答
交汇点	7月4日	盐城建湖：奋楫争先奏响高质量发展强音
交汇点	7月23日	灵龙水乡　“荷”你相约　建湖九龙口荷花节暨第八届全国荷花品种展开幕
交汇点	7月26日	建湖推动产业链供应链创新链协同发展　“链”上发力竞速产业主赛道
交汇点	7月28日	灵龙水乡蕴含产业创新潜力　盐城高质量发展项目观摩推进会走进建湖

续表67

媒体	日期	标题
交汇点	8月11日	盐城建湖：晒幸福生活景　绘乡村振兴图
交汇点	8月18日	建湖县第二届少数民族文化艺术节举行
交汇点	8月20日	“破圈”长三角　盐城建湖文旅品牌走出去
紫牛新闻	2月16日	江苏建湖：诗词诵元夕　灯谜乐元宵
紫牛新闻	2月26日	建湖九龙口：藏在淮剧小镇里的浪漫
紫牛新闻	5月11日	江苏建湖：恋上好生态　候鸟成留鸟
紫牛新闻	5月23日	盐城建湖上冈中队：厚植为民情怀　打造平安大道
紫牛新闻	7月19日	盐城建湖：览百卉之英茂，无斯华之独灵
紫牛新闻	7月26日	江苏建湖：“链”上发力竞速产业主赛道
紫牛新闻	8月19日	跨城联动“引客入盐”　叫响建湖文旅品牌
紫牛新闻	8月29日	盐城建湖：惠民消费券助燃城市烟火气
紫牛新闻	9月17日	建湖杂技舞动江南风，《四季江淮》苏州华美呈现
紫牛新闻	10月18日	江苏建湖：金秋螃蟹迎丰收
紫牛新闻	11月19日	建湖：提供便捷服务　用行动关爱群众健康

表68　　被广播电视采用的稿件

媒体	日期	标题
中央电视台一套新闻联播	2月15日	品民俗赏花灯　欢欢喜喜闹元宵
中央电视台一套新闻联播	10月5日	欢度国庆　乐享假日新风尚
中央电视台一套焦点访谈	6月27日	守住粮食生产的“命根子”
中央电视台一套焦点访谈	10月20日	奋斗新的伟业　使命在肩　勇毅前行
中央电视台新闻频道朝闻天下	1月29日	腊月二十七　年味渐浓　江苏盐城　非遗过大年　浓浓中国味
中央电视台新闻频道新闻直播间	1月29日	江苏盐城　非遗过大年　浓浓中国味
中央电视台新闻频道新闻直播间	2月2日	文化和旅游部　国内旅游市场以本地游和就近度假为主
中央电视台新闻频道朝闻天下	2月3日	国内旅游市场以本地游和就近度假为主
中央电视台新闻频道朝闻天下	2月4日	春节海采　今年春节怎么过
中央电视台新闻频道新闻30分	2月4日	江苏盐城　舞龙舞狮闹新春　民俗活动年味浓
中央电视台新闻频道新闻30分	2月14日	正月十五闹元宵　江苏盐城　听淮剧　赏花灯　小镇流光溢彩
中央电视台新闻频道共同关注	2月14日	正月十五闹元宵　看烟花赏花灯　各地民俗庆佳节
中央电视台新闻频道新闻直播间	3月31日	一点发现　江苏盐城　东方白鹳夫妇迎来“吉祥三宝”
中央电视台新闻频道午夜新闻	5月3日	江苏盐城　助企纾困　精准施策　打好“组合拳”
中央电视台新闻频道新闻直播间	5月18日	江苏盐城　主动求变　助力各类企业复工复产
中央电视台新闻频道朝闻天下	6月4日	游客免费入园　民俗活动精彩纷呈
中央电视台新闻频道新闻直播间	7月7日	江苏盐城　参观华中鲁艺烈士纪念馆　缅怀革命先烈
中央电视台新闻频道朝闻天下	8月24日	四部门印发紧急通知　抗旱夺丰收　各地精准施策，加强秋粮中后期田间管理
中央电视台新闻频道新闻30分	8月24日	精准施策，加强秋粮中后期田间管理　电力排灌站24小时运行　保秋粮稳产增收

续表68

媒体	日期	标题
中央电视台新闻频道新闻直播间	9月13日	江苏盐城“梅花”加强为强台风　台风“梅花”逼近　船只进港避风
中央电视台新闻频道新闻直播间	10月1日	逛古村赏非遗　品味传统文化
中央电视台新闻频道新闻直播间	10月14日	说说我们的新时代
中央电视台新闻频道午夜新闻	10月15日	说说我们的新时代
中央电视台纪录频道自然的力量	1月8日	大地生灵4　陆地的尽头
中央电视台中文国际频道中国新闻	2月4日	传统民俗活动迎新年闹新春
中央电视台财经频道天下财经	3月3日	江苏盐城：养殖户投放蟹苗“春耕”忙
中央电视台财经频道正点财经	3月7日	直通两会　人大代表：减税降费政策提振发展信心
中央电视台财经频道第一时间	3月31日	江苏盐城：东方白鹳铁塔安家　三只幼鸟破壳而出
中央电视台戏曲频道一鸣惊人	5月27日	淮剧《梁山伯与祝英台》选段《十八相送》
中央电视台中文国际频道中国新闻	7月7日	江苏盐城：民众参观华中鲁艺烈士纪念馆　缅怀革命先烈
中央电视台财经频道正点财经	7月27日	江苏盐城：千亩荷花绽放
中央电视台农业农村频道中国三农报道	7月26日	江苏建湖：千亩荷花绽放
中央电视台农业农村频道中国三农报道	9月22日	江苏建湖：鱼跃人欢丰收乐
中央电视台中文国际频道中国新闻	10月2日	国庆假期　中国各地景区迎八方来客　江苏盐城：逛古村赏非遗　品味传统文化
中央电视台中文国际频道今日环球	10月2日	国庆假期　中国各地景区迎八方来客　江苏盐城：逛古村赏非遗　品味传统文化
中央电视台中文国际频道今日环球	11月14日	全国秋粮收获进度完成96.3%
中央电视台财经频道经济信息联播	12月14日	江苏盐城：消费市场持续回暖　螃蟹销售尾季迎热销
中央电视台农业农村频道中国三农报道	12月20日	江苏建湖：蔬菜“住”进智慧温室　不惧严寒
江苏公共新闻频道新闻360	1月2日	盐城建湖：盐阜快速通道建设中　力争早日建成通车
江苏公共新闻频道新闻空间站	1月9日	盐城建湖：居家托养上门服务　让残疾人享受“微幸福”
江苏城市频道零距离	2月3日	我们的节日　红红火火中国年　多彩年俗贺新春
江苏公共新闻频道新闻空间站	2月4日	非遗过大年　传统年味儿浓
江苏公共新闻频道新闻空间站	2月13日	欢欢喜喜闹元宵　你我共燃冬奥梦
江苏公共新闻频道新闻空间站	2月14日	猜灯谜吃汤圆　其乐融融迎元宵
江苏公共新闻频道早安江苏	2月15日	猜灯谜吃汤圆　各地其乐融融迎元宵
江苏卫视江苏新时空	2月15日	我们的节日——元宵冬奥喜相逢　江苏：花市灯如昼　民俗闹元宵
江苏卫视江苏新时空	5月7日	开拓电商市场　田头直达餐桌　一季度全省农产品网络销售额同比增长13.4%
江苏卫视江苏新时空	10月4日	好逛又好玩　多彩活动点亮假期夜
江苏卫视盛会访谈录	10月19日	构建新发展格局　推动高质量发展
江苏卫视江苏新时空	10月19日	盛会访谈录：构建新发展格局　推动高质量发展
江苏卫视领航新时代	10月23日	一线写真：厚植绿色生态底色　打造强村富民特色

续表68

媒体	日期	标题
江苏卫视江苏新时空	11月12日	凝心聚力 奔赴美好 《共富路上同奋斗》融媒体行动正式启动
江苏卫视江苏新时空	11月16日	江苏两部杂技作品摘得“金菊奖”
江苏公共新闻频道新闻360	3月3日	世界野生动植物日 盐城建湖：东方白鹳安家铁塔 村民七年见证守护
江苏公共新闻频道新闻360	3月29日	神奇动物在这里 盐城建湖：东方白鹳夫妇迎来“吉祥三宝”
江苏公共新闻频道新闻空间站	5月10日	疫情防控进行时 创意“一米线”文明风景线
江苏公共新闻频道新闻360	5月26日	盐城建湖：一企一策服务包 解决企业燃眉之急新闻360
江苏公共新闻频道早安江苏	6月4日	盐城：传统村落品古趣 青梅采摘欢乐多
江苏城市频道零距离	6月3日	端午习俗 参与特色民俗活动 感受“传统端午”的节日魅力
江苏公共新闻频道新闻360	6月3日	盐城：传统村落品古趣 青梅采摘欢乐多
江苏公共新闻频道新闻空间站	6月4日	盐城：传统村落品古趣 青梅采摘欢乐多
江苏公共新闻频道新闻空间站	6月9日	繁花开绿意浓 夏日的小清新上线了
江苏公共新闻频道新闻空间站	6月19日	夏日美景：向阳花开 荷莲飘香
江苏公共新闻频道早安江苏	7月11日	夏日风光 盐城建湖：梦幻水幕光影 点亮城市夜空
江苏公共新闻频道新闻空间站	7月26日	盛夏消暑好去处 生态美景引客来
江苏公共新闻频道新闻空间站	11月23日	改变在身边 盐城建湖：适老化改造 提升老人生活品质
江苏公共新闻频道新闻空间站	11月27日	盐城建湖 发现唐宋钱币窖藏 出土古钱币约1.5吨
江苏公共新闻频道新闻空间站	12月11日	品牌强农 科技富农 盐城成立九龙口大闸蟹产业发展促进会
江苏公共新闻频道新闻空间站	12月27日	守望相助以爱解忧 共同护佑百姓健康
江苏公共新闻频道新闻空间站	12月27日	助企纾困 各地多措并举 稳经济添活力
江苏公共新闻频道新闻空间站	12月30日	“真金白银”稳用工 助企纾困进行时

表69 被网络采用的稿件

媒体	日期	标题
人民网	4月11日	江苏建湖：实行“三严”管控措施 巩固“国家级县域节水型社会达标县”成果
人民网	5月25日	江苏建湖县高作镇全域土地综合整治课题获自然资源部审批通过 系全省唯一
人民网	9月21日	礼赞丰收迎盛会 盐城建湖庆祝“中国农民丰收节”活动22日举行
中国新闻网	9月22日	盐城建湖县开展庆祝2022年中国农民丰收节活动
中国新闻网	11月27日	江苏建湖发现一处钱币窖藏遗存 出土钱币约1.5吨
新华网	1月6日	盐城建湖公安热心解民证明“我就是我”烦与愁
新华网	1月7日	盐城建湖经济开发区围绕项目攻坚抓开局
新华网	1月27日	盐城建湖县：线上线下齐发力 构筑廉政“防火墙”
新华网	1月3日	建湖上冈交巡警中队：履职尽责不停歇 坚守岗位保畅通
新华网	2月11日	建湖警银合作打击经济犯罪成果颇丰
新华网	2月17日	盐城建湖县公安局机构改革获评江苏公安先进实践示范点
新华网	3月23日	江苏建湖：志愿服务劲吹抗疫“春风”
新华网	4月13日	建湖：警民爱心接力 成功救治国家二级野生保护动物猫头鹰
新华网	4月18日	江苏建湖：为航天事业贡献“智造力量”

续表69

媒体	日期	标题
新华网	4月25日	盐城建湖营造“爱读书　读好书　善读书”浓厚氛围
新华网	5月1日	盐城建湖市民核酸检测点上书香浓
新华网	6月1日	爱民模范曹流：以榜样力量为民警立杆树标
新华网	6月25日	建湖县高作镇：全域土地综合整治谱写乡村振兴新图景
新华网	7月23日	盐城建湖九龙口荷花节暨第八届全国荷花品种展开幕
新华网	7月28日	盐城建湖县项目争先驱动产业踏浪前行
新华网	8月19日	盐城建湖县护航未成年人健康成长
新华网	8月28日	盐城建湖县惠民消费券刺激市场“回春向暖”
新华网	9月3日	戏在村里　村在戏里　盐城建湖九龙口自然美景与传统淮剧“融合大秀”精彩呈现
新华网	12月9日	盐城建湖县：强化基层整治　减轻村级负担
新华网	12月1日	盐城建湖召开九龙口大闸蟹产业发展促进会成立大会
新华网	12月3日	盐城建湖县十条“硬核”措施支持企业稳岗留工保生产
央广网	2月1日	盐城建湖：春节期间文旅大餐“好戏连台”
央广网	10月8日	陈勤：“小”民警有“大”情怀
央广网	10月18日	江苏建湖九龙口大闸蟹：让“遇建湖鲜”名片更美更靓
央广网	10月27日	盐城建湖：强化过程管控　冲刺全年目标
央广网	11月2日	盐城建湖启动消防宣传月系列活动
央广网	11月4日	盐城建湖恒济大鱼圆：水乡美食　舌尖“非遗”
央广网	11月7日	盐城建湖建河村：全国文明村的多彩与美丽
央广网	12月9日	盐城建湖整治形式主义为基层减负
荔枝网	9月22日	品民俗、赏非遗、“浑水摸鱼”……到建湖体验不一样的丰收节
荔枝网	11月21日	【新时代新征程新伟业】农旅融合促发展　走实乡村振兴共富路
我苏网	1月1日	2022年盐城市“三下乡”集中服务活动暨“盐·读”全民阅读春风行动正式启动
我苏网	1月21日	江苏建湖：打造地标产业集群　筑牢产业根基
我苏网	1月23日	建湖：争先进位破浪行　跨越赶超新征程
我苏网	1月28日	“灵龙水乡·淮杂故里”2022建湖（苏州）产业合作推介会在苏州举行
我苏网	2月4日	盐城建湖：只争朝夕抓开局　奋楫争先谋跨越
我苏网	2月5日	建湖：新春大礼包　云端送岗2000个
我苏网	2月16日	建湖：织密筑牢疫情防控网！
我苏网	2月17日	建湖：春耕备耕正当时　农资供给保质量
我苏网	2月17日	建湖：立足服务小窗口　做好文明大文章
我苏网	2月18日	建湖：“链式”思维推进产业高质量发展
我苏网	2月21日	江苏建湖：科技助农忙　田野春来早
我苏网	2月26日	建湖：春耕水暖蟹农忙　只待金秋膏满黄
我苏网	3月3日	建湖：乡村美出颜值　百姓靓出气质
我苏网	3月3日	江苏建湖：金融“活水”为企业“解渴”
我苏网	3月5日	全民学雷锋　一起向未来！建湖县举办“学雷锋志愿服务”启动仪式
我苏网	3月23日	建湖：做大做强电子信息产业　持续提升核心竞争力

续表69

媒体	日期	标题
我苏网	3月28日	建湖县推进“智改数转” 赋能产业升级
我苏网	4月3日	守“沪”菜篮子，建湖在行动
我苏网	4月6日	建湖：“互联网+”助力农产品出村进城
我苏网	4月7日	盐城建湖：携手战疫情，捐赠暖人心
我苏网	4月8日	盐城建湖：一对野生东方白鹳夫妇迎来了3只小鹳
我苏网	4月24日	“阅读新时代 逐梦新征程”——“书香建湖”第八届全民读书节正式启动!
我苏网	5月5日	建湖：打好惠企“组合拳” 助企纾困稳发展
我苏网	5月9日	“一米线”成了“文化线”！ 建湖市民排队做核酸还能品赏古诗词
我苏网	5月11日	建湖：创意“一米线” 文明风景线
我苏网	6月8日	盐城建湖：500亩荷花竞相绽放 初夏“荷”你相约
我苏网	7月13日	盐城建湖：兴产业、重民生、强作风！奋楫争先奏响高质量发展强音
我苏网	7月23日	600余种荷花竞相绽放！九龙口荷花节暨第八届全国荷花品种展在建湖启幕
我苏网	7月24日	建湖荷花节开幕 15000余盆参展荷花争奇斗艳
我苏网	7月25日	建湖县九龙口旅游度假区被授予全国首张“碳中和景区”证书
我苏网	8月19日	“建湖有戏细语姑苏”！ 盐城建湖邀约苏州居民体验苏北水乡
我苏网	8月22日	集中签约34个项目！盐城建湖（苏州）产业合作推介会成功举办
我苏网	10月17日	【盛会·一线回响】踔厉奋发、勇毅前行！中共二十大报告在江苏基层引起热烈反响
新华报业网	2月11日	江苏建湖：“暖心港湾”温暖户外劳动者
新华报业网	2月21日	江苏建湖：科技助农忙 田野春来早
新华报业网	4月19日	我们的新时代 “苏”说美好生活 | 湿地映春光 白鹳夫妇为爱筑巢
新华报业网	5月3日	建湖：让退税减税政策“红利”直达市场主体
新华报业网	7月12日	江苏建湖：兴产业、重民生、强作风！奋楫争先奏响高质量发展强音
新华报业网	7月22日	千亩荷田展开文旅融合新画卷
新华报业网	7月24日	灵龙水乡 “荷”你相约 建湖九龙口荷花节暨第八届全国荷花品种展开幕
中国江苏网	5月1日	盐城建湖：创意“一米线” 让核酸检测点弥漫书香

索 引

编辑说明：

1. 本索引采用主题分析法编制，按标引词第一字汉语拼音字母顺序排列，同音字按声调排列，音调相同按下一字的音序排列。
2. 大事记未编索引。
3. 标引词后的数字，表示内容所在页码，数字后的字母 a、b 分别表示左栏、右栏。
4. 本索引编有参见系统。索引标引词后从第二个页码起为参见，部分款目在索引中重复出现。
5. 索引标引词采用中心词和简称。

A

B

C

D

E

F

G

H

J

K

L

M

N

P

Q

R

S

T

W

X

Y

Z